# 八闽廉箴备要

林月恩　主编

图书在版编目（CIP）数据

八闽廉箴备要/林月恩主编 .-- 北京：商务印书馆，2024（2025.10重印）.-- ISBN 978-7-100-24555-5

Ⅰ.D630.9

中国国家版本馆CIP数据核字第2024C9890T号

**权利保留，侵权必究。**

**八闽廉箴备要**

林月恩　主编

商　务　印　书　馆　出　版
（北京王府井大街36号　邮政编码100710）
商　务　印　书　馆　发　行
北京建宏印刷有限公司印刷
ISBN 978-7-100-24555-5

| 2024年9月第1版 | 开本 710×1000　1/16 |
| 2025年10月北京第2次印刷 | 印张 39¾ |

定价：168.00元

# 内容简介

《八闽廉箴备要》是系统全面整理福建历代先贤廉洁箴言的书籍，上迄唐代，下至中华人民共和国成立，从文士风采、文献整理、文本叙述、文学研究、文化传承等多重维度，梳理了福建廉洁文化的历史发展脉络，勾勒了福建一脉相承且与时俱进的廉洁文化传统。本书以廉明志、以文化人、以史为鉴，以"文脉"激活"廉脉"，是"第二个结合"视域下福建地域特征传统廉洁文化研究的创新成果，与《朱子全书廉洁章句辑要》相辅相成，形成富有鲜明地域性、学术性的中华优秀传统廉洁文化研究成果"姊妹篇"，以使沉眠于山野、民间和古籍中的廉洁文化焕发时代活力，从而对加强福建乃至中国廉洁文化发展研究，具有学术参考价值和实践推进意义。

# 主编简介

林月恩,福建师范大学廉洁文化研究中心主任,著作及主编有《山道弯弯》《山高水长》《山歌悠悠》《山里山外》《廉洁让大学更美好》《朱子全书廉洁章句辑要》《八闽廉箴备要》等。

# 编委会

主　编：林月恩

副主编：叶祖淼　杨祖荣

编　委：陈超凡　杨垠红　陈金章　余培雄　盛子同
　　　　刘锦华　陈清波　朱　丹　洪钟贤　孟凡威
　　　　王禧龙　许海娟　陈佩雯　陈心怡　李睿思

# 序 一

## 过 勇

清代文学家、理学家、教育家张伯行《鳌峰书院记》中说:"闽中素号海滨邹鲁,盖自龟山载道而南,三传至考亭,而濂洛之学大著。其渊源上接洙泗,由宋迄今,闽士蔚兴,与中州埒。"福建地处祖国东南,环山临海、山林众多,独特的地理环境造就了恢弘厚重、独具特色的八闽文化,既呈现中原文化的博大精深,又传承闽越文化的古朴风韵,且浸染海洋文化的绚丽斑斓,不愧是孕育优秀文化的沃土。

2023年暑期,林月恩书记到访清华园,专程来纪检监察研究院,介绍福建师范大学深入学习贯彻习近平总书记关于"三不腐"重要论述的创新做法。近年来,福建师大纪委探索实施"五抓五融合——廉洁让大学更美好"廉洁创新工程:坚持抓监督、推动"四项监督"贯通融合,坚持抓惩治、推动"三不腐"贯通融合,坚持抓制度、推动"两个责任"贯通融合,坚持抓教育、推动与立德树人贯通融合,坚持抓"双创"、推动与中华优秀传统文化贯通融合,给我留下了深刻印象。特别是福建师范大学作为中国建校最早的师范大学之一,充分发挥人文底蕴深厚和社科研究见长优势,深挖福建优秀传统廉洁文化资源,突出廉洁文化浸润引领和育人教化功能,推动廉洁文化创造性转化和创新性发展,引起了我们的共鸣。

未期想,月恩书记于今送来"五抓五融合"廉洁创新工程的厚重新成果——《八闽廉箴备要》书稿,并嘱我作序。我为其崇文尚学之诚而感动,因其好学深思之勤而感佩,欣允写下先睹为快的感受。

文化关乎国本,文脉同国脉相连。中华文化源远流长,中华文明璀璨生辉,从先秦诸子到汉唐气象,再到宋元境界、明清风韵……造就了既一脉相承又与时俱进的中华文脉。廉洁是中华优秀传统文化中鲜明的价值取向,廉洁文化植根于中华大地,孕育并发展于中华文明实践,与中华文化相伴相生,与中华文明共同成长,中华廉脉与文脉交汇融合、绵延不绝。中华廉脉的传承发展，离不开中华文脉的滋养，唯有赓续中华文脉，推动中华优秀传统文化创造性转化和创新性发展，中华廉脉方能持续焕发时代光芒、熠熠生辉。

丰富多样的历史文献史料，是文脉和廉脉的重要载体。月恩研究团队从文献史料采集整理入手，田野调查法与文献研究法相结合，广泛收集方志、族谱、家训、笔记、古代民间刻本等诸多史料中的廉洁箴言，辑居敬穷理之要，阐明体达用之学，求体用贯通之效，以廉洁通古今约自身，系统梳理熔铸于八闽文脉中的廉洁之脉，形成了《八闽廉箴备要》。本书以福建地域为经，以八闽人物为纬，共分九辑，每一辑分别对应福建的一个设区市，时间横跨唐代至中华人民共和国成立，共辑得先贤 100 余人、廉箴 3000 余条，清晰展现了福建传统廉洁文化历史发展脉络，别开生面；以廉洁为题、以文化为根，连接历史、观照现实，是对中华优秀传统文化重视教化功能的赓续、传承和创新，对高校落实立德树人根本任务，推进纪检监察学科特别是廉政文化学体系建设，具有显见的学术价值和实践意义。

高校是立德树人的殿堂，肩负着为党育人、为国育才的光荣使命。常言道，浇花浇根，育人育心。廉洁作为中华民族的传统美德，是古往今来立德树人的重要内涵，育人须立德育廉。本书是新时代高校落实立德树人的具体实践和创新成果，其撷取的廉洁章句简明扼要却饱含哲理，展现了先哲厚德养廉、公正严明、崇俭戒奢、奉公自律、一心为民、不谋私利等优良品德，为新时代高校以文化人、以廉润心提供了丰富的思想资源和精神营养。

本书既遵循文化育人规律又贴近高校师生实际，作为新时代高校师生廉洁教育的读本，有助于充分发挥廉洁文化的价值导向、行为约束、生态净化等作用，推动廉洁价值观念、道德规范、行为方式融入师生日常学习生活工作之中，引导师生学习历史、了解文化、净化心灵，明大德、守公德、严私德，形成崇廉拒腐、尚俭戒奢的校园风尚，促进教师大力弘扬教育家精神，更好地教书育人、立德树人；促进学生以廉养德、全面发展，努力成为堪当民族复兴重任的时代新人。廉洁，让大学更美好。

"第二个结合"是我们党对马克思主义中国化时代化历史经验的深刻总结，是对中华文明发展规律的深刻把握，深刻揭示了中华优秀传统文化是我们党创新理论的"根"。福建师范大学廉洁文化研究中心深入学习贯彻习近平文化思想，以"第二个结合"的视域，深入田野乡间，走访历史古迹，钻研经典史籍，深挖八闽大地丰厚的廉洁文化资源，并赋予了新的时代内涵和表现形式，让一位位先哲贤人从历史中"走"出来、"活"起来。读之若与贤哲比邻、与廉洁同行，为新时代高校有组织开展廉政文化学研究提供了新范式。

纪检监察学是一门具有中国特色的新兴学科，基础理论研究和自主知识体系建构是当前纪检监察学科建设的重要任务。本书"横跨古今，群贤毕集"，时间跨度长、先哲人物多、史料种类全，其中不少内容为首次系统性发掘辑录，是当前最系统全面整理福建历代先贤廉洁箴言的书籍，是"第二个结合"视域下福建地域特征传统廉洁文化研究的创新成果，对新时代纪检监察学科建设是有力的推动。本书与此前出版的《朱子全书廉洁章句辑要》构成了富有鲜明地域性、学术性的中华优秀传统廉洁文化研究成果"姊妹篇"，进一步丰富了廉政文化学研究，不仅可作为纪检监察学相关课程的辅助教材，还为建构纪检监察学自主知识体系提供了成体系的文史资料支撑。

"万物有所生，而独知守其根。"八闽典籍史料浩如烟海、种类繁多，崇廉尚洁的道德文章卷帙浩繁，从中钩沉提玄、探骊得珠需要心坚力勤之功夫。衷心祝贺《八闽廉箴备要》出版发行！同时也热诚期待更多学者主动担负起新时期文化使命，深入挖掘中华优秀传统文化资源，加强廉洁理论研究，讲好中华廉洁故事，推出更多有价值、有影响的学术精品，用中华优秀传统文化涵养新时代廉洁文化，为一体推进"三不腐"，纵深推进全面从严治党贡献更多力量。

2024 年 1 月 5 日

# 序 二

"文以化廉",是福建形成的廉洁文化传统,也是把握闽地文脉与廉脉生生不息、历久弥新根本动因的一条主线。在历史长河中,无数闽籍文士以文抒心、以廉明志,留存下大量廉洁思想与事迹,涵育后人;凝结出崇廉洁身的价值传统,泽被后世。可以说,"廉洁"早已成为闽地文化的精神象征之一,随着闽地文化的不断发展而彰显出鲜活的生命力。时至今日,当我们再次翻开厚重的典籍,阅读先贤著述,恳切言辞、敦敦教诲,依然历历在目,使人不自觉地学"廉"、近"廉",以"廉"修身立本。

然而,要在浩如烟海的典籍中梳理出闽地绵延千年的廉脉与化廉之文脉并非易事,这不仅需要对闽地历史文化的全面把握,还需要对闽地历史名人的深至理解。学海行舟,考析提要,对学识与心力皆是双重考验。林月恩研究团队以学人的坚守与严谨进行着这项工作,从文士风采、文献整理、文本叙述、文学研究、文化传承等多种向度对闽地的廉洁文化进行梳理,探寻"文"何以化"廉"之成因。

文士所代表的是闽地文化主体性的问题,他们是闽地廉洁文化最为直接的代表,要想深入把握福建廉洁文化与思想的发展与演变,透析其内在动因,文士作为廉箴主体是绕不过去的存在。为此,本书在廉箴辑录的同时,作名士人物小传简介,彰显其品格,凸显其事迹,更为重要的是为廉箴的理解提供历史的语境。这样,廉箴既是时人对其历史时代的主观表达,又穿过历史,透映当下,从而与当时的历史现实形成动态交互。既以文士风采深化廉箴理解,又以廉箴表达丰富文士形象,这样才能透彻地理解廉箴、文士与时代三者的逻辑关系。

主体性得到明晰后,紧随其后的就是基础性的文献整理工作。文献收录的全而优是本书最为突出的特点。文献浩瀚,体量巨大,又有诸多作品散佚其间,难以得见。为了做到文献收集的全面与精确,本书将图书检寻与实地踏查并举，从名人文士入手检索文献，梳理脉络，并实地考察八闽廉洁教育基地，感受八闽廉风，为全面系统发掘福建地区的廉洁文化内涵与价值夯实了基础。

廉箴作为语言的表达，最终要回归叙述的本质。辑录叙述的裁剪，本身也会变为叙述的一部分。从历史的视角看，将重新以历史语言的身份呈现出当下的风景。面对历史与文本，本书将时代视野与文化传统相结合，以时代之问引导廉箴的选择，以文学素养淬炼文句的精华，使本书不仅涵盖了廉洁文化内涵的方方面面，反映出当下社会在廉洁层面的重点关切，又以此为依托梳理出八闽大地的廉洁传统与发展脉络，充分体现出八闽大地的廉学、廉风和廉育，有助于深刻把握八闽文风与廉脉，探析闽廉之风由何而来，闽廉之根又要扎向何处。

透过文本层面的叙述，更要深入文学层面的研究。本书在文学领域也能为廉洁箴言的研究提供文献基础。通过将廉洁箴言置于历史语境中考察，可以深入探讨其文学性质、语言特征与文化传统，从而揭示廉箴在文学创作中的地位和作用，拓展文学研究的领域，而透过廉箴与当下社会的关切，又能深入探讨廉箴对社会廉洁教育的影响，为当代廉洁文化的建设提供历史依据与思索方向。

无论是文献资料的整理，或是文学层面的研究，最后的落脚点都要回归到赓续与传承。八闽廉风与文风从千年前吹来，自然还要向千年后吹去。身处其中的我们如何做出应有的努力，这恰恰成为我们应该思考的问题。月恩的这本新著，或许就是一个尝试：将历史的廉箴与时代的问题相结合，使历史以现实的面貌呈现，为八闽廉脉注入时代的养分，并最终延伸向未来的路径。

统观历史，资料翔实；面向时代，梳整脉根。本书不仅是一部福建地域名人廉箴的合集，更是一部展现由古到今闽地"文以化廉"历史传统与文化风貌的全景之作。

在我看来，本书是赓续闽派文学精神，赋予时代内涵的创新之作。作为中国文学宝库中的重要流派，闽派文学以其独特的地域特色和文化特色而闻名。通过福建历代名人廉洁语录的辑要，这本书不仅延续了闽派文学的传统，更将其与廉政理念相结合，拓展了闽派文学的空间与视野，使闽派文学走入到"大文学"之中，用"文以化廉"来关照社会现实，使八闽文气深深地接入了时代地气，生生不息。由此我认为，本书还是探索文学、文化与廉政学科交叉研究新路径的有益尝试。传统上，文学和廉政被视为两个独立的领域，但本书尝试打破这种界限，将其融合，以便更好地理解八闽廉洁文化的内涵和实践。这种交叉学科的研究方法，不仅有助于促进学科之间的相互借鉴，也为我们提供了一个更加综合和全面的视角来探讨历史、现实和实践逻辑。

显然，本书与月恩前作《朱子全书廉洁章句辑要》恰成"姊妹篇"，既是福建师范大学廉政文化学科研究的重要成绩，也是百年师大新文科建设的重要成果。如果说《朱子全书廉洁章句辑要》以纵向的深度剖析了朱子的廉洁思想，是优秀的个案研究，那么《八闽廉箴备要》就兼顾历史与地域的深度与广度，以地域为经，以人物为纬，为我们描绘了八闽大地上历史纵深的廉洁画卷。相信这本书的出版将对进一步推动八闽廉洁文化的传承发展带来新的启示与思考。

我与月恩，可谓忘年交。缘始于德化一中。他来自德化一中，在德化的风雨中成长。我也曾在德化一中任教，在那里走出了人生的迷雾，德化一中可以说是我生命的转折点。我称其为"校友"。我们又都是中文系毕业，一在北大，一在南大，一南一北虽异，文风学风却同。月恩在工作之余，写诗作文，学思不辍，喜有文章共琢磨，其古诗、词、联对古典意象驱遣自如，密度甚高，殊是难得。历党政机关卅余载得归学府，力耕闽地文化，为千年闽脉文风传承不懈努力，殊为可贵。此书得成，是古典文学的浸润使然，是闽地风物的化育使然，更是对闽人故土的热忱使然。

正如清代苏廷玉说："夫学者，学为人也。"此书摘章炼句，选严辑精，得八闽文气，接时代地气，扬清廉正气，依《八闽廉箴备要》之引我们可学于身，化于心，践于行。

视野上，一域以观全局。通过八闽地区廉洁风貌和文化脉络的展现，照见中华文明廉洁文化的底蕴。八闽的廉洁文化是一个缩影，也是一个窗口。它能让大家更好地培养高尚品格、追求廉洁典范。"开漳圣王"陈元光说："婵娟争泼眼，廉洁正成邻。"清代福建兴泉永道尹周凯说："君子亦洁其身，洁其心而已。""敢以廉明矜素志。"诚哉斯言！与廉为邻，廉身洁心，当是我们共同的追求。

内容上，一书以综览八闽廉脉。本书是目前最系统全面整理福建历代先贤廉洁箴言之力作，通过广泛搜集八闽廉洁文献，实地踏查八闽廉洁基地，辑出一百余人的三千多条廉箴，勾勒出唐代至中华人民共和国成立前福建廉洁文化的发展脉络，谱写出八闽士子廉洁风貌的灿烂篇章。所以，宋代蔡襄说："修身莅官,清白恭畏。"清代蓝鼎元高唱:"故居官以廉为称首。居官不要钱,鬼神犹畏之,况人乎?"

　　精神上,一卷以裨益万千读者。八闽大地,廉风播惠,化育后人。我相信,对八闽先贤廉洁箴言之积学,不仅是对他们品格的铭记、精神的高扬,更能为万千读者在八闽福山福水之间,涵养出心中的浩然正气。福建廉脉,也是文脉;文以化廉,更是化人。清代文华殿大学士蔡新,化用《孟子》"顽夫廉,懦夫有立志"而成"廉立懦顽后世师"。期待本书之出版以列廉箴,总先贤,育后世,助力实现清文士蓝鼎元的"风清日朗,大法小廉,盗息民安"之望。

2023.12.28.

# 说　明

一、福建依山傍海、地灵人杰，有"海滨邹鲁""文献名邦"之谓，文源深、文脉广、文气足。本书上自唐朝，下迄中华人民共和国成立前，以地区为经，以人物为纬，以廉洁为主题，全面整理研究归集福建历史贤哲大儒、清官廉吏的嘉言懿行，力求呈现福建"廉"文化的历史脉络，广泛传播崇德尚廉、廉为政本、持廉守正等传统廉洁文化，不断赓续和激活八闽优秀传统文化生命力。

二、本书坚持广泛收集与严格筛选相结合的原则编纂，紧扣"廉"与"箴"，凡福建历史上反映廉政为民、克己奉公、清正廉洁、廉洁自守、公私分明、刚正不阿、尚俭戒奢等崇廉拒腐、向上向善方面的廉语哲言，经充分论证、去伪存精后辑要而为廉箴，以期构建较为完备且地域特征鲜明的福建"廉"文化概览，照见福建廉洁文化的完整脉络，探寻福建廉洁文化的内核与外延，并为廉洁品格与意识的培养提供镜鉴。

三、本书分为九辑，分别对应福建省九个设区市，以设区市为单位，对所收录人物按照历史顺序依次辑要整理；对于古今地域归属不一致的，以现行行政区划为基准归纳；各辑对应为：辑一福州，辑二厦门，辑三漳州，辑四泉州，辑五三明，辑六莆田，辑七南平，辑八龙岩，辑九宁德。

四、本书既摘录廉洁箴言，又辅以介绍生平经历、廉洁事迹、主要作品等情况，以期备要展现人物、历史及廉箴。

五、本书辑录田野考察与文献考证兼而取之。实地调查探访古圣先贤出生地、纪念馆和历史遗迹等，收集查阅相关原始一手文献，补充典籍文献之不足。文献考证坚持兼收并蓄，充分考察不同版本著作，以现代优良通行排印整理本为主，以古代抄本、刻本、方志、族谱、家训、笔记等为辅；人物资料收集，以其全集著作为主，单行著作及别家收录为辅。

六、本书辑要的箴言章句均标注出处，现代出版著作标明出处与页码，刻本、抄本等无页码古籍标明版本，对部分未句读的章句进行整理与校勘。

七、对于原书中的疑难字、异体字、别字等，在参校核对后，使用现代通行简体汉字；对于漏字、衍字，予以补充或删除；对于缺字等情况，以"□"表示。

# 目录

## 八闽廉箴辑一

林慎思 ······ 3
陈　襄 ······ 9
郑　侠 ······ 17
张元幹 ······ 22
郑思肖 ······ 24
林　鸿 ······ 27
王　偁 ······ 30
林春泽 ······ 32
郑善夫 ······ 34
高　瀫 ······ 39
张　经 ······ 41
叶向高 ······ 44
谢肇淛 ······ 46
林云铭 ······ 49
黄　任 ······ 53
郑光策 ······ 55
梁章钜 ······ 58
林则徐 ······ 63
林昌彝 ······ 90
郭柏荫 ······ 93

沈葆桢 ·················································· 100
陈宝琛 ·················································· 108
林　纾 ·················································· 118
严　复 ·················································· 129

## 八闽廉箴辑二

苏　颂 ·················································· 147
邱　葵 ·················································· 153
林希元 ·················································· 155
洪朝选 ·················································· 160
蔡献臣 ·················································· 162
林应翔 ·················································· 169
蔡复一 ·················································· 170
许　獬 ·················································· 172
池显方 ·················································· 183
周　凯 ·················································· 186
苏廷玉 ·················································· 189
吕世宜 ·················································· 194

## 八闽廉箴辑三

陈元光 ·················································· 205
高　登 ·················································· 208
陈　淳 ·················································· 210
林　弼 ·················································· 215
陈真晟 ·················································· 219
陈洪谟 ·················································· 221
戴时宗 ·················································· 224
黄道周 ·················································· 226

| 蓝鼎元 | 242 |
|---|---|
| 蔡世远 | 269 |
| 庄亨阳 | 273 |
| 蔡　新 | 277 |

## 八闽廉箴辑四

| 韩　偓 | 283 |
|---|---|
| 詹敦仁 | 285 |
| 王十朋 | 287 |
| 卢　琦 | 290 |
| 朱　鉴 | 292 |
| 蔡　清 | 295 |
| 俞大猷 | 302 |
| 王慎中 | 305 |
| 李　贽 | 308 |
| 李廷机 | 333 |
| 黄克缵 | 335 |
| 骆日升 | 337 |
| 施　琅 | 340 |
| 郑成功 | 342 |
| 丁　炜 | 345 |
| 李光地 | 348 |
| 陈棨仁 | 361 |

## 八闽廉箴辑五

| 杨　时 | 367 |
|---|---|
| 陈　瓘 | 381 |
| 陈　渊 | 383 |
| 罗从彦 | 389 |

李　纲 ……………………………………………… 398
黄　慎 ……………………………………………… 404
张际亮 ……………………………………………… 406

## 八闽廉箴辑六

黄　滔 ……………………………………………… 417
翁承赞 ……………………………………………… 424
蔡　襄 ……………………………………………… 426
郑　樵 ……………………………………………… 431
黄公度 ……………………………………………… 435
王　迈 ……………………………………………… 437
刘克庄 ……………………………………………… 440
陈　旅 ……………………………………………… 443
周　瑛 ……………………………………………… 445
郑　纪 ……………………………………………… 448
郭尚先 ……………………………………………… 454
江春霖 ……………………………………………… 457

## 八闽廉箴辑七

杨　亿 ……………………………………………… 461
柳　永 ……………………………………………… 463
张伯玉 ……………………………………………… 465
黄　裳 ……………………………………………… 467
何去非 ……………………………………………… 474
廖　刚 ……………………………………………… 476
李　侗 ……………………………………………… 478
胡　宏 ……………………………………………… 480
李　吕 ……………………………………………… 484
朱　熹 ……………………………………………… 486

袁说友 ·················································· 533
真德秀 ·················································· 535
宋　慈 ·················································· 543
黄镇成 ·················································· 545
杨　荣 ·················································· 547
高澍然 ·················································· 549

## 八闽廉箴辑八

郑文宝 ·················································· 553
杨　方 ·················································· 556
裴应章 ·················································· 558
黎士弘 ·················································· 561
刘　坊 ·················································· 568
上官周 ·················································· 572
邱嘉穗 ·················································· 574
华　喦 ·················································· 576
童能灵 ·················································· 579
丘　复 ·················································· 581

## 八闽廉箴辑九

陈　普 ·················································· 587
张以宁 ·················································· 590
游　朴 ·················································· 594
戚继光 ·················································· 599
冯梦龙 ·················································· 602

后　记 ·················································· 612

# 八闽廉箴辑一

# 林慎思

林慎思（844—880），字虔中，号伸蒙子，长乐（今福建省福州市长乐区）人。林慎思是福建历史上第一位思想家，是福建文化发展史上的一个重要标志，被后人誉为"吾闽千古不朽之高士"。

父林升，官至监察御史。慎思少好学，兄弟五人在筹峰山筑室读书。唐咸通十年（869年）中进士。翌年再试，中宏词科第一。兄弟五人先后皆中进士，时称"五桂联芳"。唐懿宗赐"兰桂同芳"匾，敕改崇贤乡为"芳桂乡"，又把慎思兄弟所居钦平里改称"大宏里"。慎思历任秘书省校书郎、兴平尉，执法甚严，后升为尚书水部郎中。僖宗日与宦官嬉乐，不理朝政。慎思屡次上书切谏不被采纳，出为长安万年县令。广明元年（880年），黄巢起义军攻占长安，慎思领兵出战，被俘。起义军逼其为官，慎思誓死不受，遇害。著有《伸蒙子》《续孟子》传世；另有《外篇·宏词》5篇、《儒范》7篇藏于家，后佚。

1. 里有良吏暴吏损益于民也，不由牧政之心焉？然则政之不乱也，不使罚及忠信，赏归苛酷矣，是赏罚均于政也。而良暴岂由于政哉？是兴衰系乎君人，犹良暴系乎里吏，则天示妖祥，顾非均于赏罚邪？岂使妖见唐虞，祥呈幽厉欤？则知化妖祥者由乎天，变兴衰者由乎人。故曰：非天也，人也。

——《彰变》，[唐]林慎思《伸蒙子》卷上，清乾隆三十七年至道光三年长塘鲍氏刻知不足斋丛书本。

2. 治大以智，治小以力，智役众人，力穷一身。然则劳众孰与劳己之难乎？夫工于材也，有绳墨焉，有斧斤焉，绳墨以智也，斧斤以力也，布绳墨岂不易于运斧斤之劳乎？剞绳墨误犹可移，斤斧误其可移哉？治国施教，令非布绳墨邪？治邑承教，令非运斤斧邪？则治国孰与于治邑之劳乎？

——《辩治》，[唐]林慎思《伸蒙子》卷上，清乾隆三十七年至道光三年长塘鲍氏刻知不足斋丛书本。

3. 朴止也，诈流也，止犹土也，流犹水也。水可决使东西乎？土可决使东西乎？且婴儿未有知也，性无朴乎？卯儿已有知也，性无诈乎？圣人养天下之民犹养儿也，则古民婴然未有知也，今民卯然已有知也，化已有知孰与化未有知之难乎？

——《喻民》，[唐]林慎思《伸蒙子》卷上，清乾隆三十七年至道光三年长塘鲍氏刻知不足斋丛书本。

4. 吾所谓古民难化，性犹土也，土不移，移则硗埆生矣；今民易化，性犹水也，水可导，导则其源清矣。是以古之民，虽唐尧在上，终不能化顽嚚使有知；今之民，有尧之化，孰有顽嚚之难化乎？故曰：今民易化也。

——《演喻》，[唐]林慎思《伸蒙子》卷上，清乾隆三十七年至道光三年长塘鲍氏刻知不足斋丛书本。

5. 仲尼得于楚不为有土，失于楚不为无土。何则？鳅居之水，鲲不可止也；莺巢之林，鹏不可栖也。故仲尼无土于一时，有土于万代也。且生遇无道，则天下犹小，不容仲尼也，矧一楚国何益乎？苟生遇有道，则陋巷非隘，可封仲尼也，虽百楚国何及乎？所以仲尼之道高大无穷焉，亘万代而乃容，非一时之能容矣。苟以一时封楚，是鲲止鳅水、鹏栖莺林，既莫能容也，孰为有土乎？所以亘万代而乃容，果遇有道而封也，孰为无土乎？故《儒行》曰：儒有不祈土地，立礼义以为土地。则知仲尼不得封楚不患无土明矣。

——《演圣》，[唐]林慎思《伸蒙子》卷上，清乾隆三十七年至道光三年长塘鲍氏刻知不足斋丛书本。

6. 夫越巨川，遇昏暝之时，望十里之岸如在数步之中，是岂川之隘乎？盖昏暝观之而然也。仲尼生于周末，历聘七十国莫能容者，非天下昏暝乎？天下昏暝，观之而小，不亦宜哉？若使仲尼生于陶唐之代，则君如日也，天下皆昼也，天下恶得而小哉？故曰：以时观之而小矣。

——《喻时》，[唐]林慎思《伸蒙子》卷上，清乾隆三十七年至道光三年长塘鲍氏刻知不足斋丛书本。

7. 夫盗者习于昏黑也，见明则恶之，盖不利其盗矣。宋卫是习昏黑者也，见仲尼则恶之，盖不利宋卫之盗矣。盗自盗也，日月、仲尼何损哉？

——《全明》，[唐]林慎思《伸蒙子》卷上，清乾隆三十七年至道光三年长塘鲍氏刻知不足斋丛书本。

8. 夫人之寐也，见明则避之，所以不用日月也。是时天下诸侯皆寐，见仲尼则避之，所以不用仲尼矣。寐自寐也，日月、仲尼何损之有？

——《全明》，[唐]林慎思《伸蒙子》卷上，清乾隆三十七年至道光三年长塘鲍氏刻知不足斋丛书本。

9. 善不在柔，恶不在刚也。火能炮燔亦能为灾，水能润泽亦能为渗，及其迁也，化灾为炮燔，化渗为润泽，岂在化火为水乎？人之善恶随化而迁也，必能反善为恶，反恶为善矣。孟母正己以化于孟轲，及其迁也，非反恶为善邪？齐桓大功而化于竖刁，及其迁也，非反善为恶邪？所谓人之善恶随化而迁，不亦明乎？

——《明化》，[唐]林慎思《伸蒙子》卷上，清乾隆三十七年至道光三年长塘鲍氏刻知不足斋丛书本。

10. 夫贾者积金市物，闻鬻者之声，则必跃然而近之，虽物不合贾者，亦偿金而取焉。所以不阻四方之物也，不阻四方之物则四方之心向焉。周公设礼以待士，闻有士之名则必欣然而迎之，虽士不及，周公亦下礼而接焉。所以不阻四方之士也，不阻四方之士则四方之心归焉。则知急贤之心要四方之心也，岂有肖周公而后急之邪？

——《广贤》，[唐]林慎思《伸蒙子》卷上，清乾隆三十七年至道光三年长塘鲍氏刻知不足斋丛书本。

11. 论其位则勋崇，较其仁则昌至。

——《较仁》，[唐]林慎思《伸蒙子》卷上，清乾隆三十七年至道光三年长塘鲍氏刻知不足斋丛书本。

12. 先生闻齐相养士三千乎？闻晋臣饭桑下饿人乎？饿困而得食，与食厌而得鱼，孰急乎？五帝之民，以时治为常，遇勋之仁，岂非食厌而得鱼欤？商末之民，以时乱为常，遇昌之德，岂非饿困而得食欤？故谓：勋民虽乐不及昌民喜也，亦明矣。

——《较仁》，[唐]林慎思《伸蒙子》卷上，清乾隆三十七年至道光三年长塘鲍氏刻知不足斋丛书本。

13. 伸蒙子曰：正天下也，何罪之有？曰：徇，吕氏以矫高祖，是蹑邪境而背直道，何反谓正哉？曰：用邪扶正也，且大厦之倚也，必倚其木以扶之，然后正矣。

——《持危》，[唐]林慎思《伸蒙子》卷上，清乾隆三十七年至道光三年长塘鲍氏刻知不足斋丛书本。

14. 恩施于民，民既民矣；刑施于民，民不民矣。且民既民，恩不加，民自化也。民不民，刑不加民，谁御哉？譬处家而治群下焉，下之良者，虽恩赏不至，且未失于良矣。下之恶者，苟刑责不及，孰可制其恶哉？是知治民用刑为最。

——《利用》，[唐]林慎思《伸蒙子》卷上，清乾隆三十七年至道光三年长塘鲍氏刻知不足斋丛书本。

15. 水火不暴于虎狼也，然水火之为峻也，必能滔涌天地、焚燎山川，而人不蹈也。狼虎之为峻也，止于呀风吼雾、噬兽啖人矣，岂及水火之大欤？所以水火仁于人，而人赖之不见其峻也，狼虎害于人，而人畏之故见其峻也。有道之君犹水火然，无道之君犹狼虎，然狼虎不及水火之大，岂不明乎？

——《辩刑》，[唐]林慎思《伸蒙子》卷中，清乾隆三十七年至道光三年长塘鲍氏刻知不足斋丛书本。

16. 吾闻顺天者存，逆天者亡。天生羲农黄帝尧舜为道之宗，又生禹汤文武周公孔子为道之主，其言式万代，其政训百王，譬日月不可掩，山川不可迁也。秦人姗笑先王，绝弃礼法，悉举而燔之，使天下之人横目蚩蚩，无知识，无防节，是日月晦蚀，山川崩裂，天怒人怨，有灭亡之形而人不知也。一夫呼，七庙堕，秦焚书是自焚矣，秦坑儒是自坑矣，世未有合天而亡，逆天而存者也。故曰：秦之亡天也。

——《合天》，[唐]林慎思《伸蒙子》卷中，清乾隆三十七年至道光三年长塘鲍氏刻知不足斋丛书本。

17. 天俾秦，然所以甚其罪而去天下之乱也。当六国相强，二周皆弱，此时已亡仁义，唯尚战争，故天下大乱，不一其主也。天俾秦并而一之又不能守，故天下复一于汉，所以去天下之乱也。

——《去乱》，[唐]林慎思《伸蒙子》卷中，清乾隆三十七年至道光三年长塘鲍氏刻知不足斋丛书本。

18. 三代之季，鉴于有道，不鉴于无道也。且居起欲奢，鉴之而反俭；威刑于暴，鉴之而反仁；畋游欲纵，鉴之而反礼；声色欲荒，鉴之而反德；是犹鉴治国之政而成有道之基矣。反是，犹盗贼之类昼观刑戮于市，暮行诛劫于衢，岂刑戮能使之鉴邪？盖盗贼之心不可移也，虽知夕必祸身而朝且杀人矣，是谓三代之季，鉴于有道不鉴于无道也。

——《鉴旨》，[唐]林慎思《伸蒙子》卷中，清乾隆三十七年至道光三年长塘鲍氏刻知不足斋丛书本。

19. 辛为君涂炭生民，是时天下之心皆欲亡商兴周。盖商之朝犹有贤人，贤人存则商不亡，商未亡为天下戮。是以比干知存无益，故力谏以就死，恶不为忠乎？

——《演忠》，[唐]林慎思《伸蒙子》卷中，清乾隆三十七年至道光三年长塘鲍氏刻知不足斋丛书本。

20. 苟使逃去，则无忠臣死谏之名垂于后代也。且比干非不知辛祸胎已长，势不可止，盖不忍不止，则竭忠谏之，谏之不听，亦欲垂明镜于后代，则辛有剖贤人之罪，得无鉴戒于后代邪？是以比干之忠，不独忠于一时，而亦忠于后代矣。

——《演忠》，[唐]林慎思《伸蒙子》卷中，清乾隆三十七年至道光三年长塘鲍氏刻知不足斋丛书本。

21. 夷齐之谏，不独吐一时之忠，抑垂千古之戒也。且人皆曰纣可伐也，独夷齐不以为然者，其意不亦深乎？故谏不贵纳于一时之周武，而贵纳于后代之诸侯；不贵存于一时之商纣，而贵存于后代之王室。知后代王室必有肖商纣之暴，后代诸侯必有习周武之志，故损身讽谏用讥，后代伐君者恐中损身之讥，无生易国之志，此非夷齐之意深乎？若谓止周武纵商纣为心，是不能立昭代之谋，救下民之难，而遁迹饿死，真曰愚矣，后圣曷称为贤哉？盖立谋救难不乏其臣，所以去之将持终身之仁，用全讽谏之道，故有知者谓之仁义，不其然乎？迨后幽厉有商纣之暴不为诸侯易其国，是恐中损身之讥也。故得周室不翅于卜数，非由夷齐忠谏所致哉！

——《明鉴》，[唐]林慎思《伸蒙子》卷中，清乾隆三十七年至道光三年长塘鲍氏刻知不足斋丛书本。

22. 人无不惑。盖君子知其所惑而不惑矣，小人不知其所惑而惑矣。

——《辨惑》，[唐]林慎思《伸蒙子》卷中，清乾隆三十七年至道光三年长塘鲍氏刻知不足斋丛书本。

23. 予所学周公仲尼之道，所言尧舜禹汤文武之行事也。如有用我者，吾言其施，吾学其行乎。

——[唐]林慎思《伸蒙子·原序》，清乾隆三十七年至道光三年长塘鲍氏刻知不足斋丛书本。

24. 人皆爱花之鲜妍，不知鲜妍能诱人为骄奢之患矣；人皆忌棘之伤害，不知伤害能诫人行正直之路矣。

——［唐］林慎思《伸蒙子》卷下，清乾隆三十七年至道光三年长塘鲍氏刻知不足斋丛书本。

25. 终身为善而善未必闻，卒有一恶归之，则为善之名败矣。

——［唐］林慎思《伸蒙子》卷下，清乾隆三十七年至道光三年长塘鲍氏刻知不足斋丛书本。

# 陈 襄

陈襄（1017—1080），字述古，侯官县（今福建省福州市闽侯县）人，北宋理学家。因居古灵，故号"古灵先生"，与郑穆、陈烈、周希孟并称"古灵四先生""海滨四先生"。

宋庆历二年（1042年），及进士第，官浦城县主簿，代理县令，明察深研。陈襄曾建学舍为数百求学者讲学。嘉祐六年（1061年），出知常州，发动民众开渠引水，使二百里土地受益。熙宁元年（1068年），任尚书刑部郎中，修起居注，知谏院，管勾国子监事，改侍御史知杂事。时王安石执政，陈襄五次上疏，论青苗法之害，请罢免王安石、吕惠卿，神宗不从，但器重陈襄文才，召试知制诰。陈襄以言不见听，辞不应试。翌年，任知制诰，入直学士院。熙宁四年（1071年），出知陈州（今河南省周口市淮阴区），修建范仲淹曾拟修的学舍，与诸生讲《中庸》。次年，移知杭州。熙宁七年（1074年），复知陈州，修八字沟，排除城中水潦灾害。元丰二年（1079年），兼管尚书都省事。元丰三年（1080年），病卒于京都开封，朝廷追赠给事中，谥"忠文"。陈襄有《易讲义》《中庸讲义》，已佚，另有《古灵集》25卷传世。

26. 臣愿皇帝，事天寅畏。左右惟贤，安民惟惠。无拂忠谏，无轻政事。日新一日，庶答天意。

——《郊祀庆成诗》，[宋]陈襄《古灵集》卷三，宋绍兴三十一年刻本。

27. 绮楼日颠仆，金谷无人归。绿珠千古魂，散作香尘飞。荒榛塞中道，惟有寒蛩啼。嗟哉百世后，骄奢徒尔为。

——《洛阳曲》，[宋]陈襄《古灵集》卷三，宋绍兴三十一年刻本。

28. 天无私覆心，地无私载德。人生天地间，荣辱何相隔。农者不释耒，朱门列鼎食。巧妇不下机，公子罗纨饰。富贵岂劳心，饥寒空努力。惟有北邙山，冢墓皆荆棘。

——《人生天地间》，[宋]陈襄《古灵集》卷三，宋绍兴三十一年刻本。

29. 我欲友其德，顾已鸿毛轻。予起谢不敏，过辞非予聆。感子虚白德，来化纯愚诚。高风激万世，凛如伯夷清。留子永今日，愿言报英琼。

——《喜雪》，[宋]陈襄《古灵集》卷三，宋绍兴三十一年刻本。

30. 我时过之不忍顾，往往悲咽胸填委。岂无智虑裨万一，远地不得号君耳。钱侯作倅忠且仁，悲怜饿殍如亲子。

——《通判国博命赋假山》，[宋]陈襄《古灵集》卷三，宋绍兴三十一年刻本。

31. 近岁民艰食，群小屡轩跳。挥刀力诛锄，加以原火燎。政令务宽简，威肃宜震曜。武事戒不习，贱策贵前料。山林剔逋逃，道路剪攻剽。食禁宁疏网，私兵勿容鞘。尝闻伍保法，慎置理宜妙。

——《送李惟肖尉尤溪》，[宋]陈襄《古灵集》卷三，宋绍兴三十一年刻本。

32. 人不患无位，患己德不修。古人亦有言，富贵焉可求。

——《寄弟衮》，[宋]陈襄《古灵集》卷三，宋绍兴三十一年刻本。

33. 丈夫怀义命，所学务充满。惟忧用舍非，富贵庸可算。

——《送章舍人知汝州》，[宋]陈襄《古灵集》卷三，宋绍兴三十一年刻本。

34. 我爱仙居好，安民去百奸。诚心虽照物，政体昧循环。喜有纲条立，惭无教令颁。三年忧且病，王事岂能闲。

——《和郑闳中仙居十一首·其二》，[宋]陈襄《古灵集》卷四，宋绍兴三十一年刻本。

35. 我爱仙居好，官卑分已盈。才非汉循吏，道似鲁狂生。击柝心虽乐，观民志未平。宁如孟夫子，不食去齐卿。

——《和郑闳中仙居十一首·其五》，[宋]陈襄《古灵集》卷四，宋绍兴三十一年刻本。

36. 我爱仙居好，公余日在房。忧民极反复，责己未周详。

——《和郑闳中仙居十一首·其七》，[宋]陈襄《古灵集》卷四，宋绍兴三十一年刻本。

37. 悯物刑多省，劳心席少安。只惭无惠术，求配古人难。

——《和郑闳中仙居十一首·其十》，[宋]陈襄《古灵集》卷四，宋绍兴三十一年刻本。

38. 暂辞天禄请名藩，养志安贫道可尊。

——《送彦祖学士赴兖州》，[宋]陈襄《古灵集》卷五，宋绍兴三十一年刻本。

39. 某伏闻执事按部东南，首访士民德行。某谓股肱大臣，受主上顾托于外，其志在于夙夜图其所报，则莫若求贤拔士之务为先。

——《与两浙安抚陈舍人书》，[宋]陈襄《古灵集》卷七，宋绍兴三十一年刻本。

40. 有为圣人隐者，有为贤人隐者，有为介夫隐者。圣人隐者，乐天以俟命者也。时未可而潜，时可而后升，蜿蜿蜒蜒，莫知其神。古人有为之，舜、伊尹是也。贤人隐者，养气以蓄其德者也。庸言之，择庸行之守，居贫贱而不改其乐，养之而后动，涵之而后进，然亦有关于时。古人有为之，颜回、曾参是也。介夫隐者，欲洁其身而不累乎世者也，凡在于彼者，皆无所加于我者也。赤子将匍匐入井，不肯一援手而举之，视弃天下之民如弃敝屣，然而足以自牧，而不足与忧天下。古人有为之，长沮、桀溺是也。是则君子不为也，表民固贤者隐也，其出处言语亦宜蹈，夫贤人之检押，使无失其进退之正，则庶乎其可法也，表民勉旃。

——《与章表民书》，[宋]陈襄《古灵集》卷七，宋绍兴三十一年刻本。

41. 某愚不自树立，凡养心治己之术，无非取资于人。闻古人至是邦事，其大夫之贤者，友其士之仁者，窃自比之，常欲举识，今世所谓豪杰之士而求其助己者。

——《与钱公辅著作书》，[宋]陈襄《古灵集》卷七，宋绍兴三十一年刻本。

42. 故君子所近，必正人所习，必正师所观，必正道所听，必正言，不以耳目近小人，不以小人乱视听也。

——《与福建运使安度支书任建州浦城县主簿日作》，[宋]陈襄《古灵集》卷七，宋绍兴三十一年刻本。

43. 不苟作一事，不轻役一工，不掊克而伤财，不苛察而伤政，施一刑必当罪，决一狱必当情，抑豪夺而抚孤民，锄奸雄而长善士，此得之于民也。

——《与福建运使安度支书任建州浦城县主簿日作》，[宋]陈襄《古灵集》卷七，宋绍兴三十一年刻本。

44. 执事苟能修礼以明律，通经而会权，有司不牵制于文，奸吏不容舞于法，要囚必得其罪，狱货不行于公，然后可以保安民情，清简庶狱矣。

——《与福建运使安度支书任建州浦城县主簿日作》，[宋]陈襄《古灵集》卷七，宋绍兴三十一年刻本。

45. 然兴学之本要在得士，得士之要在于择首长，首长贤则上下服，上下服则举所有之士，莫不备至矣。

——《与陆学士书》，[宋]陈襄《古灵集》卷七，宋绍兴三十一年刻本。

46. 有贤行者尊宠之，有才美者长育之，有不能招来者以身下之，有贫穷难安者以资养之，有不能长者以礼退之，有不能群者以义道之，有过缺未至者以道厉之，有不率教者以法移之。如此行之数月，则举郡之士必皆兴于学矣。

——《与陆学士书》，[宋]陈襄《古灵集》卷七，宋绍兴三十一年刻本。

47. 天不言以气纬为信，而万物生；君子不言以行己为信，而万物成。天地神明，万物礼乐，皆备于己生乎时，得志功业见于天下，不得志其义行乎家人，皆足为法。

——《与知台州元绛屯田书》，[宋]陈襄《古灵集》卷七，宋绍兴三十一年刻本。

48. 惟圣人得正其同，众人者以其志，圣人者以其道，是故无贵也，无贱也，疏也，戚也，行也，处也，默也，语也。道之所同，虽诎天子而下匹夫，我无愧焉。

——《与孙运使书》，[宋]陈襄《古灵集》卷七，宋绍兴三十一年刻本。

49. 某自莅事以来，惟日孜孜以兴学养士为先务，以明经笃行为首选，其心如是，直将以待夫有志之士焉耳。

——《常州请顾临秘校主学书》，[宋]陈襄《古灵集》卷八，宋绍兴三十一年刻本。

50. 今之从政者，可与乐成，而不可与虑始。彼徒知劳民改作之为患，而不知与民兴利除害为长远之福，先劳后逸之义也。

——《与富观文书》，[宋]陈襄《古灵集》卷八，宋绍兴三十一年刻本。

51. 然则为人师法，固当先德行而后文学，则士知务本矣。

——《与太原韩丞相手书》，[宋]陈襄《古灵集》卷八，宋绍兴三十一年刻本。

52. 窃念古人之相待，苟其心相通，其道相同，虽去之千百年，立言行事，和合如一。况生而同俗，学而同道，仕而同时哉？则其所相待，宜愈昵也。夫道者所以冒天下，而非私于一身。先进之于人，与己同道，虽往者呼之；不与己同道，虽来者拒之。固不必言而后通，不言而后以为不同也。至于后进亦然，与己同道，则合而不求；不与己同道，虽求而不合。亦不必言而后从，不言而后为不恭也。

——《与福州蔡学士书》，[宋]陈襄《古灵集》卷八，宋绍兴三十一年刻本。

53. 仆少愚朴，长而粗知读书，未有树立，家贫无所取资，汲汲于禄利，非所以由道也。顾自知羞愧，如疾在首，但未能劆剔而去之，是足为贤人君子之观采乎？古之人，四十而仕道，学如仲尼、孟轲，然后有意于天下。冉求如五六十里之国可以足民，公西华端章甫愿为小相，而夫子尚不与焉。仆但此一事，知生当时其必见绝于夫子，余可知已。

——《答徐洪秀才书》，[宋]陈襄《古灵集》卷八，宋绍兴三十一年刻本。

54. 仆尝苦圣人之学难至，非不可至，难而后能至。凡人生而与万物俱生，长而与万物俱化，终身与万物浮沉，而不能无物。有心志直以为性喜怒也，有耳目直以为性声色也，有口鼻直以为性臭味也，六者之等，循环而交来，罗列于心胸中，胶固而不知解。以是而求至于圣人，不曰难哉！昔者圣人之徒，惟颜渊为好学，故孔子语之曰："非礼勿视，非礼勿听，非礼勿言，非礼勿动，如此然后天下归仁焉。"故曰：非不可至，难而后能至之也。天非与吾富贵寿命，而正与吾以此也。吾不可不学也。

——《答徐洪秀才书》，[宋]陈襄《古灵集》卷八，宋绍兴三十一年刻本。

55. 某虽愚不肖，不敢妄有所图，然美君子之与人，终始信厚能如此也。虽然，某之心其所以为君子谋者，恐犹有未悉，故不敢不尽白焉。某凡在仕流间，有与言语，窃自谓吾师古人，至于古人之言行，非求知之，亦求信而蹈之者也。

——《答吕寺丞书》，[宋]陈襄《古灵集》卷八，宋绍兴三十一年刻本。

56. 某闻古之学者为义，今之学者为利。君子成己，利无与焉。若苟富贵以为身荣，则义不及利。故某之所本，多为近世进士者不喜，同进而异归。诚不足以利于今，而仅有得于古者矣。

——《答陈户曹书》，[宋]陈襄《古灵集》卷八，宋绍兴三十一年刻本。

57. 某尝观古人有孝于其亲者，或尽心于其生，或致力于其死，或终身守节，而见于后世，如此之类，事无巨细。苟其诚志有能大过人者，虽在百世之上，莫不奋然起而慕之，恨不及见其人，结衣而相从游，以老其身。

——《与永城杜谊殿丞书》，[宋]陈襄《古灵集》卷八，宋绍兴三十一年刻本。

58. 某尝叹先王之泽不被于兹土，民不识礼义孝悌之化。长民者，无教之为急、学之当务，前继后承，其间非无贤人哲士，莫之能举。独圣哲乃能帅先与民，光扬至善，兴立庠学，开其所不知，警其所不能。贤者之所作，不肖者之所勉，是圣哲于吾人也，有力于吾道也。

——《答石长官书》，[宋] 陈襄《古灵集》卷八，宋绍兴三十一年刻本。

59. 君子之所以贵乎身者，道焉而已。爵命富贵非吾有也，吾将假之，以行其道而致之民，以其有余济其不足者耳。目司视也，非所以嗜天下之色；耳司听也，非所以嗜天下之音；口司辞也，非所以甘天下之味；心司仁义也，非所以穷天下之欲。我之用耶，天下之民蒙其福；我之不用耶，天民之不幸耳。吾何慊乎哉？是故不苟利，不苟进，不苟得，惟义而止。

——《答知台州元绛屯田书》，[宋] 陈襄《古灵集》卷八，宋绍兴三十一年刻本。

60. 某愚且蔽于时事，无所通晓，惟少嗜书，闻圣人之言，修身治心，不敢有懈。既获禄仕，惟日孜孜，必欲上有以致吾君，下有以泽吾民，虽遇不遇，没身而后已，此其志之所存也。

——《代人与留守相公书》，[宋] 陈襄《古灵先生文集》卷八，宋绍兴三十一年刻本。

61. 然则待于子之贤者，不过立身扬名以显父母，而能保其祭祀焉，尔一身之利也。待于士之贤者，有能推仁致义以利天下，为生民之福，天下之利也。

——《谢关郎中书》，[宋] 陈襄《古灵先生文集》卷八，宋绍兴三十一年刻本。

62. 行与止系乎天，进与退存乎己。天其或者将以尧舜之道，致其君，泽其民，则不可知矣。不然，则浩然而归耕乎南海之滨，卒其所学，著书以见于后，亦足无愧于门下。

——《与富相公书》，[宋] 陈襄《古灵先生文集》卷八，宋绍兴三十一年刻本。

63. 古之为人君者，必知之曰："天之付畀予广土众民，得而治之，吾之位天位也，禄天禄也。"不敢以自私，必推而与大臣之贤者而共之。为人臣者，必知之曰："君之与吾位天位也，禄天禄也。"不敢以自私，又推而与天下之贤者而共之。故君惟恐一日不得大臣于其侧，以为己忧，无以恤吾民；臣惟恐一日不得士于天下，以为己忧，无以安吾君。君臣上下，举知如是，其相济之急，故其取于人也，无贵贱，无疏戚，无远迩，或于山林，于海滨，于耕稼陶渔，于胥靡，于囚，于盗，于管库，惟其人而已矣。可知而知焉，不待试而后知也；可举而举焉，不待试而后举也。夫如是，日孳孳于交相求而惟恐不获，岂能以天命爵禄安而自私哉！

——《谢丁观文启》，[宋]陈襄《古灵先生文集》卷九，宋绍兴三十一年刻本。

64. 方今天下之政，莫大于举贤拔才为急。士之藏于山林，#于下位，王公莫之知者，幸而有人公其心，夙夜不宁，敷求于四方，一日将大有为，推是举某之心，尽拔而取之于朝，以教天下之大公，使四方有道之士与夫蔽贤自私者，咸知依归焉。是天下之福也，生民之愿也，旷世之事也。

——《谢丁观文启》，[宋]陈襄《古灵先生文集》卷九，宋绍兴三十一年刻本。

65. 古之孝者，惟舜为然，因谓世无是人，亦复有斯人者，以有爱父母之心，不得养其父母，无所能尽，是故终身不乐，如是也。今子明有亲在堂，足可尽其致，得乎仕，归而为其亲之荣，不得乎仕，归而为其亲之安，是未有不足者。尔徒区区一旅人，于彼何益，无因小物而失大事也，子明其图之。

——《答徐融启》，[宋]陈襄《古灵先生文集》卷九，宋绍兴三十一年刻本。

66. 古之人，事死者如生者，是故有终身之丧，而无一日离其亲。葬则欲其反，虞则欲其安，祔则欲其存，而不忘，哭之有倚庐，事之有祖庙，此之谓至孝。庐于墓，非古也。

——《答刘太傅启》，[宋]陈襄《古灵先生文集》卷九，宋绍兴三十一年刻本。

67. 孔子曰："益者三友，友直、友谅、友多闻。"吾于三者不可得而兼取之，愿与于直者。人莫自知其恶，既知之，亦莫不恶闻而惮改之也。惟直者为能告人之恶而发人之匿，使之无过焉。是朋友之义，无先于直者。

——《答余京秀才启》，[宋]陈襄《古灵先生文集》卷九，宋绍兴三十一年刻本。

68. 文者载道之舟，事之在文，如舟之载物，必将以利乎济也。有工人者善作舟，其材力足以胜其任矣，又能致人之载以涉海；不善作者，其材力不足胜其任矣，又以汩人之载。文亦如之。善作者，其材力足以胜其任矣，又能致人之事业以见后世；不善作者，其材力不足胜其任矣，又以覆人之事业。古之人有大畜者，始有文辞，发乎身而名扬后世，必先知之确乎，不忧其不传也。

——《答刘太傅启》，[宋]陈襄《古灵先生文集》卷九，宋绍兴三十一年刻本。

69. 故自守邑以来，不能无忧。视此一方之民，政烦役重，百里萧然，靡有家室，夙兴夜处不宁，以究以思。故民之有疾苦，政之大蠹敝，未始不存诸心。

——《与京西运使陈学士启》，[宋]陈襄《古灵先生文集》卷九，宋绍兴三十一年刻本。

70. 方当进德修业，尊贤下士，广求箴补，务益高厚，以身行道，为法于世。

——《与蔡舍人启》，[宋]陈襄《古灵先生文集》卷九，宋绍兴三十一年刻本。

71. 某闻鲁欲使乐正子为政，孟子喜而不寐，喜其好善也。苟好善，则天下之善人为己归矣。好之必能信之，信之必能任之，故其一身好善，而惠及一国。执事为政于是邦也，去之日，五县之吏与民若去父母，何哉？曩者执事推好善之心以任五县之吏，五县之吏得尽其材，以福五县之民故也。使执事以其好善之道行乎朝廷，为善之人任乎四方，一身好善而惠及天下矣。

——《送元屯田启》，[宋]陈襄《古灵先生文集》卷十，宋绍兴三十一年刻本。

72. 古之选士也以德，今之选士也以文。德，故人得之实而难于为士；文，故人得之伪而难于有司。知其德，文可知也；知其文，未知其德也。法之弊由此涂出也。

——《谢两浙运使张学士差试官启》，[宋]陈襄《古灵先生文集》卷十，宋绍兴三十一年刻本。

73. 下焉者好己之胜人，上焉者恶人之胜己，材相似则争，位相近则陵，和之不复，可知矣。使宰相以至百官和于朝，百姓和于国，万物和于野，至和之气盈于天地，唐虞之世矣。

——《送通判黄諴中舍序》，[宋]陈襄《古灵先生文集》卷十一，宋绍兴三十一年刻本。

# 郑 侠

郑侠（1041—1119），字介夫，自号一拂居士、大庆居士，世人称"西塘先生"，福清（今福建省福清市）人，北宋诗人。

宋治平四年（1067年），郑侠考取进士。郑侠官途坎坷，几经起落，徽宗时被赦免，后官复原职，家居终老。郑侠素性俭朴，常自言"无功于国，无德于民，若华衣美食，与盗无异"。郑侠性格正直，敢言直谏。面对熙宁年间大旱与"青苗法"所造成流民千里的情状，郑侠画《流民图》，写《论新法进流民图疏》，请求朝廷罢除新法。奏疏送到阁门，先不被接纳，后假称秘密紧急边报，发马递直送银台司，呈给宋神宗，终获皇帝采纳。

郑侠一生著述颇丰，作品主要存于《西塘先生文集》。

74. 日惟力辅大政，取颓纲漏目，于其已败坏而振起之，盛大之业，与日月相为照耀矣！

——《上王荆公书》，[宋]郑侠《西塘先生文集》卷六，明万历三十七年叶向高刻本。

75. 侠所欲学者，学先生之所难学，非文章辞语、进退举蹈所可到者。

——《上王荆公书》，[宋]郑侠《西塘先生文集》卷六，明万历三十七年叶向高刻本。

76. 侠每见朝廷举一令，新一事，未尝不与三代尧舜同其仁。凡命令之初下，士民稍有识者，莫不欢欣鼓舞，以为真得利民之术，而太平可坐致也。及行之未几，往往败坏，民吏厌苦，至于颦眉蹙额而后道。良以贪缪之人，急功而要利，督促以成就，不念民之休戚、势之缓亟可否。使君相虽有利民拯物之心，与夫至美至善之法，不可以久行。

——《上王荆公书》，[宋]郑侠《西塘先生文集》卷六，明万历三十七年叶向高刻本。

77. 其事系于面目、声音、笑貌之间，其心乃无廉耻，暴戾而贪忍，曾不若禽兽者。

——《上王荆公书》，[宋]郑侠《西塘先生文集》卷六，明万历三十七年叶向高刻本。

78. 夫法之至美至善，而贪缪之人所以败坏之者，先生不必目自见，而后可以尽知其不为便也。且如青苗一事，是法之美而善之至者也。始某于浮光，见朝廷议行其事，固常与民吏士大夫辨其为利矣，其稍有知识者，亦莫不以为善。

——《上王荆公书》，[宋]郑侠《西塘先生文集》卷六，明万历三十七年叶向高刻本。

79. 其善如此，在侠之愚，以为朝廷诚以利民为心，则宜较其所费之多少。令旧行之，最豪大者，不过出每岁陪费之半，已见大济；而令其旧行之贫弱者一例免放可矣。必不得已，而使之出钱，宜亦欣然闻命。今者令细民并相纠告，不以旧曾系行籍，但持一物而卖于市者，莫不出免行钱。至于麻鞋、头发、茶坊、小铺，皆朝夕营营，以急升米束柴而不瞻者。今无不勒出钱以为免行，则彼旧非在行，何免之有？何以为宽民之力哉？

——《上王荆公书》，[宋]郑侠《西塘集》卷六，明万历三十七年叶向高刻本。

80. 某闻之《老子》曰："知足不辱，知止不殆。"《易》曰："亢之为言也，知进而不知退，知存而不知亡，知得而不知丧。知进退存亡而不失其正者，其唯圣人乎？"然则，进退、存亡、得丧之理，其不一致乎？何其知退、知亡、知足、知止之难，而圣人丁宁叹赞之深也？曰：是皆一也。进退有道，则进不易而退不难；存亡有道，则存不喜而去不忧。进退存亡，一归于道，时止则止，时行则行，孰不一致哉？世之卑汗，触于荣辱之途，利于名位之高，荧荧暮年，莫知归息：此圣人所以深戒后人。遂以悬车为盛事，休止为美德：此皆圣人之高致，人之所难全者。

——《上致政欧阳小师书》，[宋]郑侠《西塘集》卷六，明万历三十七年叶向高刻本。

81. 窃谓：人，钧也。大圣智之所以异于人者，识而已矣。夫目以明见，而识寓其中；见则有限，识独无穷。是故识者，神用也。今夫群众环于前而皆见焉，则目所同也。至于视其进退静作，而人不人，默定于中者，则非目见之所可及，识而已矣。犹之日月也，照临万物，则其明也。至于蔀覆之下，匿形隐行，则非明之所可及而皆见者，神而已矣。故曰：藏者，神用也。而事之于世，亦犹人也。故莫非事也，而有小大轻重之不同。是以其举也，必急其大而缓其细，先其重而后其轻。知事之为事者，则众庶之所同，而知所缓急，知所先后，则圣智之所独。故善恶无祸福之差，而荣瘁无颠倒之序，此日月精神之照也；贤否无疏散之缪，赏刑无先后之失，此明诚深识之施也。夫内自得之人，不求辨于人也，其食饮居处，出入作息，无以异于人，而所得寓其中焉，非议则不能辨也。至于事也，翕张行止，抑则废，振则举，无以异于常事，而大功大利出其间焉，非识则不能知也。

——《上泉守蒋大夫》，[宋]郑侠《西塘集》卷六，明万历三十七年叶向高刻本。

82. 贤否无疏散之缪，赏刑无先后之失，此明诚深识之施也。

——《上泉守蒋大夫》，[宋]郑侠《西塘先生文集》卷六，明万历三十七年叶向高刻本。

83. 夫内自得之人，不求辨于人也，其食饮居处，出入作息，无以异于人，而所得寓其中焉，非识则不能辨也。

——《上泉守蒋大夫》，[宋]郑侠《西塘先生文集》卷六，明万历三十七年叶向高刻本。

84. 至于事也，翕张行止，抑则废，振则举，无以异于常事，而大功大利出其间焉，非识则不能知也。

——《上泉守蒋大夫》，[宋]郑侠《西塘先生文集》卷六，明万历三十七年叶向高刻本。

85. 人也者，情识嗜好之无不具，而君子小人之所同焉也。君子也者，同乎义者也。故情乎真，识乎善，嗜乎道，而致好乎贤明恺悌。小人也者，同乎利者也，故情乎伪，识乎恶，嗜乎声色财货，而致好乎恶浊险巧。君子小人之相反，犹之水与火，欲其相应而相求，不可得也。

——《代上广西运使》，[宋]郑侠《西塘先生文集》卷六，明万历三十七年叶向高刻本。

86. 人之所以为人者，非耳目鼻口之谓也，能为人之谓也，是故不仁于父子，非人也；不义于君臣，非人也；不别于夫妇，非人也；不序于长幼，非人也；不信于朋友，非人也。仁于父子，义于君臣，别于夫妇，序于长幼，信于朋友，而大不得行于天下，小不得行于一国。与夫不仁仁，不义义，不礼礼，不智智，不信信，岂人之才哉？

——《代上徐运使》，[宋]郑侠《西塘先生文集》卷六，明万历三十七年叶向高刻本。

87. 是故君天下国家者，无所烦事，惟此之究；而左右辅弼、伺察廉按之臣，亦无所烦事，惟此之究。上下协心同明，而四海之内，丘山岳谷，朝里巷井，无一遗善留恶，而天下之大，可拱手定，而不才者才矣。况夫人之才素具，而有不成之者哉！

——《代上徐运使》，[宋]郑侠《西塘先生文集》卷六，明万历三十七年叶向高刻本。

88. 某之不肖，服先王诗书之言，则唇腐于经传，手胼于笔砚，而不敢休。遵朝廷诏令，则倦不敢以寝，而饥不得以时食。井水有价，亦思以俸钱偿，不敢自谓能，为人而不敢不勉者也。

——《代上徐运使》，[宋]郑侠《西塘先生文集》卷六，明万历三十七年叶向高刻本。

89. 有赏有刑，而诸予不得其实，则有刑之用，乃所以沮善；有赏之设，乃所以劝恶。是之谓徒法，徒法不能以自行。

——《代上徐运使》，[宋]郑侠《西塘先生文集》卷六，明万历三十七年叶向高刻本。

90. 是以学道者，要先安其身。坐欲安如山，行若畏动尘。目不妄动视，口不妄谈论。俨然望而畏，暴慢不得亲。淡然虚而一，志虑则不分。眼见口即诵，耳识潜自闻。神焉默省记，如口味甘珍。一遍胜十遍，不令人艰辛。

——《教子孙读书》，[宋]郑侠《西塘先生文集》卷九，明万历三十七年叶向高刻本。

91. 谁言匹夫穷，陋巷一箪饭。篋有无价珍，贵于青玉案。

——《谢太守答诗莱州》，[宋]郑侠《西塘先生文集》卷九，明万历三十七年叶向高刻本。

92. 酷爱愚且直，还怜贫且困。

——《谢太守答诗莱州》，[宋]郑侠《西塘先生文集》卷九，明万历三十七年叶向高刻本。

93. 若其爱君心，岂以爵禄辨？谓宜为民上，必与同喜愠。谓宜食君禄，宁当复私徇。

——《谢太守答诗莱州》，[宋]郑侠《西塘集》卷九，明万历三十七年叶向高刻本。

94. 是以屡上章，指陈几欲遍。初虽蒙嘉纳，终不离谗间。

——《谢太守答诗莱州》，[宋]郑侠《西塘先生文集》卷九，明万历三十七年叶向高刻本。

95. 平居竭勤瘁，患难忘厥躬。

——《谢曹公》，[宋]郑侠《西塘先生文集》卷九，明万历三十七年叶向高刻本。

96. 至于事其君，是乃孝之中。未闻君父间，诚敬有卑崇。孔子故有言，移孝斯为忠。

——《谢曹公》，[宋]郑侠《西塘先生文集》卷九，明万历三十七年叶向高刻本。

97. 一人念忠直，百志怀兵戎。

——《谢曹公》，[宋]郑侠《西塘先生文集》卷九，明万历三十七年叶向高刻本。

98. 人固有通塞，誉亦随美丑。惟有片纯诚，于身可长久。

——《谢曹公》，[宋]郑侠《西塘先生文集》卷九，明万历三十七年叶向高刻本。

99. 乱亡由佞舌，览古每嗟吁。拟刻奸谀像，申明两观诛。

——《读史》，[宋]郑侠《西塘先生文集》卷九，明万历三十七年叶向高刻本。

100. 万事以诚立，不诚心不专。诚心非铁石，铁石被诚穿。

——《论诚》，[宋]郑侠《西塘先生文集》卷九，明万历三十七年叶向高刻本。

101. 自古英贤有穷达，谁能朋友谢磨砻。

——《次韵李天与张温夫》，[宋]郑侠《西塘先生文集》卷九，明万历三十七年叶向高刻本。

102. 心虽在规益，世谁受忠谞。立身既不危，青云在拿攫。

——《示潮州吴宅三甥》，[宋]郑侠《西塘先生文集》卷九，明万历三十七年叶向高刻本。

# 张元幹

张元幹（1091—1161），字仲宗，自号真隐山人，又号芦川居士、芦川老隐，永福县（今福建省福州市永泰县）人，南宋词人。

宋政和二年（1112年），张元幹入太学，为上舍生。不久，任职于澶州（今河南省濮阳县）。建炎三年（1129年），被授正议大夫，充抚谕使。绍兴元年（1131年），秦桧当权，元幹不屑与奸佞同期，辞官归乡，寓居福州。绍兴八年（1138年）十二月，李纲在福州上书反对议和，元幹作《贺新郎·寄李伯纪丞相》以声援李纲。绍兴十二年（1142年）秋，胡铨因反对议和，并请斩秦桧、王伦、孙近以谢天下而遭贬官，后又被除名，并押送新州（今广东省新兴县）编管。元幹不畏权势，胡铨经福州时，作《贺新郎·送胡邦衡待制赴新州》词为胡铨送行。绍兴二十一年（1151年），秦桧将他交临安大理寺处置，遂被削职、除名、入狱和抄家。出狱后，元幹作《水调歌头·罢秩后漫兴》词以抒发百折不挠情怀。

张元幹在文学上的主要成就是词作，其词冲破专写离别相思、绮罗香泽的传统，纳入时代重大主题，所作《贺新郎·送胡邦衡待制赴新州》《贺新郎·寄李伯纪丞相》《扬州慢·己酉秋吴兴舟中作》《水调歌头·同徐师川泛太湖舟中作》等，在题材和风格上，都对后来的辛弃疾词派产生了重大影响。元幹作品有《芦川归来集》10卷、《芦川词》2卷传世。

103. 先生独知尊尧，爱君忧国，先见之明，肇于欲萌，逆料其弊，甚于中的。视之若仇敌，甘心犯难，虽百谪濒九死而弗悔。

——《题跋了堂先生文集》，[宋]张元幹《芦川归来集》卷三，清抄本。

104. 合而言之，愚于先生平日立朝行己，信无疑矣。百世之下，凛凛英气，义形于色，如砥柱之屹颓波，如泰华之插穹昊，如万折必东之水，如百炼不变之金，舍吾先生其谁哉！死而不亡者，予于先生见之。

——《题跋了堂先生文集》，[宋]张元幹《芦川归来集》卷三，清抄本。

105. 水鸣芦根，闯首吐气。彼灵于人，正以自累。我宁无知，言曳其尾。千岁之中，君子所履。

——《跋曳尾图赞》，[宋]张元幹《芦川归来集》卷三，清抄本。

106. 贫者士之常，胸次所养果厚，必无寒饿憔悴色，故能安于青松白云之下，而操孤鸾别鹤之音，优哉游哉，聊以卒岁，宜其渊明，愿留而保岁寒也。

——《跋赵祖文贫士图后》，[宋]张元幹《芦川归来集》卷三，清抄本。

107. 整顿乾坤，廓清宇宙，男儿此志会须伸。

——《陇头泉》，[宋]张元幹《芦川归来集》卷上，清宣统三年刊民国六年续刊《景刊宋金元明本词》四十种。

108. 士之出处隐显，各行其志，顾始终一节，如何耳！尧舜之世，不废巢由，是故楚狂接舆、长沮桀溺、荷蓧丈人辈，垂名万古，不必皆策勋钟鼎也。历代信史，未有无隐逸者。异时董狐复出，诛奸谀于既往，则养直之幽光愈彰矣。玉局老仙发明在前，罗浮真人印可在后，中间数十年，略未尝为尘埃所污，亦要用吾曹辄下语。德友意则勤矣，尚复奚言？

——《右乙卷》，[宋]张元干《芦川归来集》卷三，清抄本。

109. 十室之邑，必有忠信。一乡善士，何代无人。如齐鲁二大臣，史犹失其名，则古今隐德不耀者多矣。

——《跋陈居士传》，[宋]张元幹《芦川归来集》卷三，清抄本。

110. 士抱美质，必加砥砺，以立廉隅，始克有成。若挟所长，傲形于色，掩其美矣。《传》不云乎，虽有周公之才之美，使骄且吝，其余不足观也已。

——《跋苏庭藻隶书后二篇》，[宋]张元幹《芦川归来集》卷三，清抄本。

111. 雍熙相国之胄，宪肃母后之家，视富贵如浮云，弃轩冕犹弊屣。良由天资拔俗，雅志好贤，临事必欲出奇，为善常恐不及。所谓胸中丘壑、皮里阳秋。盖自英妙时，固已沉着痛快矣。虽曰守节仗义而远迹危机，虽曰正色立朝而独往勇决，殆将明哲以保身，优游以卒岁者欤。若夫袖手旁观，傲睨一世，福禄未艾，俟命方来，则予谨在下风也。

——《芗林居士赞》，[宋]张元幹《芦川归来集》卷四，清抄本。

112. 臣闻祸福由乎一己，忠孝难以两全。傥微知止之明，必抱终身之恨。

——《家公生朝设醮青词》，[宋]张元幹《芦川归来集》卷四，清抄本。

# 郑思肖

郑思肖（1241—1318），字忆翁，号所南，连江人，宋末诗人、画家。郑思肖生在儒学世家，少入太学肄业，曾以上舍生应博学宏词科试。当时，南宋国势日危，思肖叩阙上疏，陈述抗元之策。南宋亡后，郑思肖不肯仕元，隐居苏州。思肖学问渊博，涉猎九流、百家及道释之学，又工诗画。著有《心史》《所南翁一百二十图诗集》《所南翁集》等。

113. 天地之灵气为人，人之灵气为心，心之灵气为文，文之灵气为诗。

——《所南翁一百二十图诗集·自序》，[宋]郑思肖《所南翁集》，民国二十三年上海商务印书馆《四部丛刊续编》景林佶抄本。

114. 天下摇头不肯为，恰如瓢挂老松枝。许由不在箕山在，千古高风属阿谁？

——《许由弃瓢图》，[元]郑思肖《所南翁集》卷三，民国二十三年上海商务印书馆《四部丛刊续编》景林佶抄本。

115. 扣马痴心谏不休，既拼一死百无忧。因何留得首阳在，只说商家不说周。

——《夷齐西山图》，[元]郑思肖《所南翁集》卷三，民国二十三年上海商务印书馆《四部丛刊续编》景林佶抄本。

116. 宇宙茫茫尽坦途，莫将得失自相辜。胸中若有一些子，大地山河俱窃铁。

——《列子窃铁图》，[元]郑思肖《所南翁集》卷三，民国二十三年上海商务印书馆《四部丛刊续编》景林佶抄本。

117. 翟公冷语久逾新，汉世交情古亦今。不被死生贫贱转，此时方始见人心。

——《翟公交情图》，[元]郑思肖《所南翁集》卷三，民国二十三年上海商务印书馆《四部丛刊续编》景林佶抄本。

118. 居屋虽不大，终日心闲闲。口诵圣人书，立身仁义间。俯仰无愧怍，兹道诚为难。君子常进德，小人偷自安。

——《咏怀三首·其二》，[元]郑思肖《心史》，明崇祯十三年汪骏声、林古度刻本。

119. 凤鹗同为禽，麟虎同为兽。以彼善恶殊，致令分去取。恶者伪以善，惑世不可究。唯在行事间，以理观于久。或不近人情，避之如避臭。君子重结交，芳名垂宇宙。

——《结交二首·其一》，[元]郑思肖《心史》，明崇祯十三年汪骏声、林古度刻本。

120. 文者，三纲五常之所寄也。舍是匪人也，又奚文之为哉？幼尝问作文作诗之法于我先君子，曰："古未尝有所谓文也，惟古圣贤心正身修，德备行粹，凡见于兴居践履、揖逊问答之间，无非至文之文，安事章句乎？"

——《自序》，[元]郑思肖《心史》，明崇祯十三年汪骏声、林古度刻本。

121. 昔上有圣天子，下有贤公卿、儒士、豪杰人物，我藐然匹夫，可以隐泯于天游。今而上无君，世皆贼，我当为天地斯道之主。主也者，天其纲常于无穷也。率有闻而笑之曰："岂少君一人哉？"每厉声应之曰："正少我辈一人耳！"实万万不容不出为斯道立极也欤！大逆熏心，冤愤填抑，目遇逆事相忤，尤觉气豪不自禁。非不知贼之刀锯之痛，然痛有甚于刀锯者，宁忍避一身微痛，不救天下至痛？

——《中兴集后序》，[宋]郑思肖著，陈福康校点《郑思肖集》，上海：上海古籍出版社，1991年，第100页。

122. 先朝作诗，皆尚盛唐制作，冠冕佩玉，五音相宣，如大朝会，法度森然，此皆我朝祖宗仁义之泽。况美教化，移风俗，动天地，感鬼神，莫近于诗。果能一出诚心公道，斥去伪语邪思，盖诗道必致之效。舍是而诗，恐非古圣人之所谓诗。今天下人所思皆邪，诗之根本，摧丧无余。此为何时出而言诗，为仁义辱甚矣！果欲为之，必知所立身乃可。

——《中兴集后序》，[宋]郑思肖著，陈福康校点《郑思肖集》，上海：上海古籍出版社，1991年，第101页。

123. 我昼夜怀惧，深思远计，施于言语果无益，不若身之于事，以风天下，暂乎默仇缄誓，屏吟咏事，决其必行计，独以谋之，神以运之，剖析清秽，豁如天开。位三纲，福万物。愿俾天下后世，莫不知有君；愿俾天下后世，莫不知有父。始可以见我父母平日教子之志。今忘叨叨，再四绅绎，力主于行，为终身誓。

——《中兴集后序》，[宋]郑思肖著，陈福康校点《郑思肖集》，上海：上海古籍出版社，1991年，第101页。

124. 是故行者，本也；文者，末也。有行而无文，不失为君子；有文而无行，终归于小人。

——《心史自序》，[宋]郑思肖著，陈福康校点《郑思肖集》，上海：上海古籍出版社，1991年，第3页。

# 林　鸿

林鸿（生卒年未详），字子羽，福清（今福建省福清市）人，明代诗人，与郑定、王褒、唐泰、高棅、王恭、陈亮、王偁、周玄、黄玄并称"闽中十才子"，且位列"闽中十才子"之冠。明洪武初年，林鸿以人才被举荐，授将乐儒学训导，官至礼部精膳司员外郎。林鸿以《龙池春晓》和《孤雁》两诗得到明太祖赏识，名动京师。

林鸿作品有《林鸿诗》1卷、《鸣盛词》1卷、《鸣盛集》4卷。

125. 汉武志三岛，秦皇穷八垠。焉知淡泊水，可沃灵台焚。
——《感秋十九首·其十三》，[明]林鸿《鸣盛集》卷一，清初抄本。

126. 至人不凝物，逍遥可延年。贪者乃徇名，冠盖卧丘樊。怀璧仇匹夫，深藏贵若渊。邦家覆佞口，仲尼欲无言。始终互相竭，盈亏每旋沿。默观一元运，至理犹张弦。
——《感秋十九首·其八》，[明]林鸿《鸣盛集》卷一，清初抄本。

127. 吾闻大圣人，广居宅八陲。礼门既大辟，义路亦载驰。居处虽俭素，德业乃巍巍。勖哉后来人，可以为箴规。
——《尧阶》，[明]林鸿《鸣盛集》卷一，清初抄本。

128. 求志业已崇，行义理则然。希君保贞素，逍遥以永年。
——《题龙川书隐》，[明]林鸿《鸣盛集》卷一，清初抄本。

129. 志士徇苦节，秉心犹铁石。黔谷恤齐饥，饿者嗟辍食。朝歌墨回车，胜母曾不入。
——《感秋十九首·其九》，[明]林鸿《鸣盛集》卷一，清初抄本。

130. 人间百世竞春晔，独有梅花穷晚节。严冬雪霰白皑皑，此花凌寒今始开。繁英澹蕊乍疏密，群仙佩玉纷瑶台。最怜横月出修竹，不分随风委绿苔。三星处士乘槎客，毫素天机写生色。兴来挥洒与时人，贵宦持钱求不得。

——《张子纮画梅歌》，[明]林鸿《鸣盛集》卷三，清初抄本。

131. 愿持松柏操，永与金石坚。

——《夜酌邑庠留别》，[明]林鸿《鸣盛集》卷一，清初抄本。

132. 迢迢洛阳城，雉堞何逶迤。上有天子宫，下列公侯居。外厩鸣骎骎，中馈进鲜肥。身无浣濯服，路有余粱脂。巍巍金马门，云是上天梯。仕宦有捷径，请托无虚时。布衣谒公家，言拙气亦卑。丈夫无所求，守道宁食薇。

——《拟古七首·其三》，[明]林鸿《鸣盛集》卷一，清初抄本。

133. 云阙开贤路，镡津迓使车。咨询今有便，青眼慰寒居。

——《送李通守归镡上》，[明]林鸿《鸣盛集》卷二，清初抄本。

134. 特兹保贞素，庶以忘华簪。

——《赠弹琴黄生》，[明]林鸿《鸣盛集》卷一，清初抄本。

135. 三皇不同轨，五帝亦异治。练弦与明水，汲汲挽其漓。哇淫起郑卫，绵蕞纷秦仪。聋盲世耳目，真朴无复遗。大运暂衰歇，至理岂盈亏。雁行与鱼跃，谁用此道推。所以横渠翁，千古有余悲。

——《感秋十九首·其四》，[明]林鸿《鸣盛集》卷一，清初抄本。

136. 元气殊万类，惟人最通明。夫何此灵草，亦识逸谞情。扬扬吐奇芬，毋乃太微精。孤根宁独立，不与凡卉并。宵衣朝百辟，丹陛秋风生。奸回既屏迹，利口亦潜形。周禾徒同颖，汉芝空九茎。虽能夸美瑞，曷足资治平。寄言持斧者，可与同令名。

——《指佞草》，[明]林鸿《鸣盛集》卷一，清初抄本。

137. 所以老象心，南来誓死骨为枯。嗟尔食禄人，空负七尺躯。高高白玉堂，赫赫黄金符，伊昔轩冕今泥涂。嗟尔食禄人，不若饭豆刍。象何洁，尔何污。天子垂衣治万世，俾全象德行天诛。

——《义象行》，[明]林鸿《鸣盛集》卷三，清初抄本。

138. 丹穴殊看凤毛贵，方诸远在冰壶清。

——《赠商生》，[明]林鸿《鸣盛集》卷三，清初抄本。

139. 清飙洒襟佩，聊以穷跻攀。游目俯高坟，欷然复悲酸。清标香名立，幽壤芳骨寒。孤骞仰鸾凤，鸟雀易所殚。浊流激清波，洒然天地间。

——《春日首阳怀古》，[明]林鸿《鸣盛集》卷一，清初抄本。

140. 大人秉乾德，精诚应纯刚。

——《感秋十九首·其三》，[明]林鸿《鸣盛集》卷一，清初抄本。

141. 伏鼠忌灵曜，飞虫恶炎光。阴类各自私，至明庸何伤。

——《感秋十九首·其三》，[明]林鸿《鸣盛集》卷一，清初抄本。

142. 千金若土壤，清名吊高风。

——《海上读书》，[明]林鸿《鸣盛集》卷一，清初抄本。

143. 外直秉坚操，中虚含素襟。

——《双竹轩》，[明]林鸿《鸣盛集》卷一，清初抄本。

144. 孰不知，孝本柴愚，学传参鲁，天道本无言说。克让克仁，饰非饰知，方寸要君分别。达则经纶，穷乎蓬累，到此始称豪杰。有几人、俯仰无惭，浩气直干云阙。

——《苏武慢八首·其二》，[明]林鸿《鸣盛集》卷四，清初抄本。

# 王 偁

王偁（1370—1415），字孟扬，号密斋，永福县（今福建省福州市永泰县）人。明洪武二十三年（1390年）举人。永乐初，王偁被荐授翰林院检讨，进讲经筵，充《永乐大典》副总裁，最为总裁解缙所推重。为人英迈爽发，学博才雄，工诗善书。其诗质朴清新，不落窠臼。著有《虚舟集》5卷。

145．鹍鸣群芳歇，大暮同归矣。谁知清浊间，中有恒不死。
——《感遇四十八首·其二》，[明]王偁《虚舟集》卷一，清抄本。

146．璇穹垂至象，众曜何煌煌。能符调庶极，帝车斡阴阳。昼夜无停机，所职各有章。
——《感遇四十八首·其四》，[明]王偁《虚舟集》卷一，清抄本。

147．如何有千驷，寂寞身无闻。
——《感遇四十八首·其七》，[明]王偁《虚舟集》卷一，清抄本。

148．真人趣恬澹，漠尔中若浮。
——《感遇四十八首·其九》，[明]王偁《虚舟集》卷一，清抄本。

149．世人竞功利，志得靡暂宁。
——《感遇四十八首·四十七》，[明]王偁《虚舟集》卷一，清抄本。

150．岂徒膝园傲，百世同高情。
——《感遇四十八首·四十七》，[明]王偁《虚舟集》卷一，清抄本。

151．君子励苦节，恒在造次间。
——《君子行》，[明]王偁《虚舟集》卷一，清抄本。

152．造次苟不念，履霜成冰坚。
——《君子行》，[明]王偁《虚舟集》卷一，清抄本。

153．往哲有明戒，君子防未然。
——《君子行》，[明]王偁《虚舟集》卷一，清抄本。

154. 宁知此狭斜,径捷良可趋。微生颇有尚,夙志誓不渝。

——《长安有狭斜》,(明)王《虚舟集》卷一,清抄本。

155. 一语弃贫贱,笑谈绾银黄。

——《咏史十二首·其六》,[明]王偁《虚舟集》卷一,清抄本。

156. 禀化凝正气,虚灵淡无为。

——《悦心斋》,[明]王偁《虚舟集》卷二,清抄本。

157. 雍雍乐道园,荡荡崇德基。

——《悦心斋》,[明]王偁《虚舟集》卷二,清抄本。

158. 哲人守枢机,所慎在祸门。心存不脂户,内顾乃静专。

——《守默四首·其二》,[明]王偁《虚舟集》卷二,清抄本。

159. 黄中贵通理,至文斯黯然。如何表暴士,藻饰徒外鲜。

——《聚斋》,[明]王偁《虚舟集》卷二,清抄本。

160. 抱瓮岂不劳,我心恒自怡。

——《拙斋》,[明]王偁《虚舟集》卷二,清抄本。

161. 此心方寂知,安能为变移。

——《习静山房·其四》,[明]王偁《虚舟集》卷二,清抄本。

162. 惟应励斯节,可以酌贪泉。

——《味菜居为延俞平赋》,[明]王偁《虚舟集》卷三,清抄本。

163. 外物苟不荣,取乐无过衍。鼎食岂不甘,轩裳讵非贤。

——《题畦乐处士成趣园四首·其二》,[明]王偁《虚舟集》,清抄本。

# 林春泽

林春泽（1480—1583），字德敷，号旗峰，侯官县（今福州市）人，明代文学家。

明正德九年（1514），中进士。翌年，授户部主事。武宗欲南巡，进谏官员皆受杖责，罚跪午门，春泽犯颜上疏数千言，以解同僚之困。后谪宁州（今甘肃省庆阳市）州同，旋调吉州（今属江西省）副职。以政绩升为肇庆府（今属广东省）同知，又代理高州知府。以军功升任南京刑部郎中，出为贵州程蕃（今贵州省贵阳市）知府。任内振兴文教，并收复边境卧龙、通州等地。后遭中伤、候调遣归，在南屿使亭山构筑锦溪草堂。

林春泽身经成化、弘治、正德、嘉靖、隆庆、万历六朝，百岁时，朝廷邀请其重宴琼林，被誉为"人瑞翁"。朝廷先后敕建"人瑞坊""六朝大老坊"，因其子孙功名蝉联，额题"父子孙孙世进士"。享寿104岁，有《人瑞翁集》12卷行世。

164. 弃置勿复道，履坦君子心。居夷孔靡陋，蒙难文所钦。缅惟圣哲轨，悠悠无古今。

——《李东渠中丞一壶亭》，[明]林春泽《人瑞翁诗集》卷一，清抄本。

165. 见说江淮民力困，行宫风雨使人愁。

——《行宫其四》，[明]林春泽《人瑞翁诗集》卷五，清抄本。

166. 桑蓬岂止徇功名，民生国计谁为情。

——《修江秋意送扬州幕》，[明]林春泽《人瑞翁诗集》卷二，清抄本。

167. 吏道坐拘挛，暂息觉怙旷。

——《出永新溪上》，[明]林春泽《人瑞翁诗集》卷一，清抄本。

168. 素心愿自葆，勿使猿鹤疑。

——《养素轩》，[明]林春泽《人瑞翁诗集》卷一，清抄本。

169. 柴市一从容，丹心烜千古。正气凝两间，三光动寰宇。

——《文文山》，[明]林春泽《人瑞翁诗集》卷一，清抄本。

170. 君不见汉庭阴鸷有于公，悠悠千载留遗风。苍鹰乳虎争击噬，东郭韩卢竟双毙。柏台从事廉且明，称冤数百俱回生。台傍春风吹柏柏，台上雪霜顿融释。请君从此大门间，异日堪容驷马车。

——《客为予言有从事释冤狱数百作此奇》，[明]林春泽《人瑞翁集》卷二，清抄本。

171. 翩翩徐孺子，高榻不受尘。清风激寰宇，流洒西江滨。因之增慷慨，朱弦鸣郁湮。

——《豫章行》，[明]林春泽《人瑞翁集》卷一，清抄本。

172. 海若荡四穷，涸泓不自溢。百川委而东，容纳森无迹。云何秋水弥，诩诩夸河伯。所以君子心，至虚以为宅。大受本中虚，戒盈良多益。眷眷广运中，霆飙起纤积。万有潜希声，心斋澹无射。眷言永怀姝，德音崇渊莫。

——《赠周受庵》，[明]林春泽《人瑞翁集》卷一，清抄本。

# 郑善夫

郑善夫（1485—1523），字继之，号少谷，闽县（今福州市）人，明代文学家。

弘治十八年（1505）进士。正德六年（1511），任户部广西主事，出涖墅关督税，秉公办事，商人称道。时阉宦当权，愤而辞官回乡，于金鳌峰下少谷草堂闭门读书。正德十三年（1518），朝廷诏任礼部主事。翌年，升任员外郎，上疏痛斥江彬与宦官怂恿皇帝南巡劳民伤财，江彬对其恨之入骨，假传圣旨，杖打谏者，有人被活活打死。郑善夫不胜愤慨，复切谏无效，乃上疏辞官，但未获准。正德十五年（1520），研究天象、历法及日食、月食，推算出每年分秒的误差，对明代数学、天文学作出贡献。同年，又上书辞官，获准，此后在家乡谈诗论道。嘉靖元年（1522），都御史周季风荐郑善夫任南京刑部郎中，不久，改任吏部。翌年，赴任途中，游武夷山，受寒返家，两天后病逝，葬于福州西郊梅亭山。

郑善夫有诗名，擅书画，部分作品流传至今。著有《改历元疏》《日宿例》《时宿例》《序数传》《田制论》《九章乘除法》《九归法》等，被清代阮元收录于《畴人传》；另有诗论《读李质庵稿》。遗著凡九刻，现存较早的版本是清乾隆年间刻印的《郑少谷全集》25 卷。

173. 古人耻其君不为尧舜，耻其民不为尧舜之民，必是有志，方作得光大事业。孔子谓管仲器小，管仲功非不高，唯其元无是志，故所就之如此耳。行义达道，古人多不如志，宁甘死蓬蒿而不悔者，谓何须要识得此义。

——［明］郑善夫《经世要谈》，北京：中华书局，1985 年，第 3 页。

174. 自古刺史镇臣得自辟，其参军记室择其贤者荐之于朝，然后大用之，此法最美。刺史据声望以辟人，凡部下之贤者，鲜不就辟，故多得人，亦乡举里选之遗意也，后世科举之制行，词章之习盛，由是人才混淆，古意落尽矣。

——［明］郑善夫《经世要谈》，北京：中华书局，1985 年，第 3 页。

175. 梁之山兮，岳岳其砥。石之磐磐，兴云及雨。肤合之施，其谁弗被。立天之中，君子不匮。天常西亏，地亦东溃。我不尔奠，曷其有位。大皇时行，大浸时滋。怀贞用敦，君子以几。

——《梁之石操上杨国老》，［明］郑善夫《郑少谷集》卷一，明崇祯九年郑奎光刻本。

176. 景风薄梁殿，铜云递玄虚。侵星不栉发，入直承明庐。碣来双白鹤，跄跄下彤除。竦身舞飞容，扬音结长吁。物情含所因，悲鸣胡为乎。曰余览幽经，胭尔情不舒。霜毛丽藻质，岂受泥水污。内饫土木气，外有金精敷。盗泉非吾愿，腐鼠安足图。缅惟玄圃骖，乃是青田雏。言兹非世畜，何以羁此都。误入燕雀网，遂被樊笼拘。委质太液池，昂藏狎鸥凫。崇朝受饼饵，向夕听传呼。以兹抱懊惋，宁复竞盈余。冉冉积年岁，翼翼向盆盂。岂无四海心，所惜六翮疏。顾惟鹰犬坊，岂乏耳目娱。矜春有雪衣，绝地复的卢。终当返真性，去去翔天衢。一举历五岳，再举遍九区。翛然逐凤凰，下来瑞唐虞。此意良不极，流光倏于徂。麟伤古亦然，聊自遣烦纡。

——《夏日阙亭见鹤》，［明］郑善夫《郑少谷集》卷一，明崇祯九年郑奎光刻本。

177. 咄咄严子陵，竟不能下尔。迢迢富春山，潏潏桐江水。渺渺穷居士，皇皇汉天子。当年布衣交，一旦君臣礼。渭川罢钓纶，莘野释耒耜。上贤尊天瑞，所愿赞天纪。但非鱼水会，往往委泥滓。明王久不作，吾道长已矣。

——《严陵滩》，［明］郑善夫《郑少谷集》卷一，明崇祯九年郑奎光刻本。

178. 近别不顾家，朝往仍暮还。远别不顾家，出门宁计年。出门复入门，儿女相牵攀。鸿鹄怀四方，岂受燕雀怜。凉风动沙碛，剑歌惨不欢。拔剑莫割水，怅此离别难。同胞遍海岱，所贵天纲全。孔圣欲居夷，老聃行度关。意气苟相安，岂在华夷间。远别即当别，怀土非上贤。

——《远离别》，［明］郑善夫《郑少谷集》卷一，明崇祯九年郑奎光刻本。

179. 贤有六科：曰忠孝、曰事业、曰文章、曰特行、曰贞节、曰仙释。

——《修江先贤录序》，［明］郑善夫《郑少谷集》卷九，明崇祯九年郑奎光刻本。

180. 嗟夫！三先生，豪杰者也。业儒于比屋未为儒之时，而二林忠孝一方，文武勋庸科第为天下甲。虽其学力而开先者谁欤？岷嶓积石，河汉之始，明者固有所推矣。

——《南湖三先生传》，[明]郑善夫《郑少谷集》卷十，明崇祯九年郑奎光刻本。

181. 每读史至《奸臣传》，必切齿唾骂。及至忠臣义士，未尝不为之泣下。平生临义事，不顾利害，直以身当之。

——《同安林处士墓志铭》，[明]郑善夫《郑少谷集》卷十二，明崇祯九年郑奎光刻本。

182. 况今民穷财尽，青、齐、淮、楚之间，水旱连年，甚至父子相食者，六飞一过，势必啸匿山谷。倘重伤心，更何以邀福于社稷哉？夫兴亡之势，皆积渐而后成，然不可不察也。

——《谏东巡疏》，[明]郑善夫《郑少谷集》卷十四，明崇祯九年郑奎光刻本。

183.《易》曰："君子进德修业，欲及时也。"圣人之志，在于天下国家也。《语》曰："学而优则仕。"仕以行其所学也。又曰："隐居以求其志，行义以达其道。"求者，求所达之道也；达者，达所求之志也。惟其志在于天下国家也，故虽事变婴于身，而未尝一日恶于志也，古之所谓道德之士类如此。

——《赠伯固二首》，[明]郑善夫《郑少谷集》卷十五，明崇祯九年郑奎光刻本。

184. 做官要行道，不但位正也。正便可行于三代圣贤之君之时。三代而下，便做不去，故孔孟不偶、程朱不容是已。夫言者，心之声也。文者，言之精也。大言炎炎，小言戋戋。淳言质仁，亢言凌厉。崇而饰者、穷奇谲谲謞謞者、蒐慝斤斤者、察诐者、蔽淫者，謟不迹而康饕餮固也。

——《与黄后峰杂论》，[明]郑善夫《郑少谷集》卷十五，明崇祯九年郑奎光刻本。

185. 土生物，山岳岂得为死物？但山岳小。人心如天地元气，较大耳。

——《与黄后峰杂论》，[明]郑善夫《郑少谷集》卷十五，明崇祯九年郑奎光刻本。

186. 赤子之心，但可云纯一无伪。若水火盗贼在前，则必惊怖，安得不动心？圣人则不动耳。

——《与黄后峰杂论》，[明]郑善夫《郑少谷集》卷十五，明崇祯九年郑奎光刻本。

187. 大丈夫既出，而不为禄仕，要着实地，正如执事之所也。蛮夷瘴海，困顿鞠穷，随其所之而安之。然亦毋曰：此固仕宦之捷径也。前代以直言得谴者，他日公论一定，每起为美官，而天下人士亦以此多而侈之。近世士大夫亦每效之，以矫美名于一时。及其贬窜迁，则皆慰之曰："是何伤哉？固仕宦之第一等也。"是岂臣子者之所以事君，与士君子之所以立心哉？

——《答戴仲鹖》，[明]郑善夫《郑少谷集》卷十七，明崇祯九年郑奎光刻本。

188. 夫苟不为禄仕，则入山惟恐其不深，入林惟恐其不密耳。窃惟吾石川之贤，天下实知之。其官曰谏官，而天下实望之。方今箦簧盈庭，豺狼在邑，走闻黄门之为职也，为天子之耳目。别不以簿书杂而烦之，使专其视听，朝夕论列，以匡王不逮。不听，则以身从之，如知其不可，则有去而已，实非如仗马之职于不鸣也。

——《与殷黄门》，[明]郑善夫《郑少谷集》卷十七，明崇祯九年郑奎光刻本。

189. 今之论事者，苦于徇目前而不揣其本；而救时者，大率顾近利而不虑其后。安得而不至此哉。明公望重道尊，言出而人必信服。似此类正当明示当路者，议而行之，安息一方，固吾辈仁民爱物的本意，使以利害计之，其阴德亦甚溥也。

——《寄林见素中丞》，[明]郑善夫《郑少谷集》卷十七，明崇祯九年郑奎光刻本。

190. 今之所勉，惟平心观理，不执己见，不掩过恶，不矜小善，不避疑讪，深求古人之所以至。若事事云尔，即无不了，但其中亦有可言者。圣人作用不是一一立定格子，只是降伏其心一大事。正所谓一得永得者，自然不执不矜。

——《答石龙兄》，[明]郑善夫《郑少谷集》卷十八，明崇祯九年郑奎光刻本。

191. 获上则志得行，审委任则泽下，究去贪污则政彻，逐舞文之吏则法不挠，剿恶人则民安，同其好恶则民从，广询博访则得民瘼。振风节、表恬退、阐幽伏，则民劝。

——《答汪希周太守》，[明]郑善夫《郑少谷集》卷十九，明崇祯九年郑奎光刻本。

192. 万万为残民加意。况阙里所在，边俎坟寝，尤当爱护乎哉。属下诸邑，尤切近民者，令之可否，民之生死乐苦、寿夭理乱之系焉者也。

——《与童宾旸》，[明]郑善夫《郑少谷集》卷十九，明崇祯九年郑奎光刻本。

193. 方今政治更始，正吾辈行志时节。先甲后甲，理乱绪，干父蛊，端在诸贤。得时最难，时难得而易失。时非高爵厚禄之云也。古人往往宁蓬累而行者，谓何际遇难也。今天下百务极矣，生民之苦未有甚于此时者矣，事极而反常数也。今海内豪杰之士，皆有弹冠之志，欲行其学但不忍辱其身矣。

——《答思道》，[明]郑善夫《郑少谷集》卷二十，明崇祯九年郑奎光刻本。

# 高瀔

高瀔（1492—1542），字宗吕，号石门子，又号种菊道人、霞居子、髯仙、庖羲谷老人，侯官县（今福州市）人。

曾师从郑善夫，绝意仕进。性爱山水，遍历名山大川。闻有名胜，则不远千里，不避寒暑，以畅游为快。凡有所得，发为诗歌，其诗与傅汝舟齐名。工书法，隶草俱称逸品。善画，工山水、花卉、人物、翎毛，用墨浓润，运笔古雅，出入于宋元诸大家之间。性落拓嗜酒，醉则狂叫放歌，散发跣足，飘然而舞。性又嗜书，藏书万卷，而贫无以立。后福州知府汪文盛亲自造访，请校十三经、两《汉书》三年，始得维持生计。著有《石门集》（一名《霞居集》）、《隶书论》、《敦义篇》。

194. 然性狷迹孤，乐善畏义，与世多龃龉，不能容人，不能俯仰于人。遇事惟顾理无愧，其他利害，屏而不问。

——［明］高瀔《石门集》自传，清道光二十一年刻本。

195. 济世移忠日，为官学道秋。

——《岊江送顾志仁》，［明］高瀔《石门集》卷三，清道光二十一年刻本。

196. 丈夫所树在明德，循格高官何足恃。

——［明］高瀔《石门集》卷二，清道光二十一年刻本。

197. 万言明典礼，屡死动君王。民命苏天下，河流奠故乡。

——《读谢谏议惟盛奏章》，［明］高瀔《石门集》卷三，清道光二十一年刻本。

198. 兀然坐虚堂，清风激我扉。戚戚旷世怀，茫茫竟焉知。华春艳芳渚，荣盛难久持。孤松肃冰雪，阅世谁能期。所以贤达士，处困忘怨悲。修身不在名，毁誉奚足疑。美哉陈君子，德义良可师。夙抱经世猷，行将献天墀。愿言慎终始，王室仼清夷。懿此长路赠，申此慷慨辞。

——《送陈佩昌岁贡》，[明]高瀔《石门集》卷一，清道光二十一年刻本。

199. 载咏君子政，神化固须臾。乐哉邱园子，击壤明代斯。

——《夏日李监察携荔酒邀予登乌石山观李阳冰古篆酌于清虚亭值风雨大作志喜》，[明]高瀔《石门集》卷一，清道光二十一年刻本。

200. 何侯意气天下无，直节欲回元化初。

——《题雁峰何方伯子鱼岁寒三友图》，[明]高瀔《石门集》卷二，清道光二十一年刻本。

201. 将军尔本燕都客，意气凌云自高格。风流儒雅古将俦，袖中长有筹边策。吁嗟眼前万事谁可云，请君停骖子细闻。

——《送江指挥珍赴武举》，[明]高瀔《石门集》卷二，清道光二十一年刻本。

202. 英雄岂得仰面立，不见冰山之水水复流。眼前万事奚足问，富贵真视如浮沤。不如归去酌我酒，赤脚高歌沧海头。

——《长安街暑中醉歌》，[明]高瀔《石门集》卷二，清道光二十一年刻本。

203. 山林高兴有韦侯，脱屣应同傲吏流。安石竟劳州县寄，表微长作菊松谋。风云要路还高足，勋业流年尚黑头。

——《答韦怀安邦相明府月酌韵》，[明]高瀔《石门集》卷四，清道光二十一年刻本。

# 张 经

张经（1492—1555），字廷彝，号半洲，侯官县（今福州市）人，明代文学家、抗倭名将。

正德十二年（1517），登进士第，任嘉兴（今属浙江）知县。秉性刚直，不畏权贵，曾上疏劾罢纳贿的兵部尚书金献民、匿灾不报的河南巡抚潘埙，又请撤除锦衣卫及太监把持的东、西两厂。有武略，平定侯公丁武装起义，又招抚弑主自立且侵扰中国边境的安南国相莫登庸。嘉靖三十四年（1555），大败进犯中国东南沿海的倭寇，然因严嵩等人迫害，遂"功不赏，而以冤戮"，被嘉靖帝冤杀。隆庆初年（1567—1568），张经之孙张懋爵上疏鸣冤，朝廷乃恢复张经官职，赐祭葬，谥襄愍。有《半洲诗集》传世。

204. 城上金钟动，云间玉殿开。衣冠森鹓鹭，仙杖拥蓬莱。风袅佩声细，天高霁色回。嵩呼遥献绩，端愧济时才。

——《入朝二首》，[明]张经《半洲稿·北寓稿》，明嘉靖十六年司马泰刻本。

205. 五云瞻日表，万里觐天颜。晓下金门漏，光生玉笋班。鸦声起宫树，仙仗隔尘寰。短策抱孤志，飘萧两鬓斑。

——《入朝二首》，[明]张经《半洲稿·北寓稿》，明嘉靖十六年司马泰刻本。

206. 西谷山人白羽中，杖藜吟望野江滨。鸳鸯湖澹堪垂钓，龙虎丹成可养身。解易静时涵造化，种梅开处长精神。天涯此日频回首，拟何东邻一问津。

——《寄朱西谷内翰》，[明]张经《半洲稿·北寓稿》，明嘉靖十六年司马泰刻本。

207. 闽南谐夙好，冀北定新盟。正慰三秋别，俄惊万里行。赤心悬日月，壮志薄鲸鲵。戆直缘忠愤，生全伏圣明。忧时双鬓短，去国一舟轻。岸柳摇春思，林花对晓晴。月随孤客梦，波撼九江城。宣室终承召，江都岂为名。停云还入望，归雁各含情。去住真萍梗，行藏似弈枰。都门看意气，宝剑有青萍。

——《赠郭方岩谪官江右》，[明] 张经《半洲稿·北寓稿》，明嘉靖十六年司马泰刻本。

208. 独上军容台，南山何壮哉。秋声发万籁，肃气徘空来。旌旗明晓日，桴鼓殷春雷。传呼振虎旅，厥角轰如摧。念兹齐鲁地，文教今弘开。吾皇正恭己，干羽罗九垓。

——《次刘平嵩登观军容台上韵》，[明] 张经《半洲稿·北寓稿》，明嘉靖十年刻本。

209. 武庙捐临口，慈宫义策辰。屏除豺虎力，恳恻诏书仁。奏疏纷台谏，安危系老臣。几人系墨笔，公论到头真。

——《有感》，[明] 张经《半洲稿·南行稿》，明嘉靖十六年司马泰刻本。

210. 牢落风尘一病身，数茎白发上头新。拂髦却忆儿童日，把镜俄惊老大晨。报国未能酬犬马，策勋何以画麒麟。飘萧黄叶又秋色，客况聊应与酒亲。

——《甲申秋孟早栉偶感二毛》，[明] 张经《半洲稿·南行稿》，明嘉靖十六年司马泰刻本。

211. 昔年风雪阻清源，猎骑翩翩下柳村。独上河桥回首望，竹篱零落半黄昏。

——《天津感事二首》，[明] 张经《半洲稿·南行稿》，明嘉靖十六年司马泰刻本。

212. 城外云山枕碧流，南枝草木岳王丘。一身死去公何惜？匹马归来事已休。凛凛尚存忠义魄，冥冥犹抱国家谋。抚膺长叹空垂泪，欲荐蘋蘩愧末由。

——《岳坟》，[明] 张经《半洲稿·南行稿》，明嘉靖十六年司马泰刻本。

213. 瞻彼双黄雀，饮啄于野田。虞罗伏草莽，鸷鸟鸣树颠。低飞伤羽翩，高飞亦迍邅。曷为罹兹土，不得由自然。上有双飞鸿，翩翩凌风烟。下有双鲤鱼，洋洋入深渊。缯弋讵可致，罟网徒尔牵。神龙蛰沧海，乘时飞在天。尺蠖罔为屈，庸以伸而前。殷勤语黄雀，此道古所传。

——《野田黄雀行》，[明] 张经《半洲稿·南行稿》，明嘉靖十六年司马泰刻本。

214. 镇国将军龙虎旗，辕门幕府尽熊貔。如今独有天津月，夜夜清光照柳枝。

——《天津感事二首·其一》，[明]张经《半洲稿·南行稿》，明嘉靖十六年司马泰刻本。

215. 汤阴下马夕阳迟，古柏森森武穆祠。故国山河悬指掌，胡人部落识旌旗。朱仙正想王师顺，金字空嗟宋祚移。欲起奸谀甘斧钺，更看忠节重华夷。

——《汤阴谒岳武穆王》，[明]张经《半洲稿·西征稿》，明嘉靖十六年司马泰刻本。

216. 黄帝飞升地，今余铸鼎原。断云连宿草，落日照孤村。龙驭真何处，丹书久不存。无缘请秘诀，迟此鬓霜繁。

——《鼎湖怀古》，[明]张经《半洲稿·西征稿》，明嘉靖十六年司马泰刻本。

217. 故人赠我宝藏刀，醉来把视偏雄豪。流星耿耿拂霄汉，白雪皎皎明秋毫。阴风惨澹魍魉泣，鲸波簸荡蛟龙号。神物在我合变化，世间万事真鸿毛。

——《窦惟远宪副赠刀寄谢》，[明]张经《半洲稿·西征稿》，明嘉靖十六年司马泰刻本。

218. 壮游历览名山多，蜿蜒突处生嵯峨。未有此山起平地，孤标直与云相摩。峭拔宁须附丘壑，崚峥不用牵岩阿。中原白日见砥柱，远势已觉撑天河。呜呼！丈人之峰乃若此，我生正气当如何？风尘倾洞世弗兢，独立与尔回其波。

——《登华不注峰》，[明]张经《半洲稿·东巡稿》，明嘉靖十六年司马泰刻本。

219. 今观之四稿，种种色色皆具斯道，而岂徒作者哉。是故读《北寓》《对菊》《独坐》之什，则知出入禁闼之间，而不忘《南陔》之念；读《南行》《旅夜》《晓发》之什，则知往来楚越之区，而不忘北阙之怀；读《西征》《彗除》《阅武》之什，则知鞠谳夷情之时，而不忘黼依之忧；读《东巡》《费县》《茌平》之什，则知绳纠官邪之日，而不忘编列之隐。念《南陔》者，所以致慕而为孝也，礼斯畅焉；怀北阙者，所以致报而为忠也，义斯著焉；忧黼依者，所以致谟而为烈也，智斯闳焉；隐编列者，所以以致爱而为泽也，仁斯湛焉。

——[明]张经《半洲稿·后序》，明嘉靖十六年司马泰刻本。

# 叶向高

叶向高（1559—1627），字进卿，号台山，晚号福庐山人，福清（今福建省福清市）人，万历十一年（1583年）进士，历任国子监司业、礼部尚书、曾任内阁首辅。

叶向高老成持国，善于谋断，仕于动荡的万历朝，面对朝中波谲云诡的形势，总能快速做出正确判断，化解危局。明中后期党争日益严重，面对不同朋党间的斗争，叶向高不畏奸邪，批奸护忠。入内阁后，叶向高在选用人才、治理财政等方面皆以朝廷为重，上疏建议。面对皇帝有奏不听时，叶向高亦不卑不亢，直陈君臣之间关系紧张的弊病，深得皇帝信任，一生两任内阁首辅。

主要著作有《纶扉奏草》30卷、《续纶扉奏草》14卷、《苍霞草》20卷等。

220. 今天下之大弊有二，而其可忧者有三。弊者，何也？圣贤之道昭昭乎，揭日月而行，而世之儒者，好以异端之说淆之，道何以明，弊一；士人之节斤斤乎，望绳墨而趋，而世之儒者，妄以脂韦之习靡之，节何以植，弊二；此二弊者，往而不返，趋而不止，将仁义为蚀，而纲常为斁，则忧在道统。且举世之人，其高者既入于空虚，而下者复一切争于功利，是尽天下而聩聩耳，则忧在人心。昔战国之衰也，士以权诈相夸诩。及晋之时，名卿达士缓颊而谈庄老，晋遂凌迟。今之士有晋之清虚，而顽钝不下于战国，愚未知其所终也，则忧在世道。夫此三者，其关系不细矣。故自迩年以来，上之所以讲求与下之所以论说者，必曰崇圣学也，正士风也。兹其意，顾不厚哉？然而徒缮其名，未观其效者，何也？其求之有未实，而应之有未至也。愚以为实崇正学，莫如严其禁以儆之，而使之不敢入于邪；实正士风，莫如重其劝以励之，而使之有所矜于善。

——《辟邪说以崇正学惩敝习以正士风议阁试》，[明]叶向高《苍霞草》卷二，明万历刻本。

221. 经以五伦，括以五常，洞洞皎皎，无他异也。第令世之人以子则孝，以臣则忠，以朋友兄弟则信，而友斯亦可矣。

——《辟邪说以崇正学惩敝习以正士风议（阁试）》，[明]叶向高《苍霞草》卷二，明万历刻本。

222. 文治虽本，黄老乃其资，竟以仁厚胜寔。见东汉之削弱欲矫之，以严至引文，以征其说寔之感愤，而不究其正，多此类也，此寔之失也。

——《仲长统昌言崔寔政论评（阁试）》，[明]叶向高《苍霞草》卷二，明万历刻本。

223. 余乃具而论之，在乡言乡，不欲作文人寻常汗漫夸诩之谭。

——《爱我林翁偕配方孺人双寿崇封序》，[明]叶向高《苍霞草》续草卷六，明万历刻本。

224. 国家成败祸福，观之已然者，而可见矣，故曰："殷鉴不远。"国鉴于国，家鉴于家，小大虽殊，其致一也。

——《家谱宗鉴传》，[明]叶向高《苍霞草》卷十五，明万历刻本。

225. 宁敢侈然自附于名高？惟是孝友忠信，质行彬彬，乡人颂之，来世刑之，亦足述也。小子不文，遏佚是惧，因撫而识之。

——《家谱列传》，[明]叶向高《苍霞草》卷十五，明万历刻本。

226. 所谓归洁其身者耶，要所源流，自先夫人而上，内训皎然，彼此相渐，为风教首。

——《家谱内传》，[明]叶向高《苍霞草》卷十五，明万历刻本。

227. 余观近世士子，一脱青衫，即扬扬矜诩，衣马仆从，供具饮食，一切侈靡，无复寒酸故态。而其父母亦自谓有子成名，旦夕且富贵，偃然以封君自居，厚自奉养，甚且豪横恣睢，渔夺小民，为暴于乡里，比比然也。

——《梦石陈公偕配林孺人七十寿序》，[明]叶向高《苍霞草》余草卷三，明万历刻本。

228. 吾家人子弟，亦渐汰梁肉绮谷，视若寻常。至于骨肉至亲，亦时有訾语，去先世远矣。盛衰得失，相为循环。吾甚惧焉。

——《庶母林孺人圹志》，[明]叶向高《苍霞续草》卷十三，明万历刻本。

229. 其卓然者，以素封树德耳。

——《家谱列传》，[明]叶向高《苍霞草》卷十五，明万历刻本。

# 谢肇淛

谢肇淛（1567—1624），字在杭，号武林、小草斋主人，晚号山水劳人，长乐人。

明万历二十年（1592）进士，历任湖州推官、兵部郎中、工部屯田司员外郎等，曾上疏指责宦官遇旱仍大肆搜括民财，受神宗嘉奖。奉命治理河流，一年大功告成，并写成《北河纪略》，记载河流本末和历代治河利弊。天启元年（1621），任广西按察使，升广西右布政使。亲理政事，力革积弊；在边境，置官增兵，防止外患；能较好处理少数民族矛盾；整顿盐政，活跃经济，关爱人民生活。

谢肇制博学多才，擅长诗文，与徐𤊓、曹学佺等结社论诗。入仕后，历游川、陕、两湖、两广、江、浙各地所有名山大川，所至皆有吟咏。其诗雄迈苍凉，写实抒情，为当时"闽派"诗人的代表。家富藏书，曾参与重刻淳熙《三山志》；一生勤于著述，写作大量笔记小品，所著《五杂俎》，多记掌故风物，为明代一部有影响的博物学著作。另有《文海披沙》《史觿》《滇略》《长溪琐语》《小草斋诗话》《小草斋集》《方广岩志》《太姥山志》《支提山志》等；助修《福州府志》《永福县志》。

230. 南山有木，风怒号矣。哀哀父母，生我劳矣。欲报之德，逝其毛矣。南山有杨，秋风萎矣。哀哀父母，生我勤矣。欲报之德，逝其瘁矣。

——《南山四章孝子思养其亲而不逮也》，[明]谢肇淛《小草斋集》卷三，明万历刻本。

231. 维此圣人，小心翼翼。维彼愚人，宣骄以辟。天监不远，维民之则。嗟我人斯，不瑕有戮。鸿雁于飞，有毕其羽。兄弟一方，莫或遑处。服勤稼穑，无忝尔祖。克明其德，以笃宗祜。

——《鸿雁六章思兄弟也》，[明]谢肇淛《小草斋集》卷三，明万历刻本。

232. 贸贸青蝇，集于墙茨。逸人之言，其甘如饴。贸贸青蝇，集于丛棘。逸人之言，覆我邦国。青蝇于飞，集于素衣。逸言庸矣，我躬则瘅。青蝇于飞，集于素冠。逸夫孔多，失我所欢。山有乔枝，隰有菉葹。彼逸人者，云胡不夷。山有乔檖，隰有荟蔚。彼逸人者，胡不殄瘁。明明如月，梁得掇之。既明且哲，人得说之。苞粮蘱蘱，逸言罔极。君子敬之，维民之则。

——《青蝇八章刺谗也》，[明]谢肇淛《小草斋集》卷三，明万历刻本。

233. 雨无其极，伤我稼穑。稼穑瘁止，农夫痡止。零雨泥止，河水弥止。天降丧乱，曷维悔止。

——《雨无极八章闵时也》，[明]谢肇淛《小草斋集》卷三，明万历刻本。

234. 行役逾十年，尘埃掩空房。自恨非乔松，红颜讵能常。生当加餐饭，死当归故乡。

——《古意四首·其三》，[明]谢肇淛《小草斋集》卷四，明万历刻本。

235. 功成百战余，老去一身在。腰间双宝刀，缺尽无光彩。往事春梦中，惊定还自悔。空巷无四邻，倚杖柴门外。

——《从军行送老卒还乡》，[明]谢肇淛《小草斋集》卷四，明万历刻本。

236. 举世重黄金，金多交始深。可怜贫贱士，悠悠空此心。威凤乘时蓦，潜龙随风吟。同气自相应，岂在浮与沉。

——《何当行》，[明]谢肇淛《小草斋集》卷四，明万历刻本。

237. 飞尘蔽白日，天地失其明。逸夫乱四国，慈母不相亲。河汉深且广，高山多浮云。哀哉行路难，此事难重陈。

——《飞尘篇》，[明]谢肇淛《小草斋集》卷四，明万历刻本。

238. 羞与众桃李，强颜逐春风。君子慎明德，有初鲜克终。

——《秋兰篇》，[明]谢肇淛《小草斋集》卷四，明万历刻本。

239. 相逢输肝胆，生死谅不湮。丈夫快恩仇，四海皆周亲。信陵既存赵，孟尝亦脱秦。一诺甘刎颈，鸿毛安足论。百年终归尽，侠骨高嶙峋。愧彼寒蝉辈，奄奄泉下人。

——《游侠篇》，[明]谢肇淛《小草斋·续集》卷三，明万历刻本。

240. 客梦政还家，鸡鸣何太早。星月落前楹，仆夫催上道。道路旷连绵，远近无城堡。荒县茅茨残，山田禾黍槁。寒日照郊墟，饥民随梨枣。村店几家存，寄食殊草草。感此行路难，令人颜色老。

——《行路叹》，[明]谢肇淛《小草斋·续集》卷三，明万历刻本。

241. 兴亡已陈迹，人世真蘧庐。贫亦不足忧，贵亦不足趋。达人有大观，君子崇吁谟。去去勿复顾，双涕零交衢。

——《送周乔卿还家》，[明] 谢肇淛《小草斋·续集》卷三，明万历刻本。

242. 长跽挽客裾，故乡今何如。客但再三叹，故乡不可居。连年旱复蝗，民无旦暮储。官府禁遏籴，富室急追租。五月初三日，饿莩噪通衢。白丸斫富商，赤丸掠村墟。骸骨乱如麻，处处狐与乌。脱身得西走，但幸保头颅。

——《与客问答三首·其二》，[明] 谢肇淛《小草斋·续集》卷三，明万历刻本。

243. 莫恃红颜好，白首空蹉跎。

——《乙未元日试笔寄社中诸子》，[明] 谢肇淛《小草斋·续集》卷三，明万历刻本。

244. 俸仅饱妻孥，迹已绝宾友。一官叹积薪，万事同敝帚。昔如逐兔鹰，今作守鸡狗。吾爱柴桑翁，悠然弃五斗。

——《感怀》，[明] 谢肇淛《小草斋·续集》卷三，明万历刻本。

245. 至今慕义士，慷慨赴前修。然诺不辞死，千金安所求。霸图久销歇，往事空悠悠。

——《齐讴行》，[明] 谢肇淛《小草斋·续集》卷三，明万历刻本。

246. 土碱雨苦稀，麦穗半不熟。卖女纳官钱，老妇吞声哭。山茧脆难缲，土布涩难缝。十指磨欲掘，不办朝昏供。岂无少壮丁，贷为富家佣。日受升合米，米陈不可舂。茅茨仅四壁，寒来自补茸。草根甘可茹，暂免沟中瘠。生时既不谐，流离安所适。

——《田妇词》，[明] 谢肇淛《小草斋·续集》卷三，明万历刻本。

247. 华堂厌粱肉，贫者茹草根。青楼裂缯戏，寒女衣不完。天道如张弓，弛控唯所存。三公岂不贵，仲子方灌园。

——《感遇四十首》，[明] 谢肇淛《小草斋·续集》卷三，明万历刻本。

248. 风流付江水，得失竟为谁。况乃艰与屯，志士夙所资。努力茂远猷，陆沉安足悲。

——《答林茂之》，[明] 谢肇淛《小草斋·续集》卷三，明万历刻本。

# 林云铭

林云铭（1628—1697），字西仲，号损斋，闽县（今福建省福州市）人，清代著名学者。

清顺治十五年（1658 年）进士，授徽州府通判。林云铭治事精敏，但不为朝廷所重用，前后九年三进三出，后遇裁撤，隐居建溪，著书立说。康熙十三年（1674 年）三月，耿精忠叛乱，云铭因不愿附逆被拘囚，直至清兵破闽始获释，后寓居杭州著述，卒葬杭州西子湖畔。著有《挹奎楼选稿》12 卷、《损斋焚余》10 卷、《吴山鷇音》8 卷、《楚辞灯》4 卷、《韩文起》12 卷、《庄子因》及《西仲文集》等。云铭所编注的《古文析义》比《古文观止》尚早，影响颇大。

249. 平时尚友古人，不以贫窭介意。独是著书等身，荐经烈焰，举一切镂肝琢肾、覃思研虑之文。

——［清］林云铭《挹奎楼选稿·序》，清康熙三十五年刻本。

250. 余支离成性，不为事物所宜，于庄为近，故少而好之，久而弥笃。稍长，涉猎佉门诸书，私念人生地上，寓也，其与几何？逍遥寝卧于无何有之乡，一笠一瓢，此生之事业毕矣。

——《庄子因·序（癸卯）》，［清］林云铭《挹奎楼选稿》卷二，清康熙三十五年刻本。

251. 余反覆探索，暂有所得，即作蝇头小书，遂段逐句分记于各篇之内，常恐有兔起鹘落、稍纵即逝之虞，不惮一夜十起，如是者有年，渐觉鄙见日新，积疑尽释。

——《韩文起序》，［清］林云铭《挹奎楼选稿》卷二，清康熙三十五年刻本。

252. 余尝谓诗通于乐，故乐章皆诗，此声音之道所以治性情也，谓之诗教。

——《张南轩诗集·序（甲戌）》，[清]林云铭《挹奎楼选稿》卷二，清康熙三十五年刻本。

253. 纲常为世道之柱维，吾儒读圣贤书，知大义在天壤间，本无可逃。

——《徐巨翁忠节录·序（讳应镳宋恭帝德祐二年殉节）》，[清]林云铭《挹奎楼选稿》卷二，清康熙三十五年刻本。

254. 悉本崇儒治化，毋论已仕未仕，大义总无所逃。

——《徐巨翁忠节录·序（讳应镳宋恭帝德祐二年殉节）》，[清]林云铭《挹奎楼选稿》卷二，清康熙三十五年刻本。

255. 且当下具足，不假外求也。故归里后，遁迹建溪七年，不复作出处想。耿逆变乱后，幽囚十有八月，就戮者三，不复作生死想。洎挈眷武林，扃户读书，四壁萧然，不复作饥饱寒暖想。

——《王阳明全集序》，[清]林云铭《挹奎楼选稿》卷二，清康熙三十五年刻本。

256. 往往直言似谗，危言似谤，有好激之言似怼，风闻之言似诬，皆英断之主所深疾而不能姑容者。

——《莱阳姜二先生建祠录·序（给谏讳埰，大行讳垓）》，[清]林云铭《挹奎楼选稿》卷二，清康熙三十五年刻本。

257. 贤路既塞，民困盗兴，此汉唐亡国覆辙亦无不然也。

——《莱阳姜二先生建祠录·序（给谏讳埰，大行讳垓）》，[清]林云铭《挹奎楼选稿》卷二，清康熙三十五年刻本。

258. 宜早辨君子小人之用心，广开言路，尤不可使阉寺预政，以阶必亡之祸。

——《莱阳姜二先生建祠录·序（给谏讳埰，大行讳垓）》，[清]林云铭《挹奎楼选稿》卷二，清康熙三十五年刻本。

259. 识不精则无从诀择其当否；功不专则必以他营纷驰，因而夺其力；志不笃则必以历久怠废，罔以底于成。

——《圣贤儒史·序》，[清]林云铭《挹奎楼选稿》卷二，清康熙三十五年刻本。

260. 搜辑考订无问寒暑者，垂二十年，非学之博、识之精、功之专、志之笃，安能详而且核若是者乎？

——《圣贤儒史·序》，[清]林云铭《挹奎楼选稿》卷二，清康熙三十五年刻本。

261. 吾闽游君子六，从事于性命之学有年，不求闻达于世，超然有会于道之大原。

——《天经或问后集·序》，[清]林云铭《挹奎楼选稿》卷二，清康熙三十五年刻本。

262. 夫人当抱膝独处时，高谈大道，谁不以古圣贤为期哉？追置之纷扰之场则乱矣，投之利害之交则又乱矣，更验之于梦觉之际，则尤无不乱矣。

——《圣学真语·序》，[清]林云铭《挹奎楼选稿》卷二，清康熙三十五年刻本。

263. 在君子则乐为君子，在小人则柱为小人。即不揆之祸福，亦当惊心虚度，无以自存。

——《袁雪山订感应篇·序（庚戌）》，[清]林云铭《挹奎楼选稿》卷二，清康熙三十五年刻本。

264. 余以为行持是编，必先从事于忠孝节义，立其大德，而后充其类，以及于细行，亦不可以此责报，若弃大德而徒矜细行。

——《袁雪山订感应篇·序》，[清]林云铭《挹奎楼选稿》卷二，清康熙三十五年刻本。

265. 与天地合其德，则大感大应，小感小应，即感即应，无感无应，是谓之大觉。

——《袁雪山订感应篇·序》，[清]林云铭《挹奎楼选稿》卷二，清康熙三十五年刻本。

266. 后人皆以祖宗之心为心，恪守先世诸公训勉之词，仰追申申欣欣之盛。

——《重修族谱·序》，[清]林云铭《挹奎楼选稿》卷二，清康熙三十五年刻本。

267. 世有忠义焜耀国史者，不可谓非子孙之幸，其子孙尤不可不知，所以自勉。

——《洪氏族谱·序》，[清]林云铭《挹奎楼选稿》卷二，清康熙三十五年刻本。

268. 凡物有可用者谓之材。材者，所以为器也。

——《贺武平卫邑令左迁·序（丙寅）》，[清]林云铭《挹奎楼选稿》卷二，清康熙三十五年刻本。

269. 志道德者忘功名，志功名者忘富贵。

——《贺武平卫邑令左迁·序（丙寅）》，［清］林云铭《挹奎楼选稿》卷二，清康熙三十五年刻本。

270. 余曰：子行矣，此出处之始也，不可不重。古之人，难进易退，所以养廉耻也。

——《送方翙霄贡入京师·序》，［清］林云铭《挹奎楼选稿》卷二，清康熙三十五年刻本。

271. 苟知廉耻当养，则必安于正直之常。是二者虽始于一人之身，其后乃流而为风俗，方子其择而处之。

——《送方翙霄贡入京师·序》，［清］林云铭《挹奎楼选稿》卷二，清康熙三十五年刻本。

272. 或曰：必捐身为孝，孝其难矣。曰：孝庸德也，师其意，不必师其事。

——《仁和孝女沈氏·序》，［清］林云铭《挹奎楼选稿》卷二，清康熙三十五年刻本。

# 黄 任

黄任（1683—1768），字于莘，又字莘田，因喜藏砚，自号十砚老人，永福（今永泰县）人。清代著名诗人、藏砚家。

其家学渊源深厚，少俊好学。雍正元年（1723），出任广东四会县令。次年，兼署高要县事，在任期间颇有口碑。工诗善书，尤喜砚，在任上节衣缩食，将余俸购买砚石，得良砚百余台。后为小人所妒，于雍正五年（1727）被劾去职。归里后，他选择质地最好者交付良工精制，最后选取十方最佳者，视为至宝，并在其住宅香草斋中建十砚轩，收藏这些砚石。在诗坛上，黄任不立宗派，也不专学某一家，而是博采唐宋明清众家之长，自成一体，以轻清流丽为时人所称，七绝尤负盛名。著有《秋江集》《香草笺》。

273. 整翮梳翎动隔年，剪裁又是一番鲜。何人不荷吹嘘力，滞汝多应骨格坚。好手飞扬矜跋扈，出身轻薄转蹁跹。架鹰笼鹤看惆怅，束缚无由送上天。

——《纸鸢》，[清]黄任《秋江集》卷一，清乾隆刻本。

274. 山川终护虫鱼文，雨淋日炙不得朽。文字千秋面壁青，此是西来无量寿。

——《李阳冰般若台篆字歌》，[清]黄任《秋江集》卷一，清乾隆刻本。

275. 明季将板荡，盈廷乘纪纲。维公起南服，义勇含风霜。国是既委靡，士气多沮伤。公思力挽之，劲弩千钧张。明体乃达用，所重扶纲常。是时急功利，枢辅谋不臧。公不稍宽假，廷诤多激昂。折槛一逆鳞，窜逐栖江乡。雷霆未息怒，中外申救章。遂兴党锢狱，几罹不测殃。

——《拜石斋先生墓下》，[清]黄任《秋江集》卷三，清乾隆刻本。

276. 大厦非一木，公身与俱亡。公留心经术，为后学津梁。《周易》与《孝经》，大义多阐扬。所传十二书，存大涤讲堂。诗歌尽散失，家不什一藏。曾贻我祖诗，断墨双缣缃。一字一涕泪，至今留耿光。丰碑何峨峨，松楸何苍苍。

——《拜石斋先生墓下》，[清]黄任《秋江集》卷三，清乾隆刻本。

277. 峣峣者易缺，皎皎者易污。方枘纳圆凿，其势必龃龉。高明坐一室，鬼瞰生揶揄。

——《感兴·其二》，[清]黄任《秋江集》卷三，清乾隆刻本。

278. 君子矫自好，岂能贬意趋。盛气招重尤，寒情畏厚诬。埋照匿光彩，被褐怀瑾瑜。先民亦有言，深藏贵若虚。

——《感兴·其二》，[清]黄任《秋江集》卷三，清乾隆刻本。

279. 巨鳞潜深池，好鸟鸣高枝。物性无改移，安知彼是非。化声不相待，和之以天倪。青蝇止樊棘，白璧生瑕疵。良由势使然，扁石履斯卑。何不矫健翮，高举盘天嬉。冥冥千仞冈，弋人何篡之。

——《感兴·其四》，[清]黄任《秋江集》卷三，清乾隆刻本。

280. 四序骤回薄，阴魄互亏满。羲和倾其轮，阳戈不得挽。蹇运鹢退飞，危机车下坂。去者日以多，道里阻且远。绝径无通身，歧路不顾返。感叹杨朱子，恸哭亦已晚。

——《感兴·其五》，[清]黄任《秋江集》卷三，清乾隆刻本。

281. 今年米价高，乃自二月始。其时东作人，尚未及耘耔。绠短井水深，辘轳接不起。展转七八旬，十室滨九死。苟活始自今，登场十日耳。相传此十日，艰苦更无比。警彼行路人，九十半百里。一春发仓廪，贱价实倍蓰。奈今已悬磬，一钱亦坐视。苏我三阅月，难免须臾毙。此语痛至隐，使我抱愧鄙。急令煮饘粥，欢呼遍村市。其日正赤午，千百若聚蚁。大半老羸多，肩摩足跛倚。叟叟与浮浮，津津于颊齿。长吏未朝餐，先汝尝旨否？次乃恣蚕食，流歠等波靡。痴妪强其儿，不肯辍箸匕。老翁不量腹，哽咽颡有泚。金云伤饥肠，徐徐乃可尔。明发当复来，渐渐平疮痏。挥之不即去，不去察其旨。问官赈几日，好共妻儿止。官卑俸钱薄，能办几斛米？官云汝无虑，瓶罄罍之耻。计较两岁禄，兼旬供食指。亦有懿德士，告乏助为理。待汝刈获声，此举我乃已。东郊一以眺，坚好惟穈芑。望岁如望梅，额蹙变色喜。归衙持箪瓢，余沥饱稚子。

——《赈粥行》，[清]黄任《秋江集》卷三，清乾隆刻本。

282. 所得乃清气，世喧难与言。文章蓬巷老，霜雪布袍尊。

——《所得》，[清]黄任《秋江集》卷六，清乾隆刻本。

283. 踏残黄叶前朝寺，剔遍青苔过客书。怀古登高两敻绝，不应虚度闭门居。

——《辛未九日登乌石山·其二》，[清]黄任《秋江集》卷六，清乾隆刻本。

# 郑光策

郑光策（1759—1804），初名天策，字宪光、琼河、苏年，闽县（今福州市）人。

乾隆四十四年（1779）举人，名列第二。次年，登进士第。返闽归乡后，任教泉州。喜读经世有用之书，除《通鉴》《通考》外，对唐宋名臣陆贽、李纲、真德秀，以及明清间著名学者顾炎武等人著作，皆熟读精思，靡不贯串，如数家珍。乾隆五十二年（1787），陕甘总督福康安奉命前往台湾镇压林爽文起义，途经泉州，召郑光策入其幕府，所条陈十二议，均被采用。翌年正月，巡抚徐嗣曾前往台湾处理善后事宜，光策又陈八议，提出改革台湾吏治，设官庄、举吏职而善择守令。后主讲福清书院和龙岩书院。嘉庆二年（1797），主讲福州鳌峰书院。主张改变所用者非所习，所习者非所用的积习，提倡经邦济世之学，主张立纲纪，明法度，重内治而略远图，开诚以任贤，知人而善使，并提出改革漕政、盐政的设想。这些思想后来被门人林则徐、梁章钜所丰富和发展。著有《西霞丛稿》十余册。由其婿梁章钜选编为《西霞文钞》上、下两卷，刊行于世。

284. 古之为文者，体道于身而宣之于言……故志乎文者，非能文者也。志乎道而得其所以为文者，乃能文者也。故文不贵乎，能言，而以不能不言之为贵。

——《西霞文钞·序》，[清]郑光策《西霞文钞》卷一，清嘉庆十年陈氏眠雨亭刻本。

285. 昌黎韩子作《师说》，以为当时之人皆耻相师，而深论师道之不可废。尝伏而读之，而窃叹古今异变，今世之所患又不在于学者之无师矣。夫天下有不知其实而不存其名者，是之谓名亡；有存其名而不存其实者，是之谓实亡。然不知而不存则其名亡，在一时而其实犹存天下，何也？一旦有知之，则其名斯存矣。存其名而不存其实，则其名虚名也。

——《续师说》，[清]郑光策《西霞文钞》，清嘉庆十年陈氏眠雨亭刻本。

286. 今天下之人皆以达节通方为可贵矣，士有独行自好守一节之义，则相与非笑诋毁之，以为是非其本心也，特将求异于人，而借以市名耳。而不知此其说，贼名乱教之尤者也。夫天下固有矫情饰行而借以市名者矣，然岂得概诸天下于人士乎？且夫不饰行不矫情而阉然和光同尘媚于世者，吾亦未见其果能有所竖立也。孟子曰："人有不为也，而后可以有为。"夫不为非通方之谓也。吾闻天下之治乱，成于天下之风俗；天下之风俗，始于士大夫之行谊。于何见之，亦于为之不为辨之而已。

——《拟韩昌黎通解》，[清]郑光策《西霞文钞》，清嘉庆十年陈氏眠雨亭刻本。

287. 为政者，复一切以慈爱噢咻之，治宽大以抚之，容忍以蓄之，以为吾将以革其心也，是何异于如水益深，如火益热乎？

——《拟吕温三不欺先后论》，[清]郑光策《西霞文钞》，清嘉庆十年陈氏眠雨亭刻本。

288. 夫天下大利不出于农田，即出于山海。山之利尽矣，海之利任民为之，轻其征课，其道已足。惟是煮海之利，国赋为最多，而滨海之民，资此为养者亦最多，乃近代之制则尽属于商，贫民不得预焉。所市者，此疆彼界各有分地，分毫不能相借，民情所便，而地势限之；民力所任，而官制束之。

——《拟欧阳文忠公本论》，[清]郑光策《西霞文钞》，清嘉庆十年陈氏眠雨亭刻本。

289. 滨海之民无所得，食必出于贩私，贩私则课引必滞，引滞则商必疲，商疲而归官则病官，商疲而请帑则病国，商疲而举富民为商，则又病民。

——《拟欧阳文忠公本论》，[清]郑光策《西霞文钞》，清嘉庆十年陈氏眠雨亭刻本。

290. 夫用一人之所知，岂如用众人之所知。孔子曰："举尔所知，尔所不知，人其舍诸？"公用其知，其真明于用人之法者欤。夫古今之治术多端，其本不外于教养，教养之先务在于理财，而用人理财则农田赋税之利弊，与凡所以资民之生者，宜审也。

——《拟欧阳文忠公本论》，[清]郑光策《西霞文钞》，清嘉庆十年陈氏眠雨亭刻本。

291. 计明礼度以正风俗，躬勤险以节民用，重内治而略远，图开诚以任贤，知人而善使。

——《拟欧阳文忠公本论》，[清] 郑光策《西霞文钞》，清嘉庆十年陈氏眠雨亭刻本。

292. 顾欲天下之治而所施无治政，畏天下之乱而所成皆乱萌者，何也？识不精，见不广，措施无具，前无所为法，后无所为鉴故也。夫明医之疗病也，必博采乎古人之方，辨药产之性，而又条析乎寒热虚实、轻重表里，以及气候、土风、人事之不齐。见之愈多，证之愈精，擅之愈熟而后投之于人愈有力。

——《拟司马温公进资治通鉴表》，[清] 郑光策《西霞文钞》，清嘉庆十年陈氏眠雨亭刻本。

# 梁章钜

梁章钜（1775—1849），字闳中、茝林，号古瓦研斋，晚号退庵居士、退庵老人等，福州长乐（今福建省福州市长乐区）人。清代学者、文学家、书法家、书画鉴藏家。

14 岁入鳌峰书院，清嘉庆七年（1802 年）进士，授庶吉士。道光十一年（1831 年），江淮大水灾，难民沿江聚集苏南，日达万人。梁章钜率属捐廉募款，一面派船护送，一面设厂留养，自捐给难民棉衣万件，终将难民全部资送北返。同年，修复练湖牌坝，筹款兴修孟渎、得胜、澡港三河水利。道光十八年（1838 年），梁章钜上疏主张重治鸦片囤贩之地，强调行法必自官始；并积极配合林则徐严令梧州、浔州官员捉拿烟贩，采取十家连保法，杜绝复种罂粟。道光二十一年（1841 年），亲自带兵防守梧州，并增兵浔州、南宁，运送大炮支援广州防务。同年，梁章钜调任江苏巡抚，带兵到上海会同江南提督陈化成部署抗英，组织宝山、上海、川沙、太仓、南汇、嘉定等地兴办团练，严密设防，使英军未敢妄动。梁章钜有爱国爱民之心，上疏抨击琦善在广东开门揖盗，歌颂三元里人民抗英斗争，还认识到收复香港的重要性，是第一个向朝廷提出以"收香港为首务"的督抚。

梁章钜平生纵览群籍，能诗善书，学识渊博，精鉴赏，富收藏，好金石。他谙于掌故，善作笔记小品，五十余年著作不辍，为清代各省督抚中著述最多者。计有《经尘》《夏小正通释》《论语集注旁证》《孟子集注旁证》《文选旁证》《三国志旁证》《制义丛话》《楹联丛话》《枢垣纪略》《退庵随笔》《归田琐记》《浪迹丛谈》《清书录》《称谓录》《南省公余录》《金石书画题跋》《藤花吟馆诗钞》《梁氏诗存》等 70 余种。

293. 昔周公一沐三握发，一饭三吐哺，以接白屋之士。

——《家诫》，(清) 梁章钜《退庵随笔》卷十一，清道光十六年刻本。

294. 窃谓转移风化，必自士大夫始矣。

——《家诫》，(清)梁章钜《退庵随笔》卷十一，清道光十六年刻本。

295. 盖推己之有余，益人之不足，则借书亦断不可已之事，而其功似更大于通财。惟在择其人而借之，不令有污损遗失斯可矣。

——《家诫》，(清)梁章钜《退庵随笔》卷十一，清道光十六年刻本。

296. 家训比不得讲学，若日以董子"正谊不谋利，明道不计功"之说喧聒不休，未有不格格难入者，且须与之提醒格言，且须与之畅谈因果。

——《家诫》，(清)梁章钜《退庵随笔》卷十一，清道光十六年刻本。

297. 不浮沉已属盛德，更能宛转以期必达，尤阴骘事。以此类推，凡事肯为人方便可知矣。

——《家诫》，(清)梁章钜《退庵随笔》卷十一，清道光十六年刻本。

298. 不告医者以得病之由，令其暗中摸索，取死之道也。施方固胜施药，然能制数种药，常常施人，尤善。

——《家诫》，(清)梁章钜《退庵随笔》卷十一，清道光十六年刻本。

299. 石骨媚幽独，泉响参声闻。石介泉复清，兼之惟此君。始知丹碧壤，尽有潇湘云。

——《修竹围》，(清)梁章钜《退庵诗存》卷五，清道光刻本。

300. 圣人以身教人，不过曰好古，曰好学，曰不如学，其屡称颜子亦不过称其好学。

——《劝学》，(清)梁章钜《退庵随笔》卷三，清道光十六年刻本。

301. 浪迹清怀只自知，故山在望岂忘归。名流堪笑名心重，尚较朱衣与彩衣。

——《戏彩堂诗》，(清)梁章钜《浪迹三谈》卷四，清咸丰七年刻本。

302. 铁骨冰心宋广平，中朝事业正和羹。怜余浪迹随方转，一角孤山梦不成。

——《咏梅花》，(清)梁章钜《浪迹三谈》卷四，清咸丰七年刻本。

303. 人间清福是归田，消受还宜静者便。最可发人清省处，水精域与蔚蓝天。

——《归田》，(清)梁章钜《退庵诗存》卷十四，清道光刻本。

304. 颜黄门谓："读天下书未遍，不得妄下雌黄。"诚哉是言也。

——《菊花诗梅花诗》，(清)梁章钜《浪迹丛谈》卷十，清道光二十七年刻本。

305. 先儒言："道学政治不可使出于二。"盖治天下国家，而不先自治其心，则必不能无私；而爱憎取舍，必不能大公而至正。然亦有自恃其心之无私，而吏治贤否、民情苦乐不能洞彻，无壅蔽而措注不能以悉当者，故又须学以济之。

——《政事一》，（清）梁章钜《退庵随笔》卷六，清道光十六年刻本。

306. 以仁决勇，知圣人之不尚勇也。盖仁而无勇，即不得谓之仁；勇而无仁，则往往然矣。观仁者可以思矣，自修者当知所从事矣，且天下亦惟恃有仁者耳。

——《仁者必有勇》，（清）梁章钜《制义丛话》卷二十一，清咸丰知足知不足斋刻本。

307. 仁之为道，周天下而无间；仁者之为器，即举天下而有余。此其中有本末焉，执其末以为本，即在是，则并其本而亦非矣。有如仁者之名，斯世之所贵也。乃或谓重远之任，非强有力者弗能胜。世安得有仁与勇兼者，而后民物得以托命焉？

——《仁者必有勇》，（清）梁章钜《制义丛话》卷二十一，清咸丰《知足知不足斋》刻本。

308. 盖惟仁者无欲，无欲则刚，而无物足以屈之，而仁者初不自知其莫屈也。

——《仁者必有勇》，（清）梁章钜《制义丛话》卷二十一，清咸丰《知足知不足斋》刻本。

309. 古之至仁者，莫如尧舜，而神武之谟不先于恭让，宽柔之德乃殿以刚强，古史臣勒为实录，必有以探其本矣。仁之足以赅勇，此其证也。

——《仁者必有勇》，（清）梁章钜《制义丛话》卷二十一，清咸丰《知足知不足斋》刻本。

310. 古之至仁者，莫如汤文，而敷奏之威已卜之优优之政，赫斯之怒早蕴之翼翼之心。古诗人善言德行，必有以窥其微矣。

——《仁者必有勇》，（清）梁章钜《制义丛话》卷二十一，清咸丰《知足知不足斋》刻本。

311. 仁者，体也；勇者，用也。体可藏用，用不能藏体。故虽同秉彝之好，而刚毅只可为近仁。

——《仁者必有勇》,(清)梁章钜《制义丛话》卷二十一,清咸丰《知足知不足斋》刻本。

312. 仁者,全也;勇者,偏也。全可为偏,偏不能为全。故虽其达德之名,而体仁必尊为元善。

——《仁者必有勇》,(清)梁章钜《制义丛话》卷二十一,清咸丰《知足知不足斋》刻本。

313. "古之学者为己。"故与人不求备,检身若不及。今之学者盖反此矣,是圣人之所虑也。

——《子贡方人》,(清)梁章钜《制义丛话》卷二十一,清咸丰《知足知不足斋》刻本。

314. 所造者非我之所期,所行者转形我之所绌,教学相长,乃不觉瞠乎其后尘。是"弟子不必不如师,师不必贤于弟子"。其辞虽若褒之,其实乃深警之矣。

——《子贡方人》,(清)梁章钜《制义丛话》卷二十一,清咸丰《知足知不足斋》刻本。

315. 无益之念勿起,无益之事勿为,无益之言勿说,无益之物勿食。

——《格言》,[清]梁章钜《楹联丛话全编》,北京:北京出版社,1998年,第93页。

316. 政惟求于民便,事皆可与人言。

——《格言》,[清]梁章钜《楹联丛话全编》,北京:北京出版社,1998年,第96页。

317. 到此真成以政学;相逢但愿由中行。

——《格言》,[清]梁章钜《楹联丛话全编》,北京:北京出版社,1998年,第96页。

318. 古今果报之爽者十有八九,若此念未忘,其阻善机者多矣。

——《格言》,[清]梁章钜《楹联丛话全编》,北京:北京出版社,1998年,第182页。

319. 必忘果报能为善;欲立功名在读书。

——《格言》,[清]梁章钜《楹联丛话全编》,北京:北京出版社,1998年,第182页。

320. 圣贤言语彻上彻下,可以自警,可以警人。且圣人所谓斗,岂必在角觜力,逞戈矛,凡口给御人,文字抵触,皆与斗无异。居高位者尤宜慎之,庶不招尤不偾事耳。

——《格言》,[清]梁章钜《楹联丛话全编》,北京:北京出版社,1998年,第184页。

321. 殚心力以报所知,一代长才出甘陇。处脂膏而不自润,千秋遗爱满邗江。

——《俞陶泉都转》,[清]梁章钜《浪迹丛谈》,福州:福建人民出版社,1983年,第41页。

322. 万年天子,必尊爵一、齿一、德一,达尊归一,宣丹诏,晓亿万生民。

——《巧对补录》,[清]梁章钜《浪迹丛谈》,福州:福建人民出版社,1983年,第92页。

323. 伏思君子居是邦,不非其大夫,况诽谤乎!

——《致刘玉坡督部韵珂书》,[清]梁章钜《浪迹丛谈》卷八,清道光二十七年刻本。

# 林则徐

林则徐（1785—1850），字元抚，又字少穆、石麟，晚号俟村老人、俟村退叟、七十二峰退叟、瓶泉居士、栎社散人等，侯官县（今福建省福州市）人，清末民族英雄、文学家、思想家。

嘉庆十六年（1811年）进士，历官翰林编修、浙江杭嘉湖道、江苏按察使、东河总督、江苏巡抚、湖广总督等职。林则徐一生遍历地方，治绩卓著，为官廉洁，刚正不阿。他主张严禁鸦片、抵抗列强侵略，坚决维护国家主权和民族利益，深受中国人民的敬仰与尊重。他在江苏整顿吏治、平反冤狱、兴修水利、救灾办赈；在湖广大力开展禁烟运动。道光十八年（1838年），林则徐受命为钦差大臣赴广东禁烟。他一面整顿海防，缉拿烟贩；一面严令外国鸦片商人交出鸦片，并将所缴获鸦片于虎门全部销毁。鸦片战争爆发后，他令广东军民严阵以待，抵抗侵略。不久后，林则徐被构陷革职，遣戍伊犁。道光二十六年（1845年），林则徐再任钦差大臣，奉命平息太平天国运动，途中病逝于广东潮州普宁县。林则徐获赠太子太傅，谥号"文忠"。

林则徐对于西方文化、科技和贸易持开放态度，主张学其优者而用之。由他主持编译的《四洲志》及魏源编撰的《海国图志》，对晚清的洋务运动乃至日本的明治维新都具有启发作用。有《林文忠公政书》等作品传世。

324. 存心不善，风水无益。不孝父母，奉神无益。兄弟不和，交友无益。行止不端，读书无益。心高气傲，博学无益。作事乖张，聪明无益。不惜元气，服药无益。时运不通，妄求无益。妄取人财，布施无益。淫恶肆欲，阴骘无益。

——《十无益》，道光庚子林则徐手书格言。

325. 海纳百川，有容乃大。壁立千仞，无欲则刚。

——《以格言题厅事》，[清]林则徐著，林则徐全集编辑委员会编《林则徐全集》第六册，福州：海峡文艺出版社，2002年，第3215页。

326. 海到无边天作岸，山登绝顶我为峰。

——李文郑《林则徐楹联辑注》，郑州：中州古籍出版社，1993年，第130页。

327. 臣具有天良，固不敢不认真稽查，然能自矢不欺之念，终无不受人欺之明。

——《补授河督谢恩并陈不谙河务下忱折》，[清]林则徐著，林则徐全集编辑委员会编《林则徐全集》第一册，福州：海峡文艺出版社，2002年，第46页。

328. 臣虽愚昧，具有天良，每念一介寒微，渥被圣明知遇，苟志存温饱，念重身家，是已失读书致用之本心，更何以仰酬君上？是以臣受恩愈重，悚惧愈深，夙夜扪衷，惟矢此不敢欺之一念，任难胜而心务尽，才未逮而守必严。

——《接任东河督篆日期折》，[清]林则徐著，林则徐全集编辑委员会编《林则徐全集》第一册，福州：海峡文艺出版社，2002年，第49页。

329. 民生凋敝之际，官斯土者无不棘手焦心，惟矢此一片血诚，上以宣皇仁而下以结民信。局中之苦，不敢求谅于旁人，所谓及之而后知，履之而后难也。臣惟有恪遵圣谕，查核加严，不敢市惠以沽名，亦不敢因噎而废食，总使有司畏朝廷之法，则积弊去而吏治清，小民感君上之恩，则元气培而本根固，庶以仰副我圣主察吏安民训诫谆谆之至意。

——《复奏查办灾赈情形折》，[清]林则徐著，林则徐全集编辑委员会编《林则徐全集》第一册，福州：海峡文艺出版社，2002年，第319页。

330. 窃谓治狱者固宜准情罪以持其平，而体国者尤宜审时势而权所重。

——《筹议严禁鸦片章程折（附戒烟方）》，[清]林则徐著，林则徐全集编辑委员会编《林则徐全集》第三册，福州：海峡文艺出版社，2002年，第1159页。

331. 全身命以保余生，懔国法而免刑戮，凡有血气心知之人，有不觉悟自新、迷途早返者哉！

——《戒烟断瘾前后两方总论》，[清]林则徐著，林则徐全集编辑委员会编《林则徐全集》第三册，福州：海峡文艺出版社，2002年，第1164页。

332. 仰见圣主洞烛受病之源，亟图除患之效。为生民造福，既劳保赤之渊衷，为政治求全，兼念汗青之载笔。宵旰之忧勤如此，恩慈之策励如此。凡为臣子，皆当力矢血诚，况以臣等受恩至深，责成至重，敢不同心合力，奋勇涮除。窃谓鸦片贻害中华，久已势成积重，若非筹拔本塞源之道，断难收一劳永逸之功。事机务造于观成，忱惧时铭夫畏命。臣等惟有殚精竭虑，仰体圣怀，以冀稍副殷肫期望之至意。谨附片奏祈圣鉴。

——《同心合力涮除鸦片毒害片》，[清]林则徐著，林则徐全集编辑委员会编《林则徐全集》第三册，福州：海峡文艺出版社，2002年，第1265页。

333. 窃思人命至重，若因英夷而废法律，则不但无以驭他国，更何以治华民。义律肆意抗违，断非该国王令其如此，安可听其狂悖，而置命案于不办，任奸宄以营私，坏法养痈，臣等实所不敢。

——《义律抗不交凶断其接济并勒兵分堵海口折》，[清]林则徐著，林则徐全集编辑委员会编《林则徐全集》第三册，福州：海峡文艺出版社，2002年，第1308页。

334. 臣等会办夷务以来，窃思鸦片必要清源而边衅亦不容轻启，是以兼筹并顾，随时密察夷情，乃知边衅之有无，惟视宽严之当否。宽固可以弭衅，宽而失之纵弛，则贻患转足养痈；严似易于启衅，严而范我驰驱，以小惩即可大戒，此中操纵，贵审机宜。

——《请严谕将英船新到烟土查明全缴片》，[清]林则徐著，林则徐全集编辑委员会编《林则徐全集》第三册，福州：海峡文艺出版社，2002年，第1310页。

335. 伏念臣衔命来粤，已届一年，虽勉竭夫驽骀，冀永除夫鸩毒。外域犬羊之性犹未尽驯，而内奸狼狈相依，亦未尽戢。倘使遽离五岭，问心何以能安；又思远隔两江，奉职岂宜久旷。正下怀之踯躅，每中夜以彷徨，乃蒙圣主曲赐转移，量加任使。杜蛮夷之揣测，或教妄念之潜消；专暗陋之责成，惟矢初心之不负。所愧才同朽驭，迁其地仍弗能良；况当力挽颓波，观于海愈难为水。未复命而特邀简调，非梦想所能期；思请训而不敢渎陈，实恋忱之弥切。此时夷务正在吃紧，海防不可稍疏，而吏治、营伍、蹉政诸大端，均当次第讲求，认真经理。

——《接受两广督篆日期谢恩折》，[清]林则徐著，林则徐全集编辑委员会编《林则徐全集》，福州：海峡文艺出版社，2002年，第1406页。

336. 窃思信赏必罚，法既不可枉，膏亦不可屯，与其候变无期，何若即时充赏。

——《请将烟犯财产充赏片》，[清]林则徐著，林则徐全集编辑委员会编《林则徐全集》第三册，福州：海峡文艺出版社，2002年，第1469页。

337. 窃思士气之所以不振，皆由种种欺蒙，既能掩罪为功，孰不效尤取巧？此弊先为汉奸窥破，继为番贼周知，其藐视官兵，实由于此。今欲整顿营伍，先须杜绝欺朦。

——《会筹番务认真巡阅要隘折》，[清]林则徐著，林则徐全集编辑委员会编《林则徐全集》第三册，福州：海峡文艺出版社，2002年，第1663页。

338. 窃惟国家建都在北，转粟自南，京仓一石之储，常縻数石之费。循行既久，转输固自不穷，而经国远猷，务为万年至计，窃愿更有进也。

——《畿辅水利议·总叙》，[清]林则徐著，林则徐全集编辑委员会编《林则徐全集》第五册，福州：海峡文艺出版社，2002年，第2289页。

339. 谨荟萃诸书，择其简明切要可备设施者，条列事宜，析为十二门，首胪水田利益国计民生，明当务之急也；次辨土宜，次考成绩，因利而利，示已成之事，著必效之券也；次专责成，次优劝奖，齐心力，励勤能也，次轻科则，以绝顾虑，次禁扰累，以杜流弊；次破浮议阻挠，以防中梗，由是令行禁止而经画可施；次以田制沟洫，而营种之事备焉；经画既施，美利务在均平，故摊拨次之；美利既昭，见小终贻远害，故禁占碍又次之；首善倡行有效，以次推行各省，普享乐利，而营田之能事毕矣。凡所钞辑，博稽约取，匪资考古，专尚宜今，冀于裕国便民至计或稍有裨补云。

——《畿辅水利议·总叙》，[清]林则徐著，林则徐全集编辑委员会编《林则徐全集》第五册，福州：海峡文艺出版社，2002年，第2290页。

340.《周官》大司徒掌天下土地之图，辨十二壤而知其种，树艺之事繁矣。而王畿之内，惟稻人设专官，其用水作田之法，亦较诸职特详。盖五谷所殖，稻之人最丰，又性宜水，为之沟防蓄泄之制，天时不齐，可仗人力补救，非如他种之一听命于天。故农为天下本务，稻又为农之本务，而畿内艺稻又为天下之本务。

——《开治水田有益国计民生》，[清]林则徐著，林则徐全集编辑委员会编《林则徐全集》第五册，福州：海峡文艺出版社，2002年，第2294页。

341. 天下事创则难与虑始，因则易与图功，故治地莫善于因。

——《历代开治水田成效考》，[清]林则徐著，林则徐全集编辑委员会编《林则徐全集》第五册，福州：海峡文艺出版社，2002年，第2303页。

342. 为国不患无任事之人，而患有偾事之人。任事者，方兴利以救弊；偾事者，即因利而滋弊。故曰：利不百不兴，害不百不去，诚慎之也。今兴治水田，为西北百姓建无穷之利，民间自营之产，人自耕之，人自享之，赋税不增，租典由便，有利无害者也。特恐创行之始，或急于见功，奉行不善；或假手胥吏，生事滋扰；甚或违理妄行，借以阻挠政事，如雍正六年上谕处革之梁文中其人者，将养民之政反为扰民之事。此端一开，浮议乘隙而生，必至惩羹吹齑，因噎废食。是在承办各官，毋急近功，毋执偏见，虚心咨访，善言劝导，毋令书役得以借手，庶杜渐防微之虑周，而善作善成之效可期也。

——《禁扰累》，[清]林则徐著，林则徐全集编辑委员会编《林则徐全集》第五册，福州：海峡文艺出版社，2002年，第2311页。

343. 尔等远涉大洋来此经营贸易，全赖与人和睦，安分保身，乃可避害得利。尔等售卖鸦片，贻害民生，正人君子无不痛心疾首，甚至兴贩鸦片吸食之人死罹于罪，皆由尔等卖烟而起，即里闾小民亦多抱不平之气，众怒难犯，甚可虑也。出外之人，所恃者信义耳。现在各官皆示尔等以信义，而尔等转毫无信义，于心安乎？于势顺乎？况以本不应卖之物，当此断不许卖之时，尔等有何为难？有何靳惜？且尔国不食，势难带回，若不缴官，留之何用？至既缴之后，贸易愈旺，礼貌加优，岂非尔等之福！

——《示谕外商速缴鸦片烟土四条稿》，[清]林则徐著，林则徐全集编辑委员会编《林则徐全集》第五册，福州：海峡文艺出版社，2002年，第2413页。

344. 查工程之结实，全赖委员之认真，而分派各段委员耳目更为切近，果能不辞劳瘁，不避怨嫌，料必验明，工必亲督，夫匠即欲作弊，岂能不畏稽查？乃向来派赴工次之员，多不知认真公事，其意以为有人到工，逐日领受薪水，事后希图保荐，甚有视工程为利薮，纵丁役以侵渔。似此弊蠹劣员，尤堪痛恨！此次工程浩大，须为数百年不拔之基，且劝捐本极烦难，若办理不足以服众心，则在事大小官员更何面目以对百姓？现届开工之际，本部院未能即赴工次，亲为督视，每思工务繁重，心极悬悬。

——《札饬苏藩司及苏松太道复核宝山县修筑海塘章程》，[清]林则徐著，林则徐全集编辑委员会编《林则徐全集》第五册，福州：海峡文艺出版社，2002年，第2364页。

345. 夫人以己所不食之物而令人食之，即使不费一钱，亦为行道所不受，乞人所不屑。况鸦片在外夷人不肯食，而华人乃反甘心被诱，竭赀冒禁，买毒物以自戕其生。吾民虽思，何至如此！是比诸盗贼之用闷香，拐带之用迷药，妖邪之用蛊毒以攫人财而害人命者，殆有甚焉。且财为养命之源，尔等银钱，都非容易，将银换土，可笑孰甚？舍钱服毒，可哀孰甚？尔等独不思瘾作之时，纵有巨盗深仇、凶刀烈火来至尔前，尔能抵敌之乎？惟有听其所为而已。尔等生长海滨，非同腹地，不可不思患预防，奈何任人愚弄，不惜性命，不顾身家，一至于此！夫鱼贪饵而忘钩，蟹贪光而忘火，猩猩贪酒而忘人之欲其血。彼原自取，何足深尤。所患者，污俗不回，颓波日沸，则人人皆委顿，户户皆困穷，此邦之人将何恃以不恐乎？梓桑绅士宜有以训俗型方，讵忍安坐迁延，不一援手？而士为四民之首，品行为先，一溺其中，直成废物，若不痛改，朝廷岂用此等人？且泾以渭浊，薰因莸臭，万一上干圣怒，一概视为弃材，恐于全省仕路科名大有妨碍，不可不虑也。至闾阎虽众，而十室必有忠信，不能不寄耳目于地邻。向来文武衙门弁兵差役，破获原为不少，而民间惮于查禁，遂以栽害攫物、徇纵诈赃等弊纷纷借口。

——《晓谕粤省士商军民人等速戒鸦片告示稿》，［清］林则徐著，林则徐全集编辑委员会编《林则徐全集》第五册，福州：海峡文艺出版社，2002年，第2394页。

346. 照得英吉利国夷人本多狡诈，且以鸦片害我民人性命，骗我内地赀财，亦我民所同仇共愤。乃自断其贸易以后，该夷人尚不迅速回国，又不悔罪输诚，近更传言有兵船来粤。其来意之善恶，到后之顺逆，虽不可尽知，而彼既自外生成，我无难力制其命。在不知者，或恐其闯近内河，不无滋扰；有知者，正欲其闯入内河，乃可一鼓聚歼，不留余孽。

——《英人鸱张安民告示》，［清］林则徐著，林则徐全集编辑委员会编《林则徐全集》第五册，福州：海峡文艺出版社，2002年，第2600页。

347. 英夷诡谲，凡事虚张，来兵即极多，亦不过一万余人为止，彼之数有尽，而内地兵勇用之不尽，不独以十抵一，以百抵一，直以十千万万抵一，又何不能剿灭之有？彼若敢来内河，一则潮退水浅，船胶臕裂，再则伙食尽罄，三则军火不继，如鱼处涸河，自来送死，安能生全？倘因势迫奔逃上岸，该夷浑身裹紧，腰腿直朴，一跌不能复起。凡我内地无论何等之人，皆可诛此异类，如宰犬羊，使靡有孑遗，方足以快人心而彰国宪。

——《英人鸱张安民告示》，［清］林则徐著，林则徐全集编辑委员会编

《林则徐全集》第五册，福州：海峡文艺出版社，2002年，第2600页。

348. 尔等自身不珍惜性命，地方官岂能为之保护？按律例判明某犯应处死刑之时，岂能改变而留命？嗟乎！谁不求生？为何沉湎于鸦片？死亡在即，仍不猛醒，愚莫大矣！

——《为限期将届再次告诫军民人等戒烟告示》，[清] 林则徐著，林则徐全集编辑委员会编《林则徐全集》第五册，福州：海峡文艺出版社，2002年，第2602页。

349. 此刻限期将届，乃系生死关头。步步皆险峻，刻刻皆危机。尔等若不悛改，更待何时？尔等为父兄亲朋者，有制止劝诫之责，能忍见其死而不救乎？尔等应竭尽全力使其在监督之下脱离恶习，起死回生。

——《为限期将届再次告诫军民人等戒烟告示》，[清] 林则徐著，林则徐全集编辑委员会编《林则徐全集》第五册，福州：海峡文艺出版社，2002年，第2602页。

350. 惟望尔等民人，戮力同心，弃此恶习，全不吸食，不法奸夷携来鸦片则点滴难售。我中华财宝岂可偷漏？我民人性命岂可摧残？诚然，只要仍存一人吸烟，万恶之鸦片贩卖即不会停止。是以朝廷订此律例，处吸烟者以极刑。

——《为限期将届再次告诫军民人等戒烟告示》，[清] 林则徐《林则徐全集》第五册，福州：海峡文艺出版社，2002年，第2603页。

351. 本部堂在外任三十年，凡审办案件，均不敢自失忠厚之心。若遇恃横逞凶，则无论口讲笔谈，自惭虽已龙钟，尚足抵敌数十辈，对熬数昼夜。

——《折狱问条》，[清] 林则徐著，林则徐全集编辑委员会编《林则徐全集》第五册，福州：海峡文艺出版社，2002年，第2623页。

352. 生为蚊蚋噆，甘以贞烈死。此节坚于冰，能使冰为水。

——《题陶云汀给谏（澍）〈祷冰图〉》，[清] 林则徐著，林则徐全集编辑委员会编《林则徐全集》第六册，福州：海峡文艺出版社，2002年，第2876页。

353. 同舟幸共仙侣济，涉险实叨帝祉洪。前路尚遥勿侈说，惟有如水盟臣衷。

——《荥泽渡河二十四韵》，[清] 林则徐著，林则徐全集编辑委员会编《林则徐全集》第六册，福州：海峡文艺出版社，2002年，第2878页。

354. 滹沱渡军冰忽合，顺水走险驹能驰。是皆鬼神所默相，有天命者任自为。

——《光武遗井》，[清]林则徐著，林则徐全集编辑委员会编《林则徐全集》第六册，福州：海峡文艺出版社，2002 年，第 2879 页。

355. 噫嘻斯民真天良，解钱沽酒不足偿。我心深感怀转伤，为语司牧慎勿忘：孜孜与民敷肺肠，毋施棰楚加桁杨，教以礼让勤耕桑。天下舆情皆此乡，世尧舜世无怀襄。

——《裕州水发，村民异舆以济，感而作歌》，[清]林则徐著，林则徐全集编辑委员会编《林则徐全集》第六册，福州：海峡文艺出版社，2002 年，第 2881 页。

356. 可怜妾命如蝼蚁，不解天心纵虎狼。吁嗟乎！前者刺梁后刺虎，彼何成功此何苦！谁知国运换沧桑，要使蛾眉获死所。生是青楼两妇人，死凭彤管写千春。愧他下马投弓仗，也算当时一将臣。

——《江陵两烈伎行》，[清]林则徐著，林则徐全集编辑委员会编《林则徐全集》第六册，福州：海峡文艺出版社，2002 年，第 2881—2882 页。

357. 曾被朝廷豢养恩，筋力虽惫奚敢言！

——《驿马行》，[清]林则徐著，林则徐全集编辑委员会编《林则徐全集》第六册，福州：海峡文艺出版社，2002 年，第 2883 页。

358. 我恐须臾系死生，彼方谈笑轻身命。嗟尔生涯剧可怜，劳劳竟日偿百钱。

——《舆人行》，[清]林则徐著，林则徐全集编辑委员会编《林则徐全集》第六册，福州：海峡文艺出版社，2002 年，第 2887 页。

359. 游云多活态，流水无定姿。人生譬弦括，脱手咸分歧。

——《答程春海同年（恩泽）赠行》，[清]林则徐著，林则徐全集编辑委员会编《林则徐全集》第六册，福州：海峡文艺出版社，2002 年，第 2890 页。

360. 大树惟自坚，蚍蜉讵能撼。由来君子过，不学小人掩。

——《答陈恭甫前辈》，[清]林则徐著，林则徐全集编辑委员会编《林则徐全集》第六册，福州：海峡文艺出版社，2002 年，第 2896 页。

361. 尤愿继公者，成规奉无斁。荣光颂上瑞，永永庆安谧。

——《加尚书衔晋赠太子太保江南河道总督黎襄勤公（世序）挽诗》，[清]林则徐著，林则徐全集编辑委员会编《林则徐全集》第六册，福州：海峡文艺出版社，2002 年，第 2902 页。

362. 人世浮沉几草堂，故山鹤侣犹相识。笔妙非从六法寻，胸中自贮好山林。庭柯飒飒秋风响，正读楹书起壮心。

——《题李润堂袭伯〈秋柯草堂图〉》，[清]林则徐著，林则徐全集编辑委员会编《林则徐全集》第六册，福州：海峡文艺出版社，2002年，第2907页。

363. 从今东郡息桴鼓，长祝乐岁民康和。

——《题孙平叔宫保平台纪事册子》，[清]林则徐著，林则徐全集编辑委员会编《林则徐全集》第六册，福州：海峡文艺出版社，2002年，第2909页。

364. 四序流连付游屐，百端悲喜归吟囊。岂无叹息居不易，臣朔朝饥米难索。……国肥何必一家肥，百顷全捐田负郭。尚书惠心庇桑梓，舍人养志肯播获。

——《题潘功甫舍人（曾沂）〈宣南诗社图卷〉》，[清]林则徐著，林则徐全集编辑委员会编《林则徐全集》第六册，福州：海峡文艺出版社，2002年，第2911页。

365. 人生夷险非一途，终觉冥冥有真意。小夫侥幸徒尔为，群丑咆哮讵惟恃。鬼神所凭只忠孝，患难能消岂才智。还君此图三叹息，在莒毋忘愿相励。

——《刘默园司马〈蝀洋遇盗图〉》，[清]林则徐著，林则徐全集编辑委员会编《林则徐全集》第六册，福州：海峡文艺出版社，2002年，第2914页。

366. 精诚贯阳侯，义勇激舆隶。

——《又刘默园〈钱江出险图〉》，[清]林则徐著，林则徐全集编辑委员会编《林则徐全集》第六册，福州：海峡文艺出版社，2002年，第2915页。

367. 和光同其尘，又岂志士志。

——《题王竹屿都转〈黄河归棹图〉》，[清]林则徐著，林则徐全集编辑委员会编《林则徐全集》第六册，福州：海峡文艺出版社，2002年，第2922页。

368. 君不见，秋江寂寞芙蓉老，雨露沾濡须及早。十步搴芳有几人，那知天意怜幽草。

——《题黄树斋爵滋〈思树芳兰图〉》，[清]林则徐著，林则徐全集编辑委员会编《林则徐全集》第六册，福州：海峡文艺出版社，2002年，第2924页。

369. 君身虽瘠民则肥，循良之誉民尽知。再来幸勿易所持，廉吏何尝不可为。

——《题彭鲁青大令〈冶山饯别图〉》，[清]林则徐著，林则徐全集编辑委员会编《林则徐全集》第六册，福州：海峡文艺出版社，2002年，第2926页。

370. 岂无危言阻，勇者能不惧。善气所感乎，春风扇和煦。

——《题梁芷林方伯〈目送归鸿图〉》，[清]林则徐著，林则徐全集编辑委员会编《林则徐全集》第六册，福州：海峡文艺出版社，2002年，第2926页。

371. 去来两无恋，静躁各有制。莫认达生言，天地蘧庐寄。

——《题钱南园先生（澧）〈守株图〉遗照，即追和自题原韵》，[清]林则徐著，林则徐全集编辑委员会编《林则徐全集》第六册，福州：海峡文艺出版社，2002年，第2929页。

372. 何时我亦移芳棹，认取孤山处士家。

——《题钱梅溪（泳）〈梅花溪上图〉》，[清]林则徐著，林则徐全集编辑委员会编《林则徐全集》第六册，福州：海峡文艺出版社，2002年，第2930页。

373. 谈诗如说法，索解人三昧。空灵有锤炼，真谛出肝肺。

——《题〈生公石上论诗图〉》，[清]林则徐《林则徐全集》第六册，福州：海峡文艺出版社，2002年，第2930页。

374. 吁嗟乎！文章致用非一途，奇才岂尽科目出。

——《张止庵先生〈待漏图〉》，[清]林则徐著，林则徐全集编辑委员会编《林则徐全集》第六册，福州：海峡文艺出版社，2002年，第2936页。

375. 君不见，梧桐可栖竹可食，凤皇千仞扬清音。

——《杨雪荼〈秋窗涤笔图〉》，[清]林则徐著，林则徐全集编辑委员会编《林则徐全集》第六册，福州：海峡文艺出版社，2002年，第2939页。

376. 作诗何必多，中有至性宣。……种植既先觉，滋灌斯后贤。会看梁栋材，争挺崔嵬巅。

——《邓庭维先生〈松堂读书图〉，为文孙湘皋（显鹤）作》，[清]林则徐著，林则徐全集编辑委员会编《林则徐全集》第六册，福州：海峡文艺出版社，2002年，第2942页。

377. 呜呼忠孝理则一，只在片念真诚输。

——《题吴母徐孝妇〈刲臂疗姑墨刻〉》，[清]林则徐著，林则徐全集编辑委员会编《林则徐全集》第六册，福州：海峡文艺出版社，2002年，第

2944 页。

378. 偶然羁旅泛萍踪，不信英雄终瓠落。

——《周艾衫编修（恩授）见贻〈感遇述怀〉诗，次余题〈宣南诗社图〉韵，因叠前韵答之》，[清]林则徐著，林则徐全集编辑委员会编《林则徐全集》第六册，福州：海峡文艺出版社，2002 年，第 2946 页。

379. 国家太和气，布濩方无垠。

——《寿白小山廷尉（镕）》，[清]林则徐著，林则徐全集编辑委员会编《林则徐全集》第六册，福州：海峡文艺出版社，2002 年，第 2948 页。

380. 军中欢宴岂儿戏，此际正复参机谋。

——《中秋嶰筠尚书招余及关滋圃军门（天培）饮沙角炮台，眺月有作》，[清]林则徐著，林则徐全集编辑委员会编《林则徐全集》第六册，福州：海峡文艺出版社，2002 年，第 2951 页。

381. 嗟哉时事艰，志士力须努。厝薪火难测，亡羊牢必补。

——《送伊犁领军开子捷（开明阿）》，[清]林则徐著，林则徐全集编辑委员会编《林则徐全集》第六册，福州：海峡文艺出版社，2002 年，第 2963 页。

382. 我身虽萍浮，梦见白鹭洲。奋飞傍公侧，莫讶江干鸥。

——《又和见怀原韵》，[清]林则徐著，林则徐全集编辑委员会编《林则徐全集》第六册，福州：海峡文艺出版社，2002 年，第 2968 页。

383. 及今自身为，诚求切民瘼。害马亟屏除，驱鸡勿惊愕。张驰猛与宽，政刑简而约。得人在训士，化岂不古若。抗心希前贤，神明誉奚怍。

——《送傅雪樵（士珍）宰武城》，[清]林则徐著，林则徐全集编辑委员会编《林则徐全集》第六册，福州：海峡文艺出版社，2002 年，第 2974 页。

384. 小人忝所生，君子慎其独。霜露秋复春，寝兴夜继夙。努力崇令名，庶几不能辱。

——《戴筠帆工部（絅孙）〈陇树瞻思图〉》，[清]林则徐著，林则徐全集编辑委员会编《林则徐全集》第六册，福州：海峡文艺出版社，2002 年，第 2980 页。

385. 毕竟东篱存晚节，留香何止傲霜枝。

——《秋雪》，[清]林则徐著，林则徐全集编辑委员会编《林则徐全集》第六册，福州：海峡文艺出版社，2002 年，第 2990 页。

386. 暂许乌私谋菽水，敢耽蛛隐爱林泉。微官纵未关人望，出处相期似昔贤。

——《与巢松前辈为归田之约，诗以坚之》，[清]林则徐著，林则徐全集编辑委员会编《林则徐全集》第六册，福州：海峡文艺出版社，2002年，第2997页。

387. 天心已觉怜巢窟，民志咸思卫室家。

——《防河四首首·其四》，[清]林则徐著，林则徐全集编辑委员会编《林则徐全集》第六册，福州：海峡文艺出版社，2002年，第3000页。

388. 读史识穷天下事，论诗胸有古人情。

——《题达诚斋（达三）榷使诗集，即以赠行》，[清]林则徐著，林则徐全集编辑委员会编《林则徐全集》第六册，福州：海峡文艺出版社，2002年，第3010页。

389. 事定方知身是胆，官清那有盗如毛。

——《题查九峰观察（廷华）〈海上受降纪事〉后》，[清]林则徐著，林则徐全集编辑委员会编《林则徐全集》第六册，福州：海峡文艺出版社，2002年，第3012页。

390. 三分筹策成亏理，一片宫商淡泊心。

——《武侯庙观琴》，[清]林则徐著，林则徐全集编辑委员会编《林则徐全集》第六册，福州：海峡文艺出版社，2002年，第3024页。

391. 良宵难得晴如昼，清吏偏饶酒似泉。话到桑麻情倍永，劳心端赖使君贤。

——《中秋夜宿凤县署斋，与方六琴明府饮，得诗二首，用六琴原韵·其一》，[清]林则徐著，林则徐全集编辑委员会编《林则徐全集》第六册，福州：海峡文艺出版社，2002年，第3027页。

392. 秋到天山早飞雪，征人何处望长安。

——《秋怀》，[清]林则徐著，林则徐全集编辑委员会编《林则徐全集》第六册，福州：海峡文艺出版社，2002年，第3028页。

393. 人海波涛终是幻，故山松菊有余清。

——《郑纪芗同年（长策）〈再生图〉》，[清]林则徐著，林则徐全集编辑委员会编《林则徐全集》第六册，福州：海峡文艺出版社，2002年，第3028页。

394. 醉乡莫唱南园句，报答君恩重戴山。

——《沧浪亭画册》，[清]林则徐著，林则徐全集编辑委员会编《林则徐全集》第六册，福州：海峡文艺出版社，2002年，第3044页。

395. 敢辞辛苦为苍生，仗节瀛壖愧拥兵。转得虚声驰域外，百蛮传檄谬知名。

——《和韵三首·其二》，[清]林则徐著，林则徐全集编辑委员会编《林则徐全集》第六册，福州：海峡文艺出版社，2002年，第3069页。

396. 早悟鸡虫失，毋劳燕蝠争。君看沧海使，频岁几回更。

——《庚子岁暮杂感》，[清]林则徐著，林则徐全集编辑委员会编《林则徐全集》第六册，福州：海峡文艺出版社，2002年，第3071页。

397. 杰句能令山鬼唱，沉魂永恨海波扬。奇才若道阳侯忌，何事江风送马当。

——《滕王阁怀古二首·其二》，[清]林则徐著，林则徐全集编辑委员会编《林则徐全集》第六册，福州：海峡文艺出版社，2002年，第3073页。

398. 人事如棋浑不定，君恩每饭总难忘。

——《壬寅二月祥符河复，仍由河干遣戍伊犁，蒲城相国涕泣为别，愧无以慰其意，呈诗二首》，[清]林则徐著，林则徐全集编辑委员会编《林则徐全集》第六册，福州：海峡文艺出版社，2002年，第3077页。

399. 出门一笑莫心哀，浩荡襟怀到处开。时事难从无过立，达官非自有生来。时事难从无过立，达官非自有生来。风涛回首空三岛，尘壤从头数九垓。休信儿童轻薄语，嗤他赵老送灯台。力微任重久神疲，再竭衰庸定不支。苟利国家生死以，岂因祸福避趋之。谪居正是君恩厚，养拙刚于戍卒宜。戏与山妻谈故事，试吟断送老头皮。

——《赴戍登程，口占示家人》，[清]林则徐著，林则徐全集编辑委员会编《林则徐全集》第六册，福州：海峡文艺出版社，2002年，第3081页。

400. 闻道狼贪今渐戢，须防蚕食念犹纷。

——《程玉樵方伯（德润）饯余于兰州藩廨之若己有园，次韵奉谢》，[清]林则徐著，林则徐全集编辑委员会编《林则徐全集》第六册，福州：海峡文艺出版社，2002年，第3082页。

401. 慷慨论兵忠愤气，殷勤赠别解推情。近闻江海销金革，休养资公翊太平。

——《留别海帆》，[清]林则徐著，林则徐全集编辑委员会编《林则徐全集》第六册，福州：海峡文艺出版社，2002年，第3083页。

402. 但祝中原靖，奚辞绝塞艰。只身万里外，休戚总相关。

——《次韵答宗涤楼（稷辰）赠行》，[清]林则徐著，林则徐全集编辑委员会编《林则徐全集》第六册，福州：海峡文艺出版社，2002年，第3084页。

403. 公诚儒者气，树合大夫封。非阙偏云补，惟勤乃益恭。

——《题海帆〈松阴补读图〉》，[清]林则徐著，林则徐全集编辑委员会编《林则徐全集》第六册，福州：海峡文艺出版社，2002年，第3085页。

404. 小丑跳梁谁殄灭，中原揽辔望澄清。关山万里残宵梦，犹听江东战鼓声。

——《子茂薄君自兰泉送余至凉州，且赋七律四章赠行，次韵奉答》，[清]林则徐著，林则徐全集编辑委员会编《林则徐全集》第六册，福州：海峡文艺出版社，2002年，第3086页。

405. 知是旷怀能作达，只愁烽火照江南。

——《将出玉关，得嶰筠前辈自伊犁来书，赋此却寄》，[清]林则徐著，林则徐全集编辑委员会编《林则徐全集》第六册，福州：海峡文艺出版社，2002年，第3087页。

406. 我与山灵相对笑，满头晴雪共难消。

——《戏为塞外绝句》，[清]林则徐著，林则徐全集编辑委员会编《林则徐全集》第六册，福州：海峡文艺出版社，2002年，第3090页。

407. 正是中原薪胆日，谁能高枕醉屠苏。

——《伊江除夕书怀》，[清]林则徐著，林则徐全集编辑委员会编《林则徐全集》第六册，福州：海峡文艺出版社，2002年，第3093页。

408. 人间多少销金帐，谁似行吟鹤氅仙。

——《和嶰筠〈立春前一日雪〉韵》，[清]林则徐著，林则徐全集编辑委员会编《林则徐全集》第六册，福州：海峡文艺出版社，2002年，第3095页。

409. 回首沧溟共泪痕，雷霆雨露总君恩。魂招精卫曾忘死，病起维摩此告存。

——《送嶰筠赐环东归》，[清]林则徐著，林则徐全集编辑委员会编《林则徐全集》第六册，福州：海峡文艺出版社，2002年，第3097页。

410. 二彭二竖谬争赢，推枕依然却杖行。前度呻吟悲白首，蚤时肥瘠共苍生。

——《又次〈病起〉原韵》，[清]林则徐著，林则徐全集编辑委员会编《林则徐全集》第六册，福州：海峡文艺出版社，2002年，第3097页。

411. 频岁宣房屡负薪，可知前事不由人。忠宜补过先防口，志在安危岂爱身。

——《送文一飞河帅（文冲）入关归养》，[清]林则徐著，林则徐全集编辑委员会编《林则徐全集》第六册，福州：海峡文艺出版社，2002年，第3098页。

412. 羁臣奉使原非分，明诏筹边要至公。

——《次韵寄酬高樨庵（步月）》，[清]林则徐著，林则徐全集编辑委员会编《林则徐全集》第六册，福州：海峡文艺出版社，2002年，第3109页。

413. 降康长冀丰穰咏，鸣盛咸歌福禄同。

——《梅生世大兄馆丈以仆奉使回疆，复用该开韵寄赠，五叠前韵奉酬，即希教正》，[清]林则徐著，林则徐全集编辑委员会编《林则徐全集》第六册，福州：海峡文艺出版社，2002年，第3111页。

414. 雪海冰山化寓该，风行回鹘八城开。岂徒款塞称宾服，尽乐芸田咏子来。见说解刀牛欲买，似闻布谷鸟先催。羁臣犹荷皇华遣，圣世宽仁少弃才。白发萧萧太瘦生，栖迟惟恋旧蓬衡。倘容病鹤孤山放，谁结闲鸥浅渚盟。学稼未成农已老，当官岂羡稷为名？无端谬附屯田使，愧听车铃替戾声。叠柱诗筒缔墨缘，云泥见忆感频年。殷勤劝叱王尊驭，衰朽惭挥祖逖鞭。稊事勉期臣力尽，民依总荷帝心怜。劳薪毕竟成灰槁，爝火余光那复然。

——《石梧中丞年大兄大人以徐有履勘回疆垦田之役，仍用该开韵赠诗见勖，亦叠前韵寄谢，即蕲粲政》，[清]林则徐著，林则徐全集编辑委员会编《林则徐全集》第六册，福州：海峡文艺出版社，2002年，第3112页。

415. 上筹国计下民生，酌剂难平燕雀衡。卮漏竟无终日计，羹埋谁作指天盟。未遑积贮因输赋，竞逐纷华为务名。败絮笑将金玉饰，仗公实政黜虚声。

——《前诗尚未缮寄，闻中丞调抚吴门，七叠前韵再呈教正》，[清]林则徐著，林则徐全集编辑委员会编《林则徐全集》第六册，福州：海峡文艺出版社，2002年，第3113页。

416. 频年芽蘗期除莠，半载驰驱笑转蓬。臣力就衰无宠渥，感恩长此惕微躬。

——《梧江四兄大人以仆新被殊恩，枉诗见誉，读之愧汗无已。依韶寄答，即希斧政》，[清]林则徐著，林则徐全集编辑委员会编《林则徐全集》第六册，福州：海峡文艺出版社，2002年，第3126页。

417. 恩叨再造愧兼圻，敢道抽簪学息机。壮志不随华发改，孱躯偏与素心违。霜侵病树怜秋叶，风劲边城淡夕晖。重镇岂宜容卧理，乞身泪满老臣衣。

五华山接点苍秋，卅载鸿泥两度留。昔喜龙门腾士气，今劳虎旅破边愁。济艰幸仗同舟力，定远还资曲突谋。莫恃征西烽火息，从来未雨合绸缪。

此邦父老共忘形，高会曾夸六百龄。赠句韵联新旧雨，临歧踵接短长亭。铸金敢听炉香奉，勒石休磨盾墨铭。但祝彩云常现处，文昌星映老人星。

黄花时节别苴兰，为感舆情忍涕难。程缓不劳催马足，装轻未肯累猪肝。膏肓或起生犹幸，宠辱皆空意自安。独有恫瘝仍在抱，忧时长结寸心丹。

——《留别滇中同人》，[清]林则徐著，林则徐全集编辑委员会编《林则徐全集》第六册，福州：海峡文艺出版社，2002年，第3130—3131页。

418. 始信神州稗海环，总凭忠信历人寰。瀛壖会有澄清日，凭仗纤筹靖百蛮。

——《蔡香祖大令（廷兰）寄示〈海南杂著〉，读竟率题》，[清]林则徐著，林则徐全集编辑委员会编《林则徐全集》第六册，福州：海峡文艺出版社，2002年，第3137页。

419. 善最稽逾密，神明誉罔干。心堪于水监，口或有碑刊。

——《赋得练迹校名（得官字）》，[清]林则徐著，林则徐全集编辑委员会编《林则徐全集》第六册，福州：海峡文艺出版社，2002年，第3145页。

420. 建树须明德，修途务在兹。因材原必笃，有本莫如滋。

——《赋得树德务滋（得滋字）》，[清]林则徐著，林则徐全集编辑委员会编《林则徐全集》第六册，福州：海峡文艺出版社，2002年，第3147页。

421. 应事俱崇实，升禋更致精。浮华徒外饰，肃敬本中生。尚质陈明水，居歆重太羹。德馨昭降格，神听贵和平。

——《赋得敬实不求华（得诚字）》，[清]林则徐著，林则徐全集编辑委员会编《林则徐全集》第六册，福州：海峡文艺出版社，2002年，第3151页。

422. 宵旰求依切，因循诏示惩。生之惟德大，勤止则民兴。劝士阴须惜，明农粒各登。日中通贾利,月试考工能。作所思无逸,持心懔有恒。于嬉荒并戒,克俭美同称。象验忘劳悦,功求补拙增。

——《赋得民生在勤(得兴字)》,[清]林则徐著,林则徐全集编辑委员会编《林则徐全集》第六册,福州:海峡文艺出版社,2002年,第3155页。

423. 盛世常崇俭,丰饶未敢矜。劢农民已裕,节用圣相承。

——《赋得岁丰仍节俭(得仍字)》,[清]林则徐著,林则徐全集编辑委员会编《林则徐全集》第六册,福州:海峡文艺出版社,2002年,第3155页。

424. 是故君子,诚之为贵。夫惟大雅,卓尔不群。

——《赠童生施可斋(鸿保)》,[清]林则徐著,林则徐全集编辑委员会编《林则徐全集》第六册,福州:海峡文艺出版社,2002年,第3167页。

425. 人自玉堂来,吏亦称仙宜不俗。神从金马见,民能使富莫忧贫。

——《赠叶小庚(申芗)》,[清]林则徐著,林则徐全集编辑委员会编《林则徐全集》第六册,福州:海峡文艺出版社,2002年,第3169页。

426. 一等人,忠臣孝子。两件事,耕田读书。

——《赠陈石士(用光)》,[清]林则徐著,林则徐全集编辑委员会编《林则徐全集》第六册,福州:海峡文艺出版社,2002年,第3170页。

427. 师友肯临容膝地,儿孙莫负等身书。

——《自题书室》,[清]林则徐著,林则徐全集编辑委员会编《林则徐全集》第六册,福州:海峡文艺出版社,2002年,第3215页。

428. 家少楼台无地起,案余灯火有天知。

——《自题书室》,[清]林则徐著,林则徐全集编辑委员会编《林则徐全集》第六册,福州:海峡文艺出版社,2002年,第3215页。

429. 世无遗草真能隐,山有名花转不孤。

——《题杭州西湖和靖墓梅亭》,[清]林则徐著,林则徐全集编辑委员会编《林则徐全集》第六册,福州:海峡文艺出版社,2002年,第3216页。

430. 宦游到处身如寄,农事何时手自亲。

——《集苏轼句题苏州抚署后园之后乐亭》,[清]林则徐著,林则徐全集编辑委员会编《林则徐全集》第六册,福州:海峡文艺出版社,2002年,第3219页。

431. 达四门四目四聪,我有嘉宾,莫负文章华国选。书六德六行六艺,丞哉髦士,要兼孝悌力田科。

——《题福州贡院》，[清]林则徐著，林则徐全集编辑委员会编《林则徐全集》第六册，福州：海峡文艺出版社，2002年，第3217页。

432. 越角吴根，到处孤寒思广厦。虞庠夏校，从来陶淑在初基。

——《题苏州浙江义学》，[清]林则徐著，林则徐全集编辑委员会编《林则徐全集》第六册，福州：海峡文艺出版社，2002年，第3220页。

433. 每思谏草留先泽，闲对宫花识旧香。

——《其他》，[清]林则徐著，林则徐全集编辑委员会编《林则徐全集》第六册，福州：海峡文艺出版社，2002年，第3225页。

434. 叙次古贤取诸左，寄怀作者契于彭。

——《其他》，[清]林则徐著，林则徐全集编辑委员会编《林则徐全集》第六册，福州：海峡文艺出版社，2002年，第3226页。

435. 人自得之湖山千里而外，书可读乎唐虞三代以前。

——《其他》，[清]林则徐著，林则徐全集编辑委员会编《林则徐全集》第六册，福州：海峡文艺出版社，2002年，第3227页。

436. 朗月照人，如鉴临水。时雨润物，自叶流根。

——《其他》，[清]林则徐著，林则徐全集编辑委员会编《林则徐全集》第六册，福州：海峡文艺出版社，2002年，第3228页。

437. 随分各勤身内事，得闲还续济时书。

——《其他》，[清]林则徐著，林则徐全集编辑委员会编《林则徐全集》第六册，福州：海峡文艺出版社，2002年，第3228页。

438. 读书众壑归沧海，下笔微云起泰山。

——《其他》，[清]林则徐著，林则徐全集编辑委员会编《林则徐全集》第六册，福州：海峡文艺出版社，2002年，第3229页。

439. 文生于情有春气，兴之所至无古人。

——《其他》，[清]林则徐著，林则徐全集编辑委员会编《林则徐全集》第六册，福州：海峡文艺出版社，2002年，第3230页。

440. 遗以明珠能照夜，拾其香草自生春。

——《其他》，[清]林则徐著，林则徐全集编辑委员会编《林则徐全集》第六册，福州：海峡文艺出版社，2002年，第3230页。

441. 发广大心，阐微妙理。开平等慧，行如意慈。

——《其他》，[清]林则徐著，林则徐全集编辑委员会编《林则徐全集》

第六册，福州：海峡文艺出版社，2002年，第3231页。

442. 常倚曲栏贪看水，忽逢佳士与名山。

——《其他》，［清］林则徐著，林则徐全集编辑委员会编《林则徐全集》第六册，福州：海峡文艺出版社，2002年，第3231页。

443. 养德入神，积善余庆。蕴真惬遇，即事多欣。

——《其他》，［清］林则徐著，林则徐全集编辑委员会编《林则徐全集》第六册，福州：海峡文艺出版社，2002年，第3231页。

444. 特爝火弗能烛远，涓滴莫与助流，纵坚进取之心，殊乏制人之具。

——《致张师诚》，［清］林则徐著，林则徐全集编辑委员会编《林则徐全集》第七册，福州：海峡文艺出版社，2002年，第3281页。

445. 惟思老夫子大人以连圻公务，夙夜运筹，而公劳未息之余，复须兼修文事，固知天全神聚，乐此不疲。然究宜稍节辛勤，勿致操劳过甚，此则徐所为仰望南云延颈虔祷者也。

——《致张师诚》，［清］林则徐著，林则徐全集编辑委员会编《林则徐全集》第七册，福州：海峡文艺出版社，2002年，第3282页。

446. 其实迁延时日，官未必进，而才则日退，人则日俗，反不及从前依人时心绪尚为归一，益叹家计累心之不可为也。

——《致杨庆琛》，［清］林则徐著，林则徐全集编辑委员会编《林则徐全集》第七册，福州：海峡文艺出版社，2002年，第3287页。

447. 楚省士习民文风尚易复古，以吾师品学为之楷则，人人知从根本上用切实功夫，而凌竞之气、剽窃之学皆知所返，是为夫子庆者犹小，而为楚省人士幸者实大也。

——《致沈维鐈》，［清］林则徐著，林则徐全集编辑委员会编《林则徐全集》第七册，福州：海峡文艺出版社，2002年，第3289页。

448. 恭诵之下，踊跃三百，非独为门墙私庆，乃幸天下后世之为子者，可以坚其孝心，而我朝求忠臣于孝子之门，圣度真如尧舜也。

——《致张师诚》，［清］林则徐著，林则徐全集编辑委员会编《林则徐全集》第七册，福州：海峡文艺出版社，2002年，第3291页。

449. 惟愿阁下益修盛德，坚持自立之心，凡兹尺波电谢，只可委诸乖运，达观烛理者，当必早有定识，不俟弟之献其瞽说也。

——《致李象鹍》，［清］林则徐著，林则徐全集编辑委员会编《林则徐全集》第七册，福州：海峡文艺出版社，2002年，第3300页。

450. 夫以庸暗如某，其进退曷足轻重，而尚往来于大贤之胸中，则知天下之才之什百于某者，幸遇圣主知人之哲，又感荷明公爱士之诚，谁不踊跃弹冠，占连茹而不甘肥遁乎！此又某所以破泣为笑，窃为天下之人才幸也。夫既感且幸矣，而一身进退之实，不自白于慈惠之前可乎哉？

——《致蒋攸铦》，[清]林则徐著，林则徐全集编辑委员会编《林则徐全集》第七册，福州：海峡文艺出版社，2002年，第3305页。

451. 报答朝廷，则无犬马之力；缅怀明发，又旷乌鸟之私。

——《致蒋攸铦》，[清]林则徐著，林则徐全集编辑委员会编《林则徐全集》第七册，福州：海峡文艺出版社，2002年，第3306页。

452. 至候补正可学习，得缺转不妨迟，而随地均可粗安，诸席并无所择。某所差堪自信者，持己兢兢，断不敢稍渝所守。惟才识过于短浅，幸恩苟禄，深以为虞。凤蒙大人爱注逾常，更祈随事随时提撕警觉，则虽间关远隔，直如亲隶骈幪。耿耿此诚，想邀鉴许也。

——《致蒋攸铦》，[清]林则徐著，林则徐全集编辑委员会编《林则徐全集》第七册，福州：海峡文艺出版社，2002年，第3306—3307页。

453. 仆以为令牧之贤否，惟视公事为凭，采虚声，听谀言，皆无当也。才德兼备、表里粹然者，今日诚难其人，但能守洁矢勤，不至阘冗无绪，便可量为鼓励。至若自郡以下，纠摘不胜其多，且受代人员未必尽皆可靠，则又徒滋纷扰，无补治功。惟有随事随时留心董劝，期于贤者思奋，不肖者知戒，如是而已。

——《致杨国翰》，[清]林则徐著，林则徐全集编辑委员会编《林则徐全集》第七册，福州：海峡文艺出版社，2002年，第3309页。

454. 吴中有不治之证二：在官曰疲，在民曰奢。即如游手好闲之民，本业不恒，日用无节，包揽伎船，开设烟馆，要结胥役，把持地方，渐溃既非一朝，剪除势难净尽，惟有将积蠹有名之棍，密访严拿，期于闾阎稍靖。而此辈窥伺其工，趋避其巧，一人耳目断不能周，要在州县官实力奉行，以安良除莠为务，乃有实际耳。

——《致杨国翰》，[清]林则徐著，林则徐全集编辑委员会编《林则徐全集》第七册，福州：海峡文艺出版社，2002年，第3309页。

455. 在官不可不尽心，而在民不可不尽力。

——《致杨氏昆仲》，[清]林则徐著，林则徐全集编辑委员会编《林则徐全集》第七册，福州：海峡文艺出版社，2002年，第3311页。

456. 古之士君子，在乡皆有利泽及物，两兄处心积虑，均思方驾古人，望相度时宜，互相劝告，则乡民阴受其福，而弟亦叨赖无量矣。

——《致杨氏昆仲》，[清]林则徐著，林则徐全集编辑委员会编《林则徐全集》第七册，福州：海峡文艺出版社，2002年，第3311页。

457. 弟自渡河以后，连遇大雪，殊滞行程，兹于嘉平七日到沛接篆。甫解征鞍，一切茫无头绪，河务既全不谙习，而仰窥圣明委任之意，专在挽回积习，厘剔弊端。恭绎前奉温谕，及此次一折一片朱批，断不敢不逐件认真，力除情面，而尤不可不先自刻苦，全革陋规。此后无一日不在针毡之中，正不特防险担心而已。至爱如五兄大人，何以教之？承示楚北民人尚有惜弟之已去者，此但偶然之语，闻之惭愧弥深。若以河事较之，则弟犹觉办灾之为靠实也。

——《致郑瑞麒》，[清]林则徐著，林则徐全集编辑委员会编《林则徐全集》第七册，福州：海峡文艺出版社，2002年，第3345页。

458. 伏读手谕，想见夙夜心劳，莫名驰系。两江地大物博，焦心棘手之事，固无时无之，大贤何所不容，且亦习见，固不足为怪，则惟有尽其在己者已耳。至私事之不称意者，只一时运途相克。而有克亦即有生，剥复之乘，理势固尔，亦不值以目前憾事扰此伉爽之胸。惟祝善卫褆躬，节辛劳而宣怫郁，于以上纡廑注，下惬具瞻，曷胜翘祷之至！

——《致陶澍》，[清]林则徐著，林则徐全集编辑委员会编《林则徐全集》第七册，福州：海峡文艺出版社，2002年，第3347页。

459. 数月以来，常在中州工次，往返驰驱，以致肃启多疏，莫名依恋。伏维老夫子大人乌台树望，螭陛拜恩，正直以肃官方，周详以通民隐；比复迭持衡鉴，益仰虚公。想见夙夜增劳，上酬倚畀，六卿之掌，固在旦夕间耳。翘首门墙，弥深虔颂。

——《致沈维鐈》，[清]林则徐著，林则徐全集编辑委员会编《林则徐全集》第七册，福州：海峡文艺出版社，2002年，第3350页。

460. 是冬始返吴下，未几而兵差矣。仆仆从事，迄今未能少休。突既不黔，炊又无米，劳累之余，精力日以消沮，心绪日以恶劳。每欲伸纸一抒胸臆，自非数行可了，而他冗辄复间之。中辍之后，便不能续，至今案头零笺即有奉报之书未及终幅者，不敢复达于左右也。来教期许殷切，且多忧时感事之语，知名山中无时不以苍生系念，钦佩奚似。

则徐见近年以来，吏之与民愈不能以恩义相结，人心日以不靖。如陈连、黄番婆等之事，固在意中，而仅见诸海外之隅，犹为不幸中之幸耳。

——《致陈寿祺》，[清]林则徐著，林则徐全集编辑委员会编《林则徐全集》第七册，福州：海峡文艺出版社，2002年，第3357页。

461. 官斯土者，岂无人心，但可为民食计，亦未尝不竭其思力。其如处处如是，岁岁如是，赈恤之请于朝者无可更加，捐输之劝于乡者亦已屡次，智勇俱困，为之奈何！

——《致陈寿祺》，[清]林则徐著，林则徐全集编辑委员会编《林则徐全集》第七册，福州：海峡文艺出版社，2002年，第3358页。

462. 天色晴明，二麦尚有六分余之望。故但于栖流所等处收养老疾贫丐，并由官分设粥担、面担，挑赴沿街沿巷，遇有饥馁者，酌给一两碗，取其可行可止，劳费轻而事易举，以俟麦收之后，察看情形，再行筹办耳。至好善之家，谅必不乏，但能损己济人，皆有所益。弟于见士临民，无不以此相告，欲其交劝于善。惟自檄行之后，不复示谕通衢者，亦恐莠民借此为题，沿门坐饭，启刁顾而滋索扰。盖作官治民之苦心，与行善于乡之义举，有不能专看一面者。所谓禹、颜易地，正未便径情而行也。

——《致潘曾沂》，[清]林则徐著，林则徐全集编辑委员会编《林则徐全集》第七册，福州：海峡文艺出版社，2002年，第3361页。

463. 至都中本无官事，翰林尤可终年不赴衙门，若不读书，岂不虚度日力？然群萃州处，酬应纷如，京官中实在好学者百不得一，亦风会使然也。要其学力深醇，断无不出人头地之理。与其驰逐而无补，何如力学而潜修。且京中之引人入邪，较之外间尤甚，愈聪明愈易被诱，愈爱脸愈多花钱，故交游以少为妙也。

——《致郭柏荫》，[清]林则徐著，林则徐全集编辑委员会编《林则徐全集》第七册，福州：海峡文艺出版社，2002年，第3364页。

464. 又尔敦行立志，向学不倦，将来成就当远且大。勉之！读书作文之道，其先当因类以求之。如理学则当于先儒所论天人性命之旨及今古名家之深邃刻挚而明晰者讲求之。政事则当于先儒所记兵农礼乐之要及古今名家之昌明高华、开拓而精切者讲求之。始能读，次能记，次能用。常读始能记，常记始能用，故口诵目览手抄，则下笔汩汩然来，自有汁浆也。用翻，用跌，用衬，或拓开，或推深，或旁敲，或反逗，皆文字妙法。然此数者，无经籍之菁华、儒先之妙绪、大家之讲求、古文之气息以出之，又何以有精彩、有意味、有波澜、有曲折乎？吾家藏书最多，一意在于是，三年当可观也。时文纯璧者少，一篇数股，每股数句，记诵尚易，就此求之。目今风气，用意用笔，忌与人雷同，寻常意、习见语勿用。总之多读多作，则取有所择，而用可精也。功令试诗亦宜切究，好诗亦当熟背数百首，则音律调而风味旨，且取材富，不以鄙野嗤矣。今只有年余便是试期，即有家事，然必不为事累，却不妨邺山名山水与吟咏，尤相触发也。江东舟行最险，诸所来往，非顺风平水，不可乘船，或徒步或肩舆为妥，尔父则非肩舆不可。

——《家书》，[清]林则徐著，林则徐全集编辑委员会编《林则徐全集》第七册，福州：海峡文艺出版社，2002年，第3383—3384页。

465. 顷又细思，适才奉到之件，竟不可宣露。缘官兵无不意存袖手，闻此恰中下怀，而包藏祸心者，更难保其不乘虚思逞。

——《致怡良》，[清]林则徐著，林则徐全集编辑委员会编《林则徐全集》第七册，福州：海峡文艺出版社，2002年，第3528页。

466. 火轮搁浅，如快蟹适在近处，便可焚烧，惜又错过机会矣。然快蟹果能赶往，则黑夜正足有为，顷已将此语述与节相，未知肯行否。

——《致怡良》，[清]林则徐著，林则徐全集编辑委员会编《林则徐全集》第七册，福州：海峡文艺出版社，2002年，第3547页。

467. 窃念则徐自戊冬被命而来，明知入于坎窞，但既辞不获免，惟有竭其愚悃，冀为中原除此巨患，拔本塞源。其时外夷震慑天威，将趸船所有鸦片尽行禀缴，未尝烦一兵、折一矢也。已来之鸦片既缴，则未来者自当禁其复来，故有饬取夷结之令，载明如夷商再带鸦片，人即正法，船货没官。他国皆遵，英夷独抗，其不肯自断后路，固已显然。适有条陈不应取结者，令遂中阻，而奸夷即已窥知内地人心不一，事必鲜终。此后蜃气楼台，随时变幻，造谣者亦如蜂起。犹幸粤疆严备，屡挫夷锋，而杜绝贸易之旨，先从内出。其窜往沿海各省，本在意中。则徐奏请敕下筹防，计已五次，并舟山之图占，天津之图控，亦皆先期探知入告。而浙省乌中丞并议有防夷五事复奏。大抵议而未行。若直省则亦因前次复奏水师不必设，炮台不必添，迨夷船驶来，恐蹈浙江覆辙，是以别开生面，意在甘言重币，释憾快心，即可乘机而了目前之事，却未计及犬羊之欲无厌，即目前亦不得了也。

——《致沈维鐈》，[清]林则徐著，林则徐全集编辑委员会编《林则徐全集》第七册，福州：海峡文艺出版社，2002年，第3548页。

468. 窃谓难进易退者，吾人之本怀，介如石焉，奚俟终日。向尝志此久矣。讵知竟须有大福分人，始能径脱缰锁，否则忧患余生，幸不为俎上肉，亦不能免于网中鳞，乃叹易退之语难概诸命途乖舛者耳。

——《致苏延玉》，[清]林则徐著，林则徐全集编辑委员会编《林则徐全集》第七册，福州：海峡文艺出版社，2002年，第3558页。

469. 逆船倏南倏北，来去自如，我则枝枝节节而防之，濒海大小口门不啻累万，防之可胜防乎？果能亟筹船炮，速募水军，得敢死之士而用之，彼北亦北，彼南亦南，其费虽若甚繁，实比陆路分屯、远途征调所省为多。若誓不与之水上交锋，是彼进可战，而退并不必守，诚有得无失者矣。譬如两人对弈，让人行两步，而我只行一步，其胜负尚待问乎？言之可慨！知荩念孔殷，故放笔及之，勿为异人道也。

——《致戴纲孙》，[清]林则徐著，林则徐全集编辑委员会编《林则徐全集》第七册，福州：海峡文艺出版社，2002年，第3561页。

470. 今所向无不披靡，彼已目无中华，若海面更无船炮水军，是逆夷到一城邑，可取则取，即不可取，亦不过扬帆舍去，又顾之他。在彼无有得失，何所忌惮？而我则千疮百孔，何处可以解严？比见征调频仍，鄙意以为非徒无益，盖远调则筋力已疲，久戍则情志愈惰，加以传闻恐吓，均已魂不附身，不过因在营食粮，难辞调遣，以出师为搪塞差事，安有斗心？恐人人皆已熟读《孟子》"填然鼓之"一章，彼此各不相笑，是即再调数万之客兵，亦不过仅供临敌之一哄。而朝廷例费之多，各营津贴之苦，沿途供应之疲，里下车马之累，言之可胜太息乎？

——《致吴嘉宾》，[清]林则徐著，林则徐全集编辑委员会编《林则徐全集》第七册，福州：海峡文艺出版社，2002年，第3568页。

471. 自念祸福死生，早已度外置之，惟逆焰已若燎原，身虽放逐，安能诿诸不闻不见？润州失后，未得续耗，不知近日又复何似？愈行愈远，徒觉忧心如焚耳。

——《致姚椿王柏心》，[清]林则徐著，林则徐全集编辑委员会编《林则徐全集》第七册，福州：海峡文艺出版社，2002年，第3586页。

472. 自念一身休咎死生，皆可置之度外，惟中原顿遭蹂躏，如火燎原。

——《致姚椿王柏心》，[清] 林则徐著，林则徐全集编辑委员会编《林则徐全集》第七册，福州：海峡文艺出版社，2002 年，第 3589 页。

473. 沿槐厅之故事，本所难安；缔兰室之同心，敢云自外？谨领孔怀之爱，以征式好之贻。惟是既序雁行，滋惭马齿，欲作琼瑶之报，弥惊糠秕之扬。敬将赐柬什袭藏之，一时尚未敢遽答。倘获借叨福庇，环唱有期，容于跻堂拜谒之时，怀刺面呈。窃比顽石之于米南宫，不自知其块然一物也。敬惟崇献益茂，提履崇绥。筹十万之葍蓄，烝民乃粒；答九重之倚畀，庶绩感熙。翘跂崇辕，弥殷抃颂。

——《致惟勤》，[清] 林则徐著，林则徐全集编辑委员会编《林则徐全集》第七册，福州：海峡文艺出版社，2002 年，第 3672 页。

474. 盛典继毗陵，表千秋潜德幽光，长使冰心昭炜管；新祠崇惠麓，聚两邑贞姬淑媛，群钦风节树香苏。

——《楹联丛话·庙祀下》，[清] 梁章钜《楹联丛话》，清道光二十年桂林署斋刻本。

475. 求通民情，愿闻己过。

——《楹联丛话·格言》，[清] 梁章钜《楹联丛话》，清道光二十年桂林署斋刻本。

476. 相夫垂四十载辛勤，出处同心，昼锦归来犹并辔；济世具万千缗功德，炽昌启后，夜台化去合生天。

——《楹联丛话·挽词》，[清] 梁章钜《楹联丛话》，清道光二十年桂林署斋刻本。

477. 爱物为心，一命于人亦有济；得民以道，千秋斯统不虚传。

——《楹联续话·庙祀》，[清] 梁章钜《楹联丛话》，清道光二十年桂林署斋刻本。

478. 儒术岂虚谈，水利书成，功在三江宜血食；经师偏晚达，篇家论定，狂如七子也心降。

——《楹联续话·庙祀》，[清] 梁章钜《楹联丛话》，清道光二十年桂林署斋刻本。

479. 道统阐薪传，洙泗真源今未坠；儒型垂梓社，沧洲精舍此重开。

——《楹联续话·庙祀》，[清] 梁章钜《楹联丛话》，清道光二十年桂林署斋刻本。

480．皇路许驰驱，举孝兴廉，海峤人文罗福地；天门同趺荡，蜚声腾实，蓬瀛才望奋清时。

——《楹联续话·廨宇》，［清］梁章钜《楹联丛话》，清道光二十年桂林署斋刻本。

481．初日照三神山，看碧海珊瑚，尽收铁网；长风破万里浪，喜丹霄银榜，早兆珠宫。

——《楹联续话·廨宇》，［清］梁章钜《楹联丛话》，清道光二十年桂林署斋刻本。

482．乡赋念嘉宾，彩笔昔曾干气象；持衡留藻鉴，文昌新人有光辉。

——《楹联续话·廨宇》，［清］梁章钜《楹联丛话》，清道光二十年桂林署斋刻本。

483．小队出郊坰，愿七萃功成，净洗银河长不用；偏师成壁垒，看百蛮气慑，烟消珠海有余清。

——《楹联续话·廨宇》，［清］梁章钜《楹联丛话》，清道光二十年桂林署斋刻本。

484．世无遗草真能隐；山有名花转不孤。

——《楹联续话·胜迹》，［清］梁章钜《楹联丛话》，清道光二十年桂林署斋刻本。

485．似闻陶令开三径；来与弥陀共一龛。

——《楹联续话·胜迹》，［清］梁章钜《楹联丛话》，清道光二十年桂林署斋刻本。

486．坐卧一楼间，因病得闲，如此散材天或恕；结交千载上，过时为学，庶几炳烛老犹明。

——《楹联续话·格言》，［清］梁章钜《楹联丛话》，清道光二十年桂林署斋刻本。

487．南士渊源承北学；秋曹门馆坐春风。

——《楹联续话·佳话》，［清］梁章钜《楹联丛话》，清道光二十年桂林署斋刻本。

488．南宋溯忠门，香火传来，犹似钱塘江上；东吴恬德水，帆樯驶过，免经铁瓮城头。

——《楹联三话·卷上》,[清]梁章钜《楹联丛话》,清道光二十年桂林署斋刻本。

489. 祠庙肃沧浪,更寻来一万字穹碑,新焕岩阿欂栌;威灵震吴越,还认取七百年华表,遥传江上旌旗。

——《楹联三话·卷上》,[清]梁章钜《楹联丛话》,清道光二十年桂林署斋刻本。

490. 攀桂天高,忆八百孤寒,到此莫忘修士苦;煎茶地胜,看五千文字,个中谁是谪仙才。

——《楹联三话·卷上》,[清]梁章钜《楹联丛话》,清道光二十年桂林署斋刻本。

491. 应视国事如家事;能尽人心即佛心。

——《楹联三话·卷下》,[清]梁章钜《楹联丛话》,清道光二十年桂林署斋刻本。

492. 麟阁待劳臣,最难西域生还,万顷开荒成伟绩;凤池诏令子,喜听东山复起,一门济美报清时。

——《楹联散话》,[清]梁章钜《楹联丛话》,清道光二十年桂林署斋刻本。

# 林昌彝

林昌彝（1803—1876），字蕙常、芗溪，号砵钯子、茶叟、五虎山人等，侯官县（今福建省福州市）人。近代诗人、学者、诗歌评论家、经学家。

林昌彝师从经学家陈寿祺，饱览其藏书。清道光十九年（1839年）中举，后八次上京会试，皆落第。在归途中遍游大江南北、黄河上下，发为诗歌，皆豪气如云。鸦片战争爆发，林昌彝写成《平夷十六策》及《破逆法》4卷。福州被辟为通商口岸后，英国人租据乌石山积翠寺，昌彝绘《射鹰驱狼图》，名所居之楼为"射鹰楼"。咸丰三年（1853年）四月，林昌彝向皇帝进呈《三礼通释》280卷，赏官教授。他先后任福建建宁、邵武教谕。后辞职回乡，授徒自给，闭门著述。

著有《射鹰楼诗话》《海天琴思录》《砚桂绪录》《说文二徐校本》《燕翼日抄》《敦旧集》《谵人存知录》等，已刻的还有《衣谵山房诗集》《小石渠阁文集》《温经日记》《鸿雪联吟》。

493. 愤与忧，天道所以倾否而之泰也，人心所以违寐而之觉也，人才所以革虚而之实也。

——《射鹰楼诗话》卷一，[清]林昌彝著，王镇远、林虞生标点《射鹰楼诗话》，上海：上海古籍出版社，1988年，第3—4页。

494. 去伪，去饰，去畏难，去养痈，去营窟，则人心之痼患祛其一。

——《射鹰楼诗话》卷一，[清]林昌彝著，王镇远、林虞生标点《射鹰楼诗话》，上海：上海古籍出版社，1988年，第4页。

495. 英国禁食鸦片烟，独能流毒其物于内地；英国禁奉天主教，独能广传其教于中华，此存心惨毒，真堪切齿。

——《射鹰楼诗话》卷一，[清]林昌彝著，王镇远、林虞生标点《射鹰楼诗话》，上海：上海古籍出版社，1988年，第20页。

496. 至议和既定，海口通商，夷人闯入福州省垣重地，盘据乌石山，此则守土者之责也。

——《射鹰楼诗话》卷二，［清］林昌彝著，王镇远、林虞生标点《射鹰楼诗话》，上海：上海古籍出版社，1988年，第27页。

497. 外夷奇器，其始皆出中华；久之中华失其传，而外夷袭之。

——《射鹰楼诗话》卷三，［清］林昌彝著，王镇远、林虞生标点《射鹰楼诗话》，上海：上海古籍出版社，1988年，第43页。

498. 人心风俗之坏，由于赌博；赌博之害，莫甚于花会。花会之设，率众狎集，聚啸山场，不下千人。压会之人，不用亲至其所，惟着人走信通风，往返奔命，直达人家闺阃，士农工商，悉弃其业，而甘受其愚。

——《射鹰楼诗话》卷四，［清］林昌彝著，王镇远、林虞生标点《射鹰楼诗话》，上海：上海古籍出版社，1988年，第71页。

499. 拟人必于其伦，太过溢词，便自失身分，学者不可不慎。

——《射鹰楼诗话》卷四，［清］林昌彝著，王镇远、林虞生标点《射鹰楼诗话》，上海：上海古籍出版社，1988年，第88页。

500. 故诗不可以无气，而气尤不可以袭而取，不可以伪为。其气逸而雄、清而壮者，汉、魏以来，少陵一人而已。

——《射鹰楼诗话》卷十，［清］林昌彝著，王镇远、林虞生标点《射鹰楼诗话》，上海：上海古籍出版社，1988年，第235页。

501. 一言足以解人积愤者，虽庸夫妇孺，亦刍荛之可采。

——《射鹰楼诗话》卷十二，［清］林昌彝著，王镇远、林虞生标点《射鹰楼诗话》，上海：上海古籍出版社，1988年，第280页。

502. 先生为吏，洞民情，谙军事，胆大心小，今之循吏而兼名将者也。

——《射鹰楼诗话》卷十二，［清］林昌彝著，王镇远、林虞生标点《射鹰楼诗话》，上海：上海古籍出版社，1988年，第284页。

503. 仁义之性，出于不读书之人，尤为可敬。

——《射鹰楼诗话》卷十二，［清］林昌彝著，王镇远、林虞生标点《射鹰楼诗话》，上海：上海古籍出版社，1988年，第284页。

504. 科举之法，以八股制艺取士，实不足据；况有司故事奉行，士子以腐烂时文，互相弋取科名而去，此人才所以日下也。

——《射鹰楼诗话》卷十二，［清］林昌彝著，王镇远、林虞生标点《射鹰楼诗话》，上海：上海古籍出版社，1988年，第285页。

505. 既为小人，则皆宜斥之为不足道，而后世犹赞之诵之者，不以人废言也。夫不以人废言者，谓操治世之权，广听言之路，非谓学其言语也。

——《射鹰楼诗话》卷十三，［清］林昌彝著，王镇远、林虞生标点《射鹰楼诗话》，上海：上海古籍出版社，1988年，第291页。

506. 可知人心一念之正，诸邪皆不能入，程子所谓"一敬足以慑百邪"是也。

——《射鹰楼诗话》卷十三，［清］林昌彝著，王镇远、林虞生标点《射鹰楼诗话》，上海：上海古籍出版社，1988年，第295页。

507. 居官者有一二善政可传，便成佳话，况功德在民乎！

——《射鹰楼诗话》卷十三，［清］林昌彝著，王镇远、林虞生标点《射鹰楼诗话》，上海：上海古籍出版社，1988年，第295页。

508. 古圣贤无不爱惜精神，岂独仙佛之书谆谆告戒乎！

——《射鹰楼诗话》卷十三，［清］林昌彝著，王镇远、林虞生标点《射鹰楼诗话》，上海：上海古籍出版社，1988年，第298页。

509. 近日师徒道薄，如江河日下，此则八股制艺误之也。今之弟子求师者，徒以求工八股为事，而于德行道义久不复讲。余谓世道人心之坏，自薄于师及薄于朋友始。薄于朋友者，薄于亲戚之渐也；薄于亲戚者，薄于兄弟以及父母之渐也。

——《射鹰楼诗话》卷十四，［清］林昌彝著，王镇远、林虞生标点《射鹰楼诗话》，上海：上海古籍出版社，1988年，第326页。

510. 吾辈不可结交官长，盖官场中所重者声气，所尚者势利，真能爱才好士者实少，其人不如得一二直谅多闻之友，可以进德修业，日常闻过，以乐吾天，俯仰无所愧怍。

——《射鹰楼诗话》卷十八，［清］林昌彝著，王镇远、林虞生标点《射鹰楼诗话》，上海：上海古籍出版社，1988年，第421页。

511. 作诗贵有身分，贵有抱负，方为大家。

——《射鹰楼诗话》卷二十一，［清］林昌彝著，王镇远、林虞生标点《射鹰楼诗话》，上海：上海古籍出版社，1988年，第495页。

# 郭柏荫

郭柏荫（1807—1884），字远堂，侯官县（今福州市）人。

道光十二年（1832）进士，授翰林院庶吉士，擢编修。曾上奏有关台湾事宜，请勤抚慰、严番界、查仓库、禁偷渡、防兵丁冒替、戒人命及盗案消弭，皆交部议施行。道光二十三年（1843），回乡，历主清源、紫阳、鳌峰等书院。又奉命办理本省团练，升员外郎，后升郎中。同治五年（1866），任江苏布政使，代理巡抚。翌年冬，经曾国藩推荐，升广西巡抚，改调湖北，署理湖广总督，代理巡抚。同治八年（1869），卸署总督任，仍为巡抚。同年夏秋间，天降暴雨，湘水、川水、襄水高涨，各府属州县堤溃，田庐淹没，灾害严重。郭柏荫派员赴灾区急赈，又奏请解京饷及税厘项下拨银三十万两救灾修堤，获准，大量灾民获救。翌年，复署湖广总督。光绪元年（1875），回福州。次年，福州大水，出面负责浚河排涝，解除水患。后再主鳌峰书院讲席，倡修火灾后孔庙，集资修建明伦堂、崇圣祠，增置文庙乐器、祭器。卒赐祭葬。著有《天开图画楼文稿》《嚓嚓言》《续嚓嚓言》《变雅断章演义》等。

512. 政事是朝廷的，道理是公众的，是则言是，非则言非，容不得袒护同人，排斥异己。

——［清］郭柏荫《嚓嚓言》卷三，清刻本。

513. 兴利除弊，期于地方有益，非为一己立名也。逞好名之心，而妄为措置，非徒无益，而且有害。

——［清］郭柏荫《续嚓嚓言》卷二，清刻本。

514. 清、慎、勤三字，居官要言。余谓三字之中，以慎为本。惟慎则不敢不清，惟慎则不得不勤。不特居官宜然，即修身齐家亦少此字不得。

——［清］郭柏荫《嚓嚓言》卷一，清刻本。

515. 居官以清自负，犹处子以贞自矜，有识者笑之矣。今之居官者则曰：

现在宦场不是做清官底时候，某所居之缺，亦断做不得清官。呜呼！吾不知其自居何等也。

——［清］郭柏荫《嚛嚛言》卷一，清刻本。

516. 端方正直，百折不回，仕路中之上智也。渿涊依阿，惟利是视，仕路中之下愚也。

——［清］郭柏荫《嚛嚛言》卷一，清刻本。

517. 以进贤为树党，以直谏为沽名，此构其疑似之迹，以中人主之所甚忌，而冀其潜之必行也。今且莫问树党不树党，只看他引进的是何等人；且莫管沽名不沽名，只听他条陈的是甚么话。

——［清］郭柏荫《嚛嚛言》卷一，清刻本。

518. 官是可做可不做的，人是一定要做的。为做了官把人丢了，真是不值。

——［清］郭柏荫《嚛嚛言》卷二，清刻本。

519. 宰相要为朝廷作养人才，不可私树党援。疆臣要为国家整饬纲纪，不可见好属员。守令要为地方保护元气，不可迎合上司。绅士要为州里扶翊风教，不可败坏防闲。

——［清］郭柏荫《嚛嚛言》卷二，清刻本。

520. 吾辈一入仕途，便染得一身官气，不惟贻笑高明，亦易中左右小人阿附逢迎之术。

——［清］郭柏荫《嚛嚛言》卷二，清刻本。

521. 上司之情不可却，下司之情不可却，同年之情不可却，同乡之情不可却。岂君上之付托独可忘耶？居官者常存此念，自不敢坏法徇人。

——［清］郭柏荫《嚛嚛言》卷三，清刻本。

522. 倚人之势以作威，可耻，孰甚焉。使人倚我之势以作威，可危，孰甚焉。故事君子者，当为顾惜其声名；驭小人者，不可稍假以权柄。

——［清］郭柏荫《续嚛嚛言》卷一，清刻本。

523. 以喜怒为是非，是徇己也；以毁誉为取舍，是徇人也。君子内不徇己，外不徇人，故能平其心以絜天下之矩。

——［清］郭柏荫《续嚛嚛言》卷一，清刻本。

524. 属吏之才识，不必尽同。是是非非，不防忠告而善道之。虽有中材，亦当感而思奋。诚者，非自成己而已也，所以成物也。

——［清］郭柏荫《续嚛嚛言》卷一，清刻本。

525. 士大夫不以声色加人,而后在位者皆知有廉耻。

——[清]郭柏荫《续啳啳言》卷二,清刻本。

526. 得意之人不能与较,失意之人不当与较,心平意和,嫌隙自化。

——[清]郭柏荫《续啳啳言》卷二,清刻本。

527. 事上官者当直道而行,切不可设不肖之心以疑君子,但语言文字之间,须不失訚訚气象耳。

——[清]郭柏荫《续啳啳言》卷三,清刻本。

528. 自爱者当爱其声名,爱其廉耻;爱人者亦当为之爱其声名,爱其廉耻。

——[清]郭柏荫《续啳啳言》卷三,清刻本。

529. 居上位者,要使人人得以尽言,而后能集思而广益。然非勤恳坦易,足以取信于人,人必不肯进言,即言之亦不敢尽。

——[清]郭柏荫《续啳啳言》卷三,清刻本。

530. 进谏者常有不欲尽之言,闻之者不可不寻思而自悟也。

——[清]郭柏荫《续啳啳言》卷三,清刻本。

531. 人之谤我者愈张,我之检身也愈切;人之伺我者愈密,我之省过也愈微。

——[清]郭柏荫《续啳啳言》卷四,清刻本。

532. 属员未必敢与上司为难也,我之所见有未明者,彼或从而提撕之。所处有未当者,彼或从而匡救之。正所谓他山之石也,我怡然受之,毅然从之,不惟无损于令名,抑且有光于盛德。

——[清]郭柏荫《续啳啳言》卷四,清刻本。

533. 吾辈应事接物以至日用起居,离不得一敬字。要令此心常存,则过失自寡。

——[清]郭柏荫《啳啳言》卷一,清刻本。

534. 吾辈应务接物固要圆通,然亦不可不划清界限。若一味随和,不惟贻脂韦之诮,亦终不免于窒碍难行。

——[清]郭柏荫《啳啳言》卷三,清刻本。

535. 居官者时时要人伺候,则虽饮食起居之细,其权皆授之于人,而自家转至毫无把握。

——[清]郭柏荫《续啳啳言》卷二,清刻本。

536. 当官行事,不能无开罪于人之处,挟嫌报怨,均在意中,当时不暇顾也，事后亦不胜防也。存宽大以服其心，谨细微以关其口，明哲保身，不外是已。

——［清］郭柏荫《续嘤嘤言》卷三，清刻本。

537．乡宦居家，不以盛饰炫人之耳目，此亦维持风气之苦心也。

——［清］郭柏荫《续嘤嘤言》卷二，清刻本。

538．世间之事，大而礼乐刑政，小而交际往来，总离不了敬信二字。

——［清］郭柏荫《嘤嘤言》卷六，清刻本。

539．凡事之坏也，未有不自其小焉者始，以为无甚要紧而姑且为之，姑且听之，习而愈甚，狃而愈深。名教纲常之坠，皆此无甚要紧者开之也；纪纲法度之乖，皆此无甚要紧者积之也。可不虑之于先哉？

——［清］郭柏荫《嘤嘤言》卷六，清刻本。

540．为地方兴一利，须先细想：前此之人何以未见及此？既兴之后，有无流弊？有利于此，是否有害于彼？四方八面，都要打算得明白妥当，方可举行。又须有定力，有公心，有廉名，才镇压得浮言住。

——［清］郭柏荫《嘤嘤言》卷六，清刻本。

541．天下事到万分为难处，总须有一番办法。急不得，缓不得，或守经，或行权，务要料理得条直才是。

——［清］郭柏荫《嘤嘤言》卷六，清刻本。

542．吾辈处事，须求义理之安，不可随人俯仰。时俗之见，往往似是而非，且有以非为是者。

——［清］郭柏荫《嘤嘤言》卷五，清刻本。

543．人但知严刻之为害，而不知宽纵之为害更烈也。宽纵之害，至于纲纪荡然，贪官酷吏得以恣意虐民，而怨归于上。人心既失，国事随之。

——［清］郭柏荫《嘤嘤言》卷三，清刻本。

544．吾辈应事时，边幅太宽，终恐材力不济。惟素位而行，裁之以义，庶无竭蹶之虞。

——［清］郭柏荫《嘤嘤言》卷二，清刻本。

545．兴利除弊，自是地方官当为之事。然而争端不可开也，众怒不可犯也。至于窒碍难行，而始悔从前之孟浪也，则已晚矣。

——［清］郭柏荫《续嘤嘤言》卷四，清刻本。

546．一到任而即更成法，则能声属之矣；一下马而即革陋规，则廉名归之矣。然而深识之士，卒不敢轻心相信者，恐出之非其人也。按时势，审权宜，辨公私，慎出纳，当时无赫赫之名，而地方实阴受其福，其诸古之循吏欤。

——［清］郭柏荫《续嘐嘐言》卷四，清刻本。

547. 政欲其速效，事责其速成，皆所谓苟且之治也。利专于一身，名归于一己，皆所谓不肖之心也。

——［清］郭柏荫《续嘐嘐言》卷四，清刻本。

548. 全材难得，观人者不得不舍其所短，取其所长。然亦视其大段不差，不必绳以苛细。

——［清］郭柏荫《嘐嘐言》卷一，清刻本。

549. 极力提拔人固是好事，然必审其心术如何，器量如何。

——［清］郭柏荫《嘐嘐言》卷三，清刻本。

550. 君子公正和平，毫无私意，故能和而不同，周而不比，泰而不骄。小人处处有我之一字横在胸中，焉得不与之相反。

——［清］郭柏荫《续嘐嘐言》卷二，清刻本。

551. 当路诸君种种养态，非必尽出于有心也。势分既高，趋承者众，颐指气使，习为固然，所谓位不期骄也。君子居高思危，持满戒溢，彼倨傲之习，何自而萌。

——［清］郭柏荫《嘐嘐言》卷三，清刻本。

552. 聪明材力，天得而限之；富贵功名，人得而限之。惟志之所向，学之所成，品之所定，由不得天，由不得人，只靠本身作主。于此处踹溜了脚，便是自家坑了自家。

——［清］郭柏荫《嘐嘐言》卷三，清刻本。

553. 必有分外之费，始贪分外之财。既贪分外之财，必做分外之事。故爱惜身名者，当自不妄费始。

——［清］郭柏荫《嘐嘐言》卷一，清刻本。

554. 欲字言窒，盖当如捍坚城、障漏穴，勿使有一隙可乘，而其大段着力处，不外戒慎恐惧。十目所视，十手所指，此戒慎之几也。如临深渊，如履薄冰，此恐惧之象也。

——［清］郭柏荫《嘐嘐言》卷一，清刻本。

555. 才士之于名，犹贩夫之于利，据为性命，而尺寸不肯以让人者也。角而取之，其结怨深矣。

——［清］郭柏荫《嘐嘐言》卷一，清刻本。

556. 以圣贤为官司，以诗书为律令，以屋漏为公堂，以衾影为质证，此之谓内自讼。

——［清］郭柏荫《嘐嘐言》卷二，清刻本。

557. 身之显晦，道之所系以污隆者也。至于谨小慎微，勿欺幽独，做秀才时此心，做宰相时还是此心。

——［清］郭柏荫《续嘐嘐言》卷二，清刻本。

558. 以方正为钝拙，以忠厚为迂疏，此自世风不古耳。吾辈只要理得心安，莫管俗人讪笑。

——［清］郭柏荫《嘐嘐言》卷二，清刻本。

559. 火退留温，水退留泾。一事之污，百行不足赎也；一言之食，百信不足要也。

——［清］郭柏荫《嘐嘐言》卷六，清刻本。

560. 疑难处见学问，冗杂处见精神，冷静处见性情，匆遽处见器识。

——［清］郭柏荫《嘐嘐言》卷六，清刻本。

561. 荡检逾闲之事，庸愚为之不足责也；贤士君子偶一为之，必有从而效之者矣。名教之大防，奈何自我而坏之也。

——［清］郭柏荫《嘐嘐言》卷六，清刻本。

562. 君子节俭以为家法，谦退以为身法，故不至如流俗之士，一富而不可复贫，一贵而不可复贱。

——［清］郭柏荫《嘐嘐言》卷六，清刻本。

563. 莫险于居高位，莫难于保令名，众人之所欣，君子之所惧也。

——［清］郭柏荫《续嘐嘐言》卷一，清刻本。

564. 有德而无才，其德犹可取也。有才而无德，其才亦不足恃也。

——［清］郭柏荫《续嘐嘐言》卷一，清刻本。

565. 有精神而后能成事业，有志气而后能立功名。其所以能不矜不伐，善始善终，则又有大学问矣。

——［清］郭柏荫《续嘐嘐言》卷二，清刻本。

566. 勿争利，勿争功，勿争名，勿争气，此先大夫之教也。小子申其义，曰：不争利不为人贱，不争功不为人挤，不争名不为人忌，不争气不为人激。

——［清］郭柏荫《续嘐嘐言》卷二，清刻本。

567. 多藏取败，多欲取亡，多能取忌，多疑取诳，多言取憎，多事取厌。

——［清］郭柏荫《续嘤嘤言》卷三，清刻本。

568. 不以贵贱易心，不以盛衰改行，其惟贤者乎？

——［清］郭柏荫《续嘤嘤言》卷四，清刻本。

569. 君子论是非，不争同异；小人较同异，不问是非。

——［清］郭柏荫《嘤嘤言》卷二，清刻本。

570. 闻逆耳之言，当念其成我；闻顺耳之言，当防其诱我。

——［清］郭柏荫《嘤嘤言》卷五，清刻本。

571. 交游不善，虽资质极好之人，亦不免几分沾染，少年子弟不可不知。

——［清］郭柏荫《嘤嘤言》卷五，清刻本。

572. 与人共事，而功归于己，过诿于人，此不肖者之居心也。若援引局外之人，以为己分谤，则又不肖之尤者矣。

——［清］郭柏荫《嘤嘤言》卷六，清刻本。

# 沈葆桢

沈葆桢（1820—1879），原名沈振宗，字幼丹，又字翰宇，侯官县（今福州市）人。民族英雄，晚清军事家、外交家，中国近代造船、航运、海军建设事业的奠基人之一。

他自幼学习勤奋，道光二十年（1840）至道光二十七年（1847），先后考中举人、进士，任庶吉士，授翰林院编修。咸丰五年（1856）底，任九江（今属江西省）知府，后署广信知府，随曾国藩镇压太平军。咸丰十一年（1861），出任江西巡抚，倚用湘军将领王德榜、段起、席宝田等镇压太平军。同治五年（1866），继左宗棠任福建船政大臣，专主福州船政局。同治十三年（1874），日本侵略台湾时，被派为钦差大臣，兼办各国通商事务。光绪元年（1875），擢两江总督兼南洋通商大臣，整饬吏治、浚河、禁种罂粟、扩充南洋水师，与李鸿章同为筹建近代海军的主持者。光绪五年（1879），在江宁（今江苏省南京市）任上病逝，享年59岁。

他担任船政大臣期间，以开放姿态充分吸收西方科学技术，聘用西方技术人员为学堂教师，使用西方原版洋文课本教学，造就了马尾船政的辉煌。在治理台湾期间，实施开禁、开府、开路、开矿四大措施，上书清廷解除内地渡台的禁令，在台设立台北府，在台开山开路，鼓励开采煤矿等资源，对地方经济发展起到促进作用，还对台湾近代史有着重要影响，是台湾近代化之路的首倡者，开启了台湾现代化新页。

沈葆桢著作主要有《沈文肃公牍》《沈文肃公政书》《沈文肃政书续编》《沈文肃公家书》《沈氏行述四种》等。

573. 此时情状显露，无可游移，似当明饬贝将：如胁我以非理，立即奋勇拒敌，不以开衅罪之，则将弁等无可借口。

——《致李子和制军一》，[清]沈葆桢《沈文肃公牍》，福州：福建人民出版社，2008年，第1页。

574. 如民间受其荼毒，立须声罪致讨，官民同命，草木皆兵。妙在彰化，竹围已破，慑莠民之心，作义民之气，并行不悖，全台屹若长城矣。

——《致李子和制军一》，[清]沈葆桢《沈文肃公牍》，福州：福建人民出版社，2008年，第2页。

575. 通商局宜开诚布公，力与周旋。台、厦探报，宜明示之，以便索其消息，且以理之是非，势之利钝，常与晤对，以结其心。推功让善，必可收忠信笃敬之效。且有从旁评理者，将来颇易于收场。

——《致李子和制军一》，[清]沈葆桢《沈文肃公牍》，福州：福建人民出版社，2008年，第2页。

576. 然非窥我苟安旦夕之意，亦不遽蹈瑕抵隙而来。倘借此而生忧勤惕厉之心，则敌国外患，未始非修省之一助也。

——《致李雨亭制军一》，[清]沈葆桢《沈文肃公牍》，福州：福建人民出版社，2008年，第4页。

577. 其如人人知其不可恃，人人不求其可恃何？既事图之无及也，先事忧之，则众矢之的也。

——《致李少荃中堂一》，[清]沈葆桢《沈文肃公牍》，福州：福建人民出版社，2008年，第5页。

578. 日本以未成之气候，跳踉而来，但能生我忧勤惕厉之心，则敌国外患，未必非上天之仁爱，补牢求艾，正不嫌迟；若尚幸其无事，则必终无可幸者矣。

——《致李少荃中堂一》，[清]沈葆桢《沈文肃公牍》，福州：福建人民出版社，2008年，第5页。

579. 生番蠢蠢若鹿豕，岂足以敌蓄意新练之兵，其破也在意中事。破则必踞其地，而我之战事起；不破，则必以商民接济为词，我之战事亦起。

——《致李少荃中堂一》，[清]沈葆桢《沈文肃公牍》，福州：福建人民出版社，2008年，第5页。

580. 如其侵我土地，戕我人民，则虽利器未齐，不得不伸天讨。

——《致李少荃中堂一》，[清]沈葆桢《沈文肃公牍》，福州：福建人民出版社，2008年，第5页。

581. 从来玩岁愒日者必亡，穷兵黩武者亦必亡。

——《致李少荃中堂一》，[清]沈葆桢《沈文肃公牍》，福州：福建人民出版社，2008年，第5页。

582. 反是而观，中国之虚实，亦在其烛照计数之内，非情理所能谕，恐亦非虚声所能慑，只有步步踏实做去，庶几冀有得当之日。

——《致李少荃中堂一》，[清]沈葆桢《沈文肃公牍》，福州：福建人民出版社，2008年，第7页。

583. 彼退而吾备益修，则帖耳弥首而去，彼退而吾备遂弛，则又蹈瑕抵隙而来。

——《致李少荃中堂一》，[清]沈葆桢《沈文肃公牍》，福州：福建人民出版社，2008年，第7页。

584. 惜海角天涯，不及就正有道，良用歉然。

——《致李子和制军二》，[清]沈葆桢《沈文肃公牍》，福州：福建人民出版社，2008年，第10页。

585. 营地向来设防，重在弥内患，无足以御外侮者，我公所知也。

——《致吴桐云观察一》，[清]沈葆桢《沈文肃公牍》，福州：福建人民出版社，2008年，第13页。

586. 非有大枝劲旅，断不肯就我范围。

——《致张振轩中丞二》，[清]沈葆桢《沈文肃公牍》，福州：福建人民出版社，2008年，第23页。

587. 台事紧要不自今日始，早在洞鉴之中。

——《致罗景山军门二》，[清]沈葆桢《沈文肃公牍》，福州：福建人民出版社，2008年，第25页。

588. 今惟有专意料量战备，一集而后理或可行，否则唇焦舌敝，无济也。

——《致李少荃中堂五》，[清]沈葆桢《沈文肃公牍》，福州：福建人民出版社，2008年，第22页。

589. 小铁甲船其来虽迟，然购之总有到日，不购则永无来期也。有司吝出纳，振古如兹。时局如箭在弦上，能不发耶？幸而风平浪静，以"枉费"见谤，固我辈所甘心，若待其悟而知悔，则事不可焉矣。

——《致林颖叔方伯二》，[清]沈葆桢《沈文肃公牍》，福州：福建人民出版社，2008 年，第 31 页。

590. 惟鄙意总以分兵为险着，不特猝闻警信，难于合拢，且勇丁何能人人知顾大局，离开主帅，但一人贪些小利，即全营蒙其恶声。此私怀所不免悬系者也。

——《致王玉山游戎》，[清]沈葆桢《沈文肃公牍》，福州：福建人民出版社，2008 年，第 32 页。

591. 此时必不急于争胜，但愿民番有所依附，不至遭其荼毒耳。

——《致王玉山游戎》，[清]沈葆桢《沈文肃公牍》，福州：福建人民出版社，2008 年，第 32 页。

592. 民房不可久居，定扎何处，即赶紧搭盖草栅，兼立营墙濠沟。明知炎风烈日，士卒苦甚，然全营性命系焉，不能不慎也。

——《致王玉山游戎》，[清]沈葆桢《沈文肃公牍》，福州：福建人民出版社，2008 年，第 32 页。

593. 不战屈人，洵上上之策，但我必有可以屈人之具，而后人不得不为我屈。

——《致盛杏荪观察二》，[清]沈葆桢《沈文肃公牍》，福州：福建人民出版社，2008 年，第 35 页。

594. 城下之盟，断断乎其不可为也！

——《致李少荃中堂七》，[清]沈葆桢《沈文肃公牍》，福州：福建人民出版社，2008 年，第 43 页。

595. 洋师必与束修，使其一无所借口，乃免流弊。

——《致李子和制军十一》，[清]沈葆桢《沈文肃公牍》，福州：福建人民出版社，2008 年，第 51 页。

596. 煤矿之利，不容不开，硕画荩筹，佩服无量。鄙见利可分诸人，权不可不操诸我。

——《致王补帆中丞二》，[清]沈葆桢《沈文肃公牍》，福州：福建人民出版社，2008 年，第 52 页。

597. 当备者不独倭，乘此时备之，事方有济。

——《致李子和制军二》，[清]沈葆桢《沈文肃公牍》，福州：福建人民出版社，2008 年，第 68 页。

598. 若以逸待劳而尚求速了，则一了百了，不待既事而知之矣。

——《致李爵相少荃三》，[清]沈葆桢《沈文肃公牍》，福州：福建人民出版社，2008年，第80页。

599. 开路方有实际，虽进一步难一步，然铢积寸累，日起有功。

——《致罗军门景山四》，[清]沈葆桢《沈文肃公牍》，福州：福建人民出版社，2008年，第82页。

600. 任老两袖清风，即官准赎，亦力不能赎。蔼人平泉草木，注意姑苏，力能赎而未必愿赎。

——《复林勿村山长》，[清]沈葆桢《沈文肃公牍》，福州：福建人民出版社，2008年，第320页。

601. 扰扰者各事其事，亦所谓行乎其所不得不行，止乎其所不得不止耶？

——《复林心北侍御一》，[清]沈葆桢《沈文肃公牍》，福州：福建人民出版社，2008年，第392页。

602. 字要好临帖，文要好温经。践迹而入于室，无他谬巧也。

——《复林小帆》，[清]沈葆桢《沈文肃公牍》，福州：福建人民出版社，2008年，第393页。

603. 专岸以杜邻私，用心苦而持论伟，极为钦佩。无如湘商叠次禀阻，恐启门户之争，是以中止。

——《复李次青廉访一》，[清]沈葆桢《沈文肃公牍》，福州：福建人民出版社，2008年，第395页。

604. 豫章三次水患，昏垫可知，抚恤穷黎，想见良工心苦。

——《致周葭浦廉访》，[清]沈葆桢《沈文肃公牍》，福州：福建人民出版社，2008年，第395页。

605. 告以民所不愿，官贪捐项而给照，必无此办法。汝当初造时本未请示，中国勉敦和谊，不用兵拦阻足矣，给照万做不到。

——《复吴子健中丞一》，[清]沈葆桢《沈文肃公牍》，福州：福建人民出版社，2008年，第400页。

606. 我公湖山寄迹，军国萦怀，蒿目时艰，将与世事同成痼疾。计不如引为己任，尽起饥溺之厄，借纾郁结之情，庶两得之。

——《复彭雪琴宫保一》，[清]沈葆桢《沈文肃公牍》，福州：福建人民出版社，2008年，第402页。

607. 麦种不下，遍地皆蝗孽，流民满野。棘手焦心之处，罄竹难书。

——《复吴春帆星使一》，[清]沈葆桢《沈文肃公牍》，福州：福建人民出版社，2008年，第405页。

608. 弟思与其增新引以夺旧商之利，何如令旧商竭力报效自开水利，核其所费之多寡，许以不增新引若干年，似公私两受其益。

——《致刘芝田运司》，[清]沈葆桢《沈文肃公牍》，福州：福建人民出版社，2008年，第408页。

609. 笠云畏死，本异于寻常，若竟忘人生之必有一死耳。

——《十一月十三日示彤侄三》，[清]沈葆桢《沈文肃公牍》，福州：福建人民出版社，2008年，第418页。

610. 船械固一无足恃，苟人人拼得一死，虽并此船械无之，亦当以赤手空拳从事，盖计无复之，非敢以国事为孤注也。

——《复彭雪琴宫保三》，[清]沈葆桢《沈文肃公牍》，福州：福建人民出版社，2008年，第427页。

611. 弟在局时遇解款逾期，必竭诚抠谒榷使，今日不得请，明日再往，必不虚此行而止。

——《复船政大臣吴春帆三》，[清]沈葆桢《沈文肃公牍》，福州：福建人民出版社，2008年，第430页。

612. 倘不见听，即当疏纠，万不敢置身事外，上负爱注之厚，期许之深也。

——《复船政大臣吴春帆三》，[清]沈葆桢《沈文肃公牍》，福州：福建人民出版社，2008年，第430页。

613. 顷诵续札，忠肝义胆，颉颃云霄，令人不觉起舞者数四。

——《复彭雪琴宫保四》，[清]沈葆桢《沈文肃公牍》，福州：福建人民出版社，2008年，第431页。

614. 公暇不可不看书，不特经史当看。在吏部当知吏部则例，在总署当知各国事实，处处须脚踏实地工夫也。

——《正月二十三示彤侄五》，[清]沈葆桢《沈文肃公牍》，福州：福建人民出版社，2008年，第440页。

615. 河运已遵旨赶办，而心之所危，不能不向总署披沥肝胆，置之不理，数年后河患，谁职其咎？

——《复李少荃中堂五》，[清]沈葆桢《沈文肃公牍》，福州：福建人民出版社，2008年，第448页。

616. 饷事无源可开，亦无流可节，真到英雄无用武之地，只求年谷顺成，与小民得过且过而已。去岁赈款，合公私统计，几将百万，此岂可再试者哉？

——《复孙琴西方伯》，[清]沈葆桢《沈文肃公牍》，福州：福建人民出版社，2008年，第454页。

617. 天时原自难知，人事何堪设想！尸素者能勿抚躬自惕耶？

——《致李少荃中堂一》，[清]沈葆桢《沈文肃公牍》，福州：福建人民出版社，2008年，第455页。

618. 一"信"字，平生奉以周旋，弗敢失坠。

——《复吴维允提调一》，[清]沈葆桢《沈文肃公牍》，福州：福建人民出版社，2008年，第457页。

619. 目击颠危之状，愧无拯救之方，适值温谕遥颁，穷海灾黎以为再生有日，不得不恪遵部议，冀复成规，而就积疲之商，筹极巨之饷。

——《致四川丁稚璜宫保、湖广李筱泉制军、湖南王燮石中丞》，[清]沈葆桢《沈文肃公牍》，福州：福建人民出版社，2008年，第464—465页。

620. 人情知缓急者鲜，若逐渐消磨于无着之地，公能以不滥用丝毫谢天下耶？晚非敢谓所见不谬，特悻爱有素，不敢不竭其愚，惟垂察焉。

——《致李少荃中堂二》，[清]沈葆桢《沈文肃公牍》，福州：福建人民出版社，2008年，第467页。

621. 虽不能以一日之短长为凭，然场官与垣灶甚亲，尽一分力，必一收分效也。

——《复程尚斋观察三》，[清]沈葆桢《沈文肃公牍》，福州：福建人民出版社，2008年，第479页。

622. 商情疑虑，姑因势导之，成败利钝，固有数存焉。而察看事机，往往适逢其会，非无利便可乘，但愿各商勿贪小便宜，于监色极力整顿，自当天不负人耳。

——《复李次公方伯》，[清]沈葆桢《沈文肃公牍》，福州：福建人民出版社，2008年，第481—482页。

623. 凡事各尽心力，其余只得付之千秋定论，必欲家喻户晓，如口众我寡何！

——《复李少荃中堂四》，[清]沈葆桢《沈文肃公牍》，福州：福建人民出版社，2008年，第485页。

624. 忠诚之悃,血泪与俱。颂诵再三,五体投地,岂虚语哉!第人心之不同也如其面焉,所见既殊,何能强之使合?

——《复郭筠叟星使二》,[清]沈葆桢《沈文肃公牍》,福州:福建人民出版社,2008年,第485页。

# 陈宝琛

陈宝琛（1848—1935），字伯潜，号弢庵、陶庵、沧趣老人、听水老人，闽县（今福州市）人。同治七年（1868）进士，授翰林院庶吉士，历任编修、翰林侍讲。直言敢谏，连同张之洞、张佩纶、宝廷成为"枢廷四谏官"，出任江西学政，累迁内阁学士、礼部侍郎。中法战争后，回乡赋闲，致力家乡教育事业。宣统元年（1909），调入京城，充任礼学馆总裁、内阁弼德院顾问大臣、正红旗汉军副都统，成为宣统帝溥仪的师傅，监修《德宗实录》。1935年，逝世，追赠太师，谥"文忠"。

中法战争期间，提出"联与国"的外交主张，认为应联合有共同利益的德国以抵抗法国侵略，建议加强与德国往来及军事、经济联系以震慑法国，以外交手段维护祖国利益。其又十分重视现代教育。戊戌变法后，福建各地纷纷提出兴办中、小学堂。因新式教育师资匮乏，闽浙总督同陈宝琛协商，欲将"东文学堂"扩充为官立全闽师范学堂，全力培养新式教育的师资力量，以解燃眉之急，他慨然应允，并亲自出任学堂监督。此学堂亦是全国最早创办的师范学校之一。1906年，改名福建师范学堂；1907年，增办优级师范选科，改称为福建优级师范学堂，为今福建师范大学前身。1903年至1909年，全闽师范学堂、福建师范学堂、福建优级师范学堂共培养毕业生700人，大部分成为中、小学教师骨干，推动福建文化教育事业发展。

其著有《沧趣楼诗集》《沧趣楼文存》《沧趣楼律赋》《南游草》《陈文忠奏议》等。

625. 温故知新可以为师，化民成俗其必由学。
——陈宝琛亲撰全闽师范学堂训联。

626. 古者夷狄之祸，或受患在偏隅，或连兵仅数载，从未有合海外数十国蚁聚蜂起，扼喉嗌而据腹心，痛剧创深如今日者。

——《条陈讲求洋务六事折》，[清]陈宝琛著，刘永翔、许全胜点校《沧趣楼诗文集》，上海：上海古籍出版社，2006年，第806页。

627. 国家之盛衰强弱，全视国民之智愚贤否。学堂固所以造就人才，然必先使人人知义理，人人知爱护国家，人人能自立，而后国民之资格始备，而人才亦出乎其中，故学堂必以小学为最急，故安得无数师资为七十余县普开其知觉哉？诸生今日来学师范，后来即为国家担当教育责任。自冶其性情，而后能冶人之性情；自励其志节，而后能励人以志节。吾闽数年后之学风方于诸生券之，谁谓皋比非事业耶？

——[清]陈宝琛《开学告诫文》，《福建师范学堂一览（自光绪二十九年十月至宣统元年二月）》，福建省图书馆藏。

628. 女子教育本为重要，女子之实业教育则尤重要中之重要。

——《福建教育总会一览》，福建省图书馆藏。

629. 推究事理，不为空疏无用之谈。

——《请以黄宗羲顾炎武从祀文庙折》，[清]陈宝琛著，刘永翔、许全胜点校《沧趣楼诗文集》，上海：上海古籍出版社，2006年，第853页。

630. 行己以有耻为质，读书以有用为程。

——《请以黄宗羲顾炎武从祀文庙折》，[清]陈宝琛著，刘永翔、许全胜点校《沧趣楼诗文集》，上海：上海古籍出版社，2006年，第853页。

631. 仇池花竹长风烟，归梦沉沉路九千。身是西枝老诗史，忧时头白中兴年。耆旧凋零又一时，牺轩忆拓教思碑。英英贻厥遗编抱，廉吏何曾不可为。

——《董秦州平章遗诗为仲容题》，[清]陈宝琛著，刘永翔、许全胜点校《沧趣楼诗文集》上册，上海：上海古籍出版社，2006年，第7页。

632. 五年不舣阳崎棹，几树赪桐欻出檐。旧物当门惟石坐，尔时插架尽牙签。官资到手谁能厌？诗卷随身可也添。恨别只怜花竹色，江神未必管贪廉。

——《过玉屏山庄》，[清]陈宝琛著，刘永翔、许全胜点校《沧趣楼诗文集》上册，上海：上海古籍出版社，2006年，第14页。

633. 越人望色走弗诊，和缓乃为竖子瘖。忠州儋耳剧无聊，襞积千金寄忧闵。吾生受形各有制，方寸要与天地准。六淫抵隙化者机，渐渐羊奚比不笋。能甘瞑眩宁自讳，湩酪不应恣饮吮。换心恐比换骨难，跳掷壶中总智尽。怪君持囊何所适？蒿目人间意不忍。埋名随俗古有之，神马居轮自鞚纼。谁能将身殉尽人，卞足刖三孙足膑。

——《次韵和俶玉舆中作》，[清]陈宝琛著，刘永翔、许全胜点校《沧趣楼诗文集》上册，上海：上海古籍出版社，2006年，第15—16页。

634. 幽栖近水花不病，腊雪孕春开特盛。海棠红过藤始华，紫云罨天百重映。人稀野僻足孤赏，雀喧蜂喧故无竞。悬知京国输馨妍，只惜禊辰欠觞咏。恶风掀空如扫箨，狼藉顿毁容妆正。明年会有艳阳天，似此烂漫恐难更。衰荣更迭固其所，排斥须臾讵非命？封姨很婢少女狂，谁使操弄青帝柄？念昔蠡头赐沐归，众香得气一阳庆。液池琼岛蓬莱春，立马谛看矍然敬。南寻天宁北极乐，西上翠微豁清敻。侧帽平窥韦杜天，衔杯自乐尧舜圣。凤城回首十寒食，一散风花难合并。沧江病卧天所怜，故遣繁英娱野性。难消薄福且招妒，稍负殊芳例遭横。情缘禅力战胜难，清泪如泉绕花迸。春光向阑致可恋，新秧贴麵夹荷镜。批风抹月吾犹人，种树养鱼是亦政。止酒从教议醒狂，懒吟无那逢敌劲。君如为花来已迟，除坐绿阴及夏令。

——《上巳花下怅然有感因和俶玉用昌黎寒食日出游韵》，[清]陈宝琛著，刘永翔、许全胜点校《沧趣楼诗文集》上册，上海：上海古籍出版社，2006年，第21—22页。

635. 九征不出出元迟，正气曾期与护持。独乐温公宁本意？见几疏傅有余悲。老成渐已嗟零落，圣主终应念度支。郑重十年前一话，暑尘涨上使车时。

——《从邸报得朝邑相国凶问怆赋》，[清]陈宝琛著，刘永翔、许全胜点校《沧趣楼诗文集》上册，上海：上海古籍出版社，2006年，第23页。

636. 读公奏议修公传，晚与编诗识性情。功罪信心休问世，死生许国独全名。盟鸥勃海机宁息？养虎天山翼已成。尚有典型勤下拜，苍茫泪更向谁倾？

——《林文忠赴戍伊犁，道遇所亲，绘像赠之曰："吾老矣，恐不能生入玉门，聊当齿发还乡也。"拜观感赋》，[清]陈宝琛著，刘永翔、许全胜点校《沧趣楼诗文集》上册，上海：上海古籍出版社，2006年，第24页。

637. 百年桑梓论耆献，循吏儒林是我师。时棘诏求兵事策，燹余人话去思碑。独怜大用生才靳，却羡潜盘入仕迟。鸿雪满前元亦寄，萧条乍喜见须眉。

——《题龚海峰先生浚渠留别筹边三图》，[清]陈宝琛著，刘永翔、许全胜点校《沧趣楼诗文集》上册，上海：上海古籍出版社，2006年，第24页。

638. 睡醒喧传赤白囊，高牙不换北窗凉。频年医国真求艾，他日谈瀛早猷糠。何苦晴雷惊燕雀，未堪晚照聒蜩螗。病夫不是慵观弈，几道楸枰已尽忘。

——《睡醒》，[清]陈宝琛著，刘永翔、许全胜点校《沧趣楼诗文集》上册，上海：上海古籍出版社，2006年，第28页。

639. 勿倚命服荣，黾勉实尔襄。

——《婉女归林以蓝氏女学压装并书以勖》，[清]陈宝琛著，刘永翔、许全胜点校《沧趣楼诗文集》上册，上海：上海古籍出版社，2006年，第29页。

640. 恭俭慎初终，忠孝相扶匡。

——《婉女归林以蓝氏女学压装并书以勖》，[清]陈宝琛著，刘永翔、许全胜点校《沧趣楼诗文集》上册，上海：上海古籍出版社，2006年，第29页。

641. 瘴云六月山煁烘，我初谒公沧海东。茅檐竹椽挂刀戟，台飓夜卷如飞蓬。其秋把晤榕叶底，坐叹铸错哀藏弓。湘江一卧遂契阔，闻鼙又见边烽红。峭帆微服炮满耳，年时手障鲲身雄。山川百战付竖子，天胡此醉神其恫？陔余弄笔累千纸，敛抑奇崛何冲融。左书彭画足正气，鼎足晤对江楼中。赋诗报君愧衰惫，努力忠孝承门风。

——《杨勇悫公家居所临阁帖芝仙观察以一纸见贻感旧赋谢》，[清]陈宝琛著，刘永翔、许全胜点校《沧趣楼诗文集》上册，上海：上海古籍出版社，2006年，第30页。

642. 何用揩明镜，方知色是空。

——《华嵒精舍》，[清]陈宝琛著，刘永翔、许全胜点校《沧趣楼诗文集》上册，上海：上海古籍出版社，2006年，第31页。

643. 传家先志节，报国恃精神。黻佩宜相敬，斋监要耐贫。

——《婉女随婿入都过苏省亲送至上海》，[清]陈宝琛著，刘永翔、许全胜点校《沧趣楼诗文集》上册，上海：上海古籍出版社，2006年，第32页。

644. 岳岳茶陵公，抡贤绝私谒。

——《送秦子质太守炳直应粤帅之辟》，[清]陈宝琛著，刘永翔、许全胜点校《沧趣楼诗文集》上册，上海：上海古籍出版社，2006年，第33页。

645. 酒炉歌哭僧房话，肝胆忘年白首新。顾我诗才孱到老，多公道气晚逾春。闭关忍更闻尘事，炳烛容同侣古人。失喜登高好腰脚，又携鸠杖过比邻。

——《枚如丈寄示叠韵有感之作，逾日复见过再叠奉和》，[清]陈宝琛著，刘永翔、许全胜点校《沧趣楼诗文集》上册，上海：上海古籍出版社，2006年，第34页。

646. 当年忧天亦自哂，宁料及世沧尘扬。山中麻鞋阙奔问，读诏西向涕泗滂。伏蒲碧血半亲故，招魂那更哀国殇！长安如棋近廿载，陆沉谁实尸其殃？亲贤再起天不愁，剧哉国珍人之亡。君今移官何所骋？不管耆孺怀甘棠。哀鸿在野鼠在社，念此岂独离情长。吾衰倘免蹈海死，还望三至绥南疆。

——《感别小帆世丈移藩湖南》，[清]陈宝琛著，刘永翔、许全胜点校《沧趣楼诗文集》上册，上海：上海古籍出版社，2006 年，第 38 页。

647. 节庵老矣惟添节，我亦空怀铁石肠。阅十五年偿一诺，可怜人世几沧桑！

——《画松寄节庵》，[清]陈宝琛著，刘永翔、许全胜点校《沧趣楼诗文集》上册，上海：上海古籍出版社，2006 年，第 38 页。

648. 人间何夕付休休？碧海青天有尽头。一曲霓裳空自惜，千年灵药可应求？云山北向心长耿，河汉西倾泪与流。回忆前年岩下宿，颠风险覆绝江舟。

——《次韵枚如丈中秋对月》，[清]陈宝琛著，刘永翔、许全胜点校《沧趣楼诗文集》上册，上海：上海古籍出版社，2006 年，第 39 页。

649. 后夜山河可尔圆？中兴元是北征年。沉沉八万三千户，头白吴刚独未眠。

——《闰中秋》，[清]陈宝琛著，刘永翔、许全胜点校《沧趣楼诗文集》上册，上海：上海古籍出版社，2006 年，第 39 页。

650. 由来危事重委制，安得如子谋人忠！当生使起理固尔，所贵谨慎非矜隆。

——《病退赠医者鸿友县丞》，[清]陈宝琛著，刘永翔、许全胜点校《沧趣楼诗文集》上册，上海：上海古籍出版社，2006 年，第 50 页。

651. 文章有嫡乳，心地先扫净。吾衰百不就，对子愧提命。卅载三四面，此会何日更？时艰恃节坚，俗薄忌名盛。子诗固自云：英气能为病。

——《沪上晤苏龛出视新刊考功词并海藏楼诗卷感赋留赠》，[清]陈宝琛著，刘永翔、许全胜点校《沧趣楼诗文集》上册，上海：上海古籍出版社，2006 年，第 59 页。

652. 大梦先我醒，笑我还朝簪。我心似潭水，世味孰足贪？

——《重游戒坛潭柘二寺得诗六首示嘿园宰平因寄堇腴·其六》，[清]陈宝琛著，刘永翔、许全胜点校《沧趣楼诗文集》上册，上海：上海古籍出版社，2006 年，第 131 页。

653. 垂老可应思止酒，无官端不为忧贫。

——《鼓山见竹坡题句却寄》，[清]陈宝琛著，刘永翔、许全胜点校《沧趣楼诗文集》上册，上海：上海古籍出版社，2006年，第3页。

654. 小别悲同永诀看，当年闻语泪先潸。国门一出成今日，泉路相思到此山。月魄在天终不死，涧流赴海料无还。飘零剩墨神犹攫，剔遍荒苔夕照间。

——《鼓山觅竹坡题句不得怆然有赋》，[清]陈宝琛著，刘永翔、许全胜点校《沧趣楼诗文集》上册，上海：上海古籍出版社，2006年，第9页。

655. 晋安风雅今中衰，黄鹄摩天莫敢谁。颇闻人诶活山谷，君独不喜吾固疑。斋肠嚼笋味外味，一官于我曾豪厘。

——《次韵答俶玉》，[清]陈宝琛著，刘永翔、许全胜点校《沧趣楼诗文集》上册，上海：上海古籍出版社，2006年，第14页。

656. 汉火中衰遘闰余，露车敢陋九夷居？王城如海犹宜隐，人境无喧便可庐。延月高楼陪母饮，艺蔬隙地课儿锄。治生亦是吾儒事，终胜求官但抱虚。

——《次韵林子有移居》，[清]陈宝琛著，刘永翔、许全胜点校《沧趣楼诗文集》上册，上海：上海古籍出版社，2006年，第220页。

657. 赢驽加齿系宸襟，亲御仙毫振玉音。既晚勖为霜下杰，不迁鉴此岁寒心。谈经辟暑恩弥厚，授服怀忧力岂任？耄学宋臣才及第，愧无尘露答高深。

——《臣宝琛八十二岁生辰蒙御书"老圃黄花标晚节，仙洲丹橘拥高门"联语并如意文绮以赐感悚恭纪》，[清]陈宝琛著，刘永翔、许全胜点校《沧趣楼诗文集》上册，上海：上海古籍出版社，2006年，第221页。

658. 儿书一声母一泪，惟有寒灯知此味。世间最苦嫠与孤，及子能养亲不待。林生失怙才四龄，壁立十载余短檠。寸丝粒粟赖宗老，并日继晷严自程。儿未成童出负米，对茹荼蓼甘如荠。积赀菽水粗足供，欲报春晖痛天只。乌啼月落霜满林，抚今思往空沾襟。膏销炷烬有时息，耿耿孤儿长此心。

——《题林天禧篝灯课读图》，[清]陈宝琛著，刘永翔、许全胜点校《沧趣楼诗文集》上册，上海：上海古籍出版社，2006年，第249页。

659. 老向人间尚眼明，见君喜又见新京。风光渐共山川异，心力犹能道路轻。救世匹夫俱有责，忘家我辈岂无情？年年来和重阳什，北海羁居苦待清。

——《次韵苏龛九日》，[清]陈宝琛著，刘永翔、许全胜点校《沧趣楼诗文集》上册，上海：上海古籍出版社，2006年，第250页。

660. 吾宗家世习勤民，厌直承明墨绶新。治水自完司牧分，立祠曾及去思身。卅年树获犹遗子，万本馨香觊降神。至竟此邦风俗厚，相望林社峙湖溵。

——《题族孙吉士超山遗爱图》，[清]陈宝琛著，刘永翔、许全胜点校《沧趣楼诗文集》上册，上海：上海古籍出版社，2006年，第254页。

661. 百年义法重师承，文字能关国废兴。

——《姚惜抱先生使程日记为袁伯夔题》，[清]陈宝琛著，刘永翔、许全胜点校《沧趣楼诗文集》上册，上海：上海古籍出版社，2006年，第255页。

662. 善人至竟言能受，盛德何妨貌若愚。忝长廿年及亲炙，兢兢求阙是真儒。

——《次韵和夜起》，[清]陈宝琛著，刘永翔、许全胜点校《沧趣楼诗文集》上册，上海：上海古籍出版社，2006年，第268页。

663. 耄耋肩随羡健强，未须食乳学张苍。

——《次韵和樊山广和居即席作》，[清]陈宝琛著，刘永翔、许全胜点校《沧趣楼诗文集》上册，上海：上海古籍出版社，2006年，第270页。

664. 试从全盛日，数到中兴年。世与人相待，名兼位以传。各留心画在，未觉事功偏。沉陆当谁责，庸非运使然？

——《题刘文正文清父子阮文达祁文端胡文忠曾文正左文襄李文忠翁文恭诸公子手札册子》，[清]陈宝琛著，刘永翔、许全胜点校《沧趣楼诗文集》上册，上海：上海古籍出版社，2006年，第271页。

665. 生男莫重，生女莫轻，忠贞或在巾帼。划尽析津城郭，过间为凭轼。惜么，非闺贼。误利匕、刺仇偏失。恁纤弱，侠烈如斯，一何雄特！闻说寇深时，邂逅中官，频问外消息。处死寸心坚决，谁能犯完璧？从先后，归毅魄。附传尾、借扶人极。旧门巷，正对宫墙，阅年三百。

——《应天长》，[清]陈宝琛著，刘永翔、许全胜点校《沧趣楼诗文集》上册，上海：上海古籍出版社，2006年，第286页。

666. 石帚清狂无命。恁荒波、日亲蛙黾。颓唐尔许，不应真个，江郎才尽。丛稿谁收？审音刊字，吾犹能任。却自怜老耄，君还舍我，就何人正？

——《水龙吟》，[清]陈宝琛著，刘永翔、许全胜点校《沧趣楼诗文集》上册，上海：上海古籍出版社，2006年，第288页。

667. 兀自坐烂樵柯，神州卵累，眼看全盘错。大好河山供打劫，试较是非今昨。蜩甲枯余，玉尘输尽，说甚商山乐？羡他岩老，梦边那省飞雹。

——《壶中天》，[清]陈宝琛著，刘永翔、许全胜点校《沧趣楼诗文集》上册，上海：上海古籍出版社，2006年，第290页。

**668.** 夫利不百，不变法。往者同文馆之设，船政之兴，以及招商局、电线之创举，名流硕辅亦尝斤斤争之矣。由今观之，利乎，否乎？今方推扩同文、方言诸馆，增拓水师、武备学堂，而独靳其登进之途，不为考校之法，则何以鼓舞人才？御外洋，则曰宜多购铁船；守口内，则曰宜多造钢甲，而不尽汰无用之虚糜，以养必需之利器，则何以节宣饷力？且法事之起，征兵调饷，动需时日，海运不至，举朝忧惶。而不及闲暇之时，策天庚之万全，求行军之捷径。设再有事，虽盈廷请复河运，各省纷募勇营，庸有济乎？昔贾生之策，行于景武之朝。魏相条上便宜，率皆本朝章奏。

——《七省水师议》，［清］陈宝琛著，刘永翔、许全胜点校《沧趣楼诗文集》上册，上海：上海古籍出版社，2006年，第292页。

**669.** 夫狃故之弊，当此风气日辟，耳目染濡，尚不难经事长智，若夫积习所中，不豫清其源，则侥幸之门既开，利禄之途杂进，始基一坏，弥缝回护，势所必然。既难改弦而更张，能勿因噎而废食？将来必有职其咎者。此所谓有治人无治法也。

——《七省水师议》，［清］陈宝琛著，刘永翔、许全胜点校《沧趣楼诗文集》上册，上海：上海古籍出版社，2006年，第293页。

**670.** 比来英吞缅甸，俄瞰珲春，倭则急治师船，法则豫筹煤埠，狼贪虎视，患无已时。及今不图，更将何待？刍荛之见，百不当一。

——《七省水师议》，［清］陈宝琛著，刘永翔、许全胜点校《沧趣楼诗文集》上册，上海：上海古籍出版社，2006年，第295页。

**671.** 然其时贵近夺情之事屡见，汉员亦多奏留改署任者，文襄虽当国，无如何也。礼之亡于人心久矣，益以异俗之渐染，新说之喧呶，不悦学之大人，以为无用也而忽之，或且恶其害己而坏之防，恶知其祸之烈，有不止于亡国若此哉！

——《曹君直礼议序》，［清］陈宝琛著，刘永翔、许全胜点校《沧趣楼诗文集》上册，上海：上海古籍出版社，2006年，第298页。

**672.** 其曰"予汝铭，若纂乃考服"，望忠贞之世济，以恤国待克家之人。意深旨永，有道词也。夫惟周代，尚文未远，于忠质士之立功者，不尽兼立言。

——《东莱赵氏楹书丛刊序》，［清］陈宝琛著，刘永翔、许全胜点校《沧趣楼诗文集》上册，上海：上海古籍出版社，2006年，第302页。

**673.** 惜抱年高而笃于文，意盖以自省尔，而于德、功、言之所由合，固未之暇详也。夫言以表德，古无不衷道德之言，亦讵有薄弃事功之德？《诗》三百篇，圣贤发愤之所为作。用世之志，寄之著书，内以淑身，外以淑世，不朽之目三，实则一而已矣。

——《谢枚如先生八十寿序》，[清]陈宝琛著，刘永翔、许全胜点校《沧趣楼诗文集》上册，上海：上海古籍出版社，2006年，第320页。

674. 夫礼所以止乱，乱既生，始为之防，常不及矣，况又自去之？然亦岂料祸患之烈，至于人欲滔天、万方涂炭，乃为剖判以来所未尝有耶？物不极不反，向之喜乱者且厌乱矣。天若不忍尽殄人类，反乱世而使正，不有礼以纲纪之，兵何由弭，法何由行？

——《郭春榆宫太保七十寿序》，[清]陈宝琛著，刘永翔、许全胜点校《沧趣楼诗文集》上册，上海：上海古籍出版社，2006年，第338页。

675. 古君子慎独防微，持盈远咎。即耄学之深凝，征道心之纯厚。颇似房乔训子，集诫屏风；亦如崔瑗律身，镌铭座右。

——《富郑公书座屏赋》，[清]陈宝琛著，刘永翔、许全胜点校《沧趣楼诗文集》下册，上海：上海古籍出版社，2006年，第499页。

676. 奈何飘零人海，修阻天阍？对白头之诗老，哀隆准之王孙。可怜贫等卖文，酒债破赐金之产；犹忆狂夸识宝，画叉分御墨之痕。能不慨千古盛名之坎壈，而感旧时朝士之过存！

——《必逢佳士亦写真赋》，[清]陈宝琛著，刘永翔、许全胜点校《沧趣楼诗文集》下册，上海：上海古籍出版社，2006年，第506页。

677. 一昨荒村无粟，望公犹怪淹留；只今伪禁方芽，忧国那堪菀结。

——《陆放翁寄题朱子武夷精舍赋，以"先生结屋绿岩边"为韵》，[清]陈宝琛著，刘永翔、许全胜点校《沧趣楼诗文集》下册，上海：上海古籍出版社，2006年，第512页。

678. 料无窃饭，久同颜氏乐贫；倘亦投钱，何责季孙赏盗。

——《孔子忍渴于盗泉之水赋，以"渴不饮盗泉水"为韵》，[清]陈宝琛著，刘永翔、许全胜点校《沧趣楼诗文集》下册，上海：上海古籍出版社，2006年，第514页。

679. 岂知目击道存，名缘义起。即造次之操持，寓平生之臧否。风波不渡，触犊犨琴操之悲；弓玉新亡，见麟史笔诛之旨。士有乐慕曲肱，风追洗耳。看举世担囊负匮，所伤圣道将芜；任众人扬波搰泥，自信臣心如水。

——《孔子忍渴于盗泉之水赋,以"渴不饮盗泉水"为韵》,[清]陈宝琛著,刘永翔、许全胜点校《沧趣楼诗文集》下册,上海:上海古籍出版社,2006年,第515页。

680. 平生磨蝎身宫,莫计较天穷人厄,到处飞鸿爪印,尽留连云影波光。

——《东坡岁晚见登州海市赋,以"重楼翠阜出霜晓"为韵》,[清]陈宝琛著,刘永翔、许全胜点校《沧趣楼诗文集》下册,上海:上海古籍出版社,2006年,第518页。

# 林 纾

林纾（1852—1924），原名群玉、秉辉，字琴南，号畏庐，闽县（今福州市）人，近代文学家、翻译家、书画家。

光绪八年（1882）举人，考进士不中。光绪二十六年（1900），担任北京五城中学国文教员。所作古文为桐城派大师吴汝纶推重，名声渐著，任北京大学讲席。辛亥革命后，入徐树铮所办正志学校教学，推重桐城派古文。后专以译书售稿与卖文卖画为生。

其于近代文坛负有盛名，又为译界所重，有"译才并世数严林"之佳话。他以爱国热血，写下百余篇针砭时弊之文；虽不谙外文，却与魏翰、陈家麟等合作译出西洋小说180余部，其中不乏名篇。除译作外，著有《畏庐诗存》《畏庐文集》等。

681. 廉者，居官之一事，非能廉遂足尽官也。六计尚廉。汉法：吏坐赃者皆不得为吏。鄙意此特用以匡常人。若君子，律身固已廉矣，一日当官，忧君国之忧，不忧其身家之忧，宁静淡泊，斯名真廉。若夫任气以右党，积偏以断国，督下以诿过，劫上以迁权，行固以遂祸，挑敌以市武，朘民以佐欲，屏忠以文昏，其人日沛然自直其直以为廉。夫公孙宏、卢杞之廉岂后欤？君子不名之廉者，国贼也。贼幸以廉自冒，劫君、绝民、覆国，恶可因其冒廉而宽之？矧若人者，吾又安知其不外糠核而内粱肉也。贪财为贪，贪权贪势尤贪。权势所极，货由之人。官属者慑之矣，国人者慑之矣，暮夜之事即知，而谁言之？虽其人盛言黩财，而饷之财者犹将饰之曰义。矧起居酬应，廉不去口，又恶敢不归之以廉？呜呼！载金帛而即豺虎，宁舍人而取金帛乎？则亦将谓豺虎为廉乎？然则劫君、绝民、覆国之廉，直豺虎耳。吾恐无识方以豺虎为廉，故取而析之。

——《析廉》，[清]林纾撰，江中柱等编《林纾集》第一册，福州：福建人民出版社，2020年，第103页。

682. 盛生骄，骄生暗，暗生决。骄暗之人而护之以决，授之柄者必无幸矣。安石明古而不明势，未成而败；商鞅明势而不明祸，既成亦败。安石学邃，商鞅术胜，然肥秦而秦甘其诛，富宋而宋幸其去，骄其学术，显违于人情也。以王、商而违人情，犹莫全其身，矧非王、商而欲愚聋天下悉就吾暗，得乎？明者之行决，事后或有所冀；暗者之行决，莫冀矣。富贵者无勋业，可也；求勋业以固吾富贵，喜事之小人至矣。匿欲者言义必必工，浅谋者论事易动，以其术贡之骄暗，犹试火于枯营、沃盥于湿壤也。国无政，而令骄暗者得行其志，吾属虏矣。

——《黜骄》，[清]林纾撰，江中柱等编《林纾集》第一册，福州：福建人民出版社，2020年，第103页。

683. 谤者，助吾修养之利器也，能引以为助。则谤烈而吾修益虔。狠狠然视为吾敌，力起而与之角，此适以铦谤我者之锋，而使之内剚，所损巨矣。士惟修之弗力而又自引而求侪于古人，其视余人泯泯然，此致谤之媒也。彼湛溺于利禄者，固不属心于君子之事。至吾日炫之以君子之事于其上，则适触其羞而顿悟，将谓我不以人类待彼也，亦必矫为君子之言、力绳吾短又不已者，且稍弛其所有事，潜合党徒而谋，一若吾之声影皆足引以为罪，是吾自布其荆棘于门宇，且博制桎梏授之于吾左右以自陷也。

古君子亦修其在己者而已，其防御咎心之事，梦寐之间若受谤书，引以为愧且不之暇，乃外张旗鼓与谤者争无谓之曲直，此岂君子之事？

——《原谤》，[清]林纾撰，江中柱等编《林纾集》第一册，福州：福建人民出版社，2020年，第103页。

684. 婴儿之殴人，受者转以为笑；优伶之嘲人，中者不以为恨，原其无心也。君子者，小人之严敌也。一白翘于众黑，孤弦遏乎群哓，此其必反，吾亦必不能胜者也。故曰：谤之来，实吾人自致之。

——《原谤》，[清]林纾撰，江中柱等编《林纾集》第一册，福州：福建人民出版社，2020年，第103页。

685. 尧政固善，叛尧者或以为桀；桀政固不善，而附桀者转以为尧。尧桀之辨，世且梦之，谓有真曲直足恃以自固乎？君子所争，当在吾道之是非，弗计乎人言之是非。人言之中乎道，寡也；吾内省其身，力制其行，谓可立信于众，然则仲尼又安有武仲之毁与桓魋之厄？韩愈氏《原毁》，其要言曰：为是者有本有原，怠与忌之谓也。怠者不能修，忌者畏人修，此特为谤者设身而言。君子则不求无谤，但求可以致谤者而自弥。不外备而守完，不内疚而行舒，谤者又何力焉？

——《原谤》，[清]林纾撰，江中柱等编《林纾集》第一册，福州：福建人民出版社，2020年，第103页。

686. 人惟尔愚，故挑尔怒。猸衷弗载，声色呈露。是非颠倒，与尔何与？挤尔行能，痤尔撰著。谬悠之口，尔执为据。以一詈万，侯祝侯诅。日即俚下，嗟尔老暮。让路徐行，胡室雅步？借砭吾疵，或起沉痼。流水清泠，闲云高素。尔傥知足，奚谤毁之骛？

——《二箴并序·气箴》，[清]林纾撰，江中柱等编《林纾集》第一册，福州：福建人民出版社，2020年，第152页。

687. 轻世貌人，言始无惮。阴克易仇，长德成粲。髯鬑垂幡，乃类风汉。斥俗淫奢，汝言先嫚。议人得失，亦可云讪。恃尔能言，指数毛发。转转流播，受者次骨。人之訾汝，汝曰污余。易地相处，视汝何如？人匪圣哲，安得无短？反唇稽汝，为悔已晚。伤时非厚，侈长近满。慎勿诋撼，力强餐饭。

——《二箴并序·言箴》，[清]林纾撰，江中柱等编《林纾集》第一册，福州：福建人民出版社，2020年，第152页。

688. 鹤亭首以诗倡，众皆属和，余为制图。是年秋，武昌事起，余移家析津。事定，而鹤亭亦以衣食奔走四方，未审所制图存焉否邪。呜呼！先生与余同壬午耳，敢不惕然步武先生之后，闭户终其余年？惟恨不至江南，向水绘庵遗址，临风一吊先生也！

——《夕照寺庙为冒巢民先生做生日记》，[清]林纾撰，江中柱等编《林纾集》第一册，福州：福建人民出版社，2020年，第161页。

689. 三君中，伯严师贞曜，神骨皆肖；苏堪初亦取径于孟，已而归陶，近乃渐为山谷、临川，仍宋骨而唐面；独橘叟幽悄绵远，清而不癯，枯而能膏，气肃而声，悲古遗民之诗也。

——《胡梓方诗卢记》，[清]林纾撰，江中柱等编《林纾集》第一册，福州：福建人民出版社，2020年，第164页。

690. 苏堪本有自藏之志，依斯楼以终。顾其文章、干略、节概，虽造物亦不能终闷之不泄于人间，又胡能听苏堪之终藏欤？至于楼之成毁，又宁与于苏堪？余既为之图，并识其后，不为楼记，以苏堪生平可记者重于楼也。

——《海藏楼记》，[清]林纾撰，江中柱等编《林纾集》第一册，福州：福建人民出版社，2020年，第166页。

691. 夫子之道，吾不能揭以示禽兽。但就新学言之，所学不本诸欧西乎？然西人争雅露撒冷盈尺之地，十字军死如邱山，何也？今去圣人之居如此其近而贪焰炽于圣林，吾于斯人又何诛耶？

——《谒孔林记》，[清]林纾撰，江中柱等编《林纾集》第一册，福州：福建人民出版社，2020年，第169页。

692. 呜呼！古来忠义文学之士，亦自计其身之善，而宁及于子孙之昌炽，求食其报者？然天福善人，必炽之昌之，永祚其嗣。

——《凤冈刘氏族谱序》，[清]林纾撰，江中柱等编《林纾集》第一册，福州：福建人民出版社，2020年，第189页。

693. 余为此惧，日省省焉，不敢惜其残年，为诸生策勉，俾不为瞽说之所夺。顾四年为期至趣，想诸生去此而就他校，必有用吾言以自治者，则虽离而仍聚矣。考庭当伪学之禁，属弟子尊闻行知，不必及其门。

——《同学录序》，[清]林纾撰，江中柱等编《林纾集》第一册，福州：福建人民出版社，2020年，第191页。

694. 公奏议之中要言，洞外人之情，晓之以利害；察中国之势，出之以和平。外不见窘于恫喝之言，内不自陨其正直之气。

——《鹿邑徐尚书奏议序》，[清]林纾撰，江中柱等编《林纾集》第一册，福州：福建人民出版社，2020年，第194页。

695. 呜呼！公生平资忠履义，与城存亡，乃天佑孤忠，濒危得安，履险如夷，卒使身名俱泰，为吾闽之福星。而公子韵舫太守又与纾为同年生。太守出守莆阳，以疾卒，纾临哭其榇于中岐之山，至今黄鲈之悲耿耿也。己未之秋，幼安观察入都，则中丞之季子，吾友韵舫之爱弟也，相见道故，出此命序。呜呼！我公之亮节清风，纾三十年前已倾服无地矣。不图旧时辖下之诸生，今日竟叙公之大集，因公益思吾道义之友，不期泪下如绠矣。

——《守岐日记叙》，[清]林纾撰，江中柱等编《林纾集》第一册，福州：福建人民出版社，2020年，第195页。

696. 古来忠臣烈士，世俗每窃笑为愚，而不知其用心之苦也。忠臣之心，非弗爱其身与家，必为是决脰洞腹，博身后不可闻见之名，抑复何乐而前踣后踵，不挠进，不惬退，卒就其志、成其忠；亦审于义之极至，无可复恋耳。

——《赠金先生锡侯序》，[清]林纾撰，江中柱等编《林纾集》第一册，福州：福建人民出版社，2020年，第198页。

697. 虽然，君子之待人也，不能徇俗而行其饰说。生当无忘中国之所有，取东人之爱国者用以自爱吾国，并以自存吾学，斯幸矣！

——《送林生仲易之日本序》，[清]林纾撰，江中柱等编《林纾集》第一册，福州：福建人民出版社，2020年，第199页。

698. 古未有恃才艺足以治天下者，故孔子言艺，必先之以志道，据德依仁，然后游艺。艺包射、御、书、数而言，推之如羿、翚、贲、育之才勇，墨翟、公输般之技能，皆是也。然西人之高于般、翟者，胡啻万数？至欲以巧捷杀人之器制御天下，而卒覆灭其身与国者；由其不德仁之云，而惟艺之尚也。夫艺之精者，盖出一人之神智，以省天下之力作。道在益人则谓之仁，若借是遂其哗噬之欲，则以艺逞者必以艺覆。

——《送正志学校诸生毕业归里序》，[清]林纾撰，江中柱等编《林纾集》第一册，福州：福建人民出版社，2020年，第199—200页。

699. 魏君适于此时奉使入其都，睹其残烬之余，将一一复其旧观，必有慨乎天心之厌乱，而有志者终且不为人所挠屈；益将本其所学，发抒其意，用以励勉吾之国众，则经年之听讲而求肆于文字间者，其必用之于此时矣。夫比惟君民之协洽，虽国于纤芥之地，能僵而复苏；吾华席百倍之广，乃一家自相寇陷，其视比之君民，宜发愧矣。余愿魏君能历历纪其所见，俾知强者之所由覆、有志者之所由存，则视楼攻媿之《北行日录》为多，亦余所以望魏君之意也。

——《送魏君注东奉使比利时序》，[清]林纾撰，江中柱等编《林纾集》第一册，福州：福建人民出版社，2020年，第200—201页。

700. 生归，朝其父母于家，处其兄弟，怡怡然临窗读孔孟之书，亦君子所谓乐也。其视反乎此者，必有间焉，宜生之无所戚戚于其中也。

——《赠张生厚载序》，[清]林纾撰，江中柱等编《林纾集》第一册，福州：福建人民出版社，2020年，第201页。

701. 余闻爱人之君子，其试手也，必先其乡。乡者，目所接也，由目接而推及于耳听，则仁被宇内矣。若泯然不以乡为恤，而望其心天下，此必不可至之数，君子鸣乎由之。

——《赠李公星冶序》，[清]林纾撰，江中柱等编《林纾集》第一册，福州：福建人民出版社，2020 年，第 202 页。

702. 苏门孙征君，为年九十二。其氏曰岁寒，啸台饮山翠。忽然吐奇语，乃与我同志。举人七十年，读《易》忘老至。吾年刚七十，岂敢昧此义？如皋冒巢民、海宁朱一是，二公皆壬午，先后同年耳，各以举人终，翛然葆廉耻。吾亦遭时异，法又不得死，当为列御寇，执爨且饲豕。

——《偶成》，［清］林纾撰，江中柱等编《林纾集》第二册，福州：福建人民出版社，2020 年，第 60 页。

703. 万事尽灰冷，岂复畏寒雪。一白直到天，吾亦表吾洁。高哉袁安卧，卓哉苏武节。丈夫畏污染，所仗心如铁。持赠官中人，与彼浇中热。

——《夏日斋居，自制十二图，图各定名，系之以诗·危峰积雪》，［清］林纾撰，江中柱等编《林纾集》第二册，福州：福建人民出版社，2020 年，第 63 页。

704. 儿啼满城头，悬釜煮脱粟。舟绳系脾睨，炮背置饘粥。翘和知浮棺，膨白识死畜。万象冥若僵，当空丽朝旭。历历数前状，心胆尚铲轹。今复得噩耗，凄然泪相续。斥我卖画钱，百金宁所蓄。殚我望乡心，祈天作巫祝。衔哀告大府，御患谋在夙。大水毒匪深，毒深在民牧。但能去壅蔽，尤为斯民福。

——《哀闽》，［清］林纾撰，江中柱等编《林纾集》第二册，福州：福建人民出版社，2020 年，第 63 页。

705. 掖垣近新凿，车马去梗阻。大道如镜平，道旁隐池御。翼馆何嶟嶟，势要此别墅。经年司度支，权埒汉少府。深堂闭花竹，风轩语鹦鹉。美人石华裙，明珠贱如黍。罗敷纵有夫，倾心事府主。清和四月节，竟夕聚歌舞。粪土视黄金，酬此好眉妩。水衡恣所用，亿万宁足数。竭帑助党人，亲戚苦贫窭。主人恶陈乞，嗷让杂笑侮。烽火忽绛天，雄师反湘楚。号曰清君侧，武怒过畏虎。

——《感事》，［清］林纾撰，江中柱等编《林纾集》第二册，福州：福建人民出版社，2020 年，第 65 页。

706. 力敦古谊尚何人，难得君为侍从臣。无补兴亡同有恨，得全节概在能贫。难余应稔林泉味，场上谁抽傀儡身。等近古稀奚所望，相期合传作遗民。

——《陵下喜晤张君聘太守》，［清］林纾撰，江中柱等编《林纾集》第二册，福州：福建人民出版社，2020 年，第 66 页。

707. 仿佛朱明方密之，苍茫家国不胜悲。得完名节僧何靳，一着袈裟事可知。为祝故君仍礼佛，非关同调敢题诗。骚经叶叶随流日，当是琅琅梵唱时。

——《题何仲起廉访〈僧服图〉》，[清]林纾撰，江中柱等编《林纾集》第二册，福州：福建人民出版社，2020年，第66页。

708. 六年旧治莅新安，定有人民夹道看。垂老仍然具风骨，一清直欲掬心肝。俗枭易动飞文诋，弊积当知着手难。得失原无轻重系，劝君沿路且加餐。

——《送李星冶兄之安庆》，[清]林纾撰，江中柱等编《林纾集》第二册，福州：福建人民出版社，2020年，第79页。

709. 勉勉我诸生，天地父母生我身。我愧虚为人，圣贤豪杰自在命，整顿乾坤为我任。近君子，远小人，择善固执守其真。矢志在刚强，浩然正气伸。勉勉我诸生，修身立行须当早，蹉跎莫至老。膏粱文绣奚足道，布被脱粟家可保。体亲心，尽孝道，百行修来有善报。古人重检身，荣名以为宝。

——《勉诸生·立志修身》，[清]林纾撰，江中柱等编《林纾集》第二册，福州：福建人民出版社，2020年，第423—424页。

710. 勉勉我诸生，诸生努力在年少。仿法于昔贤，习经讲论戎马前，胸罗武库宏识见。志须达，心须坚，分寸光阴当爱怜。学富足自豪，庸人莫比肩。勉勉我诸生，天地山川五洲同，中国在其中。食毛践土自祖宗，四万万人安危共。不矜富，不厌穷，毁家纾难息兵戎。变弱能为强，体国在公忠。

——《勉诸生·自强爱国》，[清]林纾撰，江中柱等编《林纾集》第二册，福州：福建人民出版社，2020年，第425—426页。

711. 纾谨按：求知之心，恒情之所有。不知不愠，世士之所难，无足怪也。然而顾言行以检身者当求其应尽之责，酌智能以经务者又当有其自知之明。

——《修身讲义·周子》，[清]林纾撰，江中柱等编《林纾集》第四册，福州：福建人民出版社，2020年，第426页。

712. 纾谨按：富贵而不骄人者，其人非君子，则必奸雄。余人得富贵，无有不骄。"骄"字不从富贵面上出，从贫贱眼中出也。贫贱之谒富贵，而"富贵"两字豫印脑中，顷刻中已幻出千百篇文字。

——《修身讲义·周子》，[清]林纾撰，江中柱等编《林纾集》第四册，福州：福建人民出版社，2020年，第428页。

713. 何谓重？道义也。何谓外？外物也。何谓得？造道深也。何谓诱？嗜欲微也。数言了矣，然犹有浅说存焉。今但问日厌膏粱之人，无时不形醉饱，忽见道旁乞儿以火煨芋魁而食，谓反流涎耶？须知道之积于躬，不是贵其为道义而积之，实以为道义者，吾所应有而积之。即人之不能撤飨餐以自活也。道者，理之所从出；义者，事之所应行。日日读书，日日穷理，出于不知不觉中心充实丰满，随时应物处事，都有一种道理寓乎其中，犹之富家翁，金宝山积，不期而露出豪华气象。而有道之士亦然，但见理既如此，舍理外都无可欣可悦之事。区区外缘，安得碎肩抶藩而与之争？

——《修身讲义·周子》，[清]林纾撰，江中柱等编《林纾集》第四册，福州：福建人民出版社，2020年，第431页。

714. 气犹浮埃，一起时，眼前物都不之见。习犹宿润，一渍时，陈旧物将皆霉湿。故学者最防此两弊。凡人莫不有气，凡人又莫不知客气之足以败事。平居静念，灵府中本无渣滓，乃往往出之不觉、发之无因，一至大败决裂，则又未尝不中悔制气之无术。实则气不在制而在养。养气不是无气，积理集义则气之由理义而发者，即为浩然之气。所谓浩然之气，发时实与天下国家有大关系。见得此身是载理义之气而出，被巨祸而非恤，陷强死而无惧，以此时之身是理义之身，不是我身矣。理义遭我如此，我身亦万不能自主，则其气方是正气。能以正气胜物者，必不为物所胜。

——《修身讲义·周子》，[清]林纾撰，江中柱等编《林纾集》第四册，福州：福建人民出版社，2020年，第434页。

715. 程子以儒者视武侯，必不从其勋业上说话。从其"澹泊明志，宁静致远"八字中说话也。明志致远，即求志达道之谓。"澹泊"二字，非但躬自刻苦，盖可贫可贱之身，必不可屈。明志亦不是表洁于人，要知凡人须味得澹泊，方能任得烦剧，处得忧患。天下唯甘澹泊之人，始与世无希，眼光极其澄澈，视彼世士纷纭扰攘，极力张尔许威福，费尔许经营，终竟于世何益？又于身何益？惟审得澹泊滋味，一旦身任天下大事，始不至变其初志。盖拔身从澹泊而来，即可收心向澹泊而止。

——《修身讲义·周子》，[清]林纾撰，江中柱等编《林纾集》第四册，福州：福建人民出版社，2020年，第436页。

716. 故君民之系属，虽疏而实亲，虽远而实近。古来识体之君相，全在民心上体会，并以民生之利害，推在君心上，为之和盘打算。打算即有不到之处，然大体终不致有失，以精神在是。即不能周到，尚可随时补救。

——《修身讲义·周子》，[清]林纾撰，江中柱等编《林纾集》第四册，福州：福建人民出版社，2020年，第437页。

717. 天下事何者多苦？若苦在为国为民上，则苦中有甘；若苦在自私自利上，则虽甘亦苦。只此二语。一说便彻中边，但恨世人全不理会耳。须知外物非能役我，我自去受役于外物；亦非外物必冀我之受役，实生事中，有不能不受役于外物。

——《修身讲义·二程子》，[清]林纾撰，江中柱等编《林纾集》第四册，福州：福建人民出版社，2020年，第439—430页。

718. 至人无梦。不是无梦，平日起居动静，皆有常度。无贪、嗔、痴三患，则灵府澄澈，不有宿症积垢攒聚其中，当寐而寐，当兴而兴，何从得梦？其夜有所梦者，皆日有所思也，或怨恨愤郁，闷而不宣，于是遂见之梦。但观孺子无因受责，其于睡中恒闻累欷之声，是其征也。至于学人黾勉求学，内镜甚精，而外缘无扰，又自信至坚，不防人祸，不惧鬼诛，凡悚声慑影之幻，均不至于君子之前，又何从坠入幻境。

——《修身讲义·二程子》，[清]林纾撰，江中柱等编《林纾集》第四册，福州：福建人民出版社，2020年，第442页。

719. 实者名之干，名者实之华。两两比附，天下无无实而有名者，亦无无实有名之人，可以久享大名者。质言之，君子疾没世而名不称，亦何尝把名忘了。不过从实上着手，不从名上着手耳。程子言"不要近名"，拈一个"名"字在手，程子眼光亦已注到名誉矣。然只说"不要近名"，是说不可急于要名，不是劝天下万世忘名。须知不爱名之人，亦不能算个男子。

——《修身讲义·二程子》，[清]林纾撰，江中柱等编《林纾集》第四册，福州：福建人民出版社，2020年，第442页。

720. 恶而曰纤，初看便不是恶，是个小毛病。谓为小毛病，触人则人怨之；即在己亦不能不加以自恕。顾今日添一小毛病，明日则又添之，后日则又添之，终久总汇必成个大大毛病矣。到大毛病时，除之便大不易。然而推其病由，则有两因，一曰任意，一曰惯病。

——《修身讲义·张子》，[清]林纾撰，江中柱等编《林纾集》第四册，福州：福建人民出版社，2020年，第445页。

721. 困辱对荣利说，似此困辱是就贫贱上看出，然贫贱非辱也。贫何以言安贫？贱何以言居贱？"安"之云，谓心安也；"居"之云，亦习而安之也。工夫全在"量己审分"四个字。须知天下之大，贫者不必为我一人、为我一家之事，我不安命而怨贫，天不能雨金以活我；我不力作而救贫，人亦不能倾囊而救我。因贫生惰，因惰愈贫，贫极怨生，则"忮求"二字已继踵而至。故善忮之人，久久将生毒念；妄求之人，久久亦将得奇辱。内蓄毒念，外取奇辱，则愤勃无聊，所造乃愈下。君子不谓之天罚，而仍责其自取。何以言之？天之生人，五官百体，犹人也。人可以为圣人，为贤人，为宰相，以济天下；而我则为婪人，为小人，至于不得已行同无赖、事等行乞，宁谓之非人乎？我固明明人也，弊在不立志。不立志即不能自托于大群之中，往往怨人之不已知并不已恤，然当先问身为男子，何以待恤于人？此中必有个道理。若谓困辱之事，不该属我，观我之受困受辱，在理宜为[为]吾恤，则又当问此困辱何人蒙我头上而来。志气者，抵困辱之甲盾也。失志与气，是不甲不盾，冒入于敌阵，宁非谓之自取？自取者，君子忧之。忧之如何？亦立志自重，加以治生而已。若横逆非理之事，则君子又不谓之困辱。凡非己所取者，虽困辱之来，固不能谓之困已而辱已者也。

贫贱以傲为德，富贵以谦为德。处贫贱而傲，保富贵而谦，两两皆涉迹象。不忘迹象，即可谓之不忘荣利。须知"忘"之一字，最难下手，第一须见得簪笏冠裾与章甫缝掖无异；名满天下，功垂万世，与陋巷箪瓢时无异。不过彼此一调换，前此是求志，后此是达道。草庐三顾与秋风五丈，不是两个人，亦不是两样事，则眼前之富贵，尽可视为当日之贫贱。须晓得欲忘富贵，须记得贫贱，则荣利方能忘却。天下另有一种人，于富贵时亦时时不忘贫贱，然贫贱记得，而贫贱时之恩仇亦复记得。嗟夫！一念到恩仇，则荣利时之威风及荣利时之作用，便另有一番可笑可鄙之状。自家身据荣利中，安能知觉？蒙所言欲忘富贵，须记得贫贱者不是如此说，是说困辱时为验心时候，荣利时为行义时候。忙了此件，安能忆及那件？综言之，为宇宙伟人，一旦得权据势，即当为国民图其利益，安能回看自己一身之荣利？工夫到此，则不忘自忘。"乐"字亦不是沾沾自喜，是有益于人。乐人之乐，则"乐"字始见阔大。诸君子以为何如？

——《修身讲义·张子》，[清]林纾撰，江中柱等编《林纾集》第四册，福州：福建人民出版社，2020年，第447—448页。

722. 林纾谨按：明公所言，真天下万世之至言也。"民为贵"三字，已见于圣人之书，则天下之可贵者，实无如民。惟有民而后可以立国而生利朝廷一切均取之民，初意亦以取民之财，即用之于民。民非贱，故圣经曰财散则民聚，亦言步步须为民求苏息，浚生路。凡有理财之政，当为民生利，始称理财，不是吸取民之膏脂，为朝廷理财也。取民之膏脂，于朝廷固利，试问朝廷本意在民乎？抑以聚敛为政也？民竭而国亦将不立。一部廿四史，已历历言之，惜有位者知读史而不得史意，咎在一眼专为仕宦，视民之疾苦，瞥眼而过，初不经心，实不审理财之方。即长日经心者，舍叹息外，亦别无长策。所云志在仕宦者，则于利身以外，更不知别有所利。明公之所谓国，指朝廷也。陆宣公谏德宗琼林、大盈之库，即以朝廷与民一体，不应先图利己，示与民显有分别。须知琼林、大盈，区区二库，即暴敛民财，亦复有限，宣公尚以为忧，若重厘加税，百种筹捐，民又何以堪命？即云国存民存，国亡民亡，毁家纾国，亦义所应尔。然生利无方，但取刻剥，民力既竭，国亦随亡，究竟奚益？明公似有鉴于新法之扰民，故有是语。不知荆公新法，亦正所以富民，用之不得其方，遂成讹谬。果使移荆公于今日，行泰西新法，而民又未有不沾其利者。……生利之道既壅而不通，而取民之政因窘而加厉。纾心忧之久矣，所愿同学诸君子求实业，专意商战，庶几吾华有生苏之望。编述至此，泪与笔俱矣。

——《修身讲义·张子》，［清］林纾撰，江中柱等编《林纾集》第四册，福州：福建人民出版社，2020年，第447—448页。

723. 点滴之溜，渐成石宝。石岂不坚，日久则穿。见异思迁，十寒一暴，汝心之无常，曷由深造？功在持久，不在躁急；进锐退速，得不偿失。贞之以恒，如日东升；苟由其道，欲罢不能。

——《立恒箴》，［清］林纾《畏庐文集·诗存·论文》，台北：文海出版社，1973年，第280页。

# 严　复

严复（1854—1921），原名宗光，字又陵、又字几道，侯官县（今福州市）人，近代极具影响力的启蒙思想家、翻译家、教育家。

同治十年（1871），毕业于福建船政学堂，为该学堂第一届毕业生，先后在"建威""扬武"两舰实习5年。后赴英国留学，光绪五年（1879），毕业于英国皇家海军学院。在英国期间，与中国首位驻外使节郭嵩焘结为忘年交。回国后，被聘为福建船政学堂教习，后历任京师大学堂译局总办、上海复旦公学校长、安庆高等师范学堂校长、京师大学堂总监督、北京大学校长等职。

严复是中国近代思想启蒙的重要人物，重视海军军队管理与教学，强调人才培养的重要性，提倡以科学的方法教育青少年。他系统地介绍民主与科学思想，翻译《天演论》、创办《国闻报》，宣传维新变法。他也是学贯中西、具有划时代意义的翻译家，是我国首创完整翻译标准的先驱者，其提出的"信、达、雅"的翻译标准，对后世的翻译工作有深远影响。

译有《天演论》《原富》《法意》《社会通诠》等，其著作及翻译作品皆收录于《严复全集》。

724. 忠信廉贞，公恕正直，本之修己，以为及人，秉彝之好，黄白棕黑之民不大异也。不大异，故可著诸简编，以为经常之道。
——《论小学教科书亟宜审定》，汪征鲁、方宝川、马勇主编《严复全集》第七卷，福州：福建教育出版社，2014年，第219页。

725. 思为国家绸缪，巡护求海宇一日之安，脱不幸卒然有事则早办一身，义不反顾，矧区区财贿宁稍一概其中！此所以身治海军十有余年，无寸椽尺土之储，而廉耻忠孝为朝野中外所翕然无闲言者也。
——《萨军门五十寿序》，汪征鲁、方宝川、马勇主编《严复全集》第七卷，福州：福建教育出版社，2014年，第309页。

726. 节者，主于不挠，主于有制，故民必有此，而后不滥用自由，而可与结合团体。耻诡随，尚廉耻，不懑不悚，而有以奋发于艰难。至于义，则百行之宜，所以为人格标准，而国民程度之高下视之。但使义之所在，则性命财产皆其所轻。故蹈义之民，视死犹归，百折不回，前仆后继，而又澹定从容，审处熟思，绝非感情之用事。

——《导扬中华民国立国精神议》，汪征鲁、方宝川、马勇主编《严复全集》第七卷，福州：福建教育出版社，2014年，第476页。

727. 盖使天下常为一统而无外，则出其道而上下相维，君子亲贤，小人乐利，长久无极，不复乱危，此其为甚休可愿之事，固远过于富强也。

——《拟上皇帝书》，汪征鲁、方宝川、马勇主编《严复全集》第七卷，福州：福建教育出版社，2014年，第67页。

728. 且爱国心之所以可贵者，非深闭固拒，厚同种，薄他族之谓也。念种族之荣誉，奋国土之事业，守法循理，后一身之私利，先同胞之公益，遇国急难，虽以身殉有不顾。此真爱国之极致矣。

——《论抵制工约之事必宜通盘筹划》，汪征鲁、方宝川、马勇主编《严复全集》第七卷，福州：福建教育出版社，2014年，第142页。

729. 即不能尧言舜趋，人人齐圣，于以成中天景运之休，以跂彼西人所谓理想之郅治，而但望以稍存士君子之风，廉隅敬恭，和悦而诤，使吾侪小人，得一专制时代恭俭之中主，以为身家所托庇，此其所愿，亦至不奢已。

——《论国会议员须有士君子之风》，汪征鲁、方宝川、马勇主编《严复全集》第七卷，福州：福建教育出版社，2014年，第456页。

730. 夫今日中国之事，其可为太息流涕者，亦已多矣，而人心涣散，各顾己私，无护念同种忠君爱国之诚，最可哀痛。甲午之辽东，客岁之胶、澳，其中文武官弁之所作为，民情之所见端，臣具有廉耻，为国讳恶，有不忍为陛下尽言者。

——《拟上皇帝书》，汪征鲁、方宝川、马勇主编《严复全集》第七卷，福州：福建教育出版社，2014年，第72页。

731. 旧者曰：非循故无以存我。新者曰：非从今无以及人。虽所执有是非明暗之不同，要之其心皆于国有深爱。惟新旧各无得以相强，则自由精义之所存也。嗟乎！庚子妖民愚竖，盗兵潢地，其贻祸国家至矣，然而其中不可谓无爱国者。特愚妄愤戾，而其术又纯出于野蛮，此其所以终被恶名，而无以自解于天下。呜呼！亦可伤已。

——《主客平议》，汪征鲁、方宝川、马勇主编《严复全集》第七卷，福州：福建教育出版社，2014年，第112页。

732. 甲午以后，异说蜂起，懻忮之士，日以合群结团体，抵制外力，勖其同胞，至今日而其效已著。夫爱国心非他，曩日为己之心之拓大者耳。

——《论抵制工约之事必宜通盘筹划》，汪征鲁、方宝川、马勇主编《严复全集》第七卷，福州：福建教育出版社，2014年，第142页。

733. 夫爱国亲种之心，人所同有，是以喁喁内向，日祷祖国之盛强，曰：尚庶几其抚我乎？每闻战败，则疾首蹙额，痛不欲生。故其责备政府时或太过，然亦忠爱之诚激而为此。

——《代北洋大臣杨拟筹办海军奏稿》，汪征鲁、方宝川、马勇主编《严复全集》第七卷，福州：福建教育出版社，2014年，第318页。

734. 仁人志士、义夫侠子，苟有血气心知，而怀保群爱国之心者，存亡危急间不容发，其亦知所自处矣。

——《再论俄人代守旅顺大连湾事》，汪征鲁、方宝川、马勇主编《严复全集》第七卷，福州：福建教育出版社，2014年，第363页。

735. 夫以满清末造之不可救药，国之阽危殆可以决矣；志士鸿生起于爱国之义，出为革命，吾岂曰无精神贯日月、浩气塞天地也者？而无如其居最少之数也，无如其蹈机赴火往往费志而前死也，无如其掉头不往，冥鸿一逝而不可追也。于是贤者发其难而不肖者居其成功。

——《论国民责望政府不宜过深》，汪征鲁、方宝川、马勇主编《严复全集》第七卷，福州：福建教育出版社，2014年，第409—410页。

736. 使吾用其本有之知识，辟其素主之土地，善守其所得于天之分，先以原料生货之产，称雄五洲，则吾国不亦既富矣乎！特欲致此，则其事尚有先者，可继而论也。

——《论中国救贫宜重何等之业》，汪征鲁、方宝川、马勇主编《严复全集》第七卷，福州：福建教育出版社，2014年，第420页。

737. 使中国一旦自强，与各国有以比权量力，则彼将阴销其侮夺觊觎之心，而所求于我者，不过通商之利而已，不必利我之土地人民也。

——《拟上皇帝书》，汪征鲁、方宝川、马勇主编《严复全集》第七卷，福州：福建教育出版社，2014年，第64页。

738. 嗟乎！国于天地，即与人交绥而败，非大辱也。而所谓大辱则有二焉：一曰国境境内有他国之兵队也，一曰人游国中为吾法所不得治也。

——《论国家于未立宪以前有可以行必宜行之要政》，汪征鲁、方宝川、马勇主编《严复全集》第七卷，福州：福建教育出版社，2014年，第64页。

739. 国家社会无别具独具之觉性，而必以人民之觉性为觉性。其所谓国家社会文明福利，全属其人民之文明福利。

——《进化天演（夏期讲演会稿）》，汪征鲁、方宝川、马勇主编《严复全集》第七卷，福州：福建教育出版社，2014年，第435页。

740. 然则我辈生为中国人民，不可荒经蔑古，固不待深言而可知。

——《读经当积极提倡》，汪征鲁、方宝川、马勇主编《严复全集》第七卷，福州：福建教育出版社，2014年，第463页。

741. 我以主待客，以众待寡，未必其果不胜，且胜焉而彼亦不能遽以开衅在我相责也。万一战而至于败，败之极而至于死，夫既为兵官而死于战，上既不负国家付托之意，下可以见重于敌人，而壮国家之气。人谁不死，死而如此，又何不可？

——《论胶州章镇高元让地事》，汪征鲁、方宝川、马勇主编《严复全集》第七卷，福州：福建教育出版社，2014年，第60页。

742. 臣虽无状，具有天良，敢不勉竭驽骀，亟图补救，上保国家之权利，下顾商贾之资财。

——《为张燕谋草奏》，汪征鲁、方宝川、马勇主编《严复全集》第七卷，福州：福建教育出版社，2014年，第127页。

743. 疠疫之所以流行，盗贼之所以充斥，官吏之所以贪婪，兵卒之所以怯弱，乃至民视其国之存亡若胡越之相视其肥瘠，外人入境甘为前驱，甚或挽其长留以为吾一日之慈母，无他，举贫之为患而已矣。

——《读新译甄克思〈社会通诠〉》，汪征鲁、方宝川、马勇主编《严复全集》第七卷，福州：福建教育出版社，2014年，第137页。

744. 当国亲贵贪饕穷奇，无所忌惮。当此之时，民欲自救，舍革命若无他途。

——《论国民责望政府不宜过深》，汪征鲁、方宝川、马勇主编《严复全集》第七卷，福州：福建教育出版社，2014年，第409页。

745. 今之民国岂容再误？愿公等抑其不忍愤愤之情，顾后瞻前，凛亡国之不易以再复，又将祛声利、抑贪私。方其谋国，不独生命可牺牲也，即名誉亦有时可以不恤。夫如是，期以十年之安静，群然胼手胝足以巩固我国基，黄人之种庶几有所托命耳！

——《砭时》，汪征鲁、方宝川、马勇主编《严复全集》第七卷，福州：福建教育出版社，2014年，第413页。

746. 方今之计，欲为救贫之事，其将何道之由，曰：其详，请俟诸异日。约而举之，固有三答，曰：广交通，平法令，饬币制而已。是三者，固中国今日所得为，失今不为，势且无及。

——《原贫》，汪征鲁、方宝川、马勇主编《严复全集》第七卷，福州：福建教育出版社，2014年，第416页。

747. 一片灵山石，天酬忠孝姿。何能居恶浊，归去作须弥。

——《孙师郑先德讷夫先生，尝从征廓尔喀，得一拳石，名之曰"佛云"。奉讳奔丧，途中病故。洪杨之乱，石不知所终。师郑倩人作图，并其先德画稿，都为一卷，索题》，汪征鲁、方宝川、马勇主编《严复全集》第八卷，福州：福建教育出版社，2014年，第43页。

748. 得志当为天下雨，流年已似手中蓍。春申浦口春无际，独对繁花有所思。

——《送沈涛园备兵淮扬》，汪征鲁、方宝川、马勇主编《严复全集》第八卷，福州：福建教育出版社，2014年，第15页。

749. 即今多难需才杰，郭张陈沈皆奋飞。孤山处士音琅琅，皂袍演说常登堂。

——《甲辰出都呈同里诸公》，汪征鲁、方宝川、马勇主编《严复全集》第八卷，福州：福建教育出版社，2014年，第16页。

750. 桃李端须着意栽，饱闻强国视人才。而今学校多蛙蛤，凭仗何人与洒灰？

——《三月自吴淞复旦学堂还寓，因忆昌黎食虾蟆诸诗，不觉大笑，戏成三绝句》，汪征鲁、方宝川、马勇主编《严复全集》第八卷，福州：福建教育出版社，2014年，第17页。

751. 贤人昔在日，抗志造世英。轩然入世网，百矜擢一杭。良苗不待秋，玉树忽已倾。时会犹非欤，吾欲诹天明。

——《熊季贞病起，抱其兄季廉之孤取影，寄余索诗为成八章，以"明德之后，必有达人"为韵》，汪征鲁、方宝川、马勇主编《严复全集》第八卷，福州：福建教育出版社，2014年，第18页。

752. 三伏炎蒸昼转雷，群伦炊甑向尘埃。一茎娟洁标高格，此是灵山会里来。脱得污泥气益振，肌肤敢道许相亲。情知水佩风裳者，不是云臆雾阁身。

——《上海刘氏园见白莲孤开，归而成咏》，汪征鲁、方宝川、马勇主编《严复全集》第八卷，福州：福建教育出版社，2014年，第21页。

753. 诗中日月自光霁，权利细琐君休贪。

——《刘步溪以近作见示，依韵奉和》，汪征鲁、方宝川、马勇主编《严复全集》第八卷，福州：福建教育出版社，2014年，第33页。

754. 读史数行泪，看天万古心。从来殉国者，不必受恩深。为有君臣义，人间无所逃。婺源一蹶后，含笑看欧刀。

——《题黄石斋先生临难自书诗卷》，汪征鲁、方宝川、马勇主编《严复全集》第八卷，福州：福建教育出版社，2014年，第50页。

755. 积洁自成辉，希声隐天籁。触寒百虫蛰，一气收沉瀣。

——《为人题味雪轩图》，汪征鲁、方宝川、马勇主编《严复全集》第八卷，福州：福建教育出版社，2014年，第62页。

756. 无财政斯无治术，此又世人之所共知；然财政必待洗手奉公，不贪为宝之士，能不贪矣，而后本其所得，于计学者，加以经验之方，而后百为之，基础以立，民有来苏之期，此不可畔之三断联珠也。

——《与熊育锡·十二》，汪征鲁、方宝川、马勇主编《严复全集》第八卷，福州：福建教育出版社，2014年，第291—292页。

757. 国民一死何难，难在所以死耳！

——《与熊育锡·二十二》，汪征鲁、方宝川、马勇主编《严复全集》第八卷，福州：福建教育出版社，2014年，第300页。

758. 道德之于国君，譬诸财政家之信用，非是固不可行，然而乃其一事，而非其全能也。

——《与熊育锡·三十二》，汪征鲁、方宝川、马勇主编《严复全集》第八卷，福州：福建教育出版社，2014年，第317页。

759. 复生平浪得虚名，名者造物所忌，晚节末路，固应如此。不过人之为此，或得金钱，或取好官，复则两者毫无所有，以此蒙祸，殊可笑耳。

——《与熊育锡·三十五》，汪征鲁、方宝川、马勇主编《严复全集》第八卷，福州：福建教育出版社，2014年，第319页。

760. 须知此等名为天菑，而自科学大明，实皆人力所可补救，所恨吾国财力悉耗于率兽食人之中，而令小民岁岁流离，甚可痛也！

——《与熊育锡·九十八》，汪征鲁、方宝川、马勇主编《严复全集》第八卷，福州：福建教育出版社，2014年，第383页。

761. 今世学者篇为西人之政论，易；为西人之科学，难。政论有骄嚣之风（如自由平等民权、压力、革命皆是），科学多朴茂之意，且其人既不通科学，则其政论必多不根，而于天演消息之微，不能喻也。此未必不为吾国前途之害。故中国此后教育，在宜着意科学，使学者之心虑沉潜，浸渍于因果实证之间，庶他日学成，有疗病起弱之实力，能破旧学之拘挛，而其于图新也审，则真中国之幸福矣。

——《与〈外交报〉主人》，汪征鲁、方宝川、马勇主编《严复全集》第八卷，福州：福建教育出版社，2014年，第206页。

762. 盖性无善恶，长而趋于邪者，外诱胜，而养之者无其术也。

——《代甥女何纫兰覆吕碧城》，汪征鲁、方宝川、马勇主编《严复全集》第八卷，福州：福建教育出版社，2014年，第255页。

763. 乃犹思潜移默运，冀发达其将来作官之目的。须知此次改革，为国民谋福利，非为君辈崇禄位也。君辈试于平旦白晓天良萌动时，扪心自问，其终日所营谋者，为公乎？为私乎？君辈有一人非官迷、非运动家乎？利则跃跃趋之，而害则望望然去之。且更坠井而下石焉，何险忍乃尔耶！故使愚为君辈计，若思于民国幸得一官，正不必作如斯态度也。但去其旧日贪污之心，平耐恶渴之念，亟自荡涤而除易之，庶可望收容，免于新世界之淘汰，摇唇鼓舌胡为者？

——《与杨度》，汪征鲁、方宝川、马勇主编《严复全集》第八卷，福州：福建教育出版社，2014年，第393页。

764. 守勤朴，厉肃毅，涵养性情奋志气。

——《心远校歌》，汪征鲁、方宝川、马勇主编《严复全集》第八卷，福州：福建教育出版社，2014年，第363页。

765. 所以人要节俭，但万万不可贪私不公，惹人怨谤，则所失更大也。

——《与夫人朱明丽·二十八》，汪征鲁、方宝川、马勇主编《严复全集》

第八卷，福州：福建教育出版社，2014 年，第 486 页。

766. 是故明者慎之，其立事也，如不得已，乃先之以导其机，必忍焉以须其熟，智名勇功之意之不敢存，又况富贵利行之污者乎？

——《政治讲义·自叙》，汪征鲁、方宝川、马勇主编《严复全集》第六卷，福州：福建教育出版社，2014 年，第 5 页。

767. 欲得真知，先须耐性。

——《政治讲义·第一会》，汪征鲁、方宝川、马勇主编《严复全集》第六卷，福州：福建教育出版社，2014 年，第 7 页。

768. 一人之阅历有限，故必聚古人与异地人之阅历为之。

——《政治讲义·第一会》，汪征鲁、方宝川、马勇主编《严复全集》第六卷，福州：福建教育出版社，2014 年，第 8 页。

769. 邦国之为团体也，吾人一属其中，终身不二，生死靡他。乃至紧要时会，此种团体其责求于我者，可以无穷，身命且为所有，何况财产。

——《政治讲义·第一会》，汪征鲁、方宝川、马勇主编《严复全集》第六卷，福州：福建教育出版社，2014 年，第 11 页。

770. 顾求至美之物，而卒至于无所得，或所得者妄，而生心害政者，其故无他，坐用心躁耳。

——《政治讲义·第一会》，汪征鲁、方宝川、马勇主编《严复全集》第六卷，福州：福建教育出版社，2014 年，第 13 页。

771. 治他学易，治群学难。

——《政治讲义·第二会》，汪征鲁、方宝川、马勇主编《严复全集》第六卷，福州：福建教育出版社，2014 年，第 18 页。

772. 肢体不具，不可以为成人；法制不张，不可以为完国。

——《政治讲义·第二会》，汪征鲁、方宝川、马勇主编《严复全集》第六卷，福州：福建教育出版社，2014 年，第 19 页。

773. 夫父母慈祥之政府，既能夺其民之自繇，则反是而观，暴虐虎狼之政府，即有不夺其民之自繇者。

——《政治讲义·第五会》，汪征鲁、方宝川、马勇主编《严复全集》第六卷，福州：福建教育出版社，2014 年，第 46 页。

774. 今假政府之于民也，惟所欲为，凡百姓之日时，百姓之筋力，乃至百姓之财产妻孥，皆惟上之所命。欲求免此，舍逆命造反而外，无可据之法典，以与之争。如是者，其政府谓之专制，其百姓谓之无自繇，谓之奴隶。

——《政治讲义·第五会》，汪征鲁、方宝川、马勇主编《严复全集》第六卷，福州：福建教育出版社，2014年，第47页。

775. 每有专制之朝，如前所言，其残民以逞固也；而于民事，转无所干涉，听其自生自灭于两间；所责取者，赋税徭役而外，无所关也。

——《政治讲义·第五会》，汪征鲁、方宝川、马勇主编《严复全集》第六卷，福州：福建教育出版社，2014年，第47页。

776. 今假政府之于民也，惟所欲为，凡百姓之日时，百姓之筋力，乃至百姓之财产妻孥，皆惟上之所命。欲求免此，舍逆命造反而外，无可据之法典，以与之争。如是者，其政府谓之专制，其百姓谓之无自繇，谓之奴隶。

——《政治讲义·第五会》，汪征鲁、方宝川、马勇主编《严复全集》第六卷，福州：福建教育出版社，2014年，第47页。

777. 吾国治世盛时，其上多宵衣旰食之君，而衰世乱时反是，职是故耳。

——《政治讲义·第五会》，汪征鲁、方宝川、马勇主编《严复全集》第六卷，福州：福建教育出版社，2014年，第48页。

778. 国之子弟，不可不教育也；农商工贾，不可不改良也；边防不可不固，主权不可不尊，其多所约束管治者，其多所关切忧惧者也。

——《政治讲义·第五会》，汪征鲁、方宝川、马勇主编《严复全集》第六卷，福州：福建教育出版社，2014年，第48页。

779. 夫民权政府所事之过多，与专制政府所事之过少，二者为利为害，今且未暇深言。略而论之，则不佞于欧政府，当以清净无为为箴，而于亚政府则以磅礴弥纶为勖。

——《政治讲义·第五会》，汪征鲁、方宝川、马勇主编《严复全集》第六卷，福州：福建教育出版社，2014年，第48页。

780. 故专制之不事事，不独因其无所利也。高高在上，与民情悬隔，将有所为，又苦暗于情事，有似人夜行山泽间者。

——《政治讲义·第五会》，汪征鲁、方宝川、马勇主编《严复全集》第六卷，福州：福建教育出版社，2014年，第48页。

781. 自其本体，无所谓幸福，亦无所谓灾害，视用之者何如耳。

——《政治讲义·第五会》，汪征鲁、方宝川、马勇主编《严复全集》第六卷，福州：福建教育出版社，2014年，第50页。

782. 观诸传记之中，人类美大事业，皆有道政府所建成者，是政府不可无也。

——《政治讲义·第六会》，汪征鲁、方宝川、马勇主编《严复全集》第六卷，福州：福建教育出版社，2014年，第52页。

783. 盖国于天地，必以求存为先，求存则武备不得不修，武备修则治权不得不大，治权大者，所干涉多而放任少也。

——《政治讲义·第六会》，汪征鲁、方宝川、马勇主编《严复全集》第六卷，福州：福建教育出版社，2014年，第53页。

784. 国于天地，以所当时势民材之不齐。

——《政治讲义·第六会》，汪征鲁、方宝川、马勇主编《严复全集》第六卷，福州：福建教育出版社，2014年，第55页。

785. 为国所求，端在治安，而以保护性命财产为最急。凡可以致此者，政府固无所不用其权力。

——《政治讲义·第六会》，汪征鲁、方宝川、马勇主编《严复全集》第六卷，福州：福建教育出版社，2014年，第55页。

786. 今所问者，政府所治，将如科学家言，谓政府之智，不越常人，所当事者，但求封疆无警，境宇治安，居民无扰，即为至足，其余一切，宜听社会自谋，无取为大匠斫乎？

——《政治讲义·第六会》，汪征鲁、方宝川、马勇主编《严复全集》第六卷，福州：福建教育出版社，2014年，第56页。

787. 国众有大小之殊，民智有明暗之异，演进程度，国以不同。

——《政治讲义·第六会》，汪征鲁、方宝川、马勇主编《严复全集》第六卷，福州：福建教育出版社，2014年，第57页。

788. 是国家一政之行，固视国民之意为向背。

——《政治讲义·第七会》，汪征鲁、方宝川、马勇主编《严复全集》第六卷，福州：福建教育出版社，2014年，第62页。

789. 有机体之专制，虽欲奋一夫私权，以暴虐群下，其势不能，将必有其所俯顺者。其好恶不可不同，其甘苦不可不问，否则败矣。

——《政治讲义·第八会》，汪征鲁、方宝川、马勇主编《严复全集》第六卷，福州：福建教育出版社，2014年，第71页。

790. 尚贤，君主治要也。虚其心，所以受道；实其腹，所以为我；弱其志,所以从理而无所撄;强其骨,所以自立而干事。

——《评点〈老子《道德经》上篇〉》,汪征鲁、方宝川、马勇主编《严复全集》第九卷,福州:福建教育出版社,2014年,第22页。

791. 法天者,治之至也。

——《评点〈老子《道德经》上篇〉》,汪征鲁、方宝川、马勇主编《严复全集》第九卷,福州:福建教育出版社,2014年,第23页。

792. 今夫儒、墨、名、法所以穷者,欲以多言求不穷也,乃不知其终穷。何则?患常出于所虑之外也。惟守中可以不穷,庄子所谓得其环中,以应无穷也。夫中者何?道要而已。

——《评点〈老子《道德经》上篇〉》,汪征鲁、方宝川、马勇主编《严复全集》第九卷,福州:福建教育出版社,2014年,第24页。

793. 夫世固不足以宠辱我也,以吾惊之,故有宠辱。亦无谓贵大患也,自吾有身,而后有贵大患。闻道则不惊,得道则无身。凡皆不勉、自然之事,犹长者之不欣竹马泥娃,勉者所不能也。

——《评点〈老子《道德经》上篇〉》,汪征鲁、方宝川、马勇主编《严复全集》第九卷,福州:福建教育出版社,2014年,第28页。

794. 人二,善、不善而已。吾能贵爱之,天下尚有弃者乎?

——《评点〈老子《道德经》上篇〉》,汪征鲁、方宝川、马勇主编《严复全集》第九卷,福州:福建教育出版社,2014年,第39页。

795. 守雌者,必知其雄;守黑者,必知其白;守辱者,必知其荣。否则,雌矣,黑矣,辱矣,天下之至贱者也,奚足贵乎?今之用《老》者,只知有后一句,不知其命脉在前一句也。

——《评点〈老子《道德经》上篇〉》,汪征鲁、方宝川、马勇主编《严复全集》第九卷,福州:福建教育出版社,2014年,第39页。

796. 逐物者智,坐明者明,智如烛,明如鉴。

——《评点〈老子《道德经》上篇〉》,汪征鲁、方宝川、马勇主编《严复全集》第九卷,福州:福建教育出版社,2014年,第43页。

797. 有力者外损,强者内益,足而不知,虽富,贫耳。

——《评点〈老子《道德经》上篇〉》,汪征鲁、方宝川、马勇主编《严复全集》第九卷,福州:福建教育出版社,2014年,第43页。

798. 礼失,则刑生矣。

——《评点〈老子《道德经》下篇〉》，汪征鲁、方宝川、马勇主编《严复全集》第九卷，福州：福建教育出版社，2014年，第47页。

799. 学广则谦，识明则慎，身修而后悟平生之多过，故曰：若昧，若退，若纇也。

——《评点〈老子《道德经》下篇〉》，汪征鲁、方宝川、马勇主编《严复全集》第九卷，福州：福建教育出版社，2014年，第50页。

800. 惟能为天下正者，乃老之清静也。

——《评点〈老子《道德经》下篇〉》，汪征鲁、方宝川、马勇主编《严复全集》第九卷，福州：福建教育出版社，2014年，第53页。

801. 夫道无不在，苟得其术，虽近取诸身，岂有穷哉？而行彻五洲，学穷千古，亦将但见其会通而统于一而已矣。是以不行可知也，不见可名也，不为可成也，此得道者之受用也。

——《评点〈老子《道德经》下篇〉》，汪征鲁、方宝川、马勇主编《严复全集》第九卷，福州：福建教育出版社，2014年，第54页。

802. 取天下者，民主之政也。

——《评点〈老子《道德经》下篇〉》，汪征鲁、方宝川、马勇主编《严复全集》第九卷，福州：福建教育出版社，2014年，第59页。

803. 遵养时晦，犯而不校，得情哀矜，凡此皆勇于不敢者也。天下有不敢而勇者，其勇大矣。

——《评点〈老子《道德经》下篇〉》，汪征鲁、方宝川、马勇主编《严复全集》第九卷，福州：福建教育出版社，2014年，第66页。

804. 以他人之恶，乃显其美。是谓以人恶有其美。

——《评点〈庄子〉》，汪征鲁、方宝川、马勇主编《严复全集》第九卷，福州：福建教育出版社，2014年，第103页。

805. 不就不和，则无以入游其樊。就而入，则与之俱化。和而出，则标榜流荡。惟能正其身，而后能转物而不为物转。

——《评点〈庄子〉》，汪征鲁、方宝川、马勇主编《严复全集》第九卷，福州：福建教育出版社，2014年，第109页。

806. 夫转物之道，达其怒则常处于逸，逆以犯则常以自危。

——《评点〈庄子〉》，汪征鲁、方宝川、马勇主编《严复全集》第九卷，福州：福建教育出版社，2014年，第110页。

807. 所忘，所宜忘也；所不忘，所不宜忘也。

——《评点〈庄子〉》，汪征鲁、方宝川、马勇主编《严复全集》第九卷，福州：福建教育出版社，2014年，第119页。

808. 而民弗恃，最关治要，今所谓去其倚赖心也。必使之自喜而弗恃。治化乃有上行之可期。

——《评点〈庄子〉》，汪征鲁、方宝川、马勇主编《严复全集》第九卷，福州：福建教育出版社，2014年，第131页。

809. 使形者贵，故德重于形。形且贵全，何况于德。

——《评点〈庄子〉》，汪征鲁、方宝川、马勇主编《严复全集》第九卷，福州：福建教育出版社，2014年，第117页。

810. 小儿为学，注意最难。唯教者知所以徐诱之方，乃可渐企。至于能是，虽中材之人，势犹破竹矣。此教育家秘诀也。

——《评点〈庄子〉》，汪征鲁、方宝川、马勇主编《严复全集》第九卷，福州：福建教育出版社，2014年，第186页。

811. 自海通以来，大抵皆虚憍恃气。夫气不可无，而不足恃，至应向景而无实，则自处于至劳，必败之道也。

——《评点〈庄子〉》，汪征鲁、方宝川、马勇主编《严复全集》第九卷，福州：福建教育出版社，2014年，第188页。

812. 絜廉善士而隘，则非政治之家。今犹古也。

——《评点〈庄子〉》，汪征鲁、方宝川、马勇主编《严复全集》第九卷，福州：福建教育出版社，2014年，第245页。

813. 瓶罄嗟罍耻，儿孤记母慈。风云原有待，天地本无私。

——《送朝鲜通政大夫金沧江（泽荣）归国·其三》，汪征鲁、方宝川、马勇主编《严复全集》第八卷，福州：福建教育出版社，2014年，第27页。

814. 但得时来未恨迟，箴膏起废尽论思。分光太乙传中垒，受法长桑饮上池。勋业镜中看两鬓，行藏图里见千诗。观人自古争微尚，莫道高贤不易知。

——《题金实斋北雅楼闲居著书图，次韵·其一》，汪征鲁、方宝川、马勇主编《严复全集》第八卷，福州：福建教育出版社，2014年，第44页。

815. 近代求才杰，如公亦大难。六州悲铸错，末路困筹安。四海犹群盗，弥天戢一棺。人间存信史，好为辨贤奸。

——《哭项城归榇·其一》，汪征鲁、方宝川、马勇主编《严复全集》第八卷，福州：福建教育出版社，2014年，第46页。

816. 夙昔期持世，衰迟怯使年。功名无孟晋，岁月有唐捐。报国心还赤，看君鬓尚玄。皇天容老眼，他日睹先鞭。

——《赠黄秋岳·其二》，汪征鲁、方宝川、马勇主编《严复全集》第八卷，福州：福建教育出版社，2014年，第53页。

817. 以智、德、力三者为之根本，三者诚盛，即富强之效不为而成。

——《与梁启超·一》，汪征鲁、方宝川、马勇主编《严复全集》第八卷，福州：福建教育出版社，2014年，第118页。

818. 窃以谓文辞者，载理想之羽翼，而以达情感之音声也。是故理之精者不能载以粗犷之词，而情之正者不可达以鄙倍之气。

——《与梁启超·二》，汪征鲁、方宝川、马勇主编《严复全集》第八卷，福州：福建教育出版社，2014年，第120页。

819. 物必先腐，而后虫生；人必自侮，而后人侮。

——《与梁启超·六》，汪征鲁、方宝川、马勇主编《严复全集》第八卷，福州：福建教育出版社，2014年，第124页。

820. 今世学者，为西人之政论，易；为西人之科学，难。政论有骄嚣之风（如自由平等民权、压力、革命皆是），科学多朴茂之意，且其人既不通科学，则其政论必多不根，而于天演消息之微，不能喻也。此未必不为吾国前途之害。故中国此后教育，在宜着意科学，使学者之心虑沈潜，浸渍于因果实证之间，庶他日学成，有疗病起弱之实力，能破旧学之拘挛，而其于图新也审，则真中国之幸福矣。

——《与〈外交报〉主人》，汪征鲁、方宝川、马勇主编《严复全集》第八卷，福州：福建教育出版社，2014年，第206页。

821. 然则史之所守固何事乎？曰惟有关于为政、治人之事实。是故历史、政制，相为根实，史学者，所以为立宪张本者也。

——《与夏曾佑·四》，汪征鲁、方宝川、马勇主编《严复全集》第八卷，福州：福建教育出版社，2014年，第210页。

822. 不察程度，纷然杂立诸科，一日之内上下七八堂，堂一小时，教师但拥皋比，摊书演讲，钟鸣而散，更入他科，明日又尔，不问学生果否能习所传，而学生亦不容其师之或叩，遇考相率假归，不然，即先期索题，雇枪替，又不然临考怀挟讲义。能剿袭者，即为完卷，得满分目戴头上，自矜高才。以此为教，以此为学，如今海内诸校所为，真无几微益有大害，不佞宁死不能为也。

——《与安庆高等学堂》，汪征鲁、方宝川、马勇主编《严复全集》第八卷，福州：福建教育出版社，2014 年，第 251 页。

823. 清谈岂必能亡晋，法令如何可过秦。天子昏骄臣隶谄，尽无公道是真因。

——《与吴保初》，汪征鲁、方宝川、马勇主编《严复全集》第八卷，福州：福建教育出版社，2014 年，第 257 页。

824. 固知变法之事，久道化成，不可旦暮责其近效。
——《与学部》，汪征鲁、方宝川、马勇主编《严复全集》第八卷，福州：福建教育出版社，2014 年，第 264 页。

825. 夫今世国土种族竞争，其政法之事固亦自为风气，独至教育国民，则莫不以此为自存之命脉。

——《与学部》，汪征鲁、方宝川、马勇主编《严复全集》第八卷，福州：福建教育出版社，2014 年，第 264 页。

826. 但使吾国之民，人人皆具普通知识，即不然，亦略解书数，有以为自谋生计，翕受知识之始基，则聚四百兆之人民，其气象自与今者迥异，故教育不必即行强逼也，要必有所以鼓舞、考成之者，使之日增，亦未必即能普及也，要必以国无不能写读之民为之祈向。

——《与学部》，汪征鲁、方宝川、马勇主编《严复全集》第八卷，福州：福建教育出版社，2014 年，第 265 页。

827. 是故欲小民而乐教子弟，强逼之令未行，惟有令乡乡之中必皆有塾，而尤以半日学堂、夜学堂、冬学堂等为易于有济。

——《与学部》，汪征鲁、方宝川、马勇主编《严复全集》第八卷，福州：福建教育出版社，2014 年，第 265 页。

828. 盖天下断无变诈反复之人而能得人信仰，使人服从者。
——《与杨度》，汪征鲁、方宝川、马勇主编《严复全集》第八卷，福州：福建教育出版社，2014 年，第 391 页。

八闽廉箴辑二

# 苏 颂

苏颂（1020—1101），字子容，同安县人。北宋杰出天文学家、天文机械制造家、药物学家。仁宗庆历二年（1042），登进士第，历任地方知州、刑部尚书、吏部尚书、尚书右仆射、中书侍郎等，官至宰相。馆阁期间，他整理大量馆籍，参与多本书籍校订；执政期间，淡泊名利，尽职奉公，不徇私情，整顿吏治，使上下官员遵法守纪。

苏颂博学多才，其领导制造的"水运仪象台"是世界上最古老的天文钟。著述颇丰，有《本草图经》《新仪象法要》《苏魏公文集》《魏公谈训》等作品传世。

829. 庶几在官，逭无功受赏之讥；勉慕古人，尽以道事君之节。

——《辞免郊礼加恩》，[宋]苏颂著，王同策、管成学、颜中其等点校《苏魏公文集》卷四十一，北京：中华书局，2004年，第618页。

830. 臣愚戆不识大体，故敢以前古之说言之。《传》曰："赏以春夏，刑以秋冬。"是三代之时，春夏未尝行诛杀也。史载，秦世四时行刑，王莽盛夏杀人。是皆讥其虐政也。汉制断狱报重，常置三冬之月。盖不于阳盛之时剿绝生类，所以协天意、助人情也。东汉以后，或行或否，近世遂废而不举，其说盖患囚系之淹久耳……臣愚，欲望圣慈参酌古义，采用周汉，诏天下狱囚，自非恶逆以上绝不待时外，其余众罪并俟秋冬论决。

——《奏乞春夏不断大辟》，[宋]苏颂著，王同策、管成学、颜中其等点校《苏魏公文集》卷十八，北京：中华书局，2004年，第248页。

831. 皋陶之谟于虞曰："在知人，在安民。"然则致治之原，安民为本。欲黎民之安者，非得其人而委之治，则主泽靡宣；欲人材之叙者，非选于众而举所知，则治功莫建。

——《诫群臣举任必以贤诏》，[宋]苏颂著，王同策、管成学、颜中其等点校《苏魏公文集》卷二十九，北京：中华书局，2004年，第409页。

832. 或谓言不若功，功不若德。是不然也。夫见于行事之谓德，推以及物之谓功，二者立矣。非言无以述之，无述则后世不可见，而君子之道几乎熄矣。是以纪事述志必资乎言，较于事，为其贯一也。自昔能言之类，世不乏贤。若乃德与功偕，文备于道，嘉谟谠论，见信于时主，遗风余烈，不泯于将来，有若故翰林学士、尚书刑部郎中、赠礼部尚书钜野王公者几希矣。

——《小畜外集序》，[宋]苏颂著，王同策、管成学、颜中其等点校《苏魏公文集》卷六十六，北京：中华书局，2004年，第1008—1009页。

833. 见闻觉知，出乎性哉！而达识之士以之明本心。动静语默，出乎情哉！而知言之人以之观要道。

——《赵大资与法云长老唱和集序》，[宋]苏颂著，王同策、管成学、颜中其等点校《苏魏公文集》卷六十七，北京：中华书局，2004年，第1023页。

834. 窃谓文章末流，由唐季涉五代，气格摧弱，沦于鄙俚。国初屡有作者，留意变风，而习尚难移，未能复雅。至公特起，力振斯文，根源于六经，枝派于百氏，斥浮伪，去陈言，作而述之，一变于道。后之秉笔之士，学圣人之言，由藩墙而践奥，系公为之司南也。

——《小畜外集序》，[宋]苏颂著，王同策、管成学、颜中其等点校《苏魏公文集》卷六十六，北京：中华书局，2004年，第1011页。

835. 吾常见世之学文者，为吏而或不事事，言吏政者又有脱略细故，而不为文。顷闻吾子之当官，严上恭下，不失中道。辨论公事，不惮劳力。能尔，可谓善政事矣。

——《谢太傅杜相公》，[宋]苏颂著，王同策、管成学、颜中其等点校《苏魏公文集》卷六十八，北京：中华书局，2004年，第1031页。

836. 某既承是言，窃退而念之。夫相公之所谓文学者，经纶王道，表里圣贤，言辞可以继《典》《坟》之美，论议可以明当世之务，是岂章句之言，诵数之说，足称于其前乎？……彼以文学见知也，后将责以文学之用于时矣。一不至焉，足为知己者累也。彼以政事见知也，后将责以政事之效于时矣。一不至焉，足为知己者累也。……某是以每一承相公之言，未尝不退而自省所趣向与所作为，惧有不至，必将以圣人之法言为规准，勉勉焉以不戾于道为至也。

——《谢太傅杜相公》，[宋]苏颂著，王同策、管成学、颜中其等点校

《苏魏公文集》卷六十八,北京:中华书局,2004年,第1031页。

837. 某尝谓:知人,圣哲以为难,向非视其行艺之可嘉,而察其操履之能。固彼大贤君子,孰肯徒然许之于心而誉之于口也,然其所以受知于人也者,亦不得为易。何哉?士尝患无知己,既有知己矣,则于其称道也且厚,而其责望也亦深。彼以文学见知也,后将责以文学之用于时矣。一不至焉,足为知己者累也。彼以政事见知也,后将责以政事之效于时矣。一不至焉,足为知己者累也。得不审己之道,与彼言之相当,然后可以无慊。自视或绥焉,当彼之厚望而贸然无愧者,彼将以何人见待乎?某是以每一承相公之言,未尝不退而自省所趣向与所作为,惧有不至,必将以圣人之法言为规准,勉勉焉以不戾于道为至也。如是者,非唯力儒行已,其义当尔,亦将求免为无闻之人,庶几不负知己者之责望也。

——《谢太傅杜相公》,[宋]苏颂著,王同策、管成学、颜中其等点校《苏魏公文集》卷六十八,北京:中华书局,2004年,第1031页。

838. 读书为文,期适于中道而后已。

——《上中丞谏议》,[宋]苏颂著,王同策、管成学、颜中其等点校《苏魏公文集》卷六十八,北京:中华书局,2004年,第1035页。

839. 某重惟朝廷进人之路,莫尚于文学之选,其所以甄待之异者,非特贵其艺能而已,必也观乎趣于道,非特取其言词而已,必也要其有所用。顾某之朴学鄙文,诚无以称明。

——《上时相》,[宋]苏颂著,王同策、管成学、颜中其等点校《苏魏公文集》卷六十八,北京:中华书局,2004年,第1036页。

840. 且世之为文者甚众,率皆好丹非素,夸竞一时。苟求其繇理道者,十无一二焉。又求其醇而不疵者,百无一二焉。

——《与刘原父》,[宋]苏颂著,王同策、管成学、颜中其等点校《苏魏公文集》卷六十八,北京:中华书局,2004年,第1039页。

841. 官有其责,固宜殚夙夜之勤;服文以容,敢不念忠纯之守。

——《谢赐对衣金带》,[宋]苏颂著,王同策、管成学、颜中其等点校《苏魏公文集》卷三十八,北京:中华书局,2004年,第579页。

842. 还家乐诗书,养心益坚固。无因一伤手,乃欲改前措。

——《送郑无忌南归》,[宋]苏颂著,王同策、管成学、颜中其等点校《苏魏公文集》卷二,北京:中华书局,2004年,第9页。

843. 束书携剑瞥然去，却顾名利轻如毛。

——《送王秀才出京》，[宋]苏颂著，王同策、管成学、颜中其等点校《苏魏公文集》卷二，北京：中华书局，2004年，第9页。

844. 入荣轩冕不累性，独往丘壑非为愚。不求刻意不徇利，孰是隐几孰据梧。惟能应变不囿物，天籁自与人心俱。一从郢匠丧其质，狂言空见传于书。当时陈迹复何在，客有过者犹踟蹰。先当朝士题咏处，不见綦履空遗墟。画工智巧良可尚，景物纵异能传模。古今变态尽仿佛，旦暮烟云随卷舒。遂令都邑繁会地，坐见淮山千里余。泛观既已忘物我，企想岂直思玄虚。惟公雅尚每耽玩，持示同好良勤渠。自怜衰老喜求旧，况荷朋照均友于。朝陪玉堂暂晤语，暮入荜门还宴如。欣然共乐濠上趣，相忘正在于江湖。

——《陈和叔内翰得庄生观鱼图于濠梁，出以相示，且邀作诗以纪其事》，[宋]苏颂著，王同策、管成学、颜中其等点校《苏魏公文集》卷四，北京：中华书局，2004年，第37页。

845. 大器何妨更晚成，当年师友尽豪英。高谈每及功名际，壮志元无宠辱惊。天上玉楼须作记，人间白石睹佳城。伤心宿草东吴路，云水凄凉万古情。

——《龙图阁学士赠银青光禄大夫滕元发挽辞二首·其二》，[宋]苏颂著，王同策、管成学、颜中其等点校《苏魏公文集》卷十四，北京：中华书局，2004年，第201页。

846. 豨韦以之挈天地，勘坏以之袭昆仑。明此南乡唐尧帝，明此处下素王尊。众人逐物但役役，一曲自守常暖暖。修躬明污躬则殆，饰智矜愚智弥惛。单豹治里外逢害，张毅修襮中成瘟。退不为宾颍阳乐，荡而伤性㶁水跧。二子高节去孤竹，三闾独清浮湘沅。弃世终亦馁薇蕨，行吟徒自悲兰荪。彼为礼义矫末俗，犹以佩玉趋纍辕。将明是非崇世论，何异狐白资继袢。礼义治则忠信薄，是非著则名实翻。尚贤贵德下滋伪，信赏明罚民尤冤。宋荣犹然在讥世，其于毁誉方汶汶。列子待风乃轻举，岂若御辩常掀掀。至人达观齐物我，直往上古惟愚芚。内通耳目外心智，旁挟日月超乾坤。安时处顺任天倪，抱德炀和遗世喧。

——《暇日游逍遥台睹南华塑像独置一榻，旁无侍卫，前无香火，对之歆然，起怀古之思，因抒长句一千四百字题于台上》，[宋]苏颂著，王同策、管成学、颜中其等点校《苏魏公文集》卷四，北京：中华书局，2004年，第42—43页。

847. 玉岭名都古越疆，监州今用上台郎。溪山绝胜神仙宅，弦诵相闻礼义乡。龙焙枪旗争早晚，刺桐花叶候灾穰。朝廷恤远频颁诏，更倚贤能慰一方。

——《送句都官倅建阳》，[宋]苏颂著，王同策、管成学、颜中其等点校《苏魏公文集》卷七，北京：中华书局，2004年，第81页。

848. 解组从戎五管城，壮谋期欲荡蛮腥。数奇不意同飞将，肺腑何因学卫青。报国有心犹慷慨，谪官无闷但沉冥。竹林此日重相过，高论时欣侧耳听。

——《次韵和宣甫叔父迁谪过都见寄》，[宋]苏颂著，王同策、管成学、颜中其等点校《苏魏公文集》卷六，北京：中华书局，2004年，第68页。

849. 江天惨淡物华新，四望漫漫起玉尘。但怪长衢已盈尺，岂知闭户有高人。看雪宜临广路津，年年光景见长新。不知滋液功多少，且慰东皋首种人。

——《又两绝》，[宋]苏颂著，王同策、管成学、颜中其等点校《苏魏公文集》卷十，北京：中华书局，2004年，第123页。

850. 列圣储灵贶，坤珍应祀仪。分葩对牟首，观瑞驻华芝。毓德繇皇始，彰功在圣时。早闻萦殿桷，复见孕门楣。自有云成盖，非因水聚脂。黄英苞五德，古字秀三枝。户牖瞻丹幄，簪裾从蠲绶。画图稽大隗，歌咏入咸池。九庙流光远，千龄复旦期。将书符命志，宁比玉灵诗。

——《次韵塞侍郎天元殿门芝草》，[宋]苏颂著，王同策、管成学、颜中其等点校《苏魏公文集》卷十一，北京：中华书局，2004年，第136页。

851. 避殿尊先后，垂帷佑圣孙。忧勤万机政，听纳七臣言。功载生民咏，神游永厚原。鸿名兼四德，难尽赞坤元。

——《宣仁圣烈皇后五首·其三》，[宋]苏颂著，王同策、管成学、颜中其等点校《苏魏公文集》卷十四，北京：中华书局，2004年，第181页。

852. 发政施仁，霈泽由之逮黎庶。内则公卿扈从之列，外则方岳封疆之贤，咸有来助之勤，宜先赉善之赐。

——《辞免郊礼加恩》，[宋]苏颂著，王同策、管成学、颜中其等点校《苏魏公文集》卷四十一，北京：中华书局，2004年，第618页。

853. 久污朝宠老非宜，禄厚躬闲不尔亏。优诏还令使真室，特恩仍免觐京师。力疲都是垂头马，志适何殊曳尾龟。年事已高心虑息，山堂无俟德璋移。

——《和刘明仲都曹见别三首·其二》，[宋]苏颂著，王同策、管成学、颜中其等点校《苏魏公文集》卷十二，北京：中华书局，2004年，第154页。

854. 开尊忘醉醒，纵论鄙嚅嗫。念当时值泰，岂叹径未捷。经纶苟韬藏，鼎饪终调燮。揽景且留连，无为利名摄。

——《游保宁院练光亭，同丘程凌林四君分题，用业字韵》，[宋]苏颂著，王同策、管成学、颜中其等点校《苏魏公文集》卷二，北京：中华书局，2004年，第17页。

# 邱 葵

邱葵（1244—1333），字吉甫，号钓矶翁，泉州府同安县小嶝屿（今金门县）人。笃修朱子性理之学，终生隐居不仕，元廷多次派人礼聘，坚辞不就，并作"袖中一卷春秋笔，不为旁人取次裁"的《却聘诗》。著述颇丰，有《四书口讲》《易解疑》《诗直讲》《书口义》《春秋通义》《礼记解》《经世书》《周礼补亡》等，直至耄耋高龄，仍笔耕不辍，序《周礼全书》。但其作品大多散失，仅《周礼补亡》《钓矶诗集》流传至今。

855. 朝家三尺法，海舶一舤风。物到琛声上，人行浪屋中。货因拼命得，廉故秉心公。行李清如洗，名应达陛枫。
——《送舶司李郎中》，［宋］邱葵著，何丙仲点校《钓矶诗集》卷二，北京：商务印书馆，2019年，第43页。

856. 汲井欲灌园，灌园当灌根。澡身欲树德，树德当树淳。我行独踽踽，聊复寻诸孙。诸孙各有役，谁复相温存。彼苫者汀芦，上有鹡鸰喧。衡门可栖迟，清风自妍暄。
——《寻从子伯恭不遇》，［宋］邱葵著，何丙仲点校《钓矶诗集》卷一，北京：商务印书馆，2019年，第23页。

857. 潮来鱼网设，潮去鱼网收。士生那无学，学则德业优。
——《观湖·其三》，［宋］邱葵著，何丙仲点校《钓矶诗集》卷五，北京：商务印书馆，2019年，第68页。

858. 周公之心何心也？尧、舜、禹、汤、文、武之心也。以是为书，故能为天地立心，为生民立命，为万世开太平也。歆也、绰也、安石也，无周公之心而欲行之，适所以坏之也。有能洗涤三坏之腥秽，而一以姓命道德启天下之公也，则是书无不可行矣。
——《周礼全书·序》，［宋］邱葵著，何丙仲点校《钓矶诗集》补遗，北京：商务印书馆，2019年，第75—76页。

859. 十家九室厨无烟，儿夫仆后妻僵前。米珠薪桂肉如玉，野无青草飞乌鸢。手持空券向何许，官司有印侬无钱。呜呼！六歌兮歌愈悲，天下太平竟何时？

——《七歌效杜陵体·其六》，[宋] 邱葵著，何丙仲点校《钓矶诗集》卷一，北京：商务印书馆，2019年，第24页。

860. 冰崖雪谷物未芽，造物破荒开此花。神全形枯近有道，意庄色正知无邪。坚贞正要饱忧患，放弃何遽愁幽遐。

——《次放翁梅花韵》，[宋] 邱葵著，何丙仲点校《钓矶诗集》卷一，北京：商务印书馆，2019年，第24页。

861. 悠悠圣门意，千古独清风。

——《送陈判之邑庠》，[宋] 邱葵著，何丙仲点校《钓矶诗集》卷二，北京：商务印书馆，2019年，第34页。

862. 炎炎太平翁，谁敢触其讳？乞枭之稿街，公乃明大义。至今读谏疏，凛凛有生气。

——《忠简先生》，[宋] 邱葵著，何丙仲点校《钓矶诗集》卷五，北京：商务印书馆，2019年，第71页。

# 林希元

林希元（1481—1565），字懋贞，号次崖，同安县人。明代理学家、文学家、经学家。正德十二年（1517）进士，授南京大理寺左寺评事，历任南京大理寺丞、广西钦州知府、广东提学佥事等职。在任期间，执法严明、刚正不阿，曾上《新政八要疏》，极言朝政之弊。时泗州闹饥荒，饥民啸聚生事。他放赈救灾，并上《荒政丛言疏》，平息饥民暴乱。任钦州知州后，即辟荒地、劝农桑、立社学、开群蒙、修营堡、固边防。著述颇丰，主要作品有《易经存疑》十二卷、《四书存疑》十二卷、《林次崖先生文集》十八卷等。

863. 如此用人，臣恐贤者未必遽至。天下之机会一失，天下之乱终不可拨，徒使人扼腕叹息，致恨于今日也。今之遇缺则补者，岂不以此间有人，彼来无处乎？不知今日用人如医用药，只求对病，不拘常用。苟有对病之药，则必去常用之药而决意用之。不决意用对病之药而卒拘于常用，其病终不可已。

——《新政八要疏》，[明]林希元《林次崖先生集》卷一，明万历四十年李春开刻本。

864. 大臣畏威而不敢言，小臣惩祸而不敢争，奸欺肆而主聪壅，私党成而主势孤，纪纲从此益坏，大权日亏削于冥冥之中，甚非国家之利也。

——《明职守以白构陷疏》，[明]林希元《林次崖先生集》卷一，明万历四十年李春开刻本。

865. 堂属共守朝廷法度，岂可相阿徇？御史许互相纠举，岂问不禁参？理官守法，岂问冤家？

——《陈情辩理疏》，[明]林希元《林次崖先生集》卷一，明万历四十年李春开刻本。

866. 堂属之分，何尝不尊？然朝廷所以建此官者，欲其勉修职业、兴起事功也。若不以职事为心，怕权势，卖法市恩，求保其禄位，执名分之说，驱属官使从之，则夫人皆不能而况于臣乎？臣虽死有不能从，而况降调乎？

——《陈情辩理疏》，[明]林希元《林次崖先生集》卷一，明万历四十年李春开刻本。

867. 臣本布衣，叨蒙朝廷擢用为理官，每恨不能以身报国，故莅官以来，鞠躬尽瘁，期尽吾心。于法所当行，分毫不敢假借，夙夜惊惶，惟恐失坠。

——《陈情辩理疏》，[明]林希元《林次崖先生集》卷一，明万历四十年李春开刻本。

868. 盖人君之心惟在所养，君子养之以善则善，小人养之以恶则恶。必左右前后皆君子而无小人，然后可以养君心于善。

——《君道急务六》，[明]林希元《林次崖先生集》卷一，明万历四十年李春开刻本。

869. 兹承明诏，敢不对扬。夫救荒无善政，古今所病。古以赈济垂芳史册者，代不数人。然法多醇疵，事难尽述，往时官司赈济，动费不稽，毫分无补。

——《荒政丛言疏》，[明]林希元《林次崖先生集》卷一，明万历四十年李春开刻本。

870. 今各处灾伤，民罹凶厄。陛下隐念至痛，府库百万之财尽不爱，以济苍生，此真爱民如子之心，生灵不世之遇也。使不得人以行之，臣恐措置无方，奸弊四出，饥者不必食，食者不必饥。府库之财，徒为奸雄之资；百万之费不救数人之命。此臣所以深忧过虑也。

——《荒政丛言疏》，[明]林希元《林次崖先生集》卷一，明万历四十年李春开刻本。

871. 欲令抚按监司精择府州县正官廉能者，使主赈济。正官如不堪用，可别拣廉能府佐，或无灾州县廉能正官用之。

——《荒政丛言疏》，[明]林希元《林次崖先生集》卷一，明万历四十年李春开刻本。

872. 民间丁田只有此数，官府之征有增无减，将欲轻之，孰得而轻之？此守令之官所以难举手，生民所以常受其弊也。以臣观之，亦为守令者不悉心于民瘼，称量轻重之权有未精耳。夫缘法起奸，固难无弊；因事作法，岂得无贪？善持法者，汰其贪以入于凉，祛其弊以反乎故，斯善法矣。今之赋役付之积弊而莫与清，固不可也。

——《王政附言疏》，[明]林希元《林次崖先生集》卷二，明万历四十年李春开刻本。

873. 夫财之来也，必有其源；财之去也，必有其漏。源不浚则壅，漏不塞则竭。善理财者，寻其源而浚之，则财发而不壅；寻其漏而塞之，则财聚而不竭。浚源之说，生财是也；塞漏之说，节财是也。然节财之功较之生财，尤有大焉。何也？生而不节，愈生愈耗，犹不生也，有何涯止？故曰：江海不足以实漏卮，山林不足以供野烧。言无节也。

——《王政附言疏》，[明]林希元《林次崖先生集》卷二，明万历四十年李春开刻本。

874. 臣于此时，乃不能铺张王道，稍佐下风，是负吾君也，是负斯民也，是负此生也，是自失机会也。

——《王政附言疏》，[明]林希元《林次崖先生集》卷二，明万历四十年李春开刻本。

875. 夫差役繁重而民生困，民之所恶也；薄赋轻徭而民生厚，民之所欲也。

——《王政附言疏》，[明]林希元《林次崖先生集》卷二，明万历四十年李春开刻本。

876. 夫使天下之人皆从事于恕，而推己之心以及人，则为父者无不孝之子，为君者无不忠之臣，为兄者无不悌之弟，为士者无不信之友，为民者无横逆之政，而天下治矣。

——《王政附言疏》，[明]林希元《林次崖先生集》卷二，明万历四十年李春开刻本。

877. 臣今仰承圣意，斟酌杨绾、司马光之法，立为条格以备采择。山林之士，必行履修洁，学识纯正，方许荐举。行履必如汉人所谓孝悌力田，礼义廉耻，敬长上，顺乡里，肃政教，出入不悖所闻，方为修洁。学识必长于经术，明先王之道，习当世之务，方为纯正。

——《王政附言疏》，[明]林希元《林次崖先生集》卷二，明万历四十年李春开刻本。

878. 闻侯之在汀也，吏事精练，文以诗书。其假邑也，轻徭薄赋，兴学敕法，黜奸崇良，恤民瘼，除积弊，汰冗费。其摄郡也，修学校，举废坠，赈饿殍，理冤狱，锄豪猾，奖贤善，谨权审量，均市平价，凡诸美政，历历可书。其奉身又廉洁无污,贤声茂著,当道旌奖,不一而足。盖侯之才足以举政,其学足以充才,故其所立如此。以侯之才之望,虽古之良吏,或未能过焉。

——《送汀二守缪侯考绩序》,[明]林希元《林次崖先生集》卷八,明万历四十年李春开刻本。

879. 但以臣子大义,苟有关于国家大体而事不可已者,虽死生所系,犹将不避而为之,而不敢自爱。况人臣谋国,均出忠爱,虽意见不同而心实无他,岂以异同辄相倾害?

——《谢恩明节疏》,[明]林希元《林次崖先生集》卷四,明万历四十年李春开刻本。

880. 臣闻礼、义、廉、耻,国之四维。出处进退,士人大节。臣被论去官,而犹不能已于言者,岂急于求进而昧廉耻之大戒哉?实出处之义未明,求全之毁未雪,故披肝胆昧死求明于陛下耳。

——《谢恩明节疏》,[明]林希元《林次崖先生集》卷四,明万历四十年李春开刻本。

881. 朋友以善相责,正当如此,而士夫至有以相贺者,要亦非也。君子岂愿有此,只是犯手处放不下耳。今攻我者又加以矫情干誉,元初未有此,然吾谓如今矫情干誉之人亦不易得。夫好名之人,能让千乘之国。今人只小小利害已觉动心,能举千乘之国而让之乎?故曰不易得也。

——《与舒国裳修撰同年书二》,[明]林希元《林次崖先生集》卷五,明万历四十年李春开刻本。

882. 执事见道不惑,自不可及,尚当反之于身,清心寡欲,未可只作一场话说也。

——《与程举人默书》,[明]林希元《林次崖先生集》卷五,明万历四十年李春开刻本。

883. 夫学问思辨,启之之方也;克复敬恕,翼之之法也;仁义道德,道之之具也。失一则教偏,教偏则道缺,道缺则业废。是故发机于知,履真于行,作则于身。三者备矣,然后师道立,师道立然后教成,而人有造。

——《师说赠郭子》,[明]林希元《林次崖先生集》卷十一,明万历四十年李春开刻本。

884. 吾闻士有三难,曰审趋难,曰定志难,曰守初难。子方涉世,不可不知也。

——《三难说赠李东明》，[明]林希元《林次崖先生集》卷十一，明万历四十年李春开刻本。

885. 幼学壮行，士者之常经；见物而迁，人情之通患。士方穷时，读古人书，孰不击节。伊周高谈孔孟，曰吾欲云云，及其遭逢事会，大利诱之于前，鲜不垂涎染指，变其本心者。是故主父泰横于鼎食，谷永党比于权门，宗元依叔文以招权，惠卿附安石而变法，是皆见利而动，志不能持而其弊至是尔，则定志不其难乎？

——《三难说赠李东明》，[明]林希元《林次崖先生集》卷十一，明万历四十年李春开刻本。

886. 物无常盛，松贵后凋，故有初鲜终，诗人所戒。士之初也，当其年盛气壮，视天下事若不足为。及经历事变之后，天下事多不如意，则雄心以之摧折，壮志渐以消磨。于是日暮途穷之念兴，倒行逆施之事起，始有不可言者矣。是故伯嗜渝节于三台，子鱼改行于龙首，昌黎感二鸟而兴嗟，子明遇珠媚而易节。是皆事拂吾膺，末路不保而至是尔，则守初不其难乎？

——《三难说赠李东明》，[明]林希元《林次崖先生集》卷十一，明万历四十年李春开刻本。

887. 结交不可非类，委用不可非人。传曰："与善人居，如入芝兰之室，久而不闻其香，则与之俱化矣。与恶人居，如入鲍鱼之肆，久而不闻其臭，则与之俱化矣。"今与恶人结交，或诱我为非，或诳我财物，或倚吾声势，私以害人，岂不为我之累？

——《家训》，[明]林希元《林次崖先生集》卷十二，明万历四十年李春开刻本。

# 洪朝选

洪朝选（1516—1582），字汝尹，又字舜臣，号芳洲，别号静庵，同安县人。明嘉靖二十年（1541）进士，历任户部主事、郎中，吏部郎中，四川按察副使、太仆寺少卿、都察院右佥都御史、刑部右侍郎等，以左侍郎致仕。他秉公执法，洁身自好。巡抚山东时，整顿吏治，严禁官府侵占民田；署刑部尚书篆，昭雪沈练、阎朴冤案。为官清廉，不阿谀权贵，以名节自砥砺，以国法为依，身居高位但家贫如故。又能文，作品气概一如本人。著有《芳洲摘稿》《归田稿》《续归田稿》《读礼稿》《静庵集》等。

888. 国家立法，公平正大，无偏重不举之病致之哉。

——《司训胡君擢任武昌王府教授序》，[明]洪朝选《洪芳洲先生归田稿》，明刻本。

889. 仁心为质，方正以行之，明毅以达之。

——《通守赤沙陈公荣奖序》，[明]洪朝选《洪芳洲先生归田稿》，明刻本。

890. 故其雅言曰：仁者静，仁者寿，有德者必得其寿，曰："行法以俟命，夭寿不贰，修身以俟之，所以立命也。其道岂不大中而至正？其教岂不易简而易知哉？"

——《谭分教寿序》，[明]洪朝选《洪芳洲先生归田稿》，明刻本。

891. 言臣下，则惟严君子小人之办，邪正忠佞之分。言天下事，则惟分别安危得失之所以然。其至于治且得，而不至于失且危者之所由。

——《周讷溪文集序》，[明]洪朝选《洪芳洲先生归田稿》，明刻本。

892. 上之观下也，如持炬以照行；下之观上也，如操尺以度物。持炬照行者，遇远则明；操尺度物者，愈近则切。

——《王侯奖励》，[明]洪朝选《洪芳洲先生归田稿》，明刻本。

893. 陶令休官日，邴生自免时。无心恋斗米，何意计官资。咄咄当年事，悠悠去后思。荣名终幻假,勿以累襟期。

慷慨辞簪绂,吏民犹未知。虚名吾已厌,直道尔何疑。麦饭山中裹,鱼羹江上持。归舟无别物,好载送行诗。

——《送俞雄峰大尹致仕二首》,[明]洪朝选《洪芳洲先生归田稿》,明刻本。

894. 谁其能砥柱?在仕而艰贞。

——《访苏紫溪读书所有赠》,[明]洪朝选《洪芳洲先生归田稿》,明刻本。

895. 前哲垂明训,有志事竟成。

——《访苏紫溪读书所有赠》,[明]洪朝选《洪芳洲先生归田稿》,明刻本。

896. 丈夫志四海,况复值升平。会当驷马归,冠盖塞路迎。

——《送文武诸君会试二首》,[明]洪朝选《洪芳洲先生归田稿》,明刻本。

897. 谋生才本拙,忧国计终疏。

——《喜雨二首·其二》,[明]洪朝选《洪芳洲先生归田稿》,明刻本。

898. 济时将锦制,报国或葵倾。一日惭差长,三年恨快更。

——《喜张锦亭许仲葵至》,[明]洪朝选《洪芳洲先生归田稿》,明刻本。

899. 借问胡为尔?端正士人风。岩洞既钦崟,草木亦丰茸。钟为莆多士,一一孝与忠。

——《题立壶图》,[明]洪朝选《洪芳洲先生归田稿》,明刻本。

900. 衣食足,则礼义生;衣食不足,则闲检逾。虽无新奇可喜之谈,实则民生切要之务。

——《申明守令职事疏》,[明]洪朝选《洪芳洲先生归田稿》,明刻本。

901. 我国家张官置吏,制局监司纲维之法,使方岳郡县、大侯小伯坐制于一人之尊,而薄海内外,虽远在数千万里,不越阶序堂陛之间,坐观毕照,其法诚善矣!每岁御史台奏差其属,分行畿甸,列省给符,传领印章,奉宪纲行事,谓之巡按。其职专以激浊扬清,伸冤理枉,禁奸除弊,而尤于吏治为首务。

——《王侯奖励序》,[明]洪朝选《洪芳洲先生归田稿》,明刻本。

# 蔡献臣

蔡献臣（1563—1641），字体国，号虚台，别号直心居士，同安县翔凤里浯洲（今福建省厦门市金门县）人。明万历十六年（1588）举人，次年，中进士，最初官居刑部主事，后历任兵部职方司主事、礼部主客司郎中及仪制司郎中。他任人为才，奖掖后进，归田后关注民生。他关心海防、修筑堤岸，使田产无事、连年保收。当地百姓为其立碑，并请名士何乔远作碑文以示纪念。著有《清白堂稿》《仕学潜学讲义》《四书讲义》《笔记》等，应聘修纂《东山县志》。

902. 臣惟人臣，念切元良，而尤以黜削为致身；人君褒先忠直，而尤以继述为大孝。故幽有必阐，而典有必隆。此仁孝之生，所以劝臣忠而成先德也。

——《代李都谏子遵诏陈言疏》，[明]蔡献臣《清白堂稿》卷二，明崇祯刻本。

903. 使世有文正，则必不树党；使世有忠宣，则必不言党。故凡党人而自附于党者，皆妄自菲薄者也，非正人也。

——《合刻〈范文正公忠宣公全集〉序（戊申）》，[明]蔡献臣《清白堂稿》卷四，明崇祯刻本。

904. 今观集中，文正典雅而激昂，忠宣恳恻而敦厚；文正光明而峻伟，忠宣正直而刚毅；文正以正人之文而兼文人之致，忠宣则粹然一出于正，而尤长为奏状论事之文。

——《合刻〈范文正公忠宣公全集〉序（戊申）》，[明]蔡献臣《清白堂稿》卷四，明崇祯刻本。

905. 文人之文，思必抉微，词必极丽，然其关世教者盖末矣；正人之文，如布帛菽粟，其于仁义忠孝，如水之必寒而火之必热。彼岂蕲以文名者耶？

——《合刻〈范文正公忠宣公全集〉序》,[明]蔡献臣《清白堂稿》卷四,明崇祯刻本。

906. 则惠固所以为仁也。

——《署邑何兰池二守寿序》,[明]蔡献臣《清白堂稿》卷六,明崇祯刻本。

907. 公有孚惠心,亦有孚惠德,而气度伟然、温然,真仁人也,福人也,

——《署邑何兰池二守寿序》,[明]蔡献臣《清白堂稿》卷六,明崇祯刻本。

908. 非质有其仁,乌能几之哉!

——《寿邑侯黄鲜生序》,[明]蔡献臣《清白堂稿》卷六,明崇祯刻本。

909. 献臣则有窥于侯矣,仁心为质,直道而行。不欲亏枉一民,亦不欲曲徇一事,其天性也。

——《寿邑侯黄鲜生序》,[明]蔡献臣《清白堂稿》卷六,明崇祯刻本。

910. 则仁人长者,其可吝纤毫而忽永逸广善之图乎?

——《小盈岭观音庵亭募缘疏》,[明]蔡献臣《清白堂稿》卷八,明崇祯刻本。

911. 而廷基燕雀处堂,若罔闻知,必且干神人之怒,陨越是虞。乃潭府坐视别驾之危不为悯,而苦留廷基以重之毒,宜非仁人之用心也。

——《与洪家劝出许廷基书》,[明]蔡献臣《清白堂稿》卷九,明崇祯刻本。

912. 窃谓当此之际,必阴有分别,而明有担当。又开诱上心,使之当道,使之志仁,使之明习国家事。此第一义也。

——《与黄钟梅宫傅书》,[明]蔡献臣《清白堂稿》卷九,明崇祯刻本。

913. 仁义天下悦,正直神所将。明德保不爽,持以介寿康。

——《送张尚宰进士令怀宁怀宁隋名同安》,[明]蔡献臣《清白堂稿》卷十二上,明崇祯刻本。

914. 仁风扬四履,湛露浥三山。

——《寿李青岱邑侯》,[明]蔡献臣《清白堂稿》卷十二上,明崇祯刻本。

915. 然君子犹或讥之,则以其张噏、强弱、兴废与夺之论,不无疑于术云耳。世风薄而机心炽,于是有张气设械,乘人而斗其捷,即求犹龙之似不可

得。乃若仁心为质,与物无竞,处得志而平等,历白首而靡逾者,则真君子其人,斯非大雅之所贵而自然之符耶?

——《明两浙都转运盐使司运使桐冈柯公暨配累封恭人陈氏墓志铭》,[明]蔡献臣《清白堂稿》卷十四,明崇祯刻本。

916. 古之士,居仁由义,而大人事备。今之人,当其为士时,读举业,取青紫,足吾事矣,非有明师良友之教诏也,无论道德二字,尽错认富贵当作功名,遂误了一生人品。故立志,必自入官始。

——《与张二无解元》,[明]蔡献臣《清白堂稿》卷十,明崇祯刻本。

917. 盖高茫茫杳难测,畀君孔厚胡亟。一命方膺遽长毕,龙光夜夜斗牛色。堂垂双白貌诸孤,一釐拮据甘于荼。半世别离今归居,仁者必后征大苏。

——《刑部山西司主事恂所蔡公暨配陈氏墓志铭》,[明]蔡献臣《清白堂稿》卷十四,明崇祯刻本。

918. 然公虽以力持大征,不竟其用,而所全生命物力弘多矣,所谓仁者之功,非欤?

——《云南左布政使发吾蔡公墓志铭》,[明]蔡献臣《清白堂稿》卷十四,明崇祯刻本。

919. 尔之居是别业也,池虽小,可以畜鱼;径虽曲,可以莳花;堂虽隘,可以会文;室虽暗,可以安枕。去家虽隔一雉堞,可以晨昏定省。

——《书城南别业示谦光儿》,[明]蔡献臣《清白堂稿》卷七,明崇祯刻本。

920. 尔宜多读书,尔宜厚养气,尔宜温温恭谨,尔宜辨析经义,尔宜足不入公门,尔宜耳不关闲事,尔宜无比于顽童,尔宜无昵于损友,尔宜无以酒食游戏相征逐。

——《书城南别业示谦光儿》,[明]蔡献臣《清白堂稿》卷七,明崇祯刻本。

921. 凡导尔以多事,拉尔入公门,日饮尔以酒,日索尔饮;招邀狭邪非类者,损尔志,妨尔功,益尔过。客有此一节者,愿无入吾别业也。

——《书城南别业示谦光儿》,[明]蔡献臣《清白堂稿》卷七,明崇祯刻本。

922. 夫君子之学,如工治玉,刮瑕磨光,令器乃成;君子之交,如农择谷,莽厥丰草,种之黄茂。

——《书城南别业示谦光儿》，[明]蔡献臣《清白堂稿》卷七，明崇祯刻本。

923. 所谓羞恶之心，义之端也。是心也，充之则义，不能充之，则终于贪昧隐忍，而失其本心精义。君子则必辨此矣。

——《充无受尔汝之实》，[明]蔡献臣《清白堂稿》卷八，明崇祯刻本。

924. 真边才必以忠肝义胆为主，而平日才略威棱足以济之。意谓台省中宜各举一二人以备采用，不务多，但务精。

——《答毛孺初侍御》，[明]蔡献臣《清白堂稿》卷十，明崇祯刻本。

925. 窃谓君子际此，不必有意，不必无意。用舍听之朝廷，进退决之礼义，是非付之天下，而在我则一切顺之于命。

——《与周挹斋少宗伯》，[明]蔡献臣《清白堂稿》卷十，明崇祯刻本。

926. 今时事多艰，第愿诸臣以礼让相序，以和衷共济，毋得以区区体面、悻悻意气致伤国体。

——《拟覆习仪班次疏呈大宗伯冯》，[明]蔡献臣《清白堂稿》卷一，明崇祯刻本。

927. 使人不安于官，则所以谋其官者必疏。此非独为官人计也，亦所以为地方计也。

——《庚子答铨问八条》，[明]蔡献臣《清白堂稿》卷三，明崇祯刻本。

928. 赐金虽不多，清白名亦香。

——《金陵诫子（壬辰）》，[明]蔡献臣《清白堂稿》卷十二上，明崇祯刻本。

929. 居室之道，语云造端。譬如平地，积而巀屼。维祖与伯，厚培其根。内外嗣修，勤俭树敦。彼苍佑善，宜尔振振。殖丰长发，以大其门。

——《太学弼台弟暨配贞勤周孺人墓志铭》，[明]蔡献臣《清白堂稿》卷十五，明崇祯刻本。

930. 臣愚不胜款款，又以事关皇上，辄不避出位之罪，伏乞开张圣听，慎寝兴，省药饵，远声色，薄滋味，明诏视朝之期，则累年之勤励益光，而臣民之疑尽释，精神流贯，四体康强，奚必优游大内乃称静摄哉？夫皇上诚一视朝，亲近耆硕，屏去内诱，而后建储，日讲之大典可次第举行。臣愚幸甚，天下幸甚！

——《恳乞励精图治以光圣德以释群疑事疏》，[明]蔡献臣《清白堂稿》

卷一，明崇祯刻本。

931. 臣愚以为不如日御臣工，日揽机务，使其神有所淬励而不弛，其形有所运用而不佚，则德自清明，身自强固。

——《恳乞励精图治以光圣德以释群疑事疏》，[明]蔡献臣《清白堂稿》卷一，明崇祯刻本。

932. 陛下不躬自勉以为之倡，天下闻之又必怠矣。

——《恳乞励精图治以光圣德以释群疑事疏》，[明]蔡献臣《清白堂稿》卷一，明崇祯刻本。

933. 然接贤士大夫之时多，必能有所涵养开发，而人主之精神，用之于政事经史，则必不分之于声色货利，喜怒自平，意气自通，何恙弗已，何治弗臻？

——《拟南京九卿恭候圣躬万福因轸时艰输忠悃疏》，[明]蔡献臣《清白堂稿》卷一，明崇祯刻本。

934. 合无恭候命下臣部，移咨该国，使之宣谕臣民，俾知伦序不可紊，国本不可轻，父子、兄弟之间不可使少有猜嫌，无轻废置以启祸本。

——《覆朝鲜请封世子疏四》，[明]蔡献臣《清白堂稿》卷一，明崇祯刻本。

935. 小大之狱必以情，缙绅之造请必以礼。

——《贺邑侯徐云林移居莆田序》，[明]蔡献臣《清白堂稿》卷一，明崇祯刻本。

936. 夫惟以身率之，以心体之用，能鼓舞其兴事勤民之意，而消融其苟且恣睢之习。

——《赠邑侯李青岱入觐奏最序》，[明]蔡献臣《清白堂稿》卷五，明崇祯刻本。

937. 匹夫为德，一手一足，一身一家，其所及几何？惟以宰官身，弘利济行，朝施而暮暨，过化而存神，则以身勤民，以民格天，而寿恒必归之。

——《寿邑侯黄鲜生序》，[明]蔡献臣《清白堂稿》卷六，明崇祯刻本。

938. 礼义之不愆，何恤人之言？

——《礼官守礼蒙诟乞赐罢斥以谢言路疏》，[明]蔡献臣《清白堂稿》卷一，明崇祯刻本。

939. 夫言官诚重，言官之礼诚当隆。

——《拟覆习仪班次疏呈大宗伯冯》，[明]蔡献臣《清白堂稿》卷一，明崇祯刻本。

940. 天威咫尺之地，无论台臣，不宜轻为进退。即臣等礼官，岂敢徇一时之争执，改历年之彝章，以自取溺职之诮？

——《拟覆习仪班次疏呈大宗伯冯》，[明]蔡献臣《清白堂稿》卷一，明崇祯刻本。

941. 仍行所属州县，不许滥收门生，及纵容生员出入公门，禀嘱公事。填报三等簿，有司与教官公心开报要见，某人以某事凌虐乡里，某人以某事挟制有司，一经革退，永不许辨复。如遇有纠众生事等项，不分人数多寡，轻则革锢终身，重则照律问遣，不得止将一二孤寒之徒，苟且抵塞，其大众罚科，一如前法。如提调各官纵容姑息者，听令抚按该科参奏处治。则礼义风俗、纪纲名分，庶几犹有所维，而士风之骄悍或可挽回一二矣。

——《会覆生员凌辱郡守等官疏》，[明]蔡献臣《清白堂稿》卷二，明崇祯刻本。

942. 查得楚府宗正向未设立，弦诵之教既微，礼让之风何由而起？

——《遵旨查拟宗正疏》，[明]蔡献臣《清白堂稿》卷二，明崇祯刻本。

943. 该布政司量处工资，改建宗学，设先圣先师神位群宗生于其中，讲习劝惩，一依增定事例，要以礼法德行为主。

——《遵旨查拟宗正疏》，[明]蔡献臣《清白堂稿》卷二，明崇祯刻本。

944. 师道立而渐染熏陶之益多，礼教兴而嚣凌嚚讼之风息矣。

——《遵旨查拟宗正疏》，[明]蔡献臣《清白堂稿》卷二，明崇祯刻本。

945. 勿徇亲爱而废典章，勿忽藩封而忘国计。

——《执奏秦藩违例请封疏》，[明]蔡献臣《清白堂稿》卷二，明崇祯刻本。

946. 夫读书者，将以开性灵，裕经济也。今制，人占一经，故必先读四子本经，以植其本；次读"四经"、《周礼》《仪礼》《左传》《国语》，以穷其奥；次读《性理》《小学》《近思录》，以正其途；次读《通鉴纲目》，以尽其变；次读诸子、先秦、两汉、唐宋大家之书，以畅其支。若挟册求试之时，虽未能遍观尽识，亦当涉猎大都，方免固陋。盖"五经"、《性理》《纲鉴》，人能从此入门，则途径不差，胸中自有把柄。

——《浙学道钦条演义行十一府》，[明]蔡献臣《清白堂稿》卷三，明崇祯刻本。

947. 而其详则请罢生员纳银入监，请罢各处镇守太监，请饬巡按及按察司禁止送迎，而相见礼一依宪纲。又禁止南京守备不得受理户婚、田土、斗殴、人命、词讼、鲜船，内官不得需索见面帮钱银两。又鲜物非供祀，织造得已者，量行停止。

——《黄逸所公〈海眼存集〉序》，[明]蔡献臣《清白堂稿》卷四，明崇祯刻本。

948. 侯非第言教而已，盖实身有之。却交际，省宴会，示之以俭；禁图赖，严匿名，示之以法；惩投献，听和息，示之以睦；抑奔竞，表节烈，示之以礼。

——《李邑侯〈正俗编〉序》，[明]蔡献臣《清白堂稿》卷四，明崇祯刻本。

949. 予私念台臣侍从之官，即明覆国家典礼，不宜异同，亦无不可。惜其以常朝蒙大贺也。

——《壬寅朝班纪事》，[明]蔡献臣《清白堂稿》卷七，明崇祯刻本。

950. 若置为不相关切者，固无容论，即衣冠诗礼之家，知寻地矣，而计较房分、争攘方向，以至穷年皓首而不决。此虽高明之子，且不免焉。无他，人各有心，而不以父母之心为心故也。

——《书王廉宪瞻明暨配黄恭人祀业簿》，[明]蔡献臣《清白堂稿》卷七，明崇祯刻本。

951. 窃谓九卿不可不合疏，而礼曹不可不极任，即父子间，不宜太激，稍稍苦口，亦自不妨天性。

——《答叶台山少宗伯书》，[明]蔡献臣《清白堂稿》卷九，明崇祯刻本。

952. 矧兹疆宇逢多事，端藉仁贤佐太平。

——《送叶国文学御入都》，[明]蔡献臣《清白堂稿》卷十二下，明崇祯刻本。

953. 织造一事，旧属抚按，皇上以抚按遂不可尽信乎？即抚按不足信而信内臣，今浙直及福建内臣遂不可尽信，而独信一保于二三千里之外乎？

——《覆鲁监请给关防疏》，[明]蔡献臣《清白堂稿》卷二，明崇祯刻本。

954. 吾与诸生，未论做官，先论做人。

——《浙学道钦条演义行十一府》，[明]蔡献臣《清白堂稿》卷三，明崇祯刻本。

# 林应翔

林应翔（生卒年未详），字源渑，号负苍，又号止岩，厦门人。万历二十三年（1595），进士及第，历任永嘉、京山知县，迁南户部郎中，督储凤阳，出守汝宁，调守广州、衢州等职。楚藩谋反之时，操练兵马，修筑城墙，积极备战；处理积案冤案；任浙江衢州知州时，主持修撰郡志，建塔造桥。著作辑为《止岩存稿》。

955. 有宜民之德者，而后能酌之。
——［明］林应翔《天启衢州府志·序》，明天启二年刊本。

956. 事有轻重，体有大小，财利于事为轻，而民心得失为重。
——［明］林应翔《天启衢州府志》卷十二，明天启二年刊本。

957. 为吏者，苟能虑善败于民而不顾利害于己，则善矣。
——［明］林应翔《天启衢州府志》卷十二，明天启二年刊本。

# 蔡复一

蔡复一（1577—1625），字敬夫，号元履，同安县翔凤里十七都刘浦保蔡厝（今金门县）人。万历二十三年（1595），中进士，授刑部主事，历任兵部郎中、按察使、右布政使、山西左布政使、右副都御史等职，足迹遍及山西、云南、贵州等地。他凡为一方官，即行一方事，始终为国为民。天启五年（1625），贵州奢崇明、安邦彦叛乱，任兵部右侍郎，巡抚贵州。领军作战，不顾疾病缠身，大破叛军，后病死军中。追赠兵部尚书，赐谥"清献"。

博学多识，工诗文，著有《遁庵文集》十八卷、《遁庵诗集》十卷等。

958. 由来忠孝无歧路，其奈行藏只一身。
——《送蔡体国光禄·其四》，[明]蔡复一《遁庵集》诗集卷四，明末林文昌刻本。

959. 涛来万马奔，终古子胥魂。任是劫初辟，岂无忠义根。
——《海门怒浪·其二》，[明]蔡复一《遁庵集》诗集卷九，明末林文昌刻本。

960. 帝鉴忠而安社稷，移鹗首之光以照全楚。
——《与薛正亭》，[明]蔡复一《遁庵集》续骈语卷二，明末林文昌刻本。

961. 然圣主之得贤臣，伫归朝而未老。
——《寿王玄亭四月》，[明]蔡复一《遁庵集》骈语卷三，明末林文昌刻本。

962. 我独期之作，求之忠孝。
——《贺彭天承按台两子秋捷》，[明]蔡复一《遁庵集》骈语卷五，明末林文昌刻本。

963. 耿耿为日月，青松照白水。

——《鲍叔牙墓》，[明]蔡复一《遯庵集》诗集卷一，明末林文昌刻本。

964. 惜此桃李心，荫人竟不言。

——《读〈说苑〉有树桃李荆棘之喻因旨厥言而广之》，[明]蔡复一《遯庵集》诗集卷一，明末林文昌刻本。

965. 玄冥予我骨，青阳予我韵。韵高温而淑，骨寒清且峻。

——《梅花》，[明]蔡复一《遯庵集》诗集卷一，明末林文昌刻本。

966. 筮易不改井，廉直以自将。医民躬如病，格格瞑眩方。

——《寄太仓州守陈白南》，[明]蔡复一《遯庵集》诗集卷一，明末林文昌刻本。

967. 民事予怀切，幽风若再逢。

——《夜春》，[明]蔡复一《遯庵集》诗集卷三，明末林文昌刻本。

968. 宦无中产田庐挫，归有旧装书剑存。漫说过湘穷贾谊，已传伏阙雪王尊。清淮流尽衔恩泪，高月寒消惜别魂。

——《过固镇、灵璧，张春斗柱驾八十里出会，时君中谗左迁王官》，[明]蔡复一《遯庵集》诗集卷六，明末林文昌刻本。

969. 柳枝何意与门齐，况报军声死鼓鼙。海屿荒烟寒岭外，辽人落日哭河西。九陵王气龙还守，万户春乐莺乱啼。垄树难攀辰极远，愁魂欲去路俱迷。

——《清明闻弃河西之报》，[明]蔡复一《遯庵集》诗集卷四，明末林文昌刻本。

970. 地利通蜀，雪消歌春水之来；星使从燕，云望借冬官之重。气临关以占紫，波接澧而流清。某官若工继垂，博物推札。国与商而并利，雅需廉惠之贤；人得地以相辉，特界江山之胜。

——《贺吴工部》，[明]蔡复一《遯庵集》骈语卷一，明末林文昌刻本。

# 许 獬

许獬（1584—1621），原名行周，字子逊，号钟斗，同安县翔凤里后浦村（今金门县）人。万历二十九年（1601）进士，授翰林院编修。为官清廉，敢于直言，曾上书阻止宦官在福建搜括山海之利的企图。生病告假回乡时，囊中仅十数金。生活上，恪守道德准则，对双目失明的妻子不离不弃，从一而终，为当时官场所罕见。工文笔，长思辨，构思严谨，作品涉及诗歌散文、经典考释、政论等，著有《许钟斗文集》《八经类集》等。

971. 盖闻之，陈善于君者，如陈水陆之珍而荐客。水陆虽具，珍羞虽善，主人不尝，客不饱。则吾先正己之说也。又如陈牺牲玉帛柴燎而享神，牺牲玉帛柴燎虽甚丰腆，斋肃不至，神不歆。则吾先积诚之说也。而善之与邪角也，又如陈师而迎敌，虽有百万之师桓桓如林，而无批亢捣虚形格势禁之术，则童子能操戈而逐之。则吾先相机之说也。要之机犹难矣，机有似缓而实急，又有似急而实缓，有似利而实拂，又有似拂而实利。若可知也，若不可知也；若可言也，若不可言也。得此术者，百进而百投；失此术者，百进而百不遇也。

——《陈善闭邪》，[明]许獬著，陈炜点校《许钟斗文集》卷二，北京：商务印书馆，2018年，第23页。

972. 是故君有一善，当臣之百；臣有一过，当君之百。非君之可以无善而有过也，则以臣之为善易，而君之为善难也。臣欲遂过其势拂，而君欲遂过其势顺也。臣不能自勉以所易，而欲勉君以所难；不能去所拂以自律，而欲去所顺以律君。苟君以此而诘我，我其何辞？臣之于君，尊者乃称师保，而其实不过与一命之士同委贽而为臣，徒言之教，虽师不能得之弟子，而况名师保而实臣者耶！

——《格君心当自身始》，[明]许獬著，陈炜点校《许钟斗文集》卷二，北京：商务印书馆，2018年，第24页。

973. 夫苟身无羔羊素丝之节,而欲言投珠抵璧之风;身无集众广忠之谊,而欲言悬铎设鞀之美。自身好矜伐,而欲责君以持盈;自身好佞幸,而欲责君以去谗;自身好惨刻,而欲责君以大度;自身好舞智,而欲责君以推诚,必不得之数也。非徒不得,且使君心我疑而我薄。君之疑我薄我,其害小;君以疑我薄我之心而故为不善,以间执臣下之口,其害大。

——《格君心当自身始》,[明]许獬著,陈炜点校《许钟斗文集》卷二,北京:商务印书馆,2018年,第24页。

974. 伏愿居逸思艰,厚终善始。出令不惟反惟行,为国不以利以义。使黄童白叟,欣享舜日之长;而海濙山陬,永颂尧天之大。

——《拟恭遇诏恩征还各畿省采榷内使救所在抚按等官存恤百姓廷臣谢表(馆课)》,[明]许獬著,陈炜点校《许钟斗文集》卷二,北京:商务印书馆,2018年,第36页。

975. 救张之弊,莫若崇虚受;救隔之弊,莫若广忠益;救僭之弊,莫若与民同欲,而毋犯其所恶。

——《旱灾示儆敬陈用人行政要道以助上下交修疏》,[明]许獬著,陈炜点校《许钟斗文集》卷二,北京:商务印书馆,2018年,第37页。

976. 天下之大患,乃在于幸其小快而忘其大祸,炫名而无实。使夫有志之士,识微之臣,知之而不敢言,言之而不敢尽。言及之则以为过计,而不言之则莫知其所终。此臣所以谓大患也。

——《肃纪纲正风教以维治安疏》,[明]许獬著,陈炜点校《许钟斗文集》卷二,北京:商务印书馆,2018年,第38页。

977. 组织而为文章,彪炳而为事业,轩揭而为节义,何莫非学?而乃必于文章、事业、节义之外,别立一理学之名;于传注之外,别标一宗旨;于学校之外,别寻一师门,果何说也?

——《肃纪纲正风教以维治安疏》,[明]许獬著,陈炜点校《许钟斗文集》卷二,北京:商务印书馆,2018年,第39页。

978. 第屯田淤于豪右,其仗在吏法;荒野翳于草莱,其仗在人力。仗吏法莫如必罚,仗人力莫如信赏。罚诚必矣,而又惧其有勾稽追呼之扰,以为平民殃也,则莫如择而付之良有司。赏诚信矣,而又惧其縻费而久无成劳也,则莫如简而付之材将帅。

——《修复军卫屯政及塞下开荒积谷议》,[明]许獬著,陈炜点校《许钟

979. 嗟夫！天下事患不为，不患不成。诚以开矿之役而开荒，以征税之令而征屯，使天下晓然知上意之所在，而尽心力以赴之，其成功盖有必然而无惑者。

——《修复军卫屯政及塞下开荒积谷议》，[明]许獬著，陈炜点校《许钟斗文集》卷二，北京：商务印书馆，2018年，第42页。

980. 故夫天下之难治，未有如水者也。不知顺之以求其成功，而务逆之以为可久，则治之而益以不治，诚无足怪。为今之计者，慎无与地争水，亦无与水争地。决而东则顺而之东，决而西则顺而之西，去其甚害，而毋求其全利。可捍者捍之，可筑者筑之。不可捍且筑者，徙以避之。其必不可不争，如祖陵与运道者，则又随方拥护，以求其无恙而后已。彼不害吾事。而吾事毕矣。

——《治河议》，[明]许獬著，陈炜点校《许钟斗文集》卷二，北京：商务印书馆，2018年，第43页。

981. 大抵士在事之外，而臣在事之中。士之守己欲峻，而臣之效功欲实。士直以行其志，而臣曲以行其权。真能为士，未始不可以为臣，而不可即士以为臣；真能为臣，未始不可以为士，而不可即臣以为士。

——《士品臣品辨》，[明]许獬著，陈炜点校《许钟斗文集》卷二，北京：商务印书馆，2018年，第46页。

982. 于此见盛世之君，未尝以逸乐忘天下、忘贤才。盛世之大臣，亦未尝以陪后乘、分日月之末光为荣华，而独以兴贤育才、集众广忠为己责。得士之力，用能益笃前烈，保世以滋大。

——《卷阿王多吉士赞》，[明]许獬著，陈炜点校《许钟斗文集》卷五，北京：商务印书馆，2018年，第97—98页。

983. 自然之乐乐无限，笑傲千古弄云烟。但得自然无物累，便是中和位育全。

——《浴沂风雩歌》，[明]许獬著，陈炜点校《许钟斗文集》卷五，北京：商务印书馆，2018年，第101页。

984. 忽闻郊外旧莺声，唤转东风不限情。纵步始知天地阔，开樽更觉利名轻。

——《初夏郊游》，[明]许獬著，陈炜点校《许钟斗文集》卷五，北京：

商务印书馆，2018年，第103页。

985. 天下之物，非器不能容，非识不能别；天下之事，非器与识合焉不能济。才者所以济事，而非事之所赖以济也。至于文艺者，又才之末也。以才衡德，才本不胜德，而以文艺论才，则又才士之所羞称也。有才而无器，有才而无识，君子犹虑其虚骄恃气，不足以成天下之事，而或反以败天下之事。况区区雕虫之末技，而无关于胜败安危之数者乎！

故夫人非器无以居才，非识无以运才。有器而无识，犹为器之小者也；有识而无器，犹为识之卑者也。况有文艺而无器识，其所为文艺者，将安用之哉？

——《士先器识而又文艺论》，[明]许獬著，陈炜点校《许钟斗文集》附录一，北京：商务印书馆，2018年，第111页。

986. 是以君子之始也，必慎其所以交者。太上以道，其次以心。交以道，则不为利豢也；交以心，则不为貌饰也。始而以利，欲其终以道，不可得已；始而以貌，欲其终以心，不可得已。

——《翟公书门论》，[明]许獬著，陈炜点校《许钟斗文集》附录一，北京：商务印书馆，2018年，第113页。

987. 国家之务，莫大于辩贤奸而专委任。而千万年长久之计，又莫大于申中国之体而抑蛮夷之心。

——《孙奭无逸图论》，[明]许獬著，陈炜点校《许钟斗文集》附录一，北京：商务印书馆，2018年，第115页。

988. 不必同，不必不同，惟为国而同，则同非苟同。不必异，不必不异，惟为国而异，则异非苟异。即如师德荐仁杰矣，而仁杰不知师德；王旦荐寇准矣，而寇准不知王旦。君子终不以仁杰与准为薄德者，惟其为国之心同也。

——《策问·第四问》，[明]许獬著，陈炜点校《许钟斗文集》附录一，北京：商务印书馆，2018年，第122页。

989. 故善为国者，不可不窒小人之窦，而不可不和柔以杀小人之怒；不可不伸君子之气，而不可不惕号以集君子之党。

——《策问·第四问》，[明]许獬著，陈炜点校《许钟斗文集》附录一，北京：商务印书馆，2018年，第123页。

990. 善谋国者，不可不原其所始，亦不可不虑其所终。

——《策问·第五问》，[明] 许獬著，陈炜点校《许钟斗文集》附录一，北京：商务印书馆，2018 年，第 123 页。

991. 夫不计一身之名宠与一时之义安，而必欲为国家经长久以无虞，盖忠臣之用心，诚宜如是。请书以为贺，贺于是乎始。

——《贺整饬永平兵备山东右布政顾君课最荣封序》，[明] 许獬著，陈炜点校《许钟斗文集》卷一，北京：商务印书馆，2018 年，第 2 页。

992. 臣闻：纪纲者，上之操也；风教者，自上出者也。不可使下之人有所借，而下之人亦非徒然而能借也。借起有所失，上失之而后下得借之。

——《肃纪纲以正风教以维治安疏》，[明] 许獬著，陈炜点校《许钟斗文集》卷二，北京：商务印书馆，2018 年，第 38 页。

993. 故士有品，臣亦有品，品俱欲高，而不欲下，下则其品不足称也。俱欲真，而不欲伪，伪则其品不足称也。

——《士品臣品辨》，[明] 许獬著，陈炜点校《许钟斗文集》卷二，北京：商务印书馆，2018 年，第 45 页。

994. 然则为士与臣者，宜何如？曰：定其品以待其遇，处则乐颜，子之乐而出，则忧禹稷之忧。

——《士品臣品辨》，[明] 许獬著，陈炜点校《许钟斗文集》卷二，北京：商务印书馆，2018 年，第 46 页。

995. 故夫天下之难治，未有如水者也，不知顺之以求其成功，而务逆之以为可久，则治之而益以不治，诚无足怪。

——《治河议》，[明] 许獬著，陈炜点校《许钟斗文集》卷二，北京：商务印书馆，2018 年，第 43 页。

996. 今夫天下大物也，而家为小。然以家为家，则小，以家为天下，则小而大。而以天下为家，则为大于其小也。天下公器也，而家为私。然以家为家，则私；以家为天下，则私而公。而以天下为家，则为公于其私也。

先民有言，实获我心，请得而申论之。夫家之说，何昉乎？天全以所覆付一人而号令之，而受所付以缵服者曰天子。则天为父，君为子也。以子承父，则有家。王者膺图受贡以抚方夏，而为所抚者曰如保赤子。以父字子，则有家，君有冢子，谓之家督，督天下者，督吾家者也。

——《王者以天下为家》，[明] 许獬著，陈炜点校《许钟斗文集》卷二，北京：商务印书馆，2018 年，第 14 页。

997. 盖自古未有家乱而天下理者,家携而天下附者,亦有不用情于家人而能推恩于天下者。本得末得,本失末失,如响应声。孟子曰:"天下之本在国,国之本在家,家之本在身。"论治者,又当以是为准。

——《王者以天下为家》,[明]许獬著,陈炜点校《许钟斗文集》卷二,北京:商务印书馆,2018年,第16页。

998. 如以一代之始终论,则自其初为礼乐法制之人,未有不忠质者,而其后未有不文者。

——《本朝忠质文所尚安在》,[明]许獬著,陈炜点校《许钟斗文集》卷二,北京:商务印书馆,2018年,第16页。

999. 故大夫者,忠有余而智不逮,其罹贝锦之奸,而卒葬江鱼之腹中,无惑也。

——《屈平》,[明]许獬著,陈炜点校《许钟斗文集》卷二,北京:商务印书馆,2018年,第31页。

1000. 故古之治天下者,有曰命与讨,曰赏与罚,曰彰与瘅,曰劝与惩,皆为用人设也,而非为听言者设。若夫听言之道,则自可有命而无讨,有赏而无罚,有彰而无瘅,有劝而无惩。何也?言之善恶,与人之善恶不同。用一善人,利及天下;容一恶人,害及天下。至于言,则其善足以为利,其不善亦不足以为害,惟顾吾听者之何如耳。

——《隐恶而扬善》,[明]许獬著,陈炜点校《许钟斗文集》卷二,北京:商务印书馆,2018年,第22页。

1001. 是故克勤于邦,克俭于家,禹之所以为禹也,而后可与大舜言克艰。

——《格君心当自身始》,[明]许獬著,陈炜点校《许钟斗文集》卷二,北京:商务印书馆,2018年,第24页。

1002. 自古仁人必为孝子,孝子必为仁人。达道有五,所以行之者三。宰予以食稻衣锦忘其亲,夫子深讥其不仁。吾未见夫仁之为枝叶,而孝之为根本也,仁之为四体而孝之为腹心也。且其言曰:"二致同源,总率百行。"既已有二矣,安得为同?且其所谓源者何在?而所以率之者又何物也?

——《评廷笃仁孝》,[明]许獬著,陈炜点校《许钟斗文集》卷二,北京:商务印书馆,2018年,第25页。

1003. 公处兹土久,习知利病,有文武壮猷,为吏民所畏爱,圣明简在而畀之节钺。盖真得人,知克有功,公其毕力以奉扬天子之新命。

——《复黄中丞书》,[明]许獬著,陈炜点校《许钟斗文集》卷四,北京:商务印书馆,2018 年,第 58 页。

1004. 庶几先知先觉之徒,行必著而习必察;已百已千之后,愚者明而柔者强。

——《与徐匡岳老师书》,[明]许獬著,陈炜点校《许钟斗文集》卷四,北京:商务印书馆,2018 年,第 88 页。

1005. 故夫真能隐者乃真能仕者也。

——《与王辰玉书》,[明]许獬著,陈炜点校《许钟斗文集》卷四,北京:商务印书馆,2018 年,第 76 页。

1006. 然愚独以为国家设官分职,大小相制,能否相伺,所患者非体统之不严,法网之不密,特虑束湿太甚,令人救过不赡,虽有才者,无所展布四体,则其害治甚大。由此观之,龙溪君之得以治辨闻,其邀福假灵于当路之大度君子者,盖亦不少。

——《与王司理年丈书》,[明]许獬著,陈炜点校《许钟斗文集》卷四,北京:商务印书馆,2018 年,第 76 页。

1007. 纵步始知天地阔,开樽更觉功名轻。花飞水面初成子,梅老枝头惯调羹。谁道春芳收得尽,葵心今已吐红英。

——《初夏郊游》,[明]许獬著,陈炜点校《许钟斗文集》卷五,北京:商务印书馆,2018 年,第 76 页。

1008. 千年仙骨朽,古壁旧诗尘。维有清风在,一时一度新。

——《游清源洞》,[明]许獬著,陈炜点校《许钟斗文集》卷五,北京:商务印书馆,2018 年,第 106 页。

1009. 圣主旁求世,良臣入梦年。彼苍如有意,版筑岂无贤。

——《题霖雨舟楫图》,[明]许獬著,陈炜点校《许钟斗文集》卷五,北京:商务印书馆,2018 年,第 108 页。

1010. 上之人既以不战而养无用之兵,则势不得而复丰其饩。兵虽安坐而不战,顾亦不能枵腹而抗拳,则势不得而复责其技,而其究不得不渐顿而为弱。

——《贺整饬永平兵备山东右布政顾君课最荣封序》,[明]许獬著,陈炜点校《许钟斗文集》卷一,北京:商务印书馆,2018 年,第 1 页。

1011. 夫兢业不敢怠荒,后其身而先天下者,天子之德也。不顾劳逸生死利害，尽能力以报天子者，庶民之分也。奉扬休德以播诸人人，以传诸后，以光千古，使为庶民者有所愧以感，而为天子者庶德不懈益懋，儒臣之职也。

——《拟奉敕作新修琉璃河桥碑记》，[明]许獬著，陈炜点校《许钟斗文集》卷一，北京：商务印书馆，2018年，第8—9页。

1012. 今夫志之在人也，犹志燕而燕，志越而越。志一定，而终身之业从之。

——《与同馆订志文》，[明]许獬著，陈炜点校《许钟斗文集》卷一，北京：商务印书馆，2018年，第11页。

1013. 于千百世之下，学者学其所志，志者志其所学。志者长驾远驭万里一息之胸襟，而学者其所由以致远之具也。

——《与同馆订志文》，[明]许獬著，陈炜点校《许钟斗文集》卷一，北京：商务印书馆，2018年，第11页。

1014. 三品之说，自古称之，或志道德，或志功名，或志富贵。虽所志不同，而其不可以无事则一。世岂有踽踽而居，介介而立，不能卑疵纤趋，阴阳窥瞰，乘人以斗捷，而得为志富贵者乎？则未有鞭之不动，策之不前，柔如绕指，随如辕驹，而得为志功名者也！亦未有德性之不尊，问学之不道，声色货利之不能不迩不殖，富贵贫贱之不能不淫不移，而得为志道德者也！

——《与同馆订志文》，[明]许獬著，陈炜点校《许钟斗文集》卷一，北京：商务印书馆，2018年，第12页。

1015. 道包德与仁与艺而为道，其道乃大。志合据与依与游而为志，其志乃真。彼世之弃焉而不学，学焉而弗要其成者，其志概可知矣。

——《与同馆订志文》，[明]许獬著，陈炜点校《许钟斗文集》卷一，北京：商务印书馆，2018年，第12页。

1016. 大不可谓小，故即小可以为大。公不可谓私，而即私可以为公。何以明其然也？今夫萌隶，微也，奔走御侮，竭力出赋税以给公上，不曰为天下，而曰赴公家之急。自萌隶而上，为州牧、侯伯、百揆、四岳，亦微也，受王之命，分猷宣力，苟利社稷，知无不为，不曰为天下，而曰策动于王家。则是天下之为家也，不惟天实奉我，且人实予我。不惟以全家赖我，且以富家属我，齐家责我。赖之而不得，属之而不副，责之而不效，则又以无家尤我。夫以天下之赖我、属我、责我者如此其切，则我之为所属、所赖、所责者又乌可缓也。

——《王者以天下为家》，[明]许獬著，陈炜点校《许钟斗文集》卷二，北京：商务印书馆，2018年，第14页。

1017. 是以一念之兢兢业业，勤勤恳恳，不敢先吾家后天下，内吾家外天下，逸吾身劳天下，丰吾家悴天下，而又不敢以天下为天下，吾家为吾家。

——《王者以天下为家（会试）》，[明]许獬著，陈炜点校《许钟斗文集》卷二，北京：商务印书馆，2018年，第15页。

1018. 救繁莫若以简，救华莫若以朴，救浮莫若以雅。

——《本朝忠质文所尚安在》，[明]许獬著，陈炜点校《许钟斗文集》卷二，北京：商务印书馆，2018年，第16页。

1019. 真能忠质，可以从中生文；真能文，亦可以返而之忠质，此三代之所以为三代也。伪为文，其文不足以为饰；不独忠质病，而文亦病。伪为忠质，其忠质不足以为基；不独文病，而忠质亦病，此今日之所以为今日也。

——《本朝忠质文所尚安在》，[明]许獬著，陈炜点校《许钟斗文集》卷二，北京：商务印书馆，2018年，第17页。

1020. 天下大矣，刚柔、迟速殊禀，奢俭、隆朴殊习，智愚、贤不肖殊品，宫闱、畿甸、侯卫、要荒殊势。王者之于天下，非能人人而戒谕之，如心使意，如意使体。天下之于王者，亦非能人人而喻其神，如九窍、四肢、百骸之听意，意之听心。于此而欲使之联合为一气，融通为一脉，虽有王者，其势不易。

而且夫所谓王者，非尽承积德累功之后，重熙累洽之余，可以因袭而易为理也。盖亦有淳浇朴散、改弦而更为调者。

——《王者必世而后仁》，[明]许獬著，陈炜点校《许钟斗文集》卷二，北京：商务印书馆，2018年，第17页。

1021. 吾因是而知王道之大也，非若欢虞小补之易为功，亦犹人心之难纯也，非若智、廉、果、艺、富、强、礼、乐之易为取也。后之人主而无志纯王之治则已，人主而有志纯王之治，则见小而欲速其功者，信不可哉！

——《王者必世而后仁》，[明]许獬著，陈炜点校《许钟斗文集》卷二，北京：商务印书馆，2018年，第18页。

1022. 善为国家计者，必为国家怀不必然之虑，而后可以贻之安。夫所谓不必然之虑者，备也。备于事后，见谓不可缓；备于事至，见谓不可已；备于无事，鲜不见为迂矣。

——《惟事事乃其有备》，[明]许獬著，陈炜点校《许钟斗文集》卷二，北京：商务印书馆，2018年，第18页。

1023．且夫天下均是事也，未事而备，其力半；将事而备，其力倍；既事而备，其力又倍。惟备于无事者，乃终无事。至于终无事，而向之所谓必不然者，乃真必不然，而备于不可备矣。处不必然之时，而可以图维擘画，为国家贻必然之安，此万全之策也，亦万世之计也。人主亦何惮而不为？

——《惟事事乃其有备》，[明]许獬著，陈炜点校《许钟斗文集》卷二，北京：商务印书馆，2018年，第18页。

1024．而今之备于无事者几何人？事事乃其有备，此非传说纳诲之言乎？然必始之曰，有其善，丧厥善；矜其能，丧厥功。人惟去一有矜之心，则知备矣。不然，吾未见夫时和年丰，雨旸时若之时，而农不丧厥备者也，而矧于国家！

——《惟事事乃其有备》，[明]许獬著，陈炜点校《许钟斗文集》卷二，北京：商务印书馆，2018年，第19页。

1025．然惟其与物无凝滞，而随时变易，所以为圣人。惟其必求无凝滞于物，而与世推移，所以为乡愿。

——《圣人不凝滞于物而能与世推移》，[明]许獬著，陈炜点校《许钟斗文集》卷二，北京：商务印书馆，2018年，第19页。

1026．时因天而成时，世阅人而成世。时出于天，非独圣人，即天亦不得不为时用。世出于人，匪独圣人，即少知自好之士，亦能不与世为俯仰。

——《圣人不凝滞于物而能与世推移》，[明]许獬著，陈炜点校《许钟斗文集》卷二，北京：商务印书馆，2018年，第19页。

1027．圣人者，非特不随世，亦且不矫世，且不玩世，亦且不愤世。

——《圣人不凝滞于物而能与世推移》，[明]许獬著，陈炜点校《许钟斗文集》卷二，北京：商务印书馆，2018年，第20页。

1028．天下不可以无法纵，亦不可以多法扰；不可以无心弛，亦不可以有心束。无心与无法者，为佛老之虚寂，非特不可以治后世之天下，亦不可以治鸿荒。过用其心与法者，为申商之刻核，非特不可以治太古之天下，亦不可以维挽近。

——《临下以简御众以宽》，[明]许獬著，陈炜点校《许钟斗文集》卷二，北京：商务印书馆，2018年，第20页。

1029．官省则无事，刑省则无冤，令省则易达，制省则易遵。其民幸生宽大之世，含哺鼓腹，熙熙如登春台，而为之上者亦恭己垂裳，而天下治。岂非行简之明效与？

——《临下以简御众以宽》，[明]许獬著，陈炜点校《许钟斗文集》卷二，北京：商务印书馆，2018年，第21页。

1030. 凡人之匿人善者，恒惧其形己之恶；暴人恶者，亦欲其彰己之善。而圣心惟纯，则本自无恶。本自无恶，安见有恶？惟纯则浑然是善，浑然是善则惟知有善。而且夫所谓善与恶云者，亦非真有一正一邪、一忠一佞，若水火寒热之不相入也。

——《隐恶而扬善》，[明]许獬著，陈炜点校《许钟斗文集》卷二，北京：商务印书馆，2018年，第22页。

# 池显方

池显方(生卒年未详),字直夫,号玉屏子,厦门人。早年拜南居益为师。明天启二年(1622)举人。因母亲年迈,未再赴礼部考试,后于玉屏山结庐定居,参禅悟道,出入于佛寺,每日与香炉、经卷为伴。长于诗文,好游山玩水,曾游历武夷山、秦淮、泰山等山川名胜,与董其昌、黄道周、何乔远、曹学佺、蔡复一等名士交谊甚深,时相唱和。著有《晃岩集》。

1031. 忆予稚而狂,染毫逞柔揽。自从侍我公,挂口通身汗。公素廉交游,见予独拍案。宿昔有深缘,依稀似一半。生既齐日月,住又共乡贯。子俱迟罗睉,识各精禅观。不同固甚多,同处亦堪粲。公饱万轴书,掇名才弱卯。下笔迅春涛,赋成无点窜。正气薄风霜,壮猷奠江汉。舞干终格苗,单骑俄靖乱。事多畏公知,学必就公判。四海推奇男,宁独文士赞。飘然拂袖归,身洁名逾琬。别有片关心,频盼辽云断。苍生望出山,如雨澍大旱。催梅进菊杯,珍重此躯干。醉诵《仁王经》,燃香为国赞。

——《赠蔡敬夫》,[明]池显方《晃岩集》卷二,明崇祯十四年刻本。

1032. 铁舟高百雉,铜炮震千雷。出入遂无顾,望之各色灰。中丞躬历海,密计授诸材。夜静西风始,列舸尽衔枚。炬发半天焦,毁舰俘其魁。万心果齐一,何坚不可摧。

——《平红曲》,[明]池显方《晃岩集》卷二,明崇祯十四年刻本。

1033. 得君冕斯首,予诗始可存。知己无浮话,几语品自尊。越楚姑舍是,各人辟一门。昔有疑陶集,出于应璩源。今看陶韵致,三百篇其根。予亦行古道,用意欲厚温。早年所借径,犹说谛鹿园。近已自生法,宿案几经翻。第惭名澹远,肤率时露痕。艰哉二十年,此道未敢论。

——《张绍和序予诗寄谢》,[明]池显方《晃岩集》卷二,明崇祯十四年刻本。

1034. 先生集大成，如海纳众细。结想辟鸿濛，纂述依古制。六经潜诠释，百氏广品第。

——《赠曹能始》，[明]池显方《晃岩集》卷二，明崇祯十四年刻本。

1035. 既以戈为枕，皆当铁作肠。

——《同大将军谢简之守岁》，[明]池显方《晃岩集》卷四，明崇祯十四年刻本。

1036. 廉能一大将，胜彼万千师。食足便生勇，兵精即是奇。北南诸有事，臂指不相宜。惟汝驾轻熟，先声曾制夷。

玉屏苦未深，移住鹤山阴。雾匝连天路，霜寒子夜心。闻声疑海炮，逢客问京音。伫望风波稳，扁舟返故林。

——《赠谢简之再帅闽》，[明]池显方《晃岩集》卷四，明崇祯十四年刻本。

1037. 相过今不是长安，得撤形骸泻胆肝。坐定未商风雅事，停杯先虑海波难。诸花夹径皆如法，一雨当秋微觉寒。处处泥关严夜柝，情深换烛到更阑。

——《丁亨文见招朗园》，[明]池显方《晃岩集》卷五，明崇祯十四年刻本。

1038. 因果天公巧转轮，嘉杉究竟属师臣。履斋从此可销恨，丞相多悬在武人。

——《木绵庵》，[明]池显方《晃岩集》卷九，明崇祯十四年刻本。

1039. 并有感近日诗文之坏，皆起余仿古法而不能自生法，又过于执自法而不合古法。当七子盛时，牛耳济南。济南过仿古法，余子又仿济南以为法，此其不能出济南之上。宗子相欲脱之。而竟不遂。嗣后，会稽变为纤巧，仿者多流于诡僻；公安变为朗畅，仿者多流于率放。近竟陵变为幽澹，仿者多流于肤疏。夫因仿古之腐法始变而为今，乃甘仿今之腐，罪不浮于仿古耶？

——《〈夜鸣阁诗〉序》，[明]池显方《晃岩集》卷十一，明崇祯十四年刻本。

1040. 然游益久，诗益工，无激烈怨怼之骚，有温厚和平之雅，觉海风江月，微云疏雨，时落毫端。

——《〈南州诗草〉序》，[明]池显方《晃岩集》卷十一，明崇祯十四年刻本。

1041. 但当自己胸中流出，切不可依人眼孔自塞灵机。

——《〈蔡敬夫诗集〉序》，[明]池显方《晃岩集》十一，明崇祯十四年刻本。

1042. 因命二语云："世积俭勤，席祖荫，追思昔日，官期清白。戒儿曹，努力将来。"

——《先奉常明洲府君行略》，[明]池显方《晃岩集》卷二十，明崇祯十四年刻本。

1043. 常训子孙云："毋滥交，毋惹事，毋衣罗绮，毋想膏粱，毋恃贵凌人，毋挟长加少。"又云："读书岂必尽取科第？时时照管这念头，毋负天地祖宗，便为肖子。我受大父俭勤清白之训，佩之终身，愿儿曹如我之佩大父，可矣。"

——《先奉常明洲府君行略》，[明]池显方《晃岩集》卷二十，明崇祯十四年刻本。

1044. 愿子孙各告显章与诸孙云："守分勤读，勿繁华，勿使气，柔和谦下，茹素耐贫，共遵奉常公之训。"

——《先嫡妣慈懿傅宜人圹志》，[明]池显方《晃岩集》卷二十，明崇祯十四年刻本。

1045. 然当以应制文为本领，以诗为游戏。我在客中亦时拈制义。其诗与记如树之风、谷之云，偶然而起，不能工亦不求工。何者？传世难，应世易，愿弟为其易者耳。

——《家信六则·其二》，[明]池显方《晃岩集》卷二十二，明崇祯十四年刻本。

# 周 凯

周凯（1779—1837），字仲礼，号芸皋。与林则徐、龚自珍、魏源等结"宣南诗社"，为京都二十四诗人之一。道光十年（1830），调任福建兴泉永道，驻厦门。厦门为官期间，亲往履勘荒废已久的义田，引泉凿河，通沟洫，设闸启闭以潴水，分亩清丈，计户授田，而免租三年，岁可入租千余石，利溥而可久，民不患饥。倡修玉屏书院，聘请东南宿儒前来讲学，奖掖后学。擅书画，尤工山水，著有《内自讼斋文钞》《内自讼斋诗钞》，主持编撰《厦门志》《金门志》。

1046. 事有大小，其性则一。即事取心，小可见大。
——《国子监生罗翁墓志铭》，[清] 周凯《内自讼斋文集》卷五，清道光二十年爱吾庐刻本。

1047. 凡人逸则淫心生，劳则善心生。
——《诫七女书》，[清] 周凯《内自讼斋文集》卷八，清道光二十年爱吾庐刻本。

1048. 其道有五：曰法施于民，曰以劳定国，曰以死勤事，曰能御大灾，曰能捍大患。
——《习池四贤祠碑记》，[清] 周凯《内自讼斋文集》卷一，清道光二十年爱吾庐刻本。

1049. 当童蒙，天性未漓，使日诵忠孝之言，圣贤之训，循循然知出入有规矩，动作有礼法，尊君亲上之心油然以生。
——《重修春陵书院碑记》，[清] 周凯《内自讼斋文集》卷一，清道光二十年爱吾庐刻本。

1050. 君子亦洁其身，洁其心而已。
——《高阳池落成修禊诗序》，[清] 周凯《内自讼斋文集》卷二，清道光二十年爱吾庐刻本。

1051. 将欲立德、功、言于不朽而不本忠与孝者，未之有也。

——《上虞金罍范氏重修族谱序》，[清] 周凯《内自讼斋文集》卷二，清道光二十年爱吾庐刻本。

1052. 凡所以尊崇先圣先贤先儒者，盖欲明正学以正人心、厚风俗也。

——《重修谷城县学碑记》，[清] 周凯《内自讼斋文集》卷一，清道光二十年爱吾庐刻本。

1053. 学者体诸身循而行之，以与民同患。

——《书清旧遗墨卷后》，[清] 周凯《内自讼斋文集》卷六，清道光二十年爱吾庐刻本。

1054. 喜怒哀乐发于性，而为情者也。

——《江竹意诗序》，[清] 周凯《内自讼斋文集》卷三，清道光二十年爱吾庐刻本。

1055. 敢以廉明矜素志，好将鉴别答群情。民风士习原相倚，黾勉三年待有成。

——《程春海同年视学黔中以诗见赠次韵》，[清] 周凯《内自讼斋诗钞》襄阳集卷一，清道光刻本。

1056. 愿修尔行明尔经，读书岂为科名起。科名之贵亦在人，大端忠孝节义耳。不须攻错借他山，以古为鉴鉴桑梓。

——《冠盖里·勖士子也》，[清] 周凯《内自讼斋诗钞》襄阳集卷一，清道光刻本。

1057. 寄语纨袴子，慎勿贱罗谷。

——《饲蚕十二咏并序·下蔟》，[清] 周凯《内自讼斋诗钞》襄阳集卷二，清道光刻本。

1058. 杜甫慨孤忠，宗泽洒清泪。天命不可回，臣心后向忒。竭侯百年身，报主三顾谊。

——《奉和吴荷屋前辈诸葛武侯祠原韵》，[清] 周凯《内自讼斋诗钞》卷二，清道光刻本。

1059. 我生险阻亦惯经，每涉波涛仗忠信。

——《纪水》，[清] 周凯《内自讼斋诗钞》襄阳集卷二，清道光刻本。

1060. 愿挽狂澜存利济，君不见众流总汇沧溟耳，作楫应须行万里。

——《题竹川乘风破浪图》，［清］周凯《内自讼斋诗钞》襄阳集卷二，清道光刻本。

1061. 士生贵立志，莫为利禄媒。圣贤重抱负。……士生贵虚心，事事皆吾师。

——《送李子乔女夫（宗楷）归武昌即用留别韵四首》，［清］周凯《内自讼斋诗钞》襄阳集卷三，清道光刻本。

1062. 喜有文章共琢磨，梗楠千里尽搜罗。壮田岂望他年报，冠盖由来此地多。定分科名休躁妄，及时学业莫蹉跎。

——《留别襄阳十二首·其四》，［清］周凯《内自讼斋诗钞》卷八，清道光刻本。

# 苏廷玉

苏廷玉（1783—1852），字韫山，号鳌石，晚年号退叟，同安县马巷厅翔风里（今厦门翔安区）人。幼丧父，但勤奋好学。嘉庆十九年（1814），中进士，任翰林院庶吉士，后历官江苏、山东、陕西、四川等地，主政一方，为官清廉，深受当地百姓爱戴。苏州知府任上，整顿征税弊病；在蜀严办匪徒，赈恤饥馑；平抑粮价，安定民心，颇有政声。此外，他情系泉、厦两地，广收书画、兴办学校，为研究泉州近代文化、宗教留下了珍贵的资料。著述颇丰，有《从政杂录》《亦佳室诗文钞》《温陵盛事》等。

1063.《诗》云："妻子好合，如鼓琴瑟。兄弟既翕，和乐且耽。"诗未尝言父母也。而夫子以父母其顺解之，有如妻子兄弟能好合和乐。父母有不顺乎？反是则父母能顺乎？详味此言而孝悌之心生矣。

——《苏廷玉家诫》，袁荣祥主编《福建家训》，福州：海峡文艺出版社，2014年，第123页。

1064. 兄弟争产，偷薄之行，则后必衰。产乃父母所遗，足供衣食，扶骄已大过分矣。而争之以伤父母心，不如无产之犹得和睦翕耽也。

——《苏廷玉家诫》，袁荣祥主编《福建家训》，福州：海峡文艺出版社，2014年，第123页。

1065. 世之富贵家争产者多矣。曾见有长富贵者乎？有寒士家无产可争而致大富贵者，亦多矣。顾视自己如何耳。相让是美德，相争是恶德，祸福消长之机在此。

——《苏廷玉家诫》，袁荣祥主编《福建家训》，福州：海峡文艺出版社，2014年，第123页。

1066. 以心之厚薄，能消受不能消受已分其界。旁人耻笑，其外者也；子孙坏样，其后者也。小子诫之、念之。

——《苏廷玉家诫》，袁荣祥主编《福建家训》，福州：海峡文艺出版社，2014年，第123页。

1067. 兄弟皆父母遗体，左右手，左右足，有异乎？以父母视之则一人耳，又何厚薄之分？能体父母之心为孝。夫孝百行之先也，凡事皆从此起。至同父异母之兄弟亦然。世人多有嫡庶之分，夫嫡庶妻有名分也，至兄弟则名分相同，无分别也。待庶弟如同母弟，此人便达理，天地鬼神亦默相之，是在人存心耳。心之厚薄即富贵贫贱寿夭之所系也。

——《苏廷玉家诫》，袁荣祥主编《福建家训》，福州：海峡文艺出版社，2014年，第123页。

1068. 教子弟以诚实勤俭为本。我幸窃朝禄，外人皆为大富贵家，于子孙皆称为贵公子。夫贵公子诚然也。能读书明理，处事通达，才是好公子。不然，贵公子三字未易当也。令人可敬之为贵，不要令人可薄，仅存贵公子之名也。

——《苏廷玉家诫》，袁荣祥主编《福建家训》，福州：海峡文艺出版社，2014年，第123页。

1069. 吾尝言世家者世其礼法，非世其轻薄；世其诗书行谊，非世其衣服饮食也。汝曹念之。读书要学为人，作文乃其余事。古语云："书多人自贤。"以其理明也。至制科以诗文，特借此为进身之阶耳。试看入官以后，诗文一毫用不着。然以明理为人则是好人，以明理为文则是好文。二则相通，故兼习之。若科第有命存焉，听其自然可也。

——《苏廷玉家诫》，袁荣祥主编《福建家训》，福州：海峡文艺出版社，2014年，第123页。

1070. 人必有本业方不是游民、惰民。士农工商四，民之也。四者之中，惟士商二途最宽，士或致身通显，商或致资千万，皆不可限量；农工则仅自给而已。若无本业而悠忽终身，日月逝矣，岁不与我，所谓少壮不努力，老大徒伤悲也，哀哉！

——《苏廷玉家诫》，袁荣祥主编《福建家训》，福州：海峡文艺出版社，2014年，第124页。

1071. 天心仁爱原如此，黍稷稻粱卜有年。

——《癸未新正五日大雪志喜》，[清]苏廷玉撰，朱小卫、陈峰校注《亦佳室诗文钞》，厦门：厦门大学出版社，2016年，第123页。

1072. 读书岂但为功名，书成何难纡组绶。

——《题王霞九太守〈青镫课读图〉》，[清]苏廷玉撰，朱小卫、陈峰校注《亦佳室诗文钞》，厦门：厦门大学出版社，2016年，第129页。

1073. 人生读书为有福，穷年兀兀守老屋。

——《题富海帆中丞〈松阴补读图〉》，[清]苏廷玉撰，朱小卫、陈峰校注《亦佳室诗文钞》，厦门：厦门大学出版社，2016年，第133页。

1074. 人生行乐各有得，行踪所值如沙鸥。

——《秋日偕友人及儿孙辈游清源山登极顶远望》，[清]苏廷玉撰，朱小卫、陈峰校注《亦佳室诗文钞》，厦门：厦门大学出版社，2016年，第136页。

1075. 肝胆应铸铁，生死只成仁。

——《题吴江徐烈女诗册》，[清]苏廷玉撰，朱小卫、陈峰校注《亦佳室诗文钞》，厦门：厦门大学出版社，2016年，第147页。

1076. 澄清吾有志，绝顶不胜寒。

——《使回再过相岭廿四盘》，[清]苏廷玉撰，朱小卫、陈峰校注《亦佳室诗文钞》，厦门：厦门大学出版社，2016年，第151页。

1077. 浩荡春如许，胸怀未觉低。

——《立春后小园拟陆放翁幽栖即次其韵》，[清]苏廷玉撰，朱小卫、陈峰校注《亦佳室诗文钞》，厦门：厦门大学出版社，2016年，第152页。

1078. 纵缓须臾能不死，当年结愿只成仁。

——《哀郭烈妇》，[清]苏廷玉撰，朱小卫、陈峰校注《亦佳室诗文钞》，厦门：厦门大学出版社，2016年，第156页。

1079. 丹心恨不锄王振，大义真能褫也先。

——《于少保祠》，[清]苏廷玉撰，朱小卫、陈峰校注《亦佳室诗文钞》，厦门：厦门大学出版社，2016年，第157页。

1080. 大千世界任纵横，何事高低着意争。

——《纸鸢》，[清]苏廷玉撰，朱小卫、陈峰校注《亦佳室诗文钞》，厦门：厦门大学出版社，2016年，第164页。

1081. 威尊惭作吏，法尽恐无民。

——《营兵私押职官》，[清]苏廷玉撰，朱小卫、陈峰校注《亦佳室诗文钞》，厦门：厦门大学出版社，2016年，第197页。

1082. 明刑弼教，故辟以止辟，刑期无刑，惟协于当而已。若立意从宽，则生者漏网，死者含冤矣。

——《鬼魂凭凶犯申冤》，[清]苏廷玉撰，朱小卫、陈峰校注《亦佳室诗文钞》，厦门：厦门大学出版社，2016年，第199页。

1083. 凡人可妄认，惟父母不可妄认。以真为假，以假为真，必遭雷击。

——《原被告见证供语不符以理酌断》，[清]苏廷玉撰，朱小卫、陈峰校注《亦佳室诗文钞》，厦门：厦门大学出版社，2016年，第202页。

1084. 外吏办事，无论大小，皆自州、县起，上至督抚，皆一事也。若同心商酌，归于一是字，有何利之不兴，害之不除哉？今之上官，或挟意气以自雄，或示深沉以养度，或以机诈相待，或以官话相绳，以致下情不能上达。即有聪明，亦陷于不知而误者多矣。不知天下事以情理为经，以时势为纬。理固一定势，乃屡易公是公非，又参与时势，利则兴，而害则除。升降黜陟不过代国家法律行之，于己无与也，又何意气深沉，机诈官话之作态也哉！

——《同寅和衷说》，[清]苏廷玉撰，朱小卫、陈峰校注《亦佳室诗文钞》，厦门：厦门大学出版社，2016年，第224页。

1085. 呜呼！浩然之气不待生而存，不随死而亡，下则为河岳，上则为日星，而磅礴凛烈，沛乎其不可遏者，直横塞乎苍冥而岂有极哉！

——《陈化成神道碑》，[清]苏廷玉撰，何丙仲、吴鹤立编《厦门墓志铭汇粹》，厦门：厦门大学出版社，2011年，第282页。

1086. 夫天地之大德曰生，乾曰大生，坤曰广生。

——《重刊苏紫溪先生〈生生篇〉序》，[清]苏廷玉撰，朱小卫、陈峰校注《亦佳室诗文钞》，厦门：厦门大学出版社，2016年，第20页。

1087. 夫学者，学为人也，文次之。

——《文圃书院序》，[清]苏廷玉撰，朱小卫、陈峰校注《亦佳室诗文钞》，厦门：厦门大学出版社，2016年，第36页。

1088. 人必本于学，斯体用备而才德全，地灵人杰互为维系。

——《文圃书院序》，[清]苏廷玉撰，朱小卫、陈峰校注《亦佳室诗文钞》，厦门：厦门大学出版社，2016年，第36页。

1089. 以德性言，曰养气；以形体言，曰养身。寡欲则养心，主敬则养静，兼内外以言养，故义大。

——《养庐记》，[清]苏廷玉撰，朱小卫、陈峰校注《亦佳室诗文钞》，厦门：厦门大学出版社，2016年，第42页。

1090. 人生最重五伦。而君臣朋友以义合,父子兄弟以天合,夫妇以人合,其用情则一。

——《忘情论》,[清]苏廷玉撰,朱小卫、陈峰校注《亦佳室诗文钞》,厦门:厦门大学出版社,2016年,第47页。

1091. 刚以作其气,柔以和其心,无事则守望相助,有事则众志成城。

——《治盗贼论》,[清]苏廷玉撰,朱小卫、陈峰校注《亦佳室诗文钞》,厦门:厦门大学出版社,2016年,第51页。

1092. 形骸入土皆灰烬,满腔热血何处寻。惟有懦顽闻风起,真诚忠孝无古今。

——《卫辉府治北二十里道旁有殷太师比干庙,墓碑距庙墓十里,遥望古冢累然,宰树成林,黟然苍郁,诗以吊之》,[清]苏廷玉撰,朱小卫、陈峰校注《亦佳室诗文钞》,厦门:厦门大学出版社,2016年,第117页。

1093. 苟不自立即自弃,惟有心存君国义,乃可顶天与立地。

——《题刘玉坡制府〈自立图〉》,[清]苏廷玉撰,朱小卫、陈峰校注《亦佳室诗文钞》,厦门:厦门大学出版社,2016年,第120页。

# 吕世宜

吕世宜（1784—1855），字可合，号种花道人，晚年号不翁，金门人，清代书法家。道光二年（1822），中举人，执教于厦门玉屏书院，助周凯编《厦门志》《金门志》。博学多闻，涉猎文字学、训诂学、音韵学、书法及金石，有台湾金石学宗师之称，是清代闽台两地著名的书法家。

主要著作有《爱吾庐笔记》《爱吾庐文钞》《古今文字通释》等。所撰《古今文字通释》十四卷，以段玉裁《说文解字注》为蓝本，或删或补，对所收4353个单字正变、假借及使用之谬误颇多阐明。

1094. 人之自立于天地间者，行其心之所安而已，不必与人异，不必与人同。是故以己之见合人之见，谓人之见尽如己，难矣；以一己之见合人人之见，谓己之见必是，人之见尽非，抑又难矣。若至以一己之见，合天下之圣者、贤者而皆无一是，则其见非寻常之为见。千古而上不可无此人，千古而下不可无此人，卓卓乎立天地之间，而确不可拔，如伯夷、叔齐非耶？

——《拟昌黎〈伯夷颂〉》，[清]吕世宜撰，厦门图书馆校注《爱吾庐汇刻》，厦门：厦门大学出版社，2010年，第7页。

1095. 岁寒然后知松柏之后凋，举世混浊，清士乃见。斯言也，斯人也，吾盖索之千百年而不得者也。夫求士非难，求士不趋世为难；求士不趋世非难，求士之出一己之见，辟一世之非，上接千古，下留千古者为难。

——《拟昌黎〈伯夷颂〉》，[清]吕世宜撰，厦门图书馆校注《爱吾庐汇刻》，厦门：厦门大学出版社，2010年，第8页。

1096. 而当叩马而谏，与夫穷饿而死，浩浩然同于天地、日月、山川而不可抑者，彼诚于心有所不安，遂于世有所不顾，夫岂以是求名于千古也哉！

——《拟昌黎〈伯夷颂〉》，[清]吕世宜撰，厦门图书馆校注《爱吾庐汇刻》，厦门：厦门大学出版社，2010年，第9页。

1097. 无所不通之谓圣，圣人道息而通人名起。为通之说者曰："硁者易缺，皦者易污。人生斯世，奚介介为哉？"于是柝其牙角，破其崖岸，逾闲卫而毁藩篱，自为得圣人无可无不可之意，而通名藉藉。噫！是诚学圣人也耶？学圣人以经不以权。

——《拟昌黎〈通解〉》，[清]吕世宜撰，厦门图书馆校注《爱吾庐汇刻》，厦门：厦门大学出版社，2010年，第9页。

1098. 圣人之教人也，曰："质直而好义。"又曰："众好之，必察焉；众恶之，必察焉！"此圣人之经也，此圣人之不同于人也。今也浮沉俯仰，脂韦汩没，无所谓直也。众曰是，不敢不是；众曰非，不敢不非，无所谓察也。譬如水也，决之东则东，决之西则西，冒通人名，可矣；冒学圣人名，可乎？人无论智愚，必先卓然自立，不蛊于俗，不囿于众，斯可以跻于贤者之域。贤之于圣，不啻愚于智，不肖于贤也，未能希贤，曰欲齐圣，理乎哉？夫圣人之为圣人，诚有所谓无可无不可者，无所不可者，正自有所不可也。今也不学圣人之不可，而学圣人之无所不可，曰："吾得圣人之权焉。"是所得于圣人者，超出伯夷、子路万万也。夫伯夷、子路卒不可胜，圣人之权必不能学，而必欲胜之，必欲学之者，亦见其妄也已。呜呼！学校政衰，廉耻道丧。如直者死，如钩者侯。不有祝鮀之佞，自孔子时已不胜叹，况今日哉！吾故曰：圣人道息，通人名起，夫非世道人心之忧也耶！

——《拟昌黎〈通解〉》，[清]吕世宜撰，厦门图书馆校注《爱吾庐汇刻》，厦门：厦门大学出版社，2010年，第10页。

1099. 仆少贫，好学问，窃以道德为己任，穷通之来不接于其心，前之所以为此汲汲者，非为富贵也，亦将勉乎己之事耳。乃事与心违，时与志乖，此诚非愈之所能为力也。不能为力而必强为致之，其不至于诡遇不止？夫人生得失穷通之数，与吉凶祸福之来，冥冥之中，莫不有宰之者。彼君子曰吉，小人曰凶，谓其所为，类有以取之也。必谓古之君子无一及于祸者；古之小人无一受其福者，必不然也。必谓凡为君子，必其福之来也；凡为小人，必其祸之至也，亦不必然也！贤不肖有定分，祸福吉凶无定数，人惟急乎其所自立、得失穷通之故，愈之不接于心者，盖不自今始也。

——《拟昌黎〈答卫中行书〉》，[清]吕世宜撰，厦门图书馆校注《爱吾庐汇刻》，厦门：厦门大学出版社，2010年，第11页。

1100. 夫宏奖人才，君子之谊也；就正有道，下学之心也。私其善而不与人以善，仁者所不为也；迷其途而匿不以问，亦愚者所不敢出也。

——《上高雨农先生书》，[清]吕世宜撰，厦门图书馆校注《爱吾庐汇刻》，厦门：厦门大学出版社，2010年，第18页。

1101. 以考学问，以遵先民，少快半日与潜东嗜古之癖，与夫曩日欲学古而不暇、求师而不获之心，俾子弟辈观之，无妄其情，无背其法，朝吟夕咏，有得乎古人作诗之感动，奋发流连，唱叹而不能已，此则余之志也。若如昌黎所讥，吾人为文，虽不为当世所怪，亦必无后世之传者，此则非余之所敢知也。

——《读选诗自序》，[清]吕世宜撰，厦门图书馆校注《爱吾庐汇刻》，厦门：厦门大学出版社，2010年，第27页。

1102. 物之历累千年而不敝者，其物必神，其遇有数，而人以数十年易朽之躯，敝敝焉欲与相终始，则惑之甚者也。然好之斯欲得之矣，欧阳公云："足吾所好玩而老焉。"盖释然而未释然欤！

——《西汉古鉴记》，[清]吕世宜撰，厦门图书馆校注《爱吾庐汇刻》，厦门：厦门大学出版社，2010年，第32页。

1103. 渭川先生有楼曰"听月"。客有过此楼者，曰："月可听乎？"余曰："然。"曰："有声乎？"余曰："否。"无声则何以听？余曰："听不以声，善听者不假声。"客曰："有说乎？"余曰："此渭川先生诫诸生意也。凡声之起由人心生，声入而心通之，故制字听，与听从耳实从心。"《孔丛子》云："臧三耳，心之谓也。施丹而朱之，傅粉而白之，色也，何以知其色也？于兰而薰之，于艾而荻之，臭也，何以知其臭也？有主焉者耳。"然则人之为学可知已，听以心，不听以耳，听于有声，亦听于无声。今余之馆于兹也，诸生日侍于侧，朝课夕讲，凡所授受，听乎？吾不得而知也。不听乎？吾亦不得而知也。学问之道，屏诸外以一诸内斯已耳。听而悟，上也；听而未悟，勿失焉，次也。或如《孟子》之虽听之，一心以为有鸿鹄将至，无论余即静默如月，不能启诸生，浸假化余之口以为风、以为雷，亦无诸生何也。客唯而退，书其说于壁，以为诸生勉，且以质之渭川先生。

——《听月楼记》，[清]吕世宜撰，厦门图书馆校注《爱吾庐汇刻》，厦门：厦门大学出版社，2010年，第33页。

1104. 夫不识其性而用之，与用之而拂其性，其不适于用，独砚也哉？

——《记砚》，[清]吕世宜撰，厦门图书馆校注《爱吾庐汇刻》，厦门：

厦门大学出版社，2010年，第34页。

1105．西村昌生曰：余读《小债帅传》，窃记东晋时，有刘殷家贫称贷，但期债家后日相酬谢无多言，世但以倜傥目之，何帅之切切，至以为号，而又传之也？不知帅笃行士也，穷而有志者也。行笃，故人之信也深，所负益重；穷而有志，故不受人惠，自不忘人恩。夫是以日切切于中，书以自警欤。虽然世之以帅称雄者，大都唱筹量沙，虚张声势，虞敌人之料之耳。帅并不以后日酬谢期于人，惟用以自警。如帅者，可谓不欺其志者哉！夫不欺其志，必有如其志之日，亦必有原其志之人。债偿而帅固不恨，即不克偿，而债家亦何恨？信其志之不可夺也。彼貌为倜傥，以为善学刘殷，即令异时得偿，其果能不欺于夙夜耶？故帅以恐负于人而作是传。余正以是传知帅之必无负于人也，遂书其说以附传后，帅其以为然乎？为不然乎？

——《书〈小债帅传〉后》，[清]吕世宜撰，厦门图书馆校注《爱吾庐汇刻》，厦门：厦门大学出版社，2010年，第59—60页。

1106．金斗玉函之说，愚者惑焉，智者亦惑焉。于是习其术者，各神其说以相眩，而死者之体骨，遂辽缓于生者之祸福，历数十载而不能归一抔土。呜呼！何不孝、不仁之甚也。

——《〈劝葬录〉跋》，[清]吕世宜撰，厦门图书馆校注《爱吾庐汇刻》，厦门：厦门大学出版社，2010年，第62页。

1107．夫世之溺于术家方伎，谓尺土可以获富贵、长子孙也，犹梦者之遇幻相而不知转也。无以觉之，则神魂迷荡，欣羡欢恋，疑惧恐愕，靡所不届，醒则哑然失矣。今黄君此书，可谓大声疾呼，以觉之者。而惑者犹懵然不悟，冥然罔顾，甘自罹于不仁、不孝之辜，岂理也哉？程子有言："以善及人，信从者众。"吾于是编云然。

——《〈劝葬录〉跋》，[清]吕世宜撰，厦门图书馆校注《爱吾庐汇刻》，厦门：厦门大学出版社，2010年，第62页。

1108．世宜谓，束修指束身修行，如互乡童子能自洁己以进，夫子未尝不与。理自可通。若郑注谓十五以上，未为典据也。十五入大学则诲焉，此当不独夫子为然。

——《爱吾庐笔记》，[清]吕世宜撰，厦门图书馆校注《爱吾庐汇刻》，厦门：厦门大学出版社，2010年，第77页。

1109．彼以至美不如至恶，尤乎爱也。故知美之恶，知恶之美，然后能知美恶矣。

——《爱吾庐笔记》，[清]吕世宜撰，厦门图书馆校注《爱吾庐汇刻》，厦门：厦门大学出版社，2010年，第89页。

1110. 世宜谓：浑天之器，尧时当已有之。其有此命者，正圣人敬谨奉天，处事非目见耳闻而臆断其有无，此后世苟且之为圣人无是也。若谓浑天之理，羲和时犹在明暗之间，则"在璇玑玉衡，以齐七政"。

——《爱吾庐笔记》，[清]吕世宜撰，厦门图书馆校注《爱吾庐汇刻》，厦门：厦门大学出版社，2010年，第95页。

1111. 凡作者立言，要未经人道似也，然必一揆于理。至论古人，尤当谨慎。若以意为之，一则曰或，再则曰或，或者未定之辞，以未定之辞定古人不可知之事，其可乎？况直诬古人也。

——《爱吾庐笔记》，[清]吕世宜撰，厦门图书馆校注《爱吾庐汇刻》，厦门：厦门大学出版社，2010年，第98页。

1112. 吾故曰：伯夷千古而上一人，千古而下一人也。而世之为士者，顾犹有和光同尘之说，此伯夷之所以独立千古也夫！

——《拟昌黎〈伯夷颂〉》，[清]吕世宜撰，厦门图书馆校注《爱吾庐汇刻》，厦门：厦门大学出版社，2010年，第8页。

1113. 愈儒服者，日以儒为业，凡一举一动，求其当于儒者而已。儒者不陨获于贫贱，不充诎于富贵。

——《拟昌黎〈答卫中行书〉》，[清]吕世宜撰，厦门图书馆校注《爱吾庐汇刻》，厦门：厦门大学出版社，2010年，第11页。

1114. 而生顾窃窃然有疑于愈，不知生之志求知于愈乎？求愈之益乎？抑欲自树立，不与世浮沉，使一世之人皆不可及乎？不然，何汲汲于愈，而有疑于愈？且夫愈之所为，世之所非也，生独不忘情于愈，是生犹知有愈也。生知有愈，犹有疑于愈，是生终不知愈也。夫愈之所为，亦祈不异于君子之所教而已，生何未之思也？且贤不肖存乎己，声华名誉存乎人。存乎己者未优，存乎人者何望？未闻本不深而末茂，形不大而声宏也。愈于生既不变已，苟不举以相戒，非所以待生也。不患莫己知，求为可知，生其勉之。

——《拟昌黎〈重答李翊书〉》，[清]吕世宜撰，厦门图书馆校注《爱吾庐汇刻》，厦门：厦门大学出版社，2010年，第12页。

1115. 将欲操三寸之管，抒百情之思，宣一代之化，绘万象之形，使后之人读而思，思而感，感而动，以至流连唱叹而不能已者，其惟诗乎！将欲本一己之性命，叩先贤之奥旨，求之于章句之间，准之以规矩之正，俾后之人读其文，知其情，守其法，不至荡检逾闲、高驰而不顾者，其惟评诗乎！余非能诗者，亦非知诗者。

——《读选诗自序》，[清]吕世宜撰，厦门图书馆校注《爱吾庐汇刻》，厦门：厦门大学出版社，2010年，第26页。

1116. 则不笑为陋者，亦必目为愚，而吾与潜东顾汲汲索之于汉、魏、晋、宋间，岂不可怪。抑又闻之，资之所近，力能勉焉。嗜古之癖，余与潜东盖性相近而学相勉者也。故凡吾所为者，非敢反古也，非敢违今也。

——《读选诗自序》，[清]吕世宜撰，厦门图书馆校注《爱吾庐汇刻》，厦门：厦门大学出版社，2010年，第27页。

1117. 虽然名有今昔之分，而名之所以立，则今犹昔也。况君子所至，草木皆香。

——《陪燕庭刘观察游白鹿洞虎溪二岩记》，[清]吕世宜撰，厦门图书馆校注《爱吾庐汇刻》，厦门：厦门大学出版社，2010年，第31页。

1118. 笏者，忽也。古者虑事之忽，始制笏，书思其上。笏制，二尺有二寸。笏用象，古诸侯为然。夫古道之不用于今，独笏也哉！今笏惟道士、优人用之，制又逾于此，是以贾而不售。予年近七十，事都不省记，忽殊甚，爰购之以代札，非泥古也。古用而今不用，余则以无用为用也已。

——《笏记》，[清]吕世宜撰，厦门图书馆校注《爱吾庐汇刻》，厦门：厦门大学出版社，2010年，第35页。

1119. 余谓：天报孝子，岂在富贵？孝子之孝，自幼性成，天固有以启之矣！而孝子之子官侍御，极言敢谏，以直声著于天下，使天下后世闻而慕曰："父为孝子，子为忠臣。"此真天所以报孝子也。孝子于是乎不匮矣！

——《陈孝子传》，[清]吕世宜撰，厦门图书馆校注《爱吾庐汇刻》，厦门：厦门大学出版社，2010年，第36页。

1120. 学患无质，又苦不及时。生质美而年富，鞭策之，当出人头地。

——《陈生从周墓志》，[清]吕世宜撰，厦门图书馆校注《爱吾庐汇刻》，厦门：厦门大学出版社，2010年，第51页。

1121. 夫世之沉溺名利，有祸至患及而不知辟者矣；有汨没一生，而荡而忘返者矣。先生年未满六十，富而如贫，动而思静，是先生不浮于利，犹夫子之不汩于名也。

——《书朱彦甫先生〈长丰山居图诗〉序后》，[清]吕世宜撰，厦门图书馆校注《爱吾庐汇刻》，厦门：厦门大学出版社，2010年，第57页。

1122. 生其善取法耶！其用法而不为法用也耶！

——《书〈松生集印册〉末》，[清]吕世宜撰，厦门图书馆校注《爱吾庐汇刻》，厦门：厦门大学出版社，2010年，第64页。

1123. 是故恶夫、异端者，可与共乐，未可与共忧；可与共忧，未可与共乐。知之者，不如行之者；行之者，不如安之者。则昌黎所谓"降而不能乃剽贼"，不止于偷矣。

——《爱吾庐笔记》，[清]吕世宜撰，厦门图书馆校注《爱吾庐汇刻》，厦门：厦门大学出版社，2010年，第100页。

1124. "君子求诸己，小人求诸人。"求当读如"所求乎子"之求。求，犹责也。君子责诸己，故不尤人，小人责诸人，故多恕己。

——《爱吾庐笔记》，[清]吕世宜撰，厦门图书馆校注《爱吾庐汇刻》，厦门：厦门大学出版社，2010年，第123页。

1125. 或增或减，或前后倒置，往往有之。必此是而彼非、此非而彼是，岂不契舟求剑也哉？

——《爱吾庐笔记》，[清]吕世宜撰，厦门图书馆校注《爱吾庐汇刻》，厦门：厦门大学出版社，2010年，第161—162页。

1126. 学此等书，须从篆笔求之，须以险笔出之。依样葫芦，即为所误。书以韵胜，尤以气胜。舍气求韵便弱而无骨，虽文亦然。

——《五瑞图西狭颂跋》，[清]吕世宜撰，厦门图书馆校注《爱吾庐汇刻》，厦门：厦门大学出版社，2010年，第179页。

1127. 李北海、张从申俱师大令者也。而张得其肉，李得其骨，如圣门宰我、子贡善为说辞，冉求、闵子善言德行，皆有其一体欤。然骨胜肉者圣，肉胜骨者病，吾其取骨矣。

——《麓山寺碑跋》，[清]吕世宜撰，厦门图书馆校注《爱吾庐汇刻》，厦门：厦门大学出版社，2010年，第196页。

1128. 自古书最占便宜者曰欧阳隐、曰轩辕弥明，二人皆有书名，皆不留一字，使人拟议不得。他如王右军，书之圣者也，昌黎以为俗。大令于右军具体而微者也，唐太宗比之夷门饿隶。虞之书有讥其荼者矣，欧之书有讥其寒者矣，褚之书有讥其媚者矣，鲁公之书有讥其叉手并脚者矣。观者虽酸咸各别，而作者已日月齐光矣。王子猷对谢安曰："外人那得知？"东坡自题书后，五百年后定百金之物。古之人固有以自信者，人言何足重哉！

——《重刻大字麻姑坛记跋》，[清]吕世宜撰，厦门图书馆校注《爱吾庐汇刻》，厦门：厦门大学出版社，2010年，第198页。

1129. 昔人论作书，一须人品高，二须师法古，三须用力勤。松雪非不步趋逸少，而卒成为松雪，人品异也。吴琚一生瓣香南宫，晋宋人书，目不一睹，取法下也。朝学执笔，莫夸其能，将古所谓墨成池、笔成冢者，皆欺我也耶？有志学书者，愿三复斯言。

——《爱吾庐论书》，[清]吕世宜撰，厦门图书馆校注《爱吾庐汇刻》，厦门：厦门大学出版社，2010年，第209页。

# 八闽廉箴辑三

# 陈元光

陈元光（657—711），字廷炬，号龙湖，唐朝归德将军陈政之子。仪凤二年（677），授玉钤卫翊府左郎将。永隆二年（681），授左玉钤卫中郎将、岭南道行军总管。迁正议大夫、漳州刺史，为漳州历史上首位刺史。通儒术、修兵法，文武兼备。治理有方，选拔人才，任用贤士，劝农务本，兴办学校，重视教育，推动闽南地区经济文化的迅速发展。景云二年（711），加号怀化大将军，讨伐潮州贼寇，战死沙场，追赠临漳郡侯，谥号忠毅，后尊他为"开漳圣王"，逐渐成为闽台地区重要的民间信仰之一。著有《龙湖集》《玉钤集》等。

1130. 人才当翊国，世赏可辞荣。

——《语州县诸公敏续·其一》，何池《陈元光〈龙湖集〉校注与研究》，厦门：鹭江出版社，1990年，第32页。

1131. 移孝为忠吉，由奢入俭宁。

——《语州县诸公敏续·其一》，何池《陈元光〈龙湖集〉校注与研究》，厦门：鹭江出版社，1990年，第32页。

1132. 尊年须养老，使士要推诚。

——《语州县诸公敏续·其一》，何池《陈元光〈龙湖集〉校注与研究》，厦门：鹭江出版社，1990年，第32页。

1133. 饮露知蝉洁，观颜觉鉴虚。

——《语州县诸公敏续·其二》，何池《陈元光〈龙湖集〉校注与研究》，厦门：鹭江出版社，1990年，第32页。

1134. 潜光同隐豹，出宰必悬鱼。

——《语州县诸公敏续·其二》，何池《陈元光〈龙湖集〉校注与研究》，厦门：鹭江出版社，1990年，第32页。

1135. 英英烈烈他虑无，舍生取义终不渝。

——《忠烈操》，何池《陈元光〈龙湖集〉校注与研究》，厦门：鹭江出版社，1990年，第63页。

1136. 君仁亲尊恩义纯，双全忠孝参乾坤。

——《恩义操·其一》，何池《陈元光〈龙湖集〉校注与研究》，厦门：鹭江出版社，1990年，第62页。

1137. 禄养生成忘义恩，不如鸡犬司门晨。

——《恩义操·其二》，何池《陈元光〈龙湖集〉校注与研究》，厦门：鹭江出版社，1990年，第62页。

1138. 诰敕常佩吟，酒色难湎惑。

——《喜雨次曹泉州·其二》，何池《陈元光〈龙湖集〉校注与研究》，厦门：鹭江出版社，1990年，第28页。

1139. 忠勤非一日，箴训要三拈。

——《落成会咏·其二》，何池《陈元光〈龙湖集〉校注与研究》，厦门：鹭江出版社，1990年，第46页。

1140. 千古清漳水，居官显孝廉。

——《落成会咏·其二》，何池《陈元光〈龙湖集〉校注与研究》，厦门：鹭江出版社，1990年，第46页。

1141. 婵娟争泼眼，廉洁正成邻。

——《漳州新城秋宴》，何池《陈元光〈龙湖集〉校注与研究》，厦门：鹭江出版社，1990年，第81页。

1142. 相期翊国忠，我与三神契。

——《神湖州三山神题壁·其二》，何池《陈元光〈龙湖集〉校注与研究》，厦门：鹭江出版社，1990年，第55页。

1143. 丹心忠老母，白首媚萱堂。

——《半径庐居语父老·其二》，何池《陈元光〈龙湖集〉校注与研究》，厦门：鹭江出版社，1990年，第36页。

1144. 柏舟之诗王璵语，千古芳名耀青史。

——《忠烈操》，何池《陈元光〈龙湖集〉校注与研究》，厦门：鹭江出版社，1990年，第63页。

1145. 败事诚因酒，增高必自陵。

——《语州县诸公敏续·其一》，何池《陈元光〈龙湖集〉校注与研究》，厦门:鹭江出版社,1990年,第32页。

  1146. 列爵虽殊分,同仁本一途。

——《语州县诸公敏续·其二》,何池《陈元光〈龙湖集〉校注与研究》,厦门:鹭江出版社,1990年,第32页。

# 高 登

高登（1104—1148），字彦先，号东溪，漳浦人，南宋词人。幼年丧父，致力学习。绍兴二年（1132）进士，授富川主簿。任期满时，士民集资五十万钱赠予高登，不留姓名。高登辞之，欲退回，未成，故买书置于州学，供学生研读，以感谢士民。曾多次与他人联名劝谏皇上，深得爱国朝臣赞同。后以事忤秦桧、胡舜陟，多次受陷害。后被秦桧削去官职，谪居容州并加以编管。绍兴十八年（1148），病逝于容州（今广西容县）。后，孝宗追复其原职，赠迪功郎。绍熙二年（1191），得光宗追赠承务郎，同时在漳州城内建祠。著有《时议》《家论》《东溪集》《东溪词》等。

1147. 虽拜官于公朝，未容私谒；既待我以国士，敢负深知。

——《谢贺州张守（启）》，[宋]高登《高东溪集》，北京：中华书局。1985年，第20页。

1148. 而臣欲以区区一篑，障江河之流，可谓不自量已。

——《上渊圣皇帝书》，[清]李维钰《光绪漳州府志·高登传》，清光绪三年刻本。

1149. 臣坐蠹国家廪储，十有余年于此矣，义效死以报陛下。

——《上渊圣皇帝书》，[清]李维钰《光绪漳州府志·高登传》，清光绪三年刻本。

1150. 臣恐陛下复为奸邪欺弊，晓夜皇皇，寝食都废。

——《上渊圣皇帝书》，[清]李维钰《光绪漳州府志·高登传》，清光绪三年刻本。

1151. 况今东南盗贼，以次衰息，年谷稍登，黎民复业，不于此时建中兴之基。勋未易集，时不再来，臣窃为陛下惜之。

——《上渊圣皇帝书》，[清]李维钰《光绪漳州府志·高登三年刻本。

1152. 念以直道而事人，诚心无愧。

——《谢贺州张守（启）》，[宋]高登《高东溪集》，北京：中华书局。1985年，第20页。

1153. 越王之栖会稽，俭德避难，而政事之间繁冗无益者，痛务裁损。

——《上渊圣皇帝书》，[清]李维钰《光绪漳州府志·高登传》，清光绪三年刻本。

1154. 若公者可谓能处死矣，主见虏之谋，亦忠于为国。

——《忠辩》，[宋]高登《高东溪集》，北京：中华书局，1985年，第21页。

1155. 胸中翻锦绣，笔下走龙蛇。

——《送元太》，[宋]高登《高东溪集》，北京：中华书局，1985年，第33页。

1156. 作掾只三语，读书空五车。

——《送元太》，[宋]高登《高东溪集》，北京：中华书局，1985年，第33页。

# 陈 淳

陈淳（1159—1223），字安卿，龙溪县（今漳州市）人，朱熹弟子，南宋哲学家、理学家。世居九龙江北溪之滨，又被称为北溪先生。

早年弃科举，师从朱熹，博览群书，格物致知，钻研理学。在继承朱熹学说的同时提出己见，认为天是理和气的统一，主张理气不离，不可截断作二物。强调理是天地万物生生不息的主宰，向心学靠近，认为知、行二者仅指一事非二事，不能分难易，也不能分先后，开"知行合一"先河。

著作有《北溪字义》（由陈淳门人笔录整理其讲学内容，是研究理学的重要著作）、《北溪大全集》五十卷，均收入《四库全书》。

1157. 仁人之安宅，在心本全德。要常居于中，不可违终食。

——《闲居杂咏三十二首·仁》，[宋]陈淳《北溪大全集》卷一，宋淳祐八年薛季良刊行本。

1158. 君臣本大分，天尊而地卑。一言在有义，不可以为利。

——《闲居杂咏三十二首·君臣》，[宋]陈淳《北溪大全集》卷一，宋淳祐八年薛季良刊行本。

1159. 孝以事其亲，斯须不离身。始终惟爱敬，敬者在书绅。

——《闲居杂咏三十二首·孝》，[宋]陈淳《北溪大全集》卷一，宋淳祐八年薛季良刊行本。

1160. 廉以维其心，在心常有辨。一介不妄取，真如视土粪。

——《闲居杂咏三十二首·廉维》，[宋]陈淳《北溪大全集》卷一，宋淳祐八年薛季良刊行本。

1161. 论学取诸友，举隅发之师。欲自得其传，要在谨厥思。

——《闲居杂咏三十二首·谨思》，[宋]陈淳《北溪大全集》卷一，宋淳祐八年薛季良刊行本。

1162. 礼以维其心，在心无不敬。非此勿言动，非此勿视听。

——《闲居杂咏三十二首·礼维》，[宋]陈淳《北溪大全集》卷一，宋淳祐八年薛季良刊行本。

1163. 忠以尽诸己，其中不容伪。一毫苟自欺，在我先有愧。

——《闲居杂咏三十二首·忠》，[宋]陈淳《北溪大全集》卷一，宋淳祐八年薛季良刊行本。

1164. 厌渠市利器，向我访清洒。卑渠世学陋，就我资纯雅。肺肠无胶轕，襟怀悉倾写。谈义信即笃，不以吾言野。箴过听益敬，不以吾为讶。

——《忆李友叔皓三首·二》，[宋]陈淳《北溪大全集》卷一，宋淳祐八年薛季良刊行本。

1165. 器局事宏大，心期勿卑污。俗士不必效，汝为君子儒。

——《隆兴书堂自警三十五首·其二十一》，[宋]陈淳《北溪大全集》卷一，宋淳祐八年薛季良刊行本。

1166. 始学何所主，以心为严师。动作必内惧，隐微毋自欺。

——《隆兴书堂自警三十五首·其二十二》，[宋]陈淳《北溪大全集》卷一，宋淳祐八年薛季良刊行本。

1167. 活民均惠泽，报国一忠诚。强御敛踪伏，奸欺束手清。至今诵遗爱，何日可忘情。

——《挽王郎中五首·其一》，[宋]陈淳《北溪大全集》卷四，宋淳祐八年薛季良刊行本。

1168. 人子勤于孝，无时志不存。夜来安寝息，早起问寒暄。

——《训儿童八首·人子》，[宋]陈淳《北溪大全集》卷三，宋淳祐八年薛季良刊行本。

1169. 进退须恭敬，时时勿敢轻。先生趋拱立，长者后徐行。

——《训儿童八首·进退》，[宋]陈淳《北溪大全集》卷三，宋淳祐八年薛季良刊行本。

1170. 阛门惟知自好修，何敢越分求攀附。窃幸斯道有主盟，用舍行藏无所与。

——《送赵守备解南漳赴湖北仓》，[宋]陈淳《北溪大全集》卷二，宋淳祐八年薛季良刊行本。

1171. 惟视方而明，不为非礼倾。惟听方而聪，不为非礼从。惟言方而信，不为非礼徇。惟动方而直，不为非礼适。一一守吾法，私意无容杂。

——《槷子名字义》，[宋]陈淳《北溪大全集》卷一，宋淳祐八年薛季良刊行本。

1172. 厚德天钟有异资，反身尤谨事操持。俭勤忠孝传家训，直谅忧恂获上知。正色嫉邪严莫犯，高标立懦屹难移。罩如香坂孤峰下，千载唯存笃行碑。

——《挽孙少卿四首·其三》，[宋]陈淳《北溪大全集》卷四，宋淳祐八年薛季良刊行本。

1173. 义人之正路，中实存羞恶。要常由而行，不可离一步。

——《闲居杂咏三十二首·义》，[宋]陈淳《北溪大全集》卷一，宋淳祐八年薛季良刊行本。

1174. 礼者人之门，节文自中根。所主一以敬，出入无不存。

——《闲居杂咏三十二首·礼》，[宋]陈淳《北溪大全集》卷一，宋淳祐八年薛季良刊行本。

1175. 智者人之烛，于我非外铄。清明本在躬，无容自昏浊。

——《闲居杂咏三十二首·智》，[宋]陈淳《北溪大全集》卷一，宋淳祐八年薛季良刊行本。

1176. 手所以司执，所执必正事。回德谨勿持，持必为痿痹。

——《闲居杂咏三十二首·手》，[宋]陈淳《北溪大全集》卷一，宋淳祐八年薛季良刊行本。

1177. 泛观事物间，是理真卓卓。无一非吾事，要在博所学。

——《闲居杂咏三十二首·博学》，[宋]陈淳《北溪大全集》卷一，宋淳祐八年薛季良刊行本。

1178. 过者动之差，毋容实诸己。才觉必速改，乃不为吾累。

——《闲居杂咏三十二首·改过》，[宋]陈淳《北溪大全集》卷一，宋淳祐八年薛季良刊行本。

1179. 利与善之间，微似未易断。欲无毫厘差，要在明厥辨。

——《闲居杂咏三十二首·明辨》，[宋]陈淳《北溪大全集》卷一，宋淳祐八年薛季良刊行本。

1180. 心为形之君，所主一身政。持养常清明，百体皆顺令。

——《闲居杂咏三十二首·心》，[宋]陈淳《北溪大全集》卷一，宋淳祐八年薛季良刊行本。

1181. 学问思辨者，于中莹且精。欲实据而有，要在笃于行。

——《闲居杂咏三十二首·笃行》，[宋]陈淳《北溪大全集》卷一，宋淳祐八年薛季良刊行本。

1182. 友者人之辅，以善相切磨。不取直谅闻，其如损德何。

——《闲居杂咏三十二首·亲友》，[宋]陈淳《北溪大全集》卷一，宋淳祐八年薛季良刊行本。

1183. 善者性所有，不可无诸躬。每见必勇迁，吾德乃可崇。

——《闲居杂咏三十二首·迁善》，[宋]陈淳《北溪大全集》卷一，宋淳祐八年薛季良刊行本。

1184. 耻以维其心，在心每知愧。不善临吾前，真如负芒刺。

——《闲居杂咏三十二首·耻维》，[宋]陈淳《北溪大全集》卷一，宋淳祐八年薛季良刊行本。

1185. 宾主辨贵白，死生路宜分。当克即便克，当存即必存。直须要脱洒，如彼霁月轮。超然物累上，无复渣滓浑。不须事黏滞，如咬老树根。弥年啮不断，岂不妨吾仁。

——《闲居杂咏三十二首·警滞》，[宋]陈淳《北溪大全集》卷一，宋淳祐八年薛季良刊行本。

1186. 初见即我赠，东京博雅堂。再见复我和，北窗小梅章。此物今只存，而人乃云亡。有时牵龙尾，浓磨发精光。恍惚金漆交，相与游翰场。间或展骚轴，熟玩题芬芳。嶙峋骨鲠语，犹能动刚肠。触物即君感，感物复君伤。藏之不敢轻，于以无君忘。嗟嗟当无朋，知心鲜其当。

——《忆李友叔皓三首·其三》，[宋]陈淳《北溪大全集》卷一，宋淳祐八年薛季良刊行本。

1187. 颜子有犯不之校，胸怀洒落冰雪融。孟轲横逆必自反，律己程度严秋霜。君子于物本无闷，小人胡尔好有攻。矧今薄俗抑又甚，绝无礼义争豪强。大伦大法毁瓦砾，小计小数横干将。背面反覆盖常态，是非毁誉无定章。朝为懿亲暮仇虏，外结同好中豺狼。奉之屈膝转摇尾，挤之下石仍挥枪。喜跻跗屝跷齐上，怒瞋皋益共鲦傍。要之总总皆吾外，于我内者庸何伤。达人大观等毫毛，不为欣戚留心胸。刚应以柔逆以顺，噪应以静暴以恭。红炉点雪不少凝，曲直胜负何所量。况乎他石可攻玉，火经百炼金始刚。坚吾志节熟吾仁，理义之益端无穷。

——《遭族人横逆》，［宋］陈淳《北溪大全集》卷二，宋淳祐八年薛季良刊行本。

1188. 碌碌平生学，惭无席上珍。仅余守师训，岂欲炫时人。误入侯门听，翻劳友义陈。愿从温故业，庶或稍知新。

——《和陈叔余韵二首，一以谢来意，一以勉之·其一》，［宋］陈淳《北溪大全集》卷三，宋淳祐八年薛季良刊行本。

# 林　弼

林弼（1325—1381），字元凯，龙溪人。元至正八年（1348），登进士第，曾任路级幕僚及漳州路知事二十年。明洪武二年（1369），太祖朱元璋三次遣使征召林弼，与宋濂、王祎、曾鲁同等人同修《元史》。翌年，奉命出使安南（今越南），为安南新王行册封礼仪。安南王赠送黄金为赆仪，辞却不受。

博览群书，善书法，工诗文，晚年研究理学，由博反约。所著文章，必根究哲理。著有《梅雪斋文集》《使南集》《诗经解义》《宋儒会解》等。

1189. 自古在昔，以忠为孝。勖尔世良，是则是效。

——《北山堂诗》，北京图书馆古籍出版社编辑组《北京图书馆古籍珍本丛刊99·林登州遗集》，北京：书目文献出版社，2000年，第402页。

1190. 努力及盛年，终始慎勿渝。

——《送王子俊都司经历》，北京图书馆古籍出版社编辑组《北京图书馆古籍珍本丛刊99·林登州遗集》，北京：书目文献出版社，2000年，第411页。

1191. 王事当贤劳，人生少安适。惟愿天戈挥，九州铲荆棘。

——《黑水洋》，北京图书馆古籍出版社编辑组《北京图书馆古籍珍本丛刊99·林登州遗集》，北京：书目文献出版社，2000年，第413页。

1192. 荣禄一以厚，所思在泽民。

——《上金宪代林伯永作》，北京图书馆古籍出版社编辑组《北京图书馆古籍珍本丛刊99·林登州遗集》，北京：书目文献出版社，2000年，第413页。

1193. 千载文明瑞，愿言扬耿光。

——《赠李一初》，北京图书馆古籍出版社编辑组《北京图书馆古籍珍本丛刊99·林登州遗集》，北京：书目文献出版社，2000年，第415页。

1194. 人生出处贵适志，官秩崇卑何足论。

——《赠商橘所》，北京图书馆古籍出版社编辑组《北京图书馆古籍珍本丛刊 99·林登州遗集》，北京：书目文献出版社，2000 年，第 423 页。

1195. 丈夫三日当刮目，安能混迹在尘俗。

——《赠美叔橡郎》，北京图书馆古籍出版社编辑组《北京图书馆古籍珍本丛刊 99·林登州遗集》，北京：书目文献出版社，2000 年，第 424 页。

1196. 云林暂尔寄栖止，风翮终当翔万里。

——《四禽词奉答顾孟仁·野鹤》，北京图书馆古籍出版社编辑组《北京图书馆古籍珍本丛刊 99·林登州遗集》，北京：书目文献出版社，2000 年，第 426 页。

1197. 高价售名誉，捷径媒宠权。谆谆教孝义，野翁真世贤。

——《野翁吟》，北京图书馆古籍出版社编辑组《北京图书馆古籍珍本丛刊 99·林登州遗集》，北京：书目文献出版社，2000 年，402 页。

1198. 君子思括囊，志士催着鞭。鹤书白日下，书帛何戋戋。

——《喜王子充赴召翰林》，，北京图书馆古籍出版社编辑组《北京图书馆古籍珍本丛刊 99·林登州遗集》，北京：书目文献出版社，2000 年，404 页。

1199. 客来觞我酒，客去读我书。人生贵适意，圭组将焉如。

——《题范文纲青云别墅》，北京图书馆古籍出版社编辑组《北京图书馆古籍珍本丛刊 99·林登州遗集》，北京：书目文献出版社，2000 年，411 页。

1200. 凤台玉帛华夷会，麟阁丹青褒鄂同。赖有画图诗卷在，风流不尽大江东。

——《题张将军百胜图》，(北京图书馆古籍出版社编辑组《北京图书馆古籍珍本丛刊 99·林登州遗集》，北京：书目文献出版社，2000 年，440 页。

1201. 玉帛征贤出草莱，孝廉船向北风开。纵然车马争驰逐，何似田园归去来。

——《金陵赠友人》，北京图书馆古籍出版社编辑组《北京图书馆古籍珍本丛刊 99·林登州遗集》，北京：书目文献出版社，2000 年，455 页。

1202. 庆历名臣余谏议，堂堂正论出清班。一封霜简晨趋阙，万点风旗夜度关。

——《谒余襄公祠》，北京图书馆古籍出版社编辑组《北京图书馆古籍珍本丛刊 99·林登州遗集》，北京：书目文献出版社，2000 年，457 页。

1203. 有客丹心一寸孤,都忘身世在江湖。十年泽国多戎垒,万里云霄渺壮图。

——《用韵述怀》,北京图书馆古籍出版社编辑组《北京图书馆古籍珍本丛刊 99·林登州遗集》,北京:书目文献出版社,2000 年,454 页。

1204. 青眼群公在,丹心寸地操。为君怀远举,天表粤山高。

——《赠别宁义甫率掾二十韵》,(北京图书馆古籍出版社编辑组《北京图书馆古籍珍本丛刊 99·林登州遗集》,北京:书目文献出版社,2000 年,459 页。

1205. 则权法以袪弊,审势以度宜,不棘以滥刑,不徐以废事。

——《送宪府从事郑君懋夫序》,(北京图书馆古籍出版社编辑组《北京图书馆古籍珍本丛刊 99·林登州遗集》,北京:书目文献出版社,2000 年,473 页。

1206. 惟当樽节爱养于民而已,必欲上有以裕国用,下有以纾民力。

——《送张以仁言事闽省序》,(北京图书馆古籍出版社编辑组《北京图书馆古籍珍本丛刊 99·林登州遗集》,北京:书目文献出版社,2000 年,475 页。

1207. 古之所谓君子者,不厚己以竞名,不薄人以计利,盖其在内者重,而在外者轻也。

——《送叶教谕归建序》,北京图书馆古籍出版社编辑组《北京图书馆古籍珍本丛刊 99·林登州遗集》,北京:书目文献出版社,2000 年,483 页。

1208. 人情易于履夷而难于涉险,知险之不可涉而履涉不避,必欲遂吾忠义之愿。

——《聂简较北上序》,北京图书馆古籍出版社编辑组《北京图书馆古籍珍本丛刊 99·林登州遗集》,北京:书目文献出版社,2000 年,485 页。

1209. 士有志而能不以流俗易其素,斯君子之所与也。

——《送吕志文归闽序》,北京图书馆古籍出版社编辑组《北京图书馆古籍珍本丛刊 99·林登州遗集》,北京:书目文献出版社,2000 年,487 页。

1210. 仕族无纨绮浮薄之习,能以诗书济其世,礼训肃其家,诚厚信其乡。

——《岐山陈君墓志铭》,北京图书馆古籍出版社编辑组《北京图书馆古籍珍本丛刊 99·林登州遗集》,北京:书目文献出版社,2000 年,606 页。

1211. 自古有学艺德行之士,蕴之于身而不获见于时,其昌而大者,恒在其子孙焉,盖其积之既厚则发之必茂。

——《晖堂刘先生墓表》,北京图书馆古籍出版社编辑组《北京图书馆古籍珍本丛刊 99·林登州遗集》,北京:书目文献出版社,2000 年,612 页。

1212. 凡人克自树立,未有不俭而致然者。盖俭则谨,谨则不纵,不纵则志专,志专则勤,勤则不逸,不逸则虑周。志专于内而理察矣,虑周乎外而事立矣。

——《书庄少师示儿语后》,北京图书馆古籍出版社编辑组《北京图书馆古籍珍本丛刊 99·林登州遗集》,北京:书目文献出版社,2000 年,640 页。

# 陈真晟

陈真晟（1411—1474），字晦德，又字剩夫，自号漳南布衣，弟子称布衣先生，漳州人，明代学者、教育家。

自年少即不流于世俗，因考场要求裸体搜身，耻于受辱，弃考归家，此后不再参与科举应试，致力于学术。天顺年间，曾献《程朱正学纂要》《正教正考会通》于上，未被赏识。镇海卫曾办卫学，他于此讲学，悉心教育，栽培人才。

诗画书法皆有造诣，时人争求，漳州有陈布衣字画"片纸无存"之褒语。著有《程朱正学纂要》和《陈剩夫集》4卷。

1213. 古之士进以礼，退以义。为上为德，为下为民。
——《正风教疏》，[明]陈真晟《陈剩夫集》卷一，清康熙四十八年张伯行正谊堂刻本。

1214. 得失之本，莫大于此，故臣愿效一言，而归死山林瞑目焉。
——《正风教疏》，[明]陈真晟《陈剩夫集》卷一，清康熙四十八年张伯行正谊堂刻本。

1215. 见善必行，闻过必改。
——《德业》，[明]陈真晟《陈剩夫集》卷一，清康熙四十八年张伯行正谊堂刻本。

1216. 有善者众推之，有过违者纠之，询其实状，于众无异，词乃书之。
——《过违》，[明]陈真晟《陈剩夫集》卷一，清康熙四十八年张伯行正谊堂刻本。

1217. 夫知弟子莫如师，知人莫如其友，凡有一善一过或无闻。
——《过违·考德》，[明]陈真晟《陈剩夫集》卷一，清康熙四十八年张伯行正谊堂刻本。

1218. 然而程朱不敢以时之不用而自阻，以泯万世之大教也，是以明道。先生非不知其必为当路所阻遏，而必以正教为请者，尽在己而已矣。

——《上当路书》，[明]陈真晟《陈剩夫集》卷二，清康熙四十八年张伯行正谊堂刻本。

1219. 君子之事业，固不止于一身，而亦不止于一家。

——《答蒙庵林雍行人书》，[明]陈真晟《陈剩夫集》卷二，清康熙四十八年张伯行正谊堂刻本。

1220. 愿学程朱万一之学，实无图富贵之心也。

——《答蒙庵林雍行人书》，[明]陈真晟《陈剩夫集》卷二，清康熙四十八年张伯行正谊堂刻本。

1221. 文过饰非如此，殆益为君子之不取也。

——《答蒙庵林雍行人书》，[明]陈真晟《陈剩夫集》卷二，清康熙四十八年张伯行正谊堂刻本。

1222. 是之者，所以开救世之志也。

——《答蒙庵林雍行人书》，[明]陈真晟《陈剩夫集》卷二，清康熙四十八年张伯行正谊堂刻本。

1223. 殆将为天地立心，为生民立命。

——《答蒙庵林雍行人书》，[明]陈真晟《陈剩夫集》卷二，清康熙四十八年张伯行正谊堂刻本。

1224. 其忧世悯道之意，至痛切而深远也。

——《答蒙庵林雍行人书》，[明]陈真晟《陈剩夫集》卷二，清康熙四十八年张伯行正谊堂刻本。

1225. 万万无恨心，岂能顾小小是非，而遂甘默然不言以死乎？

——《答蒙庵林雍行人书》，[明]陈真晟《陈剩夫集》卷二，清康熙四十八年张伯行正谊堂刻本。

1226. 不待问而对，有愧于心。

——《答蒙庵林雍行人书》，[明]陈真晟《陈剩夫集》卷二，清康熙四十八年张伯行正谊堂刻本。

# 陈洪谟

陈洪谟（1476—1527），字宗禹，自号高吾子。历任漳州知州、云南按察使、江西巡抚、兵部侍郎等职。在任期间，节财爱民，不畏强权，颇有政声。

正德五年（1510），任漳州知府，致力建设，广施惠政。整顿吏治，依律惩处蠹民猾吏，关心民瘼，平定巨盗林广周。同时，重视方志"资政教化存史"之功。正德七年（1512），延聘莆田学者周瑛共同参修府志。嘉靖初年，任江西巡抚，修废政，裁冗员，纂修《舆志》，并主持重修滕王阁，嘉靖六年（1527）九月动工，次年二月落成。明代重修滕王阁，此次规模最为宏大。

著有《治世余闻》《继世纪闻》和《松窗梦语》、诗集《静芳亭摘稿》8卷、《常德府志》8卷；另《明史·艺文志》著录有《陈洪谟文稿》2卷。

1227. 上曰："责之固是，但权之所在，惟有识量者能不移其心。不然，则恃权，好承奉，任喜怒，将或以是为非，以贤为不肖，使民不被其泽尔。自今后遇差巡按御史，务拣老成有识量者，毋用轻躁新进之人。仍以此意，行与各巡按御史知道。"

——《治世余闻》上篇卷之三，[明]陈洪谟《治世余闻录》，明万历四十五年陈于廷刻纪录汇编本。

1228. 上从容问曰："昨因张天祥事，先生辈言文职官不负朝廷，亦不应如此说，文官虽是读书明理，亦尽有不守法度者。"健等皆对曰："臣等一时愚昧，干冒天威。"东阳曰："臣等非敢谓其皆不负国，但负国者亦少。"迁曰："文官负国者，臣等亦不敢庇护，必欲从公处置。"上笑曰："亦非谓庇护，但言其皆能守法，则不可耳。"因谓："此事当如何发？初欲传旨，先生辈谓别无事由，猝然改命。猝者，暴疾之意，此亦未为猝也。"如是者再。皆应声曰："臣等见都察院本已批出无行，只欲事安稳耳。"上曰："缉访之事，祖宗以来，亦有旧规。今令东厂具所缉事，题本批行。"皆对曰："不如传旨。"上乃命拟旨，提解至京。

——《治世余闻》上篇卷之四，[明]陈洪谟《治世余闻录》，明万历四十五年陈于廷刻纪录汇编本。

1229. 王大惊曰："一国生灵，命缘天使！"致馈遗丰腆倍昔，金珠犀象，珍玩甚多。刘一不顾即行，复遣陪臣要于路，期必致之。刘复书示以初入关诗曰："咫尺天威誓肃将，寸心端不愧苍苍。归装若有关南物，一任关神降百殃。"交人益敬悚，遣陪臣入谢，表有"廷臣清白"之语云。

——《治世余闻》下篇卷之一，[明]陈洪谟《治世余闻录》，明万历四十五年陈于廷刻纪录汇编本。

1230. 旧有语曰："一生事业惟公会，半世功名在早朝。"所谓清者如此。李西涯时为学士，因众失朝，罚运灰炭。续两句云："更有运灰并运炭，翰林身上不曾饶。"一时哄然。又闻有一检讨，讨里河之夫，又驿丞不接，甚不平。或谓之曰："人多不知检讨何官，可只呼学士就好。"次日果称学士，仍前不出。乃赋诗云："翰林检讨被人轻，却冒瀛洲学士名。依旧所司全不理，由来知要不知清。"

——《治世余闻》下篇卷之三，[明]陈洪谟《治世余闻录》，明万历四十五年陈于廷刻纪录汇编本。

1231. 京师烧糯汁为瓶，以贮水蓄鱼，旁映屏烛，通明可爱，俗呼"炮灯"。古直买置于馆，日玩弄为儿戏。一日误触碎，意怫然不乐，曰："吾平生家计在此，今荡尽矣。"方作草书，值掾吏至，曰："遽败吾兴！"掾欲殴之。或俾自为计，古直曰："我固可殴，殴则吾名益彰。"一日遇诸涂，竟被殴。独袖手承之以归，亦不以屑意也。或劝使仕，大言曰："我来为爵禄图耶？"盖科举乎，则叹曰："安得以少年处我！"尝在酒所叹曰："此亦功名事业也。"盖亦一世奇士云。

——《治世余闻》下篇卷之二，[明]陈洪谟《治世余闻录》，明万历四十五年陈于廷刻纪录汇编本。

1232. 莆田彭公韶为吏部侍郎时，人不见其笑容，殆可比宋包拯。及迁刑书，尤能执法。尝奏减百官柴薪皂隶之半，朝士为之一喧，以为今俸不实支，较前代已薄，所仰给者在此，而欲递减，其何以养廉？事下，兵部尚书马公奏不可减，遂如旧。说者谓彭公老于治《书》，岂不识即"富方谷"之义？询其由，盖欲论内臣一二事，故先言此以示无偏也。然大臣行其所无事，似不当容心如此。

——《治世余闻》下篇卷之一，[明]陈洪谟《治世余闻录》，明万历四十五年陈于廷刻纪录汇编本。

1233. 近时宦官如萧敬之文雅，陈宽之谨厚，何文鼎之忠谠，皆不可少。前此若金安之廉，兴安之介，金英之知人，怀恩之持正，张永之刚勇，王高之雅饰，后乎此若芮景贤之安静，皆有取焉。

——《治世余闻》下篇卷之三，[明]陈洪谟《治世余闻录》，明万历四十五年陈于廷刻纪录汇编本。

1234. 上勤政，每日清晨视朝，遇雨则免，仍令有事衙门堂上官，由廊庑升奉天门奏事。或因走急滑跌，上多不问。尝以通政司、鸿胪寺官奉事繁难，若差错一二字者，有旨不必纠奏。经筵诸讲官失仪，尤加宽慰。闸朝有不到者，多从宽宥，不得已罚俸一月。其体念臣下之仁至矣。

——《治世余闻》上篇卷之二，[明]陈洪谟《治世余闻录》，明万历四十五年陈于廷刻纪录汇编本。

1235. 其朝臣无大小，皆乐趋朝，以仰承德意。间有语及早朝事，不能答者，就知其懒于朝矣。人自愧悔，盖有不令而自不能安寝者也。

——《治世余闻》上篇卷之二，[明]陈洪谟《治世余闻录》，明万历四十五年陈于廷刻纪录汇编本。

1236. 谕曰："……然使天下府、州、县亲民官非人，未必不为文具，百姓安得被其恩泽？欲令吏部择其贤否黜陟，然天下官多，难得停当。细思之，莫若自今与尔等访察各处巡按二司官，先当以此辈黜陟停留。尔珊更慎择各处巡按御史，然后责他们去拣择府州县卫所。官得其人，人受其福，庶几行去的说话，不为文具也。"二人叩头退。因与同列共叹曰："尧舜知人安民之德，不过如此。"

——《治世余闻》上篇卷之四，[明]陈洪谟《治世余闻录》，明万历四十五年陈于廷刻纪录汇编本。

# 戴时宗

戴时宗（1494—1558），字宗道，号良岗，漳州长泰人。明正德九年（1514），中进士，授刑部主事，历任大理寺左少卿、都察院右佥都御史、都察院左佥都御史等职。

为官清廉，行事有法。考功文选郎中任上，以进贤退劣为己任，拔擢贤才后生，严拒请托说情，力扫不正之风，为朝廷内外信服。嘉靖十一年（1532），黄河在鱼台地区缺口，运河交通阻塞，亲赴水患区考察，因地制宜，施行相应治理措施，治水取得成功。著有《朽庵存稿》。

1237. 申公入朝，止于力行一言，皆其时材智技能文章艺术之臣所不喜道。余是以知取人者贵本而不贵末也。

——《送南安郡洪君序》，[明] 戴时宗《朽庵存稿》卷之二，明嘉靖三十三年刊本。

1238. 居乡以至乎为官，不务合于人，人人亦知其无他，终亦不甚怨，余然后知君。孔子所谓耻巧言令色足恭，思鲁往士而恶乡愿者也。

——《送南安郡洪君序》，[明] 戴时宗《朽庵存稿》卷之二，明嘉靖三十三年刊本。

1239. 国家取士，莫重于进士之科。士而得与于进士之列，以为当世之用，亦荣矣。一旦得之，职清显，陟华要，或出而为州为县，往往有不乐居者。此其器之大小，而其志之远近可知也。

——《送进士立君以义令馀姚序》，[明] 戴时宗《朽庵存稿》卷之二，明嘉靖三十三年刊本。

1240. 故其出而有为于时也，居之若无，施之若固有，可尊可卑，可荣可辱，可喜可怒，随其身之所遇，以求吾志之所欲为。孟子所谓："居广居，立正位，行大道，得志，与民由之。"此真所谓大丈夫者。

——《送进士立君以义令余姚序》，[明]戴时宗《朽庵存稿》卷之二，明嘉靖三十三年刊本。

1241. 夫令者，有以事上，有以治下，其德易施，其惠易流，而所谓可尊可卑、可荣可辱、可喜可怒者，皆丛乎其身。是固君子适用致远之端，而大丈夫者之所不辞也。

——《送进士立君以义令余姚序》，[明]戴时宗《朽庵存稿》卷之二，明嘉靖三十三年刊本。

1242. 古之为令者，得专百里之地，其邦域之内，小大之务，一听其意之所欲为，故其志易行而政易达也。

——《送南海令林君克浩序》，[明]戴时宗《朽庵存稿》卷之二，明嘉靖三十三年刊本。

1243. 随其所用，信己以信人，取必于身，而不取必于物，如是，而天下之事可几也。

——《送南海令林君克浩序》，[明]戴时宗《朽庵存稿》卷之二，明嘉靖三十三年刊本。

1244. 虽然，天地间惟名为不朽，而名必有托而后传。仁卿文章材器有闻于时，行当益自奋励，益自濯磨。

——《寿处士直庵徐公七十序》，[明]戴时宗《朽庵存稿》卷之二，明嘉靖三十三年刊本。

1245. 为善不辱其宗，其所以积善行仁，夫岂一朝一夕之故哉？

——《贺墨溪遗腹族孙绍仁序》，[明]戴时宗《朽庵存稿》卷之二，明嘉靖三十三年刊本。

# 黄道周

黄道周（1585—1646），字幼玄，一作幼平或幼元，又字螭若、螭平，号石斋，漳浦县铜山所（今东山县）人。明末著名学者、书画家。

天启二年（1622），中进士，改庶吉士，历任翰林院修撰、詹事府少詹事、吏部尚书兼兵部尚书、武英殿大学士等职。崇祯三年（1630），朝廷追责袁崇焕案，原大学士钱龙锡受牵连。是时，朝廷贤者寥寥，小人尸位，无人为其辩白。他义愤填膺，接连上疏为其申辩，力劝皇帝任贤远佞，保钱龙锡不死，自己则被降三级调用。崇祯十一年（1638），指斥杨嗣昌等私下与清廷议和，在御前会议上据理力辩，却因崇祯帝偏袒杨嗣昌而被连贬六级，不久辞官归乡。

其著述颇丰，有《儒行集传》《石斋集》《易象正义》《春秋揆》《孝经集传》等，后人辑成《黄漳浦先生全集》，存诗两千余首，被俘后所作三百多首诗，出自忧愤，最为感人。

1246. 今天下所鳃鳃虑者，谓今上之法肃皇而过于包茹，与彼时微异耳。夫今上即渊默，似一切为不与，而浑厚之气于今未伤，权阿之多落，言路之倾仄，未有至于彼时者也。所患诸大臣徒托为雍容，无实有经国之意，以耸于人心，而诸群臣又率呶呶为不切之谈，以渎上听，令其薄焉，以为是争迩言者之不足与谋。

——《万历四十有六年乡试策·勤政第一》，[明]黄道周著，翟奎凤、郑晨寅、蔡杰整理《黄道周集》第二册，北京：中华书局，2017年，第401页。

1247. 道统之说，为圣人而开者也。圣人不出，其绪滋繁，记者以为记，诵者以为诵，学者以为学，教者以为教。故记者得口，诵者得耳，学者得拇，教者得指，皆影其一端，以象其只体，而必自以为圣人，拳曲其绪，谓统在于是，此子夏所自疑于西河，呼天地而忘其罪也。

——《万历四十有六年乡试策·正学第二》，[明]黄道周著，翟奎凤、郑晨寅、蔡杰整理《黄道周集》第二册，北京：中华书局，2017年，第402页。

1248. 若夫广六经之意，发自杼轴，适值其穷，近于仲尼之遭者，其惟王通乎？夫有宋诸君子迫于戎狄，治统既绌，而欲以道统自与，则何所独自为门户，必是此而非彼。故致知、主静者之至今为梗也。是以道莫大于不争，而学莫要于克己。

——《万历四十有六年乡试策·正学第二》，[明]黄道周著，翟奎凤、郑晨寅、蔡杰整理《黄道周集》第二册，北京：中华书局，2017年，第403页。

1249. 然而主不以权与相，则下益疑；相又以权自与，则法必乱。是以君释相权而一归之人主，再释其权以公与之相，则天下治矣。

——《万历四十有六年乡试策·相权第三》，[明]黄道周著，翟奎凤、郑晨寅、蔡杰整理《黄道周集》第二册，北京：中华书局，2017年，第404页。

1250. 夫古之官属甚简，廪饩甚厚，岁时聘享，不合国之力不举，故其举之甚文，而天下不以为弊。今之官属甚繁，廪饩甚薄，岁时劳来，不竭一人之力不举，举之不文，而津要者因以为戮。

——《天启二年进士策·察举》，[明]黄道周著，翟奎凤、郑晨寅、蔡杰整理《黄道周集》第二册，北京：中华书局，2017年，第415页。

1251. 利莫大于无眚，喜莫大于勿药。圣人不治有眚之疾，不进无妄之药。故瞑眩之方，可攻己，不可攻人；腊毒之尝，进于身，不可进于亲。

——《式士策·救世第二》，[明]黄道周著，翟奎凤、郑晨寅、蔡杰整理《黄道周集》第二册，北京：中华书局，2017年，第428页。

1252. 天地不忍进一尺之晷，以死万物之命，故晷南寸尽则抑而反北，晷北尺尽则抑而还南，明天地之为物命而抑其身影也。天地所为物命而抑其身影者，以为是尺寸之晷皆有所受之，受之而不敢过，故守之为礼义，而安之为道。

——《式士策·救世第二》，[明]黄道周著，翟奎凤、郑晨寅、蔡杰整理《黄道周集》第二册，北京：中华书局，2017年，第429页。

1253. 治天下者，天以别其制，地以别其性，人以别其事。

——《式士策·救世第二》，[明]黄道周著，翟奎凤、郑晨寅、蔡杰整理《黄道周集》第二册，北京：中华书局，2017年，第430页。

1254. 天下之大，固不可以两指绁而盆盎举也。灸爇至于北方，毒药来于西极，砭石生于海国，九针出于炎土。圣人之治人，皆因而治之，以为人治之未足，故又参之天地，以别其刚柔，辨其差等，差等既别，礼义乃出。

——《式士策·救世第二》，[明]黄道周著，翟奎凤、郑晨寅、蔡杰整理《黄道周集》第二册，北京：中华书局，2017年，第430页。

1255. 犴狌近礼，人不就而学礼；剑客卫身，人不就而葆身。植麇而射大夫，歌狸而射诸侯，岂信以迷惑不来者之的如此哉！以为是服异类而制奔走之道也。猛兽生而作弓矢，弓矢作而及妖鸟，妖鸟作而及日月；服乘生而作鞭楚，鞭楚作而及怒草，怒草作而及社土。其流而被者逾繁，其引而上者逾细，故圣人之用天道，不敢不谨也。

——《式士策·救世第二》，[明]黄道周著，翟奎凤、郑晨寅、蔡杰整理《黄道周集》第二册，北京：中华书局，2017年，第431页。

1256. 文武之张弛，高下之抑举，犹潮汐自升降，望舒自圆缺，莫知谁使，要有其定数，故扰民而民不离，动民而民不贰。

——《式士策·救世第二》，[明]黄道周著，翟奎凤、郑晨寅、蔡杰整理《黄道周集》第二册，北京：中华书局，2017年，第431页。

1257. 夫日月者救而不相济，水火者济而不相救之物也。救日月者，以礼通其意，故民皆忘其意而师其礼；济水火者，以意通其义，故民皆忘其义而得其意。水火始交，炽然作色，仁义不施，以通其间，不有一穷，必有一竭。下堂之鼎，以熬诸侯，熬之不加威，不熬之不加哀；云汉之原，以料余黎，料之不加勤，不料之不加遗。

——《式士策·救世第二》，[明]黄道周著，翟奎凤、郑晨寅、蔡杰整理《黄道周集》第二册，北京：中华书局，2017年，第432页。

1258. 凡物之性，各有所近，秉天者多阳，秉地者多阴，阳者近德爱雷霆，阴者近刑爱霜雪。圣人者，合德天地以命阴阳。迫而为雷霆，故雷霆无以漏其刑；迫而为霜雪，故霜雪无以杀其德。夫使天地而乐为霜雪，则蜥蜴蛟螭有因而窃玄冥之权者矣。

——《式士策·救世第二》，[明]黄道周著，翟奎凤、郑晨寅、蔡杰整理《黄道周集》第二册，北京：中华书局，2017年，第433页。

1259. 故天下之弊，有残民而无慢民；天下之患，有弊主而无弊政。和之名和也，缓之名缓也，两者天下之治名也，两名者正，则天下无病名；扁之非扁也，跗之非附也，两者天下之疑药也，两疑者去，则天下无疑病。

——《式士策·救世第二》，[明]黄道周著，翟奎凤、郑晨寅、蔡杰整理《黄道周集》第二册，北京：中华书局，2017年，第434页。

1260. 明主不乐人尚言，而其道不得不贵言；不乐人尚功，而其道不得不贵功；不乐人饰应饰让，而其道不得不贵应与让，何也？世不能常治，人不皆君子，危苦则君子尝其言功，清平则顽谗享其车服。尝危苦者，其意既不在于车服；享清平者，其意终不在于言功。天下相戒，以言功为危苦之祸、车服为清平之福。

——《式士策·言功第四》，[明]黄道周著，翟奎凤、郑晨寅、蔡杰整理《黄道周集》第二册，北京：中华书局，2017年，第446页。

1261. 夫天下之好名喜功者，非尽顽谗人也，其德不足以敛言，而又恶天下之赝言饰功者矫虔以窃圣人之车服。圣人者镇之以朴，示之以敬，屡省而出之，皆足以警世而作天下之气，故圣人之诱言功不若绝顽谗者之痛也。

——《式士策·言功第四》，[明]黄道周著，翟奎凤、郑晨寅、蔡杰整理《黄道周集》第二册，北京：中华书局，2017年，第448页。

1262. 儒臣不勇退，则介士不勇进矣；智臣不舍官，则愚臣不舍命矣；小臣不好名，则大臣必好佞矣；车服不足贵，则言功不足敬矣；言功不足敬，则道德不足信矣。人皆自敬其身，而后有以敬其名。身名既应，精神始得；精神既得，而后天子不敢贱其言功，天下不敢贱其车服。

——《式士策·言功第四》，[明]黄道周著，翟奎凤、郑晨寅、蔡杰整理《黄道周集》第二册，北京：中华书局，2017年，第452页。

1263. 圣人不恃吾道之常胜，而恃吾知四方之有败；不恃四方之不败，而恃吾业之可以贞胜。故富有天下而忧不富，强有天下而忧不强，此两者非圣人之忧患也。圣人所忧患者，世共弃道，必无有休明之道；世共徙业，必无有一成之业。

——《式士策·道业第五》，[明]黄道周著，翟奎凤、郑晨寅、蔡杰整理《黄道周集》第二册，北京：中华书局，2017年，第461页。

1264. 一众志而胜天下，其唯权乎？权扶众而出之，以王则王，以霸则霸；权扶独而出之，以治则治，以乱则乱。圣人唯不敢以权而趣乱，故不敢以一人胜天下；不敢以一人胜天下，故常悬未成之功以参已成之议。今日议多而功少，则必左议而竞功，功不可成而议不可少，则势必以权胜天下。

——《议论多而成功少毕竟何以反之对》，[明]黄道周著，翟奎凤、郑晨寅、蔡杰整理《黄道周集》第二册，北京：中华书局，2017年，第475页。

1265. 然则为天下者慎无讳而已，讳在内则贼在于内，讳在外则贼在于外，奸宄窃国必大扃限而多举讳。大扃限而多举讳者，佯为慼慎以闭天下，使天下以祸而易过，世之寡识者既乐于自闭，又以为国懋所在，重言为好，盖自是贼满而莫之敢告也。

——《本治论》，[明]黄道周著，翟奎凤、郑晨寅、蔡杰整理《黄道周集》第二册，北京：中华书局，2017年，第520页。

1266. 天意焉存？曰生人。治术焉存？曰养民。生者与天，养者与君，故天曰大父，君曰保母，此赤子所以戴亲，上灵所以眷顾也。

——《为君之道必先须存百姓论》，[明]黄道周著，翟奎凤、郑晨寅、蔡杰整理《黄道周集》第二册，北京：中华书局，2017年，第540页。

1267. 为百姓非以为君也，故百姓存则与存，百姓亡则与亡。存百姓者，所以自存也。

——《为君之道必先须存百姓论》，[明]黄道周著，翟奎凤、郑晨寅、蔡杰整理《黄道周集》第二册，北京：中华书局，2017年，第540页。

1268. 故为君者存天而百姓以为天，为臣者存君而百姓以为君，存君与天，皆托于百姓而因以自存。故《春秋》之书君道，不存乎百姓则不书，亦不存乎百姓则书之。

——《为君之道必先须存百姓论》，[明]黄道周著，翟奎凤、郑晨寅、蔡杰整理《黄道周集》第二册，北京：中华书局，2017年，第542页。

1269. 自不雨而雨，不雩而雩，邻国之灾，麦苗之伤，此存乎百姓者也。

——《为君之道必先须存百姓论》，[明]黄道周著，翟奎凤、郑晨寅、蔡杰整理《黄道周集》第二册，北京：中华书局，2017年，第542页。

1270. 生世之大分，与立身之大节，两者交发而莫解也。生世之分君与臣，立身之节忠与义。维臣以事其君，故不以劳为瘁；维忠以成其义，故不以便为私。

——《人臣当尽力事君论》，[明]黄道周著，翟奎凤、郑晨寅、蔡杰整理《黄道周集》第二册，北京：中华书局，2017年，第560页。

1271. 圣人之教贵饰，帝王之道尚利，殷纷罩施，如此而已。何则？沉黄浮苍，以饰自辨；横生反首，以利自育。故使天地熊熊，俱衣文绣；万物将将，俱获珍玉。

——《贵饰尚利论》，[明]黄道周著，翟奎凤、郑晨寅、蔡杰整理《黄道周集》第二册，北京：中华书局，2017年，第572页。

1272. 理之难明也。人主必以理胜天下，则天下争以理中人主。上下交争理而欲乃乘之，不夺理不止。故秉道与法者，王者之务也；因时审势者，霸主之事也；论事察情者，中主之智也。理者，范事与情，包时与势，静不失道，动不失法，非圣人则未之能明也。

——《人主之学以明理为先论》，[明]黄道周著，翟奎凤、郑晨寅、蔡杰整理《黄道周集》第二册，北京：中华书局，2017年，第574页。

1273. 圣人之所能明者，私则为欲，公则为理，去欲明理，独得其要而已。

——《人主之学以明理为先论》，[明]黄道周著，翟奎凤、郑晨寅、蔡杰整理《黄道周集》第二册，北京：中华书局，2017年，第574页。

1274. 善用众者大审微，大审微则毋以耳目格于天下。夫天下之明聪发于耳目，心思藉之，不发不刻，故知祸之所在而克之为德，知利之所在而克之为贼，刑德两取，不可以不察也。仁者取仁以利于人，义者取人以治其人，知者取人以俾于神，故知者上也，仁义所藉以为前剞也。

——《明君成功必取与人论》，[明]黄道周著，翟奎凤、郑晨寅、蔡杰整理《黄道周集》第二册，北京：中华书局，2017年，第577页。

1275. 夫财、器、工、士者，天下之所共取也，而政教、服习、遍知、机数，非天下之所能取也。

——《明君成功必取与人论》，[明]黄道周著，翟奎凤、郑晨寅、蔡杰整理《黄道周集》第二册，北京：中华书局，2017年，第579页。

1276. 善法天者主日，善法日者不爇火而照于室。爇火而照于室，犹未至于昧处也，而圣人不贵者，谓小察之不如大知，且恶夫独明之有众蔽也。夫一炬索照，不皇十指之知，而一指当前，已失百炬之照。

——《明目达聪论》，[明]黄道周著，翟奎凤、郑晨寅、蔡杰整理《黄道周集》第二册，北京：中华书局，2017年，第584页。

1277. 圣人知天下之物皆可相贯以精，相御以气，行于虚空而了无所滞，故以其神理归于日精，以其脉好归于岳渎。岳渎者，日月之所取景也。岳渎无光，而日月照之，使天下之动植潜游、人物姣丑皆著其数，若绣者之著绘；日月亦无光，而阴阳之精照之，使天下之流峙纵横、苍黄高下皆著其数，若照者之取影。

——《卷十三·明目达聪论》，[明]黄道周著，翟奎凤、郑晨寅、蔡杰整理《黄道周集》第二册，北京：中华书局，2017 年，第 585 页。

1278. 冽风举而螟螣枯，黄星曙而锋距息。圣人有道，薮清波伏，以理揆之，不其然乎？

——《平夷赋》，[明]黄道周著，翟奎凤、郑晨寅、蔡杰整理《黄道周集》第四册，北京：中华书局，2017 年，第 1781 页。

1279. 饵其中央，能有一人得太古长年之道者乎？夫既不能，则是林屋虽湮，宛委虽灭，东无差子之灵，西无庄子之烈，犹足以想晤禹德，乐死无极也。故夫志廓者不滞于旧闻，见多者少怪于新趣。谅岸谷之恒迁，省枕漱之未误。若夫林屋以西，碧崖含风；削困成围，擘势如弄，复有石匠天仇，破骨出窍，补洞成庭，搜颅得脑。

——《洞庭赋》，[明]黄道周著，翟奎凤、郑晨寅、蔡杰整理《黄道周集》第四册，北京：中华书局，2017 年，第 1780 页。

1280. 其哲人逸士亦多蟞蹩折龟而从之游。虽其久近殊显，而为众所攀附稽礼一也。予重茧经涉既数十日，坐卧云海，栖迟莲葯，仿佛梦寐，思其俦匹。

——《梁山锋山赋》，[明]黄道周著，翟奎凤、郑晨寅、蔡杰整理《黄道周集》第四册，北京：中华书局，2017 年，第 1775—1776 页。

1281. 然以僻在遐荒，舟车阻修，瓢鼓限于渔津，冠盖回于雁翼，徒为樵夫牧子惊顾动色，虽在乡邑之内，无复知之者。故德无崇卑，通途者贵；声无奄达，习耳者佳。苟托处之离群，宜修名之不立；苟清明之在躬，虽遁世其何闷乎！

——《梁山锋山赋》，[明]黄道周著，翟奎凤、郑晨寅、蔡杰整理《黄道周集》第四册，北京：中华书局，2017 年，第 1776 页。

1282. 塞崒屼以剚嗅，不自弃其荒陋，疑邃古之俨匠，挟舟毂而下究。出章亥之遗武，遂选驾于远骤。扶舆既有此清淑，乃怭僾而自匿。悟届远之终泰，聊避嚣于遐僻。服气母以凝颢，牧幽眶而纳日，藐一世之图貌，耽独照其修姱。天下既不吾知，吾亦肓然丧其天下。

——《梁山锋山赋》，[明]黄道周著，翟奎凤、郑晨寅、蔡杰整理《黄道周集》第四册，北京：中华书局，2017 年，第 1776—1777 页。

1283. 望三五以为像兮，指彭咸以为仪。夫何极而不至兮，故远闻而难亏。善不由外来兮，名不可虚作。孰无施而有报兮，孰不实而有获。

夫贫贱而修姱兮，信昔人之所耻。固予禀之所极兮，今不得乎始怠。览下上以周流兮，乃知名之所起。羌幽贞以内娱兮，终与败而为轨。善相齿而来光兮，名相耳而来集。火焰则就燥兮，水下则就湿。孰不求而能至兮，孰不追而能及。

——《从骚·无施第十有四》，[明]黄道周著，翟奎凤、郑晨寅、蔡杰整理《黄道周集》第四册，北京：中华书局，2017年，第1769页。

1284. 荣华既不可逐兮，荃不忍乎久瘁。羌敛荣以向实兮，故为世之所贵。亦孰种而不获兮，孰织而不衣。必弃德以为美兮，亦孰德之为累。

——《从骚·无施第十有四》，[明]黄道周著，翟奎凤、郑晨寅、蔡杰整理《黄道周集》第四册，北京：中华书局，2017年，第1769页。

1285. 秉德无私，参天地兮。愿岁并谢，与长友兮。淑离不淫，梗其有理兮。年岁虽少，可师长兮。行比伯夷，置以为像兮。

昔与蹇修为理兮，索美人以求匹。执冲阳而誓之兮，曰抚壮以有室。既余驾此霓舆兮，乃辞余以幼艾。曰将俟于后期兮，时遂去而不再。哀美人之既老兮，荣华落而就秽。将去此而远求兮，今信不得其配。世既重老而轻少兮，故不用此揽茝。采芙蓉于向夕兮，故瞬息而就萎。余非负此修姱兮，信美人之与期。余知夫锐进之为咎兮，羌终退而莫居。

——《从骚·虽少第十有三》，[明]黄道周著，翟奎凤、郑晨寅、蔡杰整理《黄道周集》第四册，北京：中华书局，2017年，第1767—1768页。

1286. 余固无乐乎躁就兮，愿抑志而守穷。去彼党以待清兮，蹠伯夷之高风。苟幽怀其不坠兮，美人之心亦与吾心同。

乱曰：行若纵辙，时不得控兮。处若握枢，道不得让兮。道与时违，直不见谅兮。贱而理贵，不为世尚兮。纷其可喜，曷娱众兮。众言易摇，中若丧兮。内顾以疑，恐不得当兮。桃则七载，讹为柵兮。受命不迁，思《橘颂》兮。

——《从骚·无施第十有四》，[明]黄道周著，翟奎凤、郑晨寅、蔡杰整理《黄道周集》第四册，北京：中华书局，2017年，第1768页。

1287. 信世亦谓余馨兮，又孰起而欨之。豫让毁体以成志兮，虽妻子不知其故。椟茹污以见节兮，故颠沛于异路。车既颠于泥泞兮，势不洁其下体。舟楫既丧兮，必援木而得济。世亦孰知乎余污兮，而责余以非是。道独举而无朋兮，过亦自引以莫白。夔龙党之莫及兮，羌咨度而无脊。蹇离胖彼四土兮，独忧余之宗祐。

——《从骚·谁与第十有二》，[明]黄道周著，瞿奎凤、郑晨寅、蔡杰整理《黄道周集》第四册，北京：中华书局，2017年，第1767页。

1288. 筑琼宫以遐眺兮，安得泻于我忧哀。见君之无期兮，虽流涕而不得。君有德则若忘兮，孰职报而可释。哀报亦其靡庸兮，愿及君而一见。因飞云而致词兮，安得及乎其便。

——《从骚·不再得第七》，[明]黄道周著，瞿奎凤、郑晨寅、蔡杰整理《黄道周集》第四册，北京：中华书局，2017年，第1761页。

1289. 曼余目以流观兮，冀一反之何时。鸟飞反故乡兮，狐死必首丘。信非吾罪而弃逐兮，何日夜而忘之。

謇予既弃此故邦兮，共哀吾处之非土。谓余好此离异兮，忍与此乎终古。祸既重而莫避兮，情虽密其罔诉。矰缴信机其在上兮，罗网信张而在下。羌俯仰之多故兮，余安可乎中处？余幼有此远志兮，既为茎而改之。

——《从骚·冀一反第八》，[明]黄道周著，瞿奎凤、郑晨寅、蔡杰整理《黄道周集》第四册，北京：中华书局，2017年，第1761页。

1290. 苟余心之端直兮，虽僻远以何伤。入溆浦余僮回兮，迷不知吾之所如。深林杳以冥冥兮，乃猿狖之所居。山峻高以蔽日兮，下幽晦以多雨。霰雪纷其无垠兮，云霏霏而承宇。哀吾生之无乐兮，幽独处乎山中。吾不能变心而从俗兮，固将愁苦以终穷。

——《从骚·僻远第六》，[明]黄道周著，瞿奎凤、郑晨寅、蔡杰整理《黄道周集》第四册，北京：中华书局，2017年，第1759页。

1291. 天门以幽不可方，声高以邈神哉襄，神哉褰褰霓杂纕。矫予美好不得扬，持人以怒中赍严，望而不跻何跄跄。修絜以诚冀有明，晋矣不征谁为臧，东风离离余将行。

——《从骚·诺皋将军第九》，[明]黄道周著，瞿奎凤、郑晨寅、蔡杰整理《黄道周集》第四册，北京：中华书局，2017年，第1745—1746页。

1292. 呼帝阍使登余兮，远不见夫予背。倚阊阖以四望兮，亦不见夫其外。飚飚哀而莫胜兮，顾余咎其中疑。曷帝之余纵兮，喟丧志以历兹。反余旆于穷桑兮，夕秣于玄池。继日夜其不休兮，余尚有所思。乘明星之薄薄兮，及晨暾之皓皓。救过则迟兮，为德则早。约余衷之冤冤兮，凌长空之浩浩。指北斗以为正兮，直千秋兮余依。路漫漫而靡端兮，夫孰知其是非。

——《续离骚·离疲下》，[明]黄道周著，瞿奎凤、郑晨寅、蔡杰整理

《黄道周集》第四册，北京：中华书局，2017年，第1729页。

1293．小雨山阿下，岩花未盖身。乍如屦齿漏，如觉杖头贫。土室容深坐，穷崖尚得邻。数间何可少，茅竹较清真。

崖浅无高遁，萝疏有湿衣。人疑贪虎穴，公莫上鱼矶。细竹青丝嫩，交姜黄土肥。筑亭犹未晚，薄醉也当归。

——《从兰谷洞逃雨下山阿小隐二章》，[明]黄道周著，翟奎凤、郑晨寅、蔡杰整理《黄道周集》第六册，北京：中华书局，2017年，第2228页。

1294．佳处领其要，此间殊奥深。临流人不见，盘径石能阴。半亩新梧院，余庀古竹林。似当闭花片，别与渔舟寻。

咫尺通江渚，杳无船橹声。曝书来半岭，逃诏入层城。山鸟时相语，岩芝遍可耕。留将钟磬意，行一问先生。

山阿宜小曲，对宇似深村。鸟唤人移桌，云衔石到门。坐孤知物澹，春尽觉花繁。不意层台外，居然独乐园。

爱竹如良友，移松得远朋。逃虚吾岂敢，面壁此何曾。时乞渔舟火，闲分讲院灯。山中山更稳，香气老扶藤。

过庭唯鸟觉，于此悟兼山。月白殊难卧，林香间一还。不随大劈势，故作小溪湾。踵息深处处，群峰相与删。

何须深结足，但得此盘桓。不出三台外，即为千仞看。羊裘初隐泽，风伯未惊坛。半榻能无恙，孤窗天下宽。

——《山阿小隐偶作六章》，[明]黄道周著，翟奎凤、郑晨寅、蔡杰整理《黄道周集》第六册，北京：中华书局，2017年，第2228—2229页。

1295．春陵新奋迹，幕府此咨贤。宁少一函诏，以为天下先。刁刘明礼乐，管葛罢餐眠。每忆南阳事，栖迟惜暮年。

于我亦何有，问天何所亲。英才无李郭，旧学剩苏甄。六等淆朝列，二司滞要津。规模须早建，流涕仰苍旻。

勿叹人才尽，应知帝泽长。鸡鸣诸将岭，龙起紫云乡。物力完江左，辰居慰上方。奔驰从露次，此意未轻狂。

形势资淮鄏，经营各上游。还元神烈意，定鼎伯温谋。王气余牛首，涛声静石头。此间宜用众，但莫漏吞舟。

求旧崇今日，锄伤惜往时。二南消眚运，五百泮昌期。有道麟归泰，居方帝出师。十年谈此事，慨未有人知。

从此春秋始，仍为周室东。人存大变化，天辟小洪濛。元舅怜申甫，孙谋忆镐丰。不知用我意，可与尼山通。

——《六月九日闻留都遗信六章》，[明] 黄道周著，翟奎凤、郑晨寅、蔡杰整理《黄道周集》第六册，北京：中华书局，2017 年，第 2233—2235 页。

1296. 凿山犹未了，未有出山期。土室关千榻，惊鸟别一枝。江淮侵客梦，松菊恼花时。长忆二三子，扶竿挂接篱。

绝壁成通道，雕阑听有无。蚁王看驿使，舟子画岩图。作赋乖时尚，能歌亦大夫。栖迟何不可，老态自江湖。

已识马肝味，况多鹤怨心。耰锄真别界，毛胅老当今。世过有人让，园葵少共任。余生不满百，丛桂几成阴。

疏放难忧国，登临不顾家。人才需济险，屐齿欲抽芽。少试钜灵掌，闲开铁树花。此间能信过，璧驷未为奢。

欣赏吾无似，同游众不疑。恐辜浴日梦，聊塞素餐诗。破壁铭新课，长镵谢故知。难将诸帝德，轻报与蛾眉。

枕漱非乖癖，餐眠适所安。量形师野鹤，侧杖问河澜。欲济今堪未，持危古尚难。成名竖子事，判作鸟窠看。

——《十日再登诸洞更命意匠凿山六章》，[明] 黄道周著，翟奎凤、郑晨寅、蔡杰整理《黄道周集》第六册，北京：中华书局，2017 年，第 2238—2244 页。

1297. 风尘不可避，陶写得轻清。小证年来约，看山分外明。人烟半掌业，鱼鼍万家城。已识蜕蝉意，高于钟鼎情。

选胜千峰上，谈心一勺源。神明穿半榻，天地澹孤尊。吾道未为贱，此行毋乃烦。悠然忆屐齿，多折在衡门。

斗柄昔谁指，大江今复南。未离群物类，聊盍小山簪。象力奔云壑，虾须结草庵。中原新旧事，端莫怪空函。

缘壁半藤路，焚书百尺台。偶逢逋客至，可有愁猿来。旅梦频孤往，岩花闲自开。江东行不远，珍重且分杯。

——《出山诗四章》，[明] 黄道周著，翟奎凤、郑晨寅、蔡杰整理《黄道周集》第六册，北京：中华书局，2017 年，第 2243—2244 页。

1298. 置尔宜丘壑，谁当廊庙人。眉须金马气，咳唾白檀身。有道仍难仕，为官想速贫。偶然分出处，不敢叙初邻。

即此柴桑里，殊多台宕姿。焚车公不顾，回驾勒休移。调鹤题禽庆，褰裳塞鬼疑。萧疏真太古，况有古人诗。

于昔谁相比，将毋司马徽。刳泉分水镜，割酿澹天机。有韵黄鹂好，无监青蟹肥。因思分缟带，未报与萝衣。

优劣今应定，多君此出山。高棋闲不着，小鸟数轻还。稳卧人难老，沉吟鬓亦斑。所惭新凿洞，苟且下云关。

——《寄池直夫晃岩四章》，[明]黄道周著，翟奎凤、郑晨寅、蔡杰整理《黄道周集》第六册，北京：中华书局，2017年，第2245页。

1299. 夫帝王之道，法天而已矣。天以虚，故无为；天以健，故无逸。无为故治，无逸故寿，世无与天争治，亦无与天比寿。然则独无不可以致治，独有不可以致寿，此周公、仲尼所以逆闭于其始也，何也？天下专静葆真之说皆可以治一身而不可以治天下。

——《万历四十有六年乡试策·勤政第一》，[明]黄道周著，翟奎凤、郑晨寅、蔡杰整理《黄道周集》第二册，北京：中华书局，2017年，第399页。

1300. 自古创业之君与中兴之主，其保祚皆长，大抵其精淬力励亦皆有不息之意焉。周之宣、平视商高宗则固庸主也，而考之载籍，宣五十三年，平四十九年，无亦其以云汉匪风者有以惕其心而震其年，与我太祖手辟乾坤，复羲、农、尧、舜之天下，祚以亿世，何足为长？

——《万历四十有六年乡试策·勤政第一》，[明]黄道周著，翟奎凤、郑晨寅、蔡杰整理《黄道周集》第二册，北京：中华书局，2017年，第401页。

1301. 上难喜而易怒，则人易危；忘人功而识人之过，则怀才者共退。是以主术贵周者，是荀卿所深诋，而夫子所不取也。凡奸人之欲以炀其君，欲以中外之隔阴窥其术者，则必以上之权为周，故欲用一人，不以闻于人；欲舍一人，不以闻于众。出一人而用之舍之，使天下震不测焉，自以为忠，而实足以乱天下，何也？君相之情不宣，则阉寺之言必秘，以天下之功过托之阴人之喜怒，以隔墙为主术者，宜有识者之所不取也。

——《万历四十有六年乡试策·相权第三》，[明]黄道周著，翟奎凤、郑晨寅、蔡杰整理《黄道周集》第二册，北京：中华书局，2017年，第405页。

1302. 天下之事有缓急，时有利钝，谋有宽断，千步之内，夷险易形，一日之间，进退殊算，以目睫而决千里之变，诚非儒生所能筹也。

——《万历四十有六年乡试策·边防第五》，[明]黄道周著，翟奎凤、郑晨寅、蔡杰整理《黄道周集》第二册，北京：中华书局，2017年，第408页。

1303. 才智之于人，若精窍之相丽也。节坚于内而动生其间，藏精于心而识通焉。故去节之才，喻于偾肉，随动而不久；去智之节，喻于骳骸，趋死而不生。圣人非贵不死之智而贱不生之才，贵夫生天下之材而成天下之事。

——《天启二年进士策·人才》，[明]黄道周著，翟奎凤、郑晨寅、蔡杰整理《黄道周集》第二册，北京：中华书局，2017年，第413页。

1304. 古今之治，相反而不同，盖若玄素之倒执也。古者周官廉察其下弊以六计，廉善为首，廉能次之，其意盖主于举廉，廉之道主质；今者周官礼察其下弊以六计，礼丰为卓异，礼歉为不及，其意盖在于举礼，礼之道主文。

——《天启二年进士策·察举》，[明]黄道周著，翟奎凤、郑晨寅、蔡杰整理《黄道周集》第二册，北京：中华书局，2017年，第415页。

1305. 魏武之时，厌诸将士困于横取，严削将军卿相而下，有司入官舍，至有自携瓶榼徒步而出者。当时非之，然则横敛之气亦以衰息。徒以选举不精，天下计弊，终不可立，是以欲弊天下之吏在于审举选，审举选在于简立法，简立法在于天子自操柄。夫天下之计详之而犹恐失、简之而谓可得者，何也？繁则人共为政，简则众不分柄也。吏法简而后礼乐修，礼乐修而后廉耻立，廉耻立而后时膏沐之不疑。

——《天启二年进士策·察举》，[明]黄道周著，翟奎凤、郑晨寅、蔡杰整理《黄道周集》第二册，北京：中华书局，2017年，第416—417页。

1306. 夫治国之要，莫大于慎所课，上慎课则下敏道。古者圣人求言于人，求行于身，故其臣坐而先言。今者圣人择言于身，督行于人，故其臣奔走而犹不暇。夫既奔走而不暇，则必不敢以言争胜于人；不敢以言争胜于人而犹患言者，是上不督课之故也。夫争言举胜则下躁，躁而不和在于下；督课居胜则上躁，躁而不和在于上。二者奚择之？曰：与其烦言以竞君，莫若竞行以烦臣。

——《天启二年进士策·考课》，[明]黄道周著，翟奎凤、郑晨寅、蔡杰整理《黄道周集》第二册，北京：中华书局，2017年，第417页。

1307. 天地之生才，古今一也。才不视所生，视所用；不视所用，视所成。裁成视人主，而苑枯视天地，人主无丰才之实，则天地负悾才之名矣。

——《式士策·求才第一》，[明]黄道周著，翟奎凤、郑晨寅、蔡杰整理《黄道周集》第二册，北京：中华书局，2017年，第421页。

1308. 才者兆人而裁之仅一人，运者兆人而运之仅一人。玉起于身毒之颠山，脊之以为蒲，穗之以为谷，千金、百金，视直于其工；金起于荆扬之右洿，赤之以为日，白之以为月，或和、或参，视能于其匠。圣人者，三才之工匠也。玉琢之而以贵，珠琢之而以碎，金雕之而以好，锡雕之而以丑。

——《式士策·求才第一》，[明]黄道周著，翟奎凤、郑晨寅、蔡杰整理《黄道周集》第二册，北京：中华书局，2017年，第424页。

1309. 天假余年，得以草野宅身蠡窟，犹令坠绪不委断机，一为外物所迁，则仰思旦起，俱成中道矣。

——《答陈卧子书》，[明]黄道周著，翟奎凤、郑晨寅、蔡杰整理《黄道周集》第二册，北京：中华书局，2017年，第635页。

1310. 才者自才，道者自道。

——《答杨伯祥太史书》，[明]黄道周著，翟奎凤、郑晨寅、蔡杰整理《黄道周集》第二册，北京：中华书局，2017年，第638页。

1311. 至其精微，鉥今命古，非致远钩深，静专反约，极盛大之源，兼圣神之旨，未有不□以庸音侪于下里者。自仆之见先生，未尝刻辍编摩瞀离载籍，又未尝有声华势利纤滓其间，溷客垢儿蹙屄其内，是以夙手杯寽，不浇其神；中身哀乐，愈增其致。

——《答张汰沃惠集书》，[明]黄道周著，翟奎凤、郑晨寅、蔡杰整理《黄道周集》第二册，北京：中华书局，2017年，第642—643页。

1312. 青藜之老，自当暗火照人，世上隙光，何足借乎？

——《与张绍和书（二）》，[明]黄道周著，翟奎凤、郑晨寅、蔡杰整理《黄道周集》第二册，北京：中华书局，2017年，第644页。

1313. 呈身柔面，今人所尊，舔舐下庭，走者入箧，铜雀台妓虽佳，乃不如灶下厮卒妇耳。妆擎作欢，不禁欲涕，以此遂恐薄于诸贤，然某不忍以半生之名易一日之养。此间本末未易轻量，庐江之情，久冀自见。

——《与张绍和书（五）》，[明]黄道周著，翟奎凤、郑晨寅、蔡杰整理《黄道周集》第二册，北京：中华书局，2017年，第645页。

1314. 而览者狃蕙以私松，听者遗虫而采鹄，亦欲原本自然，逍遥玄旨，非独魏武忧其损年，杨云叹其灭性也。

——《答张凯甫书》，[明]黄道周著，翟奎凤、郑晨寅、蔡杰整理《黄道周集》第二册，北京：中华书局，2017年，第646页。

1315. 度天下事须大力为之。

——《与杨机部书》，[明]黄道周著，翟奎凤、郑晨寅、蔡杰整理《黄道周集》第二册，北京：中华书局，2017年，第647页。

1316. 武臣爱财，文臣惜死，为彼者虎，为我者鼠。

——《与杨机部书》，[明]黄道周著，翟奎凤、郑晨寅、蔡杰整理《黄道周集》第二册，北京：中华书局，2017年，第647页。

1317. 因知仁义同轮，无复圣贤豪杰之别也。

——《与叶润山书》，[明]黄道周著，翟奎凤、郑晨寅、蔡杰整理《黄道周集》第二册，北京：中华书局，2017年，第647页。

1318. 耽阁移时，星霜复改，迂慢之罪，覆被难容。

——《与夏彝仲明府书》，[明]黄道周著，翟奎凤、郑晨寅、蔡杰整理《黄道周集》第二册，北京：中华书局，2017年，第648页。

1319. 宇宙大事，掌持回挽，自有亲翁及诸君子在，看古人史中，宁有屡逢诃责，得副旁求者？樗栎当前，不取忌于友朋，即见薄于主上，一番浮沉，一番汩没，愈为时辈所轻耳。

——《与何玄子书（一）》，[明]黄道周著，翟奎凤、郑晨寅、蔡杰整理《黄道周集》第二册，北京：中华书局，2017年，第651页。

1320. 弟生平自量，从不与世途争道，矢石当前，持杯不动，正不如风雨过时，再看晴花也。此番掩过，如一生橄榄未食，尚有微香，使咀嚼吐去，便无复味耳。

——《与何玄子书（一）》，[明]黄道周著，翟奎凤、郑晨寅、蔡杰整理《黄道周集》第二册，北京：中华书局，2017年，第651页。

1321. 时事尚可为，天数未为过，待人而行，端在亲翁矣。某已耳顺，百节委顿，天阴晦冥，痛于刀镞，如此，人岂复闻世上升沉事？强起支床，朗诵唐音，以为爱居之领钟鼓，鲦鱼之听钧天，虽不解颐，聊契以臆也。

——《与何玄子书（二）》，[明]黄道周著，翟奎凤、郑晨寅、蔡杰整理《黄道周集》第二册，北京：中华书局，2017年，第652页。

1322. 乌风白雨，莫定晴音，鹄素鸾青，各从本色。室内一弦，堂前四诗，俯仰之间，不睹烽火，其乐无极也。

——《与何玄子书（二）》，[明]黄道周著，翟奎凤、郑晨寅、蔡杰整理《黄道周集》第二册，北京：中华书局，2017年，第652页。

1323. 世界颠覆，一遂至此，虽蚤知其有今日，亦宁意决裂，便不可挽乎？姻兄向不当轴，又际昌期，乃入南都，忠孝一身，孝陵所护，山川钟鼓，实式凭之。

——《与何玄子书（三）》，[明]黄道周著，翟奎凤、郑晨寅、蔡杰整理《黄道周集》第二册，北京：中华书局，2017年，第653页。

1324. 如刘、白、左三家之兵，意如节度，则何妨准晚唐故事，徐图其后乎？神器有归，人心贵一，云霓日月，要有以起聋瞶而振疲癃。

——《与何玄子书（三）》，[明]黄道周著，翟奎凤、郑晨寅、蔡杰整理《黄道周集》第二册，北京：中华书局，2017年，第653页。

1325. 善作者不必善成，善始者不必善终，舍叔度而师文渊，岂所乐哉？不得已也。

——《与何玄子书（四）》，[明]黄道周著，翟奎凤、郑晨寅、蔡杰整理《黄道周集》第二册，北京：中华书局，2017年，第653页。

1326. 万里孤臣，九载环命，百五十人中，独某一身，虽铜面红额，横草裹草，亦当为之。

——《与何玄子书（六）》，[明]黄道周著，翟奎凤、郑晨寅、蔡杰整理《黄道周集》第二册，北京：中华书局，2017年，第654页。

1327. 仁人之功，不劳破斧，王心载宁，是可歌也。

——《与张元之书（一）》，[明]黄道周著，翟奎凤、郑晨寅、蔡杰整理《黄道周集》第二册，北京：中华书局，2017年，第655页。

1328. 宗社至此，非我臣子高谈之时。幸天未绝明，南阳奋迹，今上以薪胆之心蕴风雷之烈，文章性道卓越于人，琅琊、昭烈，未便扶毂，是亦高皇之贻谋，天作之胜事也。

——《与张元之书（二）》，[明]黄道周著，翟奎凤、郑晨寅、蔡杰整理《黄道周集》第二册，北京：中华书局，2017年，第656页。

1329. 敌人锐意，必在上流。想上流英贤，必无待尽之理。临安士民，共杀贝勒；绍、宁诸郡，撄城固守；温、台、衢、处，蚤已同心。以情形而别地利，建大事者不愁于仰攻也。

——《与姜燕及书（二）》，[明]黄道周《黄道周集》第二册，北京：中——《与姜燕及书（二）》，[明]黄道周著，翟奎凤、郑晨寅、蔡杰整理《黄道周集》第二册，北京：中华书局，2017年，第657页。

# 蓝鼎元

蓝鼎元（1680—1733），字玉霖，又字任庵，号鹿洲，漳浦人。

24 岁中秀才，然乡试屡屡受挫，后为福建巡抚张伯行赏识，召入幕。康熙六十年（1721），台湾朱一贵起义，随族兄蓝廷珍进剿，主文书之责。雍正帝即位，得召入内廷校书，参编《大清一统志》。雍正五年（1727），就任广东普宁知县，兼署理潮阳县，政声颇佳。因执法不阿，开罪惠潮道台，被罢职下狱。出狱后，两广总督召其入幕，为之条陈台湾十事。随后，总督上疏为其辩诬，雍正帝亲自召见并授其为广州知府，五月到任，六月病卒。

著述颇丰，有《鹿洲初集》二十卷、《女学》六卷、《东征集》六卷、《平台纪略》一卷、《棉阳学准》五卷、《鹿洲公案》两卷、《修史试笔》，参与编修《大清一统志》以及主编《潮州府志》1 部。

1330. 天下之官，最难为者莫如守令，最可为者，亦莫如守令。守令皆能其官，则唐虞三代之治，如运掌然。守令之难为，难乎其称职也。守令之可为，以其与民最亲。德易遍而才得展也，德不足，才不长。督抚司道皆掣肘也。佐贰僚属，皆旁挠也，吏胥皂隶皆为鬼蜮，欲掩其目而穿其鼻也。势豪巨猾皆如虎如狼，欲钳其口而拊其背也。民繁事多，案牍山积，刑名之出入，钱谷之征催，盗贼之攘窃，稍一毫不尽厥心，而民之受害，不可言矣。故为守令者，当知有民之父母四字。民既以我为父母，我可不以民为子乎？所以为父母者，非有他也，亦曰诚而已矣。

——《闲存录》，[清]蓝鼎元撰，蒋炳剑、王钿点校《鹿洲全集》，厦门：厦门大学出版社，1995 年，第 506 页。

1331. 虽以圣人治天下，亦不外教养二端。是教养者，守令之实政也。诚于教，诚于养者，以实心行实政也。人不实心皆私欲，间之私则不公，欲则不洁，而教养之政为虚文。是以上官掣其肘，僚属挠其权，胥吏穿其鼻，豪强拊其背。若公而无私，洁己而无欲，则数者皆无之矣。故居官以廉为称首。居官不要钱，鬼神犹畏之，况人乎？清而勿刻，廉而不矫，斯为善矣。廉之本在俭，澹泊可甘，浮费自省，吾未见豪奢享用而能廉者也。

——《闲存录》，[清]蓝鼎元撰，蒋炳剑、王钿点校《鹿洲全集》，厦门：厦门大学出版社，1995年，第506—507页。

1332. 作秀才时，不可有寒酸气；为民牧时，不可无秀才气。

——《闲存录》，[清]蓝鼎元撰，蒋炳剑、王钿点校《鹿洲全集》，厦门：厦门大学出版社，1995年，第507页。

1333. 人为贪官，但博得恶名尔。悖而入，亦悖而出，刑辟之加，鬼神之罚，千百中不饶一也。曾见有居官贪婪而贻福禄于子孙者乎？廉亦居官分内事，自矜为廉非真廉也。谓廉洁可以骄人，犹男子自夸其不偷盗，女人自诩其不淫奔。然则然矣，恐旁观者将掩口而窃笑。世有居官能廉，而不能禁胥吏僚属之不贪，是犹不为盗而窝盗，欲守贞而畜妓者也，其罪乃甚于自为之。

——《闲存录》，[清]蓝鼎元撰，蒋炳剑、王钿点校《鹿洲全集》，厦门：厦门大学出版社，1995年，第507页。

1334. 奸胥猾隶，最能窥伺本官之隐微，揣测其嗜好喜怒，内为迎合，而外肆鸱张，此甚可畏。对胥隶，当如防大敌，不可有一毫之疏漏，俾得乘隙而入也。积诚以感之，严肃以临之，屹然如山岳之不可动，轰然如雷霆之不可当，知其艰而恤其劳，无所施其巧矣。

——《闲存录》，[清]蓝鼎元撰，蒋炳剑、王钿点校《鹿洲全集》，厦门：厦门大学出版社，1995年，第507页。

1335. 其在内则防僮仆，谨门户。每见聪明才智之人，为僮仆所蔽者甚多。盖相习既久，深知性情，凡事放胆为之。所以门户之司不可不慎，恐其外通胥隶，内结幕宾。凡以财物小利，啖本官子弟亲戚用事之人，其为奸弊，难以悉数也。

——《闲存录》，[清]蓝鼎元撰，蒋炳剑、王钿点校《鹿洲全集》，厦门：厦门大学出版社，1995年，第507页。

1336. 京师游手，候充僮仆，号曰"长随"。皆挟厚赀，托人荐引，初筮仕者咸收之，此辈踪迹已奇矣。买僮仆而使令常理也，买主翁而自为之奴，此其意欲何为乎？不什伯其赏焉不已，不千万其赏焉，亦不已。其饥而附，饱而飏，又不待言也。用之极恶穷凶，剥肤入骨；不用则怨诽诬谤，造方为圆。苟不得已而误收，亦去之不可不速。

——《闲存录》，[清]蓝鼎元撰，蒋炳剑、王钿点校《鹿洲全集》，厦门：厦门大学出版社，1995年，第507页。

1337. 居官最患在沽名，虽未尝有沽名之心，而名誉太盛，即祸患所由伏也。

——《闲存录》，[清]蓝鼎元撰，蒋炳剑、王钿点校《鹿洲全集》，厦门：厦门大学出版社，1995年，第508页。

1338. 居官无惭于民庶，虽降革，犹升迁也。自反无玷于操修，虽惟祸，犹蒙福也。

——《闲存录》，[清]蓝鼎元撰，蒋炳剑、王钿点校《鹿洲全集》，厦门：厦门大学出版社，1995年，第510页。

1339. 贪者污秽之名，而以加之伊尹，其一介不取自若也。劣者，拙丑之称，而以加之周公，其多才多艺自若也。

——《闲存录》，[清]蓝鼎元撰，蒋炳剑、王钿点校《鹿洲全集》，厦门：厦门大学出版社，1995年，第510页。

1340. 廉者不贪人财，能者实心办事。

——《闲存录》，[清]蓝鼎元撰，蒋炳剑、王钿点校《鹿洲全集》，厦门：厦门大学出版社，1995年，第510页。

1341. 为国家爱惜人才，是制抚第一事。乃有以属吏才能为忌嫉，而偏欲挫折排挤，以示威于庸庸之辈，使之恐惧奉承，此不可解者也。不营私则不忌才。或他人营私忌才，而制抚误堕其术中者有之。举劾大事，关系激浊扬清。朝廷典法，岂可为一己作威市利，为私党报复恩仇。倘使君父闻知，其将何辞以对？为制抚者，当谨守鼻窍，不可为旁人所穿，而牵之东西南北也。

——《闲存录》，[清]蓝鼎元撰，蒋炳剑、王钿点校《鹿洲全集》，厦门：厦门大学出版社，1995年，第510页。

1342. 三万六千日，不过如隙驹。王侯将相，总与草木同朽耳。惟事业在天地之间，可以不敝。不思建树事业者，愚人也。谓时未可为，悠悠忽忽，将以有待，是终无事业者也。人苟知学为圣贤，则无论富贵贫贱，皆可有蟠天际地之事业。谓贫贱无事业者，其中无所有也。富贵事业在一时，贫贱事业在千古。

——《闲存录》，[清]蓝鼎元撰，蒋炳剑、王钿点校《鹿洲全集》，厦门：

厦门大学出版社，1995年，第512页。

1343. 余闻愀然曰："布衣蔬食，何害于人？不事上官，事国事民，以廉直为怪，余不知之矣。"

——《怪尹记》，[清]蓝鼎元撰，蒋炳剑、王钿点校《鹿洲全集》，厦门：厦门大学出版社，1995年，第209页。

1344. 予其建书院，开讲堂，育我士子，俾皆范围于孝悌、忠信、礼义、廉耻之大，讲求民生匡济，为国家有用之儒，吾民观感兴起，自日迁善而不知。

——《惠阳书院碑记》，[清]蓝鼎元撰，蒋炳剑、王钿点校《鹿洲全集》，厦门：厦门大学出版社，1995年，第214页。

1345. 臣自幼孤苦，能甘淡泊，居官持廉，乃分内寻常之事。但恐才有所不逮，识有所不周。力小任重，惧滋陨越，然思人臣效职，不外公忠，诚至可以生明，勤至可以补拙。臣惟有矢竭愚忱，时时以图报皇恩，四字常悬于心目之前，以矫激沽名为大戒，以党援偏私为大耻。苟可有裨益吏治民生，关系世道人心之要，任劳任怨，臣皆所不恤也。

——《履历条奏第一》，[清]蓝鼎元撰，蒋炳剑、王钿点校《鹿洲全集》，厦门：厦门大学出版社，1995年，第804页。

1346. 从来天生一君子，必有小人为之对，使君子颠沛流离，或至不可救药。而其究也，乃因小人而益显，或动心忍性，增益其所不能。小人之害君子，为功于君子者亦多也。君子当处困之时，一思小人害我，实为我进德修业之助，则心和气平，而震撼不能伤。厄穷困苦，君子之闲居也，进德修业，正在此时。当思此时不可多得，勿以牢骚愤懑，虚度光阴。

——《闲存录》，[清]蓝鼎元撰，蒋炳剑、王钿点校《鹿洲全集》，厦门：厦门大学出版社，1995年，第511页。

1347. 希贤而贤，希圣而圣，不敢自以为贤为圣也。读书穷理，终其身无止足之日。不凌节以求进，不见异而思迁，虽上达不忘下学焉，斯可与入道矣。

——《闲存录》，[清]蓝鼎元撰，蒋炳剑、王钿点校《鹿洲全集》，厦门：厦门大学出版社，1995年，第512页。

1348. 必有资其养廉，方可责以清操。

——《请行保甲责成乡长书》，[清]蓝鼎元撰，蒋炳剑、王钿点校《鹿洲全集》，厦门：厦门大学出版社，1995年，第573页。

1349. 知者常谨于平时，临深履薄能消宇宙之机变。

——《驱而内诸》，[清]蓝鼎元撰，蒋炳剑、王钿点校《鹿洲全集》，厦门：厦门大学出版社，1995年，第881页。

1350. 武断乡曲，乃市井无赖之所为。君子凡事，揆情度理，本忠行恕，岂肯加入以所不堪？

——《同人规约》，[清]蓝鼎元撰，蒋炳剑、王钿点校《鹿洲全集》，厦门：厦门大学出版社，1995年，第461页。

1351. 学者先于此地见之明，守之固，然后可与言圣贤之学，不然，虽周公才美，而见利忘义，则亦不足称也。利之所在，即为害之所伏。

——《同人规约》，[清]蓝鼎元撰，蒋炳剑、王钿点校《鹿洲全集》，厦门：厦门大学出版社，1995年，第462页。

1352. 君子以义为制事之权衡，以利为伐性之斧斤，思孔孟之所言，志伊葛之所守，则可以为舜之徒。而盗跖小人，不敢引为同列也。尚慎旃哉！

——《同人规约》，[清]蓝鼎元撰，蒋炳剑、王钿点校《鹿洲全集》，厦门：厦门大学出版社，1995年，第463页。

1353. 士不敦实行，非士也。文人无品，流俗所讥；才高行恶，君子所贱，诸生能无惧乎？凡入吾门者，必以立品为先，枉尺直寻之事，断断有所不为。利不能动，势不能夺，自置其身终于千仞之上，不以千驷万钟，贬我一日之志节。

——《同人规约》，[清]蓝鼎元撰，蒋炳剑、王钿点校《鹿洲全集》，厦门：厦门大学出版社，1995年，第465—466页。

1354. 学者之患，莫大乎骄矜。骄矜则善言不能入，过误无由知，欲德之日修，业之日进也难矣。是故谦虚二字，君子贵之。

——《同人规约》，[清]蓝鼎元撰，蒋炳剑、王钿点校《鹿洲全集》，厦门：厦门大学出版社，1995年，第469页。

1355. 因循苟且，人生之大患也。因循为学，则学不进；因循为治，则治不成。立心行事，有一毫之苟且，弊将无所不至矣。

——《闲存录》，[清]蓝鼎元撰，蒋炳剑、王钿点校《鹿洲全集》，厦门：厦门大学出版社，1995年，第499页。

1356. 善养浩然之气，则发为文章；正大雄厚，无靡曼邪僻之习。高者闻天；深者入渊，迅疾如风雷，镇重如山岳。而议论和平，近情切理，节奏闲雅，谐协宫商，斯可以谓之文矣。然非读书穷理以养其气者，不能也。故曰："文以气为主。"作诗亦然。

——《闲存录》，[清]蓝鼎元撰，蒋炳剑、王钿点校《鹿洲全集》，厦门：厦门大学出版社，1995年，第500页。

1357. 心不正身不修，不知仁义礼智信为吾性中所自其之理，不知耳目口鼻四肢之欲有命焉。以为之裁制，则其所存所发殆将有不可问者。是以先圣教人，齐家治国，必本于正心修身。

——《闲存录》，[清]蓝鼎元撰，蒋炳剑、王钿点校《鹿洲全集》，厦门：厦门大学出版社，1995年，第503页。

1358. 君子立身不可毫发与小人相类，君子立朝不可窃位苟禄而坐视小人之误国。

——《闲存录》，[清]蓝鼎元撰，蒋炳剑、王钿点校《鹿洲全集》，厦门：厦门大学出版社，1995年，第504页。

1359. 孔孟教人，大要以求仁为本。盖仁者心之德，虽似细微，而发用至大。一有恻怛慈爱之心，便与天地万物相关切。则必至于天地位，万物育，而此心始畅，是包涵宇宙之气象也。尧舜之圣，亦仁而已矣。学者存诸心，彼能充其量尔。

——《闲存录》，[清]蓝鼎元撰，蒋炳剑、王钿点校《鹿洲全集》，厦门：厦门大学出版社，1995年，第505页。

1360. 大抵世情险薄，妒嫉者多，鬼蜮含沙，何处蔑有，惟大君子不为所动，自不待禁而见睍日消耳。

——《论诸弁书》，[清]蓝鼎元撰，蒋炳剑、王钿点校《鹿洲全集》，厦门：厦门大学出版社，1995年，第578页。

1361. 从古无好利之圣贤，无贪利之豪杰，亦无殉利之忠臣孝子。惟看破义利之一关，斯可免人禽之迷混。

——《同人规约》，[清]蓝鼎元撰，蒋炳剑、王钿点校《鹿洲全集》，厦门：厦门大学出版社，1995年，第462—463页。

1362. 至诚之道，泛应曲当，无待于推，若学者则必自忠恕始乎！尽己之心为忠，推己及人为恕。忠恕者，持己接物之要道也。忠之一字，乃学者大本领，所以异于人者。故事君必忠，一出言而必思忠，为人谋不敢不忠。凡使在己之心，无一毫之不尽也。恕者，推己之心以及人，如"己所不欲，勿施于人"者是也。人心之所同然，凡民与我不异。

——《同人规约》，[清]蓝鼎元撰，蒋炳钊、王钿点校《鹿洲全集》，厦门：厦门大学出版社，1995年，第467页。

1363. 今冬稔有秋，间阎不苦乏食，此亦急公奉上，为长史分忧之日也。五营军士，自五月至今，未沾升斗之粮。汝等同乡共井，非亲即故，宁不相知相恤？况设兵卫民，输赋养兵，古今通义。汝等借人之力，以安疆土，忍坐视其枵腹颠连而不一恻然动心欤？

——《五营兵食》，[清]蓝鼎元撰，蒋炳钊、王钿点校《鹿洲全集》，厦门：厦门大学出版社，1995年，第373—374页。

1364. 余怒焉，擒其积恶盈贯者毙之，穷凶极狠者刑之，虽甚剧而可化者惩而释之，使立功自赎，窃果蔬薯芋，虽微必杖。或抗法逃藏，不获不已。贼知余之为彼难也，甫及月余，亦群然敛迹，道路肃清。

——《葫芦地》，[清]蓝鼎元撰，蒋炳钊、王钿点校《鹿洲全集》，厦门：厦门大学出版社，1995年，第383页。

1365. 拟欲通详律究，因念荒歉后，解累艰难，将萧邦棉、李阿柳、郑阿二、张阿束、许元贵，及案贼曹阿左、钟阿表、黄近启、罗阿钱，买赃移尸之黄奕隆，听唆诬告之王煌立，分别杖责枷刺，各蔽厥辜。自是潮邑讼师土棍，衙虫狯保，奸宄盗贼，皆人人震恐。地方大治。

——《龙湫埔奇货》，[清]蓝鼎元撰，蒋炳钊、王钿点校《鹿洲全集》，厦门：厦门大学出版社，1995年，第389页。

1366. 噫！此不孝之甚者也，言及舍寺斋僧，便当大板朴死矣！汝父汗血辛勤，创兹产业，汝弟兄鹬蚌相持，使秃子收渔人之利，汝父九泉之下，能瞑目乎？为兄则让弟，为弟则让兄，交让不得，则还汝父。今以此田为汝父祭产，汝弟兄轮年收租备祭，子孙世世永无争端，此一举而数善备者也。

——《兄弟讼田》，[清]蓝鼎元撰，蒋炳钊、王钿点校《鹿洲全集》，厦门：厦门大学出版社，1995年，第400页。

1367. 弄法蒙蔽，非常大恶。吾方为潮邑除奸弊，此事断不可宽。亦荷校于市，使吾民知法纪可也。

——《改甲册》，[清]蓝鼎元撰，蒋炳钊、王钿点校《鹿洲全集》，厦门：厦门大学出版社，1995年，第405页。

1368. 某无才末职，安敢任性，已照宪檄严审，而犯证矢口不移，无如何也。海滨之人，为盗捕盗，无所不谙。捆打箍烧之事，原不必待营兵而后能。振川身任县胥，岂不知杀人者死？阿显并未刑鞫，亦皆甘罪如饴，此则鬼物凭之。人命关天，不偿不已。岂人所能强乎！蔡高实系无辜，故令屈抵，不特抵者不愿，恐受抵者亦不愿也。当时录供通报，则据所言如彼，今日审出实情，则定爰书如此。大部驳诘，亦无如何。去官事小，枉杀非辜事大，惟有静听参革而已。

——《云落店私刑》，[清]蓝鼎元撰，蒋炳剑、王钿点校《鹿洲全集》，厦门：厦门大学出版社，1995年，第409页。

1369. 闻西谷素佳，道宪轸念民瘼，岂忍以有名无实之谷，失嗷嗷待哺之人心。皆君辈不慎，致使船户舞弊至此，将奈何！

——《西谷船户》，[清]蓝鼎元撰，蒋炳剑、王钿点校《鹿洲全集》，厦门：厦门大学出版社，1995年，第414页。

1370. 余恚甚，欲重创之，终以监生未革，不得加严刑，复搥其足数十。而上官文移驳诘，上下往返，经一年又逾两月，仍未咨革监生。而余以奉参离任，其网漏吞舟与否，则俟后之君子矣。吾友旷鲁之，恨余不将马仕镇扑杀，而拘牵文义，效俗吏之所为，受人掣肘，空劳笔墨。若使巨奸逸罚，则贵山都百里内外，遭其殃害无有已时。不知谁之过也。余亦悔之。

——《仙村楼》，[清]蓝鼎元撰，蒋炳剑、王钿点校《鹿洲全集》，厦门：厦门大学出版社，1995年，第425—426页。

1371. 钦惟皇上学传精一，道备中和，赏罚肖天地之无私，仁慈若父母之均爱。善政至教，卓越古今，上瑞嘉符，骈臻寰宇。固已廷多夔契，犹勤若渴之求；吏尽龚黄，尚思循良之彦。

——《履历条奏第一》，[清]蓝鼎元撰，蒋炳剑、王钿点校《鹿洲全集》，厦门：厦门大学出版社，1995年，第803页。

1372. 知县一官，有父母斯民之责，当有至诚实意，与小民痛痒相关，所谓爱百姓如子，处民事如家事者。臣必先正己，率属使丞尉共勉为不贪，使绅衿皆范于名教，使民人知尊君亲上，孝悌忠信之为美。为除其豪强盗贼讼师衙蠹之害，导养其农桑畜牧山林川泽之利，制节其风俗奢俭，积贮贸迁之宜，寓军政于保甲之中，行催科于抚字之内，庶邑民安生乐业，咸沐朝廷爱养教化之仁恩，此臣所龟勉，自期以报皇上者。

——《履历条奏第一》，[清]蓝鼎元撰，蒋炳剑、王钿点校《鹿洲全集》，厦门：厦门大学出版社，1995年，第804页。

1373. 钦惟皇上普播仁恩，弘敷教化，天下人民，无不安生乐业，敦礼仪而重廉耻。熙熙皞皞，如睹平章协和之风，犹且日勤训论，加意道齐。欲使山陬海澨之中，悉开其气禀习俗之蔽，此诚天地父母盛心，有加无已。凡地方大小官司，皆当仰体圣意，实心实力，与百姓相关切，而教育整齐之者也。

——《凤阳民俗土田第五》，[清]蓝鼎元撰，蒋炳剑、王钿点校《鹿洲全集》，厦门：厦门大学出版社，1995年，第811页。

1374. 圣人未尝绝物，而物每望而生畏。谓神灵天亶，非凡庸所敢近。此非我夫子也。夫子德愈盛而心愈下，蔼然珪璋之可抱，不特不使人畏，且使望之者欲不生其爱而不能矣。圣人凡事过人，而人遂见其可尊。

——《夫子温良》，[清]蓝鼎元撰，蒋炳剑、王钿点校《鹿洲全集》，厦门：厦门大学出版社，1995年，第847页。

1375. 所以儆凡为民者，皆当起忠孝仁让之心，而消其犯上作乱之气。官民交勉，则海甸昀昀，常保宁谧，子孙世世俱享升平。

——《平台纪略》，[清]蓝鼎元撰，蒋炳剑、王钿点校《鹿洲全集》，厦门：厦门大学出版社，1995年，第841页。

1376. 天下大事，小儒闻而咋舌，狂生漫掉三寸，则曰此事容易。须知此事之利害原委，见不周到，将来一败不可收矣，谈何容易也。有识海道之人，有利海道之船，有防海贼之法，方见海运之有利无害。无此老谋，岂许妄谈天下事哉！吃紧在设海督以固海疆，此万年长策也。天下全图沿海大势，列看指掌，纶巾羽扇而指挥之。一腔忠爱之忱，与笔俱飞，与墨俱流，于此见真。读书人本事，牖下呻吟者且不解其说之何自矣。

——《漕粮兼资海运第四》，[清]蓝鼎元撰，蒋炳剑、王钿点校《鹿洲全集》，厦门：厦门大学出版社，1995年，第811页。

1377. 某今既来，将与神约，官有不职，祸当在予，无再凶荒，为我民累。民即不良，不过百中一二，无尽皆不良之理。盗贼奸宄，于人神之怒，县令有法足惩之；颓风薄俗，伤天地之和，县令有教足化之。法之不行，教之不振，降灾于令足矣！必以凶荒遍及无辜之士庶，非上天好生之心，非神所应出此也。

——《祈年告城隍文》，[清]蓝鼎元撰，蒋炳剑、王钿点校《鹿洲全集》，厦门：厦门大学出版社，1995年，第334—335页。

1378. 时命在天，君子听之，苟有心于世道，安往不可以济人利物，励诗书、立志节、敦气谊、挽颓风，皆儒者素位而行之。学必拘，拘身致通显，而后有所表见，陋矣。

——《诰赠奉政大夫梦岩戴君墓志铭（代）》，[清]蓝鼎元撰，蒋炳剑、王钿点校《鹿洲全集》，厦门：厦门大学出版社，1995年，第364页。

1379. 君事兄如父，恤宗党，重然诺，严取与，敦本尚实，无浮华刻薄之气，使得志于时，当卓然有所树立。乃时命迍邅，五十始饩于庠，七十以明经老，一生不得持民社尺寸之柄，亦独何哉。然君也素位而行，济人利物之心，不徒空托之怀抱，固亦有足多矣。修德获福之谈，儒者所不道，而或者又有不于其身于其子孙之说，吾以君之子某验之，始信理有不诬乎。

——《诰赠奉政大夫梦岩戴君墓志铭（代）》，[清]蓝鼎元撰，蒋炳剑、王钿点校《鹿洲全集》，厦门：厦门大学出版社，1995年，第365页。

1380. 执事旷世伟人，全闽师表，膺世道人心之寄，秉纲常名教之权。显微阐幽，将小善之必录；报功崇德，忍大典之久遗。行如黄公，世所罕见，天下之善士，何况一乡，国人皆曰贤，允宜从祀。故敢沥实敷陈，恳行兼祀郡邑，庶春兰秋菊，丹霞之黍稷维馨；鹿水梁山，大贤之俎豆不泯。则后生小子，闻忠孝而奋兴。大夫国人，式文章于不朽矣。

——《请黄石斋先生崇祀乡贤文》，[清]蓝鼎元撰，蒋炳剑、王钿点校《鹿洲全集》，厦门：厦门大学出版社，1995年，第334页。

1381. 夫箕帚诟谇之风，久为世俗所不免，身外之物，切肤视之，况实在操刀而割之，交谪之声，北门兴叹，况有父之孤，有夫之寡，内外兼寄，手口卒瘏，乃能循礼守义，相敬终身，以此坊民，吾知世道人心当必为之一正乎！

——《陈母许太孺人七十寿序》，[清]蓝鼎元撰，蒋炳剑、王钿点校《鹿洲全集》，厦门：厦门大学出版社，1995年，第331页。

1382. 呜呼痛哉！不孝鼎元终年飘泊，情事未伸，生不能备奉养，殁不及凭棺衾，天地罪人，抱恨何极！虽曰腼然人面，曾羊乌报本之不如矣！

——《先慈节孝许太孺人行状》，[清]蓝鼎元撰，蒋炳剑、王钿点校《鹿洲全集》，厦门：厦门大学出版社，1995年，第361页。

1383. 太君教之，惟公惟明。三年楚泽，两袖风清。海珠靡遗，连茹汇征。还朝复命，司谏彤庭。太君教之，惟忠惟诚。毋伤刻薄，毋涉沽名。丰裁凛凛，为国典型。

——《黎母魏太君哀辞》，[清]蓝鼎元撰，蒋炳剑、王钿点校《鹿洲全集》，厦门：厦门大学出版社，1995年，第351页。

1384. 何则丈夫生当斯世，绍往圣之绝学，以斯道觉斯民，或佐天子政令于庙堂，或提兵万里，立功阃外，跻一世于三代之隆，此上寿也。否则砥行于家，修节于身，以孝悌忠信为己任，亦足维持风俗。又或载籍闳博，览古今之奇，穷百代之奥，著书立说，自成一家，亦可以历千百世而不朽。若夫庸碌无闻，徒美衣丰食以终其身，虽有彭乔之寿，君子弗齿焉。

——《柯扶三寿言》，[清]蓝鼎元撰，蒋炳剑、王钿点校《鹿洲全集》，厦门：厦门大学出版社，1995年，第329—330页。

1385. 盖闻人生大节，不外忠孝两端。儒者传心，唯有文章千古，既已著书立说，奥学贯乎天人，亦且竭力致身，精诚笃于君父，屹然乾坤之柱础，伟哉名教之干城。

——《请黄石斋先生崇祀乡贤文》，[清]蓝鼎元撰，蒋炳剑、王钿点校《鹿洲全集》，厦门：厦门大学出版社，1995年，第333页。

1386. 联镳金马，分搜凤麟。己未人才，萃于弟昆。春坊历掌，启沃仪宸。天子曰咨，惟乃馨闻。汝学既茂，汝行更醇。汝持玉尺，视学八闽。惟清惟慎，如朕诗云。公拜稽首，星驰日奔。甫入闽关，盟天告神。一钱不取，爱才如珍。鸿篇杰构，翻阅夜分。有劣在摈，把卷酸辛。冀野群空，幽谷生春。公之待士，若子若孙。欲加诸膝，教诲谆谆。士之视公，若萱若椿。既喜舞蹈，亦泪沾巾。有闽以来，无此学臣。清操第一，巨眼殊伦。还朝报政，佥曰忠纯。

——《阁部沈公哀辞（有序）》，[清]蓝鼎元撰，蒋炳剑、王钿点校《鹿洲全集》，厦门：厦门大学出版社，1995年，第344页。

1387. 为人所不能为，言人所不敢言，履尾不咥，褰裳涉川，卒能培一时之风气，除民生之患害，致万姓欢忭。盖其劲节孤忠，凌霜贯岳，暗室屋漏之谨凛，无一不上达乎帝天。夫是以入水不濡，入火不热，极磨涅而磷缁无患，任众石之齐下，而陷井得以自全。

——《祭大宗伯仪封张公文》，[清]蓝鼎元撰，蒋炳剑、王钿点校《鹿洲全集》，厦门：厦门大学出版社，1995年，第340页。

1388. 呜呼！隙驹易逝，圣哲不免。惟道德与功名，亘万古而弗湮，伟哉公也！可以见周、程、张、朱五先生于地下，亦韩、范、富、欧诸君子，并谈笑乎九原。某等念公不见，出涕潸潸，溯鳌峰之讲业，偕诸子以周旋，不特饮食教诲，视他人而有加，独期许深造乎远大，尤属望之拳拳，愧学植之就荒，徒失声相向而行哭，更何处得仰模范之广渊。陈牲设醴，斋戒告虔，仪有尽而心无已，用亲肸蠁于几筵。

——《祭大宗伯仪封张公文》，[清] 蓝鼎元撰，蒋炳剑、王钿点校《鹿洲全集》，厦门：厦门大学出版社，1995 年，第 340 页。

1389. 呜呼！自古皆有死。而得其所者几谁？竭力致身，成臣子之大义，尽瘁以殁，愧窃禄之行尸。重以身后有人，食报未艾，魂亦可以含笑九京。乘飘风而归中土，不留遗恨于欧山之巅，与漳水之湄洁我牲牷，酌我金卮，颓然一哭，与君长辞。灵欣欣其来格，鉴吾诚兮勿疑。

——《祭漳倅叶公文》，[清] 蓝鼎元撰，蒋炳剑、王钿点校《鹿洲全集》，厦门：厦门大学出版社，1995 年，第 339 页。

1390. 呜呼！人生如大梦，宇宙如转轮。自古圣贤豪杰，莫不有寄有归，惟不朽者为尊，如公事业在天壤，爱慕在人心，历千秋百载而不敝，岂功名富贵之士之可与同群。况乎昊天眷德，福亦相因，令子联翩而登第，文孙接踵，不异南溟之鹏鲲。公之食报未有艾，亦可含笑于九原之下，不留余憾乎苍旻。

——《苕南书院公祭内阁学士前学宪归安沈公文》，[清] 蓝鼎元撰，蒋炳剑、王钿点校《鹿洲全集》，厦门：厦门大学出版社，1995 年，第 337 页。

1391. 士希贤而贤希圣，孝悌仁让所渐摩，靡不风移而俗易，为天地立心，为生民立命，言有大而非夸；为往圣继绝学，为万世开太平，传之久而不惑。

——《讲学告五先生文》，[清] 蓝鼎元撰，蒋炳剑、王钿点校《鹿洲全集》，厦门：厦门大学出版社，1995 年，第 335—336 页。

1392. 若开国继体之初，而有建文逊国之事，尤世运之丁极否，逆贼起自一家，忠良殄其噍类，天地晦冥，三纲沦斁，不幸其身多历年所又不幸，其传诸子孙，世数久长，使当时附和倡乱，反颜事仇之辈，得全其称功颂德，文饰叛逆以靖难之名，而二三百年莫敢有昌言正论，扶天理而植纲常，斯亦古今第一恨事也。则有明纲目之作，乌可已乎。

——《上陈大中丞请修明史纲目书》，[清] 蓝鼎元撰，蒋炳剑、王钿点校《鹿洲全集》，厦门：厦门大学出版社，1995 年，第 27 页。

1393. 居官廉能，知人造士，宜祀也，则有若蔡思充、林宰。思充为东阳令，廉名大著，有不取民间一寸丝之颂。拔倪元璐于稚龄，卒为名臣。在太常时，以议许世子不尝药，忤珰告归。寻起刑部，多所平反，极陈科场关节，芦州、芜关数大案，辞义激烈，终工部尚书。事亲孝，与人恕而临大节决大议，确然不可拔没而人思之。林宰为四川布政使，政声大震，樊龙、樊虎之变，亲援桴鼓以励将士，如女土司秦良玉，设计擒之。分典乡会试，得邹之麟、刘之凤、耿如杞、林赞等，皆一代名豪，识马世奇于童子中，时称冰鉴。以兵部侍郎致仕，居乡善行尤多。有贩夫以同侪待宰，宰亦笑受之。雅量高致，时人莫及也。

——《上车学宪请补漳浦县乡贤书》，[清]蓝鼎元撰，蒋炳剑、王钿点校《鹿洲全集》，厦门：厦门大学出版社，1995年，第29—30页。

1394. 然天下非常之事，惟非常人能为之。祀典不当，一人已觉其多，名教有光，百人犹以为少，或就中斟酌，择其无后者，将泯没者而先祀之。俯仰今昔，鼎元益痛心三人也。周宗起当燕王篡逆之时，父子俱投琴川死，是方孝孺、黄观之流亚也。县志载宗起事实，竟不能详，但云史逸其名，乡无传祀，室庐坟墓尚在潭，其子既忠且孝，并不能举其名氏。则自今以往，百年十年，安知不并琴川之事而泯灭之。精忠贯日，两世捐躯，其报如此，此忠臣孝子所恸哭流涕者也。

——《上车学宪请补漳浦县乡贤书》，[清]蓝鼎元撰，蒋炳剑、王钿点校《鹿洲全集》，厦门：厦门大学出版社，1995年，第31页。

1395. 鼎元为世道人心计，惧先哲之懿行湮没不彰，不揣固陋，妄献刍荛，字多繁冗，词不雅驯，伏惟执事勿吝览观，酌其可行者而表章之，庶无失乡先生祭社之义，史迁所谓伯夷、叔齐虽贤，得夫子而名益彰。

——《上车学宪请补漳浦县乡贤书》，[清]蓝鼎元撰，蒋炳剑、王钿点校《鹿洲全集》，厦门：厦门大学出版社，1995年，第32页。

1396. 鼎元年少狂妄，亦知出位之谋，近于杞人之忧。但上书言事，古之人有行之。昌黎、南丰、眉山父子，皆自荐拔以求进用，慷慨激昂，言之亹亹忘倦，况鼎元于世无所求，而汲汲以陈者，又皆世道人心之所系，是以冒昧而忘其僭越之罪焉。

——《上宋观察请修漳州府志书》，[清]蓝鼎元撰，蒋炳剑、王钿点校《鹿洲全集》，厦门：厦门大学出版社，1995年，第33—34页。

1397. 夫鼎元虽不才，颇知义利之辨，苟为非义之获，虽千金在前，不以易吾素，岂肯妄受人怜有所希冀者哉。所以孳孳汲汲笔耕舌耨者，亦自竭其力，以奉其亲，无一毫愿外之意也。少时狂妄，喜为文词，自日侍执事，细观先儒之书，始知圣贤之道，终身行之而不穷，然其最切者不外人伦日用之间，父慈子孝，兄友弟恭，皆是道也。

——《上张大中丞书》，[清]蓝鼎元撰，蒋炳剑、王钿点校《鹿洲全集》，厦门：厦门大学出版社，1995年，第34—35页。

1398. 夫升平小丑有何难治？海洋虽宽，得其要如一室耳。去接贼之人，贼势自然穷蹙。练兵丁、选死士、精器械、慎机密、搜丑类而歼之，治其标也。平日恩威并济，必有大服军士之心，虽使赴汤蹈火，亦无所避，又当知弭盗之源，在乎民风。士习课农桑，修学校，以养以教，自然不为盗贼，治其本也。鼎元不敏，敢抒管见，略陈数事。

——《与荆璞家兄论镇守南澳事宜书》，[清]蓝鼎元撰，蒋炳剑、王钿点校《鹿洲全集》，厦门：厦门大学出版社，1995年，第41页。

1399. 台湾当朱一贵作乱之后，干戈蹂躏，哀鸿遍野，继以风灾扫荡，疠疫连绵，民之憔悴极矣。二三年来，文武和衷，余孽拔根，地方宁静，抚摩噢咻，疮痍渐起，然元气犹未复也。继凋敝之余，则培养维艰；消嚣陵之习，则教化宜急。官斯土者，可不百倍留心，以训民型俗，久安长治为己任。今天子眷念海疆，慎简贤能，以明公才高行卓，特命观察是邦，台之民其有厚幸乎！经济内优，纳沟念切，因其势而利导之。如王良使马，庖丁解牛，无足烦措置也。鼎元闽峤书生，识见浅尠，明公以其曾赞戎行，略悉台地人情风土，不弃固陋，采及刍荛，敢不具陈所知，以副公殷勤至意。虽未必其言之当否，而区区之心，颇有与台地人民相关切者，苟千虑而一得，亦聊补夫涓埃，惟高明察之。

——《与吴观察论治台湾事宜书》，[清]蓝鼎元撰，蒋炳剑、王钿点校《鹿洲全集》，厦门：厦门大学出版社，1995年，第46—47页。

1400. 炮台相离，以左右炮力管到之处为准。接连建筑，使敌不得近城，西面人家临海，无地可容竹桐，筑灰墙为雉堞，便施枪炮，不啻金汤之固也。台竹之性，与内地不同，内地竹无根不活，台竹一株，可截三段植之，虽罚多种，不以为病也。刺桐一树，可斫作百十株，插地皆活，尤易易者。惟敌楼土墙，颇费人力。由此扩充，以渐致之可耳，天下事成于有心人，无难为也。

——《与吴观察论治台湾事宜书》，[清]蓝鼎元撰，蒋炳剑、王钿点校《鹿洲全集》，厦门：厦门大学出版社，1995年，第50页。

1401. 愚少长海滨，躬耕作苦，勺水寸地，视若奇珍，及渡江淮过齐鲁，抵京师，所见万顷平原，枯燥为陆河湖淀荡，水浅沙淤，至于夏秋霖雨，则又皆成巨浸，每叹北方不习水利，惟苦水害。低徊顾惜，恨不得胼手胝足于其间。忽闻盛举，欢忻手额，试为综畿辅之大势而计之。

——《论北直水利书》，[清]蓝鼎元撰，蒋炳剑、王钿点校《鹿洲全集》，厦门：厦门大学出版社，1995年，第57页。

1402. 天下无不可为之事，惟心坚力勤，仰体皇上爱民利民之至意，置身家性命于度外，精诚所感，可以动天地役鬼神，何农田水利之不可成乎。禹之行水八年，于外三过不入，不过忠诚焉而已，勤劳焉而已，岂如世俗陋见别有神奇怪诞之为哉！

——《论北直水利书》，[清]蓝鼎元撰，蒋炳剑、王钿点校《鹿洲全集》，厦门：厦门大学出版社，1995年，第58页。

1403. 大抵一邑钱粮，可作边方数省邑，令精神才力既有不周不继之虞，而其民其俗又多以输纳先完为耻。竟有数十年积逋，不纳一钱者。幸遇恩赦得豁，赦后从新再逋，诛之不可胜诛，官亦无如之何也！官无如何，罔不因此诖误，诖误牵绊，终无清楚之期。于是有数十旧令羁留一邑，摩肩触额流离于道，至其既死之后，犹不能以骸骨还故乡，悲夫！即有才能出众之员，舍命催科，尚不能完十分之七八，而日夜废寝忘食，心血焦枯，精神耗敝，岂暇复及抚字教化之方？于是有冤抑不伸，饥寒罔恤，疾苦无告，凌弱暴寡，武断之患兴，而民之病不可言也。

——《论江南应分州县书》，[清]蓝鼎元撰，蒋炳剑、王钿点校《鹿洲全集》，厦门：厦门大学出版社，1995年，第59页。

1404. 鄙人闲论于京邸，无聊之中，制府已行于二三千里之外，知查公留意地方，实欲兴除民间利弊，无愧古封疆大臣也。余喜得同心，以所阅邸报，视吾友蒋越珊。蒋君即宜兴人，其忻快比余更甚，因与余论宜兴新县处所，有周铁桥、湖㳇、漳渚河桥数大镇，皆烟火五六百家。而漳渚距县七十里，山险民梗，稍阻教化，有巡检司不能驯服，意宜兴、新县必在漳渚无疑，而漳渚巡检即可裁为典史，此可见地方绅士无不乐为此举，其利国利民可知矣！

——《再与友人论江南分县书》，[清]蓝鼎元撰，蒋炳剑、王钿点校《鹿洲全集》，厦门：厦门大学出版社，1995年，第61页。

1405. 然自以不能见几远害，致累人怜，日肩柴扉，不欲与时酬应。冬间闲游至省，远近闻风，咸来识面，二千里外名姓未闻，亦有相思迫切，遥致殷勤之意。分俸馈遗，必先以正人道达，诚恳声明其金来历，出自国家养廉，非从暮夜所得。亦非因仍陋规敲扑而致，是谓必伯夷之粟乃可以食，陈仲相待，固甚不薄也。

——《复蔡宗伯书》，[清]蓝鼎元撰，蒋炳剑、王钿点校《鹿洲全集》，厦门：厦门大学出版社，1995年，第71页。

1406. 赵子自京师来，某已出门数日矣。岁腊旋潮，始接翰教，兼读佳章，自愧不才。蠖屈夭末，执事高居庙廊，奚啻云泥之隔，七千里外，垂注殷勤，风何古也！既又闻执事忠爱热肠，近今罕觏，深为国家以手加额。丈夫遭时遇主，不竭忠贞以图报，岂有人心者所为？而世俗迁之，反谓僭妄不必此。某今日所不能忘情于执事也。

——《复顾太史书》，[清]蓝鼎元撰，蒋炳剑、王钿点校《鹿洲全集》，厦门：厦门大学出版社，1995年，第72页。

1407. 自笑从前，凡事迫狭，居官以廉为绝顶，全不知人情世故。获戾亲友，岂可胜言。不知原思辞粟，圣人尚有邻里乡党之谕，范文正公亦以不恤宗族，无颜入家庙为戒。既已厕身仕籍，不能营半亩祭田，且并住屋而寄之，其于祖宗已不可言。宗族亲戚，无不怨望，宦游过客，待若春冰，使亲朋亦皆如此，则一千五百两之债向谁称贷？使官场尽皆如此，则数年奔走，安所得食，一千六七百两之赃，作何清完？此等之类，刺谬甚多。

——《复顾太史书》，[清]蓝鼎元撰，蒋炳剑、王钿点校《鹿洲全集》，厦门：厦门大学出版社，1995年，第75—76页。

1408. 鄙见以为宜聚兵中路，直攻鹿耳门。鹿耳一收，则安平唾手可得。贼失所恃，郡治无城，岂能长守，不过三五日间可剪灭耳。用兵之道，知彼知己，与能军者战，则宜攻其瑕。讨罪捕贼，如逐鸟兽，宜堂堂正正，直捣中坚。譬诸击蛇，先碎厥首，其他复何能为乎？

——《与制府论进兵中路书》，[清]蓝鼎元撰，蒋炳剑、王钿点校《鹿洲全集》，厦门：厦门大学出版社，1995年，第528页。

1409. 恢复之计，止在瞬息，惟执事急裁度之。苟利国家，勿厌狂瞽，望速示下，以便遵行。

直捣中坚，则其余唾手可得，识见最为高绝。前半言南路不宜进兵，纯乎仁心王事。后面知彼知己，直是圣贤大义不止，熟于孙吴而已，恢复迅速非偶然也。

——《与制府论进兵中路书》，[清] 蓝鼎元撰，蒋炳钊、王钿点校《鹿洲全集》，厦门：厦门大学出版社，1995年，第528页。

1410. 贼众至三十万，此曹可胜诛哉！勿论挺而拒敌，即使安坐偃卧，引颈受戮，我军万六千人，以一人斩二十级，亦不胜其烦也。彼亦天地父母之所生，不幸与贼共处此土耳。畏死胁从，知非本愿，或挂名贼党，以保身家，其心岂不愿见太平，重为朝廷之赤子？一旦大军登岸，涣散归农，箪壶迎师，皆所必至。惟虑昆冈炎火，不容悔罪归诚，此则出于万不得已者矣。多杀生灵，其实无益，谅亦仁人君子之所不忍闻乎？

——《与施提军论止杀书》，[清] 蓝鼎元撰，蒋炳钊、王钿点校《鹿洲全集》，厦门：厦门大学出版社，1995年，第528—529页。

1411. 以某愚见，止殲巨魁数人，余反侧皆令自新。勿有所问，则人人有生之乐，无死之心，可不血刃平也。某已大书文告，先散其党，惟执事许之勿疑！

乌合繁徒，易聚易散，急则挺而拒敌，宽则各寻生路。此平台第一得手，不止仁人好生而已。

——《与施提军论止杀书》，[清] 蓝鼎元撰，蒋炳钊、王钿点校《鹿洲全集》，厦门：厦门大学出版社，1995年，第529页。

1412. 但彼等皆自内地来台，父母兄弟妻子俱在原籍。变乱存亡，家莫闻知，似当迅速言旋，慰犹来无死之望。其有愿回内地，立给印照，助之便船，听其回籍，俾得室家团聚。谅有人心不忍复濡迟也，速也以此意遍谕，无忽！

——《檄查埤甲流民》，[清] 蓝鼎元撰，蒋炳钊、王钿点校《鹿洲全集》，厦门：厦门大学出版社，1995年，第537页。

1413. 自古君臣大义，无所逃于天地之间，是以作乱之贼，咸膏斧锧，苟可改过自新，即为弥天大幸。国家宽仁溥溥，汝等匪类，皆许归正，见奉有若即就抚，谅原汝罪之恩旨。

——《檄施恩陈祥谕抚杜君英》，[清] 蓝鼎元撰，蒋炳钊、王钿点校《鹿洲全集》，厦门：厦门大学出版社，1995年，第538页。

1414. 该弁追捕奸匪，深入山中北埔寮，与贼人对敌，生擒渠魁李庆等，夺贼旗械二十六捍，收回所劫乡民赃物，焚毁窝庐。披阅之下，深为莞尔，该弁深阻前驱，罔惮勤劳，克敌致果，可谓能尽职矣。

——《檄下加冬李守戎》，[清]蓝鼎元撰，蒋炳剑、王钿点校《鹿洲全集》，厦门：厦门大学出版社，1995年，第544页。

1415. 但恐许略等，或有畏远惮行，弗克弹心竭力，潜踪近地，饰言相欺，斯亦不可不虑者。该弁披肝胆以诚告之，更选能绘画者与之偕行，凡所经历山川疆境，一一为我图志。自淡水出门，十里至某处，二十里至某处，水陆程途，详记图上。至蛤仔难接卑南觅而止，百里千里，无得间断。某处某社某山某番，平原旷野山窝窟穴，悉皆写其情状，注其名色，使台湾山后千里幅员一齐收入画图中，披览之下了如身历。重赏酬勋，本镇无所吝焉。山后廓清，是亦该弁一劳绩也，即日举行，无为犹豫，慎速！慎速！

——《檄淡水谢守戎》，[清]蓝鼎元撰，蒋炳剑、王钿点校《鹿洲全集》，厦门：厦门大学出版社，1995年，第545—546页。

1416. 旦日会审，将枭示众，定人心而固疆围。有罪，某自当之。军中义得专杀，无预诸君事也。某非立意嗜杀，无仁人好生之心。正惟好生，不得不以杀止杀。乱贼不杀，害及善良，刑法将安所用？而乱贼尚不可杀，则又何贼不可为？将刑法亦不胜其用！鄙见如此，未知当否？同舟共济，勿吝相商！

——《与台湾道府论杀贼书》，[清]蓝鼎元撰，蒋炳剑、王钿点校《鹿洲全集》，厦门：厦门大学出版社，1995年，第549—550页。

1417. 郡县既有城池，兵防既已周密，哀鸿安宅，匪类革心，而后可施富教。而台湾之患，又不在富而在教。兴学校，重师儒，自郡邑以至乡村，多设义学。延有品行者为师，朔望宣讲圣谕十六条，多方开导，家喻户晓。以"孝悌忠信礼义廉耻"八字，转移士习民风，斯又今日之急务也。若夫征台将弁，虽效微劳，俱是臣子分内当为之事。台地员缺无几，安能人人升擢？况蒙宪恩格外奖劝，躁进争心，未应不肖至此，此何足烦宪台谆谆远念哉！

——《复制军台疆经理书》，[清]蓝鼎元撰，蒋炳剑、王钿点校《鹿洲全集》，厦门：厦门大学出版社，1995年，第556页。

1418. 山外以十里为界，凡附山十里内民家，俱令迁移他处，田地俱置荒芜。自北路起，至南路止，筑土墙高五六尺，深挖濠堑，永为定界。越界者以盗贼论。如此则奸民无窝顿之处，而野番不能出为害民矣。执事留意海疆，可谓谆谆切挚，议论高明，爽快直截，地方果能如此，文武皆可卧治，何其幸也!

——《复制军迁民划界书》，[清] 蓝鼎元撰，蒋炳剑、王钿点校《鹿洲全集》，厦门：厦门大学出版社，1995年，第557页。

1419. 夫事必求其有济，谋必出于万全。循斯檄也以行，能必其有济否？无济而不召乱，犹之可也；残民而有功于国，亦未为不可也。能必其不召乱，不残民，而又能有功于国，则算出万全矣。不然，愿执事之熟思之也!

——《复制军迁民划界书》，[清] 蓝鼎元撰，蒋炳剑、王钿点校《鹿洲全集》，厦门：厦门大学出版社，1995年，第558页。

1420. 此乃道府文员欲行善事，非鄙人所敢掠美也。从贼诸员，皆以"踪迹未明"，请亲复讯。逃归诸员，则以"逃"之一字，军法所忌，既用"退澎"二字代之。妇人之仁，其实可笑。国家刑赏异用，所以鼓励臣节，为斯世存三纲五常，使知礼义廉耻之外，尚有诛戮可畏耳。有春夏而无秋冬，则四序不成；有庆赏而无刑威，则乱贼接踵。

——《论台变武职罪案书》，[清] 蓝鼎元撰，蒋炳剑、王钿点校《鹿洲全集》，厦门：厦门大学出版社，1995年，第559页。

1421. 某与道府同舟共济，意在协恭和衷。既已曲从所议，何必为此无益之繁词！但恐执事以柔懦暗昧见责，谓武人欲效慈悲，不知国体，则某不任受也。应否从宽从严，执事自有定见，不必以某言为疑。某止表白其心迹，亦自知嫉恶太严，有失厚道，惟执事恕而教之。

——《论台变武职罪案书》，[清] 蓝鼎元撰，蒋炳剑、王钿点校《鹿洲全集》，厦门：厦门大学出版社，1995年，第560页。

1422. 原任台镇中营游击刘得紫，品行端方，性情温雅，本非小就之器。今陷贼不屈，忠贞之操，深可嘉尚，全台士庶，既已众口一词，某又确勘真实，所谓从容就义，临大节而不可夺者，殆其人欤！某自入台以来，阅人甚多，所敬且爱，惟此君耳！虽盛怒之下，见其来，则欣然以喜。渠虽名节既成，不图仕进。某窃愿执事特疏褒旌，以为千秋志士之劝。更冀题补闽缺快，此邦士民耳目，且使地方收得人之效，一举而数善备也。在某非有所私，实为世道人心起见，见奸回不忠，则欲杀欲割，见忠臣义士，则欲泣欲歌，贱性固然，惟执事勿吝成人之美，纲常名教，端有赖焉！

——《论刘得紫书》，[清] 蓝鼎元撰，蒋炳剑、王钿点校《鹿洲全集》，厦门：厦门大学出版社，1995年，第560页。

1423. 夫事有经权，法有通变，与其悔之于后，何如慎之于初。执事经济宏深，忠诚为国，不识尚有转圜之机，可于此中略为筹画否？上则缮疏入告，次则设法酌留。依阿隐忍，坐观其敝，谅高明必不出此。惟执事留意焉！

——《论哨船兵丁换班书》，[清]蓝鼎元撰，蒋炳剑、王钿点校《鹿洲全集》，厦门：厦门大学出版社，1995年，第570页。

1424. 可常可变，则有若敬身、若重义、若守节、若复仇；为人母，则有教子；为人继母则有慈爱前子；为人上，则有待下。

——《女学》，[清]蓝鼎元撰，蒋炳剑、王钿点校《鹿洲全集》，厦门：厦门大学出版社，1995年，第605页。

1425. 人非木石，皆可相观而善，有礼让之诚，无自私自利之心，安往而不和睦哉？

——《女学卷一·右第二十三章》，[清]蓝鼎元撰，蒋炳剑、王钿点校《鹿洲全集》，厦门：厦门大学出版社，1995年，第614页。

1426. 苟能一切勿听，则虚佞之言不敢复进。

——《女学卷一·右第二十四章》，[清]蓝鼎元撰，蒋炳剑、王钿点校《鹿洲全集》，厦门：厦门大学出版社，1995年，第614页。

1427. 若听之信之，从而爱之，则必再言之。

——《女学卷一·右第二十四章》，[清]蓝鼎元撰，蒋炳剑、王钿点校《鹿洲全集》，厦门：厦门大学出版社，1995年，第614页。

1428. 风清日朗，大法小廉，盗息民安。

——《上鄂制府书》，[清]蓝鼎元撰，蒋炳剑、王钿点校《鹿洲全集》，厦门：厦门大学出版社，1995年，第64页。

1429. 孝悌、忠信、礼义、廉耻之大，讲求民生，匡济为。

——《惠阳书院碑记》，[清]蓝鼎元撰，蒋炳剑、王钿点校《鹿洲全集》，厦门：厦门大学出版社，1995年，第214页。

1430. 竭忠荩以报国家贤者，惟知有君民耳。

——《从子云凤字说》，[清]蓝鼎元撰，蒋炳剑、王钿点校《鹿洲全集》，厦门：厦门大学出版社，1995年，第279页。

1431. 取义成仁，无负所学，无负所志；百年存忠孝之念，致身竭力，不忘乎亲，不忘乎君。

——《上车学宪请补漳浦县乡贤书》，[清]蓝鼎元撰，蒋炳剑、王钿点校

《鹿洲全集》，厦门：厦门大学出版社，1995年，第30页。

1432. 思忠义之为美，凡一毫非忠非义之事，皆不敢为。

——《文光双忠祠祀田记》，[清]蓝鼎元撰，蒋炳剑、王钿点校《鹿洲全集》，厦门：厦门大学出版社，1995年，第199页。

1433. 虽圣贤无以加矣！夫忠孝信义仁民爱物皆道也。

——《程子笃字说》，[清]蓝鼎元撰，蒋炳剑、王钿点校《鹿洲全集》，厦门：厦门大学出版社，1995年，第269页。

1434. 讲明父子、君臣、长幼之道，身心、性命之理，使知孝悌、忠信。

——《与吴观察论治台湾事宜书》，[清]蓝鼎元撰，蒋炳剑、王钿点校《鹿洲全集》，厦门：厦门大学出版社，1995年，第49页。

1435. 孝庸德也，义者宜也，人无此二者，吾以毛角目之矣，尚俨然命为人物哉！人物有志，孝义该焉，何事多为差等乎？曰："然何以处夫山农间巷，目不辨之无，未得跻人物之数者。"孝为百行之原，推其极可以格天地、洽神明、驯致乎笃恭而天下平之盛，故圣人以是为德之本也，教之所由生也。虽以尧舜之道，不过孝悌而已。若非其义也，一介不以取诸人，千驷万钟，视同呼蹴。至于急病让夷，敦解推之谊，事关家国，顶踵可捐，讵得以韦布少之，孝义之于人大矣哉！

——《孝义小序》，[清]蓝鼎元撰，蒋炳剑、王钿点校《鹿洲全集》，厦门：厦门大学出版社，1995年，第118页。

1436. 尔心无邪则为正，尔意无妄则为诚，尔为善人无为恶人，则可以为圣人。

——《棉阳书院碑记》，[清]蓝鼎元撰，蒋炳剑、王钿点校《鹿洲全集》，厦门：厦门大学出版社，1995年，第196页。

1437. 尊君亲上，祇父恭兄，尔之能事毕矣。文行忠信，是为四教，礼义廉耻，是谓四维。

——《棉阳书院碑记》，[清]蓝鼎元撰，蒋炳剑、王钿点校《鹿洲全集》，厦门：厦门大学出版社，1995年，第196页。

1438. 道之以德，齐之以礼，使人人尊君亲上，祇父恭兄，是无形之干城也。

——《澄海县图说》，[清]蓝鼎元撰，蒋炳剑、王钿点校《鹿洲全集》，厦门：厦门大学出版社，1995年，第255页。

1439. 口舌之祸，潜于刀锯。君子欲讷于言，非故为拘谨也。说人是非，评人优劣，彰人过失，讥人成败，皆为人情所不堪。

——《同人规约》，[清]蓝鼎元撰，蒋炳剑、王钿点校《鹿洲全集》，厦门：厦门大学出版社，1995年，第461页。

1440. 夫奢示俭，俭示礼，风行草偃，端属何人。承流宣化之君子，精神命脉不可一日不在于斯也。

——《风俗小序》，[清]蓝鼎元撰，蒋炳剑、王钿点校《鹿洲全集》，厦门：厦门大学出版社，1995年，第119页。

1441. 自古美玉必借良工，美才成于师友。师道立则善人多，濂溪岂欺我哉！化民成俗之原，惟在师严道尊，人知敬学。是以昔贤殷殷立教，泽宫之外复有义学之设，责之专任之重也。

——《重修潮邑义学碑记》，[清]蓝鼎元撰，蒋炳剑、王钿点校《鹿洲全集》，厦门：厦门大学出版社，1995年，第197页。

1442. 士为四民之首，一举一动，关系民风士习，端则民生观感兴起日趋于厚，不端则乡里效尤放纵，日竞于邪。故士不宜妄自菲薄，当以言坊行表为己任。

——《重修潮邑义学碑记》，[清]蓝鼎元撰，蒋炳剑、王钿点校《鹿洲全集》，厦门：厦门大学出版社，1995年，第197页。

1443. 诸君既登濂洛关闽之堂，则当以转移乡俗为己任，修于身而型于家，日与子弟乡人言尊君亲上，奉公守法，共为尧舜之民。遇子言孝，遇父言慈，遇兄弟言友恭，交游言信义，兴仁兴让，且遍国俗。

——《同人规约》，[清]蓝鼎元撰，蒋炳剑、王钿点校《鹿洲全集》，厦门：厦门大学出版社，1995年，第458—459页。

1444. 报国无他，竭诚尽职而已矣。一念不敢自宽，假恐稍涉于欺也；一事不敢自暇，逸恐稍邻于慢也。

不诚不可以居心，岂必为报国而始诚乎？旷职不可以居官，岂必为报国而始尽乎？然则自修之道，即为获上之方，所谓尽己之谓忠也。忠匪外求事君，固未尝难已。

——《闲存录》，[清]蓝鼎元撰，蒋炳剑、王钿点校《鹿洲全集》，厦门：厦门大学出版社，1995年，第497页。

1445. 居高位，易邻骄恣，惟敬可以消之。

——《闲存录》，[清]蓝鼎元撰，蒋炳剑、王钿点校《鹿洲全集》，厦门：厦门大学出版社，1995年，第498页。

1446. 利之为字，刀立其旁，所谓有利必有害也。贪之为字，与贫相似。虽以非道得之，不能有其富也。凡人利心胜，则一步不可行。利令智昏，诚哉是言也。不必孳孳谋利，而后智始昏。但中人以上之资，多一分钱财亦减一分智识。

知多藏之必厚亡，老子所以犹龙也。盖财者人之所同欲，一家垄断千家，觊觎欲晏然无患也，难哉！

世人孳孳求利，无非为子孙计耳。而多藏厚亡，适足为子孙之累，亦何苦而以厚亡遗子孙乎？

——《闲存录》，[清]蓝鼎元撰，蒋炳剑、王钿点校《鹿洲全集》，厦门：厦门大学出版社，1995年，第499页。

1447. 官无论大小，立忠者贵；人无论穷达，砥行者传。读斯编者，顽廉懦立，思欲为邦国增光，驾古人而上之，乡士大夫之责也。

——《人物小序》，[清]蓝鼎元撰，蒋炳剑、王钿点校《鹿洲全集》，厦门：厦门大学出版社，1995年，第117页。

1448. 因缕述寇变挞伐诸事，使凡百君子，触目儆心，咸知制治保邦，当有忧盛危明之意焉。戒衣衱，筹未雨，非曰迂远，而不切于事情也。

——《兵事小序》，[清]蓝鼎元撰，蒋炳剑、王钿点校《鹿洲全集》，厦门：厦门大学出版社，1995年，第117页。

1449. 执事遭际方隆，将大行所学，以担当世道为己责。上不负吾君，下不负吾民，则鄙人在高嵲洞中，所闻而抵掌大快者也，勉之！

——《复顾太史书》，[清]蓝鼎元撰，蒋炳剑、王钿点校《鹿洲全集》，厦门：厦门大学出版社，1995年，第76页。

1450. 人生富贵，不啻浮云，金穴宝庭，于今安在？

——《送宫詹沈心斋先生还浙序》，[清]蓝鼎元撰，蒋炳剑、王钿点校《鹿洲全集》，厦门：厦门大学出版社，1995年，第107页。

1451. 俾狐鼠之辈，失所凭借，而承审之官，亦无瞻顾，庶真情得出，国法得伸，振千古之纲常，培一时之士气。

——《仪封先生传》，[清]蓝鼎元撰，蒋炳剑、王钿点校《鹿洲全集》，厦门：厦门大学出版社，1995年，第133页。

1452. 清操直节必不可变，要惟敛之于内，勿使触人耳目，则免祸之道也。

——《怪尹记》，[清]蓝鼎元撰，蒋炳剑、王钿点校《鹿洲全集》，厦门：厦门大学出版社，1995年，第210页。

1453. 山泽之民，奉公守法，终身不犯刑辟之条，期颐耄耋皆仙也。存善心，行善事，一生无欲害人，皆佛也。伦常之地自有仙佛，何必从事于幽渺不可知之途？

——《修志杂说》，[清]蓝鼎元撰，蒋炳剑、王钿点校《鹿洲全集》，厦门：厦门大学出版社，1995年，第264页。

1454. 迈伦善哉，丈夫生当世上，不可无出类拔萃之思，吾立心制行，事事求为圣贤，则圣贤为豪杰，则豪杰驰心于声色，汩没于势利，卑陋龌龊，俯首蓬蒿，自安于愚不肖，则愚不肖而已矣！志所存，则气赴之，故学莫先于立志。立志既高，发奋自易，振拔流俗，超迈群伦。在一乡高乎一乡，在一国高乎一国，固其所也。

——《涂守谦名字说》，[清]蓝鼎元撰，蒋炳剑、王钿点校《鹿洲全集》，厦门：厦门大学出版社，1995年，第268页。

1455. 出诸于身谓之德，加诸于民谓之政。独善其身，廉善天下，有远近而无大小，惟在学以修之而已。讲学以修德则道明，闻义能徙，不善能改，则德立。

——《从子云枢字说》，[清]蓝鼎元撰，蒋炳剑、王钿点校《鹿洲全集》，厦门：厦门大学出版社，1995年，第278页。

1456. 乘兹年富力强，讲求修己治人之道，达则为国家之名臣，穷亦为邑里之善士，余深于诸君有厚望焉。

——《同人规约》，[清]蓝鼎元撰，蒋炳剑、王钿点校《鹿洲全集》，厦门：厦门大学出版社，1995年，第459页。

1457. 忠厚之道，君子所以存心，所以待人接物，推而放诸四海而咸宜。

——《同人规约》，[清]蓝鼎元撰，蒋炳剑、王钿点校《鹿洲全集》，厦门：厦门大学出版社，1995年，第460页。

1458. 君子之学，至大至正，不偏不倚。其大要则明德、新民尽之。精而言之，则曰明德、曰新民，似为小儒所咋舌；浅而言之，则修己治人而已。格物致知，诚意正心修身，皆修己也；齐家治国平天下，皆治人也。修之治之，至精至当，不可移易，而无有或过不及之差，则所谓至善也。

——《同人规约》，[清]蓝鼎元撰，蒋炳剑、王钿点校《鹿洲全集》，厦门：厦门大学出版社，1995年，第463页。

1459. 吾有父母，必极其孝思，无论富贵贫贱，死生荣辱，皆有无穷孺慕流溢于视听形声之表。

——《同人规约》，[清]蓝鼎元撰，蒋炳剑、王钿点校《鹿洲全集》，厦门：厦门大学出版社，1995年，第466页。

1460. 故事君必忠，一出言而必思忠，为人谋不敢不忠。凡使在己之心，无一毫之不尽也。恕者，推己之心以及人，如己所不欲，勿施于人者是也。

——《同人规约》，[清]蓝鼎元撰，蒋炳剑、王钿点校《鹿洲全集》，厦门：厦门大学出版社，1995年，第467页。

1461. 为天地立心，为生民立命，言有大而非夸，为往圣继绝学，为万世开太平，掌可指而赫奕吾道南矣。

——《讲学规仪》，[清]蓝鼎元撰，蒋炳剑、王钿点校《鹿洲全集》，厦门：厦门大学出版社，1995年，第475页。

1462. 窃惟化民成俗，必先教学兴贤，立廉起懦，惟在尊师重道。

——《书田详文》，[清]蓝鼎元撰，蒋炳剑、王钿点校《鹿洲全集》，厦门：厦门大学出版社，1995年，第483页。

1463. 朱子之学，居敬以立其本，穷理以致其知，身体力行以践其实。

——《闲存录》，[清]蓝鼎元撰，蒋炳剑、王钿点校《鹿洲全集》，厦门：厦门大学出版社，1995年，第487页。

1464. 士之溺于异端者，知未至也，格物穷理，则伪妄不得而入之。

——《闲存录》，[清]蓝鼎元撰，蒋炳剑、王钿点校《鹿洲全集》，厦门：厦门大学出版社，1995年，第493页。

1465. 事君如事天，天即理也。理在吾心，不假外求，吾暗室屋漏，事事无愧于心，则可以对天，可以对天，则可以事君。

——《闲存录》，[清]蓝鼎元撰，蒋炳剑、王钿点校《鹿洲全集》，厦门：厦门大学出版社，1995年，第497页。

1466. 如孝子之养父母，然后尽忠补过，皆非有为而为，此之谓诚于事君者。

——《闲存录》，[清]蓝鼎元撰，蒋炳剑、王钿点校《鹿洲全集》，厦门：

厦门大学出版社，1995年，第497页。

1467. 属僚贤否，知之明而处之当，使廉能得以伸其志。

——《闲存录》，［清］蓝鼎元撰，蒋炳剑、王钿点校《鹿洲全集》，厦门：厦门大学出版社，1995年，第508页。

1468. 为国家爱惜人才，是制抚第一事。乃有以属吏才能为忌嫉，而偏欲挫折排挤，以示威于庸庸之辈，使之恐惧奉承，此不可解者也。

——《闲存录》，［清］蓝鼎元撰，蒋炳剑、王钿点校《鹿洲全集》，厦门：厦门大学出版社，1995年，第510页。

1469. 居官者当以君父之心为心，以百姓之心为心，不可以一己之心为心。居官处事，惟公惟明，惟正惟直。公则人不我怨，明则人不我欺，正则莫敢干以邪，直则莫敢行其诈。

——《闲存录》，［清］蓝鼎元撰，蒋炳剑、王钿点校《鹿洲全集》，厦门：厦门大学出版社，1995年，第510页。

1470. 有忠君之心，而不能得达，其忠固自在也。山林畎亩，皆效忠之日；乡赏道路，皆教忠之人。

——《闲存录》，［清］蓝鼎元撰，蒋炳剑、王钿点校《鹿洲全集》，厦门：厦门大学出版社，1995年，第511页。

1471. 退之毅然以道自任，攘斥佛老，不遗余力。

——《道学源流》，［清］蓝鼎元撰，蒋炳剑、王钿点校《鹿洲全集》，厦门：厦门大学出版社，1995年，第514页。

1472. 吾儒以世道人心为己任，则必先正其学术，而后处可以善一身，出可以善一世。

——《棉阳学准·序》，［清］蓝鼎元撰，蒋炳剑、王钿点校《鹿洲全集》，厦门：厦门大学出版社，1995年，第451页。

1473. 无本之学，空疏浅陋，夏虫不足与语冰，非吾所谓学也。无用之学，风云月露，雨珠不可以为襦，非吾所谓学也。

——《同人规约》，［清］蓝鼎元撰，蒋炳剑、王钿点校《鹿洲全集》，厦门：厦门大学出版社，1995年，第465页。

1474. 凡入吾门者，必以立品为先，枉尺直寻之事，断断有所不为。利不能动，势不能夺，自置其身终于千仞之上，不以千驷万钟，贬我一日之志节。

——《同人规约》，［清］蓝鼎元撰，蒋炳剑、王钿点校《鹿洲全集》，厦门:厦门大学出版社,1995年,第466页。

1475. 作圣之功,以存诚为第一事,此不可不学也。诚实而已矣,真实无妄,则尽乎诚之义矣。

——《同人规约》,[清]蓝鼎元撰,蒋炳剑、王钿点校《鹿洲全集》,厦门:厦门大学出版社,1995年,第466页。

1476. 尽己之心为忠,推己及人为恕。忠恕者,持己接物之要道也。忠之一字,乃学者大本领,所以异于人者。

——《同人规约》,[清]蓝鼎元撰,蒋炳剑、王钿点校《鹿洲全集》,厦门:厦门大学出版社,1995年,第467页。

1477. 延学问宏博,品行端方者一人为师长,不论缙绅韦布,惟道德文章,群情推服,乃可膺斯任也。

——《讲学规仪》,[清]蓝鼎元撰,蒋炳剑、王钿点校《鹿洲全集》,厦门:厦门大学出版社,1995年,第471页。

1478. 儒者以义理言心,必养其仁义礼智,以善夫虚灵知觉之用。

——《闲存录》,[清]蓝鼎元撰,蒋炳剑、王钿点校《鹿洲全集》,厦门:厦门大学出版社,1995年,第486页。

1479. 臣不知爱其君,不殚竭忠诚以亲爱于其君,尚得谓有人心哉!

——《闲存录》,[清]蓝鼎元撰,蒋炳剑、王钿点校《鹿洲全集》,厦门:厦门大学出版社,1995年,第497页。

1480. 思民吾同胞之义,则知乾父坤母,不欲我之伤骨肉也。

——《闲存录》,([清]蓝鼎元撰,蒋炳剑、王钿点校《鹿洲全集》,厦门:厦门大学出版社,1995年,第498页。

# 蔡世远

蔡世远（1682—1733），字闻之，号梁村，漳浦人。因世居漳浦梁山，称之为梁山先生。

康熙四十八年（1709），中进士，改庶吉士，经李光地推荐，分修《性理精义》。书成回乡，至鳌峰书院掌教。雍正初年（1723），复征至京师，授编修，官至礼部侍郎。其一生致力经学研究，尤精性理之学，继承二程、朱子之学，又深研周敦颐、张载学说，是清代闽学派的重要人物。著有《二希堂文集》十五卷，《鳌峰学约》《朱子家礼辑要》各一卷，编《性理精要》《历代名臣言行录》，考定《古文雅正》《汉魏六朝四唐诗》各若干卷。

1481. "顾吾《漳郡志》，自万历至今，阙百年矣。此政事之大者，非君莫可"。君慨然曰："是吾责也。"治漳三年，政洽民和，百废俱举，君已得其山川、户口、风土人情盛衰因革之大概。

——《重修漳州府志序》，[清]蔡世远《二希堂文集》卷一，《四库全书》本。

1482. 余惟贤人君子之为善也，非有所慕于其名也，而名卒归之；庸人之不能为善也，非有所顾于其名也，名亦不及焉。然迨其身已没，其子若孙往往以得载志乘为荣，以不得与为辱，岂非恒性之若秉彝之好有不可泯者耶？

——《重修漳州府志序》，[清]蔡世远《二希堂文集》卷一，《四库全书》本。

1483. 晋谒之际，授以《读书录》《居业录》二书，曰："由此而体究程朱，由程朱而上溯孔孟，由孔孟而上溯尧舜，道岂有二哉！"侍学二年，奖诲有加。每念庸虚，不甘暴弃，不敢忘所自也。

——《困学录序》，[清]蔡世远《二希堂文集》卷一，《四库全书》本。

1484. 学术事功，炳耀天壤，生荣死哀，鲜有伦比。世远独叹先生躬行实践之功，为不可及也。立心以忠信，不欺为主本。

——《困学录序》，[清]蔡世远《二希堂文集》卷一，《四库全书》本。

1485. 自中书，荐历内外，至大宗伯，常俸之外，未尝受一钱，寸丝粒粟皆取之家中，深恶古节度之进羡余以自浼者。

——《困学录序》，[清]蔡世远《二希堂文集》卷一，《四库全书》本。

1486. 余尝谓朱子《小学》一书，内篇萃十三经之精华，外篇采十七史之领要。修身齐家之道，悉备于此。

——《大学衍义补参订序》，[清]蔡世远《二希堂文集》卷一，《四库全书》本。

1487. 余尝谓读书者，贵在心得躬行，不徒尚讲明。然讲明所以，写其心得，而启天下以服习训。

——《四书集注忠义序》，[清]蔡世远《二希堂文集》卷一，《四库全书》本。

1488. 诵圣门之问孝也，则宜反之己曰："我当如此以尽孝。"诵圣门之问仁也，又必仄之己曰："我当如此以求仁。"诵诚身之旨，则曰："我如何择善，固执以诚吾身？"诵知言养气之说，则曰："可使吾之气有怵于私利，而不刚大充塞乎？"夫苟不能体之于身，验之于心，发之于文，措之于事，虽遍观广取，何益于我？苟能体之于身，验之于心，发之于文，措之于事，虽单辞只句，皆可以勉之终身，进而上希贤圣。然践履必先以讲明参考会通，而后心静理明，庶其有以体之于身，验之于心，发之于文，措之于事乎！则讲明之功亦乌可缓也。

——《四书尊闻录序》，[清]蔡世远《二希堂文集》卷一，《四库全书》本。

1489. 宗支兴废，程张每慨乎其言之，至于花树韦家宗会，法犹有取焉，岂不以溯祖考之情，通亲爱之谊，能使本心孝悌，油然而自生也哉。呜呼，以父母之心为心者，必能爱其兄弟；以祖宗之心为心者，必能睦其宗族。仁孝之理，秩叙自天，为人为子者，必有所不容己于斯也。

——《黄氏宗谱序》，[清]蔡世远《二希堂文集》卷一，《四库全书》本。

1490. 呜呼！自古国家多难，扰攘急迫之时，岂无卖国求降，偷以全躯，身跻显秩者？顾其后世子孙以为荣乎否乎？即其乡之人以为荣乎否乎？引而近之乎？推而远之乎？公死已近百年，而凡官斯土、居斯地者，莫不凭吊嘘唏，感仰而不能自禁，况于谱系之末、梓桑之旧乎？

——《家中烈公遗诗序》，[清]蔡世远《二希堂文集》卷二，《四库全书》本。

1491．一旦舍生取义，遂使官绅兆姓瞻拜敬慕，历千百年而不衰；然则偷生者贵乎？义死者贵乎？

——《家中烈公遗诗序》，[清]蔡世远《二希堂文集》卷二，《四库全书》本。

1492．心无形耳，心为难，心之发为意，而意之诚又最难。苟能诚意，则正心、修身、齐家、治国、平天下，一以贯之。是故君子之致力也，以诚意为先；其立范也，以齐家为要。

——《李思亭同居诗序》，[清]蔡世远《二希堂文集》卷二，《四库全书》本。

1493．即幸而得第，亦不过与时俯仰，随事补塞。无志气以鼓之，无师友以励之，无学识以充之。遂至以得第为成材，居官为事业。自非志尚卓然，不囿于折杨皇荂者，乌足以语经国之大业、不朽之盛世哉？

——《黄元杜文集序》，[清]蔡世远《二希堂文集》卷二，《四库全书》本。

1494．余于是叹天人之感甚神，而诚信之无不可格也。平日诚以治民，而民信之，则凡有事于民，莫不应矣。

——《晋阳灵雨诗序》，[清]蔡世远《二希堂文集》卷二，《四库全书》本。

1495．虽然，文所以载道也，制义者，代圣贤以立言。非知道者，其言之不能深切著明。是故经传所以培其根也，诸子史集所以长其识见而闳其议论也。

——《八闽试读序》，[清]蔡世远《二希堂文集》卷二，《四库全书》本。

1496．王樵曰："所欲有甚于生，所恶有甚于死。一下堂而此足之失不可悔也。故宁守义而死也。"

——《朱贞女传》，[清]蔡世远《二希堂文集》卷六，《四库全书》本。

1497．古之所谓大臣者，居殿陛之上，进思尽忠，退思补过，以天下为忧乐；及其拥旌旄节钺，开府于外，清操励世，正己率物，凡地方之利弊、官司之贤否、奸胥蠹役豪猾之病民，考察既周，劝惩并用，张弛悉宜，又汲汲焉以学校之兴废、人材之盛衰大道之显晦为己忧，择学问优长、才品良逸者萃之于学，使夫造道之方、修己治人之要，悉裕于胸中，为国家收得人之效。

——《与满大中臣论书院事宜书》，[清]蔡世远《二希堂文集》卷七，《四库全书》本。

1498. 先生之高致，其论事也指陈了了，须髯辄张，若挥麈而揽辔，皆由其屏俗而游真，故交尽贤豪而相缔。君又生有贤子，恂恂焉，亹亹焉，嗣守有光而无愧。君更勖以敦修，曰："德业更有大而至，贫窭非吾患，科名非止境，在定脚跟而啐其哉。"

——《公祭黄越甫文》，[清]蔡世远《二希堂文集》卷九，《四库全书》本。

1499. 以言乎心，则清明在躬；以言乎治，则清和咸理。观乎人文以化成，故日月五星征其应，人情以为田，故嘉禾瑞麦发其祥。

——《河清颂》，[清]蔡世远《二希堂文集》卷首，《四库全书》本。

1500. 与师友讲明而论著，罔非载道之书，是则莫大之文章也，可死可辱；而浩然之气，刚大常伸，是则莫大之气节也，吾于杨龟山先生见之。

——《杨龟山先生集序》，[清]蔡世远《二希堂文集》卷一，《四库全书》本。

1501. 以孝治则天下无可慢恶之人，以廉治则所属无贪鄙之习。

——《送陈石民令益都序》，[清]蔡世远《二希堂文集》卷三，《四库全书》本。

1502. 仁者完其理，充其心，以及于物，其道之行，则举君民而尧舜之，其学之传于天下后世，胥千百年而不敝焉，所谓寿也。

——《安溪李先生寿序》，[清]蔡世远《二希堂文集》卷四，《四库全书》本。

1503. 盖以忠孝之理蕴之于心，则为所性所命之精，发之于用，则为事父事君，忧国理政，仁民育物之实。

——《合祀陈黄二先生碑记》，[清]蔡世远《二希堂文集》卷五，《四库全书》本。

# 庄亨阳

庄亨阳（1686—1746），字元仲，号复斋，南靖人。历任山东莱州潍县知县、吏部检封司主事、江南按察使等。

乾隆六年（1741），升任徐州知府。徐州四面环山，地势低洼，河湖交错，易受水患。他到任后，即率部属踏勘山川、村落，向乡老征询水情及治水意见，因地制宜，制定排洪方案。在任三年，三遇洪灾，两度饥荒，皆恪尽职守，百姓无不称颂。其为官清廉刚正，禁绝馈赠；关心民瘼，主张解除海禁。在庄亨阳等开明士大夫的努力下，雍正五年（1727），经福建总督高其卓奏请，清廷批准恢复对南洋的贸易。其著作主要有《秋水堂遗集》二十二卷。

1504. 是以养失而乖，教失而伪，礼失而采，乐失而淫，伪采淫乖不可长也。
——《圣人以经法天论》，［清］庄亨阳《秋水堂遗集》卷一，清光绪十五年庄氏刻本。

1505. 若夫州县得人教养尽善，衣食足而礼义生，德化成风，俗美虽赏不窃，巡徼防闲，讫无所用矣。
——《海图说序代》，［清］庄亨阳《秋水堂遗集》卷一，清光绪十五年庄氏刻本。

1506. 古今之变，抑亦终始之序乎，但其为义，则有不系乎，此者何则生民之初，群物未殊也。
——《圣人以经法天论》，［清］庄亨阳《秋水堂遗集》卷一，清光绪十五年庄氏刻本。

1507. 不可以盈，故以敬畏之义为戒，持盈保蒲，恐惧绸缪，豫之贞疾不死，否之其亡。其亡系于苞桑，皆此意也。

——《杂说》，[清]庄亨阳《秋水堂遗集》卷一，清光绪十五年庄氏刻本。

1508. 荧荧四射露锋芒，不存圭角嫌圆媚。自饬廉隅爱耿光，磨朗玉琮悬宝殿，削成秋月浸寒塘。

——《方镜用杭太史韵四章》，[清]庄亨阳《秋水堂遗集》卷五，清光绪十五年庄氏刻本。

1509. 力邀青眼论心矢，白头廉隅相砥砺。

——《寄祝李穆亭五十初度二十四韵》，[清]庄亨阳《秋水堂遗集》卷五，清光绪十五年庄氏刻本。

1510. 推恩及物行新政，举目飞鸿尚可怜。最是天心仁育处，精诚可感待廉贤。

——《口占奉呈复斋老世伯先生》，[清]庄亨阳《秋水堂遗集》卷六，清光绪十五年庄氏刻本。

1511. 故子以为人，无论有道无道，各有职分所当为。若不能就此理会做工夫，止在谷上鳃鳃计而斤斤守之，以自鸣廉洁，则其见识分量已止于斯而已。

——《杂说》，[清]庄亨阳《秋水堂遗集》卷一，清光绪十五年庄氏刻本。

1512. 其近正者，亦大都托《毛义》之说以自文，未见有辞不就征者，独君能然。是其孝为真孝，廉为真廉，所性根心，故不可以人爵易也。

——《耻园李徵君墓志铭》，[清]庄亨阳《秋水堂遗集》卷一，清光绪十五年庄氏刻本。

1513. 宽裕不猛，见义必为。仁能生勇，朴拙自守。逆亿弗萌，奸弊厘剔。明根于诚，温恭之至。

——《杨文定公赞》，[清]庄亨阳《秋水堂遗集》卷六，嘉庆二十一年刻本。

1514. 提灯瞻正色，藉草礼忠魂。如见精灵出，依稀踏月痕。

——《唱杨椒山先生祠（二首）·其二》，[清]庄亨阳《秋水堂遗集》卷六，清光绪十五年庄氏刻本。

1515. 中外居官只一心，慎勤不惮一毛侵。自持忠信师三省，惟事先劳惜寸阴。

——《如逛泉纪事言情聊以当哭云尔》，[清] 庄亨阳《秋水堂遗集》卷六，清光绪十五年庄氏刻本。

1516. 危坐山容，忠诚内发。气塞天地，光争日月。力攘孙曹，心尊汉阙。志在春秋，万丰碧血。

——《关帝赞》，[清] 庄亨阳《秋水堂遗集》卷六，清光绪十五年庄氏刻本。

1517. 约身操行，卓尔不群。色养告归，闽氛沸起。款款孤忠，中流一砥。蜡丸陈奏，万里输诚。

——《祭李文贞公文》，[清] 庄亨阳《秋水堂遗集》卷一，清光绪十五年庄氏刻本。

1518. 师学安溪，卓尔有见。敬义明诚，遇物两片。笃信力行，绝尘斯迈。

——《祭江阴杨文定公文》，[清] 庄亨阳《秋水堂遗集》卷一，清光绪十五年庄氏刻本。

1519. 恐负君恩重，常怀政术疏。风尘谁者识，寂寞下车初。

——《下车志感》，[清] 庄亨阳《秋水堂遗集》卷一，清光绪十五年庄氏刻本。

1520. 待人以诚，用之不疑，人亦无负者。治家俭朴，不妄费一钱。

——《陈氏笃行传》，[清] 庄亨阳《秋水堂遗集》卷一，清光绪十五年庄氏刻本。

1521. 乐道人之善，每闻人忠孝节烈事，辄神不能自禁，或从而笔诸书。

——《节孝詹母汤孺人七十寿序》，[清] 庄亨阳《秋水堂遗集》卷一，清光绪十五年庄氏刻本。

1522. 恭以行己，义以事上。勤俭干济，规模宏远。

——《静乐轩公置祀田序》，[清] 庄亨阳《秋水堂遗集》卷一，清光绪十五年庄氏刻本。

1523. 清泉爇新火，盐豉慎勿疏。约身奉君子，甘苦与君俱。

——《古意》，[清] 庄亨阳《秋水堂遗集》卷二，清光绪十五年庄氏刻本。

1524. 梧凤喈喈，磬鸿衎衎。游心太古，逊志斯文。

——《祭李文贞公文》，[清] 庄亨阳《秋水堂遗集》卷一，清光绪十五年庄氏刻本。

1525．性谦谨，犯者不校，乐善好施，常焚约券。

——《陈氏笃行传》，［清］庄亨阳《秋水堂遗集》卷一，清光绪十五年庄氏刻本。

1526．手挥文梓绿绮琴，俸钱饷鹤水作心。林下鸥鹭变好音，门前桃李日森森。

——《海隅暾赫日照临》，［清］庄亨阳《秋水堂遗集》卷三，清光绪十五年庄氏刻本。

# 蔡 新

蔡新（1707—1799），字次明，号葛山，别号缉斋，漳浦人。

乾隆元年（1736），登进士第，累官礼部尚书兼理兵部尚书、文华殿大学士兼吏部尚书、加授太子太师等。

蔡新热心公益，德闻于乡。设义学，让贫困的族人子弟入学；置学田，资助参加两试的子弟。乾隆五十九年（1794），漳州发生水灾，他捐资劝粜，设义仓积粮备荒，置义坟助穷人掩埋丧者。另外，还出资修葺先贤蔡襄和黄道周的祠堂。其作品主要收入《缉斋诗文集》。

1527. 昔苏子瞻赞司马温公之贤，亦以"诚"字概之，不可易也。公天性淡泊，自少时得良背之传于大父，晚年益有所得，而好贤虚受，引接后进，忘其达尊，于珪尤辱厚。珪自丙申入直，朝夕从公游者十年，时出其狂愚以为献，而公不拒也。今将别，杖屦求闻过于公，戒以名心矜气之未尽。珪悚然，将铭之心腑，而珪且以屏除外物，独超心性为公进一解，盖韩魏公所谓敛神功于寂无者，惟公具三立三达之美，可以参乐天知性之妙也。

——《缉斋诗稿序》，[清] 蔡新《缉斋集》序，清嘉庆刻本。

1528. 先生天资醇古，通识群书，其为诗于君臣父子、昆弟朋友之所关，经术经济、人材风俗之所系。慈祥恺悌、深切著明，往往有不在盛唐下者，而顾自以为不足，抑先生之虚心也。夫既有其质矣，华之不逮，岂所惭哉？朱文公之诗，其于风云月露之词，不得侪于苏陆然，遂谓苏陆之加于文公可乎？否也。先生既深慕文公之风，又善承闻之，先生之家学，则其于达本丰末，孰重孰轻，必有辨矣。修辞立其诚，君子之所务也。

——《缉斋诗稿序》，[清] 蔡新《缉斋集》序，清嘉庆刻本。

1529. 人间大节寻常事，智者不能愚者是。只今姓字播寰区，更看芳徽照青史。

——《童节歌》，[清]蔡新《缉斋集》卷一，清嘉庆刻本。

1530. 雄鸡甘断尾，阳虎愿从东。拙亦无所用，巧亦无所终。安得夷惠间，置身在其中。

——《感兴十首·其二》，[清]蔡新《缉斋集》卷二，清嘉庆刻本。

1531. 孟博不为恶，季通不愧衾。同此忧患意，认取圣贤心。烈风虽清越，岂如弹素琴。洪炉经百炼，始信有兼金。

——《感兴十首·其五》，[清]蔡新《缉斋集》卷二，清嘉庆刻本。

1532. 高歌一曲渐流传，佳话从兹未休歇。君亦徒今善自珍，莫向人前轻一跌。常将习坎入窞心，视此需泥出自穴。

——《戏和程春昊堕沟诗》，[清]蔡新《缉斋集》卷二，清嘉庆刻本。

1533. 莫使尘侵镜，常如月映汀。年来勤洒濯，对此更惺惺。

——《洗心亭》，[清]蔡新《缉斋集》卷三，清嘉庆刻本。

1534. 宣风宸藻焕，锡类主恩殊。永保无疆业，长怀有道符。瑶编重纪盛，孝治迈轩虞。

——《祖陵恭纪八首·其八》，[清]蔡新《缉斋集》卷五，清嘉庆刻本。

1535. 载酒问字逾况雄，讲明大义孝与忠。如攻坚木如撞钟，大昕鼓征鼍逢逢。

——《题邺山图寄寿高密单渔庄夫子》，[清]蔡新《缉斋集》卷六，清嘉庆刻本。

1536. 昔圣有明训，闻义贵能徙。长傲岂敢安，遂非夙所耻。分当速改辙，庶以谢知己。

——《北峡关骑行至桐城作》，[清]蔡新《缉斋集》卷四，清嘉庆刻本。

1537. 圣德千秋契，宸修万世师。敷言媲雅颂，图治切畴咨。典学勤终始，单心念缉熙。徒兹治化洽，文教日敷施。

——《赋得诗书至道该》，[清]蔡新《缉斋集》卷八，清嘉庆刻本。

1538. 敬恭桑梓同堂飨，廉立懦顽后世师。瞻望徘徊悲往事，策名最幸是清时。

——《清凉山谒郑一拂祠二首·其二》，[清]蔡新《缉斋集》卷六，清嘉庆刻本。

1539. 如山重抚循悃幅，尽登新荐牍更逢。墨吏一笔勾不使，苍生一路哭太平。

——《留别鄂虚亭开府》，[清]蔡新《缉斋集》卷四，清嘉庆刻本。

1540. 圣朝经术光谟训，石室藏书冠古今。群向兰台勤探讨，间从秘阁共搜寻。

——《赋得石室牙签照古今》，[清]蔡新《缉斋集》卷八，清嘉庆刻本。

1541. 出入牵衣裾，经书勤句读。揭来宦京师，家政阙所授。弟也俨峥嵘，劳勋不辞疚。笃念在宗祊，独手经宵昼。

——《绍美四弟七十寿》，[清]蔡新《缉斋集》卷七，清嘉庆刻本。

# 八闽廉箴辑四

# 韩 偓

韩偓（844—923），字致光，号致尧，小字冬郎，号玉山樵人，晚唐诗人，南安四贤之一。

唐昭宗龙纪元年（889）进士，出佐河中节度使幕府。入为左拾遗，转谏议大夫，迁度支副使。光化三年（900），从平左军中尉刘季述政变，迎接唐昭宗复位，授中书舍人，深得器重。黄巢进入长安，随驾进入凤翔，授兵部侍郎、翰林承旨，拒绝草诏起复前任宰相韦贻范。不肯依附于梁王朱全忠，贬为邓州司马。唐昭宗遇弑后，依附于威武军节度使王审知，寓居九日山延福寺。后梁龙德三年（923），逝于南安县龙兴寺。

韩偓擅写宫词，辞藻华丽，人称"香奁体"。定居泉州、南安后，多作富有地方色彩的诗篇。代表作品收于《玉山樵人集》中。

1542. 自怜非达识，局促为浮名。
——《离家》，[唐]韩偓《玉山樵人集》，民国八年上海商务印书馆《四部丛刊》景旧抄本。

1543. 守愚不觉世途险，无事始知春日长。
——《守愚》，[唐]韩偓《玉山樵人集》，民国八年上海商务印书馆《四部丛刊》景旧抄本。

1544. 今来自责趋时懒，翻恨松轩书满床。
——《守愚》，[唐]韩偓《玉山樵人集》，民国八年上海商务印书馆《四部丛刊》景旧抄本。

1545. 孜孜莫患劳心力，富国安民理道长。
——《朝退书怀》，[唐]韩偓《玉山樵人集》，民国八年上海商务印书馆《四部丛刊》景旧抄本。

1546. 灵椿朝菌由来事，却笑庄生始欲齐。

——《小隐》，[唐]韩偓《玉山樵人集》，民国八年上海商务印书馆《四部丛刊》景旧抄本。

1547．天涯烈士空垂涕，地下强魂必噬脐。掩鼻计成终不觉，冯欢无路学鸣鸡。

——《故都》，[唐]韩偓《玉山樵人集》，民国八年上海商务印书馆《四部丛刊》景旧抄本。

1548．枫叶微红近有霜，碧云秋色满吴乡。鱼冲骇浪雪鳞健，鸦闪夕阳金背光。心为感恩长惨戚，鬓缘经乱早苍浪。可怜广武山前语，楚汉宁教作战场。

——《秋郊闲望有感》，[唐]韩偓《玉山樵人集》，民国八年上海商务印书馆《四部丛刊》景旧抄本。

1549．高阁群公莫忌侬，侬心不在宦名中。严光一唾垂绥紫，何胤三遗大带红。金劲任从千口铄，玉寒曾试几炉烘。唯应鬼眼兼天眼，窥见行藏信此翁。

——《此翁》，[唐]韩偓《玉山樵人集》，民国八年上海商务印书馆《四部丛刊》景旧抄本。

1550．手风慵展八行书，眼暗休寻九局图。窗里日光飞野马，案头筠管长蒲卢。谋身拙为安蛇足，报国危曾捋虎须。举世可能无默识，未知谁拟试齐竽。

——《安贫》，[唐]韩偓《玉山樵人集》，民国八年上海商务印书馆《四部丛刊》景旧抄本。

# 詹敦仁

詹敦仁（914—979），字君泽，安溪首任县令，追封靖惠侯。祖父詹缵随王审知入闽，任前锋兵马使，后退居仙游县植德山下。敦仁任安溪县令期间，利用农隙，征调城郊民众每人服役三天，和轮值休息的戍卒共同兴建县衙，整顿市容，至次年十月竣工，使安溪面貌焕然一新。

其作品大多亡佚，《全唐诗》《全唐诗补编》共存其诗十九首，《全唐文》《唐文拾遗》共存其文两篇。

1551. 争霸图王事总非，中原失统可伤悲。往来宾主如邮传，胜负士戈似局棋。周粟纵荣宁忍食，葛庐频顾谩劳思。江山有待早归去，好各鹪林择一枝。

——《劝王氏入贡宠予以官作辞命篇》，[清]彭定求等编《全唐诗》卷七百六十一，清光绪十三年上海同文书局石印本。

1552. 试问亭前花与柳，几番衰谢几番荣。

——《余迁泉山城，留侯招游郡圃作此》，[清]彭定求等编《全唐诗》卷七百六十一，清光绪十三年上海同文书局石印本。

1553. 两足一犁无外事，使君何啻五侯封。

——《留侯受南唐节度使知郡事辟予为属以诗谢之》，[清]彭定求等编《全唐诗》卷七百六十一，清光绪十三年上海同文书局石印本。

1554. 春云暮矣，雪絮飞毵，悠扬远近，叹人生之聚散，宜闲居而自适应也。

——《柳堤诗》，[清]彭定求《全唐诗》卷七百六十一，清康熙四十四年至四十六年扬州诗局刻后印本。

1555. 于是秉耒就耕，书横牛角，锄且带经，或偃息乎繁阴之下。

——《柳堤诗并序》，[清]彭定求《全唐诗》卷七百六十一，清康熙四十四年至四十六年扬州诗局刻后印本。

1556. 叹年华之暗度。雨雪飘飘，未春而絮，青山改色，觉老其容。即当收敛暇余，乃且呼童削其繁冗，伐其朽蠹。夫插柳之效，予既两资其利，泚笔缀字，以示后人，使知予插柳之意，仍记之以诗。

——《柳堤诗并序》，[清]彭定求《全唐诗》卷七百六十一，清康熙四十四年至四十六年扬州诗局刻后印本。

1557. 种稻三十顷，种柳百余株。稻可供饘粥，柳可爨庖厨。息耒柳阴下，读书稻田隅。

——《柳堤诗并序》，[清]彭定求《全唐诗》卷七百六十一，清康熙四十四年至四十六年扬州诗局刻后印本。

# 王十朋

王十朋(1112—1171),字龟龄,号梅溪,南宋文学家。

绍兴二十七年(1157)以"揽权"中兴为对,被宋高宗亲擢为进士第一,授绍兴府签判。历知饶、夔、湖、泉诸州,救灾除弊,颇有治绩,时人绘像而祠之。其为人刚直,恪尽职守,任秘书省校书郎时,力排和议,屡陈抗金恢复之计,抨击三衙兵权过重,谏罢杨存中兵权,并奏请起用抗金将领张浚。隆兴元年(1163)任侍御史时,弹劾当朝宰相史浩及其党羽,使之罢职,震动朝野,人称其为"真御史"。其作品主要收于《梅溪集》《王忠文公集》。

1558. 贝叶书名,名义谁能辨。

——《点绛唇·艳香茉莉》,[宋]王十朋著,梅溪集重刊委员会编,王十朋纪念馆修订《王十朋全集》(修订本)卷下,上海:上海古籍出版社,2012年,第1085页。

1559. 无意争先,梅蕊休相妒。

——《点绛唇·素香丁香》,[宋]王十朋著,梅溪集重刊委员会编,王十朋纪念馆修订《王十朋全集》(修订本)卷下,上海:上海古籍出版社,2012年,第1086页。

1560. 小麦青青大麦熟,秧老欲移蚕欲簇。皇天弥旬作淫雨,害及农桑一何酷。麦枯秧腐蚕不丝,无食无衣岂能育。使君今日贤方伯,政过龚黄同舜牧。儆金蠋放官与私,喜气欢声倾比屋。仁风已慰黎庶心,诚感苍穹理宜速。胡为蒸泄尚如许,阴渗干阳埋日毂。岂惟泥泞困牛车,更恐鱼龙上平陆。间阎竞画指日蛮,香火遥祈上天竺。伤和无乃有冤民,蠹政尚疑多大族。使君有术开青天,按劾奸赃疏滞狱。

——《与赵安抚乞疏狱》,[宋]王十朋著,梅溪集重刊委员会编,王十朋纪念馆修订《王十朋全集》(修订本)卷上,上海:上海古籍出版社,2012年,第 186-187 页。

1561. 九夏炎方气郁蒸，沉沉广厦有凉生。仁风未慰黎民意，何忍堂中暑独清。

——《清暑堂》，[宋]王十朋著，梅溪集重刊委员会编，王十朋纪念馆修订《王十朋全集》（修订本）卷上，上海：上海古籍出版社，2012 年，第 504 页。

1562. 钱清地古思刘宠，泉白堂虚忆范公。印绶纷纷会稽守，谁能无愧一贤风。

——《清白堂》，[宋]王十朋著，梅溪集重刊委员会编，王十朋纪念馆修订《王十朋全集》（修订本）卷上，上海：上海古籍出版社，2012 年，第 202 页。

1563. 鲸吞六国帝人寰，遣使遥寻海上山。仙药未来身已死，銮舆空载鲍鱼还。

——《秦始皇》，[宋]王十朋著，梅溪集重刊委员会编，王十朋纪念馆修订《王十朋全集》（修订本）卷上，上海：上海古籍出版社，2012 年，第 144 页。

1564. 萧萧蘋末生秋声，登临遐想兰台英。天高气清水碧色，明月相映光如琼。脱叶翩翩下深樾，莲社高人诗兴发。讲外吟余心更闲，白云满袖眠禅窟。竹径通幽人不来，鸟鸣山静独徘徊。应笑世间名利客，一生扰扰徒悲哀。

——《秋日山林即事次叔父宝印师韵》，[宋]王十朋著，梅溪集重刊委员会编，王十朋纪念馆修订《王十朋全集》（修订本）卷上，上海：上海古籍出版社，2012 年，第 23 页。

1565. 此去神仙路不迷，直从洞口到桃溪。仙人心境无名利，笑我频年渡此溪。

——《过仙人渡》，[宋]王十朋著，梅溪集重刊委员会编，王十朋纪念馆修订《王十朋全集》（修订本）卷上，上海：上海古籍出版社，2012 年，第 58 页。

1566. 前观三渡觉非旧，下视两滩真可畏。渡头仙人还笑我，髭须如棘犹名利。

——《西征》，[宋]王十朋著，梅溪集重刊委员会编，王十朋纪念馆修订《王十朋全集》（修订本）卷上，上海：上海古籍出版社，2012 年，第 80 页。

1567. 路入剡山腰，风生玉川腋。孤亭物外高，双溪眼中碧。山僧作亭知几春，赏音端怕逢诗人。自从妙语发丘壑，遂使绝境多蹄轮。我来首访维摩诘，问讯双溪自何出。发源应与婺溪同，赋物惭无沈郎笔。凭栏欲洗名利尘，入眼翻惊客恨新。山城重重水如带，可能挽住思乡人。

——《游圆超院登挟溪亭次卢公天骥韵》，[宋]王十朋著，梅溪集重刊委员会编，王十朋纪念馆修订《王十朋全集》（修订本）卷上，上海：上海古籍出版社，2012年，第83页。

1568. 十里湖山翠黛横，两溪寒玉斗琮琤。路从飞鸟上头过，人在白云高处行。岩下行田谢康乐，洞中辟谷李先生。凭栏不瞰人间世，转觉此心名利轻。

——《又书岩上》，[宋]王十朋著，梅溪集重刊委员会编，王十朋纪念馆修订《王十朋全集》（修订本）卷上，上海：上海古籍出版社，2012年，第244页。

1569. 遥望香炉气欲烟，坐观溢浦浪春天。山川满目古今迹，云水千帆名利船。万点白鸥家浩渺，一声赤壁酹婵娟。诗篇细读张耘叟，倚遍阑干思黯然。

——《题庾楼呈唐守立夫》，[宋]王十朋著，梅溪集重刊委员会编，王十朋纪念馆修订《王十朋全集》（修订本）卷上，上海：上海古籍出版社，2012年，第323页。

# 卢 琦

卢琦（1306—1362），字希韩，号奎峰、立斋，泉州人，元末闽中文学四大名士之一。

至正二年（1342），登进士，初授将仕郎、浙江台州录事，因丁父忧未赴任。服除，改延平知事。至正十二年（1352）转永春县尹。时永春突遭暴雨，村舍倒塌，农田尽毁，受灾者达3000余人。卢琦为苏民困，奏请开仓赈贷，均平赋役，减免税收，以解民困。在任期间，亦兴除利弊，秉公裁断积案、悬案；修缮校舍，增加学田，延聘邑中德高望重者前来授业，"卢永春"之名满闽粤。至正二十二年（1362），升为浙江平阳知州，任命未至而殁，墓葬于惠安八都龟鳖山。其作品主要收于《圭峰集》中。

1570. 天子诸侯之尊且富，亦不得似鸟兽草木然以苑蓄之，况其下者乎？然亦何急于天下国家乎？是以君子不谓珍也。惟夫去人不远，而取之甚易，三尺之童得服习之，至体其全，虽为圣人其无难。而究其用，虽尧舜禹汤之治天下国家不外乎是，则天下之珍，盖在此而不在彼。

——《敬斋珍苑序》，[元]卢琦《圭峰集》卷二，《四库全书》本。

1571. 虽然君子视其身如器，既鬻于人，则惟人之所置而已，置之静则佚，置之动则劳，无不可也。

——《送杨德慧改任隆德县序》，[元]卢琦《圭峰集》卷五，《四库全书》本。

1572. 吾故曰有甚焉者，而况广西之民。引领北望，若饥渴然，文应亦倾榼决囊饮食之而已矣，何劳也邪？政成，隮大登朝，顾馆阁有无咎无誉者，为之出德色，是知己而不知彼者也。异时吾虽耄，休矣。

——《送熊君之任广西按察佥事序》，[元]卢琦，《圭峰集》卷六，《四库全书》本。

1573. 平阳君三十年，始终宾敬如一日，恒铢累黍约，以羡周贫乏，奉宾客。间遇事箴规，献替弘多。故平阳君所至以循廉称，恭人实有助焉。

——《恭人陈氏圹志》，［元］卢琦《圭峰先生集》，明万历三十七年庄毓庆等刻本。

1574. 先后不同时，而惟贤我师也。惠之先哲，固未可谓无人。唐宋诸贤邈矣，文行不可概见，居地亦无复寻。惟公去今时未远，而居又近，在其学与政，固于予心若旷世而相感者，是之取尔。

——《卢圭峰先生文集序》，［元］卢琦《圭峰先生集》，明万历三十七年庄毓庆等刻本。

1575. 希韩奋然誓曰："某必不敢负师友。"卒果如其言。盖其为政有古人风，诸公所作碑铭，皆实录无愧。

——《卢平阳哀辞》，［元］卢琦《圭峰先生集》，明万历三十七年庄毓庆等刻本。

1576. 故日与游阳台之云雨，步华胥之乾坤。临谢池以觅句，诣槐国而游魂。奚独见斥于夫子，而使我不能自存也耶？予曰："富贵者何者乎勤学？隐逸者何心于功名？予也进不少摅其志，退不得独善其身，是以汲汲孜孜，靡遑底宁，期努力以弗怠，或庶几而有成，子宜亟行。"

——《驱睡魔赋》，［元］卢琦《圭峰先生集》，明万历三十七年庄毓庆等刻本。

1577. 关门铸铁半空倚，古来几度壮士死。草根白骨弃不收，冷风悲雨哭山鬼。道傍老翁八十余，短衣白发扶犁锄。路人立马问前事，犹能历历言丘墟。夜来锄豆得戈铁，雨融风吹失颜色。铁星尚带土花湿，犹是将军战时血。前年又复铁作门，貔貅万灶如云屯。生者有功佩玉印，死者谁复招孤魂。居庸关，何峥嵘。上天何不呼六丁，驱之海外休甲兵。男耕女织天下平，千春万古无战争。

——《有事居庸关》，［元］卢琦《圭峰先生集》，明万历三十七年庄毓庆等刻本。

1578. 欲落不落天上星，欲去不去闽中人。红尘香忆荔枝国，薰风醉卧芙蓉茵。浮云富贵倘来物，勋业文章何足珍。人生所贵在知己，四海重逢骨肉亲。何论千里与万里，志士鸡鸣中夜起，秋水邻邻剑光紫。

——《留别同乡严进士》，［元］卢琦《圭峰先生集》，明万历三十七年庄毓庆等刻本。

1579. 大风吹河河倒行，阻风时节近清明。南人北人俱上冢，桃花杏花开满城。虽云宦游俱作客，便觉此日难为情。河鱼村酒亦足醉，赖有同舟好弟兄。

——《阻风崔镇有感》，［元］卢琦《圭峰先生集》，明万历三十七年庄毓庆等刻本。

# 朱 鉴

朱鉴（1390—1477），字用明，号简斋，泉州人。

永乐十五年（1417）举人，授蒲圻教谕。正统五年（1440），奉命巡按广东，平定钦州之乱，在任期间认真核查在押囚犯，招抚在逃案犯，平反积年冤错假案数百起，维护社会稳定，广受百姓爱戴。正统七年（1442），升山西左参政，后任山西布政使，改都察院右副都御史、山西巡抚。心系百姓，奏请减轻平阳府（今临汾市）灾区赋税、拨付薪俸供应边地夫役、体恤军民等数十疏，多为朝廷接受。积极招抚流民，清理军伍，疏通粮道，确保边戍军需。后遭邹干陷害辞官归乡。其作品集有《朱中丞奏议》两卷、《原学稿》四卷、《孝感录》一卷。

1580. 以显亲扬名为己任，以竭忠守分为己能，无怀居怀土之心，有为国为民之意。此等生徒，如斯立志，诚可以栋明堂而梁清庙者也。

——《出巡录》，[明]朱鉴《朱简斋公奏议》卷下，清康熙五十三年重刻本。

1581. 尝谓绥斯来，动斯和，安民莫先于抚字，渐以仁，摩以义，为政必本于躬行。长民者苟能公廉其心，为民者岂有流移之患？

——《出巡录》，[明]朱鉴《朱简斋公奏议》卷下，清康熙五十三年重刻本。

1582. 当竭驽骀之力，致身奉国，非所敢避。怠政殃民，实不忍为。况民为国之根本，军为民之垣维，非民无以养军，非军无以卫民，二者相资，万世永赖。

——《出巡录》，[明]朱鉴《朱简斋公奏议》卷下，清康熙五十三年重刻本。

1583. 如蒙乞敕该部计议，暂将此等地方子粒减分征纳，以舒军士，及行各按察司，专委廉干佥事一员，往来提督，除革奸弊，实为便益。

——《出巡录》，[明]朱鉴《朱简斋公奏议》卷上，清康熙五十三年重刻本。

1584. 今体得各处大小衙门文武官员，俱系慎选子惠军民，正当宣上德以达下情，省刑罚俾协于中，可也。岂期有等暴酷之徒，以毛举细事立声名，以深文罗织为能事，不体圣心，恣行苛刻，内怀残忍之私，外遵酷吏之轨，视人命如草芥，保赤子若路人。

——《出巡录》，[明]朱鉴《朱简斋公奏议》卷上，清康熙五十三年重刻本。

1585. 若情有可矜，法有可疑者，具实奏请定夺。其余一应杂犯死罪，并徒流以下，照例发落，不许淹禁。果有冤枉，即与辩明。

——《请遣官分巡郡邑辩理疑狱疏》，[明]朱鉴《朱简斋公奏议》卷上，清康熙五十三年重刻本。

1586. 各官难以听受，恐非设学教养，经久利便之成规也。臣稽诸典籍，成周以射御宾兴，已有用武取士之意；汉以兵法召募，遂有用武取士之名。唐有军谋宏远，能谙孙吴之科，故初举而得裴端复，再举而得郭子仪，此武举得人之验也。

——《请立武学设武科疏》，[明]朱鉴《朱简斋公奏议》卷上，清康熙五十三年重刻本。

1587. 非独激励于生徒，抑且劝勉于师范。博以文，约以礼，务体前贤之格言；精于勤，荒于嬉，当遵先王之遗矩。

——《出巡录》，[明]朱鉴《朱简斋公奏议》卷下，清康熙五十三年重刻本。

1588. 其外虽行讲和之礼，而内实计自治之谋。慎择枭将，以守边卫，操练壮士，以备腹里。内本既安，外末何患？倘兀良哈之寇复来，柜子山之戎再至，止遣通事赍捧敕帛，直抵其巢穴，晓谕其渠魁，宣布天朝恩福之隆，兵威之盛以致也。

——《息民固境疏》，[明]朱鉴《朱简斋公奏议》卷下，清康熙五十三年重刻本。

1589. 务在父慈子孝，兄友弟恭，德业相劝，过失相规，礼义相交，患难相恤，强不凌弱，众不暴寡。

——《出巡条约》，[明]朱鉴《朱简斋公奏议》卷下，清康熙五十三年重刻本。

1590. 情虽可矜，法实难恕。仰各处府卫官旗故家父母，谕以祸福利害之原，遵乎礼义廉耻之风，岂不美欤？各悛乃心，勿贻后悔。

——《出巡条约》，[明]朱鉴《朱简斋公奏议》卷下，清康熙五十三年重刻本。

# 蔡 清

蔡清（1453—1508），字介夫，号虚斋，晋江人，明哲学家、理学家。

成化二十年（1484）进士。初归家讲学，后授礼部祠祭主事。因母忧南归改任南京文选司郎中，为供养老父而告假，居家授徒讲学。后被起为江西提学副使，在任时与骄恣暴虐的宁王发生矛盾，力辞官职。晚年被起用为南京国子监祭酒，未及赴任而卒。他刚正不阿，不畏强权，敢于揭示当时统治者把"取于民"的钱财，都落入"庸将之家""权幸之门"，以致"兵弱"不振作的真相。其作品主要收于《蔡文庄公集》。

1591．心丹宜细炼，为邦者如愚。
——《别邹汝愚谪雷州某所吏目五首》，[明]蔡清《蔡文庄公集》卷一，清乾隆七年逊敏斋刻本。

1592．举天地间一正气，谁能收之腔子里。饶他身外无余物，可受用的满天地。
——《遣兴》，[明]蔡清《蔡文庄公集》卷一，清乾隆七年逊敏斋刻本。

1593．更愿无心待品物，形形色色任天真。
——《戏友人作墨鹤》，[明]蔡清《蔡文庄公集》卷一，清乾隆七年逊敏斋刻本。

1594．我欲便为栖隐计，壮心未忍负青年。
——《登清源次马太守韵》，[明]蔡清《蔡文庄公集》卷一，清乾隆七年逊敏斋刻本。

1595．省身勿泥三，随地安着己。柔者思不随，刚者思不厉。操术必求精，济人不谋利。
——《题盛用阳师省卷》，[明]蔡清《蔡文庄公集》卷一，清乾隆七年逊敏斋刻本。

1596. 少者忌谋躁，老者戒宦成。

——《同年会》，[明]蔡清《蔡文庄公集》卷一，清乾隆七年逊敏斋刻本。

1597. 汗青岂必皆达者，未计眼前屈与伸。

——《题洪氏慈节堂》，[明]蔡清《蔡文庄公集》卷一，清乾隆七年逊敏斋刻本。

1598. 丈夫以宇宙为家，道义是安形骸，鄙或志田宅遗子孙，贤而多财亦损志。关西所遗惟清白云，仍百代荣其裔。

——《自警诗》，[明]蔡清《蔡文庄公集》卷一，清乾隆七年逊敏斋刻本。

1599. 故心正，则百事可正；理明，而后其心可正。讲学而后理可明，学必正，学毋徇于文华之末，而后有明理之功；其指要，则皆不外乎真氏《大学衍义》一书所言矣。

——《管见上堂尊》，[明]蔡清《蔡文庄公集》卷一，清乾隆七年逊敏斋刻本。

1600. 无征又复洒派富家，则厚享无穷之利，贫民则虚受不根之害，此何理哉？

——《民情四条答当道》，[明]蔡清《蔡文庄公集》卷一，清乾隆七年逊敏斋刻本。

1601. 今日上之人虽未可绝望当世之无人，然亦不可必求其人，以实其科，端教养、精举察而已矣。至于天下之人，尤宜自量，不可因上之有求，而妄应其选，以远大自励而已矣。

——《与郭文博书》，[明]蔡清《蔡文庄公集》卷一，清乾隆七年逊敏斋刻本。

1602. 每读书时辄有欲取而用之之心，则亦何必多为也？然既有此心，则自不容不多矣。

——《寄张廷实书》，[明]蔡清《蔡文庄公集》卷一，清乾隆七年逊敏斋刻本。

1603. 透地穿天木石眼，经邦济世水云身。心当静极天机现，气到完时鬼力随。

——《寄张廷实书》，[明]蔡清《蔡文庄公集》卷一，清乾隆七年逊敏斋刻本。

1604. 虚心顺理，毋激毋随，凡弊事，且先去其太甚者，使爱乎于下，而敬不失其上。久之无不可为之事矣。凡能为百姓立久大之利者，类非作色于旦夕者所能也。

——《赠郑温卿宰邹平》，[明]蔡清《蔡文庄公集》卷一，清乾隆七年逊敏斋刻本。

1605．惟知已虚心鉴谅，当终收之度内也，使斾北旋，应在旬月内外。续奉未由，在途在朝，幸加自玉，为国之光，为民之庇。

——《与曾侍御书》，[明]蔡清《蔡文庄公集》卷二，清乾隆七年逊敏斋刻本。

1606．旬月之内，其得于见闻者宜多，岂无足增吾胸中之浩浩者乎？于是而归就掬清焉。菽粟饮水，尽亲之欢，则和靖母之所谓以善为养者，其清也何如？诗礼一派贻孙翼子，则庞德公之所谓"遗子以安常"，长孺之所谓"教子一经"者，其清又何如？推之其他，但不失吾道揆之心，则虽日与纷纷者相应酬，其清不溷也。异时子孙中有英俊者出，举是一掬之泽，尚可以霖雨苍生，汛扫海宇，又将不嫌其隐显之异致，而体用之一源，亦庶几可验也。

——《掬清轩记》，[明]蔡清《蔡文庄公集》卷四，清乾隆七年逊敏斋刻本。

1607．甫弱冠，即能苦志立身，以撑持门户，父母安其孝焉。性仁孝，而果于义，姻族多能之。二姊：一早世，一早丧所天。公维持其家，抚诸甥，而长之立之，有人所难者。与人交接而信，终始如一日。恭而有礼，暴慢者处之夷然，或数见侵侮，而后以理直之，卒皆愧屈无词。平居恂恂，若无所区别，至其临事，则矩度整如也。轩凡有微尘，必命扫除之，曰："人之治心亦当如是耳。"

——《坦夷居士林公墓志铭》，[明]蔡清《蔡文庄公集》卷五，清乾隆七年逊敏斋刻本。

1608．今之所称十哲，而祀于殿堂之上者，固卓然表着矣，而当时盖已分而为四科。四科之中，惟德行足称兼材，余皆仅得其一体者也。以仅得一体之士，而即已列于十哲，成其为卓然表着之才，虽七十子不得与焉，岂非所甚难哉？惟其成之难，故夫子之进之也，恶得而不恝？夫享祀之礼，没如生、亡如存者也。使夫子而在今日，其苦于成材之难，而恝以进之之心，犹夫昔也。祀夫子而不体其心，臣未见其善祀矣。

——《序斋李先生请特祀奏疏》，[明]蔡清《蔡文庄公集》卷七，清乾隆七年逊敏斋刻本。

1609. 人之无信，如之何哉？夫仆非敢忘君也，诚以其言之不足为君重耳。然而终不可无以偿于既诺之余也，抑古之所谓赠言者，匪止扬其善而已，固将有以进之也，是故有情赠之义。

——《赠医士童君某序》，[明]蔡清《蔡文庄公集》卷七，清乾隆七年逊敏斋刻本。

1610. 凡于学校一切事务，一听于道理之所役使耳。所愿务其实而不徇其名，要其成而不刻近效，不敢以文章为人才之实事，而必使学者反复思惟，古先圣贤所以著书垂世之意，与我国家之所以教人读书，而以文章取之者，究竟其意之所归宿。果安在。

——《寓九江上秦太宰先生书》，[明]蔡清《蔡文庄公集》卷二，清乾隆七年逊敏斋刻本。

1611. 然虽牵于私，而终不能安。既而思之，凡心之所不安，便是天理之所不许，不若听命于理，图得心安之为利也。

——《与方石谢先生书》，[明]蔡清《蔡文庄公集》卷二，清乾隆七年逊敏斋刻本。

1612. 抑思古人，亦有直自担当者，亦有径行不辞者，大抵皆自觉其无忝，乃能自安。如执事此举，诚非不肖者所能安也。仆又非能矫激立名者，庸劣之资，求同众人，尚惧不克，况敢求异于人哉？万一中有矫意，则为重负斯文知己骨肉之情，神天当明诛之，或暗坏之，为人间矫激者作戒矣。所以不敢安者，特以自知不任，而却冒然利而受之，以重伤贤者之明，实所不可。故同知虽屡遣送，终不敢受，亦庶几用此一节赎愆者也。且来仪仆虽不受，不凡之厚意，则固有出于物外者矣。如或者以为执事施礼于仆，而仆却之，则为全不知执事与仆相与之际者矣。

——《与曾侍御书》，[明]蔡清《蔡文庄公集》卷二，清乾隆七年逊敏斋刻本。

1613. 实有草茅书生，一旦得富贵，及自负才气志节之士，安恬之久，所不能持不能到者。居常以告乡父老及子侄学生辈，使知有圣明之德，覆帱之恩，而自庆其有生之幸。盖谆谆缕缕言之，至为或者所迂，不自厌也。

——《与九峰孙先生书》，[明]蔡清《蔡文庄公集》卷二，清乾隆七年逊敏斋刻本。

1614. 所恨清腐劣之甚，不能为明时展效尺寸。如得及早明白自退，一意与村学生辈讲说人伦物理，相勉相励，相与服行而固守之，以求不甚愧于为人，不甚负于君亲师友，亦庶几其可耳。而格心赞治修废，保丰事业，则自有当世诸贤哲在。

——《与九峰孙先生书》，［明］蔡清《蔡文庄公集》卷二，清乾隆七年逊敏斋刻本。

1615. 刑人于市，与众弃之。今也不然，设或出于左右者所矫，虽巡抚大臣，亦不敢问谁何，亦竟不敢以闻，此其弊将何所不至？谓有忠爱之心者，能漠然不为国一计念耶？且他日或有究诘其事者，守土之臣又将何辞耶？

——《与畏庵朱先生书》，［明］蔡清《蔡文庄公集》卷二，清乾隆七年逊敏斋刻本。

1616. 仰凭恩照，故敢及此。若不肖感德恋教之心，久而滋切，有不能自状者，非敢文也。至于明德日章，大拜在目，此乃海内善类及苍生之庆，又无庸生喋喋也。

——《寄碧川先生书》，［明］蔡清《蔡文庄公集》卷二，清乾隆七年逊敏斋刻本。

1617. 呜呼！岂知天地间事尚有大于区区文词博洽者。夫学不博不能约，言不文不能远，固也。但其中自有真伪之辨耳。真者根于性，率于道，而符于教。其伪者，性、道、教外物也。宇宙之所以立，人物之所以生生不绝者，以此性、道、教三者在耳。凡在此三者之中，则世所不可无，亦自不能无者。若出于外，类皆人之私智所为，于世无益而有损，尽可一扫除之，或摘其近正而实者姑存之而已。管见如斯，因得高明者一质焉，而亦未能尽其说也。

——《复林居鲁书》，［明］蔡清《蔡文庄公集》卷二，清乾隆七年逊敏斋刻本。

1618. 清尝窃谓："学而主于平实。"人固多以易视之。然语其理之至当，则又不论高深奇怪之与平实也。或者平实之难转有甚于高深奇怪者，而难易亦非所论也，惟其当而已。抑今人之所目，前人之高深奇怪者，自理视之，似亦一等平实也。文章诚学者一事，至理所在，又非止可以才力就，此意惟阁下意尝及之，而愚于今得因便风绎之，以相证耳。

——《与杨君谦书》，［明］蔡清《蔡文庄公集》卷二，清乾隆七年逊敏斋刻本。

1619. 而天地生物之心，与人之所以异于物者皆在焉。何者？天地以生物为心，而所生之物，因各得夫天地。生物之心以为心，其在人则为仁，固人之所以为人而贵于物者也。然仁主于爱，爱莫大于亲亲。祖宗，亲之至尊者也；族属，亲之至近者也。夫上戴天，下履地，中含心而为人。而于其亲之至尊至近、血脉精神实相贯通者，乃或迷于时，局于势，而不得以展其情焉。天地精英之在斯人者，其能终无介然者乎？

——《龙江吴氏族谱序》，［明］蔡清《蔡文庄公集》卷三，清乾隆七年逊敏斋刻本。

1620. 呜呼！兹岂独人为之巧所及哉？人心之所以不死者，天也。故凡知祖前贤以谱其族者，要皆仁人孝子之徒，而或尚不知为此者，则未免于其天者犹为有蔽也。

——《龙江吴氏族谱序》，［明］蔡清《蔡文庄公集》卷三，清乾隆七年逊敏斋刻本。

1621. 夫食人之赐而忘之，此与草木之有生而无知，禽兽之有知而无义者等也，非民之秉彝也。

——《御史吴工利民一事记》，［明］蔡清《蔡文庄公集》卷四，清乾隆七年逊敏斋刻本。

1622. 大抵盈天地间皆物也，人亦物也。夫人亦物也，而乃独有以贵于凡物，而充其量，则至与天地参，而凡万物又皆在其度内者，独何也？呜呼！岂非以其有伦也与哉？夫伦者，序也。序恶在？举其大父子以亲序，君臣以义序，夫妇以别序，长幼以礼序，朋友以信序，此则人之所以为人者也。故人必得其所谓序者，而后可称为人。不然，鹿豕共聚，马牛而襟裾耳，人也哉？

——《宗序宗一字说》，［明］蔡清《蔡文庄公集》卷四，清乾隆七年逊敏斋刻本。

1623. 嗟夫！天下之道，仁而已；仁之用，爱而已；爱之行，惠而已。君子学道则爱人，惠则足以使人。故自亲亲而仁民，自仁民而爱物者，一皆此惠之流行而贯通也。惠云惠云，片善云乎哉！充"惠"之一字，亦可以为成人矣。虽然，惠者仁之用也，天下未有体不立，而用独行者。故昔者朱子解仁之义云："仁者心之德，爱之理。心之德以体言，爱之理以用言。必先言心之德，而后言爱之理者，体立而后用有以行也。"则惠夫于此，其又可不知所先务乎哉？此虽亦昔人之成论，然理之所在，万古不易。

——《惠夫字说》，［明］蔡清《蔡文庄公集》卷四，清乾隆七年逊敏斋刻本。

1624. 四肢百体，身之肤壳也，愚恶者所均有也；心术言行，身之精也，思齐贤者所致力也。于此而不致其力焉，是无身也。所存者肤壳焉而已矣，多言何为？

——《自箴十四条》，[明]蔡清《蔡文庄公集》卷四，清乾隆七年逊敏斋刻本。

1625. 事理通达而心气和平，故能言；品节详明而德性坚定，故能立。此语其谁不知讳之？顾实得者难耳。

——《自箴十四条》，[明]蔡清《蔡文庄公集》卷四，清乾隆七年逊敏斋刻本。

1626. 人之真，常见于饮食言动之微，因仍造次之间。故君子慎独，除邪之根也。不然，毕露矣。

——《自箴十四条》，[明]蔡清《蔡文庄公集》卷四，清乾隆七年逊敏斋刻本。

1627. 善爱其身者，能以一生为万载之业，或一日而遗数百年之休；不知自爱者，以其聪明而际盛时操名器，徒以就其一己之私而已矣，所谓如入宝山空手回者也。

——《自箴十四条》，[明]蔡清《蔡文庄公集》卷四，清乾隆七年逊敏斋刻本。

1628. 盖闻天地所以长久者，以其气运于内而不泄耳，故仁者静而寿。天下事断非浮躁者所能完也。

——《自箴十四条》，[明]蔡清《蔡文庄公集》卷四，清乾隆七年逊敏斋刻本。

1629. 立人之道曰："仁与义，一阴一阳也。"盖凡接一切人，应一切事，皆当以仁为主。至于仁之行不去处，便有义以裁之矣，故不穷。

——《自箴十四条》，[明]蔡清《蔡文庄公集》卷四，清乾隆七年逊敏斋刻本。

1630. 昔之君子，能使人之未见也，有翘然愿见之心。其既见也，有恋然愿留之心。至其不可留而去也，则有怃然恨失之心。是果何修而得此哉？大抵才既充，行又高，而一将之以至诚而已矣。

——《自箴》，[明]蔡清《蔡文庄公集》卷四，清乾隆七年逊敏斋刻本。

# 俞大猷

俞大猷（1503—1579），字志辅，小字逊尧，号虚江，晋江人。明代抗倭名将、军事家、诗人。

嘉靖十四年（1535），考中武举，授千户、金门守御。后经兵部尚书毛伯温推荐，出任汀漳二州守备，驻扎武平，曾数次击破海贼康老，俘斩三百余人，升署都指挥佥事，隶属广东都司。东征西讨，平定谭元清于新兴、恩平一带的叛乱，击退了范子仪对钦州、廉州的侵扰，征讨琼州诸部叛军，使得海南一带得到安定和发展。征剿倭寇居功至伟。嘉靖三十一年（1552）浙东战役，带头率兵迎击，杀倭寇、焚倭船难计其数；嘉靖三十五年（1556）浙西战役，领军击败西庵、沈庄及清水洼一带的倭寇，随后大破徐海倭寇，彻底平定浙西倭寇。在其后的伪倭战役、兴化之战、潮州战役等与倭作战中，始终英勇奋战，屡立奇功，为沿海一带的稳定做出重大贡献。万历七年（1579），告老还乡，病逝于家中，获赠左军都督，谥号"武襄"。

著有《兵法发微》《剑经》《洗海近事》《续武经总要》等军事、武术作品，后人将俞大猷诗词编成《正气堂集》。

1631. 君子能成乎天下之事，以忍为之而已。夫忍，德之基也，行事立功之本也。君子而能忍，则不为人所致，机操自我焉者也；君子而不能忍，则常为人所动，机操自人焉者也。

——《安国全军之道》，[明]俞大猷《正气堂集》卷一，清道光二十一至二十四年孙氏味古书屋刻《正气堂全集》本。

1632. 执其机焉，有道定其志焉而已。定而后能静，静而后能安，安而后能虑。吁！君子至能虑而止矣。能虑则义理明，义理明则客气寡，客气寡，愠怒自忘，无形可窥，无迹可捉，能疾能徐，能疏能数，能远能近，真如阴阳鬼神之出没开闭而不可测度，矧可得而乘乎？

——《安国全军之道》，[明]俞大猷《正气堂集》卷一，清道光二十一至二十四年孙氏味古书屋刻《正气堂全集》本。

1633. 吾独惧天下苟安于忍辱，而遂忘乎愠怒，其弊必至于委靡而不可收拾，又岂但危败而已耶？

——《安国全军之道》，[明]俞大猷《正气堂集》卷一，清道光二十一至二十四年孙氏味古书屋刻《正气堂全集》本。

1634. 苟其邻国与敌其过恶暴于人人，而为天下所共愠怒者，正所谓有其义者有其辞，君子可以动众。义理之勇，诚仁人所不容隐忍者，然又且度德而后举，量力而后会。昧而攻之，服而从舍之，则其为愠怒也。

——《安国全军之道》，[明]俞大猷《正气堂集》卷一，清道光二十一至二十四年孙氏味古书屋刻《正气堂全集》本。

1635. 苟使天下亦惟以正气为养，而血气不以逞焉，亦何劳忧道君子之喋喋哉？

——《安国全军之道》，[明]俞大猷《正气堂集》卷一，清道光二十一至二十四年孙氏味古书屋刻《正气堂全集》本。

1636. 知小而谋大者，危也；位卑而言高者，罪也；未信而自炫者，妄也。三者皆所不宜，而或蹈之者，思效其区区愤盈而不能已也。

——《上兵部尚书东塘毛公书》，[明]俞大猷《正气堂集》卷一，清道光二十一至二十四年孙氏味古书屋刻《正气堂全集》本。

1637. 夫士方奋微起陋，培植义气于有道之时，而以直终者，盖有之矣。其或一摈于人，而能以是自执，世已不可多见，而况于以直见抑，辄起辄仆，而其鲠健之操，愤时忧世之忱，益有励于未挫之日者，天下盖寡矣。此生之所以深仰于执事者也。执事抱刚大之气，蕴经纶之谟，虽三抑于棘闱，左调于天台，而其德当益尊，其学当益显。盖刘蕡下第，终为登科者之愧，而直道事人，柳下惠之名历千世而不衰。愿执事益以古道懋勉，身之通塞，名之隐显，非所论也。生屡困场屋，志不自释，及亲终就职。窃以为武官虽猥鄙，亦行道地也。刻苦游世，齐死生，轻毁誉，以至今日，知取信于孔子而已。其用兵制胜，则不逮古人远矣。

——《复台州陆教授书》，[明]俞大猷《正气堂集》卷六，清道光二十一至二十四年孙氏味古书屋刻《正气堂全集》本。

1638. 卑职待罪，近已二年，自知才本汇于樗栎，而力不敢不竭于驽骀。

节与接战，多赖天幸，暂于浙地强勉支撑，而苏、松于邻之警，实切于躬。防备之方，战守之宜，在今日不可不预讲者，顾募兵、造船、借粮三者诚为急务，即当旦夕次第举行，而大要尤在将领得人，此古今通议，颠磨不破者也。然人才难得，而亦难知。蓬蒿侧微之下，倘有卓异俊逸之才，迹已嫌于疏逖，而名或隔于成败，一旦欲自效，而使人知之者固难，而或欲荐扬之，能使上之人信而用之者，盖又难矣。自非相与有素，灼见其才有实用，不能荐而扬之；非际在上之人休休有容之心，开诚布公之德，又不能信而用之。今卑职幸遇宪台，量等天地，明并日月，虚访遍及于刍荛，甄才不略夫葑菲。似兹不偶之遭，不披肝胆之赤，不有负于时乎？

——《论邓城可将》，[明] 俞大猷《正气堂集》卷七，清道光二十一至二十四年孙氏味古书屋刻《正气堂全集》本。

1639. 猷受国恩日深，顾以菲才，不能扫荡倭奴，以纾宵旰之虑，死罪死罪，复奚言哉！圣明不即加猷以死，而仍赐恩宠，此猷日夜号天地，质神明，愿齑粉以报也。所自信者，生平此心，无多内愧，任理以为，期以尽分。至于是非毁誉、死生祸福，则惟鞠躬以听，如子之听命于其父母，将安所逃哉？此非明公相知之深，相信之笃，不敢露狂衷至此也。

——《与曾龙山书》，[明] 俞大猷《正气堂集》卷八，清道光二十一至二十四年孙氏味古书屋刻《正气堂全集》本。

1640. 为国而死，为民而死，成仁取义，死有余荣矣。世之读古人书，担受人爵禄者，其处死生利害之际，刑赏予夺之间，能慷慨如众死士，则治日多，乱日少，虽有不良之夫，自当隐伏而不敢逞。

——《书与途任斋公》，[明] 俞大猷《洗海近事卷二》卷下，清抄本。

1641. 忠不见信，古来仁人志士，终不能自白者何限？猷今若终不能白，名公终不见信，不用绳以文法，猷请引剑剖心，以谢名公知遇之恩，以为后世负人恩者之戒，何不可乎？

——《书与途任斋公》，[明] 俞大猷《洗海近事卷二》卷下，清抄本。

1642. 猷告以知止能得、不容助长之义，人有信者，有不信者。

——《书与郭华溪》，[明] 俞大猷《洗海近事卷二》卷下，清抄本。

# 王慎中

王慎中（1509—1559），字道思，号江南，别号遵岩居士，晋江人。明代诗人、散文家，嘉靖八才子之一。

嘉靖五年（1526）进士，任户部主事，后历任吏部验封司郎中、户部主事、礼部员外郎、山东提学佥事、江西参议、河南参政等职。因触犯权臣，丢官还乡。居家后，致力于古文写作，当地学子纷纷上门请教，终日不绝。在任期间，革除宿弊，清理仓廪，查办税蠹，重视人才的挖掘与培育，广受拥戴，有"廉仁练达"之誉。著作有《遵岩集》二十五卷，以及《玩芳堂摘稿》。另有不少诗作。

1643. 古者天子、诸侯，自国以至州里，莫不有学；自司徒以至比党之正、族鄹之长，莫不为师。博置而慎选，事专而任恒，其立之为师，而以道得民者，皆其父兄、长老所与同沟遂、川涂之人也。耳目便于相接之亲，志意发于时观之素。其术则别之以诗书、礼乐，其德其行，则一之以智仁圣义、中和孝友、睦姻任恤，习于口，而被于躬。皆先王之法言德行，淫诐之言，奇邪之行，无由出于其间。凡可以为天下国家之具，必在于学。士之由学而出者，皆可以为天下国家，非必上智大贤。

——《赠雍里顾先生视学河南序》，[明]王慎中《遵岩集》卷十四，明隆庆五年南丰邵廉刻本。

1644. 苟不至于下愚不肖，于道皆可能而知也。虽设为不率之刑，有嘉石之坐以起愧，远方之屏以见辱，然蹈之者鲜矣。由今之道，则里邻之长，以至郡邑之吏，有得民之任者，其职不主于教。而诗书之业，独领在学官。异之甚易，遇之甚卑。天子所遣视学之臣，持宪而临督之者，分道而处，属城蒲百，则古者公侯伯子列爵而守之国者数十也。学者之多，则司徒国子秀选之士，不逮其什一也。色貌不详于目，声音不接于耳。其所为教，不得不倚于期命章条，而去古已远，无复先王之教法礼制。自拜揖坐兴，弦歌诵舞，尽出于简陋之习；岁试月校，不越乎方尺之简，十百千言之篇。

——《赠雍里顾先生视学河南序》，[明]王慎中《遵岩集》卷十四，明隆庆五年南丰邵廉刻本。

1645. 道德典常之大，修身以为天下、国家者，弃而不治，邪说诐行淫于耳而诡于目，无畏于见距，而方盛于有述。其为苟且、缪悠如此，而望士之志道，岂不难哉？悼世君子，往往议于更制定法，然法终不可定，而制终不可更，所谓教与学者，又未尝一日废于世。法与制之不可复，而教与学之未尝废，则苟且缪悠者，徒相循于无穷。呜呼！先王之道，行于教法礼制，而其本出于人心，非能作其所本无，揉其所弗顺也。不反求其所由生，而致咎于不可，必复抱空志而忘实功，是使豪杰之士无由兴于文王不作之世也！今之君子有化民之志者，可以反其本矣。

——《赠雍里顾先生视学河南序》，[明]王慎中《遵岩集》卷十四，明隆庆五年南丰邵廉刻本。

1646. 君既无求于彼，而乃有意于余文，岂以余为足以重君哉？昔之廉士仁人，苦思勤行，坎坷沦踬，穷于一时，而因君子之言以白于世，盖多有之。此岂余任？而何足以副君之所勉哉？毋亦以其戆愚孤特，触忤权近，以取废弃。有与君类者，遂以好其人而思得其言耶？

——《送谢梦邻大尹罢归序》，[明]王慎中《玩芳堂摘稿》卷二，明嘉靖二十九年蔡克廉刻本。

1647. 此余所以好公，而欲为之言也。而惠安尹何君谒余曰：公以贤，受知于部使者，檄公之贤，以宠公于群有司之间，曰：此廉勤之吏也！夫廉者，是余所谓劳乎民，而不谋其利者也；勤者，是余所谓慎于职而不爱其力者也。余之取舍，知信乎古而已。使公之贤不闻于上，余方据古而信之。其闻于上者，又章章如是。

——《尹艮斋公奖异序》，[明]王慎中《玩芳堂摘稿》卷三，明嘉靖二十九年蔡克廉刻本。

1648. 君仕为翰林编修，复为太子司谏，皆以守道直己之志，弃去不啬敝屣，有吴公子轻千乘之国之节。其文之以礼乐得言氏之传，而廉隅操行，必谨于一介之取予，刚果自断，不可以威武利禄诱屈也，尤足以辟夫媮丑惮事，无廉耻而嗜饮食之消。

——《唐荆川文集序》，[明]王慎中《玩芳堂摘稿》卷一，明嘉靖二十九年蔡克廉刻本。

1649. 故称禹、颜以命之，庶乎有以发志而增益其材也。当仁不让于师，二三子必有好学笃志，闻道而先吾者，吾方且摄衣以从其后。

——《丁酉同年序齿录后序》，[明]王慎中《玩芳堂摘稿》卷一，明嘉靖二十九年蔡克廉刻本。

1650. 今其文之可见者，宣耀炳朗，发挥乎《诗》《书》《礼》《乐》之精，宣畅乎仁义道德之辉，蔚然治世之能言。由其言以论其志，皆有用于世者也。

——《福建乡试录序》，[明]王慎中《玩芳堂摘稿》卷一，明嘉靖二十九年蔡克廉刻本。

1651. 而为道之器也，孰不有其义哉？而为义之数也，是所谓艺者也。文之为艺，何居？蔽于其实，而溺于其名，于是学者以其治于文者为艺，而世之相目于艺也以文。夫所为教士以文，而还以谕而取之者何哉？为其通乎道者之能得其意，明其义者之能识其情。

——《萃英录序》，[明]王慎中《玩芳堂摘稿》卷一，明嘉靖二十九年蔡克廉刻本。

# 李 贽

李贽（1527—1602），初姓林，名载贽，后改姓李，名贽，字宏甫，号卓吾，别号温陵居士、百泉居士等，泉州人。明代思想家、文学家，泰州学派的一代宗师。

幼年家贫，跟随教书谋生的父亲识字读书，22岁中秀才，26岁中举人，历共城教谕、国子监博士，万历中为姚安知府。弃官后寄寓黄安（今湖北红安）麻城芝佛院，在此讲学，轰动一时。晚年往来南北两京等地，最后被诬下狱，自刎于狱中。

深受阳明学支流泰州学派影响，且以"异端"自居，批评程朱理学和晚明政治。借汉宣城郡守封邵化虎食民的神话传说，指斥当权官吏是冠裳食人的虎狼，在《焚书》中，也借评点《水浒》，表达对时政的不满，在中国早期启蒙思想史上有着突出的地位。李贽在文学方面提出的"童心说"，强调真心，创作要"绝假还真"，反对当时风行的"摹古"文风，著有《焚书》《藏书》《史纲评要》《初谭集》等。

1652. 要必有神而明之，使民宜之，不赏而自劝，不谋而同趋；嘿而成之，莫知其然，斯为圣人笃恭不显之至德矣。

——《焚书注一·兵食论》，张建业主编《李贽全集注》第一册，北京：社会科学文献出版社，2010年，第266页。

1653. 今天下冠冕之士，俨然而登讲帷，口谈仁义，手挥麈尾，可谓尊且贵矣，而能自贵者谁欤！况其随从于讲次之末者欤！又况于仆厮之贱，鞭捶之辈，不以为我劳，则必以为无益于充囊饱腹，且相率攘抉而窃笑矣。肯俯首下心，归礼穷士，日倚檐楹，欣乐而忘其身之贱，必欲为圣人然后已者耶！古无有矣。

——《焚书注一·定林庵记》，张建业主编《李贽全集注》第一册，北京：

社会科学文献出版社，2010年，第292页。

1654．公倜傥非常人也，某见其人，又闻其语矣。世庙时，驾幸承天，公为荆州。惟时有司不能承宣德意，以致纤夫走渴，疫死无数。公先期市药材，煮参薯，令置水次，役无病者。后筑堤障江，人感公，争出力，至于今赖焉。夫其所市药费，不过四五百金耳，而令全活者以万计；又卒致其力筑堤，为荆人世世赖。公之仁心盖若此矣。

——《焚书注一·李中谿先生告文》，张建业主编《李贽全集注》第一册，北京：社会科学文献出版社，2010年，第331页。

1655．富贵荣名，无谓可乐，此但请客时一场筵席耳，薄暮则散去矣。

——《焚书注一·李中谿先生告文》，张建业主编《李贽全集注》第一册，北京：社会科学文献出版社，2010年，第331页。

1656．唯是酒食之交，有则往，无则止不往。然亦必爱贤好客，贫而整，富而洁者，乃可往耳。

——《焚书注一·李生十交文》，张建业主编《李贽全集注》第一册，北京：社会科学文献出版社，2010年，第355页。

1657．或曰："王子以竹为此君，则竹必以王子为彼君矣。此君有方有圆，彼君亦有方有圆。圆者常有，而方者不常有。常不常异矣，而彼此君之，则其类同也，同则亲矣。"然则王子非爱竹也，竹自爱王子耳。夫以王子其人，山川土石，一经顾盼，咸自生色，况此君哉！

且天地之间，凡物皆有神，况以此君虚中直上，而独不神乎！

——《焚书注一·方竹图卷文》，张建业主编《李贽全集注》第一册，北京：社会科学文献出版社，2010年，第359页。

1658．苟其人可恶而可去，则报之以可恶可去之道焉；苟其人可好而可用，则报之以可好可用之道焉。其恶而去之也，好而用之也，直也，合天下之公是也。其或天下不知恶而去之、好而用之也，而君子亦必去之、必用之，是亦直也，合天下之公理也。

——《焚书注二·八物》，张建业主编《李贽全集注》第二册，北京：社会科学文献出版社，2010年，第59页。

1659．夫智者好奇，以布帛菽粟为不足珍；贤者好异，以布帛菽粟为无异于人。唯大智大贤反是，故以其易饱易暖者自过吾之身，又以其同饱同暖者同过人之日。所谓易简而得理，无为而成化，非若人之徒欤？真若人之徒也。是亦一物也。

——《焚书注二·八物》，张建业主编《李贽全集注》第二册，北京：社会科学文献出版社，2010 年，第 62 页。

1660. 盖清谨勇往，只可责己，不可责人，若尽责人，则我之清能亦不足为美矣，况天下事亦只宜如此耶！

——《焚书注二·感慨平生》，张建业主编《李贽全集注》第二册，北京：社会科学文献出版社，2010 年，第 110 页。

1661. 夫古之言轻财者必曰重义，未有无故而轻财者也。故重义者必轻财，而轻财者以重义故，是以有轻财重义之说，有散财结客之说。是故范纯佑麦舟之予，以石曼卿故，非石曼卿则一麦不肯妄费矣。鲁子敬有一囷三千米之予，以周公瑾故，非公瑾则一粒不肯妄费矣。为公瑾是以结客故散财，为石曼卿是以重义故轻财。今得人钱财，视同粪土，岂为谋王图霸，用之以结客乎？抑救灾恤患，而激于义之不能以已也？要不过纵酒色之欲，滋豪奴之贪，乱而不理，懦而不敢明耳，何曾有一文施及于大贤之待朝餔者！此为浪费纵欲，而借口轻财，是天下之浪子皆轻财之夫也，反不如太俭者之为得。故曰：与其奢也宁俭。

——《焚书注二·寒灯小话》，张建业主编《李贽全集注》第二册，北京：社会科学文献出版社，2010 年，第 125 页。

1662. 狷者行一不义、杀一不辜而得天下不为，如夷、齐之伦，其守定矣。所谓虎豹在山，百兽震恐，谁敢犯之？而不信凡走之皆兽。是以守虽定而不虚，不虚则不中行矣。是故曾点终于狂而不实，而曾参信道之后，遂能以中虚而不易终身之定守者，则夫子来归而后得斯人也。不然，岂不以失此人为憾乎哉！

——《焚书注一·与耿司寇告别》，张建业主编《李贽全集注》第一册，北京：社会科学文献出版社，2010 年，第 67 页。

1663. 公之所不容已者，多雨露之滋润，是故不请而自至，如村学训蒙师然，以故取效寡而用力艰；我之所不容已者，多霜雪之凛冽，是故必待价而后沽，又如大将用兵，直先擒王，以故用力少而奏功大。虽各各手段不同，然其为不容已之本心一也。心苟一矣，则公不容已之论，固可以相忘于无言矣。

——《焚书注一·答耿司寇》，张建业主编《李贽全集注》第一册，北京：社会科学文献出版社，2010 年，第 71 页。

1664. 故予谓千古无朋友者,谓无利也。是以犯颜敢谏之士,恒见于君臣之际,而绝不闻之朋友之间。

——《焚书注一·答耿司寇》,张建业主编《李贽全集注》第一册,北京:社会科学文献出版社,2010年,第71页。

1665. 夫古之圣人,盖尝用湔刷之功矣。但所谓湔磨者,乃湔磨其意识;所谓刷涤者,乃刷涤其闻见。若当下意识不行,闻见不立,则此皆为寐语,但有纤毫,便不是淡,非常惺惺法也。盖必不厌,然后可以语淡。故曰"君子之道,淡而不厌"。若苟有所忻羡,则必有所厌舍,非淡也。又惟淡则自然不厌,故曰"我学不厌"。若以不厌为学的,而务学之以至于不厌,则终不免有厌时矣,非淡也,非虞廷精一之旨也。盖精则一,一则纯;不精则不一,不一则杂,杂则不淡矣。

——《焚书注一·答耿中丞论淡》,张建业主编《李贽全集注》第一册,北京:社会科学文献出版社,2010年,第58页。

1666. 尔勿以尊德性之人为异人也。彼其所为,亦不过众人之所能为而已。人但率性而为,勿以过高视圣人之为可也。尧舜与途人一,圣人与凡人一。

——《焚书注一·道古录》,张建业主编《李贽全集注》第一册,北京:社会科学文献出版社,2010年,第53页。

1667. 天下之人,本与仁者一般,圣人不曾高,众人不曾低,自不容有恶耳。所以有恶者,恶乡愿之乱德,恶久假之不归,名为好学而实不好学者耳。若世间之人,圣人与仁人胡为而恶之哉!盖己至于仁,则自然无厌恶;己能明德,则自能亲民。皆自然而然,不容思勉,此圣学之所以为妙也。

——《焚书注一·复京中友朋》,张建业主编《李贽全集注》第一册,北京:社会科学文献出版社,2010年,第50—51页。

1668. 夫惟真实敏事之人,岂但言不敢出,食不知饱,居不知安而已,自然奔走四方,求有道以就正。有道者,好学而自有得,大事到手之人也。此事虽大,而路径万千,有顿入者,有渐入者。渐者虽迂远费力,犹可望以深造;若北行而南其辙,入海而上太行,则何益矣!此事犹可,但无益耳,未有害也。苟一入邪途,岂非求益反损,所谓"非徒无益而又害之"者乎?是以不敢不就正也。如此就正,方谓好学,方能得道,方是大事到手,方谓不负时敏之勤矣。

——《焚书注一·复京中友朋》，张建业主编《李贽全集注》第一册，北京：社会科学文献出版社，2010年，第50页。

1669. 如此，则我能明明德。既能明德，则自然亲民。如向日四方有道，为我所就正者，我既真切向道，彼决无有厌恶之理，决无不相亲爱之事，决无不吐肝露胆与我共证明之意。

——《焚书注一·复京中友朋》，张建业主编《李贽全集注》第一册，北京：社会科学文献出版社，2010年，第50页。

1670. 故未明德者，便不可说亲民；未能至仁者，便不可说无厌恶。

——《焚书注一·复京中友朋》，张建业主编《李贽全集注》第一册，北京：社会科学文献出版社，2010年，第51页。

1671. 夫世间惟才不易得，故曰"才难"。若无其才而虚有其名，如殷中军以竹马之好，欲与大司马抗衡，以自附于王、谢，是为不自忖度，则仆无是矣。仆惟早自揣量，故毅然告退。又性刚不能委蛇，性疏稍好静僻，以此日就鹿豕，群无赖，盖适所宜。如公大才，际明世，正宜藏蓄待时，为时出力也。

——《焚书注一·复周南士》，张建业主编《李贽全集注》第一册，北京：社会科学文献出版社，2010年，第33—34页。

1672. 飘然一身，独往何难。从此东西南北，信无不可，但不肯入公府耳。此一点名心，终难脱却，然亦不须脱却也。世间人以此谓为学者不少矣。由此观之，求一真好名者，举世亦无，则某之闭户又宜矣。

——《焚书注一·答李见罗先生》，张建业主编《李贽全集注》第一册，北京：社会科学文献出版社，2010年，第15页。

1673. 明德本也，亲民末也。故曰"物有本末"，又曰"自天子以至于庶人，一是皆以修身为本"。苟不明德以修其身，是本乱而求末之治，胡可得也？人之至厚者莫如身，苟不能明德以修身，则所厚者薄，无所不薄，而谓所薄者厚，无是理也。故曰"未之有也"。今之谈者，乃舍明德而直言亲民，何哉？不几于舍本而图末，薄所厚而欲厚所薄乎！意者亲民即明德事耶？吾之德既明，然后推其所有者以明明德于天下，此大人成己、成物之道所当如是，非谓亲民然后可以明吾之明德之谓也！

——《焚书注一·答周若庄》，张建业主编《李贽全集注》第一册，北京：社会科学文献出版社，2010年，第2—3页。

1674. 吾且以迩言证之：凡今之人，自生至老，自一家以至万家，自一国以至天下，凡迩言中事，孰待教而后行乎？趋利避害，人人同心。是谓天成，是谓众巧，迩言之所以为妙也。大舜之所以好察而为古今之大智也。今令师之所以自为者，未尝有一厘自背于迩言；而所以诏学者，则必曰专志道德，无求功名，不可贪位慕禄也，不可患得患失也，不可贪货贪色，多买宠妾田宅为子孙业也。

——《焚书注一·答邓明府》，张建业主编《李贽全集注》第一册，北京：社会科学文献出版社，2010年，第95页。

1675. 直沽今日赋将归，李郭仙舟亦暂违。皓首攀辕惭附骥，青云得路正当时。起炉作灶须君事，持钵沿门待我为。燕赵古称多感慨，而翁况复旧相知！

——《续焚书注·直沽送马诚所兼呈若翁历山并高张二居士》，张建业主编《李贽全集注》第三册，北京：社会科学文献出版社，2010年，第406页。

1676. 一掷曾轻百万呼，良宵谁与共欢娱？人来但嘱加餐饭，书到亦应问老夫。已约青春为伴侣，定教白发慰穷途。请公更把上苍祷，不信倭夷曾有无。

——《续焚书注·使往通州问顾冲庵》，张建业主编《李贽全集注》第三册，北京：社会科学文献出版社，2010年，第415页。

1677. 生死交情尔可订，游魂变化我须时。累累荒草知何处，絮酒炙鸡勿用之！

——《续焚书注·系中忆汪鼎甫南还》，张建业主编《李贽全集注》第三册，北京：社会科学文献出版社，2010年，第417页。

1678. 览则一任诸君览观，但无以孔夫子之定本行罚赏也，则善矣。

——《藏书注一·藏书世纪列传总目前论》，张建业主编《李贽全集注》第四册，北京：社会科学文献出版社，2010年，第1页。

1679. 人之是非，初无定质；人之是非人也，亦无定论。无定质，则此是彼非并育而不相害；无定论，则是此非彼亦并行而不相悖矣。然则今日之是非，谓予李卓吾一人之是非，可也；谓为千万世大贤大人之公是非，亦可也；谓予颠倒千万世之是非，而复非予之所非是焉，亦可也。则予之是非，信乎其可矣。

——《藏书注一·藏书世纪列传总目前论》，张建业主编《李贽全集注》第四册，北京：社会科学文献出版社，2010年，第1页。

1680. 夫是非之争也，如岁时然，昼夜更迭，不相一也。昨日是而今日非矣，今日非而后日又是矣。

——《藏书注一·藏书世纪列传总目前论》，张建业主编《李贽全集注》第四册，北京：社会科学文献出版社，2010年，第1页。

1681. 圣主不世出，贤主不恒有。若皆如汉祖、孝文、孝武之神圣，孝昭、孝宣之贤明，则又何患乎其无臣也。

——《藏书注一·藏书世纪列传总目后论》，张建业主编《李贽全集注》第四册，北京：社会科学文献出版社，2010年，第1页。

1682. 大臣之道非一：有因时而若无能者，有忍辱而若自污者，有结主而若媚，有容人而若愚，有忠诚而若可欺以罔者。随其资之所及，极其力之所造，皆可以辅危乱而致太平，如诸葛孔明之辅刘禅，可以观矣，非谓必兼全五者而后足当大臣之名也。大臣又不可得，于是又思其次。其次则名臣是已，故传名臣。夫大臣之难遭，亦犹圣主之难遭也，倘得名臣以辅之，亦可以辅幼弱而致富强。

——《藏书注一·藏书世纪列传总目后论》，张建业主编《李贽全集注》第四册，北京：社会科学文献出版社，2010年，第1页。

1683. 武臣之兴，起于危乱，危乱之乘，由于嬖宠，故传亲臣，传近臣，传外臣。外臣者，隐处之臣也。天下乱则贤人隐，故以外臣终焉。

——《藏书注一·藏书世纪列传总目后论》，张建业主编《李贽全集注》第四册，北京：社会科学文献出版社，2010年，第1页。

1684. 受人家国之托者，慎无刻舟求剑，托名为儒，求治而反以乱，而使世之真才实学、大贤上圣皆终身空室蓬户已也。则儒者之不可以治天下国家，信矣。若康节先生、明道先生、龟山杨先生皆儒也，虽曰古之大臣，又谁曰不宜？又谁敢嗤之！

——《藏书注一·藏书世纪列传总目后论》，张建业主编《李贽全集注》第四册，北京：社会科学文献出版社，2010年，第1页。

1685. 群雄未死，则祸乱不息；乱离未甚，则神圣不生。一文一质，一治一乱，于斯见矣。

——《藏书注一·世纪总论》，张建业主编《李贽全集注》第四册，北京：社会科学文献出版社，2010年，第1页。

1686. 为天下者安得顾私情。

——《藏书注一·孝宣皇帝》，张建业主编《李贽全集注》第四册，北京：社会科学文献出版社，2010年，第163页。

1687. 视人世繁华极乐以为极苦，不容加乎其身，余又安所求于世也？盖生死念头尚未萌动，故世间参禅学道之夫，亦只如此而止矣。则有鼻孔辽天者，亦足奇也，我愿弱侯勿太责之备也。姑置勿论，且摘弱侯叙中语，以与侯商何如？

——《焚书注二·征途与共后语》，张建业主编《李贽全集注》第二册，北京：社会科学文献出版社，2010年，第11页。

1688. 盖世之学者不是日用而不知，则便是见之为仁智，而能上达者其谁也？夫学至上达，虽圣人有所不知，而凡民又可使知之乎？

——《焚书注二·批下学上达语》，张建业主编《李贽全集注》第二册，北京：社会科学文献出版社，2010年，第14页。

1689. 夫凡民既与圣人同其学矣，则谓满街皆是圣人，何不可也？上达者，圣人之所独，则凡见之为仁智，与日用而不知者，总是不达，则总是凡民明矣。然则自颜子而下，皆凡民也。可畏也夫！先圣虽欲不慨叹于由、赐之前可得耶？

——《焚书注二·批下学上达语》，张建业主编《李贽全集注》第二册，北京：社会科学文献出版社，2010年，第14页。

1690. 按先生有德不耀，是不欲耀其德也；有才无官，是不欲官其才也。不耀德，斯成大德矣；不用才，始称真才矣。人又乌能为先生传乎？且先生始终以学道为事者也。虽学道，人亦不见其有学道之处，故终日口不论道，然目击而道斯存也。所谓虽不湿衣，时时有润者也。

——《焚书注二·耿楚倥先生传》，张建业主编《李贽全集注》第二册，北京：社会科学文献出版社，2010年，第21页。

1691. 盖因国家专用此等辈，故临时无人可用，又弃置此等辈有才有胆有识之者而不录，又从而弥缝禁锢之，以为必乱天下，则虽欲不作贼，其势自不可尔。

——《焚书注二·因记往事》，张建业主编《李贽全集注》第二册，北京：社会科学文献出版社，2010年，第53页。

1692. 夫是之谓"以直"。既谓之直，则虽无怨于我者，亦必如是报之矣，则虽谓圣人未尝报怨焉亦可也。

——《焚书注二·八物》，张建业主编《李贽全集注》第二册，北京：社会科学文献出版社，2010年，第59页。

1693. 夫青松翠柏，在在常有，经历岁时，栋梁遂就。噫！安可以其常有而忽之？与果木斗春，则花不如，与果木斗秋，则实不如。

——《焚书注二·八物》，张建业主编《李贽全集注》第二册，北京：社会科学文献出版社，2010年，第61页。

1694. 吁！安可以其不如而易之？世有清节之士，可以傲霜雪而不可以任栋梁者，如世之万年青草，何其滔滔也。吁！又安可以其滔滔而拟之！此海刚峰之徒也。是亦一物也。

——《焚书注二·八物》，张建业主编《李贽全集注》第二册，北京：社会科学文献出版社，2010年，第61页。

1695. 虽不能如古之高贤，但我青天白日心事，人亦难及，故此间大贤君子，皆能恕我而加礼我。若我死后，人皆唯尔辈之观矣，可复如今日乎？

——《焚书注二·豫约》，张建业主编《李贽全集注》第二册，北京：社会科学文献出版社，2010年，第96页。

1696. 名宦者，贤公祖父母也；流寓者，贤隐逸名流也。有贤公祖父母，则必有贤隐逸名流，书流寓则与公祖父母等称贤矣。宦必有名乃纪，非名宦则不纪，故曰名宦。若流寓则不问可知其贤，故但曰流寓，盖世未有不是大贤高品而能流寓者。

——《焚书注二·感慨平生》，张建业主编《李贽全集注》第二册，北京：社会科学文献出版社，2010年，第109页。

1697. 夫为井者，泄淤泥而莹清泉，可以汲矣，而乃不汲，真不能不令人心恻也。故知王明则臣主并受其福，不明则臣主并受其辱，又何福之能得乎？

——《焚书注二·史记屈原》，张建业主编《李贽全集注》第二册，北京：社会科学文献出版社，2010年，第144页。

1698. 公则无有我人，又何待夺，又何夺之而不与乎？即推以为上官大夫之能可也，不待彼有夺意斯善矣。此以人事君之道，臣之所以广忠益者，真大忠也，甚不可以不察也。

——《焚书注二·史记屈原》，张建业主编《李贽全集注》第二册，北京：社会科学文献出版社，2010年，第144页。

1699. 但为渔父则易，为屈子则难，屈子所谓邦无道则愚以犯难者也。谁不能智，唯愚不可及矣。渔父之见，原亦知之，原亦能言之，则谓为屈原假设之词亦可。

——《焚书注二·渔父》，张建业主编《李贽全集注》第二册，北京：社会科学文献出版社，2010年，第146页。

1700. 盖自其托身皇觉寺之日，已愤然于贪官污吏之虐民，欲得而甘心之矣。故时时用兵，时时禁谕诸将，无一字而非恻怛，亦无一字而不出于忠诚。故天下士咸愿归而附之，而乐为之死也。余是以首录开国诸臣，而先之曰《开国诸臣总叙》者此也。

——《续焚书注·开国小叙》，张建业主编《李贽全集注》第三册，北京：社会科学文献出版社，2010年，第151页。

1701. 君之难，难于得臣；臣之难，难于得君。故夫子他日曰："为天下得人难。"此言君之所以难也。又曰："获于上有道。"此言臣之所以难也。君知其难，则自能旁搜博采，若我太祖高皇帝然，唯务得人而后已；臣知获上之不易，则自然其难其慎，若我中山徐武宁然，务委曲承顺以求合我识主之初心，则难者不难，不易者自易。此必至之理，问学之实，非若世之务为容悦以贼害其君者之比也。

——《续焚书注·史阁叙述》，张建业主编《李贽全集注》第三册，北京：社会科学文献出版社，2010年，第155页。

1702. 既恶表暴，则宜恶刻书，而卒自犯者何？则以此书有关于圣学，有关于治平之大道，不敢以恶表暴而遂已也。既自刻矣，自表暴矣，而终不肯借重于人，倘有罪我者，其又若之何？此又余自是之病终不可得而破也。宁使天下以我为恶，而终不肯借人之力以为重。

——《续焚书注·自刻〈说书〉序》，张建业主编《李贽全集注》第三册，北京：社会科学文献出版社，2010年，第187页。

1703. 是故视之如草芥，则报之如寇仇，不可责之谓不义；视之如手足，则报之如腹心，亦不可称之谓好义。是故豫让决死于襄子，而两失节于范氏与中行。相知与不相知，其心固以异也。故曰："士为知己者死。"而况乎以国士遇我也。士之忘身以殉义者，其心固如此。又曰："吾可以义求，不可以威劫。"可义求，是故澹台子羽弃千金之璧；不可劫以威，是故鲛可斩，璧终不可强而求。士之轻财而重义者，其心固如此。

——《续焚书注·序笃义》，张建业主编《李贽全集注》第三册，北京：

社会科学文献出版社，2010年，第193页。

1704. 观其告吾夫子数语，千万世学者可以一时而不佩服于身，一息而不铭刻于心耶？若一息不铭刻，则骄气作，态色著，淫志生，祸至无日矣。余老且死，犹时时犯此症候，几为人所鱼肉，况如杨生定见者筋骨虽胜余，识见尤后于余，而可不切切焉佩以终身欤！

——《续焚书注·道教钞小引》，张建业主编《李贽全集注》第三册，北京：社会科学文献出版社，2010年，第195页。

1705. 夫既为市矣，而曷可以交目之，曷可以易离病之，则其交也不过交易之交耳，交通之交耳。是故以利交易者，利尽则疏；以势交通者，势去则反。朝摩肩而暮掉臂，固矣。

——《续焚书注·论交难》，张建业主编《李贽全集注》第三册，北京：社会科学文献出版社，2010年，第227页。

1706. 吾独怪夫今之学者以圣人而居市井之货也！阳为圣人，则炎汉宗室既以为篡位而诛之；阴为市井，则屠狗少年又以为穿窬而执之。非但灭族于圣门，又且囚首于井里，比之市交者又万万不能及矣。吾不知其于世当名何等也！

——《续焚书注·论交难》，张建业主编《李贽全集注》第三册，北京：社会科学文献出版社，2010年，第227页。

1707. 夫天下强国之臣，能强人之国而终身不谋自强，而甘岌岌以死者，固少也。

——《续焚书注·强臣论》，张建业主编《李贽全集注》第三册，北京：社会科学文献出版社，2010年，第229页。

1708. 穿衣吃饭，即是人伦物理；除却穿衣吃饭，无伦物矣。世间种种皆衣与饭类耳，故举衣与饭而世间种种自然在其中，非衣饭之外更有所谓种种绝与百姓不相同者也。学者只宜于伦物上识真空，不当于伦物上辨伦物。故曰："明于庶物，察于人伦。"于伦物上加明察，则可以达本而识真源；否则只在伦物上计较忖度，终无自得之日矣。支离、易简之辨，正在于此。明察得真空，则为由仁义行；不明察，则为行仁义，入于支离而不自觉矣。可不慎乎！

——《答邓石阳》，张建业主编《李贽全集注》第一册，北京：社会科学文献出版社，2010年，第8页。

1709. 且夫吾身之所系于天下者大也。古之君子，平居暇日，非但不能过人，亦且无以及人。一旦有大故，平居暇日表表焉欲以自见者，举千亿莫敢当前，独此君子焉，稍出其绪余者以整顿之，功成而众不知，则其过于人也远矣。譬之龙泉、太阿，非斩蛟断犀，不轻试也。盖小试则无味，小用则无余，他日所就，皆可知矣。

——《又答耿中丞》，张建业主编《李贽全集注》第一册，北京：社会科学文献出版社，2010年，第46页。

1710. 夫曰安饱不求，非其性与人殊也。人生世间，惟有学问一事，故时敏以求之，自不知安饱耳，非有心于不求也。若无时敏之学，而徒用心于安饱之间，则伪矣。既时敏于学，则自不得不慎于言。何也？吾之学未曾到手，则何敢言？亦非有意慎密其间，而故谨言以要誉于人也。今之敢为大言，便偃然高坐其上，必欲为人之师者，皆不敏事之故耳。

——《复京中友朋》，张建业主编《李贽全集注》第一册，北京：社会科学文献出版社，2010年，第50页。

1711. 夫所谓超脱者，如渊明之徒，官既懒做，家事又懒治，乃可耳。今公自谓不超脱者固能理家，而克明之超脱者亦未尝弃家不理也，又何可以超脱憾之也！即能超脱，足追陶公，我能为公致贺，不必憾也。此皆多欲之故，故致背戾，故致错乱，故致昏蔽如此耳。且克明何如人也，筋骨如铁，而肯效颦学步从人脚跟走乎！即依人便是优人，亦不得调之克明矣。故使克明即不中举，即不中进士，即不作大官，亦当为天地间有数奇品，超类绝伦，而可以公眼前蹊径限之软？

——《答耿司寇》，张建业主编《李贽全集注》第一册，北京：社会科学文献出版社，2010年，第77页。

1712. 真舍己者，不见有己。不见有己，则无己可舍。无己可舍，故曰舍己。所以然者，学先知己故也。真从人者，不见有人。不见有人，则无人可从。无人可从，故曰从人。所以然者，学先知人故也。今不知己而但言舍己，不知人而但言从人，毋怪其执吝不舍，坚拒不从，而又日夜言舍己从人以欺人也。人其可欺乎？徒自欺耳。毋他，扶世立教之念为之祟也。扶世立教之念，先知先觉之任为之先也。先知先觉之任，好臣所教之心为之驱也。以故终日言扶世，而未尝扶得一时，其与未尝以扶世为己任者等耳。终日言立教，未尝教得一人，其与未尝以立教为己任者均焉。此可耻之大者，所谓"耻其言而过其行"者非耶？所谓"不耻不若人何若人有"者又非耶？

——《寄答耿大中丞》，张建业主编《李贽全集注》第一册，北京：社会科学文献出版社，2000年，第104页。

1713. 焦心劳思，虽知情不容已，然亦无可如何，祇得尽吾力之所能为者。闻长沙、衡、永间大熟，襄、汉亦好。但得官为籴本，付托得人，不拘上流下流，或麦或米，令惯籴上户各赍银两，前去出产地面籴买，流水不绝，运到水次。官复定为平价，贫民来籴者，不拘银数多少，少者虽至二钱三钱亦与方便。但有银到，即流水收银给票，令其自赴水次搬取。出籴者有利则乐于趋事，而籴本自然不失，贫民来转籴者既有粮有米，有谷有麦，亦自然不慌矣。至于给票发谷之间，简便周至，使人不阻不滞，则自有仁慈父母在。且当此际，便一分，实受一分赐，其感戴父母，又自不同也。

——《复邓鼎石》，张建业主编《李贽全集注》第一册，北京：社会科学文献出版社，2010年，第123页。

1714. 学问须时时拈掇，乃时时受用，纵无人讲，亦须去寻人讲。盖日讲则日新，非为人也，乃专专为己也。龙谿、近谿二大老可以观矣。渠岂不知此事无巧法耶？

——《答庄纯夫书》，张建业主编《李贽全集注》第一册，北京：社会科学文献出版社，2010年，第133页。

1715. 夫谓暴怒是性，是诬性也；谓暴怒是学，是诬学也。既不是学，又不是性，吾真不知从何处而来也，或待因缘而来乎？每见世人欺天罔人之徒，便欲手刃直取其首，岂特暴哉！纵遭反噬，亦所甘心，虽死不悔，暴何足云！然使其复见光明正大之夫，言行相顾之士，怒又不知向何处去，喜又不知从何处来矣。则虽谓吾暴怒可也，谓吾不迁怒亦可也。

——《答友人书》，张建业主编《李贽全集注》第一册，北京：社会科学文献出版社，2010年，第143页。

1716. 是谓损福以灭祸，减福以致福，此天之道，而人之事也。

——《续藏书注一·太师丞相韩国李公》，张建业主编《李贽全集注》第九册，北京：社会科学文献出版社，2010年，第84页。

1717. 必有人焉，才兼文武，而道济方域，曰德，曰威，曰廉，曰信。兼此四者，而事不定，人不安，吾不信也！

——《续藏书注一·吏部尚书张公》，张建业主编《李贽全集注》第九册，北京：社会科学文献出版社，2010年，第236页。

1718. 夫为人子者，既能用誉以承父之德，则父子之情，大通无间。因而照旧干理，使百执事各司其事。先甲后甲，符合天行，而家事治矣。为父者喜其子之以我为有德也，自然与子同心，而无阻隔不通之情。为子者乐其父之能自优游舒泰也，自然于父情意相通，而又安有蛊坏不治之事！

——《续藏书注一·史阁叙述》，张建业主编《李贽全集注》第九册，北京：社会科学文献出版社，2010年，第376—377页。

1719. 夫大绅，文学之选也，所谓多读书识义理之人也，乃《易》与《尚书》，反束而不读，何邪？非不读也，读之而不知其义也。所谓不识字之人是也。夫以千载不易得之君臣，一旦得之，又以不识字之故，反失之。不诚可慨邪！

——《续藏书注一·史阁叙述》，张建业主编《李贽全集注》第九册，北京：社会科学文献出版社，2010年，第377页。

1720. 天资近道，而不知学，是最为可惜之人。夫学，何学也？学然后知为臣不易也。故曰："人不学，不知道。"常人犹不可不学，不学则不知道。

——《续藏书注一·史阁叙述》，张建业主编《李贽全集注》第九册，北京：社会科学文献出版社，2010年，第377页。

1721. 是贤主人，我愿为客。

——《史纲评要注一·景王》，张建业主编《李贽全集注》第二十二册，北京：社会科学文献出版社，2010年，第61页。

1722. 智伯贤而不仁，乃能得国士，异哉！贤与之愚，其亡国一也。然而愚主断不能得国士矣。

——《史纲评要注一·威烈王》，张建业主编《李贽全集注》第二十二册，北京：社会科学文献出版社，2010年，第92页。

1723. 如此相士，士卒为之用，何也？知人之明，圣哲所难。英雄以此自任，每至交臂相失。惟能养士，则士至矣。

——《史纲评要注一·赧王》，张建业主编《李贽全集注》第二十二册，北京：社会科学文献出版社，2010年，第128页。

1724. 夫凡有大才者，其可以小知处必寡，其瑕疵处必多，非真具眼者与之言必不信。当此数者，则虽大才又安所施乎？故非自己德望过人，才学冠世，为当事者所倚信，未易使人信而用之也。

——《寄答京友》，张建业主编《李贽全集注》第一册，北京：社会科学文献出版社，2010年，第125页。

1725. 嗟乎！楚倥既逝，而切骨之谈罔闻；友山日疏，而苦口之言不至。

——《与曾中野》，张建业主编《李贽全集注》第一册，北京：社会科学文献出版社，2010年，第127页。

1726. 盖众人之病，病在好利；贤者之病，病在好名。

——《答刘方伯书》，张建业主编《李贽全集注》第一册，北京：社会科学文献出版社，2010年，第130页。

1727. 无善无恶，是为至善，于此而知所止，则明明德之能事毕矣。由是而推其馀者以及于人，于以亲民，不亦易易乎！故终篇更不言民如何亲，而但曰明德；更不言德如何明，而但曰止至善；不曰善如何止，而但曰知止；不曰止如何知，而直曰格物以至其知而已。所格者何物？所致者何知？盖格物则自无物，无物则自无知。故既知所止，则所知亦止。苟所知未止，亦未为知止也。故知止其所不知，斯致矣。

——《焚书注一·答周若庄》，张建业主编《李贽全集注》第一册，北京：社会科学文献出版社，2010年，第3页。

1728. 古有之矣：有大才而不见用于世者。世既不能用，而亦不求用，退而与无才者等，不使无才者疑，有才者忌。所谓容貌若愚，深藏若虚，老聃是也。

——《焚书注一·复周南士》，张建业主编《李贽全集注》第一册，北京：社会科学文献出版社，2010年，第34页。

1729. 吾身之所履者，则不贪财也，不好色也，不居权势也，不患失得也，不遗居积于后人也，不求风水以图福荫也。

——《焚书注一·答邓明府》，张建业主编《李贽全集注》第一册，北京：社会科学文献出版社，2010年，第95页。

1730. 与其不得朋友而死，则牢狱之死，战场之死，固甘如饴也，兄何必救我也？死犹闻侠骨之香，死犹有烈士之名，岂龙湖之死所可比耶！大抵不肯死于妻孥之手者，必其决志欲死于朋友之手者也，此情理之易见者也。

——《焚书注一·与焦弱侯》，张建业主编《李贽全集注》第一册，北京：社会科学文献出版社，2010年，第153页。

1731. 若如今人，一日无官则弟子离矣，一日无财则弟子散矣，心悦诚服其谁乎？非无心悦诚服之人也，无可以使人心悦诚服之师也。若果有之，我愿为之死,莫劝我回龙湖也!

——《焚书注一·与焦弱侯》,张建业主编《李贽全集注》第一册,北京:社会科学文献出版社,2010年,第153页。

1732. 不必矫情,不必逆性,不必昧心,不必抑志,直心而动。

——《焚书注一·失言三首》,张建业主编《李贽全集注》第一册,北京:社会科学文献出版社,2010年,第199页。

1733. 身忧其易者,等而上之,有国则烦恼一国,有家则烦恼一家,无家则烦恼一身,所任愈轻,则烦恼愈减。然则烦恼之增减,唯随所任之重轻耳,世固未闻有少烦恼之人也,唯无身乃可免矣。

——《焚书注一·复李渐老书》,张建业主编《李贽全集注》第一册,北京:社会科学文献出版社,2010年,第200页。

1734. 居士曰:"吾所谓穷,非世穷也。穷莫穷于不闻道,乐莫乐于安汝止。"

——《焚书注三·卓吾略论(滇中作)》,张建业主编《李贽全集注》第一册,北京:社会科学文献出版社,2010年,第235页。

1735. 且夫君子之治,本诸身者也;至人之治,因乎人者也。本诸身者取必于己,因乎人者恒顺于民,其治效固已异矣。

——《焚书注一·论政篇(为罗姚州作)》,张建业主编《李贽全集注》第一册,北京:社会科学文献出版社,2010年,第242页。

1736. 圣人者,又日引之使有知也。陈之仁义礼乐,导之法制禁令,设为宫室、衣服、车马、冠婚、丧祭之事,以启其无涯之知,而后节其无穷之欲,是犹泛滥滔天,而徐以一苇障之也,胡可得欤!

——《老子解上篇》,张建业主编《李贽全集注》第十四册,北京:社会科学文献出版社,2010年,第14页。

1737. 夫冲漠而不盈者,道也。而用之者或见其盈,则失其所以冲漠者矣。故渊乎常止,虽万流归之,而不见其盈。圣人体道于身,渊深静远,无有涯涘,一似万物之宗,而非有以宗之也。故常挫其锐,以示不能;解其纷,以示不用;和光,以游于世;同尘,以谐于俗。湛兮常寂,似亡,若存焉耳。然此果伊谁之子乎?吾恐此道也,虽黄帝未易当之。意者,其在帝之先欤?夫海为众流之宗,而海无有也,但见其渊乎而已矣。圣人为万物之宗,而圣人无有也,但见其湛兮而已矣。彼逞能挟才、露光骇众者,皆自以其有,而求通于物者也,非万物之宗矣。夫惟无其宗者,乃可以为万物之宗,而其谁能信之!

——《老子解上篇》,张建业主编《李贽全集注》第十四册,北京:社会科学文献出版社,2010年,第15页。

**1738.** 言天下之善者,莫上于水,而圣人之善若之。何谓善?盖凡利于物者,或不能以无争而能不争者,又未必能泽于物也。水之善,固利万物而不争者也。何以见其不争也?众人处上,彼独处下;众人处高,彼独处卑;众人处易,彼独处险;众人处顺,彼或处逆;众人处洁,彼或处秽。所处尽众人之所恶,夫谁与之争乎!此所以为上善也。

——《老子解上篇》,张建业主编《李贽全集注》第十四册,北京:社会科学文献出版社,2010年,第20页。

**1739.** 太上无为,而不疑其下。故下之于上,但知有之而已,而亦不知上之所为也。其次,则不然。夫为民上,而使民亲誉,已可鄙矣,况于畏且侮乎?此无他,皆信之不足也。故上不信其下,而以亲鼓誉,以法起畏;下不信其上,而以誉易上之仁义,以畏易上之政刑。不知太上无为,虽言犹且贵之也。夫至于贵言,则上之信下者至矣。是故功成事遂,百姓皆谓我自然,未尝曰我宜归功于上也。此信上之极也。

——《老子解上篇》,张建业主编《李贽全集注》第十四册,北京:社会科学文献出版社,2010年,第33页。

**1740.** 百姓有善不善,而圣人皆善之;百姓有信不信,而圣人皆信之。夫圣人曷尝有善、信之心哉,一以百姓之心为善、信故也。是为同德之善,而非一人之善;同德之信,而非一己之信。故曰德善、德信也。夫天下之人,各一其心也久矣。圣人则合天下之人,而浑为一心。百姓皆注其耳目,以我观彼,以此视我,各相是非,不可一也。圣人见此不喜,闻彼不怒,一以婴孩遇之。是以彼亦不矜,此亦不愠,释然皆化,而天下定矣。圣人无常心,以百姓之心为心也。如此,此太上治世之大旨,所以能无为者哉。

——《老子解上篇》,张建业主编《李贽全集注》第十四册,北京:社会科学文献出版社,2010年,第71页。

**1741.** 不论大小多少,有怨无怨,一以德报之,则胸中自然无事矣。是故无难事,亦无大事;无轻事,亦无易事。非无事也,以圣人之能慎事也。是故易者难,轻者重;事将至,先一著;事既至,后一著。慎事如此,则无事矣。

——《老子解上篇》,张建业主编《李贽全集注》第十四册,北京:社会科学文献出版社，2010年，第86页。

1742．以坚强攻坚强，虽能胜之，终必缺陷，故攻坚强者莫胜于柔弱。柔弱者，不期胜而自胜也。故又戒之曰：其无以轻易柔弱为也。毕竟柔弱能胜刚强，而刚强者不与焉。夫山薮藏疾，至柔也；川泽纳污，至弱也。苟为社稷之主，而不能受多方之垢；为天下之王，而必欲国家之无妖孽，四海之无凶人，可得耶？虽欲剪除而扑灭之，祇自劳耳。此盖若反于正言，其实天下之正言也，不可不察也。

——《老子解下篇》，张建业主编《李贽全集注》第十四册，北京：社会科学文献出版社，2010年，第99页。

1743．李生曰：曹参遵何约束，丙吉守魏之规，叔孙因陋就简，制礼作乐，以粉太平。是皆以无用为用者也。夫礼乐无处无之，若必待积德，又至百年，则人道之灭久矣。且夫世无百年之运，人无百年之世。信如两生之说，则虽贤圣亦徒然耳，曷足贵乎？彼盖不知夫击壤而歌者，真圣世之声也；鼓腹而游者，真盛世之容也。当汉时，君臣方免于战争之苦，而歌呼庆幸于殿陛之间，皆自以为至乐矣。稍绵蕞之便与天地同节，又何待也？积乱成治，积虐成德，三章约法，彼案堵之民一言而遂定，及是，已尽出烈焰之中矣。其为手舞足蹈，虽有夷、夔，可得而复加之耶？然则叔孙生之礼乐，亦若此焉耳矣，为汉儒宗，不亦宜欤！

——《藏书注二·丙吉》，张建业主编《李贽全集注》第五册，北京：社会科学文献出版社，2010年，第10页。

1744．夫天下之病，皆以治而失之者多矣。若当卧病之时，而能忘其为病，此其忘身无患，固非扁鹊、仓公之所能惊也，而况世医乎？自道德教远，世之言治者，皆苟而已。不思因时之政，治以不治，虽黄帝不能违，而况于累卵之时欤？

——《藏书注二·谢安》，张建业主编《李贽全集注》第五册，北京：社会科学文献出版社，2010年，第22—23页。

1745．何为家不治垣屋，而治未央宫极其壮丽，何哉？

——《藏书注二·萧何》，张建业主编《李贽全集注》第五册，北京：社会科学文献出版社，2010年，第38页。

1746．夫有其技者，必以技为天下役；自无其技，则天下之技往归焉：此自然之势也。故为君者，择一相而已；所择于一相者，非有技也，为其好人之技也；而君能好之，则天下平矣。然自古而今，多才与技者，未尝乏人，独好技者之难。何哉？以其未尝无他技故耳。后儒不识好恶之理，一旦操人之国，务择君子而去小人，以为得好恶之正也。夫天有阴阳，地有柔刚；人有君子，小人何可无也？君子固有才矣，小人独无才乎？君子固乐于向用矣，彼小人者独肯甘心老死于黄馘乎？是皆不可以无所而使之有不平之恨也。使小人而可以无所，则是天地有弃物，而慈母有弃子也。必天地而不生此物，父母而不生此子也而后可；否则未有不以技为天下役者矣，而奈何去之？吾恐仁人之所放流者，正在此而不在彼也。

——《藏书注二·文彦博》，张建业主编《李贽全集注》第五册，北京：社会科学文献出版社，2010年，第82页。

1747. 守臣枉出奇计，县尉自有蒙之。人生品格已就，岂在官爵崇卑。

——《藏书注二·赵鼎》，张建业主编《李贽全集注》第五册，北京：社会科学文献出版社，2010年，第372页。

1748. 唯我圣祖起自濠城，以及即位，前后几五十年。无一日而不念小民之依，无一时而不思得贤之辅。盖自其托身皇觉寺之日，已愤然于贪官污吏之虐民，欲得而甘心之矣。故时时用兵，时时禁谕诸将。无一字而非恻怛，亦无一字而不出于忠诚。故天下士咸愿归而附之，而乐为之死也。

——《续焚书注·序汇》，张建业主编《李贽全集注》第三册，北京：社会科学文献出版社，2010年，第151页。

1749. 然世间固有谋其政而不在其位者，则常理之所未有，从古之所未有，而于静诚陈公仅见之矣。后此若姚恭靖，亦可谓能处身于遇主之际者，而恋恋一少师之荣，终身役役于殿陛而不肯去，则亦稍优于刘诚意而已矣，其视公不太远乎！

——《续焚书注·读史汇》，张建业主编《李贽全集注》第三册，北京：社会科学文献出版社，2010年，第235页。

1750. 纪信诳楚，楚灭汉兴，天下既定，恤典何曾！呜呼！此汉祖基业所以仅仅四百余载也。

韩成诳汉，照映今古，惟帝念哉，刻骨痛苦。呜呼！此太祖高皇帝之业所以历万亿载而未有艾也。同时死事鄱湖三十六将如丁普郎者，首已断矣，犹执刀船头，若战斗状，一何忠且勇也！然帝终以成效忠致死，言念不忘，封成高阳侯，庙祀康郎山，位居首。呜呼！爱贤乐士，视人犹己，一时英杰无不乐为之死也宜也。

而说者犹以一二功臣不终之故,大为帝疑,不知帝之体念诸功臣也亦已无所不至矣,而诸功臣则未必能一一仰体之也。谁其得似中山与开平,又谁其得似西平与信国乎?其为高皇终始眷注何如也!

——《续焚书注·读史汇》,张建业主编《李贽全集注》第三册,北京:社会科学文献出版社,2010年,第246页。

1751. 才者材也。材于春夏则长养,材于霜雪则摧残。人但知摧残之易,而不知长养之亦易也。

——《续藏书注一·文学博士方公》,张建业主编《李贽全集注》第九册,北京:社会科学文献出版社,2010年,第211页。

1752. 非直为洁,大臣之道,如是而已矣。

——《续藏书注一·户部尚书王公》,张建业主编《李贽全集注》第九册,北京:社会科学文献出版社,2010年,第241页。

1753. 唯不失吾正气而已,故亦自然不损了正气也。

——《续藏书注一·生员高公》,张建业主编《李贽全集注》第九册,北京:社会科学文献出版社,2010年,第300页。

1754. 固人臣之大忠也,何得自以为不同也。夫一以杀身为忠,反使族属之亲,祖考之骨,亦不得免;一以智术为忠,乃能致其主脱走,逍遥于物外,老送归阙,还葬西山,是何心之最忠,虑之最远,所全最大也!呜呼,吾愿世之为臣子者心最忠,而世卒莫能知以是为忠之大云。

——《续藏书注一·御史高公》,张建业主编《李贽全集注》第九册,北京:社会科学文献出版社,2010年,第315页。

1755. 公有勇略,谋定后战,以故战必胜。纪律严明,秋毫无犯。又洁廉。善抚健儿,同甘苦,人乐为效力。

——《续藏书注一·郑国薛忠武公》,张建业主编《李贽全集注》第九册,北京:社会科学文献出版社,2010年,第371页。

1756. 然独不事口耳,而以躬行为实际,以经济为真诠。

——《续藏书注二·徐阶》,张建业主编《李贽全集注》第十册,北京:社会科学文献出版社,2010年,第141—142页。

1757. 经世者不碍出世之体,出世者不忘经世之用。然后千圣一心,万古一道,圣人忧世之念可少慰矣!

——《续藏书注二·赵贞吉》，张建业主编《李贽全集注》第十册，北京：社会科学文献出版社，2010年，第155页。

1758. 沉者自沉，浮者自浮。

——《续藏书注二·尚书王庄毅公竑》，张建业主编《李贽全集注》第十册，北京：社会科学文献出版社，2010年，第329页。

1759. 夫一民尺土，皆受之于天，于祖宗，不可忽也。

——《续藏书注二·少保倪文毅公岳》，张建业主编《李贽全集注》第十册，北京：社会科学文献出版社，2010年，第394页。

1760. 处天下事，以理不以势；定天下事，在近不在远。俟至彼图之。

——《续藏书注二·少保倪文毅公岳》，张建业主编《李贽全集注》第十册，北京：社会科学文献出版社，2010年，第394页。

1761. 国家用才，犹农家之积粟。粟积于丰年，乃可以济饥；才储于平时，乃可以济事。自顷矫激沽名，以闭门谢客为高。天下人才，何由而知？

——《续藏书注二·尚书黄文毅公孔昭》，张建业主编《李贽全集注》第十册，北京：社会科学文献出版社，2010年，第422页。

1762. 文肃言："公在文选，每见其喜，则知贤者之得进；见其忧，则知小人之不得退。"

——《续藏书注二·尚书黄文毅公孔昭》，张建业主编《李贽全集注》第十册，北京：社会科学文献出版社，2010年，第422页。

1763. 按察副使陈伯献尝称公："贱者即之，不知其为贵；卑者即之，不知其为尊；愚不肖者即之，不知其为贤且智；独非意相干者即之，始知其凛然不可犯也。"

——《续藏书注二·太子太保林文安公瀚》，张建业主编《李贽全集注》第十册，北京：社会科学文献出版社，2010年，第428页。

1764. 惟诚与直，能济国事。趋名者亦趋利，于社稷生民无益也。

——《续藏书注二·尚书王文庄公鸿儒》，张建业主编《李贽全集注》第十册，北京：社会科学文献出版社，2010年，第430页。

1765. 俊以灾异上疏曰："臣惟人君之德，莫大于听纳；臣子之罪，莫加于欺罔。"

——《续藏书注二·尚书林公俊》，张建业主编《李贽全集注》第十册，北京：社会科学文献出版社，2010年，第435页。

1766. 夫天下犹身也，贤才元气，财用骨肉，小人疾病也。

——《续藏书注二·尚书林公俊》，张建业主编《李贽全集注》第十册，北京：社会科学文献出版社，2010年，第436页。

1767. 使张睢阳不爱死，则郭令公不得羡收京之勋；使段司农不亟死，则李太尉不得专克复之绩；使范文正不贪宋朝人物第一之名，则巍巍相业，又岂潞公、魏公诸贤所敢望哉？何也？以此三公者，才智固有以大过于人也，惟有以累之，故其智不得藏，而才不得小焉耳。然亦古今之杰矣，予固不忍系之于名臣之列，而特附见于此云。何也？天下唯相才将才最难得也。相才得，然后朝廷尊；将才得，然后朝廷益尊。若其他技能，皆收罗毕举于将相之门者，安可与将相并论也？观者勿曰："文正之贤，当列在德行之科。"审若是，非惟不知文正，亦且不知德行矣。世固有行可以表俗，言可以轨世，而无益于国家成败如尾生、孝己者，岂少耶！

——《藏书注五·范仲淹》，张建业主编《李贽全集注》第八册，北京：社会科学文献出版社，2010年，第58页。

1768. 夫伏波，节侠也，既自许以马革裹尸矣，又何畏乎壬人？何畏乎谗说？嗟乎！功名之际，理自宜然。

——《藏书注五·马援》，张建业主编《李贽全集注》第八册，北京：社会科学文献出版社，2010年，第196页。

1769. 夫退让者，盛德事也。持此为君，则汉文其选；持此为将、为相，则天下归心，众谋毕集，将国势实赖，而何有于一家乎！是乃古今天下建功立德，保国定家之第一着好棋子也。惜乎，人人皆知而不能下也。古今天下唯一留侯知之，是以功成而遂，辟谷不事。使淮阴早知此义，族其可得而赤耶？然则韩信之不听蒯彻之说也，未为不是也，独其所以居功者未是耳。夫当功业烜赫之日，封爵在前，贵富在后，独能退让不居，推功与人，似若不知有身家之念，子孙之遗者，不知正所以深念其身及其家，而远遗孙子也。故曰："世人皆遗之以危，吾独遗之以安，虽所遗不同，未为无所遗也。"此当时隐者之语，语此一著者也。夫古今天下，唯贫而隐者，不昧此一著，故终其身亦能守此一著。然此一著也，非但贫而隐者知之，彼贵且富者，亦未尝不自谓能知而又能下之也。平时咸自谓晓了，及乎事功已立，名利可居，即遂迷谬不反矣。吾是以知贪之为祸，而功名富贵之迷人甚也。彼皇甫义真者，独能知而让之，岂不诚可贵乎？范氏之推之也固宜。虽然，义真之不受阎忠之说也宜也；若子郿之说、梁衍之说咸弃不用，则身家之念起矣，是退怯也，非退让也，是又安足贵也？吾故因范氏之论而推明之曰：尔知身家之不足系乎？非不足系也。爱身家者，未必能保其身家，而不爱其身家者，正所谓善保其身、善保其家者也。呜呼，皇甫义真之不死于董卓之手者，幸也；若朱隽者，不赴陶谦等倡义之招，而赴催、汜，卒为汜所留，而死于郭汜之手。噫，何以异哉！

——《藏书注五·朱隽》，张建业主编《李贽全集注》第八册，北京：社会科学文献出版社，2010年，第210页。

**1770.** 吾又恐其不免于责主之明，而恕己之暗也。甚矣，修身齐家之说之足以祸天下也！非修身、齐家之不可也，所以闻诚、正、修、齐之说者非也。今未暇论是。夫高宗之庸，其能割枕席之爱，以拱手听于诸公乎？武氏妒悍怙宠，其能低头回心，终为人下乎？诸公于此，亦不智矣。诸公但见犯颜敢谏之为忠，杀身成仁之名美，拘守圣人名教之为贤，不知适所以增武氏之虐焰，而鼓之滔天也。盖至于易姓受命，改唐为周，然后知其罪不独在李绩、许敬宗，而在褚遂良、长孙无忌等矣。彼其敢于肆毒与罗织诛杀宗室大臣几尽者，不过欲以箝天下之口，而使之不敢违异也。使当时大臣尽如陈平、绛侯，略无违异之嫌，则武氏固聪明主也，非吕氏比也。试观近古之王，有知人如武氏者乎？亦有专以爱养人才为心，安民为念如武氏者乎？此固不能逃于万世之公鉴矣。夫所贵乎明王者，不过以知人为难，爱养人才为急耳。今观娄、郝、姚、宋诸贤并罗列于则天之朝，迨及开元，犹用之不尽。如梁公者，殊眷异礼，固没身不替也。宋璟刚正嫉邪，屡与二张为仇，武氏亦不过也。何也？贤人君子，固武氏之所深心爱惜而敬礼者也。彼其视庐陵王、相王懦而不足与有为，不待他日有天下而后见也。然则武氏决非女主也审矣。善乎贾生之言曰："人主之行异布衣。布衣者，竞小廉，矜小行，人主惟天下安社稷固耳。"由此观之，帝王卿相所责者固大矣。若谓绩为"丧邦"，则陈平、绛侯阿谀顺旨，梁公终始于浊乱之朝，褴裯纵博，日与淫奴为伍，是皆万世之罪人矣。

——《藏书注五·李绩》，张建业主编《李贽全集注》第八册，北京：社会科学文献出版社，2010年，第226页。

**1771.** 所谓贪贼者，谓其志在得失，犹可得而饵之，笼置而使之也。如林甫、秦桧者，方自以才知驾御一世，非汉祖之神圣、魏武之雄杰，安能使之哉？故有国者，不可不慎也。若蔡京，使贪可也；陈平，使诈可也；周兴、来俊臣等，使之残刑以逞可也。彼吕不韦、司马仲达诸人，虽以秦皇之威、魏武之狡，不可畜而使之也。何也？彼固以畜秦皇、魏武为也：一灭秦于先，能使秦皇为其子；一灭魏于后，能使魏武不能弃其身。皆千古巨奸，未可轻易。非是则虽狠如敦、温，逆如安、史，皆可得而驱驰畜养之矣，不必弃也。何也？天下惟小人最多才故也。才不易生，故尤不易弃，此惟真聪明之主能知也。怀恩、怀光乃心王室，区区之心，无以自明，不能低头就戮，甘心于谗贼之口，遂发愤以至此耳，非可与逆贼同比伦明矣。是皆死难立功之臣也。若王陵数子，不忍去官，而忍杀母，非但母死不奔丧已也，曾参绝之矣。

——《藏书注五·贾似道》，张建业主编《李贽全集注》第八册，北京：社会科学文献出版社，2010年，第270页。

1772. 元载亦有权术可用。然代宗初失国，倚恃鱼朝恩，实得朝恩力而卒受制于朝恩。及用元载力诛鱼朝恩，实得元载力而卒受制于元载。然则为人主者亦难矣，不用不得，用之又不得。是以虽郭令公心事如青天白日，人主难遽信也。而况如令公者，古今天下又最希鲜者乎！吁，非大圣人，安能当九五之位与！

——《藏书注五·恃恩宦竖鱼朝恩》，张建业主编《李贽全集注》第八册，北京：社会科学文献出版社，2010年，第548页。

1773. 时隐者，时当隐而隐，所谓邦无道则隐，是也。此其人固有保身之哲矣，然而稍有志者亦能之，未足为难也。若夫身隐者，以隐为事，不论时世是也。此其人盖有数等焉。有志在长林丰草，恶嚣耽寂而隐者；有懒散不耐烦，不能事生产作业而其势不得不隐者。以此而隐，又何取于隐也？等而上之，不有志在神仙，愿弃人世，如陶弘景辈者乎？身游物外，心切救民，如鲁连子者乎？志趣超绝，不屈一人之下，如庄周、严光、陶潜、邵雍、陈抟数公者乎？盖身虽隐而心实未尝隐也，此其隐盖高矣，然犹未大也。必如阮嗣宗等，始为身心俱隐，无得而称焉。嗟夫！大隐居朝市，东方生其人也。彼阮公虽大，犹有逃名之累，尚未离乎隐之迹也。吾谓阮公虽欲为冯道之事而不能，若冯公，则真无所不可者也。

——《藏书注五·外臣总论》，张建业主编《李贽全集注》第八册，北京：社会科学文献出版社，2010年，第572页。

1774. 前圣后贤，皆重在自得上。其自得同，则所言自无不同者。苟无自得之妙，则视之如传舍，亦一时影响之见，自解之意耳；履之如实地，亦一时气质之强，好胜之私耳，非孔子、庄子本旨也。今观夫子视富贵如浮云，宁独传舍？庄生鱼乐于濠梁之上，贫贱若曳尾之龟，其为素位亦已极矣。扶杖逍遥与逍遥御风，何殊百代过客乎？观《人间世》以《应帝王》，步步皆实诣，宁独吾夫子教人素位哉？故学者须得圣贤自得之益。苟自得，纵不同，亦何妨也。

——《道古录注·第十一章》，张建业主编《李贽全集注》第十四册，北京：社会科学文献出版社，2010年，第306页。

# 李廷机

李廷机（1542—1616），字尔张，号九我，晋江人。

万历十一年（1583）进士，授编修，累迁国子祭酒，迁南京吏部右侍郎。累官礼部尚书兼东阁大学士，入参机务。四十年（1612）致仕，加封太子太保。万历四十四年（1616），卒，赠少保，谥号文节。李廷机为官清正廉明，主持浙江乡试与官吏考核时，严肃考风，杜绝舞弊。在任期间，综理精密，恪尽职守，兴建民生工程，兴办地方教育。著有《四书臆说》《春秋讲章》《通鉴节要》等共二十种，汇编成《李文节先生文集》。

1775．余在太学，不私用公帑一钱，即公费亦节。而核每岁膳银一千二百金，馔钱约六七八百金，余给诸生膳用钱，省凿耗而留银，以待公费之钜者。补造祭器，修葺文庙、垣墙、号房、射圃及故林，文安公所遗官舍续置数区，以居属官，不烦工部也。

——《仕绩》，[明]李廷机《李文节集》，明末刻本。

1776．余门无杂客，题必手书，手封卷少。是日揭榜卷多，宿部详阅，诘朝榜出，人无后言。

——《仕绩》，[明]李廷机《李文节集》，明末刻本。

1777．余一无所徇，惟细琐无关系者，求亦辄应，又不必巨珰也。余绝奥援，而不以壮领为气节，无小大，要间遇之有礼，故人不怨云。

——《仕绩》，[明]李廷机《李文节集》，明末刻本。

1778．余自官太学及南京，凡官舍杂物在任多不用，去时籍记封贮，以待后人省再造费，不敢有所取也。

——《仕绩》，[明]李廷机《李文节集》，明末刻本。

1779．余历官国子监一年，南吏部并署南户工三年，署礼部四年，凡事须请旨者，方上疏得旨，必力行。

——《仕绩》，[明]李廷机《李文节集》，明末刻本。

1780. 盖凡事非金钱不行。载垧让国不肯，使钱载玺，又贫，无钱可使，此为别故耳。余乃疏言，名利，人之所重；辞让，人之所难。今一阶半级缙绅之士，方且动色而争而战。垧此举直与泰伯、夷齐、季札、子臧之流后先燦节，安可不成其美哉。

——《仕绩》，[明] 李廷机《李文节集》，明末刻本。

1781. 余叹曰："士之傲惰无礼法，而惟口腹是忧，一至此乎。"

——《仕绩》，[明] 李廷机《李文节集》，明末刻本。

1782. 乃后来各省乐，其便亦踵行焉。汇考縻郡县，辄须请求而岁考。不行，则童生必二年一试，孤寒苦入学之难，而秀才或终身不试，冒滥无澄汰之日。此学政一大弊也。

——《仕绩》，[明] 李廷机《李文节集》，明末刻本。

1783. 余曰："试，非文字不必封门也。"自是不复醵金。

——《仕绩》，[明] 李廷机《李文节集》，明末刻本。

1784. 为我致语，殿下盛德，恐下人有不良者。予视参疏止一人命，事重，殿下何不缚下手人，付有司而力庇护之，为担罪乎？

——《仕绩》，[明] 李廷机《李文节集》，明末刻本。

1785. 余在部四年，凡奏抄到部，即为题覆，不待子孙来求，即例行吏部查者，至为催之。

——《仕绩》，[明] 李廷机《李文节集》，明末刻本。

1786. 余尝因灾异请罢矿税，言克己最难，而利之一念尤为难克。臣每见利亦辄动心，然臣有以禁之。曰："将皇上知而斥臣，臣畏皇上，不敢也。"又曰："将人知而贱臣，臣畏清议，不敢也。"畏皇上而不敢者，为位也；畏人而不敢者，为名也。此两者，臣所以隙利之方也。

——《仕绩》，[明] 李廷机《李文节集》，明末刻本。

1787. 臣入京六年，止受俸薪赏赐。臣能节用，无不足而且有余。人言臣："五百金买房，而未知臣之蓄，尚有不止此者。"臣每领受无愧色，付之僮仆无疑心，筒钥不问，夜户不扃寝，而甚安觉而甚适。

——《仕绩》，[明] 李廷机《李文节集》，明末刻本。

1788. 余谓未尝失人心如何收拾，且收拾人心非大臣事也，或劝急做好事。余曰："天下事只平平做将去，天下路只慢慢行将去，要急却缓，要好却不好，要明白却不明白。"

——《仕绩》，[明] 李廷机《李文节集》，明末刻本。

# 黄克缵

黄克缵（1550—1634），字绍夫，号钟梅，晋江人，民间称其为"黄五部"。万历八年（1580年）中进士，曾任刑部尚书、工部尚书，两度出任兵部尚书，累官山东左布政使，迁右副都御史，巡抚其地。

自小聪明机智，胆识过人。嘉靖四十年（1561年），倭寇入侵永宁，兄被逮，黄克缵时年十岁有余，慷慨对贼，愿请代兄死，贼奇而释之。万历二十九年（1601年），升任右副都御史，巡抚山东。黄克缵关心民瘼，曾曲加谋划，减轻百姓税赋负担；不畏强权，上疏论劾山东税使陈增贪赃枉法，其爪牙为非作歹，解民于倒悬。万历四十八年（1620年），被褒为"安邦固本大臣"。

著有《数马集》《杞忧疏稿》《性理集解》《百氏绳愆》《春秋辑要》和《古今疏治黄河全书》4卷。

1789. 臣与有司目击时艰，未尝不痛哭流涕也。
——《举劾散赈有司官员疏》，［明］黄克缵《数马集》卷六，清刻本。

1790. 若有司，则祖宗以来，育于黉序，教以礼义廉耻，欲与皇上分理天下者也。而使之日执牙筹，与商贾较量锱铢，非其任矣。况敢察渊鱼，施密网，绝流而尽取之也！
——《乞停止有司征税疏》，［明］黄克缵《数马集》卷四，清刻本。

1791. 不佞离寿日久，无德可思，何敢劳改建生祠，至费人二百余金，此益重其不德之罪耳。尝谓士君子居官，但尽其职分之常，即为地方有大兴除，亦仅仅可免尸素，安得认为己功？况前此寿民已建祠在八公山之麓，观今日荒颓垣，则知理有必至，不必更为修饰。
——《与阎寿州》，［明］黄克缵《数马集》卷四十三，清刻本。

1792. 沧州瀛海重地，州守职在亲民，若加意吏治，为民造福，便可垂不朽之名。不佞初试亦为此官，虽勉自砥砺，然从今思之，少年行事，尚未尽当。盖追征、词讼,乃有司二大要领。追征不在鞭扑,宜用鼓舞,完负之数,每比须自记之,不可开自吏书。问理须虚心隔别研审,不可寄耳目于人。小事当速为决断,勿久滞累民。至于喜怒之际,刑罚易偏,囹圄之中,每多冤死,戒之慎之,勿复轻加于民。所当严以待之者,衙门人役而已。千绪万端,总不出清、慎、勤三字。

——《答张沧州亲丈》,[明]黄克缵《数马集》卷三十九,清刻本。

1793. 不知生财之道,在杜其耗之之端,不在广其取之之途。苟经理有方,尾闾无泄,虽不征税,亦自足用。不然,则虽化瓦砾以为金,竭山海而作贡,匮乏弥甚,何言税哉?

——《乞停止有司征税疏》,[明]黄克缵《数马集》卷四,清刻本。

1794. 愿皇上削臣官职,赎用宾一死,纵之生出囹圄。

——《为云南抚臣请【削籍】赎罪疏》,[明]黄克缵《数马集》卷六,清刻本。

1795. 君子知此五病,早为救药,则持身必光明正大,举动必宽裕精详,迷人之地必知回首,世局虽新而坐应不乱,纵不大胜,亦不至于大败,虽称国奕,又何愧哉!

——《独奕篇序》,[明]黄克缵《数马集》卷十九,清刻本。

1796. 我有愚忠不敢陈,仰天长叹泪如雨。

——《金吾骑行》,[明]黄克缵《数马集》卷十四,清刻本。

1797. 四载湖湘守,征徭急此时。民应愁赋重,国乃罪输迟。

——《送李克辅同年谪临高》,[明]黄克缵《数马集》卷十五,清刻本。

1798. 内帑可发,莫非民财;常赋可供,何必商税。即时报罢,使关市不苦叠征,闾阎得免箕敛,有司得存廉节,其有益于民生世道,岂浅浅哉!

——《乞停止有司征税疏》,[明]黄克缵《数马集》卷四,清刻本。

1799. 辕门之下,偏裨云集,不有智者可效其谋,廉者可效其节,忠且贤者可输其诚,勇者杰者可效其力乎?此皆所以共运是剑者,而非剑之质也。

——《名剑记序》,[明]黄克缵《数马集》卷十九,清刻本。

1800. 余所知者,孚如居官奖廉抑贪,所举尽天下之选;居乡食贫砥行,所交皆一世之豪。其著为文章,意所向慕,则地下朽骨,不惜千言;心所鄙薄,则富世权门,难徵只字。盖孚如以人重文,而人不因文重也。

——《邹孚如先生文集序》,[明]黄克缵《数马集》卷二十二,清刻本。

# 骆日升

骆日升（1573—1623），字启新，号台晋，惠安人。

骆日升出自书香门第，自小奋勉攻书，并学以致用，不为训诂墨守之学。万历二十三年（1595年）中进士。试场作答直言进谏，见者无不叹服。为官期间，谨守职责，严肃吏治，裁冒滥，远腥垢，风裁峻整，声绩斐然。后四川边酋滋事，骆日升主动请缨，抵川后，修缮城墙，建立衙署，捐修鸟道，体恤士卒，建议四川布政司分派安置费。天启三年（1623年）"奢安之乱"爆发，率兵制止反被执，破口骂贼，终殉难。

其作品主要存于《骆台晋文集》8卷。

1801. 莫不自便其身，而急于膏腴其子孙。今欲夺其必便之情，而望以礼义廉耻之事，则必有所甚利者易之。

——《癸卯广西武举录策》，[明] 骆日升《骆台晋文集》卷五，明崇祯刻本。

1802. 履太和之世，阴阳调，风雨时，群生悦，遂无叹息愁恨之声，则有位之上愿哉！不然者，逢时不若而急民之困，则责之公忠之长、廉能之佐，精一心以为民请命，而后上人者始获侥一日之安，而缯有千秋无穷之问。资舟资车，修禳修拭，主伯亚旅之并歌，有味哉！未能寿其民，恶乎恤其身，此我邑佐徐君之仁之所为至也。

——《贺徐三尹寿序》，[明] 骆日升《骆台晋文集》卷一，明崇祯刻本。

1803. 夫子盖尝喜人疑矣。若赐之然，非与子夏之礼后乎，漆雕开之未能信，夫子悉深嘉而乐与之，则以疑之益也，故以其心境之自为等度也，则复曰自试。以其进修之及时也，故释曰进无咎厥旨深矣。遁世无闷，我不乐世而无闷，不见是而无闷，世不乐我而无闷。进修止在立诚，立诚又止在知至。夫诚即忠信也，忠信者，心体也。心体而谓之至者，何也？圣人之言至多矣。《大学》曰:"至善。"《中庸》曰:"至诚。"曰:"上天之载,无声无臭。"至矣!

——《移万参将文》,[明]骆日升《骆台晋文集》卷八,明崇祯刻本。

1804. 故曰:"知至至之,可与几也。知终终之,非有所加于知至也。知至之学,厚其终而已矣。"《颂》曰:"学有缉熙于光明"。此知终之义也。成性存存,道义之门。义而谓存,则非义袭而取焉者也。繇其能始终知至,故无往不宜而义存也。微妙不测之谓几,触处皆宜之谓义。与几则有乾运造化之玄机;存义则有安身立命之成业。忠信之心,人皆有之,有真心而后可以达天德。

——《移万参将文》,[明]骆日升《骆台晋文集》卷八,明崇祯刻本。

1805. 夫阴阖而阳舒,阴浊而阳明,此定理也。天道下济而光明,彻始彻终,无少污浊,此乾道之大明也。故《中庸》之论"天"曰:"高也,明也。"此其证也。圣人法乾之时者也,乃其进修工夫,则曰"忠信",曰"立诚"者,何也?不专一则不能直遂,不翕聚则不能发散,外诚而求时,则滑稽之时,非圣人之时也。

——《移万参将文》,[明]骆日升《骆台晋文集》卷八,明崇祯刻本。

1806. 统而言之也,修词立其诚者,用工以立其忠信者也。子曰:"忠信立,则事事皆诚,而德之分量以完矣,所以有可居之业也。"

——《移万参将文》,[明]骆日升《骆台晋文集》卷八,明崇祯刻本。

1807. 夫多少之数,不明于挽近久矣。孰能徐以俟之自定,澡以清之自正,公之修也,是之谓有本。善哉!

——《贺陈令公考绩序》,[明]骆日升《骆台晋文集》卷一,明崇祯刻本。

1808. 今观翁二人,亦唯是钓弋酣歌,恬淡而好修,廉取而啬用,以自僵偃于尘埃之表而已。然生世并六十余于此矣,而颜赤赤然,而发玄玄然,而形翩翩然,而行泠泠然,犹乎其无有外营也,瞳瞳乎其若稚之年也。若此者,其不亦啬神之效耶?翁好钓弋,请以钓弋喻。今夫鱼相与忘于江湖,鸟相与忘于山林,而不能免于人者,彼犹未廉取也。

——《寿某太公、某孺人文(代作)》,[明]骆日升《骆台晋文集》卷一,明崇祯刻本。

1809. 每读其言,未尝不发心沉痛也。夫人处荒陋之中,生不见古人忠义名节之事,国家鸿昌骏发之业,长不知君父养育生成之恩,空以其昂躯戟髯,饱啜坐餐，断送黄馘，生夷萌隶，殁同凡鬼，虽复犯人之形，何用贵生？有志之士，宜何如汗下？

——《癸卯粤西武举录序》，[明]骆日升《骆台晋文集》卷二，明崇祯刻本。

1810. 夸者死权，贪夫徇财，如蚁于膻，如蚋于酸，其天性也。

——《奠母舅孝贞郭公文》，[明]骆日升《骆台晋文集》卷四，明崇祯刻本。

1811. 呜呼！余家二叔，鲁斋执斋。雁序高洁，鹢视埏垓。有妹贤淑，言归于康。博雅君子，曰平岩翁。猗欤岩翁，绩学弗怠。砥行修身，底于耆艾。暨余二叔，俱号刚介。我姑相之，既敬既戒。

——《奠康姑文》，[明]骆日升《骆台晋文集》卷四，明崇祯刻本。

# 施 琅

施琅（1621—1696），字尊侯，号琢公，晋江人，清初名将。

施琅精兵法战阵，智勇双全，尤擅水战。初为明总兵郑芝龙部下，随郑芝龙降清。后升为水师提督，率兵攻克海门、金门，其间多次上书，力主早日收复台湾。康熙二十二年（1683年），率大军征台，攻下澎湖列岛后并未急于进军台湾岛，而是先稳定民心，厚待投降和被俘的郑军将士，同时上书建议朝廷实行招抚政策，争取和平统一台湾。同年八月，施琅带兵至台湾，郑克塽（郑成功之孙）等人投降，上缴延平王印，自此台湾成为清朝疆域的一部分。康熙二十三年（1684年），清政府在台湾岛设立台湾府，隶属福建省。

施琅主要作品有《平南实录》4卷、《靖海纪事》等。

1812. 为今之计，顺则抚之，逆则剿之。若恣其生聚教训，恐养痈为患。

——《边患宜靖疏》，[清] 施琅《靖海纪事》卷上，清康熙刻本。

1813. 自古帝王致治，得一土则守一土，安可以既得之封疆而复割弃？

——《尽陈所见疏》，[清] 施琅《靖海纪事》卷上，清康熙刻本。

1814. 然用兵之法，不得不熟审详慎。即古者行兵，多用奇计，声东击西，兵不厌诈，非可直道而行。

——《密陈专征疏》，[清] 施琅《靖海纪事》卷上，清康熙刻本。

1815. 今既革心归顺，官则不失爵秩之界，民则皆获绥辑之安。

——《安抚输诚示》，[清] 施琅《靖海纪事》卷下，清康熙刻本。

1816. 是均军国之事，故作两途歧视，毋乃有轻国体而贻笑于逆众者乎！

——《赍缴册印疏》，[清] 施琅《靖海纪事》卷下，清康熙刻本。

1817. 人孰无死？得所流芳；丹青汗青，白骨犹香。鸱夷马革，不愧昂藏；泰山鸿毛，悬绝堪量。

——《祭澎湖阵亡将士文》，[清] 施琅《靖海纪事》卷上，清康熙刻本。

1818. 伏望鉴此救民汤火之诚悃，彰斯圣皇赫濯之灵威，风涛于焉恬息，惊波为之奠绥。

——《祭鹿耳门水神文》，[清]施琅《靖海纪事》卷下，清康熙刻本。

1819. 天下事，言之于已然之后，不若言之于未然之前。

——《壤地初辟疏》，[清]施琅《靖海纪事》卷下，清康熙刻本。

1820. 则民可以遂其生，国可以佐其用，祸患无自而萌，疆圉永以宁谧，诚为图治长久之至计。故安不忘危，利当思害。

——《海疆底定疏》，[清]施琅《靖海纪事》卷下，清康熙刻本。

1821. 盖天下东南之形势，在海而不在陆。陆地之为患也有形，易于消弭；海外之藏奸也莫测，当思杜渐。

——《海疆底定疏》，[清]施琅《靖海纪事》卷下，清康熙刻本。

1822. 盖用人之道，用之不可以拘例，弃之尤不可以骤促。

——《收用人材疏》，[清]施琅《靖海纪事》卷下，清康熙刻本。

1823. 惟择其精练勇敢者而蓄之，则凡巨擘者得遂其愿效之怀，自壮而老，老而死，安心于覆帱。

——《收用人材疏》，[清]施琅《靖海纪事》卷下，清康熙刻本。

# 郑成功

郑成功（1624—1662），本名森，又名福松，字明俨，号大木，泉州人。明末清初军事家、民族英雄。

南明隆武二年（1646年），力阻其父降清无果，乃走南澳，起兵抗清，并数创浙闽粤清兵，屡拒招降。永历十三年（1659年），亲与张煌言合师北入长江，破瓜州，下镇江，围江宁，清廷震动，旋因连胜轻敌而战败，撤军思明州。永历十五年（1661年），率军出厦门，经澎湖，直达台湾鹿耳门，围赤嵌城，败荷兰援军。次年，荷兰总督投降，郑成功收复并开发建设台湾岛，以赤嵌城为东都，建立府县，编制军队；兴办学校，注重培育人才，发展文化；重视农业生产，屯田垦荒，奖励移民；支持渔业、商业发展，鼓励冲破海禁，发展海外贸易。在其领导下，台湾经济和文化迅速发展。

郑成功作品与其子郑经作品后人整理合刊成《延平二王遗集》。

1824. 开辟荆榛逐荷夷，十年始克复先基。田横尚有三千客，茹苦间关不忍离。

——《复台》，[明]郑成功、郑经、郑鸿逵著，何丙仲点校《延平二王遗集》（外二种），上海：上海辞书出版社，2012年，第11页。

1825. 天以艰危付吾俦，一心一德赋同仇。最怜忠孝两难尽，每忆庭闱涕泗流。

——《晨起登山踏看远近形势》，[明]郑成功、郑经、郑鸿逵著，何丙仲点校《延平二王遗集》（外二种），上海：上海辞书出版社，2012年，第11页。

1826. 而兄之坚贞自持，不特利害不能以动其心，即斧刃加吾颈，亦不能移吾志。何则？决之已早而筹之已熟矣。

——《与渡舍书》，[明]郑成功、郑经、郑鸿逵著，何丙仲点校《延平二王遗集》（外二种），上海：上海辞书出版社，2012年，第20-21页。

1827. 大丈夫作事，磊磊落落，毫无暧昧。

——《复父书》，[明]郑成功、郑经、郑鸿逵著，何丙仲点校《延平二王遗集》（外二种），上海：上海辞书出版社，2012年，第23页。

1828. 兵之勇怯，在乎将领。如将领稍却，则兵虽勇亦不肯向前；如将领敢勇，虽弱兵必勉力赴敌；所谓"强将之下无弱兵"是也。

——《通行选将谕》，[明]郑成功、郑经、郑鸿逵著，何丙仲点校《延平二王遗集》（外二种），上海：上海辞书出版社，2012年，第36页。

1829. 将领要以胆勇为上，束兵次之，互相公结；如有未十分胆勇，不敢保结，即详换补。至于临敌之时，将领退却，将原结连罪重处，各取甘结回报存案

——《通行选将谕》，[明]郑成功、郑经、郑鸿逵著，何丙仲点校《延平二王遗集》（外二种），上海：上海辞书出版社，2012年，第36-37页。

1830. 进入京都之时，凡江中船售货物，准其插坐，但要和衷，不准争竞。其岸上地方百姓，禁秋毫无犯。已有颁刻禁条，炳若日星，总以收拾民心，上为国家大计，须体此意，谆谆严饬所辖：登岸之时，不准动人一草一木。有犯连罪，非不念尔等从征有涉跋风波，历试锋镝，特以法之所在，难以情宥。各遵！毋忽！

——《再申进取长江谕》，[明]郑成功、郑经、郑鸿逵著，何丙仲点校《延平二王遗集》（外二种），上海：上海辞书出版社，2012年，第40页。

1831. 自古做大事，以得民为本。至于行师而耕市不变，则声闻远播，四方咸有徯后之望。

——《重申约法论》，[明]郑成功、郑经、郑鸿逵著，何丙仲点校《延平二王遗集》（外二种），上海：上海辞书出版社，2012年，第42页。

1832. 古云："民为邦本"，虽取民之中，必存爱民之意。其约束禁条，不啻三令五申，然犹谆谆于此者，诚恐有不法兵丁弁髦三尺，而一二将领约束稍疏，甚而借口饰非。如前有令，江中船售准坐。今思江南一带地方，务当严禁，秋毫无犯，以示安抚，若开一坐船之端，即登岸抢掠落船，必借口为船中货物，纷纷莫辨。

——《地方取粮再申禁令》，[明]郑成功、郑经、郑鸿逵著，何丙仲点校《延平二王遗集》（外二种），上海：上海辞书出版社，2012年，第43页。

1833. 如本藩不敢尽法，则不敢再统尔三军。若大小将领推诿照管不及，

自古设将束兵，兵之有罪，罪连主将，古今如是。为将不能束兵，所司何事？此理之不可通者。此令字字金石，可矢天日，各宜凛遵！毋以勋名富贵、身家性命等为儿戏也！

——《地方取粮再申禁令》，[明]郑成功、郑经、郑鸿逵著，何丙仲点校《延平二王遗集》（外二种），上海：上海辞书出版社，2012年，第43页。

# 丁 炜

丁炜（1627—1696），字瞻汝，又作澹汝，号雁水，晋江人。

清顺治十二年（1655年），授漳平县教谕，后升直隶献县知县，历任户部主事、兵部郎中、湖广按察使。康熙八年（1669年），时人议论要征福建盐税，丁炜以盐田大都荒废力争不可，遂止。康熙二十（1681年）、二十一年间（1682年），泉州饥荒，丁炜量力周济。素有诗名，清初著名诗人王士禛论诗，以丁炜和宋荦、王又旦等为"金台十子"。

著有《问山诗集》10卷、《问山文集》8卷、《紫云词》1卷、《涉江集》1卷。

1834. 士君子之穷，非徒席门桑枢、藿食鹑衣之谓，即有享素封，登通籍，道不行于时，学不信于世，泽不被于民，弗得展其所志，皆谓之穷。穷者，达之反也。名相退守夫剑门，贤王感吟夫釜豆，将军数厄侯封，玉颜宠衰《团扇》，此岂诚达也哉？其志之弗展，未免于忧思怨怼，则一也。

——《畦园诗集序》，[清]丁炜《问山文集》卷一，清咸丰四年丁拱辰重刻本。

1835. 余自一行外吏，簿书羁刺，笔墨废格，几不敢复与风雅。然私心持论，实欲与有志之士共追正始，又苦荒僻莫与同。

——《于畏之西江草诗序》，[清]丁炜《问山文集》卷一，清咸丰四年丁拱辰重刻本。

1836. 天下同为奇杰瑰玮之士，有遇有不遇焉。其遇者，垂丝纶为黼黻，奉简簪笔，侍圣明，备顾问于云日之中。至或以其所能，依处辇下，散诸方州，入油幕，弄柔翰，为陈琳、阮瑀、左思之任者。盖人之材不能尽用，而又未甘郁郁以终老，于是必有所托以自展。然至于此，士之为职甚劳，其遇亦可悲矣！

——《谢昼也诗序》，[清]丁炜《问山文集》卷一，清咸丰四年丁拱辰重刻本。

1837. 诗者，思也。因乎时，即乎遇，传吾情之所欲言而无不切中。十五国风、楚骚、汉魏，皆本诸此。今日诗家，人人殊论，昼也举所作质之。

——《谢昼也诗序》，[清]丁炜《问山文集》卷一，清咸丰四年丁拱辰重刻本。

1838. 呜呼！士君子抱一世材，困举场不得用其著作，虑无知之竟至湮灭。苟有一知己者，致相叹赏，心辄记念不忘，并欲为之大声一提，直起一大假，阐暴以示于时，可感也。

——《林献十樗楼诗集序》，[清]丁炜《问山文集》卷一，清咸丰四年丁拱辰重刻本。

1839. 吾见人家轻易谀人，不惜把千古大贤漫相拟似。呜呼！世人不知大体，获罪先贤多矣，急举此篇以正其罪。文之笔墨化工，人类知而好之，何俟予言？

——《和陶集序》，[清]丁炜《问山文集》卷一，清咸丰四年丁拱辰重刻本。

1840. 盖古人以善为常，多不纪载；以恶为反常，故特纪之。如《尧典》之篇，朱、兜、共、鲧之恶，在所必载。《春秋》为乱贼而作，圣人于此有惧心焉。夫民之多僻，非其性也，气蔽习徇，迫势而动，弗得已焉耳。人亦有言"恶恶如有疾"，是故求其标本，缓急而理之，生道也。不然，刚愎褊隘，视民之不善，若不欲其生，而欲民不忍于为恶，难矣。

——《武昌府志序》，[清]丁炜《问山文集》卷一，清咸丰四年丁拱辰重刻本。

1841. 古人岂不知守其本始，千万年无所于易，而势不能不离而异其旧。盖自生民以来，同属一父之子，而各其国者各其族，各其官者各其氏，支分派别，至于涣散不可纪极。

——《公安袁氏族谱序》，[清]丁炜《问山文集》卷一，清咸丰四年丁拱辰重刻本。

1842. 呜呼！是岂前圣人不能善其后乎？圣人尝逆计夫势之不得尽合，而所恃以合之者，又特有微权焉。合之者何？宗谱是也。

——《公安袁氏族谱序》，[清]丁炜《问山文集》卷一，清咸丰四年丁拱辰重刻本。

1843. 天下莫不为诗，唯能得乎其旨，则诗为近古矣。古者，风土歌谣，因政治之得失，传其心之忧乐，无饰说也。

——《片绿园诗序》，[清]丁炜《问山文集》卷一，清咸丰四年丁拱辰重刻本。

1844. 卿士溺其职，置令本为民。

——《撤楼》，[清]丁炜《问山诗集》卷二，清咸丰四年丁拱辰重刻本。

1845. "阳和未敢忘膏泽"，志在噢咻斯民，务遂其生之词也。

——《片绿园诗序》，[清]丁炜《问山文集》卷一，清咸丰四年丁拱辰重刻本。

# 李光地

李光地（1642—1718），字晋卿，号厚庵、榕村，安溪人，清代理学家。

康熙九年（1670年）进士，授翰林院编修。康熙十七年（1678年），李光地当时正值父丧居家，与其家族联合清军，在泉州击破郑锦部将刘国轩，迁翰林学士。康熙十九年（1680年），授内阁学士。时南疆初定，台湾问题亟待解决，李光地献策，趁郑克塽年幼，台湾不稳，迅速进兵，并推荐施琅为帅，遂成功收复台湾。历任翰林院掌院学士、兵部侍郎、直隶巡抚、吏部尚书、文渊阁大学士等要职，并协助平定三藩之乱、统一台湾，且于经筵日讲、起居注册、典会试、视河工、督顺天学政、治河漕运等，皆有功绩。

李光地学识广博，著述颇丰，有《性理解》《四书解》《周易解》《历象要义》《周易通论》4卷、《周易观象》12卷、《诗所》8卷、《大学古本说》1卷、《中庸章段》1卷、《中庸余论》1卷、《读论语札记》2卷、《读孟子杂记》2卷、《古乐经传》5卷、《阴符经注》1卷、《参同契章句》1卷、《注解正蒙》2卷、《朱子礼纂》5卷等。

1846. 毕竟目快些。要得知行合一，形神相应，如乾坤合德，实是难事。颜子不迁不贰，无情欲之累，屡空而乐，无境遇之累，自然该与道为一矣。然还说虽欲从之，末由也已。即如有所立卓尔，不但是大段有所见，是一事一物，皆卓然见得个至当不易的道理。

——［清］李光地《榕村语录》卷二，清道光九年李维迪刻《榕村全书》本。

1847. 如告颜子以克己复礼，颜子若不请其目，后人必说是在心里克。乃颜子再请，夫子却说在视听言动上克。如对子张问行，说："言忠信，行笃敬。"若无此两句，后面参前倚衡，便不知说的是甚么。难道果真有个忠信笃敬、参前倚衡，不过是言行间须臾不可离忠信笃敬耳。

——［清］李光地《榕村语录》卷二，清道光九年李维迪刻《榕村全书》本。

1848. 从心所欲是身体能从心之所欲，形能应神，形神合一，所谓动容周旋中礼者，盛德之至也。

——［清］李光地《榕村语录》卷二，清道光九年李维迪刻《榕村全书》本。

1849. 言虽各因其才，而理则通乎上下，尽此，则为孝子，为仁人矣。助我起予，此足以发者也，不违则不足以发矣。退省其私，亦足以发，亦字有根。发，发明吾道也。

——［清］李光地《榕村语录》卷二，清道光九年李维迪刻《榕村全书》本。

1850. 君子不器，重在体上，说用无不周，是推出来的话。言君子不落在器上，总在德性上用工夫，我要求他专长不得，此是正意。到后来无事不会，却是余意。如把余意作正意，竟似说多器备器，不是不器矣。

——［清］李光地《榕村语录》卷二，清道光九年李维迪刻《榕村全书》本。

1851. 尽己之为忠，独于事君用之者，事君之人以众多故，而不尽其心者多也。况有利害祸福之在其后，则益不尽其心矣。

——［清］李光地《榕村语录》卷二，清道光九年李维迪刻《榕村全书》本。

1852. 总是要自己慊心，不是徇外为人，念念如此，所以进德。然德又不是空空存在，这里便了，须见之于实事。凡日用之间，无非忠信之心之所流注，以致言顾行，行顾言，则所行所言，处处皆实理实事，可依可据，而诚立矣。如是则有可居之业，如人买得房屋，便可搬家在里面住的一般，故谓之居。知至属进德，以理言也，知终属修业，以事言也。理不可以终言，理无终也，却有至当不可易处。至之者，必求到至善之处也。事必有终，终之者，必做到完全处也。至之所谓进也，终之所谓修也，时解以知至至之属知，知终终之属行，非是。

——［清］李光地《榕村语录》卷九，清道光九年李维迪刻《榕村全书》本。

1853. 朱子本意，却以知至知终属知，至之终之属行。乾乾因其时而惕。

如云当时乾惕，则须云"因其时而乾惕"；如云乾惕所以因时，则须云"乾惕以因其时"。夫子却置此三字于"乾乾"之下而"惕"之上，其意以为终日乾乾，至夕犹惕，是时无终穷，而惕无止息。（按："此三字"指"因其时"。）

——［清］李光地《榕村语录》卷九，清道光九年李维迪刻《榕村全书》本。

1854. 直与大都是乾，惟方是坤本位。直是受之于天，大仍归之于天，故曰"不习无不利"，是个顺字。又云"合德无强"，而终之以承天而时行，地道无成而代有终也。直而不方，则不能大。如一件挺直之物，四面不方，未免褊窄。譬如一树耸然直上，然周围枝叶不能布置均匀，却算不得大树。故曰："敬义立而德不孤。"

——［清］李光地《榕村语录》卷九，清道光九年李维迪刻《榕村全书》本。

1855. 刚至静而德方动，刚即直也。如人心敬义之德，义固动而制事，敬亦动而制心也。爻直方并言，而象言直以方，非直无以为方。如欲作方物，非有一直者，以度四面，必不方矣。非敬无以为义，先儒云"无忠作恕不出"是也。动而直方则大矣，大故不习无不利。地道光，即大也。凡数起于点，当初止有一点，引而长之则为线，将此线四围而周方之则为面，又复叠之教高则成体。直方大即是此意。直即线，方即面，大即体。惟直而后可方，惟方而后能大，故象曰："直以方也。"直了才能方，既直，方自然大。故曰："敬义立而德不孤。"含章可贞，则以时而发，静中有动也。或从王事而其知光大，动中有静也。

——［清］李光地《榕村语录》卷九，清道光九年李维迪刻《榕村全书》本。

1856. 大观之主，为民所观也。苟其德之未至，则不足以为民所观，故必观我之平生，皆合于君子，而后无咎。柔文刚，文之而已；刚文柔，何故言分？此理验之树木，最为易见。树之本根为刚、为质，其枝叶为柔、为文。枝叶之庇本根，是文刚也。然其所以枝枝相对，叶叶相当，津润悦怿而不枯者，非本根之气，为之流布灌注，何以能然？但枝叶之津润悦怿，即日有加，而本根初无所损，则分而文之之验也。以象言之，一阳居上，有得舆之象。众阴在下剥之，有剥庐之象。以理言之，君子当道之穷，而人心益归之，得舆之义也；小人之剥君子，自失其所依怙，剥庐之义也。然硕果既不可食，则庐亦终不可剥，故《象传》补爻意曰："终不可害。"

——［清］李光地《榕村语录》卷十，清道光九年李维迪刻《榕村全书》本。

1857. 上不恤其下，官吏日夜思为盗劫抢掠，以肥其身家。必得大贤，始念朝廷之命，牧养之义，此人如何多得？诸侯各与其民为一体，而天子不私其所有，此封建意也。故郡县之流毒有不可胜言者。封建，良法也。秦、楚何难抢一周天子去。彼以为天子即去，旋而齐来争矣，又旋而晋来争矣，去一周又有一周，无用也。周已小弱极矣，晋文公勤王又逼取其数邑，真不仁极矣。

——［清］李光地《榕村语录续集》卷十八，清光绪傅氏藏园刻本。

1858. 故草木无知，惟供人之用，然不能有他助也。禽兽虽有蜂蚁鸿雁等知有伦常者，然褊狭已甚，乌在能有所裨益？至于人，自身而家而国而天下，真能修齐治平，财成辅相，弥纶天地。

——［清］李光地《榕村语录续集》卷十六，清光绪傅氏藏园刻本。

1859. 学者畜也，畜者聚也。君子学以聚之，故懿文德者，威仪节文之修，小学之事也。多识前言往行以畜其德，穷理尽性之要，大学之事也。

——《观澜录》，［清］李光地《榕村文集》卷一，清道光九年李维迪刻《榕村全书》本。

1860. 学如江河之有源也，如百果草木之有根也。习乎坎，盈乎科，放乎四海，其为行也艰矣，然行潦则无至也。播于春，溉于夏，刈于秋，其为力也勤矣，然萑稗则无施也。是故志之立，然后顾日月逾迈而心忧也；志之笃，然后忘身之老，不知年数之不足也。

——《观澜录》，［清］李光地《榕村文集》卷一，清道光九年李维迪刻《榕村全书》本。

1861. 志之正，然后《中庸》以为依，而道德以为归也。由前二者，振于俗者有矣；由后一者，其鲜乎。

——《观澜录》，［清］李光地《榕村文集》卷一，清道光九年李维迪刻《榕村全书》本。

1862. 志必于学，志必于道，志必辨，而辨志莫先于离经，经道明则俊民兴矣。

——《观澜录》，［清］李光地《榕村文集》卷一，清道光九年李维迪刻《榕村全书》本。

1863. 内有所牵，外有所夺，饮食起居足以易其志，得丧利害足以摇其心，故曰"行之艰"。虽然，水火之必不可赴，美酏之必不可嗜，疾病药石之必不可辞，服农风雨之必不可避，惟其知而信之也。深知笃信，其于行也不远矣，故曰"王忱不艰"。敬为知行之要者，心常存也。先儒言静不在敬之外，外敬言静者，其放于寂乎？

——《观澜录》，[清]李光地《榕村文集》卷一，清道光九年李维迪刻《榕村全书》本。

1864. 凡人之智能也。圣人则无所惕而思，无所虞而戒，无所震而不康，无所强而不息，故曰生知安行。

——《观澜录》，[清]李光地《榕村文集》卷一，清道光九年李维迪刻《榕村全书》本。

1865. 礼义之在人心也。

——《观澜录》，[清]李光地《榕村文集》卷一，清道光九年李维迪刻《榕村全书》本。

1866. 我欲托之空言，不如见诸行事之深切著明也。

——《观澜录》，[清]李光地《榕村文集》卷一，清道光九年李维迪刻《榕村全书》本。

1867. 夫褒贬亦空言也，而何行事之实之有？问《书》古、今文，曰：不可疑也。

——《观澜录》，[清]李光地《榕村文集》卷一，清道光九年李维迪刻《榕村全书》本。

1868. 若是他不说的所见，毕竟不确，久便自见其弊，如所见实在精当，再向他书上细心寻求，却原在里面包着，虽圣人亦有所不知，只是他不知的就不说。

——《经书总论》，[清]李光地《榕村语录》卷一，清道光九年李维迪刻《榕村全书》本。

1869. 百里之地而君之，皆能以朝诸侯，有天下。行一不义，杀一不辜而得天下，皆不为。何等纯正精到。《诗》不必篇篇皆美刺，《春秋》不必言言皆褒贬。《诗》贞淫并著，而其教归于正人心；《春秋》善恶并书，而其教主于存天理。

——《经书总论》，[清]李光地《榕村语录》卷一，清道光九年李维迪刻

《榕村全书》本。

1870. 天视自我民视，天听自我民听，何以见得天无视听？帝乃震怒，皇天震怒，何以见得天无好恶？其说之弊，直使人把天作糊涂物事，全凭人以为聪明好恶者。

——《经书总论》，[清]李光地《榕村语录》卷一，清道光九年李维迪刻《榕村全书》本。

1871. 朱子说："《春秋》据事直书为多，未必尽有褒贬。"或不以为然，不知朱子不是说全无褒贬，谓未必如今人说一字不放空，都有褒贬耳，道理却是宽宽的，说好宽些，包得道理多，宁可失出不妨。若过密，万一失人，其弊甚大。

——《经书总论》，[清]李光地《榕村语录》卷一，清道光九年李维迪刻《榕村全书》本。

1872. 那一厘不到处便是本，知得本处，方是十分本，就是明明德。学问固以存心为本，却又不是只守着这个本就无事了。物有本末，须是从本至末无不理会；事有终始，须是从始至终无不讲究，方能知所先后。

——《经书总论》，[清]李光地《榕村语录》卷一，清道光九年李维迪刻《榕村全书》本。

1873. 是故君子既要尊德性，又要道问学，存心致知，一面少不得。

——《经书总论》，[清]李光地《榕村语录》卷一，清道光九年李维迪刻《榕村全书》本。

1874. 如知终身有正业，他事不能摇动，岂非定乎？到得定，旁边虽有许多扰攘，我却一意在此，并不知有别人别事，岂非静乎？静后虽置我扰攘中，我自安于我之事，岂非安乎？此是立志以端其本，居敬以持其志。

——《大学》，[清]李光地《榕村语录》卷一，清道光九年李维迪刻《榕村全书》本。

1875. 有定向志既定，虽旁边有人戏闹，都似不闻不见一般，非静而何？既能静，虽走到戏闹场上，自然不被他引去，只安然在此，非安而何？心至此，于事理方能入，才可用格致工夫。

——《大学》，[清]李光地《榕村语录》卷一，清道光九年李维迪刻《榕村全书》本。

1876. 能，虑也。理明然后可实体于身，实措于事，所谓能得也。

——《大学》，[清]李光地《榕村语录》卷一，清道光九年李维迪刻《榕村全书》本。

1877. 天子有天下，下至庶人亦有家，便使终身无位，行于妻子，亦须是以修身。

——《大学》，[清]李光地《榕村语录》卷一，清道光九年李维迪刻《榕村全书》本。

1878. 学问全要知本，知本之学，所学皆归于一本格物之说。

——《大学》，[清]李光地《榕村语录》卷一，清道光九年李维迪刻《榕村全书》本。

1879. 不是物物都要格尽，也不是格一物便知天下之物，积累多时，自有贯通处。

——《大学》，[清]李光地《榕村语录》卷一，清道光九年李维迪刻《榕村全书》本。

1880. 天性之本者，不能惟吾之性即天地之性，故自尽其性，则能尽人物之性，参赞位育，都不外此。

——《大学》，[清]李光地《榕村语录》卷一，清道光九年李维迪刻《榕村全书》本。

1881. 诚意在致其知，正心在诚其意，皆当补传矣。

——《大学》，[清]李光地《榕村语录》卷一，清道光九年李维迪刻《榕村全书》本。

1882. 择善者，如申生之孝，可谓非善乎？但不能中庸，不可谓至善。于善之中，择其尤善者，即中庸也。

——《大学》，[清]李光地《榕村语录》卷一，清道光九年李维迪刻《榕村全书》本。

1883. 中庸择善而后能明善，见得此理内外无间。天地万物，与我同一仁义礼知，便是格物致知，便是明善知性，佛氏亦知于本体上求，但其所谓性者，乃灵明知觉而非理也善乎。

——《大学》，[清]李光地《榕村语录》卷一，清道光九年李维迪刻《榕村全书》本。

1884. 未致其知者亦岂全无，但其好恶有实与不实耳，不必一片伪妄，而后谓之不实，即心中有不好不恶者，与好恶杂发，便不算是彻底实心矣。

——《大学》，[清]李光地《榕村语录》卷一，清道光九年李维迪刻《榕村全书》本。

1885. 所独知其实与不实，惟有自己点检得到。于此慎之而禁止其自欺，则所发者无非实心，无非实事，此之谓诚其意也。

——《大学》，[清]李光地《榕村语录》卷一，清道光九年李维迪刻《榕村全书》本。

1886. 好善恶恶之意，非善恶之念也。好善恶恶，自途人至于圣人皆有之，只是人不能诚。已好善矣，却不能如好好色，则好之中犹有不好者存，而不能求必得之矣。已恶恶矣，却不能如恶恶臭，则恶之中犹有不恶者存，而不能务决去之矣。

——《大学》，[清]李光地《榕村语录》卷一，清道光九年李维迪刻《榕村全书》本。

1887. 如好好色，如恶恶臭，也不必定由致知来，亦有不读书人其好恶真挚，不可谓不诚者，只是由致知来更较亲切。

——《大学》，[清]李光地《榕村语录》卷一，清道光九年李维迪刻《榕村全书》本。

1888. 既发好善之意，少间又觉得善亦可不好，渐渐淡来，而初发好善之意虚矣。既发恶恶之意，少间又觉得恶亦可不恶，渐渐轻了，而初发恶恶之意虚矣。是不诚，是自欺。

——《大学》，[清]李光地《榕村语录》卷一，清道光九年李维迪刻《榕村全书》本。

1889. 读书最怕是无疑道理。

——《大学》，[清]李光地《榕村语录》卷一，清道光九年李维迪刻《榕村全书》本。

1890. 诚于中，方形于外不能诚于中，虽外面假着其善，终不能使善形于外也，则何益之有哉。

——《大学》，[清]李光地《榕村语录》卷一，清道光九年李维迪刻《榕村全书》本。

1891. 齐家亦有齐家之事，治国平天下更有许多礼乐兵刑之事，只是意一诚，都以此为根。

——《大学》，[清]李光地《榕村语录》卷一，清道光九年李维迪刻《榕村全书》本。

1892. 然为人谋、交友、事师虽只三事，而忠信所以进德，讲习所以居业，则为学之事备矣。人于父兄尊长亲戚之间，不忠不信者少。惟泛为人谋，则有不忠者；泛与友交，则有不信者，又人情于未知未能之事。

——《上论一》，[清]李光地《榕村语录》卷二，清道光九年李维迪刻《榕村全书》本。

1893. 节用爱人，便是惠而不费。使民以时，便是劳而不怨。信便是欲而不贪，欲仁而得仁又焉贪者诚也。敬便是泰而不骄，威而不猛。

——《上论一》，[清]李光地《榕村语录》卷二，清道光九年李维迪刻《榕村全书》本。

1894. 不孝则不能悌，不悌则不能谨信，不谨信则不能泛爱，不爱众则亦不能亲仁，不亲仁则又无以学文也。然孝又须悌，悌又须谨信，谨信又须泛爱，泛爱又须亲仁。力行数者之暇，又须学文。

——《上论一》，[清]李光地《榕村语录》卷二，清道光九年李维迪刻《榕村全书》本。

1895. 志字兼知行说，立志要与道合，定下规模做去，知行都有。至知上行上各有所得，皆是德，要守而不失，方能涵养到不违仁田地。艺是小学便学习，但那时学得一件只一件，到此见得件件都是天理，洒扫应对便可精义入神。盛德之至，便动容周旋中礼，习于外者皆是心之德。由心出者皆合于物之矩。临事而惧对暴虎冯河，好谋而成对死而无悔。

——《上论二》，[清]李光地《榕村语录》卷三，清道光九年李维迪刻《榕村全书》本。

1896. 某因看这一章书，悟得从心所欲从字，亦不当如平常说所欲，即首节志于学之所欲也。本来要如此，如今可以从吾所欲而不过乎矩也。问不过亦有分寸，刚能不过，不是信手拈来、头头是道的话说。

——《上论二》，[清]李光地《榕村语录》卷三，清道光九年李维迪刻《榕村全书》本。

1897. 问："冉求为季氏聚敛，何卑污至此？"曰："冉求也，未必是十分刻剥百姓，只是替季氏算计无不到耳。他平时闻得夫子讲忠于所事，既委赘于季氏，便尽心力以事之。子路之死孔悝，亦是如此。他们师圣人都是笃信力行。虽时有过执处，要皆从真诚发出。如无此段意思，为人谋事，都不恳切周至，直至事败之后，但曰：'吾曾言之而彼不吾用。'以此自谢。如此等全无诚心，讲甚么大道。今人为公家司钱谷，一心要得公家富强者便少，不过是要侵牟肥己耳。"

——《下论》，[清]李光地《榕村语录》卷四，清道光九年李维迪刻《榕村全书》本。

1898. 以道事君，自非由求所及。然由求此意便是根本，有此而后可语大臣之道。若侵牟肥己，乃盗臣也，夫子安肯以具臣许之？大抵士必有硁硁之节，方可进于称孝称弟，又可进于有耻不辱命，若无此段诚确之意，便无根柢。

——《下论》，[清]李光地《榕村语录》卷四，清道光九年李维迪刻《榕村全书》本。

1899. 好仁，恶不仁，某意不欲分两人。好仁的人，即恶不仁的人。

——《下论》，[清]李光地《榕村语录》卷四，清道光九年李维迪刻《榕村全书》本。

1900. 须知是尧舜之心胸，孔子之志愿，其初便大不可言。范文正做秀才便以天下为己任，程明道方成童便以圣贤自期，这却在事功学问之先。赤子之心，大人不失者。赤子之心，最初之心，无所为而为，不自私也，不自私便大，大则统率群物。

——《周易一》，[清]李光地《榕村语录》卷九，清道光九年李维迪刻《榕村全书》本。

1901. 农之倍收，贾之获利，亦可言亨，而不可以言大，以其先所谋者原小故也。若士希贤，贤希圣，其勋业功用，直可以充塞天壤。岂不以先有斯大，故亨得来亦大耶？

——《周易一》，[清]李光地《榕村语录》卷九，清道光九年李维迪刻《榕村全书》本。

1902. 诚即忠信也，非见之躬行之实，则忠信亦未不着落，故必立其诚而后存诚者有所据依。周子曰："诚之源也，诚斯立焉。"立字之义本此。

——《周易一》，[清]李光地《榕村语录》卷九，清道光九年李维迪刻《榕村全书》本。

1903. 自见其长何妨？只是为之大僚者，不与渠争功，便无不可用。曰："何可易言？"争财、争势、争功、争名，君子一路人，可以去之。只是争根直从无始劫中骨胎中带来，如何能去？争者，所以立功也，在常人不必无；无争者，所以去己私也，惟大圣人而后有。予曰："君子无所争，夫子其谓是乎？"圣人说人道，只说到其争也君子便妙。如此而争，圣人其许之矣。

——《学》，[清]李光地《榕村语录续集》卷十六，清光绪傅氏藏园刻本。

1904. 天地间却不见有宽裕润泽之气，是何缘故？总是无好官，前朝虽不能官尽清廉，十人中有一二狼贪者，尚有七人好者。无人共理，虽朝廷之力，一人独办也。

——[清]李光地《榕村语录续集》卷十八，清光绪傅氏藏园刻本。

1905. 所谓言前定则不跲，拟之而后言，议之而后动，似乎板滞气闷，到得成其变化，任你千伶百俐，却不能出他范围。立之斯立等，何以能是？总要熟，所以先儒说孔子于人事晓得个透，到做官，宽也好，严也好，不怒而威，不言而信，所以格物明善为要。人虽有聪明智巧，又周旋世故，而终动辄得尤者，大抵人自以言行为主，枢机之发，最是要紧。

——[清]李光地《榕村语录续集》卷十六，清光绪傅氏藏园刻本。

1906. 孔子云："善人教民，七年亦可以即戎矣。"真是至语，孟子推衍其说，如发政施仁，深耕易耨，修其孝悌忠信，重其家室，信爱君上，真如子弟之卫父兄，手足之捍头目。邻国陷溺其民，岂有不归我者？武侯却用此法，故魏人响应，街亭败回，拨三千户以归，则可见矣。

——《春秋》，[清]李光地《榕村语录续集》卷十八，清光绪傅氏藏园刻本。

1907. 此盖兵民不分，则人人习骑射技勇，无定兵也。有一兵执其事，则民不习矣。天下兵少而民多，天下有不罢软无为者乎？故三代以后，富强莫如汉，省此养兵之费，又非积之府库，散之百官，丰其廪饩，养其廉耻，贪墨则严刑处之，官知廉耻则不朘削民，民有不富者乎？然后兴礼乐教化，育贤才，美风俗，则三代可几矣。

——[清]李光地《榕村语录续集》卷十八，清光绪傅氏藏园刻本。

1908. 不可一日离者有几，其他旅进旅退之具臣，亦当有进礼退义之例，使之有去就，则官方不滞，而廉耻亦生矣，阮亭见予于朝班曰："公督学京畿，窃有两语奉颂明公，曰：'以正学端士习，以宽大培士气。'"

——[清]李光地《榕村语录续集》卷十八，清光绪傅氏藏园刻本。

1909. 先儒以为有当然而不可易者，知其有自然而不容已者。渠云："以愚意不如倒转说有自然而不容已，乃有是当然而不可易者。自此千条万绪，皆有条理而不乱。如人忠孝之心，有一段不可解处，是自然不容已。才有陈善闭邪，官守言责，视于无形，听于无声，服劳奉养之事，自此安则委蛇退食，危则鞠躬尽瘁，冬温而夏凊，昏定而晨省，条件不一。一是从气上说，理于此见，不如从理上说，气于此出。气亦理之所生，甚妙。"

——《学》，[清]李光地《榕村语录续集》卷十六，清光绪傅氏藏园刻本。

1910. 取人以身，修身以道，以诚实自处，以此印子去印人，方是此种人来。若是自己权术，即要以诚信取人，亦不能得气味不合，如何相招呼？而况取人即以权术为招牌乎？

——《治道》，[清]李光地《榕村语录续集》卷十八，清光绪傅氏藏园刻本。

1911. 此辈人但知有身家爵禄，胫间有疮，移之于股，不在己所管辖内，足以借口塞责便了。若吾儒做事，却在根本上讲。王姚江学术虽偏，然为朝廷办事，却识大体，其平蛮所至，即立郡县，便清其根；回兵所到，即顺势平其所未奉诏者。而台谏乃纷然哗噪，治其擅兵之罪，可厌之极！大抵以权术为先，最不可。曹操以此自负，到底赏鉴一个司马懿，与他一般，终是自己吃亏。

——《治道》，[清]李光地《榕村语录续集》卷十八，清光绪傅氏藏园刻本。

1912. 天生民而立之君，若不为民用，君何为？故孟子一言道尽曰："得乎丘民而为天子。"窥见此意，便觉得汤武革命，应乎天，顺乎人，方有把鼻。《汉书》以之治天下，可以为汉文帝、唐太宗矣。用程朱之书治天下，可以为殷高宗、周宣王矣。周子之书，声希色淡，道理已尽，即用以治天下，无能出其范围，盖亚圣也。

——《治道》，[清]李光地《榕村语录续集》卷十八，清光绪傅氏藏园刻本。

1913. 圣人为政惠而不费，不要百姓感恩，其实恩往那里去，其感人也更深。

——《治道》，[清]李光地《榕村语录续集》卷十八，清光绪傅氏藏园刻本。

1914. 忽然见面，他致谢殷勤，吾辈茫然，渠身受者不能忘也，但有望报之心便不好，就有限了。岂惟不望报，心里记得有此就害事。治天下者，定要知此。

——《治道》，[清]李光地《榕村语录续集》卷十八，清光绪傅氏藏园刻本。

1915. 要天下安，是自己的，不是自己的，有何大关系。将土地人民分封与人，为彼世守之业？自非大不类之人，毕竟要此一块上许多人活养自己及儿孙。不然，民窜田荒，己之贫败立见，岂有不顾念的？不比今之郡县，其为官也。

——《治道》，[清]李光地《榕村语录续集》卷十八，清光绪傅氏藏园刻本。

# 陈棨仁

陈棨仁（1836—1903），字铁香，又字戟门，泉州人，祖籍晋江永宁，父辈迁居泉州象峰巷。

陈棨仁自幼聪颖过人，同治六年（1867年）中举，同治十三年（1874年）进士及第，初授翰林院庶吉士，后改任刑部主事。光绪初，改刑部主事，因不愿附势趋利，遂归故里。回乡后，在泉州、漳州一带主持书院，讲学授徒前后二十余年，桃李遍布闽南，金门与台湾亦有不少士子倾慕其名，不畏风涛，浮海来归。陈棨仁尚义恤民，积极筹办泉州府官立中学堂（今泉州五中前身），任学堂总办。他致力搜集、校订和收藏历代珍本、善本书籍，尤其注意征集、研究泉州地方文献，其"绾绰堂"及"读我书斋"藏书之质量与数量居晚清泉州藏书家之冠。

陈棨仁一生著述颇丰，有《闽中金石略》15卷、《藤花吟馆诗录》6卷、《说文丛义》4卷、《闽诗纪事》10卷、《海纪辑要》2卷及《绾绰堂遗稿》等。

1916. 夫无文绣而有膏粱，不害其为天下；无布帛菽粟，而民生日用将绝，又将何以为天下乎？

——《重刻北溪先生文集序》，[清]陈棨仁《陈棨仁诗文集》，北京：商务印书馆，2018年，第14页。

1917. 虎豹之文，不难以之掩獬豸；孔翠之毳，不难以之傲鸣鹤。

——《重刻北溪先生文集序》，[清]陈棨仁《陈棨仁诗文集》，北京：商务印书馆，2018年，第14页。

1918. 不登、不俎，不害其为饮食；不仓、不籥，不害其为文字；不井田、不封建，不害其为政治。

——《齐云社稿序（代）》，[清]陈棨仁《陈棨仁诗文集》，北京：商务印书馆，2018年，第16页。

1919. 天下之患，多困于无财，而才能之臣，多败于言利。

——《刘宴理财论》，[清]陈荣仁《陈荣仁诗文集》，北京：商务印书馆，2018年，第18页。

1920. 足副于用之谓器，足达于务之谓识。器识者，天下所利赖者也。

——《士先器识论》，[清]陈荣仁《陈荣仁诗文集》，北京：商务印书馆，2018年，第19页。

1921. 况本之不立，惟末是图。

——《士先器识论》，[清]陈荣仁《陈荣仁诗文集》，北京：商务印书馆，2018年，第20页。

1922. 但鼎类钜腹之甗，甗似侈口之鼎，苟非一器，亦必一时所铸者矣。

——《周夃輒鼎铭考》，[清]陈荣仁《陈荣仁诗文集》，北京：商务印书馆，2018年，第23页。

1923. 盖庶几士衡之屋两头，而无羡元龙之楼百尺。

——《一室铭（有序）》，[清]陈荣仁《陈荣仁诗文集》，北京：商务印书馆，2018年，第28页。

1924. 锻吾戈，锻吾矢，男儿会当受一死，马革裹尸差幸耳。

——《战城南》，[清]陈荣仁《陈荣仁诗文集》，北京：商务印书馆，2018年，第155页。

1925. 丈夫感忠义，闻命不留行。

——《从军行》，[清]陈荣仁《陈荣仁诗文集》，北京：商务印书馆，2018年，第156页。

1926. 白衣苍狗须臾事，隐儿静观一解颐。

——《齐居漫兴》，[清]陈荣仁《陈荣仁诗文集》，北京：商务印书馆，2018年，第168页。

1927. 始知善兵者，不在语喋喋。君看霍去病，安用古兵法？

——《言兵》，[清]陈荣仁《陈荣仁诗文集》，北京：商务印书馆，2018年，第191页。

1928. 精忠之骨死犹生，伤哉乌鸢不忍啄。

——《瑞香亭》，[清]陈荣仁《陈荣仁诗文集》，北京：商务印书馆，2018年，第191页。

1929. 壮士志四方，耻为乡里游。

——《拟王仲宣从军诗·其三》，［清］陈棨仁《陈棨仁诗文集》，北京：商务印书馆，2018年，第193页。

1930．不信区区名利锁，几回辜负故园芳。

——《寒食客怀》，［清］陈棨仁《陈棨仁诗文集》，北京：商务印书馆，2018年，第198页。

1931．文成翻笑穷难送，鞭执何曾富可求。茵溷自关花际遇，寸心讵肯任沉浮。

——《秋感和咏樵韵·其二》，［清］陈棨仁《陈棨仁诗文集》，北京：商务印书馆，2018年，第213页。

1932．莫怨频年征调苦，元戎持重出关迟。

——《海上前感·其二》，［清］陈棨仁《陈棨仁诗文集》，北京：商务印书馆，2018年，第221页。

1933．山河一掷起惊尘，谋国谁容截截臣。

——《秋感八首·其一》，［清］陈棨仁《陈棨仁诗文集》，北京：商务印书馆，2018年，第242页。

1934．循良惟待干才胜，茹蘗清余更饮冰。但冀民间无疾苦，每逢庶狱必哀矜。

——《奉和延太平守刘雅宾同年报最入觐留别同人诗原韵，即请斫正·其三》，［清］陈棨仁《陈棨仁诗文集》，北京：商务印书馆，2018年，第245页。

# 八闽廉箴辑五

# 杨 时

杨时（1053—1135），字中立，号龟山，学者称"龟山先生"，南剑州（今福建省南平市）人。

北宋熙宁九年（1076年）进士，历任徐州、虔州司法和浏阳、余杭、萧山等县知县以及右谏议大夫、国子监祭酒、给事中、工部侍郎、龙图阁直学士等职。政绩斐然，爱国恤民，清廉正直，不事烦苛，远近无不悦服。

杨时的哲学思想直承程颢、程颐，并将"二程"洛学传播至东南等地，为闽学及其思想体系的形成打下坚实基础，有"程氏正宗""闽学鼻祖"之称。著有《龟山集》《文献通考》等。

1935. 祖宗优恤之，特异于他路，盖养之于无事之时，以备缓急也。困之于无事之时，则于有事之际何赖焉？

——《论时事·三盐法》，[宋]杨时《龟山集》卷四，明万历十九年林熙春刻本。

1936. 公私俱宽，而中都不乏，最为良法也。

——《论时事·四转般》，[宋]杨时《龟山集》卷四，明万历十九年林熙春刻本。

1937. 今欲复转般，而籴本取之，诸路漕计犹且不足，而又敛取之，非天降地出，又非出于漕臣之家，取于民而已。二浙兵火夷伤之余，疮痍未合，民穷无告，则其患有不可测者。

——《论时事·四转般》，[宋]杨时《龟山集》卷四，明万历十九年林熙春刻本。

1938. 居者困于调敛，壮者疲于馈挽，财力俱弊，则流亡转而盗贼，理势然也。

——《论时事·七边事》，[宋]杨时《龟山集》卷四，明万历十九年林熙春刻本。

1939. 名号既殊，则待之必异；待之有异，则人怀异心，不可用也。

——《论时事·十军制》，[宋]杨时《龟山集》卷四，明万历十九年林熙春刻本。

1940. 某人虽一时忤旨得罪，而节义素为中外所瞩，召还则足以收人望也。天下有道，守在四夷。

——《论金人侵边·其一》，[宋]杨时《龟山集》卷四，明万历十九年林熙春刻本。

1941. 事之可为者，宜速为之，不可缓也，缓之则必有后时之悔。时方艰危，当自奋励，进贤退奸，竦动观听，庶或可为。若示之以怯惧之形，委靡不振，则事去矣，不可不勉也。

——《论金人侵边·其一》，[宋]杨时《龟山集》卷四，明万历十九年林熙春刻本。

1942. 今日之事，当以收人心为先。人心不附，虽有高城深池、坚甲利兵，不足恃也。

——《论金人侵边·其二》，[宋]杨时《龟山集》卷四，明万历十九年林熙春刻本。

1943. 天地之藏，取之不竭，实在山泽。摘山煮海之利，天下财计所从出也。

——《论金人侵边·其二》，[宋]杨时《龟山集》卷四，明万历十九年林熙春刻本。

1944. 盖天下之事，非庙堂之心可以独运。合天下之智，则事无不济矣。

——《论金人侵边·其二》，[宋]杨时《龟山集》卷四，明万历十九年林熙春刻本。

1945. 虽中外有异，而念坟墓、怀庐井，其心则同也，岂无奸细伺隙于其间乎？人心一摇，则其祸有不可测者。

——《论金人侵边·其二》，[宋]杨时《龟山集》卷四，明万历十九年林熙春刻本。

1946. 古之欲明明德于天下者，必先于致知，致知所以明善也。欲致其知，非学不能。

——《〈尚书〉·吉人为善节》，[宋]杨时《龟山集》卷五，明万历十九年林熙春刻本。

1947. 仁之于人，无彼己之异。谋之在人，犹在我也；谋而不忠，违仁远矣。朋友之交，与君臣、父子、夫妇、兄弟同，谓之达道，盖人之大伦也。交而不信，违道远矣；传而不习，非尊其所闻也。口耳之学难与进德矣，君子进德以忠信为主，故曾子之省其身以此。

——《〈论语〉·吾日三省吾身章》，[宋]杨时《龟山集》卷五，明万历十九年林熙春刻本。

1948. 亲亲以睦，友贤不弃，此交朋友之道也。苟无尊德义之诚心，使贤者不获自进，虽有辅仁之友，无益矣。人君能以是省其身，而患德之不修，天下之不治，未之有也。

——《〈论语〉·吾日三省吾身章》，[宋]杨时《龟山集》卷五，明万历十九年林熙春刻本。

1949. 贫而无谄，则贫不至于滥；富而无骄，则富不至于溢。与夫贫而谄，富而骄，盖有间矣。

——《〈论语〉·贫而无谄章》，[宋]杨时《龟山集》卷五，明万历十九年林熙春刻本。

1950. 事其大夫之贤者，友其士之仁者，仁贤所谓利器也，故道学如之。治玉曰琢，治石曰磨，琢磨用石以为错，则以石治石也，故自修者如之。夫善教人者，使人继其志，孔子以贫而乐、富而好礼告之，而子贡于切磋琢磨之义，自得于言意之表，可谓能继其患。

——《〈论语〉·贫而无谄章》，[宋]杨时《龟山集》卷五，明万历十九年林熙春刻本。

1951. 惟古之圣人为能反求之于身，则无伦之富，万物备焉，无付于外也，而礼在其中矣，而何好之足云乎？人君唯能以徇物为戒，以古圣人为法，动容周旋，无非礼者，则上下辨而民志定，而忧天下之不治，未之有也。

——《〈论语〉·贫而无谄章》，[宋]杨时《龟山集》卷五，明万历十九年林熙春刻本。

1952. 然人主当以礼义成廉耻之俗为急。凡利者，阴也，阴当隐伏；义者，阳也，阳当宣著。此天地之道，阴阳之理也。若宣著为利之实，而礼义廉耻之俗坏，则天下不胜其弊。

——《辨一》，[宋]杨时《龟山集》卷六，明万历十九年林熙春刻本。

1953. 取之有艺，用之有节，先王所以理财也。故什一，天下之中制，自尧舜以来未之有改也。取其所当取，则利即义矣。故曰："国不以利为利，以义为利。"则义利初无二致焉，何宣著隐伏之有？若夫宣著为善之名，而阴收为利之实，此五霸假仁义之术，王者不为也。

——《辨一》，[宋]杨时《龟山集》卷六，明万历十九年林熙春刻本。

1954. 能不以外物累其心者，诚也。诚则于物无所蔽，于物无所蔽则明矣。能学先王之道以解其心之蔽者，明也。明则外物不能累其心，外物不能累其心则诚矣。人之所以不明者，以其有利欲以昏之。如能不为利欲所昏，则未有不明也。明者，性之所有也。诚者，天之道也，非外物不能累其心者所能尽也。

——《辨一》，[宋]杨时《龟山集》卷六，明万历十九年林熙春刻本。

1955. 圣人，人伦之至也。于君臣、父子、夫妇、兄弟、朋友之间各尽其道，所谓至也。至以其身为天下用，岂为功名爵禄哉？

——《辨一》，[宋]杨时《龟山集》卷六，明万历十九年林熙春刻本。

1956. 知天之所为，然后能为天之所为。为天之所为者，乐天也。乐天者，然后能保天下。不知天之所为，则当畏天。畏天者，不足以保天下。故战战兢兢，如临深渊，如履薄冰者，为诸侯之孝而已。

——《辨二》，[宋]杨时《龟山集》卷六，明万历十九年林熙春刻本。

1957. 诚者天之道，思诚者人之道。思之至于无思，则天之道也。故思则得之，不思则不得。出思不思，则思出于不思，无是理也，与所谓出怒不怒异矣。

——《辨二》，[宋]杨时《龟山集》卷七，明万历十九年林熙春刻本。

1958. 夫秦借累世之资，肆虎狼之暴，搏噬天下，有并吞诸侯之心，非可与礼义接而论曲直也。相如区区掉三寸舌，入眦睚不测之秦，卒能以完璧归，亦足壮哉！然当其捧璧睨柱，示以必死，盖亦摩虎牙矣。夫死非难，死不失义不伤勇，君子所难也。

——《蔺相如》，[宋]杨时《龟山集》卷九，明万历十九年林熙春刻本。

1959. 求一人如古之圣贤，卒不易得，何哉？岂道之所传，固不在于文字之多寡乎？夫尧、舜、禹、皋陶，皆称若稽古，非无待于学也。其学果何以乎？由是观之，圣贤之所以为圣贤，其用心必有在矣。学者不可不察之也。

——《荆州所闻》，[宋]杨时《龟山集》卷十，明万历十九年林熙春刻本。

1960. 为文要有温柔敦厚之气。……君子之所养，要令暴慢衰僻之气不设于身体。

——《荆州所闻》，[宋]杨时《龟山集》卷十，明万历十九年林熙春刻本。

1961. 使圣人以胜物为心，是将自小，安能小物？圣人本无胜物之心，身之所处者高，则物自不得不下耳。

——《荆州所闻》，[宋]杨时《龟山集》卷十，明万历十九年林熙春刻本。

1962. 圣人以恕待人，于人之悔也，嘉之可也。如以悔为是，而不问其改与不改，则改过者鲜矣。故君子之取人也，取其改，不取其悔。且杀人至于被刑，而自状其过，盖伤其死之不善也。使杀人而不必死，其肯悔乎？

——《荆州所闻》，[宋]杨时《龟山集》卷十，明万历十九年林熙春刻本。

1963. 君子务本，言凡所务者，惟本而已。若仁之于孝悌，其本之一端耳。盖为仁必自孝悌推之，然后能为仁也。其曰为仁，与体仁者异矣。体仁则无本末之别矣。孔子曰："老者安之，朋友信之，少者怀之。"此无待乎推之也。孟子曰："老吾老，以及人之老；幼吾幼，以及人之幼。"此推之也。推之所谓为仁。

——《荆州所闻》，[宋]杨时《龟山集》卷十，明万历十九年林熙春刻本。

1964. 世之君子其贤者乎，则必语王以忧民，而勿为台沼苑囿之观，是拂其欲也，其佞者乎？则必语王以自乐，而广其侈心，是纵其欲也，二者皆非能引君以当道。唯孟子之言，常于毫发之间，剖析利害之所在，使人君化焉而不自知。夫如是其在朝廷，则可以格君心之非，而其言易行也。

——《荆州所闻》，[宋]杨时《龟山集》卷十，明万历十九年林熙春刻本。

1965. 所谓时习者，如婴儿之习书点画，固求其似也。若习之而不似，亦何用习？学者学圣人，亦当如此。大概必践履圣人之事，方名为学习。又不可不察。习而不察，与不习同。若今之学者，固未尝习，而况于察？

——《京师所闻》，[宋]杨时《龟山集》卷十一，明万历十九年林熙春刻本。

1966. 人之生也直，是以君子无所往而不用直，直则心得其正矣，以乞醯、证父为直，不得其正者也，古之于幼子常示毋诳，所以养其直也。其养之也有素如此。以怨报怨，以德报怨，皆非直也。所谓直者，公天下之好恶而不为私焉。

——《余杭所闻》，[宋]杨时《龟山集》卷十一，明万历十九年林熙春刻本。

1967. 性命道三者一体而异名，初无二致也，故在天曰命，在人曰性，率性而行曰道，特所从言之异耳，所谓天道者，率性是也，岂远乎哉？

——《答胡德辉问》，[宋]杨时《龟山集》卷十四，明万历十九年林熙春刻本。

1968. 古者士不患无名而患实之不至，不患无位而患德之不孚。

——《策问》，[宋]杨时《龟山集》卷十五，明万历十九年林熙春刻本。

1969. 无君子莫治野人，无野人莫养君子，此天下之常分，古今之通义也。

——《策问》，[宋]杨时《龟山集》卷十五，明万历十九年林熙春刻本。

1970. 李似祖、曹令德问："何以知仁？"曰："孟子以恻隐之心为仁之端，平居但以此体究，久久自见。"因问似祖、令德寻常如何说隐。似祖云："如有隐忧，勤恤民隐，皆疾痛之谓也。"曰："孺子将入于井，而人见之者必有恻隐之心。疾痛非在己也，而为之疾痛，何也？"似祖曰："出于自然，不可已也。"曰："安得自然如此？若体究此理，知其所从来，则仁之道不远矣。"

——《京师所闻（一）》，[宋]杨时《杨时集》第二册，北京：中华书局，2018年，第283页。

1971. 问："《论语》言仁处，何语最为亲切？"曰："皆仁之方也。若正所谓仁，则未之尝言也，故曰'子罕言利于命于仁。'要道得亲切，唯孟子言'仁，人之心也'，最为亲切。"

——《京师所闻（二）》，[宋]杨时《杨时集》第二册，北京：中华书局，2018年，第284页。

1972. 观圣人于《系辞》发明卦义，尚多其说，果如今之解《易》者乎？故某尝谓，说《易》须仿佛圣人之意，然后可以下笔，此其所以未敢苟也。

——《京师所闻（四）》，[宋]杨时《杨时集》第二册，北京：中华书局，

2018年，第286页。

1973．自非狙诈之徒，皆知义足以胜利，然不焉利疚而迁者几希。如管仲亦知义，故其所焉多假义而行。自王者之迹熄，天下以诈力相高，故常溺于利而不知反。由孔子而后，为天下国家不以利言者，唯孟子一人守得定。

——《京师所闻（七）》，[宋]杨时《杨时集》第二册，北京：中华书局，2018年，第287页。

1974．郑季常作太学博士，言养士之道，当先善其心。今殊失此意，未知所以善之之方。曰："由今之道，虽贤者为教官，必不能善人心。"曰："使荆公当此职，不知如何？"曰："荆公为相，其道盖行乎当年。今日学法，荆公之法也，已不能善之矣。"季常良久曰："如是如是。"

——《京师所闻（十一）》，[宋]杨时《杨时集》第二册，北京：中华书局，2018年，第289页。

1975．与季常言："学者当有所疑，乃能进德，然亦须着力深，方有疑。今之士读书为学，盖自以为无可疑者，故其学莫能相当。如孔子门人所疑，皆后世所谓不必疑者也。子贡问政，子曰：'足食足兵，民信之矣。'子贡疑所可去，答之以'去兵'。于食与信犹有疑焉，故能发孔子'民无信不立之说'。若今之人问政，使之足食与兵，何疑之有？樊迟问仁，子曰'爱人'。问智，子曰'知人'。是盖甚明白，而迟又曰'未达'，故孔子以'举直错诸枉，能使枉者直'教之。由是而行之，于智之道，不其庶矣乎？然迟退而见子夏，犹申问'举直错诸枉'之义，于是又得舜举皋陶、汤举伊尹焉证，故仁智兼尽其说。子夏问：'巧笑倩兮，美目盼兮'，直推至于'曰礼后乎'然后已。如使今之学者方得其初问之答，便不复疑矣。盖尝谓古人以为疑者，今人不知疑也，学何以进？"季常曰："某平生为学，亦常自谓无疑，今观所言，方知古之学者善学。"

——《京师所闻（十二）》，[宋]杨时《杨时集》第二册，北京：中华书局，2018年，第289—290页。

1976．问："孔子许子路升堂，其品第甚高，何以见？"曰："观其死犹不忘结缨，非其所养素定，何能尔耶？苟非其人，则遑遽急迫之际，方寸乱矣。"

——《京师所闻（十五）》，[宋]杨时《杨时集》第二册，北京：中华书局，2018年，第291页。

1977．问："宰我于三年之丧犹有疑问，何也？"曰："此其所以为宰我也。

凡学于孔子者，皆欲穷究到无疑处方已。三年之丧，在它人于此，不敢发之。宰我疑以期断，故必求质于圣人，虽被深责所不辞也。"

——《京师所闻（十六）》，[宋]杨时《杨时集》第二册，北京：中华书局，2018年，第291页。

1978. 问："'操则存'，如何？"曰："古之学者，视听言动无非礼，所以操心也。至于无故不彻琴瑟，行则闻佩玉，登车则闻和鸾，盖皆欲收其放心，不使惰慢邪僻之气得而入焉。故曰：'不有博弈者乎？为之犹贤乎已。'夫博弈，非君子所为。而云尔者，以是可以收其放心尔。说经义至不可践履处，便非经义。若圣人之言，岂有人做不得处？学者所以不免求之释、老，为其有高明处。如《六经》中自有妙理，却不深思，只于平易中认了，曾不知圣人将妙理只于寻常事说了。"

——《京师所闻（二十五）》，[宋]杨时《杨时集》第二册，北京：中华书局，2018年，第294页。

1979. 曾子曰："士不可以不弘毅。"人须能弘，然后有容。因言陈述古先生云："丈夫当容人，勿为人所容。"

——《京师所闻（二十六）》，[宋]杨时《杨时集》第二册，北京：中华书局，2018年，第295页。

1980. 予徘徊久之，乃昌言诵之曰：吾邑距中州数千里之远，舟车不通，缙绅先生与一时怀德秉义之士足以表世范俗者，皆无自而至。士之欲为君子者，何所取资耶？故后生晚学，无所窥观，游谈戏论，不闻箴规切磨之益。同则嬉狎，异则相訾，至悖义逾礼而不悔。虽英材异禀，间时有之，亦不过诵六艺之文、百家之编，为章句之儒，钓声利而已。

——《求仁斋记》，[宋]杨时《杨时集》第三册，北京：中华书局，2018年，第631—632页。

1981. 思得吾党之士，柔不溺于随，刚不偾于欲者，相进于道，庶几少激颓俗。今吾子乃能经营于此，以教学为事，是真有志者哉！然予尝谓古之学者，求仁而已矣。传曰："放于利而行，多怨。"又曰："求仁而得人，又何怨？"夫炫鬻而不售，转而易业者，皆放于而怨者也。吾愿以"求仁"名子之斋，庶乎求之必得而无怨也！

——《求仁斋记》，[宋]杨时《杨时集》第三册，北京：中华书局，2018年，第632页。

1982. 通天下一气耳，合而生，尽而死，凡有心知血气之类，无物不然也。知合之非来，尽之非往，则其生也沤浮，其死也冰释，如昼夜之常，无足悦戚者。世之羡生者，吐故纳新，熊经鸟伸，欲以引年。甚者麋丹化金，饵之以祈不死，厌常为奇，卒以丧者，十常六七而不悟。

——《踵息庵记》，[宋]杨时《杨时集》第三册，北京：中华书局，2018年，第634页。

1983. 未几，多变更祖宗故事，以兴利开边为先务，诸公虽悉力交攻之，莫能夺，其流毒至于今未珍也。故温公每谓人曰："献可之先见，余所不及。"心诚服之。余以谓公之于京，言之于未用之前；献可于文公，论之于既用之后，则公之先见于献可有光矣。二公之言，盖异车而同辙也。

——《沙县陈谏议祠堂记》，[宋]杨时《杨时集》第三册，北京：中华书局，2018年，第636页。

1984. 周道衰，陵夷至于战国，干戈日寻，帝王之迹熄，而典章文物沦丧无遗矣。孔子于是时穷为旅人，无所用于世，退而删《诗》《书》，定《礼》《乐》。而先王所以为治之道，焕然著在方册，使后世有考焉。论其功谓贤于尧舜，岂虚语哉？故庙食百世，虽天子之尊，北面而奉之。为道之存，非以是为荣观也。

——《浦城县重建文宣王殿记》，[宋]杨时《杨时集》第三册，北京：中华书局，2018年，第640页。

1985. 予仿佛久之，喟然叹曰：今夫通邑大都，当舟舆之会。达官显人，缨绂相属于其间。一有异境，则登览赋咏，朝出乎笔舌之端，而暮传四方矣。过情之文，雕绘百态，诡异而浮实者，十常六七，故闻风者每以未至为恨也。至于穷山绝谷僻陋之邦，缙绅游士之所不至，虽有瑰奇绝特之观，往往为幽潜之士遁世而弗耀者擅而有之。

——《杨道真君洞记》，[宋]杨时《杨时集》第三册，北京：中华书局，2018年，第643页。

1986. 臣以凡庸之才，叨被误恩，擢实谏垣，仍侍经幄，丝毫未有所补，而迫以桑榆晚暮，衰病日侵，不足以任职，引年之请，屡渎天听。伏蒙陛下眷怜，未忍摈弃，授以宫祠之禄，使毕此余生。天地之恩，无以报称。念将去国，恐自此遂填满壑，无复再瞻清光，犬马之情，不能自已。谨竭所以献，伏望陛下清闲之燕，俯赐览观，庶或补于万分，臣不胜幸甚。

——《上渊圣皇帝》，[宋]杨时《杨时集》第一册，北京：中华书局，2018年，第1页。

1987. 臣窃观陛下育德东宫十有余年，惟《诗》《书》是习，玩好神色之奉不接于耳目，虽名实未加于上下，而恭俭之德，天下已孚矣。临御之初，东寇未平，虏骑寻至，城无楼橹，士不素练，守御之具阙如也。城中之民安恃而无恐者，惟陛下盛德耳。未平之寇，皆投戈负耒，复为力耕之农，岂一人一日之力所能胜哉？诚意感通，而人自服从，其效可见也。自古顾治之君，惟在慎一相。盖宰相，人主之心膂也，台谏耳目也，百执事股肱也，心膂之谋虑不深，耳目之视听不明，股肱之宣力不强，而能安其身者，未之有也。臣窃谓君臣相与之际，尤当以诚意为主，一有不诚，则任贤不能勿二，去邪不能勿疑，忠邪不分，鲜克以济。昔在仁祖时无，韩琦为谏官，论四执政，一日而尽去之。

——《上渊圣皇帝》，[宋]杨时《杨时集》第一册，北京：中华书局，2018年，第2页。

1988. 臣在阙门之外，庙堂之论，臣不得而与闻焉。然得之于道路之言，以为执政大臣治文书，究细务，日不暇给，其如天下之大计何？臣窃谓今日之急务，惟政事之未修，边陲战守之未备，皆阙然不讲，此臣之所深忧也。臣顾陛下敦谕大臣，阔略细务，付之有司，专无修政事，振军律，练兵选将，为战守之备，庶乎网举而万目自张矣。臣不胜幸望之至！

——《上渊圣皇帝》，[宋]杨时《杨时集》第一册，北京：中华书局，2018年，第9页。

1989. 右臣伏蒙圣恩，除臣充迩英殿说书者。闻命震惊，罔知所措，窃惟陛下圣学高明，劝讲之官，宜得深于经术之士以充其选。如臣浅陋，其敢冒居？伏望圣慈追还成命，以安愚分。所有敕命，未敢祗受，已送秘书寄纳。

——《辞免迩英殿说书》，[宋]杨时《杨时集》第一册，北京：中华书局，2018年，第32页。

1990. 右臣伏蒙陛下以臣奏乞福建路差遣，或宫观任便居住，赐诏不允者，特恩曲被，感激涕零。窃念臣年逾七十，疾病交侵，目昏不能远视，足弱难于久立。近有章疏，皆封以人，不请对，亦常冒闻天听，陛下所知之。实恐因此旷败，旁招人言，陛下迫于公议，虽欲终始保全，不可得也。伏望圣慈，特赐矜悯，检会前奏施行。

——《辞免谏议侍讲·其三》，［宋］杨时《杨时集》第一册，北京：中华书局，2018 年，第 36 页。

1991. 右臣猥以非才，谬当郡寄。窃惟事君之义，莫尚以人，而不祥之实，蔽贤为大。苟有所知，臣敢不勉？伏见虔州进士杨孝本，学富行纯，为舆论信服。曩游京师，一时忠义之士多从之学。短褐不完，饭疏饮水，而束修之馈，悉以市书，捆载而归。自晦严穴，不求仕进。乡间故旧怜其贫，协力周之，非其义不受也。此虽古人操履，无以过之。当路柄臣，亦当论荐，然久未蒙旌擢。伏望圣慈不以臣言之轻，特加收采，锡之一命，以称当朝廷尊德劝善之实。

——《代虔守荐杨孝本》，［宋］杨时《杨时集》第一册，北京：中华书局，2018 年，第 51—52 页。

1992. 窃以怀经世之志者，常患无其时；有适时之才者，常患无其位。况值离明之继照，仍丁泰吉之大来。周道砥平，舜聪四达，实在七人之列，是为千载之逢。如臣者，识昧趋今，学惟泥古，獐头鼠目，何意求官，马勃牛溲，宁堪待用？顾天下之事，惟谏臣得以尽言。遭圣人之时，非贤者曷胜其任？此盖伏遇皇帝陛下涓流必受，大壑益深，端一德以当天，奉三无而抚世。故兹庸妄，获与选抡，敢不勉励前修，仰酬洪造？居官任职，自知无以逾人。补过尽忠，庶勉全于晚节。

——《谢除谏议大夫兼侍讲》，［宋］杨时《杨时集》第一册，北京：中华书局，2018 年，第 55 页。

1993. 惟天地万物之母，惟万人物之灵，亶聪明作元后，元后作民父母，夫盈天地之间，皆物也，而人居一焉。人者，物之灵而已。天地子万物，其生养之具，皆天之所以惠民也。元后继天而为之子，其聪明足以乂民，民之父母也。其子民也，授之常产，使寒而衣，饥而食，盖天而惠民者也。

——《惟天惠民节》，［宋］杨时《杨时集》第一册，北京：中华书局，2018 年，第 90 页。

1994. 世事浮云薄，劳生一梦长。散材依栎社，幽意慕濠梁。风激鹰鹯迅，霜残草木黄。投闲如有约，早晚问耕桑。

——《感事》，［宋］杨时《杨时集》第四册，北京：中华书局，2018 年，第 979 页。

1995. 天远何须问，劳生听若何。犁锄三亩足，栖息一枝多。白雪宁堪冒，清时只浪过。好寻明月影，醉舞自婆娑。

——《偶成》，[宋]杨时《杨时集》第四册，北京：中华书局，2018年，第981页。

1996. 懒拙乖时尚，支离与世殊。馈浆惊御寇，避席愧阳居。触事纷难解，忘形色易锄。不须修混沌，机械本来无。

——《旅舍书事》，[宋]杨时《杨时集》第四册，北京：中华书局，2018年，第983页。

1997. 边徼无虞日，王师讨弗庭。收功夸庙算，行政毒生灵。川谷旌麾暗，风尘战血腥。寂寥归马日，目断华阳坰。

——《感事二首·其一》，[宋]杨时《杨时集》第四册，北京：中华书局，2018年，第988页。

1998. 虎士冰河侧，日闻刁斗惊。气吞沙漠尽，风荡贼巢倾。关塞长年戍，边城几日清。太平陈朽富，一旅百夫耕。

——《感事二首·其二》，[宋]杨时《杨时集》第四册，北京：中华书局，2018年，第988页。

1999. 禀粹猗兰秀，来嫔洛水滨。一窥识公辅，三徙得儒真。画翣流云气，松阡卧石麟。衰荣今日事，谁复继前尘？

——《席太君挽辞二首·其二》，[宋]杨时《杨时集》第四册，北京：中华书局，2018年，第993页。

2000. 一伏青蒲上，三年瘴海滨。泉甘不出户，客醉岂无神？报国心长在，知恩志未伸。追怀垂绝语，空有泪盈巾。

——《邹公挽辞二首·其一》，[宋]杨时《杨时集》第四册，北京：中华书局，2018年，第994页。

2001. 圣贤千古愧难攀，力学方忧敢自闲？顾我久抛声迹外，惭君犹挂齿牙间。平生拙计心长在，解带高风志未还。捧檄于今非得已，漫劳魂梦绕溪山。

——《次韵思睿见寄》，[宋]杨时《杨时集》第四册，北京：中华书局，2018年，第1003页。

2002. 骎骎羲驭定难羁，过隙跳丸日夜驰。但见光阴如掣电，却寻稽览已当期。飞黄汗血宜千里，秋鹗乘风此一时。芝草凤凰真美瑞，清名应有退之知。

——《次韵钱帐计》，[宋]杨时《杨时集》第四册，北京：中华书局，2018年，第1007页。

2003．吏部文章世所珍，终惭无补费精神。浮名肤外增余赘，薄宦戈头寄此身。养志吾方同邴曼，谈书谁复问山宾？自怜坐顷三遗矢，衰晚那能用楚人？

——《安礼以宏词见勉奉寄》，[宋]杨时《杨时集》第四册，北京：中华书局，2018年，第1009页。

2004．虚庭幽草翠相环，默坐颓然草色间。玩意诗书千古近，放怀天地一身闲。疏窗风度聊欹枕，永巷人稀独掩关。谁信红尘随处净，不论城郭与青山？

——《闲居书事》，[宋]杨时《杨时集》第四册，北京：中华书局，2018年，第1016页。

2005．浪漫人间压客尘，衡门长忆销榆枌？忘言拟尽轮人妙，陈迹慵寻史籀文。万里功名心独冷，一廛耕凿力能勤。旧游欲问南归趣，寂寞吾今过子云。

——《南归书事》，[宋]杨时《杨时集》第四册，北京：中华书局，2018年，第1020页。

2006．身名于我两悠悠，形影相忘懒赠酬。拟把一竿沧海去，漫然清世一虚舟。

——《县斋书事三首·其三》，[宋]杨时《杨时集》第四册，北京：中华书局，2018年，第1046页。

2007．权门车马日纷纷，寂寞多应笑子云。玄白定知非世尚，《解嘲》那复强云云？

——《感事》，[宋]杨时《杨时集》第四册，北京：中华书局，2018年，第1049页。

2008．臣伏读上皇圣诏，自崇宁以来，为大臣所误，凡蠹国害民之政，轻费妄用，铲革殆尽，虽成汤改过不吝，无以加此。其视天下如弃敝屣，此尧、舜之用心者，前世未之有也。君为元首，臣为股肱，君臣盖一体也。上皇痛自引咎，至托以倦勤逊于位，其克己内讼，可谓至矣。人主避位，而宰臣各叙迁，安受而不辞，此何理也？自昔有旱干、水溢之灾，宰相必引过待罪，况有此大变乎？夫外镇抚四夷，内亲附百姓，宰相之职也。以今之事观之，其镇抚之效可见矣。虏兵在境,上贻陛下宵旰之忧,竭府库民力遗之,屈为城下之盟,亦已甚矣。

——《上钦宗皇帝·其一》,[宋]杨时《杨时集》第一册,北京:中华书局,2018年,第15页。

2009. 臣愿陛下明诏大臣,悉力措画,速正姚古逗留之罪,诛之以肃军政,遴柬有武略可任者代之。偏裨犹有不用命者,一以军法从事,庶几士气稍振,使敌人有所忌惮。若朝廷未遽诛大将,姑用前代故事,尽行削夺,使白衣从事,以责后效,犹之可也。不尔,则秋冬之交,风劲草衰,强敌长驱而南,益无所忌惮,悔无及矣。

——《上钦宗皇帝·其六》,[宋]杨时《杨时集》第一册,北京:中华书局,2018年,第27页。

2010. 誓书之墨未干,而背不旋踵。吾虽欲专守和议,不可得也。昔赵割六县之地,使赵郝约事于秦。虞卿谓赵王曰:"秦之攻王也倦而归乎?王以其力尚能进,爱王而不攻乎?"王曰:"秦不遗余力矣,必以倦而归也。"今日之事,正类于是。夫去其巢穴,越数千里之远而犯人之国都,盖危道也。使其力能攻之,则城中之物皆其有也,尚何事求哉?彼见吾高城深池未易轻犯,勤王之师四面而至。姚平仲固尝与之交兵矣,忍而不敢怒,请和而去,则其情可见,盖亦惧而归,非爱我而不攻也。

——《上钦宗皇帝·其四》,[宋]杨时《杨时集》第一册,北京:中华书局,2018年,第23—24页。

2011. 吏有禄,本要养其廉耻;及不廉,故可从而责之。

——《余杭所闻》,[宋]杨时《龟山集》卷十二,明万历十九年林熙春刻本。

# 陈 瓘

陈瓘（1057—1124），字莹中，号了斋，沙县人。宋元丰二年（1079 年）探花，授官湖州掌书记，历任礼部贡院检点官、越州通判、温州通判、左司谏等职。

陈瓘为人谦和，不争财物，闲居矜庄自持，不苟言谈，通《易经》。《宋史》称其"谏疏似陆贽，刚方似狄仁杰，明道似韩愈"，与陈师锡并称"二陈"。不畏强权，敢于斥责蔡京等一众佞臣。故被忌恨，四十二年间，调任凡二十三次，经八省历十九州县。钦宗即位，为其平反昭雪。世人赞其精神与岳飞、文天祥同辉，共祀于南通文庙、狼山准提庵及如皋定慧寺等处。著有《了斋集》《了斋易说》《尊尧集》《论六书》等。

2012. 道者，其惟谦亨乎。穷大者必失其所居，是故居道则盈。

——［宋］陈瓘《了斋易说》卷一，清道光二十年蒋氏别下齐钞本。

2013. 须其在我者而靡恤其在外，君子所以敬慎而底乎成也。刚健之力尤见于多凶之地。

——［宋］陈瓘《了斋易说》卷一，清道光二十年蒋氏别下齐钞本。

2014. 每云："风雷之气，可动天地而泣鬼神。"二公皆廉正忠义人也，故声气孚合乃尔。一文一书，百世下廉顽立懦，岂但以文字已哉！

——《序》，［宋］陈瓘《四明尊尧集》，清光绪十年章景祥翠竹室刻本。

2015. 以理财为先，以使能为急，则人将机巧趋利。此俗成则非人主之利，非天下之福。天下使能，非所以为和。明礼义廉耻以示人，崇进忠良，恐不可缓。

——《理财门第四》，［宋］陈瓘《四明尊尧集》，清光绪十年章景祥翠竹室刻本。

2016. 人主当以成礼义廉耻之俗为急。若先宣著为利之实，而礼义廉耻之俗坏，则天下不胜其弊。

——《理财门第四》，[宋]陈瓘《四明尊尧集》，清光绪十年章景祥翠竹室刻本。

2017. 邑人者，往于有而宜迁者也。迁而后得其所，得其所者谓之归矣。我归矣，彼自逋也。逋其邑人三百户，则我无眚矣。处坎之中，归其所也。无眚者，中之吉也。逋窜者远矣，我则近矣，致一之益也。颜子之修身如是。

——《坎下乾上》，[宋]陈瓘《了斋易说》卷一，清道光二十年蒋氏别下斋抄本。

2018. "无祗悔"者，[复]之终也。窒惕之终，所以修身下仁则得师矣，故休频复，勉也。厉者，义而已矣。勉而厉，及其成功，一也。

——《震下坤上》，[宋]陈瓘《了斋易说》卷一，清道光二十年蒋氏别下斋抄本。

2019. 止而不入，故为旅。旅反家人。家人，内也。齐者，出乎明者也。物或暂见，恒乃久。齐家而闲之，以悔亡为志，以立其志为初。志未变者，惧其变也。

——《离下巽上》，[宋]陈瓘《了斋易说》卷一，清道光二十年蒋氏别下斋抄本。

2020. 四多惧，近也；近而括，谨也；谨而不害，慎也。君子体静方之德，处多惧之地，谨也慎也而已矣。动而不括者，孚号之事，我何尸焉？

——《坤下坤上》，[宋]陈瓘《了斋易说》卷一，清道光二十年蒋氏别下斋抄本。

# 陈 渊

陈渊（1067—1145），初名渐，字知默，又字几叟，世号"默堂先生"，沙县人。南宋绍兴五年（1135年），蒙老臣举荐，任枢密院编修官。绍兴八年（1138年），宋高宗赐其进士出身，授予秘书丞职。次年，任监察御史，后任右正言。在任期间为人正直，敢于谏言，坚决反对投降议和，力陈直指秦桧主张的议和条件误国乱政，会丧失民心。

早年受学于杨时，专攻程颢、程颐之理学，为理学南渡做出贡献。著有《默堂先生文集》22卷。

2021. 昔者黾勉出仕，实以贫窭求活，亦冀缘是及物，庶不虚作一世人。

——《与许少伊左丞》，［宋］陈渊《默堂集》卷十八，民国二十四至二十五年上海商务印书馆《四部丛刊三编》景宋钞本。

2022. 自量不肖，何足以当此意。反复玩味，且幸且惭。

——《答陈了翁右司》，［宋］陈渊《默堂集》卷十六，民国二十四至二十五年上海商务印书馆《四部丛刊三编》景宋钞本。

2023. 公去我留，欲以奚为。北向长号，莫知我悲。

——《祭叔祖右司文》，［宋］陈渊《默堂集》卷二十一，民国二十四至二十五年上海商务印书馆《四部丛刊三编》景宋钞本。

2024. 了斋之得罪斥逐，以至于死，天下共知其冤；至其心所规为，蒙患难而不变者，自吾辈之外，谁复知之？

——《与李叔易学士》，［宋］陈渊《默堂集》卷十六，民国二十四至二十五年上海商务印书馆《四部丛刊三编》景宋钞本。

2025. 恭俭惟德，无载尔伪，而木道行矣。

——《邓德恭字序》，［宋］陈渊《默堂集》卷二十，民国二十四至二十五年上海商务印书馆《四部丛刊三编》景宋钞本。

2026. 而肃乃所以为恭。肃者，德也，恭则德之形于外者耳。

——《邓德恭字序》，[宋]陈渊《默堂集》卷二十，民国二十四至二十五年上海商务印书馆《四部丛刊三编》景宋钞本。

2027. 昔我未冠，唯公是比。针芥相投，不约而契。

——《祭廖尚书文》，[宋]陈渊《默堂集》卷二十一，民国二十四至二十五年上海商务印书馆《四部丛刊三编》景宋钞本。

2028. 以谓先生正容以悟物，使人名利之心冰释。

——《上杨判官》，[宋]陈渊《默堂集》卷十五，民国二十四至二十五年上海商务印书馆《四部丛刊三编》景宋钞本。

2029. 妙龄才思涌如泉，末技文章不自贤。

——《自京回次韵邓志宏见赠》，[宋]陈渊《默堂集》卷六，民国二十四至二十五年上海商务印书馆《四部丛刊三编》景宋钞本。

2030. 我观令子，汗血之驹。气吞无垠，未饱以刍。望燕首越，万里终去。

——《祭邓南夫文》，[宋]陈渊《默堂集》卷二十一，民国二十四至二十五年上海商务印书馆《四部丛刊三编》景宋钞本。

2031. 今子妙质夙成，天才宏放，视世俗之所能，举若无足为者。

——《邓德恭字序》，[宋]陈渊《默堂集》卷二十，民国二十四至二十五年上海商务印书馆《四部丛刊三编》景宋钞本。

2032. 平生交友各飘蓬，只有丸丸雪后松。万里归来还往绝，独君时许略从容。

——《留别邓南夫四首·其一》，[宋]陈渊《默堂集》卷五，民国二十四至二十五年上海商务印书馆《四部丛刊三编》景宋钞本。

2033. 多以通才达观自处，视修洁谨细为不足道。

——《介堂记》，[宋]陈渊《默堂集》卷二十，民国二十四至二十五年上海商务印书馆《四部丛刊三编》景宋钞本。

2034. 惟执事于两公友善，故渊于师席议论之余，得以略闻盛德高风，固尝想望声光，冀获亲炙，而道路南北，邈不可得。

——《与胡少汲尚书》，[宋]陈渊《默堂集》卷十八，民国二十四至二十五年上海商务印书馆《四部丛刊三编》景宋钞本。

2035. 公尝谓孟子之所谓善，子思之所谓诚，实同名异，而皆达于孔子之仁。仁固无私，诚不自成，故能合内外，通物我，无分于天人也。伊洛得之，明以授我，我行乎中，用惟其可，或畔乎此，辨而正之，期于万世。

——《祭龟山先生文》，[宋]陈渊《默堂集》卷二十一，民国二十四至二十五年上海商务印书馆《四部丛刊三编》景宋钞本。

2036. 以渊所闻，学而不师圣人，出言而倍之，以为戏事可乎？

——《答邓天启》，[宋]陈渊《默堂集》卷十九，民国二十四至二十五年上海商务印书馆《四部丛刊三编》景宋钞本。

2037. 夫戏非徒无益，而于学为有害。

——《答邓天启》，[宋]陈渊《默堂集》卷十九，民国二十四至二十五年上海商务印书馆《四部丛刊三编》景宋钞本。

2038. 尽心力于无益而得其害，岂君子之志哉。

——《答邓天启》，[宋]陈渊《默堂集》卷十九，民国二十四至二十五年上海商务印书馆《四部丛刊三编》景宋钞本。

2039. 大抵古人之学，用心于内。夫用心于内，其事无穷，如得其门。

——《答邓天启》，[宋]陈渊《默堂集》卷十九，民国二十四至二十五年上海商务印书馆《四部丛刊三编》景宋钞本。

2040. 则言语文章亦不足为矣，是在学者所当汲汲者，如君子之高识，必知所轻重，岂待多言然后喻哉？

——《答邓天启》，[宋]陈渊《默堂集》卷十九，民国二十四至二十五年上海商务印书馆《四部丛刊三编》景宋钞本。

2041. 万物无乎不备之处，仁在其中，反身而诚，无一物之非我，不待外求而已得矣。

——《答罗仲素》，[宋]陈渊《默堂集》卷十九，民国二十四至二十五年上海商务印书馆《四部丛刊三编》景宋钞本。

2042. 何乐如之？然既知有是则必体之，然后于仁不远。强恕而行，则物我一矣，所以体此道也。

——《答罗仲素》，[宋]陈渊《默堂集》卷十九，民国二十四至二十五年上海商务印书馆《四部丛刊三编》景宋钞本。

2043. 天命之谓性，言性莫非天也；率性之谓道，言道莫非性也；修道之谓教，言教莫非道也。

——《中庸解义》，[宋]陈渊《默堂集》卷二十二，民国二十四至二十五年上海商务印书馆《四部丛刊三编》景宋钞本。

2044. 离而为三，则曰性、曰道、曰教。合而为一，则亦天而已。以率性为道，道之在人者也。以修道为教，因其在人者，还以治之也。

——《中庸解义》，[宋]陈渊《默堂集》卷二十二，民国二十四至二十五年上海商务印书馆《四部丛刊三编》景宋钞本。

2045. 循天下固然之理，莫之舍焉。

——《中庸解义》，[宋]陈渊《默堂集》卷二十二，民国二十四至二十五年上海商务印书馆《四部丛刊三编》景宋钞本。

2046. 立之以中，过不及者，有以裁之，夫是之谓修。

——《中庸解义》，[宋]陈渊《默堂集》卷二十二，民国二十四至二十五年上海商务印书馆《四部丛刊三编》景宋钞本。

2047. 率性所以成己也，修道所以成物也。成己仁也，成物知也，性之德也。

——《中庸解义》，[宋]陈渊《默堂集》卷二十二，民国二十四至二十五年上海商务印书馆《四部丛刊三编》景宋钞本。

2048. 故学《中庸》者，其要在于知性，知性则知天矣。

——《中庸解义》，[宋]陈渊《默堂集》卷二十二，民国二十四至二十五年上海商务印书馆《四部丛刊三编》景宋钞本。

2049. 博访端悫自守、不为流俗所移之士，尊其道而友其人，庶几下观而化。

——《介堂记》，[宋]陈渊《默堂集》卷二十，民国二十四至二十五年上海商务印书馆《四部丛刊三编》景宋钞本。

2050. 抱材处晦，厄穷不改其度，交非其类，如将浼己，推之辞受之际，虽毫发不苟也。

——《介堂记》，[宋]陈渊《默堂集》卷二十，民国二十四至二十五年上海商务印书馆《四部丛刊三编》景宋钞本。

2051. 平居接人，无贵贱戚疏，必尽其诚。一语失中，必反复折难，归于直而后已，人亦以是畏惮之。

——《介堂记》，[宋]陈渊《默堂集》卷二十，民国二十四至二十五年上海商务印书馆《四部丛刊三编》景宋钞本。

2052. 仁，人心也，人皆有是心，而不能至于仁者，失其本心故也。

——《杂说》，[宋]陈渊《默堂集》卷二十二，民国二十四至二十五年上海商务印书馆《四部丛刊三编》景宋钞本。

2053．知所求则得其心，得其心斯得仁矣。寂然不动，感而后应，其应也因物而已。

——《杂说》，[宋]陈渊《默堂集》卷二十二，民国二十四至二十五年上海商务印书馆《四部丛刊三编》景宋钞本。

2054．初无一毫之私也，无私故能合并以为公，公则仁在其中矣。

——《杂说》，[宋]陈渊《默堂集》卷二十二，民国二十四至二十五年上海商务印书馆《四部丛刊三编》景宋钞本。

2055．君子亦仁而已矣，何必同。故商之三仁，同谓之仁者，亦以得其本心而已。不然一于私而已，此之谓失其本心。

——《杂说》，[宋]陈渊《默堂集》卷二十二，民国二十四至二十五年上海商务印书馆《四部丛刊三编》景宋钞本。

2056．君子所不可及者，其唯人之所不可见乎。此为善之诚也，何贵于近名乎？

——《杂说》，[宋]陈渊《默堂集》卷二十二，民国二十四至二十五年上海商务印书馆《四部丛刊三编》景宋钞本。

2057．从容自得于幽闲之中，而超然默会于意言之表，古之知道者亦必由之。

——《讲论语序》，[宋]陈渊《默堂集》卷二十，民国二十四至二十五年上海商务印书馆《四部丛刊三编》景宋钞本。

2058．善者性之正，有之而为信，充之而为美，扩之而为大，大而能化则入于圣矣。

——《邵武军光泽县学记》，[宋]陈渊《默堂集》卷二十，民国二十四至二十五年上海商务印书馆《四部丛刊三编》景宋钞本。

2059．而人伦之明，自事亲始，事亲必本于诚身，诚身必本于明善。

——《邵武军光泽县学记》，[宋]陈渊《默堂集》卷二十，民国二十四至二十五年上海商务印书馆《四部丛刊三编》景宋钞本。

2060．善之不明，而欲积之以成德，而期于神明自得，是犹却行而求及前人也。末世穷年，终不近矣。

——《邵武军光泽县学记》，[宋]陈渊《默堂集》卷二十，民国二十四至二十五年上海商务印书馆《四部丛刊三编》景宋钞本。

2061. 虽然，善亦难明哉，学者必尝于喜怒哀乐未发之前，意必固我兼忘之后，旋视而反听之，当其入乎无间而行乎非有，如人之始生而爱其亲，已长而钦其兄，亦岂利而为之哉。

——《邵武军光泽县学记》，[宋]陈渊《默堂集》卷二十，民国二十四至二十五年上海商务印书馆《四部丛刊三编》景宋钞本。

2062. 如王荆公晚年，深取其言，自谓已知之而知有不尽，此非同乎流俗也，盖其于儒者之道未尝深造，故溺焉而不自悟耳，是以为世大害。

——《攻王氏一章行状不载墓志载之》，[宋]陈渊《默堂集》卷十七，民国二十四至二十五年上海商务印书馆《四部丛刊三编》景宋钞本。

2063. 某于明道先生哀词中论世儒之学，云："物我异辨，天人殊观。中庸高明之学，析而为二，而道因以不行矣。"其道不然也，如此其见之行事，颠倒悖谬，盖不可以一二举，所谓从许子之道，相率而为伪者也，恶能治国家。

——《攻王氏一章行状不载墓志载之》，[宋]陈渊《默堂集》卷十七，民国二十四至二十五年上海商务印书馆《四部丛刊三编》景宋钞本。

# 罗从彦

罗从彦（1072—1135），字仲素，南剑州罗源里（今沙县）人，宋代理学家，"豫章学派"创始人。

宋建炎四年（1130年）中特科，宋绍兴二年（1132年），授博罗县主簿，认为当官应以正直、忠厚为本。罗从彦自幼颖悟，后笃志求道，先后师从吴仪、杨时、程颐等名师。罗从彦继承发展了程颢、程颐"穷理"学说和杨时"致知必先格物"的"理一分殊"说，创立"静中观理"说，在宋代理学发展史上，起到承前启后的作用。其一生贫困，家徒四壁，但他认为富贵荣华不及残书数卷。

著有《中庸说》《豫章文集》，多有散佚，后人将其存世作品辑录编成《罗豫章先生集》12卷。

2064. 盖合天下之大公，无可贬者。
——《遵尧录一》，[宋]罗从彦《罗豫章集》卷二，明刻蓝印本。

2065. 天子择宰相，宰相择百官，非才之人，不可虚授。
——《遵尧录二》，[宋]罗从彦《豫章文集》卷三，明刻蓝印本。

2066. 夫嗜好者，人情之所不能免也。方其淡然不使形见于外，则其违道不远也。
——《遵尧录二》，[宋]罗从彦《豫章文集》卷三，明刻蓝印本。

2067. 君子笃恭而天下平，不亦简乎？
——《遵尧录二》，[宋]罗从彦《罗豫渠先生文集》卷三，明刻蓝印本。

2068. 世之所常行者，然不可以求近功，图近利。
——《遵尧录三》，[宋]罗从彦《豫章文集》卷四，明刻蓝印本。

2069. 夫事无征不信，不信，民弗从。
——《遵尧录四》，[宋]罗从彦《罗豫章集》卷五，明刻蓝印本。

2070. 仁足以守之，勇足以断之，为之不暴，而持之以久。

——《遵尧录四》，[宋]罗从彦《罗豫章集》卷五，明刻蓝印本。

2071. 人才各有所用，自非大贤不可责备，若准多私意强辨，诚可恶。

——《遵尧录四》，[宋]罗从彦《罗豫章集》卷六，明刻蓝印本。

2072. 古之用人，以德器为先，才大而德不足，只为累耳。

——《遵尧录四》，[宋]罗从彦《罗豫章集》卷六，明刻蓝印本。

2073. 凡为天下国家者，其安危治乱，是非得失，必有至当之论，至正之理。

——《遵尧录六》，[宋]罗从彦《罗豫章集》卷七，明刻蓝印本。

2074. 仁义者，人主之术也。一于仁，天下爱之而不知畏。一于义，天下畏之而不知爱。三代之主，仁义兼隆，所以享国至于长久。

——《议论要语》，[宋]罗从彦《罗豫章集》卷九，明刻蓝印本。

2075. 教化者，朝廷之先务；廉耻者，士人之美节；风俗者，天下之大事。

——《议论要语》，[宋]罗从彦《罗豫章集》卷九，明刻蓝印本。

2076. 君子在朝则天下必治，盖君子进则常有乱世之言，使人主多忧而善心生，故天下所以必治；小人在朝则天下乱，盖小人进则常有治世之言，使人主多乐而怠心生，故天下所以必乱。

——《议论要语》，[宋]罗从彦《罗豫章集》卷九，明刻蓝印本。

2077. 上知有礼而不敢慢，其臣而下知廉耻以事其君，上下交修，则天下不足为也。

——《遵尧录一》，[宋]罗从彦《豫章文集》卷二，明刻蓝印本。

2078. 事其上以不欺为忠，推于人以行己取信。

——《遵尧录六》，[宋]罗从彦《豫章文集》卷七，明刻蓝印本。

2079. 立朝之士，当爱君如爱父，爱国如爱家，爱民如爱子，然三者未尝不相赖也，凡人爱君则必爱国，爱国则必爱民。

——《议论要语》，[宋]罗从彦《豫章文集》卷九，明刻蓝印本。

2080. 尧舜三代之君，不作也久矣。自获麟以来，迄五代，千五百余年，惟汉唐颇有足称道。汉大纲正，唐万目举，然皆杂以伯道而已。有宋龙兴，一祖开基，三宗绍述，其精神之运，心术之动，见于纪纲法度者，沛乎大醇，皆足于追配前王之盛。故其规模，亦无所愧焉。

——《遵尧录一》，[宋]罗从彦《罗豫章集》卷一，北京：中华书局，

1985年，第1页。

2081. 易简之理，天理也，而世知之者鲜矣。行其所无事，不亦易乎？君子笃恭而天下平，不亦简乎？《易》曰："易则易知，简则易从，易简而天下之理得矣。"

——《遵尧录二》，[宋]罗从彦《罗豫章集》卷二，北京：中华书局，1985年，第24页。

2082. 孔子称舜，曰："无为而治者，其舜也与。恭己正南面而已矣。"夫舜之所以无为者，以百揆得其人，九官任其职故也。

——《遵尧录三》，[宋]罗从彦《罗豫章集》卷三，北京：中华书局，1985年，第35页。

2083. 昔孔子没，孟子继之，惟孟子为知霸王者也。夫学至于愿孟，则王道其几之矣。故知圣人之学者，然后可与语王道；不知圣人之学，不可与语也。

——《遵尧录四》，[宋]罗从彦《罗豫章集》卷四，北京：中华书局，1985年，第42页。

2084. 自炎汉以来，有可称者，莫不杂以霸道，汉宣之言是也。若唐贞观中，海内康宁。帝曰："此魏征劝我行仁义之效也。"盖亦假之者也。神宗时以司马光之学，犹误为之说，又况其下者乎？然则霸王之道，须要胸中灼然。

——《遵尧录四》，[宋]罗从彦《罗豫章集》卷四，北京：中华书局，1985年，第42页。

2085. 《中庸》之书，孔子传之曾子，曾子传之子思。子思述所授之言，以著于篇。中者天下之大本，庸者天下之定理。故以名篇，此圣学之渊源。

——《遵尧录四》，[宋]罗从彦《罗豫章集》卷四，北京：中华书局，1985年，第45页。

2086. 仁宗承平之久，纪纲不振，盖因循积习之弊耳。然能为太平天子四十二年，民到于今称之，以德意存焉故也。况德意既孚于民，而纪纲又明，则其遗后代宜如何耶？

——《遵尧录四》，[宋]罗从彦《罗豫章集》卷四，北京：中华书局，1985年，第49页。

2087. 况当易危为安，易乱为治之时，速则济，缓则不及，则其改之，乃所以为孝也。天子之孝，在于保天下。

——《遵尧录七》，[宋]罗从彦《罗豫章集》卷七，北京：中华书局，1985 年，第 81 页。

2088. 得天理之正，极人伦之至者，尧舜之道也。用其私心，依仁义之偏者，霸者之事也。王道坦然，本乎人情，出乎礼义。若履大路而行，无复回曲。霸者崎岖反侧于曲径之中，而卒不可与人尧舜之道。故诚心而王则王矣，假之而霸则霸矣。二者其道不同，在审其初而已。

——《遵尧录七》，[宋]罗从彦《罗豫章集》卷七，北京：中华书局，1985 年，第 86 页。

2089. 治天下者，必先立其志。正志先立，则邪说不能移，异端不能惑，故力进于道而莫之御也。

——《遵尧录七》，[宋]罗从彦《罗豫章集》卷七，北京：中华书局，1985 年，第 86 页。

2090. 欲行仁政，而不素讲其具。使其道大明而后行，则或出或入，终莫有所至也。

——《遵尧录七》，[宋]罗从彦《罗豫章集》卷七，北京：中华书局，1985 年，第 86 页。

2091. 惟陛下稽先圣之言，察人事之礼，知尧舜之道备于己。反身而诚之，推之以及四海，择同心一德之臣，与之共成天下之务，则天下幸甚。

——《遵尧录七》，[宋]罗从彦《罗豫章集》卷七，北京：中华书局，1985 年，第 86 页。

2092. 臣伏谓君道之大，在乎稽古正学，明善恶之归，辨忠邪之分，晓然趋道之正。

——《遵尧录七》，[宋]罗从彦《罗豫章集》卷七，北京：中华书局，1985 年，第 87 页。

2093. 以辅养圣德，又择天下贤俊，使得陪侍法从，朝夕进见，开陈善道，讲磨治体，以广闻德，如则圣知益明。

——《遵尧录七》，[宋]罗从彦《罗豫章集》卷七，北京：中华书局，1985 年，第 87 页。

2094. 惟陛下稽圣人之训，法先王之治，正心诚意，体乾刚健而力行之，则天下幸甚。

——《遵尧录七》，[宋]罗从彦《罗豫章集》卷七，北京：中华书局，

1985 年，第 87 页。

2095. 三代养贤，必本于学，而德化行焉，治道出焉。

——《遵尧录七》，[宋]罗从彦《罗豫章集》卷七，北京：中华书局，1985 年，第 87 页。

2096. 夫不察事之是非，而说人之赞己，暗莫甚焉。不度理之所在，而阿谀以求容，谄莫甚焉。

——《司马光论王安石》，[宋]罗从彦《罗豫章集》卷八，北京：中华书局，1985 年，第 91 页。

2097. 但陛下勿问阿谀之党，勿徇权臣之意，断志罢之。

——《司马光论王安石》，[宋]罗从彦《罗豫章集》卷八，北京：中华书局，1985 年，第 92 页。

2098. 极诋其非，然伤于太刻，有不当于人心者。今掇其众所共知显显者数事，著之于篇，庶几以悟宸衷，且使天下后世有所考证云。

——《司马光论王安石》，[宋]罗从彦《罗豫章集》卷八，北京：中华书局，1985 年，第 92 页。

2099. 古之圣人，能以天下为一家，中国为一人者，非有甚高难行之，卓异之术也。

——《杂著》，[宋]罗从彦《罗豫章集》卷十，北京，中华书局，1985 年，第 108 页。

2100. 戮一大夫盾，而天下之为人臣者，莫敢不忠。

——《杂著》，[宋]罗从彦《罗豫章集》卷十，北京，中华书局，1985 年，第 108 页。

2101.《春秋》大义，譬如日月经天，河海带地，莫不昭然。

——《杂著》，[宋]罗从彦《罗豫章集》卷十，北京，中华书局，1985 年，第 108 页。

2102. 夫《中庸》之书，世之学者，尽心以知性，躬行以尽性者也。

——《韦斋记》，[宋]罗从彦《罗豫章集》卷十，北京，中华书局，1985 年，第 109 页。

2103. 性地栽培恐易芜，是非理欲谨于初。

——《自警》，[宋]罗从彦《罗豫章集》卷十，北京，中华书局，1985 年，第 111 页。

2104. 性守仍知分，天然不爱奢。

——《挽吉溪吴助教三首·其一》，[宋]罗从彦《罗豫章集》卷十，北京，中华书局，1985年，第113页。

2105. 人君之所以有天下者，以有其民也；民之所恃以为养者，以有食也；所恃以为安者，以有兵也。《书》曰："民为邦本，本固邦宁。"昔孟轲氏以民为贵，贵邦本也。故有民而后有食，有食而后有兵。自子贡问政，孔子所答观之，则先后重轻可知矣。

——《遵尧录一》，[宋]罗从彦《罗豫章集》卷一，北京：中华书局，1985年，第4页。

2106. 天下之士，争出其门，根株蟠结，牢不可破，遂为腹心痼疾，可胜言哉！今则祖宗之法具在，但守之勿失，推之万世，虽至于无穷可也。

——《遵尧录七》，[宋]罗从彦《罗豫章集》卷七，北京：中华书局，1985年，第78页。

2107. 治乱之机，在于用人。邪正一分，则消长之势自定。每论事必以人物为先，凡所进退，皆天下之所谓当然者。然后朝廷清明，人主始得闻天下利害之实。

——《遵尧录七》，[宋]罗从彦《罗豫章集》卷七，北京：中华书局，1985年，第81页。

2108. 天下之事，听其所为，其所改法令，无不当于人心者。惟去元丰闲人与罢免役，二者失之。夫天下之士，未有甘自为小人者也。

——《遵尧录七》，[宋]罗从彦《罗豫章集》卷七，北京：中华书局，1985年，第82页。

2109. 君之国事，将日非矣。君出言自以为是，而卿大夫莫敢矫其非；卿大夫自以为是，而士庶莫敢矫其非。君臣既自贤矣，而群下同声贤之，贤之则顺而有福，矫之则逆而有祸。

——《遵尧录八》，[宋]罗从彦《罗豫章集》卷八，北京：中华书局，1985年，第91—92页。

2110. 人主欲明而不察，仁而不懦，盖察常累明，而懦反害仁故也。

——《议论要语》，[宋]罗从彦《罗豫章集》卷九，北京：中华书局，1985年，第99页。

2111. 祖宗法度不可废，德泽不可恃。废法度则变乱之事起，恃德泽则骄佚之心生。自古德泽最厚，莫若尧舜。

——《议论要语》，[宋]罗从彦《罗豫章集》卷九，北京：中华书局，1985年，第99页。

2112. 名器之贵贱以其人，何则？授于君子则贵，授于小人则贱。名器之所贵，则君子勇于行道，而小人甘于下僚；名器之所贱，则小人勇于浮竞，而君子耻于求进。

——《议论要语》，[宋]罗从彦《罗豫章集》卷九，北京：中华书局，1985年，第100页。

2113. 贤君所以专务修德，而乐闻善言。当时之臣，故亦乐告以善道，而成一代之治安。

——《议论要语》，[宋]罗从彦《罗豫章集》卷九，北京：中华书局，1985年，第100页。

2114. 仁义礼智，所以为立身之本，而缺一不可。故孟子以恻隐之心，为仁之端，而无恻隐之心，则非人；以羞恶之心，为义之端，而无羞恶之心，则非人。

——《议论要语》，[宋]罗从彦《罗豫章集》卷九，北京：中华书局，1985年，第100页。

2115. 君明君之福，臣忠臣之福。君明臣忠，则朝廷治安，得不谓之福乎？

——《议论要语》，[宋]罗从彦《罗豫章集》卷九，北京：中华书局，1985年，第100页。

2116. 奸邪之人乱国政，李林甫是也；庸鄙之士弱国势，张禹是也。荀子曰："权出于一者强。"谓权出于一，则主势不分，而君道尊矣。

——《议论要语》，[宋]罗从彦《罗豫章集》卷九，北京：中华书局，1985年，第101页。

2117. 王者富民，霸者富国。富民三代之世是也，富国齐、晋是也。至汉文帝行王者之道，欲富民而告戒不严，民反至于奢；武帝行霸者之道，欲富国而费用无节，国乃至于耗。

——《议论要语》，[宋]罗从彦《罗豫章集》卷九，北京：中华书局，1985年，第101页。

2118. 正者天下之所同好，邪者天下之所同恶，而圣贤未尝忧于其间。盖邪正已明故也。

——《议论要语》，[宋]罗从彦《罗豫章集》卷九，北京：中华书局，1985年，第101页。

2119. 朝廷大奸不可容，朋友小过不可不容。若容大奸，必乱天下；不容小过，则无全人。

——《议论要语》，[宋]罗从彦《罗豫章集》卷九，北京：中华书局，1985年，第103页。

2120. 中人之性，由于所习。见其善则习于为善，见其恶则习于为恶。习于为善，则举世相率而为善，而不知善之为是。东汉党锢之士，与夫太学生是也。习于为恶，则举世相率而为恶，而不知恶之为非。

——《议论要语》，[宋]罗从彦《罗豫章集》卷九，北京：中华书局，1985年，第104页。

2121. 知行蹊径固非艰，每在操存养性间。此道悟来随寓见，一毫物欲敢相关。

——《示书生》，[宋]罗从彦《罗豫章集》卷十，北京：中华书局，1985年，第111页。

2122. 以内问清心，以外则知人。

——《议论要语》，[宋]罗从彦《罗豫章集》卷九，北京：中华书局，1985年，第102页。

2123. 内之朝廷，外之郡县，法度未备，政事未修，民人未安堵，或治不进，则百职废矣。

——《议论要语》，[宋]罗从彦《罗豫章集》卷九，北京：中华书局，1985年，第102页。

2124. 士之立朝，要以正直忠厚为本，正直则朝廷无过失，忠厚则天下无嗟怨。

——《议论要语》，[宋]罗从彦《罗豫章集》卷九，北京：中华书局，1985年，第103页。

2125. 天下之变，不起于四方，而起于朝廷。譬如人之伤气，则寒暑易侵；木之伤心，则风雨易折。故内有李林甫之奸，则外有禄山之乱；内有卢杞之邪，则外有朱泚之叛。

——《议论要语》，[宋]罗从彦《罗豫章集》卷九，北京：中华书局，

1985 年，第 102 页。

2126. 人之立身，可常行者在德，不可常行者在威。盖德则感人也深，而百世不忘。

——《议论要语》，［宋］罗从彦《罗豫章集》卷九，北京：中华书局，1985 年，第 104 页。

2127. 坚守箪瓢心不改，恐流乞祭向墦间。

——《颜乐亭用陈默堂韵》，［宋］罗从彦《罗豫章集》卷十，北京：中华书局，1985 年，第 113 页。

# 李 纲

李纲（1083—1140），字伯纪，一字天纪，号梁溪先生、梁溪居士、梁溪病叟，祖籍邵武（今南平市），祖父一代迁居江苏无锡。两宋之际抗金名臣。

宋政和二年（1112年）进士，授承务郎、相州教授，后改易镇江。宣和元年（1119年），开封府发生大水，灾情严重，满朝莫敢议论，李纲却敢于上疏条陈利弊，抨击当权者的不作为，被贬至沙县监管税务。宣和七年（1125年），金军南下，李纲献御戎五策，刺臂血书，力主抗金卫国。钦宗时期极力主战，李纲多次上陈抗金大计，屡受打压。宋高宗即位后，拜李纲为相，当即上呈当务之急十事，积极准备收复失地，却为幸臣排斥，仅七十五天就被免为观文殿大学士。此后在官场数度起落，仍不断上疏抗金大计，其志至死不渝。绍兴十年（1140年），病逝于福州。

著有《梁溪集》《靖康传信录》《建炎时政记》等。

2128. 但使孤忠能感激，岂辞远谪备艰难。
——《上饶道中杂咏三首·其二》，[宋]李纲《梁溪集》卷六，清刻本。

2129. 诸儿应解勤修习，稚女遥怜弄喔咿。
——《寄内》，[宋]李纲《梁溪集》卷八，清刻本。

2130. 我欲持之献君子，自古至言多逆耳。愿于苦处辨忠良，若待回甘真晚矣。
——《得了翁书并寄石芝云其味初淡中苦已而发甘鲜有此味者感而赋诗》，[宋]李纲《梁溪集》卷十三，清刻本。

2131. 迩来世事不挂心，惟有忧国思犹深。
——《次韵王尧明喜雨古风》，[宋]李纲《梁溪集》卷十五，清刻本。

2132. 平生忠义心，多向诗中剖。忧国与爱君，诵说不离口。
——《唐工部员外郎杜甫》，[宋]李纲《梁溪集》卷十九，清刻本。

2133. 安得垂衣转琴轸，薰风为解吾民忧！

——《望九疑》，[宋]李纲《梁溪集》卷十九，清刻本。

2134. 耕犁千亩实千箱，力尽筋疲谁复伤？但得众生皆得饱，不辞羸病卧残阳。

——《病牛》，[宋]李纲《梁溪集》卷二十，清刻本。

2135. 普愿众生无热恼，不应身独占清凉。

——《清凉境界》，[宋]李纲《梁溪集》卷二十，清刻本。

2136. 益坚节操行吾志，龟策从来自不如。

——《自蒲圻临湘趋岳阳道中作十首·其七》，[宋]李纲《梁溪集》卷二十三，清刻本。

2137. 惟恭俭可以长富贵之守，惟忠孝可以尽臣子之心。

——《皇子除太傅两镇节度使封韩王》，[宋]李纲《梁溪集》卷三十五，清刻本。

2138. 金国遣使，有所邀求，其他可从，惟割河北之地，虽尺寸不可许。但当答以祖宗土地，为人子孙，当固守之。且河北燕山接境，有塘泺以为固，今割以与之，则险阻之地，尽在彼疆，何以立国？当择使往以死争之。

——《乞议不可割三镇札子》，[宋]李纲《梁溪集》卷四十三，清刻本。

2139. 众毁销骨，虽贻投杼之嗟；太阳中天，必冀容光之照。

——《宫祠谢表》，[宋]李纲《梁溪集》卷七十六，清刻本。

2140. 臣鞠躬尽力，死而后已，至于成败利钝，非臣之明所能逆睹也。

——《论诸葛孔明六事与今日同》，[宋]李纲《梁溪集》卷一百四十八，清刻本。

2141. 忠臣不避死以立节，志士不求生以害仁，知致其在我者而已。及其成功，则天也。

——《答宾劳》，[宋]李纲《梁溪集》卷一百五十八，清刻本。

2142. 十年倦游意，一笑回首空。尚余爱君心，梦绕明光宫。

——《次韵徽言见赠》，[宋]李纲《梁溪集》卷十五，清刻本。

2143. 不戚戚于贫贱，不汲汲于富贵，静则安土而敦乎，仁动则见险而止乎。

——《日者赋》，[宋]李纲《梁溪集》卷一，清刻本。

2144. 士有敢谏，君当体仁。爰修饰于折槛，以表旌于直臣。

——《折槛旌直臣赋（修述折槛旌直臣）》，[宋]李纲《梁溪集》卷四，清刻本。

2145. 节义者，天下之大闲，而仗节死义者，人之所甚难也。人君有以崇奖而激励之，使知义重于生，而不难于处死，然后可与济患难，而同安乐，此所以能立国也。

——《论节义》，[宋]李纲《梁溪集》卷一百五十，清刻本。

2146. 君子进德，以道为门。岁寒时艰，节义弥敦。

——《霜降木落独松柏苍然颜色愈好因和渊明〈荣木〉篇以见意》，[宋]李纲《梁溪集》卷二十一，清刻本。

2147. 臣敢不铭佩隆恩，誓坚素守。忠孝难并立，徒深将父之怀；节义为大闲，益励爱君之志。

——《谪监沙县税务到任谢表》，[宋]李纲《梁溪集》卷四十，清刻本。

2148. 譬犹高洁之士，隐遁之人，蹈山林而长往，友麋鹿而同群，付功名于脱屣，等富贵于浮云。

——《幽兰赋·并序》，[宋]李纲《梁溪集》卷一，清刻本。

2149. 古之有天下国家者，其立事建功必有志以居其先。

——《论志》，[宋]李纲《梁溪集》卷一百四十七，清刻本。

2150. 梁溪之滨，有泉石与田畴。言蜡我履，载浮我舟；不汲汲于三釜，聊欣欣于一丘。蓻兰菊于小圃，友龟鱼于清流。

——《沙阳和归去来辞》，[宋]李纲《梁溪集》卷一百四十二，清刻本。

2151. 有天下国家者，任贤使能，蓄威望士以为用，则盗贼不敢起，奸宄不敢作，敌国不敢议。

——《蓄猫说》，[宋]李纲《梁溪集》卷一百五十七，清刻本。

2152. 既报病而已废，复与世而何求。冀英俊之并骛，解斯民之隐忧。

——《琼山和归去来辞》，[宋]李纲《梁溪集》卷一百四十二，清刻本。

2153. 安得千里波？篙师发棹歌。愿借壮士手，为乃挽天河。

——《次韵王尧明四旱诗·河运》，[宋]李纲《梁溪集》卷十五，清刻本。

2154. 遇事肯怀禄，衔恩宁惜躯。

——《述怀》，[宋]李纲《梁溪集》卷五，清刻本。

2155. 乐天命而无适非土，仗忠信而其安如陵。

——《乘桴浮于海赋》,[宋]李纲,《梁溪集》卷四,清刻本。

2156. 岁寒不失其青青兮,惟松柏之独正。信吾道以优游兮,姑居易以俟命。

——《拟骚》,[宋]李纲《梁溪集》卷二,清刻本。

2157. 怀家千里梦,许国一生心。

——《宿兴宁县驿二首·其一》,[宋]李纲《梁溪集》卷二十七,清刻本。

2158. 辄敢以刍荛之言求吁天地,诚以爱君忧国心迫而情切。

——《上皇帝封事》,[宋]李纲《梁溪集》卷五十六,清刻本。

2159. 胸中何所有,耿耿惟孤忠。

——《次韵徽言见赠》,[宋]李纲《梁溪集》卷十五,清刻本。

2160. 雅望三朝第一流,端如砥柱屹清秋。爱君炯炯无他志,许国堂堂不自谋。

——《教授郑昌龄诗》,[宋]李纲《梁溪集》卷二十,清刻本。

2161. 屡将鲠议叩枫宸,不为承恩始爱君。

——《恭闻诏书褒悼陈少阳四首·其三》,[宋]李纲《梁溪集》卷二十四,清刻本。

2162. 直道以行,孤忠自许。但知爱君而忧国,岂复计家而谋身?

——《辞免领开封府事表》,[宋]李纲《梁溪集》卷五十七,清刻本。

2163. 尧舜之道,孝悌而已。孝悌之至,可以通于神明。

——《建炎进退志总叙下之上》,[宋]李纲《梁溪集》附录,清刻本。

2164. 宣威两镇叹勤劳,霜雪侵寻上鬓毛。

——《门生左宣教郎新授太府寺主簿郑昌龄上(四)》[宋]李纲《梁溪集》附录,清刻本。

2165. 契阔离亲宁素愿,迂愚报国祇丹心。

——《吴江五首·其四》,[宋]李纲《梁溪集》卷五,清刻本。

2166. 有豫备不虞之志,岂不以文待燮友,武惩奸回,惟无忘于经略,乃克致于怀来,勇不惧而仁不忧,固并推于达德,文足昭而武足畏,盖有俟于全才。

——《有文事必有武备赋》,[宋]李纲《梁溪集》卷四,清刻本。

2167. 譬犹怯懦士,习惯亦能战。作气欲吞敌,贾勇乃求殿。

——《戒酒》，[宋]李纲《梁溪集》卷八，清刻本。

2168. 平时懒惰只随缘，日照堂东尚栩然。华藏欲游须勇猛，穗帷虽好莫流连。收将枕上黄粱梦，印取心中大觉仙。从此寓轩须早作，魔君未破可安眠？

——《早起》，[宋]李纲《梁溪集》卷九，清刻本。

2169. 迂愚久合亲耕农，君恩未报徒忡忡。飘零孤迹随断蓬，他日相忆看云鸿。

——《嘉禾道中遇夏侯子阳》，[宋]李纲《梁溪集》卷五，清刻本。

2170. 叨尘黄阁值明时，推挽英髦愧力微。海上相逢颜愈渥，箧中谁谓出无衣？救焚拯溺非天数，修政攘戎赖主威。旧国故都休怅望，中兴恢复伫旋归。

——《次韵陈中玉大卿二首·其二》，[宋]李纲《梁溪集》卷二十八，清刻本。

2171. 沉沉碧海绝津涯，一叶凌波亦快哉！假使黑风飘荡去，不妨乘兴访蓬莱。

——《闻官军破黎贼作两绝·其二》，[宋]李纲《梁溪集》卷二十四，清刻本。

2172. 方艰难之时，固当殉国忘躯，而至于揣分量才，又有不能则止之义。

——《乞罢知枢密院事外任宫观札子》，[宋]李纲《梁溪集》卷四十五，清刻本。

2173. 言观其本生于游泥，言观其末出于清漪，处污秽而不染，体清净而不移，至理圆成，孰能知之？

——《莲花赋》，[宋]李纲《梁溪集》卷一，清刻本。

2174. 抱贞洁之雅志，舒婉娈之欢颜。宁解颐而启齿，方堕珥而欹冠。苞温润以如玉，吐芬芳其若兰。

——《含笑花赋》，[宋]李纲《梁溪集》卷一，清刻本。

2175. 秋日烈烈，其朝廷之上，骨鲠之臣，正色以率下者耶！秋霜言言，其忠义之士，社稷之臣，厉色以赴难者耶！洒然萧然，犹山林高蹈之士，恬淡寂寞，有无求之色也；睟然俨然，犹盛德之士，正容悟物有不可亲疏之色也。若夫广大清明，不言而令行，无为而物成，则若黼座当阳，颙颙昂昂，朝廷正而天下治,刑政修而中国强,所谓天子穆穆,而凄然似秋者,其几是欤?

——《秋色赋》,[宋]李纲《梁溪集》卷二,清刻本。

2176. 鲁连感时而高蹈,管宁避世而长浮。风浪喧豗,未若谗波之险;鱼龙出没,尚宽寇盗之忧。爰有羁臣,远投瘴海。短发白而早衰,寸心丹而不改。荷三朝之眷知,虽万死而何悔。仰圣哲之风流,庶兹诚之有在。

——《乘桴浮于海赋(风也有时,乘桴浮海)》,[宋]李纲《梁溪集》卷四,清刻本。

2177. 忘己为人,何爵禄之足惜;舍生取义,岂威武之能移?法古守官,屈身徇道,位虽卑而道何所辱,义或失则位焉敢保!宁尸禄而素餐将啜菽以忘老。

——《三黜赋(直道事人宜乎三黜)》,[宋]李纲《梁溪集》卷四,清刻本。

2178. 天子隆孝治,朝廷优老儒。犬马志欲养,获此伸区区。丘山恩施重,蝼蚁轻捐躯。

——《谒告迎奉亲闻有醴泉之除作诗寄二弟》,[宋]李纲《梁溪集》卷五,清刻本。

2179. 富贵非所愿,神仙渺云岛。宁知万卷中,养此一气浩。子若汗血驹,振辔千里道。我如铩翮鸿,毛羽半摧槁。

——《再用陈园韵示邓志宏》,[宋]李纲《梁溪集》卷七,清刻本。

2180. 翛然适吾情,忘此归志浩。人生暂寄身,宠辱何足道!

——《乘兴游邓季明园池邀志宏同会再赋陈园韵》,[宋]李纲《梁溪集》卷七,清刻本。

2181. 爱君当以诚,危言岂邀誉?自古富贵者,磨灭同丘墟。何如任直道,用舍随卷舒!不能乃自弃,君子其疾诸。愿言力学人,去去无踌躇。

——《次〈符读书城南韵〉》,[宋]李纲《梁溪集》卷九,清刻本。

2182. 未知梦幻此生中,几回看雪光凌乱?会当扫荡豺狼穴,国耻乘时须一雪。酒酣拔剑斫地歌,心胆开张五情热。中兴之运我期皇,江汉更洒累臣血。

——《次韵季弟善权阻雪古风》,[宋]李纲《梁溪集》卷十七,清刻本。

# 黄 慎

黄慎（1687—1772），初名盛，字恭寿、恭懋、躬懋、菊壮，号瘿瓢子，别号东海布衣，宁化人。清代杰出书画家，"扬州八怪"之一。

家贫，自幼丧父，以卖画为生。曾跟随上官周学习作画，是少见的全能型画家，擅长人物、山水、花鸟。黄慎善于创新，其人物画摒弃传统脸谱化的陈规陋俗，题材十分广泛和丰富，不仅画神仙佛道和历史名人，也擅长从民间生活中取材，塑造了纤夫、乞丐、流氓、渔民等形象。康熙年间至扬州卖画，人争鬻之。擅草书，后以狂草笔法作画；亦能诗，有《蛟湖诗钞》。

2183. 廉吏维国桢，子产人中英。长跪膝下儿，坚白述平生。维时月建辰，我来心忧京。下拜中肠结，企像秀骨成。柩悬馆城西，官爵题铭旌。威灵怕若在，贞信重文明。

——《悼建阳邑侯左崧甫》，[清]黄慎《瘿瓢山人蛟湖诗钞》卷一，清乾隆二十八年刻本。

2184. 啮草饮涧各自适，影如飞电形藏空。安得笔力有如此，千秋想见儒者风。只合子孙为廉吏，会携琴鹤随青骢。

——《乾隆元年除夕前下榻于虔州张明府露溪署斋尊人出其先君画马卷子索题跋其后》，[清]黄慎《瘿瓢山人蛟湖诗钞》卷一，清乾隆二十八年刻本。

2185. 我无赫赫志，空有戚戚哀。市道嗤信陵，执謦倾人耳。文学继昌黎，何能挽靡靡。彼时有吕毉，朴茂蒙褒美。世情日险阻，伤哉趋谲诡。长怀古圣人，朝闻夕可死。末俗工语言，每每拾青紫。

——《拟古》，[清]黄慎《瘿瓢山人蛟湖诗钞》卷一，清乾隆二十八年刻本。

2186. 此生足可惜，此志何能偿？念昔韶龄日，记诵不能忘。自命昂藏意，何用而不臧。那知岁无几，焦劳不可量。

——《感怀》,[清]黄慎《瘿瓢山人蛟湖诗钞》卷一,清乾隆二十八年刻本。

2187. 试看古来贤达士,裋褐不完常见肘。君今归去何咨嗟?策杖南山仰白首。

——《答宗弟漱石》,[清]黄慎《瘿瓢山人蛟湖诗钞》卷一,清乾隆二十八年刻本。

2188. 我今发白齿牙落,股肱竭尽胡所为。杀人不过丁都护,好客无如田文儿。我欲推倒南山化为肉,倾尽东海灌漏卮。大餔天下谢寒士,千载之下声名驰。金笼头辞真宰相,炙輠歌怨五羊皮。不如痛饮且为乐,莫待酒阑花落行路风凄凄。

——《行路难》,[清]黄慎《瘿瓢山人蛟湖诗钞》卷一,清乾隆二十八年刻本。

2189. 嗟哉古疾民,生长大儒里。诗书铄肌骨,道义矜廉耻。

——《吊古疾民》,[清]黄慎《瘿瓢山人蛟湖诗钞》卷一,清乾隆二十八年刻本。

2190. 壮慕楚邱生,老伤牧犊子。终岁守穷庐,饭糗甘饮水。富贵訾苍狗,功名笑敝屣。

——《吊古疾民》,[清]黄慎《瘿瓢山人蛟湖诗钞》卷一,清乾隆二十八年刻本。

2191. 一代文章伯,城危死国恩。乾坤留碧血,日月驻幽魂。剑水风犹怒,莲峰泪尚存。只今闻野老,相与话中原。

——《吊艾东乡先生》,[清]黄慎《瘿瓢山人蛟湖诗钞》卷二,清乾隆二十八年刻本。

2192. 小艇繁霜朝似雪,载将诗思渡江东。雨花台畔荒荒草,忠孝亭前面面风。壮不如人何待老,文难媚世敢云工?胭脂井槛无寻处,惟向残阳拜故宫。

——《真州买舟晓渡江东》,[清]黄慎《瘿瓢山人蛟湖诗钞》卷二,清乾隆二十八年刻本。

# 张际亮

张际亮（1799—1843），字亨甫，号华胥大夫、松寥山人，建宁（今福建省三明市）人。清代诗人，与魏源、龚自珍、汤鹏并称为"道光四子"。

科考之路多舛，一生未入仕，却仍注目时事，抨击腐败，力主禁烟，以敢于讽刺权贵而得"狂名"。鸦片战争爆发后，他主张抵抗侵略，反对妥协。其创作颇丰，自言平生写诗万余首，其诗风格以俊逸豪宕、激切奔放为主，多揭露政敝民贫，表达除弊济民的愿望。

主要作品有《张亨甫全集》（收入文 6 卷、诗 2600 多首），《思伯子堂集》（由姚莹整理，收入诗 3000 多首）、《金台残泪记》3 卷、《南浦秋波录》3 卷。

2193. 丈夫不立功天地，役役温饱何为哉？
——《酒后题唐子畏神龙图》，[清] 张亨甫《思伯子堂诗集》，上海：上海古籍出版社，2010 年，第 23 页。

2194. 男儿当驱百万军，勒燕然石图麒麟。不然手散千黄金，立济乡里无穷民。安能独为子孙计？坐使束炙如劳薪。
——《赠朱丈耕亭先生》，[清] 张亨甫《思伯子堂诗集》，上海：上海古籍出版社，2010 年，第 23 页。

2195. 古来传者不贵名，不朽精神视缣墨。
——《亡名氏山水画障》，[清] 张亨甫《思伯子堂诗集》，上海：上海古籍出版社，2010 年，第 8 页。

2196. 一片家山月，依然驿路明。乡心孤雁远，秋色暮江清。忆旧方如梦，求官岂为名。飘飘天地间，俯仰愧平生。
——《宿白沙驿》，[清] 张亨甫《思伯子堂诗集》，上海：上海古籍出版社，2010 年，第 37 页。

2197. 我力莫致同嗟呀，却思十叶旧园寝。昌平掘尽千珠襦，荆榛随道遍樵斧。御碑仆作磨砺需，州市片石人共惜。可知忠孝贵不渝，眼前且需谨收护。

——《上巳微雪》，[清]张亨甫《思伯子堂诗集》，上海：上海古籍出版社，2010年，第52页。

2198. 丈夫之身若舟楫，济此一世犹为轻。

——《熊大嘉会试福州走笔送之》，[清]张亨甫《思伯子堂诗集》，上海：上海古籍出版社，2010年，第23页。

2199. 吾无万间厦，庇士今安得。

——《感石》，[清]张际亮《思伯子堂诗文集·诗集卷》二十三，上海：上海古籍出版社，2007年，第911页。

2200. 穷愁恤一身，岂忘活邦国。

——《羊流》，[清]张际亮《思伯子堂诗文集·诗集卷》十八，上海：上海古籍出版社，2007年，第644页。

2201. 故学者贵会通，通于诗者，乃通于政。

——《答姚石甫明府书》，[清]张际亮《思伯子堂诗文集·文集卷》三，上海：上海古籍出版社，2007年，第1337页。

2202. 醉来拔剑仰天笑，我辈合是蓬蒿人。

——《铁耕楼歌为香铁孝廉作》，[清]张际亮《思伯子堂诗文集·诗集卷》十八，上海：上海古籍出版社，2007年，第635页。

2203. 生平怀抱志，寂寞对简编。

——《赠树斋太史》，[清]张际亮《思伯子堂诗文集·诗集卷》十七，上海古籍出版社，2007年，第602页。

2204. 海内贤才须倚任，台端筹策欲谁何。流离父老灾伤地，屡报朝廷使者过。

——《少穆先生移藩江宁复用前韵奉寄》，[清]张际亮《思伯子堂诗文集·诗集卷》十五，上海古籍出版社，2007年，第537页。

2205. 许身愚岂能方杜，乞食饥真欲类陶。岁晚江乡逢故旧，天涯烽火话英豪。国恩中外应知感，民力东南亦已劳。惆怅相思怀玉暮，飘零正怨海氛高。

——《至南昌润臣孝廉以九日玉山道中见怀诗枉示次韵却酬》，[清]张际亮《思伯子堂诗文集·诗集卷》三十，上海古籍出版社，2007年，第

1197 页。

2206. 问我何事苦，郁郁中无主？男儿不能赤手搏长鲸，白羽射猛虎，便当饥饿蓬茅守乡土，不然从游九州事歌舞。

——《送芝叟归朝鲜》，［清］张际亮《思伯子堂诗文集·诗集卷》九，上海古籍出版社，2007 年，第 320 页。

2207. 生逢持节知何地，卧病清时愧不才。

——《得芝叟书》，［清］张际亮《思伯子堂诗文集·诗集卷》十，上海古籍出版社，2007 年，第 346 页。

2208. 平生苦吟务激壮，近乃稍别风雅旨。独抱成连未死心，对坐苍茫东海是，从事按节顾我喜，醉发狂言惊吾子。人间秋至曷不归，困饿长安复何以？

——《朝鲜李石隐在洽主簿为余作本国之歌，因赠并视金芝叟老商从事》，［清］张际亮《思伯子堂诗文集·诗集卷》九，上海古籍出版社，2007 年，第 319 页。

2209. 饥民病似释子瘦，造化要励官宰贤。

——《粒谷大士象诗》，［清］张际亮《思伯子堂诗文集·诗集卷》二十五，上海：上海古籍出版社，2007 年，第 969 页。

2210. 百越烽烟横海合，九江波浪极天浮。漫夸词赋曾惊座，愁见灾伤对系舟。

——《登滕王阁》，［清］张际亮《思伯子堂诗文集·诗集卷》三十，上海：上海古籍出版社，2007 年，第 1197 页。

2211. 谁楼夜静听寒鼓，西望重洋忆海东。

——《同安》，［清］张际亮《思伯子堂诗文集·诗集卷》二十八，上海：上海古籍出版社，2007 年，第 1082 页。

2212. 愚念丧乱日，万族遭艰屯。礼乐付灰烬，衣冠成钳髡。大运往必复，盛衰相为根。自从南渡来，更历兵戈繁。恭惟至人意，应闵生民冤。

——《九月十六日，衢州谒先圣家庙、拜瞻遗像，恭纪十八韵》，［清］张际亮《思伯子堂诗文集·诗集卷》三十，上海：上海古籍出版社，2007 年，第 1191 页。

2213. 又报西夷逞，谁宽北阙忧？落星悲大将，横海领诸侯。战守宜深虑，灾伤未尽瘳。烽烟仍旦暮，父老再迁流。

——《宁海道中闻定海之警》，［清］张际亮《思伯子堂诗文集·诗集卷》三十，上海：上海古籍出版社，2007年，第1181页。

2214. 岛邑孤悬海，楼船重驻兵。频侵汉塞动，谁遣道州生？财赋销元气，波涛卷杀声。空山叫猿鹤，能使旅魂惊。

——《宁海道中闻定海之警》，［清］张际亮《思伯子堂诗文集·诗集卷》三十，上海：上海古籍出版社，2007年，第1181页。

2215. 颓沙浊浪夕阳中，少府金钱百万空。上策何人思贾让？三州几岁遭萧嵩？昏沉父老哀庐室，惨澹神灵怒泽洪。难向龙门寻故道，独乘鹢首感悲风。

——《兰阳渡河书感二首·其二》，［清］张际亮《思伯子堂诗文集·诗集卷》七，上海：上海古籍出版社，2007年，第247页。

2216. 国家进身始科第，去矣毋忽黄纸名。

——《熊大守礼嘉会试福州走笔送之》，［清］张际亮《思伯子堂诗文集·诗集卷》三，清同治八年姚濬昌刻本。

2217. 漂泊天地间，蓱梗任流转。栖栖怆今古，郁郁常迍邅。

——《庐陵》，［清］张际亮《思伯子堂诗文集·诗集卷》十九，清同治八年姚濬昌刻本。

2218. 古来英雄人，声色所不弃。况我比安石，哀乐感身世。

——《光泽》，［清］张际亮《思伯子堂诗文集·诗集卷》八，清同治八年姚濬昌刻本。

2219. 儒生饱旅食，未免望乡叹。

——《次日喜晴》，［清］张际亮《思伯子堂诗文集·诗集卷》十六，清同治八年姚濬昌刻本。

2220. 朝餐盘中肉，忍涕忽已涟。肉食岂不美，慈母啜粥饘。

——《是日偶行山下慨然杂述》，［清］张际亮《思伯子堂诗文集·诗集卷》十六，清同治八年姚濬昌刻本。

2221. 歧途南北又分襟，骨肉中年感倍深。风雨对床思旧约，江湖满地待归心，阿奴奉母应终老，季子求官只苦吟。回首河间即天外，潇潇愁响莫成霖。

——《五月初四夜于莫州送四兄南归，次早余返都门，是夜雨宿于固安城北，梦中得句云：风雨对床思旧约，江湖满地待归心，觉而怅然，因足成之》，

［清］张际亮《思伯子堂诗文集·诗集卷》十，清同治八年姚濬昌刻本。

2222. 英雄往矣形胜在，青天不尽沧波秋。中流孤岛见浮玉，韩王曾此持兀术。但忆东坡啸咏年，安危一代嗟何速！

——《京口渡江走笔作歌》，［清］张际亮《思伯子堂诗文集·诗集卷》八，清同治八年姚濬昌刻本。

2223. 海城秋色无今古，汉唐故阙俱尘土。水晶宫寒鬼夜泣，钓龙台寂乌啼雨。九仙骑鲤去不还，至今但有嵯峨碨礧之高山。巍然巨石架檖桷，平远俯瞰千螺鬟。何人建者明梁著，南来坐镇开牙署。破费官家十万钱，内臣留得登临处。我思胜国乾纲夷，太阿倒付刑余持。历朝听命一宦寺，前刘后魏谋倾危。可怜干戈裂天地，视师犹恃司阍智。罗织争传东厂威，君王终向西山缢。此台壮丽高倚天，一焚再震消如烟。安能手驱万雷斧，尽削名姓巉岩颠。阉人好事堪叹息，石门雁宕遭镵刻。岂知汝使碧血满乾坤，到处题名污山色。此台又闻戚继光，平倭奏凯归称觞。六军一醉海天月，山中草木皆轩昂。英雄事往风流在，不与金粟同荒废。

——《平远台》，［清］张际亮《思伯子堂诗文集·诗集卷》六，清同治八年姚濬昌刻本。

2224. 同是至尊胞与类，诸公毋恤告流离。

——《闻江苏、安徽、浙江、江西、湖南、湖北等处水灾甚剧感赋》，［清］张际亮《思伯子堂诗文集·诗集卷》五，清同治八年姚濬昌刻本。

2225. 客卧嗟无地，民饥祝有年。朝来知麦润，应自遍磳田。

——《玉山道上暮雪》，［清］张际亮《思伯子堂诗文集·诗集卷》三，清同治八年姚濬昌刻本。

2226. 百蛮天地开沧海，素节凭危万里情。

——《南台秋望》，［清］张际亮《思伯子堂诗文集·诗集卷》二十三，上海：上海古籍出版社，2007年，第23页。

2227. 千秋总陈迹，何事足兴哀？

——《朝鲜安尚书，宋学士偕从官南君，柳君来访，留饮一日，口号赠别》，［清］张际亮《思伯子堂诗文集·诗集卷》二十四，清同治八年姚濬昌刻本。

2228. 塞马南侵内禅年，谁条割地弃幽燕。七陵鬼泣中原月，二圣俘悲大漠天。战守空劳争社稷，谗奸不欲靖烽烟。千秋一洒陈东泪，并入崖山血可怜。

——《李忠定》，[清]张际亮《思伯子堂诗文集·诗集卷》六，清同治八年姚濬昌刻本。

2229. 暮年窜迹英雄恨，尽在沧波落日头。

——《谒李忠定公松风堂》，[清]张际亮《思伯子堂诗文集·诗集卷》一，清同治八年姚濬昌刻本。

2230. 苦忆南阳旧诸葛，鞠躬尽瘁欲何为？孙曹割据终三国，伊吕遭逢各一时。废井竟销炎运火，阴风长绕出师旗。大星陨后西川陷，泪洒阴平有断碑。

——《苦忆》，[清]张际亮《思伯子堂诗文集·诗集卷》三，清同治八年姚濬昌刻本。

2231. 英雄昔未遇，食钓亦贱贫。一饭尚不足，况望侯王尊。高飙有远翼，骇浪无潜鳞。赫赫刘项旅，济济汉楚臣。中原各虎视，一战兴亡分。自非淮阴绩，谁造赤服勋。功高不自下，弓狗匪所论。

——《淮阴怀古》，[清]张际亮《思伯子堂诗文集·诗集卷》九，清同治八年姚濬昌刻本。

2232. 昨者临清两日泊，殷勤送酒劳材官。日来开瓮惟痛饮，醉登此楼嗟壮观。山东秀色满岱宗，倒景照耀金芙蓉。青天荡荡落湖影，飘然欲度银汉空。当年谪仙人，游戏人间世。睥睨高将军，讽谕明皇帝。怜君怀抱向谁开？一饮须倾三百杯。梨花空吊子规月，飞燕何曾过马嵬。莫歌蜀道难，使客听此摧心颜。从来丧乱祸，总伏升平间。开元岂意为天宝，姚宋死矣九龄老。朝廷坐付杨国忠，持权忍使太阿倒。削平大难酣嬉极，正喜梯航通万国。范阳杀气入川西，潼关战骨连河北。莫歌蜀道难，使客听此三叹息。霖铃凄清剑门黑，南内归来泪沾臆。人言藩镇强，实兆唐之亡。一喜可使授节钺，一怒可使投豺狼。边人奴仆不可当，用其私人夷纪纲。天下尽化为侯王，杜甫当时同此伤。纷纷李邺侯，咄咄郭汾阳。宪宗他日平淮蔡，上公之赏裴度最。李愬犹嫌废战功，信知滥赏开侈汰。国家旧土非域外，文武不力官何赖。吁嗟！峨嵋之高高千寻，下有三峡哀猿冷雁啼崟嵚。且从峨嵋出，暮作庐山吟。白波九道雪山流，不尽身世英雄愁。有酒相逢即倾盖，眼前万事经浮沤。我昔吊君向采石，不见锦袍乘舟客。北风萧萧云水寒，神鸦黯黯枫林碧。

——《太白酒楼后歌》，[清]张际亮《思伯子堂诗文集·诗集卷》十一，清同治八年姚濬昌刻本。

2233. 中原自古帝王州，荆棘如今满废邱。征马尚嘶梁苑月，寒鸦不改宋宫秋。巷巷旷野天垂尽，浩浩长河风卷流。形胜岂关兴败事，醉思公子一登楼。

——《大梁》，[清]张际亮《思伯子堂诗文集·诗集卷》七，清同治八年姚濬昌刻本

2234. 征轺临黄河，但见滔滔流。中原帝王都，化为陇与邱。富贵若大梦，荣名谁久留？生平读书意，岂必尸公侯！上视青天高，下视沧波遒。岁月苟无恙，黾勉图千秋。千秋有大业，不朽非辞章，圣贤始澹泊，积久生辉光。出为天下赖，处亦安其乡。嗟余固贱士，怀此徒慨慷。驽马望长道，欲进力已偃。尚思策君辔，毋笑言伴狂。

——《送居蒲归寿宁》，[清]张际亮《思伯子堂诗文集》，上海：上海古籍出版社，2007年，第250页。

2235. 孤城漠漠沙边戍，归路迢迢梦里山。惆怅少年游冶倦，尚寻屠狗向人间。

——《安肃》，[清]张际亮《思伯子堂诗文集》，上海：上海古籍出版社，2007年，第355页。

2236. 求仕空劳疏骨肉，济时敢厌话勋名。龚黄丙魏群公事，羁旅愁心见月明。

——《见月》，[清]张际亮《思伯子堂诗文集》，上海：上海古籍出版社，2007年，第530页。

2237. 秋深苦热如长夏，客久难归可笑人。长啸招风依大柳，饱馋人鲶忆香莼。兵氛中外方偷息，何患东南亦已频。饥溺尚愁看比户，炎凉何敢怨征轮？

——《通许道上苦热》，[清]张际亮《思伯子堂诗文集》，上海：上海古籍出版社，2007年，第1247页。

2238. 转忆夜来言，县令方加赋。年荒谷不登，盗贼应可虑。闻之为太息，司牧谁告语？此乡好风俗，毋使变淳素。况逢征缮日，苟敛民所怒。涂穷拙身谋，时艰急世务。真如俭望门，难比良借箸。回首望烟村，来径凄无数。他年倘再游，父老记流寓。

——《白塔》，[清]张际亮《思伯子堂诗文集》，上海：上海古籍出版社，

2007 年，第 1186 页。

2239. 闽俗重恒产，困廪愁空虚。贫家入新岁，斗粟犹豫储。而我困衰族，归来惟敝庐。虽无瓢饮忧，那能言晏如。晨起望炊烟，饭香出里间。痴儿但窃叹，幼孙时牵裾。俯仰亦何道，聊复观我书。慨然兵火间，田园多榛墟。冻馁竟谁托？顾兹已有余。人事未敢料，天运良可嘘。尺水无安流，焉知龙与鱼。

——《开岁九日薪米不继辄复成咏》，[清] 张际亮《思伯子堂诗文集》，上海：上海古籍出版社，2007 年，第 1201 页。

# 八闽廉箴辑六

# 黄 滔

黄滔（840—911），字文江，莆田人。晚唐五代著名文学家，有"闽中文章初祖""福建文坛盟主"的美誉。

唐乾宁二年（895年）进士，光化年间（898—901），任四门博士、监察御史。后因宦官乱政，乃弃职返闽。时王审知主闽，待以礼，奏授御史里行，又升为威武军节度推官。黄滔在闽功绩多为福建人民所称颂，辅助闽王修明政治，礼贤下士；轻徭薄赋，与民休息；兴建学校，发展教育。

黄滔工诗善文，《全唐诗》收录其诗作一百多首，且当时闽中碑碣多出其手。著有《黄滔集》（一作《黄御史集》）、《泉山秀句集》等。

2240. 纷纷墨敕除官日，处处红旗打贼时。竿底得璜犹未用，梦中吞鸟拟何为。损生莫若攀丹桂，免俗无过咏紫芝。两岸芦花一江水，依前且把钓鱼丝。

——《寓题》，[五代] 黄滔《黄御史集》卷三，民国八年上海商务印书馆《四部丛刊》景明刻本。

2241. 雪貌潜凋雪发生，故园魂断弟兼兄。十年除夜在孤馆，万里一身求大名。空有新诗高华岳，已无丹恳出秦城。侯门莫问曾游处，槐柳阴中肝胆倾。

——《旅怀》，[五代] 黄滔《黄御史集》卷三，民国八年上海商务印书馆《四部丛刊》景明刻本。

2242. 虚说古贤龙虎盛，谁攀荆树上金台。

——《贺清源仆射新命》，[五代] 黄滔《黄御史集》卷三，民国八年上海商务印书馆《四部丛刊》景明刻本。

2243. 塞门关外日光微，角怨单于雁驻飞。冲水路从冰解断，逾城人到月明归。燕山腊雪销金甲，秦苑秋风脆锦衣。欲吊昭君倍惆怅，汉家甥舅竟相违。

——《塞上》，[五代]黄滔《黄御史集》卷三，民国八年上海商务印书馆《四部丛刊》景明刻本。

2244. 莫凭栏干剩留驻，内庭虚位待才臣。

——《奉和翁文尧员外文秀、光贤、昼锦三首·其一》，[五代]黄滔《黄御史集》卷三，民国八年上海商务印书馆《四部丛刊》景明刻本。

2245. 唐设高科表用文，吾曹谁作谏垣臣。甄山秀气旷千古，凤阙华恩钟二人。起草便论天上事，如君不是世间身。龙头龙尾前年梦，今日须怜应若神。

——《寄翁文尧拾遗》，[五代]黄滔《黄御史集》卷三，民国八年上海商务印书馆《四部丛刊》景明刻本。

2246. 愿当舟楫便，一附济川人。

——《省试奉诏涨曲江池》，[五代]黄滔《黄御史集》卷四，民国八年上海商务印书馆《四部丛刊》景明刻本。

2247. 汉宫行庙略，簪笏落民间。直道三湘水，高情四皓山。

——《寄献梓橦山侯侍郎》，[五代]黄滔《黄御史集》卷四，民国八年上海商务印书馆《四部丛刊》景明刻本。

2248. 如何汉天子，青冢杳含情。

——《塞上》，[五代]黄滔《黄御史集》卷四，民国八年上海商务印书馆《四部丛刊》景明刻本。

2249. 愿向明朝荐幽滞，免教号泣触登庸。

——《投翰长赵侍郎》，[五代]黄滔《黄御史集》卷四，民国八年上海商务印书馆《四部丛刊》景明刻本。

2250. 数行泪里依投志，直比沧溟未是深。

——《投刑部裴郎中》，[五代]黄滔《黄御史集》卷四，民国八年上海商务印书馆《四部丛刊》景明刻本。

2251. 主人贫爱客，沽酒往吟诗。

——《寄题崔校书郊舍》，[五代]黄滔《黄御史集》卷四，民国八年上海商务印书馆《四部丛刊》景明刻本。

2252. 陇雁南飞河水流，秦城千里忍回头。征行浑与求名背，九月中旬往夏州。

——《夏州道中》，[五代]黄滔《黄御史集》卷四，民国八年上海商务印书馆《四部丛刊》景明刻本。

2253. 吴中烟水越中山，莫把渔樵漫自宽。归泛扁舟可容易，五湖高士是抛官。

——《寓题》，[五代]黄滔《黄御史集》卷四，民国八年上海商务印书馆《四部丛刊》景明刻本。

2254. 夫山岳之隆，莫隆于嵩华；江海之大，莫大于溟渤。故天之生圣贤于百千年也，乃禀其奇秀以为之气色，包其浩荡以为之胸襟，落落汪汪如龙如凤，然后总兵符于握内，悬相印于腰间。

——《一品写真赞》，[五代]黄滔《黄御史集》卷八，民国八年上海商务印书馆《四部丛刊》景明刻本。

2255. 呜呼！殷之亡也疾之甚矣，秦之亡也医之罪也，后之有国有家者得不慎乎医？

——《吴楚二医》，[五代]黄滔《黄御史集》卷八，民国八年上海商务印书馆《四部丛刊》景明刻本。

2256. 天有日月，民无一旦之祷；地有江山，岁有四时之祷。得非彼之至明，乌兔无得而私焉？此之至大，神龙其或权焉。是则尊有天下，无不日月其德；而亿兆之心，咸急江山之祷。

——《祷说》，[五代]黄滔《黄御史集》卷八，民国八年上海商务印书馆《四部丛刊》景明刻本。

2257. 至忠之为人臣，君不之德，怨甚为忠乎？至孝之为人子，亲不之德，怨甚为孝乎？

——《绵上碑》，[五代]黄滔《黄御史集》卷八，民国八年上海商务印书馆《四部丛刊》景明刻本。

2258. 然而索愍至焚林，而推以一时之失，为殁身之怨，可乎？设终身之失，将何加之。别使志忠而疑，至孝而恶。

——《绵上碑》，[五代]黄滔《黄御史集》卷八，民国八年上海商务印书馆《四部丛刊》景明刻本。

2259. 芝兰，草也；松桂，木也。喻于君子而荣之。桀纣，君也；李斯，大臣也；盗跖，华胄也。喻于小人而耻之。则知蛇克衔珠而奚蛇，龙苟醢身而匪龙。噫！

——《噫二篇》，[五代]黄滔《黄御史集》卷八，民国八年上海商务印书馆《四部丛刊》景明刻本。

2260. 混沌死而天地生，道德销而仁义作。

——《泉州开元寺佛殿碑记》，[五代]黄滔《黄御史集》卷五，民国八年上海商务印书馆《四部丛刊》景明刻本。

2261. 易生唯白发，难立是浮名。

——《壬癸岁书情》，[五代]黄滔《黄御史集》卷四，民国八年上海商务印书馆《四部丛刊》景明刻本。

2262. 渥洼步数太阿姿，争遣王侯不奉知。

——《赠旌德吕明府》，[五代]黄滔《黄御史集》卷三，民国八年上海商务印书馆《四部丛刊》景明刻本。

2263. 游子不缘贪献赋，永依棠树托蓬根。

——《廊畔李相公》，[五代]黄滔《黄御史集》卷四，民国八年上海商务印书馆《四部丛刊》景明刻本。

2264. 严助买臣精魄在，定应羞着昔年归。

——《奉和翁文尧十九员外中谢日蒙恩赐金紫之什》，[五代]黄滔《黄御史集》卷三，民国八年上海商务印书馆《四部丛刊》景明刻本。

2265. 呜呼！设直士世用之如邪圣，鲠辞国纳之如簧言，则有国有家者，何逮乎患？

——《圣比》，[五代]黄滔《黄御史集》卷八，民国八年上海商务印书馆《四部丛刊》景明刻本。

2266. 故天以倾西北而拱列宿，地以缺东南而朝百谷，日以昃而成早暮，月以亏而见盈缩。子以陈、蔡、宋、卫而示损，颜以恸而益彰，麟以忧而示时君。斯柏也，以刃而后永，则知圣人之道不缺，则不全于不朽也。

——《文柏》，[五代]黄滔《黄御史集》卷八，民国八年上海商务印书馆《四部丛刊》景明刻本。

2267. 列藩之业有地，有地之职有民，有民之道兴礼乐、惇忠孝以行事，兴礼乐、惇忠孝以行事，然后谋。

——《灵山塑北方毗沙门天王碑》，[五代]黄滔《黄御史集》卷五，民国八年上海商务印书馆《四部丛刊》景明刻本。

2268. 器之于国，雕镂皆让剑之流；利之于人，贸鬻悉投钱之士。由是焕烂群目，锵洋一时。自叶至珍之比，永辞凡口之嗤。岂可轻重贵贱，诹议磷缁。炫实矜华，尔则以琬琰当也；辉今映古，我则以惇素称之。卒使民知反朴之风，俗靡攫金之过。岂惟清白以足谓，固亦温良而大播。

——《以不贪为宝赋》，[五代]黄滔《黄御史集》卷一，民国八年上海商务印书馆《四部丛刊》景明刻本。

2269. 车书得以合矣，贵贱与而同也。

——《省试人文化天下赋》，[五代]黄滔《黄御史集》卷一，民国八年上海商务印书馆《四部丛刊》景明刻本。

2270. 以玉为宝兮宝之常名，以不贪为宝兮宝其可惊。

——《以不贪为宝赋》，[五代]黄滔《黄御史集》卷一，民国八年上海商务印书馆《四部丛刊》景明刻本。

2271. 嗟夫！驾作祸殃，树为罪咎。穿河彰没地之象，泛水示沉泉之丑。血化兆庶，财殚万有。所以汤武推仁，不得不加兵于癸受。

——《水殿赋》，[五代]黄滔《黄御史集》卷一，民国八年上海商务印书馆《四部丛刊》景明刻本。

2272. 以为文在天而苟可鉴，文在人而诚足视。

——《省试人文化天下赋》，[五代]黄滔《黄御史集》卷一，民国八年上海商务印书馆《四部丛刊》景明刻本。

2273. 何以阐禹汤之诫，莫如陈周召之风。愿开三面之仁，上行君圣；遂取二南之义，下效臣忠。尔乃挥以彩毫，流于妙墨。文高而简牍增焕，思苦而烟霞动色。

——《魏侍中谏猎赋》，[五代]黄滔《黄御史集》卷一，民国八年上海商务印书馆《四部丛刊》景明刻本。

2274. 曲也者厥理惟何，直也者其词可属。一则见回邪之所自，一则非平正而不欲。故圣人立此格言为乎懿躅，俾有家而有国不与混同，令自高而自卑靡相参触。

——《御试曲直不相入赋》，[五代]黄滔《黄御史集》卷一，民国八年上海商务印书馆《四部丛刊》景明刻本。

2275. 贤哉蘧伯玉，清风独不朽。

——《寓言》，[五代]黄滔《黄御史集》卷二，民国八年上海商务印书馆《四部丛刊》景明刻本。

2276. 豪门腐粱肉，穷巷思糠粃。

——《秋夕贫居》，[五代]黄滔《黄御史集》卷二，民国八年上海商务印书馆《四部丛刊》景明刻本。

2277. 世乱怜官替，家贫值岁荒。前峰亦曾宿，知有辟寒方。

——《书崔少府居》，[五代]黄滔《黄御史集》卷二，民国八年上海商务印书馆《四部丛刊》景明刻本。

2278. 退耕逢歉岁，逐贡愧行朝。道在愁虽浅，吟劳鬓欲凋。

——《书怀》，[五代]黄滔《黄御史集》卷二，民国八年上海商务印书馆《四部丛刊》景明刻本。

2279. 古县新烟火，东西入客诗。静长如假日，贫更甚闲时。僧借松萝住，人将雨雪期。三年一官罢，岳石看成碑。

——《寄郑县李侍御》，[五代]黄滔《黄御史集》卷二，民国八年上海商务印书馆《四部丛刊》景明刻本。

2280. 落石有泉滴，盈庭无树阴。茫茫名利内，何以拂尘襟。

——《寄友人山居》，[五代]黄滔《黄御史集》卷二，民国八年上海商务印书馆《四部丛刊》景明刻本。

2281. 谁识在官意，开门树色间。寻幽频宿寺，乞假拟归山。

——《上刑部卢员外》，[五代]黄滔《黄御史集》卷二，民国八年上海商务印书馆《四部丛刊》景明刻本。

2282. 大国兵戈日，故乡饥馑年。

——《和友人酬寄》，[五代]黄滔《黄御史集》卷二，民国八年上海商务印书馆《四部丛刊》景明刻本。

2283. 望岁心空切，耕夫尽把弓。千家数人在，一税十年空。没阵风沙黑，烧城水陆红。飞章奏西蜀，明诏与殊功。

——《书事》，[五代]黄滔《黄御史集》卷二，民国八年上海商务印书馆《四部丛刊》景明刻本。

2284. 未吃金丹看十洲，乃将身世作仇雠。羁游数地值兵乱，宿在孤城闻雨秋。

——《旅怀》，[五代]黄滔《黄御史集》卷三，民国八年上海商务印书馆《四部丛刊》景明刻本。

2285. 莫论蟾月无梯接，大底龙津有浪翻。今日朝廷推草泽，伫君承诏出云根。

——《酬俞钧》，［五代］黄滔《黄御史集》卷三，民国八年上海商务印书馆《四部丛刊》景明刻本。

2286. 莫起陶潜折腰叹，才高位下始称贤。

——《赠郑明府》，［五代］黄滔《黄御史集》卷三，民国八年上海商务印书馆《四部丛刊》景明刻本。

2287. 则知艺至者不可以簪笏拘，情高者不可以王侯致。终挺特以惊俗，不斯须而辱志。

——《戴安道碎琴赋》，［五代］黄滔《黄御史集》卷一，民国八年上海商务印书馆《四部丛刊》景明刻本。

2288. 用是饰非，既擅一时之妙；持功补过，爰垂千载之名。

——《误笔牛赋》，［五代］黄滔《黄御史集》卷一，民国八年上海商务印书馆《四部丛刊》景明刻本。

2289. 繇是屈原在楚，舖其糟而不为；比干相殷，剖其心而可得。顾惟忠悫之受性，岂与邪谀而同域？其不相入也，理苟如是，俗奚以惑。小人曲媚，或乘造次以得时；君子直诚，可仗英明而辅国。今我后恢睿哲以御乾，澄圣心而立极，恶似钩而在物，乐如弦而比德。惟曲是斥，彰万乘之准绳；惟直是求，示百王之楷式。

——《御试曲直不相入赋》，［五代］黄滔《黄御史集》卷一，民国八年上海商务印书馆《四部丛刊》景明刻本。

2290. 岂于有国，不注意于英贤？否则何以弘丕图于赫赫，垂宝祚于绵绵者哉！则知黄帝造舟车之旨，其难为比；周武倒干戈之文，殊不称美。观草木而尚此烛幽，统寰区而足彰致理。

——《御试良弓献问赋》，［五代］黄滔《黄御史集》卷一，民国八年上海商务印书馆《四部丛刊》景明刻本。

# 翁承赞

翁承赞（859—932），字文尧，晚年号狎鸥翁，莆阳（今莆田市）人。唐乾宁三年（896年）进士，累官秘书郎、右拾遗。朱全忠篡唐自立后，以福建盐铁副使回闽，王审知任其为同平章事，封晋国公。翁承赞辅政王审知期间，帮助王审知整顿吏治，设立"四门学"，在所属各州县广设庠序以授生徒，发展地方教育，为闽地人才培养做出巨大贡献。此外，翁承赞还重视经济发展，开展海上贸易。

著有《翁拾遗诗集》等。

2291. 荆璞献多还得售，桂堂恩在敢轻回。
——《喜弟承检登科》，[唐]翁承赞《翁拾遗诗集》，清康熙四十一年洞庭席氏琴川书屋刊《唐诗百名家全集》本。

2292. 花繁不怕寻香客，榜到应倾贺喜杯。
——《喜弟承检登科》，[唐]翁承赞《翁拾遗诗集》，清康熙四十一年洞庭席氏琴川书屋刊《唐诗百名家全集》本。

2293. 阀阅便因今日贵，德音兼与后人传。
——《蒙闽王改赐乡里》，[唐]翁承赞《翁拾遗诗集》，清康熙四十一年洞庭席氏琴川书屋刊《唐诗百名家全集》本。

2294. 自从受赐身无力，向未酬恩骨肯镌。
——《蒙闽王改赐乡里》，[唐]翁承赞《翁拾遗诗集》，清康熙四十一年洞庭席氏琴川书屋刊《唐诗百名家全集》本。

2295. 归阙路遥心更切，不嫌扶病倚旌旄。
——《蒙闽王改赐乡里》，[唐]翁承赞《翁拾遗诗集》，清康熙四十一年洞庭席氏琴川书屋刊《唐诗百名家全集》本。

2296. 吟寄短篇追往事，留文功业不寻常。

——《文明殿受册封闽王》，［唐］翁承赞《翁拾遗诗集》，清康熙四十一年洞庭席氏琴川书屋刊《唐诗百名家全集》本。

2297．此去愿言归梓里，预凭魂梦展维桑。

——《奉使封闽王归京洛》，［唐］翁承赞《翁拾遗诗集》，清康熙四十一年洞庭席氏琴川书屋刊《唐诗百名家全集》本。

2298．指日还家堪自重，恩荣昼锦贺封王。

——《奉使封闽王归京洛》，［唐］翁承赞《翁拾遗诗集》，清康熙四十一年洞庭席氏琴川书屋刊《唐诗百名家全集》本。

2299．争得长房犹在世，缩教地近钓鱼台。

——《甲子岁衔命到家至榕城册封次日闽王降旌旗于新丰市堤饯别》，［唐］翁承赞《翁拾遗诗集》，清康熙四十一年洞庭席氏琴川书屋刊《唐诗百名家全集》本。

2300．得路自能酬造化，立身何必恋林泉。

——《寄示儿孙》，［唐］翁承赞《翁拾遗诗集》，清康熙四十一年洞庭席氏琴川书屋刊《唐诗百名家全集》本。

2301．人家不必论贫富，惟有读书声最佳。

——《书斋谩兴·其二》，［唐］翁承赞《翁拾遗诗集》，清康熙四十一年洞庭席氏琴川书屋刊《唐诗百名家全集》本。

# 蔡 襄

蔡襄（1012—1067），字君谟，仙游（今福建省莆田市仙游县）人，北宋书法家、文学家、茶学家。

宋仁宗天圣八年（1030年），登进士第，先后任馆阁校勘、知谏院、直史馆、知制诰、龙图阁直学士、枢密院直学士、翰林学士等职，为谏官时，以直言著称。后数度外出，历知泉州、福州、开封府事。在福州时，蔡襄去民间蛊害，倡植福州至漳州七百里驿道松；在泉州时，与卢锡共同主持建造洛阳桥；在建州时，主持制作北苑贡茶"小龙团"。

其所著《茶录》总结了古代制茶、品茶的经验，《荔枝谱》则被赞为"世界上第一部果树分类学著作"。蔡襄擅长书法，与苏轼、黄庭坚、米芾并称"宋四家"，其书法楷、行皆工，尤以"飞白散草"为妙。书迹传世有碑刻《万安桥记》《昼锦堂记》，墨迹有《书谢赐卿御书诗》和书札诗稿等。其诗文清妙，造诣颇深，有《蔡忠惠公文集》传世。

2302. 治天下者如治家，凡民之家随其富贫，视其族属几何？一岁之费几何？宾客之资，公上之须，复用几何？度其家之所入，然后量力而出之。如是，乃可以为家计也。如是，其家无以自给，则族属不得自安矣。

——《去冗》，[宋]蔡襄《莆阳居士蔡公文集》卷十四，宋刻本。

2303. 平直无颇，情乃上贡；廉明不挠，惠乃下究。委注惟重，钦哉惟承。

——《步军副都指挥使观察使张茂实可马军副都指挥使节度观察留后制》，[宋]蔡襄《蔡忠惠集》卷十，清雍正十二年蔡氏逊敏斋校刻本。

2304. 吏必须称冤理雪，朝廷必于近郡别令。

——《废贪赃》，[宋]蔡襄《蔡忠惠集》卷十八，清雍正十二年蔡氏逊敏斋校刻本。

2305. 吏之不肖者必黜，贤者必升。

——《上运使王殿院书》，[宋]蔡襄《蔡忠惠集》卷二十四，清雍正十二年蔡氏逊敏斋校刻本。

2306. 诚而无私，君子之志也。以嫌为避，硁硁者之为也。诚而无私也者，不以亲疏置于其间，惟其公而已矣。

——《寄尹师鲁书》，[宋]蔡襄《蔡忠惠集》卷二十四，清雍正十二年蔡氏逊敏斋校刻本。

2307. 持身远于权利，从政达于治经。

——《尚书工部郎中充天章阁待制吕公弼可依前工部郎中充龙图阁直学士高阳关路都部署兼安抚使兼知瀛州制》，[宋]蔡襄《蔡忠惠集》卷十，清雍正十二年蔡氏逊敏斋校刻本。

2308. 禁奸豪，均民力，使民各得其分，而安其所，是谓之安民。

——《安民》，[宋]蔡襄《蔡忠惠集》卷十八，清雍正十二年蔡氏逊敏斋校刻本。

2309. 隆为世范，而有家节之严；助成贤业，而有邦光之美。

——《宋观文妻》，[宋]蔡襄《蔡忠惠集》卷十三，清雍正十二年蔡氏逊敏斋校刻本。

2310. 君子进则天下泰，小人进则天下否。

——《乞用韩琦范仲淹》，[宋]蔡襄《蔡忠惠集》卷十五，清雍正十二年蔡氏逊敏斋校刻本。

2311. 贪赃者废之，清廉者奖之，则廉耻兴矣。

——《废贪赃》，[宋]蔡襄《蔡忠惠集》卷十八，清雍正十二年蔡氏逊敏斋校刻本。

2312. 修身莅官，清白恭畏。

——《试将佐监主簿张埙可守将作监主簿制》，[宋]蔡襄《蔡忠惠集》卷十，清雍正十二年蔡氏逊敏斋校刻本。

2313. 人禀天地中和生，气之正者为诚明，诚明所钟皆贤杰。

——《四贤一不肖诗五首·右欧阳永叔》，[宋]蔡襄《蔡忠惠集》卷三，清雍正十二年蔡氏逊敏斋校刻本。

2314. 人之所以异于万物者，以其衷行卓尔者也。衷行笃实本于至诚，无用刻饰，其唯孝乎，事亲以尽其恭，事君以尽其忠，以致其诚，以正其命。

——《毁伤议》，[宋]蔡襄《蔡忠惠集》卷二十九，清雍正十二年蔡氏逊敏斋校刻本。

2315. 君子道合久以成，小人利合久以倾。

——《四贤一不肖诗五首·右余安道》，[宋]蔡襄《蔡忠惠集》卷一，清雍正十二年蔡氏逊敏斋校刻本。

2316. 唯天心仁德者善听，唯刚果明辨者善断。

——《别疏》，[宋]蔡襄《蔡忠惠集》卷二十三，清雍正十二年蔡氏逊敏斋校刻本。

2317. 意气广大者善遗俗，而刚介者善仇世。

——《送王胜之西归序》，[宋]蔡襄《蔡忠惠集》卷二十六，清雍正十二年蔡氏逊敏斋校刻本。

2318. 天下之疾箴，以仁义而害于邪说。

——《里医之言》，[宋]蔡襄《蔡忠惠集》卷三十一，清雍正十二年蔡氏逊敏斋校刻本。

2319. 生民之患，莫大于狱失其情，官巧文律。

——《杂说》，[宋]蔡襄《蔡忠惠集》卷三十一，清雍正十二年蔡氏逊敏斋校刻本。

2320. 治天下不由于礼者，莫能至也。

——《别疏·跻俗于礼》，[宋]蔡襄《蔡忠惠集》卷二十三，清雍正十二年蔡氏逊敏斋校刻本。

2321. 道穷则变，变则通，通则久。

——《别疏·任才以宜》，[宋]蔡襄《蔡忠惠集》卷二十三，清雍正十二年蔡氏逊敏斋校刻本。

2322. 驭邦之大，莫大于建官，材有短长，官有小大，故随其所宜而任之，则事无不举矣。

——《别疏·任才以宜》，[宋]蔡襄《蔡忠惠集》卷二十三，清雍正十二年蔡氏逊敏斋校刻本。

2323. 正家之道，贵乎谨严以表天下。

——《别疏·肃治家政》，[宋]蔡襄《蔡忠惠集》卷二十三，清雍正十二年蔡氏逊敏斋校刻本。

2324. 朝廷兴治之原，法制修明为大。

——《别疏·恩赏无私》，[宋]蔡襄《蔡忠惠集》卷二十三，清雍正十二年蔡氏逊敏斋校刻本。

2325. 圣人法天以至公，令天下功则赏，过则罚，无私焉，万民服矣。

——《别疏·恩赏无私》，[宋]蔡襄《蔡忠惠集》卷二十三，清雍正十二年蔡氏逊敏斋校刻本。

2326. 圣人法天，以刚健决物。

——《别疏·恩赏无私》，[宋]蔡襄《蔡忠惠集》卷二十三，清雍正十二年蔡氏逊敏斋校刻本。

2327. 罚不行而赏太过，此乃立法之弊。

——《别疏·恩赏无私》，[宋]蔡襄《蔡忠惠集》卷二十三，清雍正十二年蔡氏逊敏斋校刻本。

2328. 学斯谓何？忠义悌孝。政斯谓何？礼让风教。

——《福州修庙学记》，[宋]蔡襄《蔡忠惠集》卷二十五，清雍正十二年蔡氏逊敏斋校刻本。

2329. 动静沉谨，志虑端恪。

——《太常博士直史馆知光化军杨政可屯田员外郎依前直史馆知邠州制》，[宋]蔡襄《蔡忠惠集》卷十一，清雍正十二年蔡氏逊敏斋校刻本。

2330. 立诚介特，怀道恬冲。

——《张宣微曾祖母制》，[宋]蔡襄《蔡忠惠集》卷十二，清雍正十二年蔡氏逊敏斋校刻本。

2331. 言议忠果，不避权要。

——《龙图阁学士尚书刑部郎中知徐州吕公绰可复翰林侍读学士制》，[宋]蔡襄《蔡忠惠集》卷十一，清雍正十二年蔡氏逊敏斋校刻本。

2332. 立节清峻，无缁磷之苟；临事明敏，有批导之利。恤民以惠，屏奸以严，循吏之风，闻于当世。

——《尚书刑部郎中天章阁侍郎张温之可光禄卿致仕制》，[宋]蔡襄《蔡忠惠集》卷十一，清雍正十二年蔡氏逊敏斋校刻本。

2333. 古人老益壮，忠义在所指。

——《读乐天闲居篇》，[宋]蔡襄《蔡忠惠集》卷二，清雍正十二年蔡氏逊敏斋校刻本。

2334. 勿学异世人，过常不可深。勿学慢世人，侧身随浮沉。

——《安静堂书示子》，[宋]蔡襄《蔡忠惠集》卷二，清雍正十二年蔡氏逊敏斋校刻本。

2335. 贤者进人以德，不进人以名。

——《再答谢景山书》，[宋]蔡襄《蔡忠惠集》卷二十四，清雍正十二年蔡氏逊敏斋校刻本。

2336. 是故天下之令有贤有不贤，天下之民有幸有不幸，必尔尽天下之令无有不贤，则尽天下之民亦无有不幸矣。

——《送黄子思寺丞知咸阳序》，[宋]蔡襄《蔡忠惠集》卷二十六，清雍正十二年蔡氏逊敏斋校刻本。

2337. 君子之论人也，在贤与不贤耳，不系其寿且夭也。

——《祭弟文》，[宋]蔡襄《蔡忠惠集》卷三十二，清雍正十二年蔡氏逊敏斋校刻本。

2338. 德尚高举，行美纯茂。乐于名教，训以清白。

——《刘参政父累赠太子少师再赠太子太师制》，[宋]蔡襄《蔡忠惠集》卷十二，清雍正十二年蔡氏逊敏斋校刻本。

# 郑 樵

郑樵（1104—1162），字渔仲，自号溪西遗民，莆田人，学者称"夹漈先生"，宋代史学家、校雠学家。

郑樵自小颖悟，有神童之誉。父亲病逝后，家道维艰，无从致书以观，他便和从兄郑厚四处求书借读。郑樵一生不应科举，隐居于莆田夹漈山中，刻苦钻研经学、礼乐学、文字学、天文学、地理学、动植物学等共计三十多年，收获颇丰。著书千余卷，包括《通志》《夹漈遗稿》《尔雅注》《诗辨妄》等。

2339. 欲读古人之书，欲通百家之学，欲讨六艺之文，而为羽翼，如此一生，则无遗恨。

——《上皇帝书》，[宋]郑樵《夹漈遗稿》卷二，清嘉庆间南汇吴氏听彝堂刻《艺海珠尘》本。

2340. 念臣困穷之极，而寸阴未尝虚度，风晨雪夜，执笔不休，厨无烟火，而诵记不绝，积日积月，一箦不亏。

——《上皇帝书》，[宋]郑樵《夹漈遗稿》卷二，清嘉庆间南汇吴氏听彝堂刻《艺海珠尘》本。

2341. 天下之理，不可以不会；古今之道，不可以不通。会通之义大矣哉！

——《上宰相书》，[宋]郑樵《夹漈遗稿》卷三，清嘉庆间南汇吴氏听彝堂刻《艺海珠尘》本。

2342. 家风留不坠，少贱自翱翔。

——《家园示弟樌八首·其一》，[宋]郑樵《夹漈遗稿》卷一，清嘉庆间南汇吴氏听彝堂刻《艺海珠尘》本。

2343. 学俭诚佳事，悭名岂足居。

——《家园示弟樌八首·其七》，[宋]郑樵《夹漈遗稿》卷一，清嘉庆间南汇吴氏听彝堂刻《艺海珠尘》本。

2344. 写多《崇厚论》，读废《绝交书》。

——《家园示弟樵八首·其七》，[宋]郑樵《夹漈遗稿》卷一，清嘉庆间南汇吴氏听彝堂刻《艺海珠尘》本。

2345. 前人家训在，孙孔未全疏。

——《家园示弟樵八首·其七》，[宋]郑樵《夹漈遗稿》卷一，清嘉庆间南汇吴氏听彝堂刻《艺海珠尘》本。

2346. 小物汝知谨，同心作古人。

——《家园示弟樵八首·其二》，[宋]郑樵《夹漈遗稿》卷一，清嘉庆间南汇吴氏听彝堂刻《艺海珠尘》本。

2347. 虽松筠之节，不改岁寒；而葵藿之倾，难忘日下。

——《上皇帝书》，[宋]郑樵《夹漈遗稿》卷二，清嘉庆间南汇吴氏听彝堂刻《艺海珠尘》本。

2348. 谨历所以在日月之下，不敢孤负寸阴者以陈也。

——《寄方礼部书》，[宋]郑樵《夹漈遗稿》卷二，清嘉庆间南汇吴氏听彝堂刻《艺海珠尘》本。

2349. 铁肠石心，志勤忠孝，身全君父，衔笑就刑，生为万夫雄，死为壮士鬼。

——《与景韦兄投宇文枢密书》，[宋]郑樵《夹漈遗稿》卷三，清嘉庆间南汇吴氏听彝堂刻《艺海珠尘》本。

2350. 谓人生世间，一死耳。得功而死，死无悔；得名而死，死无悔；得义而死，死无悔；得知己而死，死无悔。死固无难，恨未得死所耳。

——《与景韦兄投宇文枢密书》，[宋]郑樵《夹漈遗稿》卷三，清嘉庆间南汇吴氏听彝堂刻《艺海珠尘》本。

2351. 一丘一壑，一山一云，便足了一生事。

——《与景韦兄投宇文枢密书》，[宋]郑樵《夹漈遗稿》卷三，清嘉庆间南汇吴氏听彝堂刻《艺海珠尘》本。

2352. 下视势利，而胸怀洒洒然者，厚也，樵也，向子平、窦孝威其人也。

——《与景韦兄投宇文枢密书》，[宋]郑樵《夹漈遗稿》卷三，清嘉庆间南汇吴氏听彝堂刻《艺海珠尘》本。

2353. 岩岩清奇，壁立万仞，精神动天，威毅贯日，其义气凛凛逼人，若有寒色。厚也、樵也，荆轲、聂政其人也。

——《与景韦兄投宇文枢密书》，[宋]郑樵《夹漈遗稿》卷三，清嘉庆间南汇吴氏听彝堂刻《艺海珠尘》本。

2354. 凡可以可人意向者，即释然坐卧，一觞一咏，累月忘归。

——《与景韦兄投宇文枢密书》，[宋]郑樵《夹漈遗稿》卷三，清嘉庆间南汇吴氏听彝堂刻《艺海珠尘》本。

2355. 士有若达而穷，若穷而达者，此理甚明而甚幽，甚微而甚著。知者或失之十五，患者或得之十一。得失之机，间不容发。

——《与景韦兄投江给事书》，[宋]郑樵《夹漈遗稿》卷三，清嘉庆间南汇吴氏听彝堂刻《艺海珠尘》本。

2356. 得志则行其义，不得志则肥遁山林，一丘一壑，一觞一咏，下视势利，如摆脱鸿毛耳。

——《与景韦兄投江给事书》，[宋]郑樵《夹漈遗稿》卷三，清嘉庆间南汇吴氏听彝堂刻《艺海珠尘》本。

2357. 不能垂尺寸功名以自效，使国家无环视之责，而臣子之心所以自为者，宜何如？

——《与景韦兄投江给事书》，[宋]郑樵《夹漈遗稿》卷三，清嘉庆间南汇吴氏听彝堂刻《艺海珠尘》本。

2358. 以厚与樵观之，劲敌不足忧，弱卒足忧；贫贱不足忧，富贵足忧。则为厚与樵者易，为阁下计者难矣。

——《与景韦兄投江给事书》，[宋]郑樵《夹漈遗稿》卷三，清嘉庆间南汇吴氏听彝堂刻《艺海珠尘》本。

2359. 厚樵风尘布衣，在天地间一蝼蚁。

——《与景韦兄投宇文枢密书》，[宋]郑樵《夹漈遗稿》卷三，清嘉庆间南汇吴氏听彝堂刻《艺海珠尘》本。

2360. 抱松筠之节，岁寒不凋。

——《与景韦兄投宇文枢密书》，[宋]郑樵《夹漈遗稿》卷三，清嘉庆间南汇吴氏听彝堂刻《艺海珠尘》本。

2361. 倘犬马之骨未坠于地，当效首领以报。故不敢不尽其所能，亦不敢不尽道其所能。

——《与景韦兄投宇文枢密书》，[宋]郑樵《夹漈遗稿》卷三，清嘉庆间南汇吴氏听彝堂刻《艺海珠尘》本。

2362. 寒月一窗，残灯一席，讽诵达旦而喉舌不罢劳。

——《与景韦兄投宇文枢密书》，[宋]郑樵《夹漈遗稿》卷三，清嘉庆间南汇吴氏听彝堂刻《艺海珠尘》本。

2363. 然穷通之事，由天不由人；著述之功，由人不由天。以穷达而废著述可乎？凡樵之志，所以益坚益励者也。

——《上宰相书》，[宋]郑樵《夹漈遗稿》卷三，清嘉庆间南汇吴氏听彝堂刻《艺海珠尘》本。第219页。

2364. 固知公卿大夫之祸速而小，民之祸迟而大，而诗者正所以维持君臣之道，其功用深矣。

——《论秦以诗废而亡》，[宋]郑樵《夹漈遗稿》卷二，清嘉庆间南汇吴氏听彝堂刻《艺海珠尘》本。

2365. 举一郡之水，此水为多；尽画一邦之利，此利为溥。使万井生灵，免于沟洫，则冯丞之绩为可书。

——《重修木兰陂记》，[宋]郑樵《夹漈遗稿》卷二，清嘉庆间南汇吴氏听彝堂刻《艺海珠尘》本。

2366. 源清流长，千载融融，君子之泽，不可终穷。

——《重修木兰陂记》，[宋]郑樵《夹漈遗稿》卷二，清嘉庆间南汇吴氏听彝堂刻《艺海珠尘》本。

# 黄公度

黄公度（1109—1156），字师宪，号知稼翁，莆田人。绍兴八年（1138年）进士第一，初任平海郡节度判官兼南外宗簿。当时有数百流民自汀虔（汀州、赣州）而下，守将疑其作乱，派兵抓捕，黄公度却以民为本，认真盘问考查，力辨其非，予以释放。后被秦桧诬陷，罢归。除秘书省正字，罢为主管台州崇道观。绍兴十九年（1149年），任肇庆府通判，摄知南恩州，大力发展教育。绍兴二十五年（1155年），秦桧卒，于同年十二月奉诏回临安。高宗赏识其忠耿，亲授为吏部考功员外郎。其文学创作颇丰，收录于《知稼翁集》。

2367．空山对摇落，怀哉千古心。
——《陪实之登姜峰绝顶镌石》，［宋］黄公度《知稼翁集》卷上，明天启五年黄崇翰刻本。

2368．方寸怡怡无一事，粗裘粝食地行仙。
——《道间即事》，［宋］黄公度《知稼翁集》卷上，明天启五年黄崇翰刻本。

2369．孤忠扶社稷，一德契穹苍。
——《御赐阁额二首·其二》，［宋］黄公度《知稼翁集》卷上，明天启五年黄崇翰刻本。

2370．丈夫感慨关时事，不学楚人儿女悲。
——《悲秋》，［宋］黄公度《知稼翁集》卷上，明天启五年黄崇翰刻本。

2371．十载枕边忧国泪，不堪幽梦破晨鸡。
——《和龚实之（茂良）闻戎人败盟》，［宋］黄公度《知稼翁集》卷上，明天启五年黄崇翰刻本。

2372．冷艳幽香冰玉姿。占断孤高，压尽芳菲。东君先暖白南枝。要使天涯，管领春归。不受人间莺蝶知。长是年年，雪约霜期。嫣然一笑百花迟。调鼎行看，结子黄时。

——《一剪梅》，[宋]黄公度《知稼翁词》卷下，明天启五年黄崇翰刻本。

2373. 身任东西南北居，心安到处即吾庐。穷途俗眼休相薄，沮洳焉知无大鱼。

——《赴南恩道间和杨体南（延禧）三首·其二》，[宋]黄公度《知稼翁集》卷下，明天启五年黄崇翰刻本。

2374. 厚以载物，动而中规，同五帝以载骤，与三王而并驰。

——《省试天子以德为车赋》，[宋]黄公度《知稼翁集》卷上，明天启五年黄崇翰刻本。

2375. 刚直养气，仁厚存心，立朝之大节，可观出使之威。

——《上邓盐（文饶）》，[宋]黄公度《知稼翁集》卷下，明天启五年黄崇翰刻本。

2376. 酌贪泉而操愈廉慎，处炎陬而身自清凉。

——《赴官设醮青词》，[宋]黄公度《知稼翁集》卷下，明天启五年黄崇翰刻本。

2377. 俯仰一官，侵寻七稔。心期事业，初谬意于古人；力尽米盐，几失身于俗吏。尚幸私心所怀者梗概，平生自信者行藏。不肯妄求，不为苟合，不借名卿之势援，不资谭士之游扬。

——《谢叶帅荐举》，[宋]黄公度《知稼翁集》卷下，明天启五年黄崇翰刻本。

# 王 迈

王迈（1184—1248），字实之，一作贯之，自号臞轩居士，仙游人，南宋诗人。

嘉定十年（1217年）登科进士，授潭州观察推官。为人刚直不阿，不畏强权，一次殿试时，权贵王元春恃权暗箱操作，要把自己亲戚的名次往前排，王迈立即予以揭发和谴责；在职期间，把当地富豪非法侵占的数百亩田地收回，归还百姓；在学士院期间，理宗再次任命主和派乔行简为相，王迈上疏谏阻，直陈君主之失。其作品为《臞轩集》16卷。

2378. 及其末也，舛政逆令，间见层出，天子养安而一身痛痒之不知，大臣养尊而社稷休戚之不恤。百官庶府萎靡于下，宦官女子睥睨于旁。是其中国之事盖日非矣，匈奴虽弱，何有于汉哉！

——《丁丑廷对策》，[宋]王迈《臞轩集》卷一，清乾隆翰林院抄本。

2379. 臣闻人主之职莫大于知人，知人之道，莫先于择相。善观人之国者，惟于所用之相观之。公孙相千秋侯，而汉家之事日非；九龄罢林甫用，而开元天宝之治乱遂决。吁！可畏也。

——《乙未六月上封事》，[宋]王迈《臞轩集》卷二，清乾隆翰林院抄本。

2380. 况当耄及之年，易犯在得之戒。其身虽未必肯为小人之事，其门必多引小人之徒。

——《乙未六月上封事》，[宋]王迈《臞轩集》卷二，清乾隆翰林院抄本。

2381. 《易》有"履霜"之戒，《诗》有"桃虫"之讥，防微杜渐，不可不谨。

——《贴黄》，[宋]王迈《臞轩集》卷二，清乾隆翰林院抄本。

2382. 当益思所以开诚心，布公道，远谗邪而主善类，而后为不欺也。

——《乙未闰七月轮对第一札》，[宋]王迈《臞轩集》卷二，清乾隆翰林院抄本。

2383. 陛下亲政之始，首重贪赃之罚，今毋谓贪污旧染可以洗而空之也。前日之贿赂，惟入权臣之一门；今日之贿赂，或入外戚，或入阉臣，或入近习，旁蹊曲径，不止一途。

——《乙未闰七月轮对第一札》，[宋]王迈《臞轩集》卷二，清乾隆翰林院抄本。

2384. 暴不恤下，贪不畏人。尺寸之援可以攀跻，台府之劾皆得苟免。田里怨咨，愤气满腹，天高莫诉，怨已在明。今而曰贪浊之风内外已革者，皆欺陛下也。

——《乙未闰七月轮对第一札》，[宋]王迈《臞轩集》卷二，清乾隆翰林院抄本。

2385. 明诏大臣，协心辅政，宏济艰难，如苴漏舟，如沃焦釜，毋悠悠而视，毋安安而居。群工百辟，皆当洗濯磨励，竭忠尽瘁，毋至相率以欺朝廷，则天下事势犹有可为之理。不然，内外之变交激，宗社之危无日矣。

——《乙未闰七月轮对第一札》，[宋]王迈《臞轩集》卷二，清乾隆翰林院抄本。

2386. 人惟有所不为也而后可以有为，惟能忍于其小也而后可以成其大。古之人有行之者，高帝是也。何谓有所不为也而后可以有为？天下之大，非利于小者所可图也。匹夫匹妇之争，止于箪食豆羹而已也。于此而有人焉，不惟不争之，而且逊诸邻而不受，则一乡之人莫不畏服之矣。为一乡之所畏服，则一乡之事彼固可得而办之也。推而上之，其不取者愈大，则其所办者愈远。无他，人以其所不为，信其能有为也。

——《高帝论一》，[宋]王迈《臞轩集》卷三，清乾隆翰林院抄本。

2387. 忧国寸心同皎洁，诗肩如鹭更清癯。

——《和黄遇卿二白韵》，[宋]王迈《臞轩集》卷十五，清乾隆翰林院抄本。

2388. 竖铁脊梁须我辈，横金腰带听伊渠。

——《送吴魁君谋叔告赴召二首·其二》，[宋]王迈《臞轩集》卷十五，清乾隆翰林院抄本。

2389. 官府只知行乐好，谁知点点是民膏。

——《元宵观灯》，[宋]王迈《臞轩集》卷十六，清乾隆翰林院抄本。

2390. 俸及百千者裁其十之四，大吏之有例册者首去之，以率其属。小吏正俸之不满百十者免减之，以养其廉。况在权臣当国时，政以贿成，官以赂得。陆贽所谓"币帛不已，必至金璧"杜牧所谓"折券交贷由卿市公者"，更化以来无焉，则为州郡监司者自能举所积之缗，以收其楮之溢。

——《乙未馆职策》，[宋]王迈《臞轩集》卷一，清乾隆翰林院抄本。

2391. 行简以经筵留，果合于进退之义否乎？廉耻节礼以待君子，故宁损其身，不受戮辱，一介之士馆于公卿之门，辞色不顺，望望去之。至于逐客之令已下而又留之，士苟为留则亦可贱矣，况大臣乎！

——《丙申九月封事》，[宋]王迈《臞轩集》卷二，清乾隆翰林院抄本。

2392. 高祖微时，贪财好色之心本锢其中，及至入秦之日，至玉帛子女曾不以动其痼疾，是何贪于前而廉于后也？其心今日之所欲，固甚于前日之所爱者也。前日之所爱者溺焉，今而能果敢决裂，以求自出焉。此其所挟持者甚大，气量甚高，志趣甚远。

——《高帝论一》，[宋]王迈《臞轩集》卷二，清乾隆翰林院抄本。

2393. 帝居项氏之贪而自处于廉，故彼之贪反为我所利；帝居项氏于勇自处于怯，故彼之勇反为我所败。藏贪于廉，藏勇于怯，帝之术神矣，其事伟矣。

——《高帝论一》，[宋]王迈《臞轩集》卷二，清乾隆翰林院抄本。

2394. 今毋自欺斋真先生出帅湖南，以仁廉公勤勉属吏，以孝友睦姻训士民，而为之僚属如黄君者，又贤而有守如此，凤当为集而鸣焉。

——《朝阳斋记》，[宋]王迈《臞轩集》卷五，清乾隆翰林院抄本。

2395. 然则文帝之于民，善植木者之顺其天也。德化行而民知礼义，农桑劝而民知力田，恭俭尚而民知朴厚之从，肉刑除而民知有生之乐。

——《武帝论一》，[宋]王迈《臞轩集》卷三，清乾隆翰林院抄本。

2396. 我国家得天下以仁，取民以义，固国以保障而不倚办于茧丝，藏富于田野而不求赢于府库，任人不以聚敛之吏，任法不以深刻之文。

——《乙未馆职策》，[宋]王迈《臞轩集》卷一，清乾隆翰林院抄本。

2397. 人惟有所不为也，而后可以有为；惟能忍于其小也，而后可以成其大。

——《高帝论一》，[宋]王迈《臞轩集》卷二，清乾隆翰林院抄本。

# 刘克庄

刘克庄（1187—1269），初名灼，后更名克庄，字潜夫，号后村，莆田人。宋末文坛领袖，辛派词人，"江湖诗派"的重要代表诗人。

淳熙年间（1174—1189）进士，官至吏部侍郎。嘉定十七年（1224年），刘克庄起知建阳县，任职三年期间，"庭无留讼"，颇有政绩。任枢密院编修兼代右侍郎时，积极向上进谏："服天下莫若公，今也失之私；镇天下莫若重，今也失之轻。二失不去，虽圣君贤相不能以善治。"淳祐四年（1244年），出任江西提刑，任上，他察访民间疾苦，平反冤狱，惩办信州、南康州等地的贪官污吏，时论称快。其创作颇丰，收录于《后村长短句》《后村先生大全集》中。

2398. 乍可郡无九年蓄，要令民受一分宽。

——《送叶尚书奉祠二首·其二》，[宋]刘克庄《后村先生大全集》卷八，上海商务印书馆《四部丛刊》景赐砚堂抄本。

2399. 瘴乡均一气，盐子亦吾民。

——《送王梅州二首·其一》，[宋]刘克庄《后村先生大全集》卷十三，上海商务印书馆《四部丛刊》赐景砚堂抄本。

2400. 定将田里事，闭阁细条陈。

——《送王梅州二首·其一》，[宋]刘克庄《后村先生大全集》卷十三，上海商务印书馆《四部丛刊》景赐砚堂抄本。

2401. 固知国有三空患，又欲民无再榷讥。

——《送李用之察院赴潮州二首·其二》，[宋]刘克庄《后村先生大全集》卷十三，上海商务印书馆《四部丛刊》景赐砚堂抄本。

2402. 衡门谢客孤吟过，铃阁忧民一念关。

——《和乡侯灯夕·其五》，[宋]刘克庄《后村先生大全集》卷二十，上海商务印书馆《四部丛刊》景赐砚堂抄本。

2403. 醴酒多延士，蒲鞭不及民。

——《送陈使君二首·其一》，[宋]刘克庄《后村先生大全集》卷二十一，上海商务印书馆《四部丛刊》景赐砚堂抄本。

2404. 难攀逸民传，堪举力田科。

——《送陈使君二首·其二》，[宋]刘克庄《后村先生大全集》卷二十一，上海商务印书馆《四部丛刊》景赐砚堂抄本。

2405. 湔裙未免多游女，舍耒深忧有惰民。

——《即事三首·其三》，[宋]刘克庄《后村先生大全集》卷二十一，上海商务印书馆《四部丛刊》景赐砚堂抄本。

2406. 未妨吹雅存幽俗，何必沉巫怖邨民？田父扶携问鸡卜，村姑呼唤祭蚕神。柴门不识征租吏，便是尧时击壤人。

——《次韵三首·其三》，[宋]刘克庄《后村先生大全集》卷二十一，上海商务印书馆《四部丛刊》景赐砚堂抄本。

2407. 乌乎放勋去已远，朝野多事民愁苦。腐儒未暇论秦汉，齐榷鱼盐鲁税亩。

——《击壤图》，[宋]刘克庄《后村先生大全集》卷二十三，上海商务印书馆《四部丛刊》景赐砚堂抄本。

2408. 粝食忧民瘠，茅庐念士寒。

——《景定初元即事十首·其二》，[宋]刘克庄《后村先生大全集》卷三十一，上海商务印书馆《四部丛刊》景赐砚堂抄本。

2409. 前哲贵分人以德，独清不若众皆清。

——《用洪君畴韵送徐仲晦赴乡郡二首·其一》，[宋]刘克庄《后村先生大全集》卷四十，上海商务印书馆《四部丛刊》景赐砚堂抄本。

2410. 潢池赤子思重活，青社饥民待再生。

——《用洪君畴韵送徐仲晦赴乡郡二首·其一》，[宋]刘克庄《后村先生大全集》卷四十，上海商务印书馆《四部丛刊》景赐砚堂抄本。

2411. 尚欲平州欠，何曾叹县贫？能容老夫否，负耒去为民。

——《又五言二首·其二》，[宋]刘克庄《后村先生大全集》卷四十五，上海商务印书馆《四部丛刊》景赐砚堂抄本。

2412. 饮泉吏鲜能清白，濒海民多有赤穷。

——《三和二首·其一》，[宋]刘克庄《后村先生大全集》卷三十八，上海商务印书馆《四部丛刊》景赐砚堂抄本。

2413. 吷江帝刮为耙去，避地民劳若蚁移。河决固非束薪塞，厦倾欲以一绳维。

——《读史》，[宋]刘克庄《后村先生大全集》卷四十，上海商务印书馆《四部丛刊》景赐砚堂抄本。

2414. 晴色极佳宜岁事，郊行因好访民情。朝家要采风谣否，第一君侯号治平。

——《次韵乡侯讦院二首·其一》，[宋]刘克庄《后村先生大全集》卷四十五，上海商务印书馆《四部丛刊》景赐砚堂抄本。

2415. 民生斯时，尤可哀痛。宜择良吏，勤而拊之。

——《召对札子·其三》，[宋]刘克庄《后村先生大全集》卷五十二，上海商务印书馆《四部丛刊》景赐砚堂抄本。

# 陈 旅

陈旅（1288—1343），字众仲，莆田人。幼孤，笃志于学，于书无所不读，被荐为闽海儒学官，得中丞马祖常赏识，在其鼓励下入京师，又得虞集所知，视为后继者，称："此所谓'我老将休，付子斯文'者矣。"在赵世延力荐下，任国子助教。元统二年（1334年），出为江浙副提举。后至元四年（1338年），入为应奉翰林文字。至正元年（1341年），国子监丞。又二年卒。陈旅是元后期有名的文章家之一，能博取前人所长，自先秦以来至唐宋诸大家无所不究，有《安雅堂集》，系其子所编。

2416. 以媚世者之诚可耻兮，则宁抱吾素而委蛇。
——《琼芽赋》，[元]陈旅《安雅堂集》卷一，元至正刻明修本。

2417. 堪笑班超真老矣，乞身生入玉门关。
——《张将军庙堂诗》，[元]陈旅《安雅堂集》卷三，元至正刻明修本。

2418. 协忠成泰治，流泽遍遐荒。援古言应切，匡时虑更长。谁哉疲土木，况乃象为廊。
——《次韵许左丞从车驾游承天护圣寺是日由参政升左丞》，[元]陈旅《安雅堂集》卷一，元至正刻明修本。

2419. 千载有人伸大义，高风全似故安侯。
——《申屠子迪为山南宪掾白部使者毁夷陵曹操庙》，[元]陈旅《安雅堂集》卷三，元至正刻明修本。

2420. 不随流俗论褒贬，善恶无以逃其形。
——《送王道原韶州教授》，[元]陈旅《安雅堂集》卷三，元至正刻明修本。

2421. 春风里社太平民，身世华胥牛背上。
——《村社醉归图》，[元]陈旅《安雅堂集》卷二，元至正刻明修本。

2422. 间阎安辑科徭省，城垫高深盗贼衰。人望次公今柄用，功名宁损莅民时。
——《白南恩诗》，[元]陈旅《安雅堂集》卷二，元至正刻明修本。

2423. 东家不饮盗泉水，盗食如何可疗饥。三钱斗米户不闭，人生愿际升平时。

——《题胡丘盗父设食图》，[元]陈旅《安雅堂集》卷三，元至正刻明修本。

2424. 此时世虑澹于水，聊床灯火百年心。

——《程氏竹雨山房》，[元]陈旅《安雅堂集》卷三，元至正刻明修本。

2425. 我欲从公开社瓮，只将土鼓奏豳风。

——《赵敬甫学士稼翁亭》，[元]陈旅《安雅堂集》卷三，元至正刻明修本。

2426. 空阔庭前看流水，浮荣何足累初心。

——《送郑文质》，[元]陈旅《安雅堂集》卷三，元至正刻明修本。

2427. 闻之民曷生乎？食之也。曷驯而宁乎？教之也。有虞氏命稷播百谷，即命契敷五教，当时命官，莫此为急。继命皋陶明刑，不过为弼教之计尔。三代治制浸密，大要无出乎此。后世以能吏称者，未尝知有教养之道，唯恃刑法以行其所欲为者而已矣。呜呼！此后世之所以不古若也。

——《赠沙井徐判官诗序》，[元]陈旅《安雅堂集》卷四，元至正刻明修本。

2428. 严君平隐于卜筮，与人子言，依于孝；与人弟言，依于顺；与人臣言，依于忠。生之为术，必亦若君平之与人言者乎？夫身有之，则其言亲切而有味。吾知生之言必易于感人，其孝友不独行于家而已也。有人如生，大夫君子能不为之赋诗乎？

——《乔生孝义诗序》，[元]陈旅《安雅堂集》卷四，元至正刻明修本。

2429. 讲学以明理，制行以养气，此古之人所以大有为于世也。

——《送索士岩燕南宪司经历序》，[元]陈旅《安雅堂集》卷四，元至正刻明修本。

2430. 古之君子，未常有心于治人，而人未常不治于君子。诚以待物，则物无不孚；公以莅事，则事无不当。

——《送刘粹衷赴旌德令序》，[元]陈旅《安雅堂集》卷四，元至正刻明修本。

2431. 何谓天爵？我所固有者也。何谓天职？我所当为者也。天地万物不外乎吾身，则位天地、育万物，皆吾职之所当为者矣。

——《韩明善祷雨诗序》，[元]陈旅《安雅堂集》卷六，元至正刻明修本。

# 周 瑛

周瑛（1430—1518），字梁石，初号蒙中子，又号白贲道人，晚号翠渠，莆田人。明成化五年（1469年）进士，历官广德州知州、南京礼部郎中、抚州府知府、镇远府知府、四川右布政使等。周瑛为官多年，颇有政声。任广德州知府时，兴办文教，禁溺女婴，显扬志士；任抚州知府时，兴修水利，统一征收赋税，百姓无不赞叹。

周瑛一生著述甚丰，有《书纂》《翠渠诗文集》《翠渠摘稿》《翠渠摘稿选》《政本政均》《祠山杂录》《广孝慈录》《正德漳州府志》《弘治兴化府志》《莆阳拗史》以及与邑人黄仲昭同修的《兴化府志》等。其善书法，有《百梅录》寸楷行世。

2432. 予少习文艺，苦不得其门路，尝博采诸家论说而类编之，以自轨范。

——《文诀类编序》，［明］周瑛《翠渠摘稿》卷一，明嘉靖七年林近龙刻清雍正十三年周成续刻本。

2433. 然四伦非友，则无以尽其道，是友于人甚重也。

——《金兰真意序》，［明］周瑛《翠渠摘稿》卷一，明嘉靖七年林近龙刻清雍正十三年周成续刻本。

2434. 孔林遗植，千八百岁。直击则坚，横击则碎。凡我君子，靖共尔位。视斯式斯，庶几无愧。

——《楷木笏铭》，［明］周瑛《翠渠摘稿》卷四，明嘉靖七年林近龙刻清雍正十三年周成续刻本。

2435. 损上益下，是谓之益；损下益上，是谓之贼。彼损下者，见利而甘。捣骨椎脂，一何其馋。惟彼损上，贞固自守。

——《屏风铭》，［明］周瑛《翠渠摘稿》卷四，明嘉靖七年林近龙刻清雍正十三年周成续刻本。

2436. 夫天地生育之德，始于春春，生木为盛，予家子姓，此其始也。

——《子大朴名说》，[明]周瑛《翠渠摘稿》卷五，明嘉靖七年林近龙刻清雍正十三年周成续刻本。

2437. 人其炎炎而我凉凉，人其役役而我逸逸，人其讦讦而我默默，抱虚守素学道之冲，反本还原复性之根，葆光晦章守吾之真，如是则善于为朴矣。

——《子大朴名说》，[明]周瑛《翠渠摘稿》卷五，明嘉靖七年林近龙刻清雍正十三年周成续刻本。

2438. 人而能朴则懿美，中积神明内腴，而道德光矣。

——《子大朴名说》，[明]周瑛《翠渠摘稿》卷五，明嘉靖七年林近龙刻清雍正十三年周成续刻本。

2439. 行犹形也，名犹影也。影以形成，名以行立。污其行欲洁其名，犹徊其躬欲直其影，是惑也。

——《自警说》，[明]周瑛《翠渠摘稿》卷五，明嘉靖七年林近龙刻清雍正十三年周成续刻本。

2440. 情犹水也，义犹防也。水非防则泛，情非义则溢，以义约情，犹以防止水。固斯可矣。

——《自警说》，[明]周瑛《翠渠摘稿》卷五，明嘉靖七年林近龙刻清雍正十三年周成续刻本。

2441. 血气犹火也，不戢有自焚之祸；言语犹兵也，不慎有自戮之祸。于血气而戢，于言语而慎，祸其免矣。

——《自警说》，[明]周瑛《翠渠摘稿》卷五，明嘉靖七年林近龙刻清雍正十三年周成续刻本。

2442. 久于贫贱者，则澹于嗜欲；久于忧患者，则熟于事机。嗜欲澹，可以养德；事机熟，可以处世。然则贫贱不为害于人，忧患为有益于智乎。

——《自警说》，[明]周瑛《翠渠摘稿》卷五，明嘉靖七年林近龙刻清雍正十三年周成续刻本。

2443. 水不静，则不能鉴物；心不静，则不能烛理。

——《自警说》，[明]周瑛《翠渠摘稿》卷五，明嘉靖七年林近龙刻清雍正十三年周成续刻本。

2444. 养心当以宽，急则病；立志当以猛，弱则靡。故渍物于水，久而浃洽，此养心之喻也；渡河焚舟，有死无二，此立志之喻也。

——《自警说》，[明]周瑛《翠渠摘稿》卷五，明嘉靖七年林近龙刻清雍正十三年周成续刻本。

2445. 盖天地朴则气化淳，万物朴则生意全，君子朴则实学充，朴之时义大矣哉！

——《子大朴名说》，[明]周瑛《翠渠摘稿》卷五，明嘉靖七年林近龙刻清雍正十三年周成续刻本。

2446. 上之回，乐何极，回中道路无梗塞。北望单于庭，西瞻月支国。信使往来，干戈屏息，上还宫，益修德。

——《上之回》，[明]周瑛《翠渠摘稿》卷六，明嘉靖七年林近龙刻清雍正十三年周成续刻本。

2447. 此庵有佳士，物我两相忘。人世红炉热，渠心秋水凉。

——《题湛庵为戴陈州作》，[明]周瑛《翠渠摘稿》卷七，明嘉靖七年林近龙刻清雍正十三年周成续刻本。

2448. 晚路行犹远，烦君更自防。

——《题湛庵为戴陈州作》，[明]周瑛《翠渠摘稿》卷七，明嘉靖七年林近龙刻清雍正十三年周成续刻本。

2449. 赐告下蓬莱，山居亦乐哉。

——《访仙游郑东园和翰林诸公留别韵》，[明]周瑛《翠渠摘稿》卷七，明嘉靖七年林近龙刻清雍正十三年周成续刻本。

2450. 冗泛谢尘事，清夷养道胎。学充还出去，鸾阁正需才。

——《访仙游郑东园和翰林诸公留别韵》，[明]周瑛《翠渠摘稿》卷七，明嘉靖七年林近龙刻清雍正十三年周成续刻本。

2451. 荒山一抔土，孝子百年心。

——《清明节寄诸弟》，[明]周瑛《翠渠摘稿》卷七，明嘉靖七年林近龙刻清雍正十三年周成续刻本。

# 郑 纪

郑纪（1438—1513），字廷纲，号东园，仙游人。明天顺四年（1460年）进士，历任翰林庶吉土、国子祭酒、浙江按察副使、户部侍郎、户部尚书等职。其为人不慕名利、清廉自守，无论为官乡居，一心为民。在乡居的22年中，为家乡兴修土木、破旧立新，移风易俗、端正世风，使家乡风气为之一新，当地百姓为其立祠纪念；为官期间，始终以清廉自居，历任英宗、宪宗、孝宗三朝，不因身处显贵而倨傲，心系百姓。其任南京左通政期间，为缓解山东灾荒，主动从任地运粮救灾，并将贪污官吏的不法所得全部没收，用以接济百姓，得到朝廷与百姓一致认可。

郑纪不仅学识渊博、贯通经史，且文辞娴熟、正谏良多，一生著述颇丰。著有《东园文集》等，记录其为官从政的思想与准绳。

2452. 因见得天下之甚难，故思保天下之不易，是以于贤哲之人，求之非一方，取之非一途。或置于左右，或服乎大僚，使其责难陈善，纳诲辅德，后世子孙有所谋为业也。

——《经筵讲章·尚书一》，[明]郑纪《东园文集》卷一，乾隆四十二年十月刻本。

2453. 果合于人纪的道理，则顺成其美；或不合于人纪的道理，则匡救其失。

——《经筵讲章·尚书一》，[明]郑纪《东园文集》卷一，乾隆四十二年十月刻本。

2454. 任用老成，开纳言路，求贤可谓广矣。

——《经筵讲章·尚书一》，[明]郑纪《东园文集》卷一，乾隆四十二年十月刻本。

2455. 伏愿远鉴有商，近法皇祖，检身修德，示仪刑而立标准，勤学好问，亲君子而远小人，则布昭圣武，兆民允怀，可无愧于成汤。始于家邦，终于四海，盖不在于太甲矣。

——《经筵讲章·尚书一》，［明］郑纪《东园文集》卷一，乾隆四十二年十月刻本。

2456．惟我商王成汤，奋德义之勇，行上天之罚，除残去暴，而有不杀之仁心，削平祸乱而为吊民之义举。

——《经筵讲章·尚书二》，［明］郑纪《东园文集》卷一，乾隆四十二年十月刻本。

2457．盖谨始之道，莫先于孝悌。孝悌二者，人之所同。我立孝爱之道，自亲而始，天下之凡有亲者，莫不视我以为法；我立恭敬之道，自长而始，天下之凡有长者，莫不视我以为准。谓之立者，卓然不移，即所谓建其有极也。

——《经筵讲章·尚书二》，［明］郑纪《东园文集》卷一，乾隆四十二年十月刻本。

2458．今王在宫庭之内，果能亲吾亲，长吾长，立爱敬于此形，爱敬于彼，始而一家，次而一国，终而措之天下。将见天下的人莫不观感兴起，孝悌之心油然而生。各亲其亲，各长其长，而天下平矣。

——《经筵讲章·尚书二》，［明］郑纪《东园文集》卷一，乾隆四十二年十月刻本。

2459．皇上嗣承祖宗之统，宜体祖宗之心，以行孝敬之道。推此孝心，则养老之恩必加于四海；推此敬心，则尊贤之礼必隆于九重。

——《经筵讲章·尚书二》，［明］郑纪《东园文集》卷一，乾隆四十二年十月刻本。

2460．人君之尊易至孤立，必得百姓每爱戴归向，然后可以安富尊荣。若是百姓每困于暴征横敛，苦于严刑峻罚，啼饥号寒，流移转徙，父母妻子不得相保，这等呵则众叛亲离，为君的何以能君长于四方？此君所以不可失民也。故曰："民非后，罔克胥匡以生；后非民，罔以辟四方。"

——《经筵讲章·尚书三》，［明］郑纪《东园文集》卷一，乾隆四十二年十月刻本。

2461．故能处仁迁义以终其德，然太甲克终厥德，岂止一时之美，实万世无穷之美也。

——《经筵讲章·尚书三》，［明］郑纪《东园文集》卷一，乾隆四十二年

2462. 臣尝思之宗社之安危系乎天命之去留，天命之去留系乎人心之向背，而人心之向背则系乎君德之修否，而又系乎人臣辅导何如耳。

——《经筵讲章·尚书三》，[明]郑纪《东园文集》卷一，乾隆四十二年十月刻本。

2463. 后世为君者，诚能任用忠良，纳诲辅德如太甲，则人心爱戴。若比昵近幸，蠹政纵欲，不能如太甲，则人心叛离，而天命去留亦因以异。

——《经筵讲章·尚书三》，[明]郑纪《东园文集》卷一，乾隆四十二年十月刻本。

2464. 如何见他易事难说处？他本廉介，不好利，人却赂之以货财；本正直，不信谗，人却媚之以谄佞。这都是说之不以其道，他必深恶痛绝之。

——《经筵讲章·论语一》，[明]郑纪《东园文集》卷一，乾隆四十二年十月刻本。

2465. 这易事难说之君子，便似那好善有容的大臣，用之则国家有利；这难事易说之小人，便似那妒贤嫉能的大臣，用之则国家倾危。所以人君之任大臣，于君子小人进退之机不可不慎如此。然取人之责，实在于君身；而修身之道，又不越《中庸》二十章孔子告哀公"修身以道，修道以仁"二句而已。

——《经筵讲章·论语一》，[明]郑纪《东园文集》卷一，乾隆四十二年十月刻本。

2466. 俾臣父母得仰余生之赐，而国家元气实荷，无穷之休，士风幸甚，天下幸甚。

——《致仕疏》，[明]郑纪《东园文集》卷二，乾隆四十二年十月刻本。

2467. 窃惟人生天地间，惟忠与孝二者而已。是虽难以两全，亦不可偏废。

——《养病疏》，[明]郑纪《东园文集》卷二，乾隆四十二年十月刻本。

2468. 臣若父母未老，本身无恙，而托病偷闲，固不可谓之忠？若父母已老，身且多病而恋禄贪位，岂得谓之孝乎？

——《养病疏》，[明]郑纪《东园文集》卷二，乾隆四十二年十月刻本。

2469. 仁乃天地生物之心，而人得以生者，在天则为元，继之者善，万物资始是也；在四时则为春，云行雨施，品物流形是也；在人则为仁心之德，爱之理是也。

——《论斋醮祝延圣寿疏》，[明]郑纪《东园文集》卷二，乾隆四十二年十月刻本。

2470. 以寿人言之，仁者安静有常，慎终如始，不穷奢侈以耗其气，不耽宴乐以损其神。以万物为体，以四海为家。兴一游畋恐劳乎民力；萌一宴乐，恐伤乎民财。是以血气循轨而不乱，精神内固而不浮。

——《论斋醮祝延圣寿疏》，[明]郑纪《东园文集》卷二，乾隆四十二年十月刻本。

2471. 以仁为安宅而日处其内，以仁为广居而终食不违，则一粒灵丹莹然于陛下之胸次矣。由是体信达顺，心平气和。自我而立者，天高海阔；自天而降者，川至日升。

——《论斋醮祝延圣寿疏》，[明]郑纪《东园文集》卷二，乾隆四十二年十月刻本。

2472. 臣闻自古帝王之所爱者，莫大于人民；所忧者，莫先于荒旱。

——《上救荒备荒十事》，[明]郑纪《东园文集》卷二，乾隆四十二年十月刻本。

2473. 必能节内廷滥费，以率百官；汰中涓冗食，以苏万姓；善言无有不纳，既纳，无有不行者。魏汉诸君不足言矣。然大海不择细流，高山不嫌篑土。

——《上救荒备荒十事》，[明]郑纪《东园文集》卷二，乾隆四十二年十月刻本。

2474. 自古圣帝明王致敬郊庙，对越神祇，以仁孝之心达精明之德，非惟妥神灵而昭感召。所以收放合离，格君心萃。天下之道，莫有要于此也。

——《修明祀典疏》，[明]郑纪《东园文集》卷三，乾隆四十二年十月刻本。

2475. 祭祀之礼，所以追养而继孝也。故古者孝子如惧不及，祭后陶陶遂遂，如将复入。盖以如在之时有限，而思成之意无穷。是以斋三日，思其居处，思其笑语，思其所嗜，思其所乐，必见其所为斋者而后已。

——《修明祀典疏》，[明]郑纪《东园文集》卷三，乾隆四十二年十月刻本。

2476. 圣人之道，莫大于人伦，人伦有五，莫先于父子。

——《修明祀典疏》，[明]郑纪《东园文集》卷三，乾隆四十二年十月刻本。

2477. 自古圣贤不过修身行法，顺之而不违，庶几可以转祸为福，益寿延年于万一也，自此之外更无他术。

——《修明祀典疏》，[明]郑纪《东园文集》卷三，乾隆四十二年十月刻本。

2478. 俾其诲以崇德、尚齿、尊贤之道。

——《进圣功图说以辅养皇储》，[明]郑纪《东园文集》卷三，乾隆四十二年十月刻本。

2479. 窃闻古先圣王之教世子，始于胞胎，继而襁褓，又继而小学。正欲拘禁妨碍，使其不得自由，而后幼习可变。

——《进圣功图说以辅养皇储》，[明]郑纪《东园文集》卷三，乾隆四十二年十月刻本。

2480. 故善保邦者，必蓄众而容民；善养民者，必思艰而图易。

——《奏取罗兑遗资赈济疏》，[明]郑纪《东园文集》卷三，乾隆四十二年十月刻本。

2481. 臣窃惟天下之事，有救急于一时者，有预备于异日者。屯兵积粮，设险招募，此救急于一时也；培养将材，训练军马，此预备于异日也。

——《奏设武举以培养将材疏》，[明]郑纪《东园文集》卷四，乾隆四十二年十月刻本。

2482. 惟陛下随材任使，可为干城，可为腹心。我国家亿万年之业，将安于泰山，区区小丑，岂足以烦圣虑也哉？

——《奏设武举以培养将材疏》，[明]郑纪《东园文集》卷四，乾隆四十二年十月刻本。

2483. 纪以天地之气，动则为阳，静则为阴。阳为暑，阴为寒，则寒实静之所生也。人静则此心虚明，自无外扰，聪明睿智皆由此出。

——《寒栖馆记》，[明]郑纪《东园文集》卷五，乾隆四十二年十月刻本。

2484. 大学之教，格致诚正、修齐治平之道，其极可以参天地而赞化育。小学之教，则洒扫应对进退之节，礼乐射御书数之文，其归在于收放心、养德性而已。夫心不收、性不养，格致诚正且无其地，而况于修治参赞也哉？

——《漳州府社学记》，[明]郑纪《东园文集》卷五，乾隆四十二年十月刻本。

2485. 子民百废俱举，又能首兴学校，作养人材，郡邑泮庠，文风大振。既而虑夫基本不立，则涵养不深，趋向不正，器识不大，德业所施，亦难远到。

——《漳州府社学记》，[明]郑纪《东园文集》卷五，乾隆四十二年十月刻本。

2486. 君子之仕也，不患无职业，患才不足以共职；不患无人，患惠不足以及民。

——《送姚懋明守永州序》，[明]郑纪《东园文集》卷八，乾隆四十二年十月刻本。

2487. 一不受非义之财，一不受越次之恩。

——《丰清敏公遗事序》，[明]郑纪《东园文集》卷九，乾隆四十二年十月刻本。

# 郭尚先

郭尚先（1785—1832），字元开，号兰石，莆田人，清代书法家、文学家。清嘉庆十四年（1809年）进士，历任国史馆纂修、文渊阁校理、四川学政、光禄寺卿、大理寺卿、礼部右侍郎等职。他精通书法、绘画、篆刻，尤以书法见长，其书以欧阳询为范，兼之颜、褚，融三家所长，名震一时，影响波及海外，朝鲜、日本诸国人争相求其墨宝。同时他也是一位优秀的评论家，对文学、书法作品独具慧眼，以艺术性为先，如明人评说裴休的书法胜过柳书，郭尚先却认为裴休书法以整洁为胜，柳公权以圆劲古淡为主，因此更胜一筹。

郭尚先有书论《芳坚馆题跋》及《增默庵文集》《增默庵诗集》等流传于世。

2488. 夫害之未形，苟人而知之，则奚贵智。智者知之而曰："吾智足以免。"此其所以不免也。

——《原愚》，[清]郭尚先《增默庵文集》卷一，民国二十年新民印书局铅印本。

2489. 果其人不自菲薄，则必无苟且之学与一切揣摩诡遇之文。

——《丙子科云南乡试录序》，[清]郭尚先《增默庵文集》卷一，民国二十年新民印书局铅印本。

2490. 夫欲求可用之士，必先器识而后文章。

——《丙子科云南乡试录序》，[清]郭尚先《增默庵文集》卷一，民国二十年新民印书局铅印本。

2491. 国家取士之制，详而要也。

——《癸酉科贵州乡试录序》，[清]郭尚先《增默庵文集》卷一，民国二十年新民印书局铅印本。

2492. 盖吕梁之险，悬流九十丈，出之入之，必以忠信。一切权术，作用又不足言矣。

——《查九峰家居自述跋》，[清]郭尚先《增默庵文集》卷二，民国二十年新民印书局铅印本。

2493．夫人苟各挟一自私自利之心，则利之所在，樊然赴之，疾苦颠连之在，人熟视若无睹，其心死矣。

——《张伟庵处士家传》，[清]郭尚先《增默庵文集》卷一，民国二十年新民印书局铅印本。

2494．使先生遇宏治之盛，其为诗必且优游平中，而惓惓不忘君国之心，亦无不可见者。

——《郑少谷先生诗序》，[清]郭尚先《增默庵文集》卷一，民国二十年新民印书局铅印本。

2495．瓦砾仍梁苑，尘沙又蔡州。何当石能语，一问五更头。

——《艮岳遗石图》，[清]郭尚先《增默庵诗遗集》卷二，清光绪十六年刻吉雨山房全集本。

2496．才自奋者以才伤，事自任者以事踬。初见良不及此，始念则亦可悲矣。

——《祭廖永亭观察文》，[清]郭尚先《增默庵文集》卷八，民国二十年新民印书局铅印本。

2497．君于学无不窥，而于政俗得失，民生利病，以古证今，慨然有用世志。

——《砚云李君墓志铭》，[清]郭尚先《增默庵文集》卷三，民国二十年新民印书局铅印本。

2498．夫主持公义，必多忤人所不能而独能之，则必有愧其不能而害其能者。

——《陈铁山先生墓志铭》，[清]郭尚先《增默庵文集》卷三，民国二十年新民印书局铅印本。

2499．夫主真质者，羌无故实，而有济水之讥；矜妙悟者，尽得风流，而有系风之喻。

——《郑云麓诗序》，[清]郭尚先《增默庵文集》卷四，民国二十年新民印书局铅印本。

2500．为是官者，苟思朝廷重师儒之义，则必明义利之辨，使士皆仰法，而后郡邑有风俗。

——《翁平山先生六十寿序》，[清]郭尚先《增默庵文集》卷二，民国二十年新民印书局铅印本。

2501. 宜人恭慎明懿，旷世与符，盖天将大叶氏之祚，而鳌以宜人。

——《叶母曾太宜人六十寿序》，[清]郭尚先《增默庵文集》卷二，民国二十年新民印书局铅印本。

2502. 贞直翻疑佞，平台泪未干。飘摇大厦坏，揩拄小朝难。枝叶终无改，冰霜任自寒。披图风㴋㴋，莫当偃松看。

——《黄石斋先生画松》，[清]郭尚先《增默庵诗遗集》卷二，清光绪十六年刻吉雨山房全集本。

2503. 未须雨意泼淋浪，亦不风枝互短长。分布疏疏神韵足，知君近写《十三行》。

——《题邓过庭画竹》，[清]郭尚先《增默庵诗遗集》卷一，清光绪十六年刻吉雨山房全集本。

2504. 降表修成看陆沉，仍希姓字附东林。名山怅望《中州集》，歧路徘徊《上堵吟》。天火不容留宛委，佛灯可许忏威音。青青转羡章台柳，擘石研丹见素心。

——《拂水山庄》，[清]郭尚先《增默庵诗遗集》卷一，清光绪十六年刻吉雨山房全集本。

# 江春霖

江春霖（1855—1918），字仲默，号杏村，晚号梅阳山人，莆田人，清代著名廉吏。清光绪二十年（1894年）进士，历任翰林院检讨、武英殿纂修等职，历署新疆道、辽沈、河南、四川、江南道监察御史。

江春霖不畏强权，以屡次弹劾勋贵而有直名。任监察御史期间，恪尽职守，对于官员的不法行为，无所避讳，尽皆检举，弹劾及亲贵、权臣、疆吏、军机大臣、尚书、总督、巡抚直至御史台之职者有15人，有"清朝御史第一人"之称。御史台陆宝忠钳制科道、犯烟禁，江春霖不避讳其为自己的顶头上司，两个月内两次上书弹劾，名噪京城。此外，曾先后八次上书弹劾时任直隶总督兼北洋大臣的袁世凯，并参劾奕劻卖官纳贿，贪污腐败。1908年上书抨击摄政王载沣。1910年2月再参奕劻，不被采纳，愤而辞职归乡。

江春霖一生清廉，一心为民。无论在京为官还是归居乡里，都未曾为个人和亲友获取好处，其家人全部居于老家山中，过着清贫的生活。归乡后，江春霖也恪守一不置田产，二不盖新屋，三不养奴婢的人生准则，而将其热情全部投向家乡的社会公益事业，领导修建和维护了大量基础设施，如兴建江口九里洋水渠、镇前海堤、南埕海堤、梧塘沟尾堤等。对施工财物，点滴归公，并捐资以助，乡人无不衷心敬佩。

江春霖著有《梅阳江侍御奏议》《梅阳山人诗文集》等，今主要收集在《江春霖集》中。

2505. 是以有国之君，不敢以功利为可图，而徒为目前之计；不敢以箕、毕为殊好，而必求舆论之孚。无以小而害大，无顾此而惜彼，古今可酌，中外可通，而不易之常经必不可变；生杀可操，予夺可制，而同具之彝秉必不可违。

——《审治体察民情论》，[清]江春霖《梅阳山人集》，清莆田陈氏抄本。

2506. 夫人之卓卓可传者，达而在上，则功施社稷，德被生民；穷而在下，则尽其分之所当为，随其力之所能至。

——《代拟祝外父母杨公纯卓孺人六旬寿序》，[清]江春霖《江春霖集》，马来西亚兴安会馆总会文化委员会，1990年，第268页。

2507. 揭不仁之祸，为误听言者发也。

——《孟子曰不仁者可与言哉全章》，[清]江春霖《梅阳山人集》，清莆田陈氏抄本。

2508. 水清者喻言之善也，水浊者喻言之不善也。

——《孟子曰不仁者可与言哉全章》，[清]江春霖《梅阳山人集》，清莆田陈氏抄本。

2509. 要之无论在省在莆，总须下二十分刻苦工夫，方望出人头地。

——《梅阳山人家书·光绪丙午年十月十一日书示著儿》，[清]江春霖《江春霖集》，马来西亚兴安会馆总会文化委员会，1990年，第514页。

2510. 区区之心，亦欲以廉静寡欲，稍挽争竞权利气习。

——《报杨季鹿书》，[清]江春霖《江春霖集》，马来西亚兴安会馆总会文化委员会，1990年，第336页。

2511. 贫贱不为病，富贵又何加？

——《李君简堂墓志铭》，[清]江春霖《江春霖集》，马来西亚兴安会馆总会文化委员会，1990年，第401页。

2512. 数辈相助，为理励精图治，贱货贵德，节用爱人，中外辑和，民心固结，国虽弱，必不亡。即亡，亦岂若是速哉？

——《清故进士及第资政大夫且园吴公墓志铭》，[清]江春霖《梅阳山人集》，清莆田陈氏抄本。

2513. 由来误国是和戎，割地输金覆辙同。剜肉目前谋未远，噬脐事后悔何穷。强邻莫餍豺狼欲，大将谁为骠骑雄？隐忍偷安今似昔，请缨惭愧汉终童！

——《因德国要挟有感》，[清]江春霖《梅阳山人集》，清莆田陈氏抄本。

2514. 自古权奸窃弄，始未尝不以忠顺结主知，洎乎威名日盛，疑忌交乘，骑虎既已难下，跋扈遂至不臣。岂尽其本心然哉？利之所在，势之所趋，而一时衔恩进款之士，又相与翼佐而拥戴之。即欲终守臣节而不能耳。此雨雪之有取于见晛，而履霜坚冰，圣人所为，谨防其渐也。

——《劾军机大臣袁世凯权势太重疏》，[清]江春霖《江春霖集》，马来西亚兴安会馆总会文化委员会，1990年，第127页。

# 八闽廉箴辑七

# 杨 亿

杨亿（974—1020），字大年，浦城（今福建省南平市）人，宋代史学家、文学家。

杨亿幼即能文，年十一，太宗闻其名，诏送阙下试诗赋，授秘书省正字。淳化年间（990—994年），太宗命杨亿试翰林，赐进士第，曾为翰林学士兼史馆修撰，官至工部侍郎。其性耿介，尚气节，在政治上支持丞相寇准抵抗辽兵入侵。

杨亿博览强记，尤长于典章制度，曾参与《太宗实录》的修撰，还主持编修《册府元龟》。在史馆修书时，杨亿曾与钱惟演、刘筠等人唱和，将唱和诗编为《西昆酬唱集》。集内诗歌重雕琢用典，铺陈词藻，讲究声律，被称为"西昆体"，在宋初诗坛上影响颇大。

其著作今存《武夷新集》20卷。

2515. 于是大雄之法音，雷震于兹土矣。勾吴之域，介于海隅；东阳之墟，上直婺女。蒙泰伯至德之化，俗敦廉让之风；渐初平好道之余，人禀清真之气。有耻且格，见善乃迁。

——《婺州开元寺新建大藏经楼记》，[宋] 杨亿《武夷新集》卷六，明刻本。

2516. 水深土厚，足以养疴，尚德兴廉，于焉静理。神明之化，期月有闻。

——《毕公墓志铭》卷十一，[宋] 杨亿《武夷新集》，明刻本。

2517. 我有好爵，兹用縻贤；国无败官，于焉致治。而庶尹卿士，郡邑牧宰，暨于黄绶一命，青纶半通。虽有司殿最之申严，外台刺举之详察，尚或贪墨以获戾，罢软而废职。徇公者伤于苛刻，贾誉者病于脂韦。

——《景德三年九月试贤良方正能直言极谏科策一道奉敕撰》，[宋] 杨亿

《武夷新集》卷十二,明刻本。

2518. 致有嚚讼升闻,烦轺车之案劾;具狱来奏,上丹笔之科条。但采于风谣,或察廉之失实;专取于课第,亦茂异之见遗。将何以致《棫朴》之咏,兴蒲卢之政?洽授方任能之道,著亮采惠畴之业。

——《景德三年九月试贤良方正能直言极谏科策一道奉敕撰》,[宋]杨亿《武夷新集》卷十二,明刻本。

2519. 然臣素知廉耻,无所侥求,固于官常,不敢贪冒,只希罢免,非望改迁。以七人补衮之资,荷千里颁条之寄,于臣之分,所得已多。

——《再乞解职表》,[宋]杨亿《武夷新集》卷十四,明刻本。

2520. 臣欲乞诸州并置刺史,以户口多少,制其俸禄;分下、中、上、紧、望、雄之等级,品秩之际率如旧章。与常参官比视阶资,出入更践。省去通判之目,但置从事之员。建廉察之使以统临,按舆地之图而区处。昔者兴国初,诏废支郡,出于一时。

——《次对奏状》,[宋]杨亿《武夷新集》卷十六,明刻本。

2521. 昔西汉张敞、萧望之上言,以为"仓廪实而知礼节,衣食足而知荣辱"。念吏俸不足者,常有忧父母妻子之心,虽欲为廉,其势不能。

——《次对奏状》,[宋]杨亿《武夷新集》卷十六,明刻本。

2522. 文思抚运,勤俭化人。赐纯嘏于昊穹,散皇明于普率。抚柔诸夏,煦妪群生。

——《谢赐批答状》,[宋]杨亿《武夷新集》卷十八,明刻本。

# 柳 永

柳永（987—1053），原名三变，字景庄，后改名永，字耆卿，因排行第七，又称柳七，崇安（今福建省武夷山市）人，北宋著名词人。

柳永出身官宦世家，少时有功名用世之志，一生仕途坎坷。大中祥符元年（1008年）进京参加科举，屡试不中，遂一心填词。暮年及第，历任睦州团练推官、余杭县令等职，以屯田员外郎致仕，故世称"柳屯田"。柳永词善于吸取民间词的精华，所作多描绘城市风光和底层人民生活，尤擅长于抒写羁旅行役之情，为写作慢词的第一人，其将敷陈其事的赋法移植于词，同时充分运用俚词俗语，以适俗的意象、淋漓尽致的铺叙、平淡无华的白描等独特的艺术个性，对宋词的发展产生了深远影响。

有词集《乐章集》，其主要作品有《望海潮·东南形胜》《雨霖铃·寒蝉凄切》等，今多辑于《柳永集》中。

2523. 本朝一物不失所，愿广皇仁到海滨。甲兵净洗征输辍，君有余财罢盐铁。太平相业尔惟盐，化作夏商周时节。

——《鬻海歌》，[宋]柳永《柳永集》，太原：山西古籍出版社，2005年，第2页。

2524. 太平时、朝野多欢民康阜。随分良聚。堪对此景，争忍独醒归去。

——《迎新春》，[宋]柳永《柳永集》，太原：山西古籍出版社，2005年，第34页。

2525. 走舟车向此，人人奔名竞利。念荡子、终日驱驱，争觉乡关转迢递。

——《定风波》，[宋]柳永《乐章集》，《疆村丛书》本。

2526. 诞弥月，瑶图缵庆，玉叶腾芳。并景贶、三灵眷佑，挺英哲、掩前王。遇年年、嘉节清和，颁率土称觞。

——《定风波》，[宋]柳永《乐章集》，《彊村丛书》本。

2527. 驱驱行役，苒苒光阴，蝇头利禄，蜗角功名，毕竟成何事，漫相高。抛掷云泉，狎玩尘土，壮节等闲消。幸有五湖烟浪，一船风月，会须归去老渔樵。

——《定风波》，[宋]柳永《乐章集》，《彊村丛书》本。

# 张伯玉

张伯玉（1003—1068），字公达，建安（今建瓯市）人。北宋天圣二年（1024年）进士，历任吴郡从事兼郡学教授、秘书丞、御史等，知严州、越州、福州等地，官至检校司封郎中。

张伯玉勤政爱民、娴熟吏治，为官一方皆有所成就。任吴郡从事兼郡学教授期间，他主持并发展了当地儒学，当地子弟多有登科及第，推动了当地文化教育的发展。知太谷县期间，广修水利，造福一方。英宗治平二年（1065年）知福州，伯玉结合当地仲夏酷暑、气温炎热导致时人多生病患的情况，下令编户植榕，大力种植榕树。此后福州"绿荫满城，暑不张盖"，"榕城"之名，影响至今。

伯玉素有文名，常能饮百杯而赋百篇，故有"张百杯"之称。著有《蓬莱集》二卷，今已佚。《严陵集》《会稽掇英总集》等录有其诗。

2528. 晋氏开霸图，潜飞入坚壁。梦日有余祥，留鞭无旧迹。虽矜钱凤计，终堕太真策。不作忠良臣，高城有何益。

——[宋]张伯玉《王敦城》，[清]陆心源《宋诗纪事补遗》，清光绪刻本。

2529. 海角千家郡，天南一水涯。倦游惭梗泛，多滞喜瓜时。弱羽诚难振，危根只自持。几门尝际遇，百步亦参差。

——[宋]张伯玉《桐庐官满先寄杭州资政侍郎》，[宋]董棻《严陵集》，清光绪十六至二十四年桐庐袁氏刻《渐西村舍丛刊》本。

2530. 尽逐鲸鲵扫八区，故人惟我更无余。云台功将任图画，天上客星闲卷舒。若把杀人来逐鹿，争似全身归钓鱼。先生有意羲皇外，不为林泉傲帝居。

——《钓台》，[宋]董棻《严陵集》，清光绪十六至二十四年桐庐袁氏刻

《渐西村舍丛刊》本。

2531. 只有溪山迎醉目，更无尘土倦樊笼。鵷鶵自得诚堪笑，诗有余狂酒有功。

——［宋］张伯玉《小楼独酌》，［清］陆心源《宋诗纪事补遗》，清光绪刻本。

2532. 迂疏非吏法，謇浅是辞源。谬览先生策，谁调伯氏埙。剪裁迷幅尺，追琢昧玙璠。学术何曾取，名场辄屡奔。技甘同鼫鼠，化敢望溟鲲。

——［宋］张伯玉《蓬莱阁闲望写怀》，［清］陆心源《宋诗纪事补遗》，清光绪刻本。

2533. 以此为官业，何由报主恩。冰霜徒励操，渊谷可惊魂。蕙帐羞逋客，庭貙鄙素餐。行当解簪绂，归老白云村。

——［宋］张伯玉《蓬莱阁闲望写怀》，［清］陆心源《宋诗纪事补遗》，清光绪刻本。

2534. 渐转皎日高，杳杳闻疏钟。天和发秀彩，灏气如腾虹。况予世虑疏，久矣淳心胸。更临物外趣，愈觉万缘空。

——［宋］张伯玉《清思堂晓雪初霁望飞来山》，［清］陆心源《宋诗纪事补遗》，清光绪刻本。

2535. 畴昔大禹来，简计天下书。诸侯率麇至，万玉争凫趋。防风独强梁，后至行趑趄。天威不可舍，败骨盈高车。至今憔悴烟，惨澹藏封隅。遂令百世后，尊王无异图。乃知圣人心，赏罚尽贻谟。

——［宋］张伯玉《会稽山》，［清］陆心源《宋诗纪事补遗》，清光绪刻本。

# 黄 裳

黄裳（1044—1130），字冕仲，号演山，南剑州剑浦县（今南平市）人，北宋、文学家。北宋元丰五年（1082年）进士，历任福州知府、端明殿学士、礼部侍郎、礼部尚书等职。

黄裳文采出众，其词语言明艳，如春水碧玉，此外善用声色渲染气氛，如代表作《减字木兰花》中所描写的热烈盛大的赛龙舟场景。他还是一位笔力遒劲的书法家，一生为官多地，在不少地方留有墨宝。其词作主要收于《演山词》中，今其作品多集中收录于《演山先生文集》中。

2536．均天下国家，能义而已；辞爵禄，能廉而已；蹈白刃，能勇而已。

——《杂说》，[宋]黄裳《演山集》卷五十二，清抄本。

2537．在乎爵禄也可辞，在乎中庸也不可辞，而勿辞之，斯能廉矣；在乎白刃也可蹈，在乎中庸也不可蹈，而弗蹈之，斯能勇矣。

——《杂说》，[宋]黄裳《演山集》卷五十二，清抄本。

2538．不可均之而均则伤义，不可辞而辞之则伤廉，不可蹈而蹈之，则伤勇。

——《杂说》，[宋]黄裳《演山集》卷五十二，清抄本。

2539．古之人有不及者，入之民间以治民事，出之民上以长民德，不亦可乎？

——《顺兴学记》，[宋]黄裳《演山集》卷十五，清抄本。

2540．典籍犹可捐，宁雕子云赋。万事归自然，所得先去故。洒落桐庐君，高源欲东赴。外物非所谋，此学良足据。

——《次舒尧文秋夜有感之韵》，[宋]黄裳《演山先生文集》卷二，清抄本。

2541．尝言文章气所寓，养气未及柔与刚。乌能发露与剑比，而不与我非其长。

——《酬程忠彦见赠》，[宋]黄裳《演山先生文集》卷二，清抄本。

2542. 独游才刃安能拘，发遗万事归元无。洗眼待看乡老书，使君政事当起予。年丰讼少民已苏，两税竟了谁无襦。万户有酒钱足酤，飘飘帘下吹笙竽。

——《送延平太守》，[宋]黄裳《演山先生文集》卷二，清抄本。

2543. 大道果安在，无流亦无止。有流落色界，无流在空体。用向体中存，见否瞪而视。空色两相忘，有无还自尔。

——《不流轩》，[宋]黄裳《演山先生文集》卷二，清抄本。

2544. 豪气欲吞天下士，舌上古今时复陈。熙朝未遇将谁尤，芳辰不乐还自嗔。聚散浮云眼前过，且作闲人静中坐。画梁燕子急归来，莫教故园春自老。

——《送郭公域》，[宋]黄裳《演山先生文集》卷二，清抄本。

2545. 气吐胸中斗牛夜，笔落手下烟云秋。丈夫得失聊自乐，一身一计何足忧。

——《寄连君佐》，[宋]黄裳《演山先生文集》卷二，清抄本。

2546. 平时高奋丈夫事，匹马西来亦须早。好是天涯逢故旧，笑言何处重携手。

——《送人归符离》，[宋]黄裳《演山先生文集》卷二，清抄本。

2547. 奈何汴洛贪送人，扫荡顽冰一梭走。义在人心难可欺，浮玉山南望风久。

——《送林疑独教授》，[宋]黄裳《演山先生文集》卷二，清抄本。

2548. 忧愤闻南平，贪浊闻而清。

——《尉氏五题·其四·啸台》，[宋]黄裳《演山先生文集》卷二，清抄本。

2549. 守道宋高士，筑室齐东鄙。植竹看岁寒，种田助形委。束书捐古今，抱易究生死。不以外移内，不以行责止。

——《寄隐者》，[宋]黄裳《演山先生文集》卷三，清抄本。

2550. 先生本无求，弃置如敝屣。俄闻与物化，精工未尝毁。汗简书逸民，义风洗贪士。东望呈肺肝，遥泻一卮水。

——《寄隐者》，[宋]黄裳《演山先生文集》卷三，清抄本。

2551. 重与论文不须细，且贵胸襟写来易。易中自有惊人词，绳墨定高何足贵。

——《和张仲时次欧阳文公览李白集之韵》，[宋]黄裳《演山先生文集》卷三，清抄本。

2552. 道义出君子，势利通小人。有无故所自，甘淡交所因。离合见难易，情文生伪真。圣主审所任，祸福延吾民。贤士慎汝择，利害归吾身。公患势利强，私患朋党亲。邪正若弗辨，安危难复陈。

——《结交》，[宋]黄裳《演山先生文集》卷三，清抄本。

2553. 始读郁吾气，再味濡我胸。如何志与气，发作瓶瓮中。大见无贤愚，大乐非窨通。

——《读罗隐孟郊集》，[宋]黄裳《演山先生文集》卷三，清抄本。

2554. 妙象生丹青，利器资陶镕。心手适相遇，变化从色定。感寓复收敛，兀然无我翁。

——《读罗隐孟郊集》，[宋]黄裳《演山先生文集》卷三，清抄本。

2555. 悲愁伤气岂足尚，拣择害道非所安。空色皆无适相遇，衮衮百年谁自苦。太平功业时可为，万丈虹蜺不须吐。一源湛湛吾忘情，四人毁誉浮沤生。

——《答仲时高轩小酌之什》，[宋]黄裳《演山先生文集》卷三，清抄本。

2556. 寸阴早在精进中，四十司徒未为老。黄纸除书无此期，只为松云动幽抱。世人发愿多自欺，十八逸民今友谁。

——《送骆君归隐庐阜》，[宋]黄裳《演山先生文集》卷三，清抄本。

2557. 雪天得职怀抱清，道山入局忧虑宁。今也无惭故乡举，幽闲更有登真路。

——《送人赴官秘阁》，[宋]黄裳《演山先生文集》卷三，清抄本。

2558. 要使中虚心鉴明，乃欲他时照纷遽。名利人人情正炎，我抱天君独为主。

——《送人赴官秘阁》，[宋]黄裳《演山先生文集》卷三，清抄本。

2559. 勿因世俗还低头，义理所在无今古。生死只系箪豆中，谁为万钟移出处。六翮冲天观一飞，所养先须微贱时。

——《送方彦稽解元》，[宋]黄裳《演山先生文集》卷三，清抄本。

2560. 归去壶公山下游,长须肩上何所忧。远烟万剂实行橐,置此雅好吾无求。

——《送方彦稽解元》,[宋]黄裳《演山先生文集》卷三,清抄本。

2561. 昭昭神考体天德,昔向明堂布仁政。

——《贺拜罢南郊献诗》,[宋]黄裳《演山先生文集》卷一,清抄本。

2562. 琐琐愚臣何所补,只愿献诗归乐府。

——《贺拜罢南郊献诗》,[宋]黄裳《演山先生文集》第一,清抄本。

2563. 夫以仁义表制天下,其利如此,而况下化而为仁义哉。其利不可胜用也。

——《杂说》,[宋]黄裳《演山先生文集》卷五十四,清抄本。

2564. 正心诚意者,养气之道也,思诚明善者,养心之道也。

——《杂说八》,[宋]黄裳《演山先生文集》卷五十四,清抄本。

2565. 先利则人所徇者欲,先义则人所徇者道。

——《杂说八》,[宋]黄裳《演山先生文集》卷五十四,清抄本。

2566. 治以道为本,教以德为本,礼以仁为本,政以圣为本,刑以义为本,事以礼为本。

——《杂说八》,[宋]黄裳《演山先生文集》卷五十四,清抄本。

2567. 虽然出处有义命,必欲长往非人同。

——《次鲁直烹密云龙之韵·其四》,[宋]黄裳《演山先生文集》卷一,清抄本。

2568. 有霜能独留,无德难相亲。乃闻曾子风,嗜好非今人。

——《次曾德宣竹窗之韵》,[宋]黄裳《演山先生文集》卷一,清抄本。

2569. 义在诗与书,利在金与珠。金珠壮人颜,俯仰一世间。我去彼不随,彼去我不观。诗书入青瞳,藏蓄心腑中。

——《题杨氏聚义轩》,[宋]黄裳《演山先生文集》卷一,清抄本。

2570. 聚义归清虚,无欠亦无馀。聚利赴嗜欲,自丧俄自续。

——《题杨氏聚义轩》,[宋]黄裳《演山先生文集》卷一,清抄本。

2571. 有乐不在物,况当仕而优。外骛乃自苦,作德能日休。

——《寄题存心堂因简正仲运使》,[宋]黄裳《演山先生文集》卷一,清抄本。

2572. 才气方自强,未战意先挑。

——《观试》，[宋]黄裳《演山先生文集》卷一，清抄本。

2573. 虚名薄利能几多，裹饭区区来复去。

——《简无咎学士》，[宋]黄裳《演山先生文集》卷一，清抄本。

2574. 涤除尘垢无少休，他日危楼与君凭。

——《寄题妙光亭》，[宋]黄裳《演山先生文集》卷一，清抄本。

2575. 一世如过隙，顷刻宁可轻。胜概岂虚置，倒樽慰浮生。

——《圆石六题·其一·迎晖亭》，[宋]黄裳《演山先生文集》卷一，清抄本。

2576. 千人忽堕风涛间，义气有感心生寒。以惰论法不可枉，使法可枉吾宁闲。

——《送范子镇》，[宋]黄裳《演山先生文集》卷一，清抄本。

2577. 此生义在公无惭，未到青云空白首。男子屈伸当有时，行置长缨远夷胫。

——《送范子镇》，[宋]黄裳《演山先生文集》卷一，清抄本。

2578. 勤将日力进，速副韶光催。长生且有道，当悟接与栽。

——《卜居潮山》，[宋]黄裳《演山先生文集》卷一，清抄本。

2579. 摄用还一空，何取亦何舍。莫认假与真，外乐聊以借。

——《假山》，[宋]黄裳《演山先生文集》卷一，清抄本。

2580. 赵州庭柏如已知，扫却闲言且观独。九年当作无生游，慎勿窥红堕私欲。

——《送骆君归隐庐阜》，[宋]黄裳《演山先生文集》卷三，《四库全书》本。

2581. 不为形役心方纵，乘化悠悠岂须控。归去来兮归自公，北窗高卧南来风。

——《题卧陶轩》，[宋]黄裳《演山先生文集》卷三，清抄本。

2582. 濯缨之水山幽幽，本来似鉴无庸流。到此令人肝胆醒，涤除万累开襟灵。一源莫误登临目，纷纷世上红尘足。

——《双源六题·濯缨堂》，[宋]黄裳《演山先生文集》卷三，清抄本。

2583. 本无行止吾何疑，岂将眼力随尘机。行亦可，归亦可。长沮桀溺非通道，此生未必山中老。

——《寄卧云先生》，[宋]黄裳《演山先生文集》卷四，清抄本。

2584. 扰扰红尘高卧客，红尘不染人难识。琅琅为讲还丹篇，若有清风濯胸臆。玉兔走入流珠宫，正向时人失中得。根本盖自仙翁传，仙翁住世千余年。

——《赠方外士》，[宋] 黄裳《演山先生文集》卷四，清抄本。

2585. 剑潭居士心相从，何时遂扣逍遥翁。自知心骨异凡物，岂愿老死浮生中。

——《赠崔风子》，[宋] 黄裳《演山先生文集》卷四，清抄本。

2586. 感义区区谋国士，竟为升平模棱子。抗章言事来去忙，左提右挈归之理。见姓书名安且荣，宁问贤愚落青史。隐居到此当忘言，对月且倒无忧樽。

——《读王黄州游宦篇》，[宋] 黄裳《演山先生文集》卷四，清抄本。

2587. 能积又能亡，时高又时低。圭璧随所寓，陵谷岂可齐。

——《积雪》，[宋] 黄裳《演山先生文集》卷四，清抄本。

2588. 契合好甘醴，听闻嫌正音。交结自此始，刎颈当知心。

——《交游》，[宋] 黄裳《演山先生文集》卷四，清抄本。

2589. 名利场中化君子，偶得延平二高士。王子好谈兼好行，行如不及谈如倾。此生根蒂果安在，宁复计校枯与荣。纪子忘知更忘说，行所当然孰云别。

——《送纪宣教》，[宋] 黄裳《演山先生文集》卷四，清抄本。

2590. 污吏物胜志，俗吏势胜义。志义不可胜，势物如脱屣。古云士大夫，此道既坠地。俯首拾蹴与，仰视忽高致。仕途无清风，大望失所寄。志士独怀古，义气已屡喟。

——《送公表判官解官南归》，[宋] 黄裳《演山先生文集》卷四，清抄本。

2591. 三载日犹短，六计满物议。荐章何所归，见敬乃虚器。得丧固有命，失士岂无愧。顾我眼力壮，古貌人青视。方恨相得晚，笑语未获醉。官满不可留，年华促归计。

——《送公表判官解官南归》，[宋] 黄裳《演山先生文集》卷四，清抄本。

2592. 穷通身外不足念，醉吟可写尘中忧。至诚所与暂睽远，时复一嚏聊相求。

——《送公表判官解官南归》，[宋]黄裳《演山先生文集》卷四，清抄本。

2593．风自东山吹厥后，义重生轻公所有。怀抱应书霜雪明，一封十事龙鳞轻。青云失志薰无悔，且喜岁寒柯未改。名节稍从言路爱，待向乌台观慷慨。

——《赠谢殿元》，[宋]黄裳《演山先生文集》卷四，清抄本。

2594．胸襟不贮世俗事，酒力相攻易相失。青铜三百惭予悭，乃至解佩穷清欢。万事亨途谁满意，百年生计自开颜。樽前兀兀坐者谁，颓然醉倒春风间。

——《春日寄友人》，[宋]黄裳《演山先生文集》卷五，清抄本。

2595．为贫而仕我与君，失意以归南北云。岂抱去留论适莫，岂因得丧悲离合。

——《送王慎中》，[宋]黄裳《演山先生文集》卷五，清抄本。

2596．闻其风者少当愧，此道亦更清于夷。君归休，白心碧眼非庸流。

——《送王慎中》，[宋]黄裳《演山先生文集》卷五，清抄本。

2597．向死生中脱死生，象罔得之方始灵。扫除物我双何有，怀抱乾坤一混成。

——《赠天台禅鉴》，[宋]黄裳《演山先生文集》卷五，清抄本。

2598．官职尘劳少，朋从语笑长。但惭甘若醴，宁恨冷如浆。小说诛弥漫，雄文荐炜煌。培风谁有志，从此好南翔。

——《次常父著作曝书之韵》，[宋]黄裳《演山先生文集》卷六，清抄本。

# 何去非

何去非（1050—1105），字正通，浦城（今福建省南平市）人，宋兵学家。

元丰五年（1082年），何去非被任命为右班殿直、武学教授，不久升任武学博士，使校兵法七书，后迁左侍禁。元祐四年（1089年），以苏轼之请，特换文资，为太学博士。历任徐州教授、知富阳县等职，官终通判庐州（一说沧州），卒葬富阳县。

何去非无书不读，学问渊博，其作品有《文集》20卷、《备论》4卷、《司马法讲议》3卷、《三略讲议》3卷，都是重要的军事文献。

2599. 王天下者，其资有三：有以德得之，有以力并之，有以智取之。

——《楚汉论》，[宋]何去非《何博士备论》，清道光二十一年金山钱氏重编增刻指海本。

2600. 先王之政，不求徇人之私情，而求当天下之正义。

——《李广论》，[宋]何去非《何博士备论》，清道光二十一年金山钱氏重编增刻指海本。

2601. 古之豪杰，有功业之大志，其才力虽足，有以取济，而无谋。夫策士合奇集智，以更转（辅）其不迨，使无失乎事机之会，则往往功败业去，而为徒发者，皆是也。

——《吴论》，[宋]何去非《何博士备论》，清道光二十一年金山钱氏重编增刻指海本。

2602. 善任将者，不以其兵轻属于人；善为将者，不以其身轻任其寄。

——《陆机论》，[宋]何去非《何博士备论》，清道光二十一年金山钱氏重编增刻指海本。

2603. 甚矣！昧者之议，不知求夫天下之势、强弱之任所当然者，而猥曰："文景为是慈俭爱民，而武帝黩于兵师祈祝。"至与秦皇同日而非诋之，岂不痛哉！

——《汉武帝论》，[宋]何去非《何博士备论》，清道光二十一年金山钱氏重编增刻指海本。

2604. 臣非故强也，恃勋赏之积而卒至于强；兵非故骄也，恃战役之勤而卒至于骄。故古者拨乱定倾之主，不忧天下大计之不集，而深虞大臣之或强，战士之或骄。

——《五代论》，[宋]何去非《何博士备论》，清道光二十一年金山钱氏重编增刻指海本。

2605. 自非中州大定，而其国失政，虽以重师临之，鲜有得志。故魏武乘举荆之势，以数十万之众困于乌林；魏文继之大举，独临江叹息而返。

——《苻坚论下》，[宋]何去非《何博士备论》，清道光二十一年金山钱氏重编增刻指海本。

2606. 治国而缓法制者亡，理军而废纪律者败。法制非人情之所安，然吾必驱之使就者，所以齐万民也；纪律非士心之所乐，然吾必督之使循者，所以严三军也。

——《李广论》，[宋]何去非《何博士备论》，清道光二十一年金山钱氏重编增刻指海本。

2607. 故周公朝诸侯于明堂，四国之君立于四门之外，使得与夫备物盛礼之观，而隐寓其羁縻勿纵之义，甚深远也。

——《晋论上》，[宋]何去非《何博士备论》，清道光二十一年金山钱氏重编增刻指海本。

2608. 夫既去其侮而又役其力，可谓世主之大欲，国家之盛福矣。不知积之既久，而大祸之所伏，一旦汹然而发，若决防水，莫之能遏。

——《晋论下》，[宋]何去非《何博士备论》，清道光二十一年金山钱氏重编增刻指海本。

# 廖　刚

廖刚（1070—1143），字用中，号高峰居士，顺昌（今福建省南平市）人。北宋崇宁五年（1106年）进士，历任刑部侍郎、御史中丞、工部尚书等要职，有"道南高弟，绍兴名臣"的美名。

廖刚少时曾拜师于杨时，养成忠正刚直、为民立命的品格与精神。时朝廷奸邪当道，作为监察御史，其举言不避权贵，不畏小人，忠心直言，痛陈利害，遭到奸臣的忌惮排挤。面对国情危急，他持身立朝，忧国爱民，对外力主抗敌御侮，对内全力慰抚百姓，建言献策，解决许多危局。南宋建炎三年（1129年），宋高宗驻跸于临安（今杭州市），面对国家兵少粮缺、财短赋重的情况，廖刚建议利用驻军和鼓励农民垦荒种田，以发展江南经济。此令一经推行，便减轻了东南老百姓的负担，安置了一部分因战争而流离失所的劳力，推动了生产发展，极大解决了国家的困难。

著有《高峰集》《诗经讲义》《大学讲义》《世彩集》等。

2609. 是以有荒政存焉，不待事至而后图也。

——《乞预备赈济札子》，[宋]廖刚《高峰文集》卷二，清乾隆文渊阁《四库全书》本。

2610. 故君臣上下，不贵于同，而贵于和。和者，可否相济之谓也。

——《论图治札子》，[宋]廖刚《高峰文集》卷二，清乾隆文渊阁《四库全书》本。

2611. 青云有胜友，勉我去鄙倍。困怜涂中污，巾笥欲千载。失身殉虚名，要等轲与亥。归欤笋蕨乡，梦寐春山采。

——《次韵王元衷见寄》，[宋]廖刚《高峰文集》卷十，清乾隆文渊阁《四库全书》本。

2612. 然吏或奸贪，何所忌惮？况官无实直明文，尤得以贱价取于百姓，诚难检察。惟廉谨畏法者,遂为小人所欺,往往饮食之物倍直然后能致,而心犹不能自安,以不知实直故也。

——《漳州到任条具民间利病五事奏状》,[宋]廖刚《高峰文集》卷五,清乾隆文渊阁《四库全书》本。

2613. 故旅耆老,复孝敬,选豪俊,讲文学,稽参政事,祈进民心,深诏执事,兴廉举孝,庶几成风,绍休圣绪。夫十室之邑,必有忠信;三人并行,厥有我师。

——《元年十一月二十六日进故事》,[宋]廖刚《高峰文集》卷六,清乾隆文渊阁《四库全书》本。

2614. 今诏书昭先帝圣绪,令二千石举孝廉,所以化元元,移风易俗也。不举孝,不奉诏,当以不敬论。不察廉,不胜任也,当免。

——《元年十一月二十六日进故事》,[宋]廖刚《高峰文集》卷六,清乾隆文渊阁《四库全书》本。

2615. 重以贱疾,将有颠踬不常之患。如此而不引去,尚妨贤路,是不复有廉耻也。陛下亦何以臣为?伏望圣慈察其悃愊,俯从所请。

——《再乞出表》,[宋]廖刚《高峰文集》卷七,清乾隆文渊阁《四库全书》本。

2616. 固有廉洁善吏,亦多通达名儒。循良余古人风,论议究当世务。有将有相,宜可以为君得人;兴贤兴能,亦足使在位美俗。

——《代人谢举改职官启荆南》,[宋]廖刚《高峰文集》卷九,清乾隆文渊阁《四库全书》本。

2617. 故恢帝王敦朴之风,躬祖宗勤俭之实,杜智谋而不用,卷兵甲以深藏,益壮基图,大同夷夏。然人情解缓,不生于艰棘之初。

——《遗表》,[宋]廖刚《高峰文集》卷四,清乾隆文渊阁《四库全书》本。

2618. 廓天地之度,霁雷霆之威,少垂聪听,使狂言获经圣虑,虽就鼎镬,臣无所憾。恭惟陛下谦恭责己,勤俭宜民,声色不迩,问学是好。

——《应诏奏状·绍兴七年三月》,[宋]廖刚《高峰文集》卷五,清乾隆文渊阁《四库全书》本。

# 李 侗

李侗（1093—1163），字愿中，世称"延平先生"，南剑州剑浦县（今福建省南平市）人，宋代道（替换为"理"）学家、散文家。李侗长期隐居山村，生活简朴、（替换为"，"）潜心修学，继承和发展了（添加"了"）两程思想，得《春秋》《中庸》《论语》《孟子》之说，遂成一代理学大家，与杨时、罗从彦并称"南剑三先生"。门下弟子众多，朱熹曾得其亲传。虽未入朝为官，但始终心系国家，常"伤时忧国，论事感激动人"，反映出他的（添加"出他的"）拳拳爱国之心。

其著作有《李延平集》四卷。

2619. 然饥而思食，不过乎菽粟之甘；寒而求衣，不过乎绨布之温，道之所可贵亦不过君臣、父子、夫妇、长幼、朋友之间行之以仁义忠信而已耳。舍此之不务，而必求夫诬诡谲怪，可以骇人耳目者而学之，是犹饥寒切身者，不知菽粟绨布之为美，而必期乎珍异侈美之奉焉，求之难得，享之难安，终安必亡而已矣。

——《初见罗豫章先生书》，[宋]李侗《延平文集》卷之三，清顺治刻本。

2620. 先生曰："伊川先生曰：'信本不及义，恭本不及礼，然信近于义，恭近于礼也。信近于义，以言可复也；恭近于礼，以远耻辱也。因恭信而不失亲，近于礼义，故亦可宗也。犹言礼义者不可得见，得见恭信者可矣。'详味此语，则失亲于可贱之人，自无有矣。"

——《答问上》，[宋]李侗《延平文集》卷之一，清顺治刻本。

2621. 要之，断然不可和，自整顿纲纪，以大义断之，以示天下向背，立为国是可尔。

——《与朱元晦书一七绍兴三十二年七月二十一日》，[宋]李侗《延平文集》卷之一，清顺治刻本。

2622. 仁之一字正如四德之元；而仁义二字正如立天道之阴阳，立地道之柔刚，皆包摄在此二字尔。大抵学者多为私欲所分，故用力不精，不见其效。若欲于此进步，须把断诸路头，静坐默识，使之泥滓渐渐消去方可；不然，亦只是说也。更熟思之。

——《与朱元晦书一六绍兴三十二年六月十一日》，[宋]李侗《延平文集》卷之一，清顺治刻本。

2623. 若曰儒者之道可会为一，所以穷理尽性、治国平天下者，举积诸此，非自愚则欺也。众人皆坐侗以此，而不知侗暂引此以为入道之门也。

——《初见罗豫章先生书》，[宋]李侗《延平文集》卷之三，清顺治刻本。

2624. 烛理未明而是非无以辨，宅心不广而喜怒易以摇，操履不完而悔吝多，精神不充而智巧袭，拣焉而不净，守焉而不敷，朝夕恐惧，不啻如饥寒切身者求充饥御寒之具也。不然，安敢以不肖之身为先生之累哉。

——《初见罗豫章先生书》，[宋]李侗《延平文集》卷之三，清顺治刻本。

# 胡 宏

胡宏（1106—1162），字仁仲，号五峰，世称"五峰先生"，崇安（今南平市）人，宋代理学家，"湖湘学派"奠基者。

胡宏少时聪慧，15 岁便自撰《论论语》，后从师于杨时，打下坚实理学基础。宋绍兴元年（1131 年），胡宏与父亲胡安国避中原之乱来到湘潭碧泉，从此开馆授徒，阐明湖湘之学。胡宏潜心于《春秋传》的研究著述，并创立"湖湘学派"，系统阐发了理学观点，认为"天理人欲，同体异用"，圣人"不去情"，"不绝欲"，只是"发而中节"而已，也进一步完善了"湖湘学派"的理论体系。此外，胡宏忧虑国事，常常有自己独到见解，曾上书，以万言笔墨论及天下形势、治国方略，体现了远见卓识。

胡宏一生未仕，勤心学术，著书立说，著有《知言》《皇王大纪》《易外传》等。

2625. 观日月之盈虚，知阴阳之消息。观阴阳之消息，知圣人之进退。士选于庠塾，政令行乎世臣，学校起于乡行，财出于九赋，兵起于乡遂，然后政行乎百姓，而仁覆天下矣。

生刑轻，则易犯，是故教民以无耻也。死刑重，则难悔，是绝民自新之路也。死刑生刑，轻重不相县，然后民知所避，而风化可兴矣。

——《天命》，[宋] 胡宏《胡宏集》，北京：中华书局，1987 年，第 1 页。

2626. 生世之大弊，承道之至衰，蕴经纶之大业，进退辞受，执极而不变，用极而不乱，屹然独立于横流。使天下后世晓然，知强大威力之不可用，士所以立身，大夫所以立家，诸侯所以立国，天子所以保天下，必本诸仁义也。

——《天命》，[宋] 胡宏《胡宏集》，北京：中华书局，1987 年，第 2 页。

2627. 圣人制四海之命，法天而不私己，尽制而不曲防，分天下之地以为万国，而与英才共焉。诚知兴废之无常，不可以私守之也。

——《修身》，[宋]胡宏《胡宏集》，北京：中华书局，1987年，第5页。

2628. 小道任术，先其得，后其利，智已而愚民者也。圣人由道而行，其施也博，其报也厚，其散也广，其聚也多，贪欲不生而天下通焉。

——《阴阳》，[宋]胡宏《胡宏集》，北京：中华书局，1987年，第7页。

2629. 当爵禄而不轻，行道德而不舍者，君子人欤？君子人也。天下之臣有三：有好功名而轻爵禄之臣，是人也，名得功成而止矣；有贪爵禄而昧功名之臣，是人也，必忘其性命矣，鲜不及哉；有由道义而行之臣，是人也，爵位功名，得之不以为重，失之不以为轻，顾吾道义如何耳。君天下，临百官，是三臣者杂然并进，为人君者，乌乎知而进退之？

——《往来》，[宋]胡宏《胡宏集》，北京：中华书局，1987年，第13页。

2630. 人皆有良心，故被之以桀、纣之名，虽匹夫不受也。夫桀、纣，万乘之君，而匹夫羞为之，何也？以身不亲其奉，而知其行丑也。王公大人一亲其奉，丧其良心，处利势之际，临死生之节，贪冒苟免，行若大鼠者，皆是也。富贵而奉身者备，斩良心之利剑也。是故禹菲饮食，卑宫室，孔子重赞之，曰："吾无间然矣！"富贵，一时之利；良心，万世之彝。乘利势，行彝章，如雷之震，如风之动，圣人性之，君子乐之。不然，乃以一时之利失万世之彝，自列于禽兽，宁贫贱而为匹夫，不愿王公之富贵也。

以理义服天下易，以威力服天下难，理义本诸身，威力假诸人者也。本诸身者有性，假诸人者有命。性可必而命不可必，性存则命立，而权度纵释在我矣。是故善为国者，尊吾性而已。

——《仲尼》，[宋]胡宏《胡宏集》，北京：中华书局，1987年，第16页。

2631. 修为者必有弃，然后能有所取；必有变，然后能有所成。虽天子之贵，不仁不义，不能以尊其身，虽天下之大，不仁不义，不能以庇其身，况其下者乎？

鱼生于水，死于水，草木生于土，死于土，人生于道，死于道，天经也。饮食、车马、衣裳、宫室之用，道所以有济生者，犹鱼有蘋藻泥沙，草木有风雷雨露也。如使鱼而离水，虽有蘋藻泥沙，则不能生矣，如使草木而离土，虽有风雷雨露，亦不能以生。今人也而离道，饮食虽丰，裳服虽鲜，车马虽泽，官室虽丽，其得而享诸，季世淫乱并兴，争夺相杀，珍灭人伦。至于善良被祸，奸恶相残，天下嚣然，皆失其所，则一人弃道崇物之所致也。有国家者戒之！戒之！

——《仲尼》，[宋]胡宏《胡宏集》，北京：中华书局，1987年，第17页。

2632. 仁心，立政之本也。均田，为政之先也。田里不均，虽有仁心而民不被其泽矣。井田者，圣人均田之要法也。恩意联属，奸宄不容，少而不散，多而不乱。农赋既定，军制亦明矣。三王之所以王者，以其能制天下之田里，政立仁施，虽匹夫匹妇一衣一食，如解衣衣之，推食食之。其于万物，诚有调燮之法以佐赞乾坤化育之功，非如后世之君不仁于民也。

桀、纣、秦政，皆穷天下之恶，百姓之所同恶，故商、周、刘汉因天下之心伐而代之，百姓亲附，居之安久，所谓仁义之兵也。魏、晋以来，天下莫不假人之柄而有隳三纲之罪。仁义不立，纲纪不张，无以缔固民心，而欲居之安久，可乎？

——《文王》，[宋]胡宏《胡宏集》，北京：中华书局，1987年，第19页。

2633. 尧、舜以天下与人，而无人德我之望，汤、武有人之天下，而无我取人之嫌。是故天下无大事，我不能大，则以事为大，而处之也难。

——《纷华》，[宋]胡宏《胡宏集》，北京：中华书局，1987年，第24页。

2634. 人君尽下，则聪明开，而万里之远亲于衽席；偏信，则昏乱，而父子夫妇之间有远于万里者矣。人君欲救偏信之祸，莫先于穷理，莫要于寡欲，穷理寡欲，交相发者矣。去圣既远，天下无人师，学者必因书记语言以知理义之精微。知之，则适理义之周道也。不然，则为溺心志之大阱矣。

——《纷华》，[宋]胡宏《胡宏集》，北京：中华书局，1987年，第26页。

2635. 为天下者，必本于理义。理也者，天下之大体也；义也者，天下之大用也。理不可以不明，义不可以不精。理明，然后纲纪可正；义精，然后权衡可平。纲纪正，权衡平，则万事治，百姓服，四海同。夫理，天命也；义，人心也。惟天命至微，惟人心好动。微则难知，动则易乱。欲着其微，欲静其动，则莫过乎学。学之道，则莫过乎绎孔子、孟轲之遗文。孔子定书，删

《诗》,系《易》,作《春秋》,何区区于空言。所以上承天意,下悯斯人。故丁宁反复三四不倦,使人知所以正心诚意、修身齐家、治国平天下之本也。孟轲氏闲先圣之道,慨然忧世,见齐、梁之君,间陈理义,提世大纲,一扫东周五霸之弊,发兴衰拨乱之心要。愚因其言,上稽三代,下考两汉、三国、东西晋、南北朝,至于隋、唐,以及于五代,虽成功有小大,为政有治忽,制事有优劣。然总于大略,其兴隆也,未始不由奉身以理义;其败亡也,未始不由肆志于利欲。然后知孟轲氏之言信而有征,其传圣人之道纯乎纯者也。

——《义理》,[宋]胡宏《胡宏集》,北京:中华书局,1987年,第29—30页。

# 李 吕

李吕（1122—1198），字滨老，号澹轩，光泽（今福建省南平市）人。李吕曾从叔父李郁学杨时学说，博闻强记，领会精深。李吕曾受朱熹之邀往白鹿洞书院讲学，治学治家皆有法，深受朱熹所敬重，朱熹曾赞其曰："强学既有闻，又教诸子皆有法。"著有《澹轩集》15卷、《国史经籍志》。

2636. 青山不世情，终日独我顾。修竹岁寒姿，不受纤尘污。
——《抱膝庵》，[宋]李吕《澹轩集》卷一，清乾隆文渊阁《四库全书》本。

2637. 恢网疏不漏，盖高卑听视。夫谁执其柄，悖谬仍倒置。感召厥有由，下民亦何罪。我欲借扶摇，剖心叩玉陛。九关群虎守，未许凡骨诣。愿天回光鉴，肃正天之纪。
——《乙巳四月比屋多疹痘虐痛间作五月尽犹未已病者延绵在寝治疗不获其法往往失生理殊可悯痛乃作民病书事一首以纪之》，[宋]李吕《澹轩集》卷一，清乾隆文渊阁《四库全书》本。

2638. 圣贤昔未遇，未免失常度。固知天地宽，出门多龃龉。贫贱势易陵，动息要衡虑。
——《勉诸子》，[宋]李吕《澹轩集》卷一，清乾隆文渊阁《四库全书》本。

2639. 憔悴间姬姜，一莸杂兰芷。贪浊和者众，独清竞萋菲。善恶久相淆，何特酒而已。至当终难掩，岂必随风靡。革弊会有时，周道本如砥。
——《近世饮者尊尚苦味有感成诗》，[宋]李吕《澹轩集》卷一，清乾隆文渊阁《四库全书》本。

2640. 鸱鸮嘲凤凰，飞鸣竞啾啾。凤兮问彼鸮，见憎何因由。我居在丹穴，下瑞暂来游。梧桐与竹实，食息无外求。

——《古意》，[宋]李吕《澹轩集》卷一，清乾隆文渊阁《四库全书》本。

2641. 践更盘错威望着，素秉公廉政有神。贪吏望风争解去，冤民在处皆获伸。

——《贺吴守被召》，[宋]李吕《澹轩集》卷一，清乾隆翰林院抄本。

2642. 公孝弟于其闺门，廉逊于其乡党，虽湮没幽塞，其潜光隐耀，宜积久而愈发。

——《黄君行状》，[宋]李吕《澹轩集》卷七，清乾隆翰林院抄本。

2643. 宽饶为人公廉鲠直，无所回避，此人必慕宽饶之为人。

——《书笔谈后》，[宋]李吕《澹轩集》卷八，清乾隆翰林院抄本。

2644. 窃惟吏治以仁义为先，教化为本。

——《代赵宰移学告庙文》，[宋]李吕《澹轩集》卷七，清乾隆翰林院抄本。

2645. 夫孝始于事亲，终于治国平天下。人能以深爱之诚心推而上之，则知尊祖。故知父而不知祖，不足以言孝，孝不备则本不立矣。祖乃生人之本，孝乃为人之本，有本则虽放乎四海可也。

——《诸子命名序》，[宋]李吕《澹轩集》卷五，清乾隆翰林院抄本。

2646. 心存忠孝源流远，义薄云天色笑温。屈指前时功德辈，悠悠谁似典型存。

——《投赠钱侍郎端礼三篇》，[宋]李吕《澹轩集》卷二，清乾隆翰林院抄本。

2647. 若夫富室之兼并，豪民之武断，恶习相染而敝民间出，颓风相仍而敝事时生，必将讲明治化，拔本塞源，以成礼义之俗。

——《代县宰社仓砧基簿序》，[宋]李吕《澹轩集》卷五，清乾隆翰林院抄本。

2648. 赤心要无负，肯受富贵吞。鄙哉贱丈夫，卤食苟朝昏。倾危不遑恤，是非谁与论。

——《某伏蒙大人金判出示尝与侍郎郑公浅沙泉唱酬诗轴率尔次韵》，[宋]李吕《澹轩集》卷一，清乾隆翰林院抄本。

# 朱 熹

朱熹（1130—1200），字元晦，一字仲晦，号晦庵，世称晦庵先生、朱文公。生于南剑州尤溪，幼年随母定居崇安（今福建武夷山市）。宋绍兴十八年（1148），赐同进士出身。历仕高宗、孝宗、光宗、宁宗四朝，为官期间，直言不讳，爱国爱民。淳熙八年（1181），朱熹屡次上疏弹劾唐仲友违法扰民之事，皆因唐为宰相王淮姻亲而不得受理，故愤而辞官。绍熙五年（1194），朱熹为宋宁宗讲《大学》，反复强调"格物、致知、诚意、正心、修身、齐家、治国、平天下"，希望通过匡正君德来限制君权的滥用，引起皇帝不满，因此被罢官，还居家乡。

作为宋明理学的集大成者，朱熹的理学思想体系融合张载、二程等人于一体。一生著述宏富，著有《四书章句集注》《周易本义》《易学启蒙》《诗集传》《家礼》《资治通鉴纲目》等，今多收于《朱子全书》中。

2649. 半亩方塘一鉴开，天光云影共徘徊。问渠那得清如许？为有源头活水来。

——《观书有感·其一》，[宋]朱熹撰，朱杰人、严佐之、刘永翔主编《朱子全书》（修订版）第二十册，上海：上海古籍出版社，2010年，第286页。

2650. 酬唱不夸风物好，一心忧国愿年丰。

——《伏承侍郎使君垂示所与少傅国公唱酬西湖佳句谨次高韵聊发一笑·其二》，[宋]朱熹撰，朱杰人、严佐之、刘永翔主编《朱子全书》（修订版）第二十册，上海：上海古籍出版社，2010年，第512页。

2651. 盖三纲五常，天理民彝之大节，而治道之本根也。故圣人之治，为之教以明之，为之刑以弼之。虽其所施或先或后，或缓或急，而其丁宁深切之意未尝不在乎此也。

——《戊申延和奏札一》，[宋]朱熹撰，朱杰人、严佐之、刘永翔主编《朱子全书》(修订版)第二十册，上海：上海古籍出版社，2010年，第656页。

2652. 愚谓政者，为治之具。刑者，辅治之法。德礼则所以出治之本，而德又礼之本也。此其相为终始，虽不可以偏废，然政刑能使民远罪而已。德礼之效，则有以使民日迁善而不自知。故治民者不可徒恃其末，又当深探其本也。

——《四书章句集注·论语集注》卷一，[宋]朱熹撰，朱杰人、严佐之、刘永翔主编《朱子全书》(修订版)第六册，上海：上海古籍出版社，2010年，第75页。

2653. 苟处之未审，而曰姑又以待天幸之来，则非愚之所敢知者。是以私忧过计，夙夜拳拳而不能已也。

——《与黄枢密书》，[宋]朱熹撰，朱杰人、严佐之、刘永翔主编《朱子全书》(修订版)第二十一册，上海：上海古籍出版社，2010年，第1078页。

2654. 然宿弊已深，非得同心同德之臣，素为海内所属望者，为之辅佐，进贤退奸，修滞补弊，要之以尽而持之以久，使其势翕然而大变，则未可以有为也。

——《与黄枢密书》，[宋]朱熹撰，朱杰人、严佐之、刘永翔主编《朱子全书》(修订版)第二十一册，上海：上海古籍出版社，2010年，第1077页。

2655. 任国政者，不闻有寇忠愍之谋；典宿卫者，不闻有高烈武之请。

——《与黄枢密书》，[宋]朱熹撰，朱杰人、严佐之、刘永翔主编《朱子全书》(修订版)第二十一册，上海：上海古籍出版社，2010年，第1077页。

2656. 明公亦宜自谋，所以清化原、革流弊者，使乾刚不亢而君道下济，忠谠竞劝而臣道上行。则天地交泰，上下志同。而天下之士虽有嚣嚣然处畎亩而乐尧舜者，犹将为明公出，况如熹者，又岂足道也哉！

——《与陈丞相书》，[宋]朱熹撰，朱杰人、严佐之、刘永翔主编《朱子全书》(修订版)第二十一册，上海：上海古籍出版社，2010年，第1096页。

2657. 然熹尝窃谓朋党之祸，止于缙绅，而古之恶朋党而欲去之者，往往至于亡人之国。盖不察其贤否忠邪，而惟党之务去，则彼小人之巧于自谋者，必将有以自盖其迹；而君子恃其公心直道，无所回互，往往反为所挤而目以为党。汉、唐、绍圣之已事，今未远也。

——《与留丞相书》，[宋]朱熹撰，朱杰人、严佐之、刘永翔主编《朱子全书》（修订版）第二十一册，上海：上海古籍出版社，2010年，第1243页。

2658. 延纳贤能，黜退奸险，合天下之人以济天下之事者，宰相之职也。

——《与留丞相书》，[宋]朱熹撰，朱杰人、严佐之、刘永翔主编《朱子全书》（修订版）第二十一册，上海：上海古籍出版社，2010年，第1244页。

2659. 夫以丞相今日之所处，无党则无党矣。而使小人之道日长，君子之道日消，天下之虑将有不可胜言者，则丞相安得辞其责哉？

——《与留丞相书》，[宋]朱熹撰，朱杰人、严佐之、刘永翔主编《朱子全书》（修订版）第二十一册，上海：上海古籍出版社，2010年，第1244页。

2660. 伏惟上为国家，俯为人望，千万自重，熹不胜恳祷真切之至。

——《与留丞相札子》，[宋]朱熹撰，朱杰人、严佐之、刘永翔主编《朱子全书》（修订版）第二十一册，上海：上海古籍出版社，2010年，第1229页。

2661. 若在理上看，则虽未有物而已有物之理。然亦但有其理而已，未尝实有是物也。

——《答刘叔文》，[宋]朱熹撰，朱杰人、严佐之、刘永翔主编《朱子全书》（修订版）第二十二册，上海：上海古籍出版社，2010年，第2146页。

2662. 熹以崇安水灾，被诸司檄来，与县官议赈恤事，因为之遍走山谷间，十日而后返。大率今时肉食者，漠然无意于民，直是难与图事。

——《与答林择之》，[宋]朱熹撰，朱杰人、严佐之、刘永翔主编《朱子全书》（修订版）第二十二册，上海：上海古籍出版社，2010年，第1963页。

2663. 宇宙之间，一理而已，天得之而为天，地得之而为地，而凡生于天地之间者，又各得之以为性。其张之为三纲，其纪之为五常。盖皆此理之流行，无所迩而不在。

——《读大纪》，[宋]朱熹撰，朱杰人、严佐之、刘永翔主编《朱子全书》（修订版）第二十三册，上海：上海古籍出版社，2010年，第3376页。

2664. 皇之仁兮如在，子我民兮不穷以爱。沛皇泽兮横流，畅威灵兮无外。洁尊兮肥俎，《九歌》兮《招舞》。嗟莫报兮皇之祜，皇欲下兮俨相羊，烈风雷兮暮雨。

——《虞帝庙迎送神乐歌词》，[宋]朱熹撰，朱杰人、严佐之、刘永翔主编《朱子全书》（修订版）第二十册，上海：上海古籍出版社，2010年，第

219 页。

2665. 抚摩凋瘵为心切,摹写风烟著语亲。只愿从今更无倦,清诗美政逐年新。

——《谨次县大夫见属之韵》,[宋]朱熹撰,朱杰人、严佐之、刘永翔主编《朱子全书》(修订版)第二十册,上海:上海古籍出版社,2010年,第530页。

2666. 为今之计,独有断自圣心,沛然发号,深以侧身悔过之诚解谢高穹,又以责躬求言之意敷告下土,然后君臣相戒,痛自省改,以承皇天仁爱之心,庶几精诚感通,转祸为福。

——《乞修德政以弭天变状》,[宋]朱熹撰,朱杰人、严佐之、刘永翔主编《朱子全书》(修订版)第二十册,上海:上海古籍出版社,2010年,第787页。

2667. 其次则唯有尽出内库之钱,以供大礼之费,为收籴之本,而诏户部无得催理旧欠,诏诸路漕臣遵依条限,检放税租,诏宰臣沙汰被灾路分州军监司守臣之无状者,遴选贤能,责以荒政,庶几犹足以下结民心,消其乘时作乱之意。

——《乞修德政以弭天变状》,[宋]朱熹撰,朱杰人、严佐之、刘永翔主编《朱子全书》(修订版)第二十册,上海:上海古籍出版社,2010年,第787-788页。

2668. 今日天下大势,如人之有重病,内自心腹,外达四肢,盖无一毛一发不受病者。虽于起居饮食未至有妨,然其危迫之证,深于医者固已望之而走矣。是必得如卢扁、华佗之辈,授以神丹妙剂,为之湔肠涤胃以去病根,然后可以幸于安全。如其不然,则病日益深而病者不觉,其可寒心,殆非俗医常药之所能及也。故臣前日之奏,辄引"药不瞑眩,厥疾不瘳"之语,意盖为此,而其言有未尽也。然天下之事,所当言者不胜其众,顾其序有未及者,臣不暇言,且独以天下之大本与今日之急务深为陛下言之。盖天下之大本者,陛下之心也。今日之急务,则辅翼太子、选任大臣、振举纲维、变化风俗、爱养民力、修明军政六者是也。

——《戊申封事》,[宋]朱熹撰,朱杰人、严佐之、刘永翔主编《朱子全书》(修订版)第二十册,上海:上海古籍出版社,2010年,第590页。

2669. 古先圣王兢兢业业,持守此心,虽在纷华波动之中、幽独得肆之地,而所以精之一之、克之复之,如对神明,如临渊谷,未尝敢有须臾之息。然犹恐其隐微之间或有差失而不自知也,是以建师保之官以自开明,列谏诤之职以自规正。而凡其饮食酒浆、衣服次舍、器用财贿,与夫宦官宫妾之政,无一不领于冢宰之官,使其左右前后,一动一静,无不制以有司之法,而无纤芥之隙、瞬息之顷,得以隐其毫发之私。

——《戊申封事》,[宋]朱熹撰,朱杰人、严佐之、刘永翔主编《朱子全书》(修订版)第二十册,上海:上海古籍出版社,2010年,第592页。

2670. 触世途之幽险兮,揽余辔其安之。慨埋轮而絷马兮,指故山以为期。仰皇鉴之昭明兮,眷余衷其犹未替。抑重巽于既申兮,徇耕野之初志。

——《感春赋》,[宋]朱熹撰,朱杰人、严佐之、刘永翔主编《朱子全书》(修订版)第二十册,上海:上海古籍出版社,2010年,第222页。

2671. 结丹霞以为绶兮,佩明月而为珰。怅佳辰之不可再兮,怀德音之不可忘。乐吾之乐兮,诚不可以终极。忧子之忧兮,孰知吾心之永伤?

——《感春赋》,[宋]朱熹撰,朱杰人、严佐之、刘永翔主编《朱子全书》(修订版)第二十册,上海:上海古籍出版社,2010年,第222页。

2672. 妖歌掩齐右,缓舞倾阳阿。徘徊起梁尘,綷縩纷衣罗。丽服秉奇芬,顾我长咨嗟。愿生乔木阴,寅缘若丝萝。

——《拟古八首·其六》,[宋]朱熹撰,朱杰人、严佐之、刘永翔主编《朱子全书》(修订版)第二十册,上海:上海古籍出版社,2010年,第226页。

2673. 遐瞻思莫穷,端居心自超。览物思无托,即事且逍遥。

——《晨起对雨·其一》,[宋]朱熹撰,朱杰人、严佐之、刘永翔主编《朱子全书》(修订版)第二十册,上海:上海古籍出版社,2010年,第229页。

2674. 狷介之性,矫揉万方而终不能回;迂疏之学,用力既深而自信愈笃。以此自知决不能与时俯仰,以就功名。

——《答韩尚书书》,[宋]朱熹撰,朱杰人、严佐之、刘永翔主编《朱子全书》(修订版)第二十一册,上海:上海古籍出版社,2010年,第1128页。

2675. 谓正宜君臣相戒,兢慎祗肃,改图柄任,益修政理,以答扬上天眷顾之命,不宜坐虞邻国之难,以幸为利,而遽自以为安也。

——《与黄枢密书》,[宋]朱熹撰,朱杰人、严佐之、刘永翔主编《朱子全书》（修订版）第二十一册，上海：上海古籍出版社，2010年，第1077页。

2676．独有忧世心，寒灯共萧瑟。

——《夜坐有感》，[宋]朱熹撰，朱杰人、严佐之、刘永翔主编《朱子全书》（修订版）第二十册，上海：上海古籍出版社，2010年，第481页。

2677．极目青冥茫，回瞻碧嵯峨。不复车马迹，唯闻榜人歌。我愿辞世纷，兹焉老渔蓑。会有沧浪子，鸣舷夜相过。

——《落星寺》，[宋]朱熹撰，朱杰人、严佐之、刘永翔主编《朱子全书》（修订版）第二十册，上海：上海古籍出版社，2010年，第488页。

2678．度量无私本至公，寸心贪得意何穷。若教老子庄周见，剖斗除衡付一空。

——《题米仓壁》，[宋]朱熹撰，朱杰人、严佐之、刘永翔主编《朱子全书》（修订版）第二十五册，上海：上海古籍出版社，2010年，第4972页。

2679．惟公然后能正，公是个广大无私意，正是个无所偏主处。

——《唯仁者能好人能恶人章》，[宋]朱熹撰，朱杰人、严佐之、刘永翔主编《朱子全书》（修订版）第十四册，上海：上海古籍出版社，2010年，第933页。

2680．汤以人之洗濯其心以去恶，如沐浴其身以去垢，故铭其盘，言诚能一日有以涤其旧染之污而自新，则当因其已新者，而日日新之，又日新之，不可略有间断也。

——《四书章句集注·大学章句》，[宋]朱熹撰，朱杰人、严佐之、刘永翔主编《朱子全书》（修订版）第六册，上海：上海古籍出版社，2010年，第18页。

2681．是以譬之古之君子，如抱美玉而深藏不市，后之人则以石为玉，而又炫之也。

——《刘甥瑾字序》，[宋]朱熹撰，朱杰人、严佐之、刘永翔主编《朱子全书》（修订版）第二十四册，上海：上海古籍出版社，2010年，第3656页。

2682．君子过于公，小人过于私；君子过于廉，小人过于贪；君子过于严，小人过于纵，观过斯知义矣，方得。

——《人之过也章》，[宋]朱熹撰，朱杰人、严佐之、刘永翔主编《朱子全书》（修订版）第十四册，上海：上海古籍出版社，2010年，第949页。

2683．有则改之，无则加勉。

——《四书章句集注·论语集注》卷一，[宋]朱熹撰，朱杰人、严佐之、刘永翔主编《朱子全书》（修订版）第六册，上海：上海古籍出版社，2010年，第69页。

2684. 读者于此，更以上章"不知其仁"、后篇"仁则吾不知"之语，并与三仁、夷齐之事观之，则彼此交尽，而仁之为义可识矣。

——《四书章句集注·论语集注》卷三，[宋]朱熹撰，朱杰人、严佐之、刘永翔主编《朱子全书》（修订版）第六册，上海：上海古籍出版社，2010年，第105页。

2685. 人有耻，则能有所不为。今有一样人不能安贫，其气销屈，以至立脚不住，不知廉耻，亦何所不至！

——《学七·力行》，[宋]朱熹撰，朱杰人、严佐之、刘永翔主编《朱子全书》（修订版）第十四册，上海：上海古籍出版社，2010年，第408页。

2686. 内无妄思，外无妄动。

——《学六·持守》，[宋]朱熹撰，朱杰人、严佐之、刘永翔主编《朱子全书》（修订版）第十四册，上海：上海古籍出版社，2010年，第372页。

2687. 是以其有忧患，则健者如自高临下而知其险，顺者如自下趋上而知其阻。盖虽易而能知险，则不陷于险矣；既简而又知阻，则不困于阻矣。

——《周易系辞下传》第六，[宋]朱熹撰，朱杰人、严佐之、刘永翔主编《朱子全书》（修订版）第一册，上海：上海古籍出版社，2010年，第144页。

2688. 又一切去其计功谋利之心，则往吉而无不利也。然亦必有其德，乃应其占耳。

——《周易下经》第二，[宋]朱熹撰，朱杰人、严佐之、刘永翔主编《朱子全书》（修订版）第一册，上海：上海古籍出版社，2010年，第63页。

2689. 师旅之兴，不无害于天下，然以其有是才德，是以民悦而从之也。

——《周易象上传》第一，[宋]朱熹撰，朱杰人、严佐之、刘永翔主编《朱子全书》（修订版）第一册，上海：上海古籍出版社，2010年，第92页。

2690. 人能谦，则其居尊者，其德愈光，其居卑者，人亦莫能过，此君子所以有终也。

——《周易象上传》第一，[宋]朱熹撰，朱杰人、严佐之、刘永翔主编《朱子全书》（修订版）第一册，上海：上海古籍出版社，2010年，第94页。

2691. 收敛其德，不形于外，以避小人之难，人不得以禄位荣之。

——《周易象上传》第三，[宋]朱熹撰，朱杰人、严佐之、刘永翔主编《朱子全书》（修订版）第一册，上海：上海古籍出版社，2010年，第108页。

2692. 谦者，自卑而尊人，又为礼者之所当执持而不可失者也。

——《周易系辞下传》第六，[宋]朱熹撰，朱杰人、严佐之、刘永翔主编《朱子全书》（修订版）第一册，上海：上海古籍出版社，2010年，第142页。

2693. 穷天下之理，尽人物之性，而合于天道，此圣人作《易》之极功也。

——《周易说卦传》第八，[宋]朱熹撰，朱杰人、严佐之、刘永翔主编《朱子全书》（修订版）第一册，上海：上海古籍出版社，2010年，第153页。

2694. 情者，性之动，而礼义者，性之德也。动而不失其德，则以先王之泽入人者深，至是而犹有不忘者也。

——《诗传纲领》，[宋]朱熹撰，朱杰人、严佐之、刘永翔主编《朱子全书》（修订版）第一册，上海：上海古籍出版社，2010年，第345页。

2695. 凡诗之言善者，可以感发人之善心；恶者，可以惩创人之逸志，其用归于使人得其情性之正而已。

——《诗传纲领》，[宋]朱熹撰，朱杰人、严佐之、刘永翔主编《朱子全书》（修订版）第一册，上海：上海古籍出版社，2010年，第347页。

2696. 贫则心广体胖而忘其贫，富则安处善乐，循理而不自知其富，然后乃可为至尔。

——《诗传纲领》，[宋]朱熹撰，朱杰人、严佐之、刘永翔主编《朱子全书》（修订版）第一册，上海：上海古籍出版社，2010年，第347页。

2697. 况古今风俗之变，常必由俭以入奢，而其变之渐，又必由上以及下。今谓君之俭反过于初，而民之俗犹知用礼，则尤恐其无是理也。

——《诗序辨说》，[宋]朱熹撰，朱杰人、严佐之、刘永翔主编《朱子全书》（修订版）第一册，上海：上海古籍出版社，2010年，第376页。

2698. 臣之意，盖方道其心之所欲耳。若如序者之言，则褊狭之甚，无复温柔敦厚之意。

——《诗序辨说》，[宋]朱熹撰，朱杰人、严佐之、刘永翔主编《朱子全书》（修订版）第一册，上海：上海古籍出版社，2010年，第390页。

2699. 殊不知所谓天之所以为天者，理而已矣；理之所在，众人之心而已矣；众人之心，是非向背，若出于一，而无一毫私意杂于其间，则是理之自然；而天之所以为天者不外是矣。

——《诗序辨说》，[宋]朱熹撰，朱杰人、严佐之、刘永翔主编《朱子全书》（修订版）第一册，上海：上海古籍出版社，2010年，第391页。

2700. 此窈窕之淑女，则岂非君子之善匹乎？言其相与和乐而恭敬，亦若雎鸠之情，挚而有别也。

——《诗卷第一·周南·关雎》，[宋]朱熹撰，朱杰人、严佐之、刘永翔主编《朱子全书》（修订版）第一册，上海：上海古籍出版社，2010年，第402页。

2701. 文王之化，自家而国，男女以正，婚姻以时。

——《诗卷第一·周南·桃夭》，[宋]朱熹撰，朱杰人、严佐之、刘永翔主编《朱子全书》（修订版）第一册，上海：上海古籍出版社，2010年，第407页。

2702. 南国诸侯被文王之化，能正心修身以齐其家，其女子亦被后妃之化，而有专静纯一之德，故嫁于诸侯。

——《诗卷第一·召南·鹊巢》，[宋]朱熹撰，朱杰人、严佐之、刘永翔主编《朱子全书》（修订版）第一册，上海：上海古籍出版社，2010年，第411页。

2703. 盖意诚心正之功不息而久，则其熏蒸透彻，融液周遍，自有不能已者，非智力之私所能及也。

——《诗卷第一·召南·驺虞》，[宋]朱熹撰，朱杰人、严佐之、刘永翔主编《朱子全书》（修订版）第一册，上海：上海古籍出版社，2010年，第420页。

2704. 不得于夫，而叹父母养我之不终。盖忧患疾痛之极，必呼父母，人之至情也。

——《诗卷第二·邶·日月》，[宋]朱熹撰，朱杰人、严佐之、刘永翔主编《朱子全书》（修订版）第一册，上海：上海古籍出版社，2010年，第426页。

2705. 窭者，贫而无以为礼也。

——《诗卷第二·邶·北门》，[宋]朱熹撰，朱杰人、严佐之、刘永翔主编《朱子全书》（修订版）第一册，上海：上海古籍出版社，2010年，第436页。

2706．忠信重禄，所以劝士也。卫之忠臣至于窭贫而莫知其艰，则无劝士之道矣。

——《诗卷第二·邶·北门》，[宋]朱熹撰，朱杰人、严佐之、刘永翔主编《朱子全书》（修订版）第一册，上海：上海古籍出版社，2010年，第437页。

2707．然不择事而安之，无怼憾之辞，知其无可奈何，而归之于天，所以为忠臣也。

——《诗卷第二·邶·北门》，[宋]朱熹撰，朱杰人、严佐之、刘永翔主编《朱子全书》（修订版）第一册，上海：上海古籍出版社，2010年，第437页。

2708．圣人所以著之于经，使后世为恶者，知虽闺中之言，亦无隐而不彰也。

——《诗卷第三·鄘·墙有茨》，[宋]朱熹撰，朱杰人、严佐之、刘永翔主编《朱子全书》（修订版）第一册，上海：上海古籍出版社，2010年，第442页。

2709．然卫本以淫乱无礼，不乐善道而亡其国。今破灭之余，人心危惧，正其有以惩创往事，而兴起善端之时也，故其为诗如此。

——《诗卷第三·鄘·干旄》，[宋]朱熹撰，朱杰人、严佐之、刘永翔主编《朱子全书》（修订版）第一册，上海：上海古籍出版社，2010年，第448页。

2710．大夫君子无以我为有过，虽尔所以处此百方，然不如使我得自尽其心之为愈也。

——《诗卷第三·鄘·载驰》，[宋]朱熹撰，朱杰人、严佐之、刘永翔主编《朱子全书》（修订版）第一册，上海：上海古籍出版社，2010年，第449页。

2711．"有斐君子，终不可谖兮"者，道盛德至善，民之不能忘也。

——《诗卷第三·卫·淇奥》，[宋]朱熹撰，朱杰人、严佐之、刘永翔主编《朱子全书》（修订版）第一册，上海：上海古籍出版社，2010年，第450页。

2712. 始虽以欲而迷，后必有时而悟，是以无往而不困耳。士君子立身一败，而万事瓦裂者，何以异此？

——《诗卷第三·卫·氓》，[宋]朱熹撰，朱杰人、严佐之、刘永翔主编《朱子全书》（修订版）第一册，上海：上海古籍出版社，2010年，第454页。

2713. 不如己之室家，虽贫且陋，而聊可自乐也。

——《诗卷第四·郑·出其东门》，[宋]朱熹撰，朱杰人、严佐之、刘永翔主编《朱子全书》（修订版）第一册，上海：上海古籍出版社，2010年，第479页。

2714. 盖自天降生民，则既莫不与之以仁义礼智之性矣。然其气质之禀或不能齐，是以不能皆有以知其性之所有而全之也。一有聪明睿智能尽其性者出于其间，则天必命之以为亿兆之君师，使之治而教之，以复其性。

——《四书章句集注·大学章句序》，[宋]朱熹撰，朱杰人、严佐之、刘永翔主编《朱子全书》（修订版）第六册，上海：上海古籍出版社，2010年，第13页。

2715. "明德"者，人之所得乎天，而虚灵不昧，以具众理而应万事者也。

——《四书章句集注·大学章句》，[宋]朱熹撰，朱杰人、严佐之、刘永翔主编《朱子全书》（修订版）第六册，上海：上海古籍出版社，2010年，第16页。

2716. 明德为"本"，新民为"末"。

——《四书章句集注·大学章句》，[宋]朱熹撰，朱杰人、严佐之、刘永翔主编《朱子全书》（修订版）第六册，上海：上海古籍出版社，2010年，第16页。

2717. 凡传文，杂引经传，若无统纪，然文理接续，血脉贯通，深浅始终，至为精密。

——《四书章句集注·大学章句》，[宋]朱熹撰，朱杰人、严佐之、刘永翔主编《朱子全书》（修订版）第六册，上海：上海古籍出版社，2010年，第17页。

2718. 引此而言圣人之止，无非至善。五者乃其目之大者也。学者于此，究其精微之蕴，而又推类以尽其余，则于天下之事，皆有以知其所止而无疑矣。

——《四书章句集注·大学章句》，[宋]朱熹撰，朱杰人、严佐之、刘永翔主编《朱子全书》（修订版）第六册，上海：上海古籍出版社，2010年，第19页。

2719. 盖我之明德既明，自然有以畏服民之心志，故讼不待听而自无也。

——《四书章句集注·大学章句》，[宋]朱熹撰，朱杰人、严佐之、刘永翔主编《朱子全书》（修订版）第六册，上海：上海古籍出版社，2010年，第20页。

2720. 使其恶恶则如恶恶臭，好善则如好好色，皆务决去，而求必得之，以自快足于己，不可徒苟且以徇外而为人也。

——《四书章句集注·大学章句》，[宋]朱熹撰，朱杰人、严佐之、刘永翔主编《朱子全书》（修订版）第六册，上海：上海古籍出版社，2010年，第21页。

2721. 此言小人阴为不善，而阳欲掩之，则是非不知善之当为与恶之当去也，但不能实用其力以至此耳。然欲掩其恶而卒不可掩，欲诈为善而卒不可诈，则亦何益之有哉！此君子所以重以为戒，而必谨其独也。

——《四书章句集注·大学章句》，[宋]朱熹撰，朱杰人、严佐之、刘永翔主编《朱子全书》（修订版）第六册，上海：上海古籍出版社，2010年，第21页。

2722. 富则能润屋矣，德则能润身矣，故心无愧怍，则广大宽平，而体常舒泰，德之润身者然也。

——《四书章句集注·大学章句》，[宋]朱熹撰，朱杰人、严佐之、刘永翔主编《朱子全书》（修订版）第六册，上海：上海古籍出版社，2010年，第21页。

2723. 心有不存，则无以检其身，是以君子必察乎此而敬以直之，然后此心常存而身无不修也。

——《四书章句集注·大学章句》，[宋]朱熹撰，朱杰人、严佐之、刘永翔主编《朱子全书》（修订版）第六册，上海：上海古籍出版社，2010年，第22页。

2724. 盖意诚则真无恶而实有善矣，所以能存是心以检其身。

——《四书章句集注·大学章句》，[宋]朱熹撰，朱杰人、严佐之、刘永翔主编《朱子全书》（修订版）第六册，上海：上海古籍出版社，2010年，第22页。

2725. 溺爱者不明，贪得者无厌，是则偏之为害，而家之所以不齐也。

——《四书章句集注·大学章句》，[宋]朱熹撰，朱杰人、严佐之、刘永翔主编《朱子全书》（修订版）第六册，上海：上海古籍出版社，2010年，第22页。

2726. 孝、悌、慈，所以修身而教于家者也；然而国之所以事君、事长、使众之道，不外乎此。此所以家齐于上，而教成于下也。

——《四书章句集注·大学章句》，[宋]朱熹撰，朱杰人、严佐之、刘永翔主编《朱子全书》（修订版）第六册，上海：上海古籍出版社，2010年，第23页。

2727. 有善于己，然后可以责人之善；无恶于己，然后可以正人之恶。皆推己以及人，所谓恕也。不如是，则所令反其所好，而民不从矣。

——《四书章句集注·大学章句》，[宋]朱熹撰，朱杰人、严佐之、刘永翔主编《朱子全书》（修订版）第六册，上海：上海古籍出版社，2010年，第23页。

2728. 是以君子必当因其所同，推以度物，使彼我之间各得分愿，则上下四旁均齐方正，而天下平矣。

——《四书章句集注·大学章句》，[宋]朱熹撰，朱杰人、严佐之、刘永翔主编《朱子全书》（修订版）第六册，上海：上海古籍出版社，2010年，第24页。

2729. 不欲上之无礼于我，则必以此度下之心，而亦不敢以此无礼使之。不欲下之不忠于我，则必以此度上之心，而亦不敢以此不忠事之。至于前后左右，无不皆然，则身之所处，上下四旁，长短广狭，彼此如一，而无不方矣。

——《四书章句集注·大学章句》，[宋]朱熹撰，朱杰人、严佐之、刘永翔主编《朱子全书》（修订版）第六册，上海：上海古籍出版社，2010年，第24页。

2730. 人君以德为外，以财为内，则是争斗其民，而施之以劫夺之教也。盖财者人之所同欲，不能絜矩而欲专之，则民亦起而争夺矣。

——《四书章句集注·大学章句》，[宋]朱熹撰，朱杰人、严佐之、刘永翔主编《朱子全书》（修订版）第六册，上海：上海古籍出版社，2010年，第25页。

2731. 好善而恶恶，人之性也。至于拂人之性，则不仁之甚者也。

——《四书章句集注·大学章句》，[宋]朱熹撰，朱杰人、严佐之、刘永翔主编《朱子全书》（修订版）第六册，上海：上海古籍出版社，2010年，第26页。

2732. 发己自尽为忠，循物无违谓信。

——《四书章句集注·大学章句》，[宋]朱熹撰，朱杰人、严佐之、刘永翔主编《朱子全书》（修订版）第六册，上海：上海古籍出版社，2010年，第27页。

2733. 君子宁亡己之财，而不忍伤民之力，故宁有盗臣，而不畜聚敛之臣。

——《四书章句集注·大学章句》，[宋]朱熹撰，朱杰人、严佐之、刘永翔主编《朱子全书》（修订版）第六册，上海：上海古籍出版社，2010年，第27页。

2734. 知者知之过，既以道为不足行；愚者不及知，又不知所以行，此道之所以常不行也。贤者行之过，既以道为不足知；不肖者不及行，又不求所以知，此道之所以常不明也。

——《四书章句集注·中庸章句》，[宋]朱熹撰，朱杰人、严佐之、刘永翔主编《朱子全书》（修订版）第六册，上海：上海古籍出版社，2010年，第34页。

2735. 人间荣耀岂可常！惟有道义思无疆，勉励汝节弥坚刚。

——《寿母生朝》，[宋]朱熹撰，朱杰人、严佐之、刘永翔主编《朱子全书》（修订版）第二十册，上海：上海古籍出版社，2010年，第296页。

2736. 若乃孝友绝人，而勉励如弗及；恬淡寡欲，而持守不少懈。尽言以纳忠，而羞为讦；秉义以饬躬，而耻为介。

——《祭吕伯恭著作文》，[宋]朱熹撰，朱杰人、严佐之、刘永翔主编《朱子全书》（修订版）第二十四册，上海：上海古籍出版社，2010年，第4080页。

2737. 仕宦只是廉勤自守，进退迟速自有时节，切不可起妄念也。

——《答吴尉》，[宋]朱熹撰，朱杰人、严佐之、刘永翔主编《朱子全书》（修订版）第二十三册，上海：上海古籍出版社，2010年，第3118页。

2738. 向使不义之富可以分人，廉者所必辞也。

——《子华使于齐章》，[宋]朱熹撰，朱杰人、严佐之、刘永翔主编《朱子全书》（修订版）第十五册，上海：上海古籍出版社，2010年，第1107页。

2739. 所谓廉者，为是分得那义利去处，譬如物之侧棱，两下分去。

——《古者民有三疾章》，[宋]朱熹撰，朱杰人、严佐之、刘永翔主编《朱子全书》（修订版）第十五册，上海：上海古籍出版社，2010年，第1136-1137页。

2740. 有所爱而不肯为者，私也；有所畏而不敢为者，亦私也。屹然中立，无一毫私情之累，而惟知为其职之所当为者。

——《贺陈丞相书》，[宋]朱熹撰，朱杰人、严佐之、刘永翔主编《朱子全书》（修订版）第二十一册，上海：上海古籍出版社，2010年，第1093页。

2741. 大抵守官，只要律己公廉，执事勤谨，昼夜孜孜，如临渊谷，便自无他患害。

——《答吴尉》，[宋]朱熹撰，朱杰人、严佐之、刘永翔主编《朱子全书》（修订版）第二十三册，上海：上海古籍出版社，2010年，第3118页。

2742. 官无大小，凡事只是一个公。若公时，做得来也精彩，便若是小官，人也望风畏服。若不公，便是宰相，做来做去，也只得个没下梢。

——《论官》，[宋]朱熹撰，朱杰人、严佐之、刘永翔主编《朱子全书》（修订版）第十八册，上海：上海古籍出版社，2010年，第3583页。

2743. 富贵易得，名节难保，此虽浅近之言，然亦岂可忽哉。

——《答石应之》，[宋]朱熹撰，朱杰人、严佐之、刘永翔主编《朱子全书》（修订版）第二十三册，上海：上海古籍出版社，2010年，第2539页。

2744. 清者，其志之不杂；廉者，其行之有辩；洁者，其身之不污。

——《楚辞集注·招魂》，[宋]朱熹撰，朱杰人、严佐之、刘永翔主编《朱子全书》（修订版）第十九册，上海：上海古籍出版社，2010年，第145页。

2745. 士人先要识个廉退之节。礼义廉耻，是谓四维。若寡廉鲜耻，能文要何用！

——《漳州》，[宋]朱熹撰，朱杰人、严佐之、刘永翔主编《朱子全书》（修订版）第十七册，上海：上海古籍出版社，2010年，第3470页。

2746. 做官须是立纲纪，纲纪既立，都自无事。

——《漳州》，[宋]朱熹撰，朱杰人、严佐之、刘永翔主编《朱子全书》（修订版）第十七册，上海：上海古籍出版社，2010年，第3474页。

2747. 大率天下事，循理守法，平心处之，便是正当。

——《方耕道（耒）》，［宋］朱熹撰，朱杰人、严佐之、刘永翔主编《朱子全书》（修订版）第二十五册，上海：上海古籍出版社，2010年，第4918页。

2748. 盖能如是则志气清明，义理昭著，而可以上达；不然则昏昧放逸，虽曰从事于学，而终不能有所发明矣。

——《四书章句集注·孟子集注》卷十一，［宋］朱熹撰，朱杰人、严佐之、刘永翔主编《朱子全书》（修订版）第六册，上海：上海古籍出版社，2010年，第405页。

2749. 盖至诚无息者，道之体也，万殊之所以一本也；万物各得其所者，道之用也，一本之所以万殊也。

——《四书章句集注·论语集注》卷二，［宋］朱熹撰，朱杰人、严佐之、刘永翔主编《朱子全书》（修订版）第六册，上海：上海古籍出版社，2010年，第96页。

2750. 如管仲之三归、反坫，圣人却与其仁之功者，以其立义正也。故管仲是天下之大义，子文是一人之私行耳。譬如伏节死义之人，视坐亡而立化者虽未必如他之脩然，然大义却是。彼虽去得好，却不足取也。

——《子张问日令尹子文章》，［宋］朱熹撰，朱杰人、严佐之、刘永翔主编《朱子全书》（修订版）第十五册，上海：上海古籍出版社，2010年，第1045-1046页。

2751. 夫仁者，心之德。使二子而果无私心，则其仕已而无喜愠，当不特谓之忠而谓之仁；弃十乘而不居，当不特谓之清而谓之仁。圣人所以不许二子者，正以其事虽可观，而其本心或有不然也。

——《子张问日令尹子文章》，［宋］朱熹撰，朱杰人、严佐之、刘永翔主编《朱子全书》（修订版）第十五册，上海：上海古籍出版社，2010年，第1050页。

2752. 据某看，"居敬而行简，以临其民"，它说"而行简以临民"，则行简自是一项，这"而"字是别唤起。今固有居敬底人，把得忒重，却反行得烦碎底。今说道"居敬则所行自简"，恐却无此意。"临下以简，御众以宽"。简自别是一项，只是拣那紧要底来行。

——《仲弓问子桑伯子章》，［宋］朱熹撰，朱杰人、严佐之、刘永翔主编《朱子全书》（修订版）第十五册，上海：上海古籍出版社，2010年，第1086页。

2753. 周子所谓至富至贵，乃是对贫贱而言。今引此说，恐浅。只是私欲未去，如口之于味，耳之于声，皆是欲。得其欲，即是私欲，反为所累，何足乐？若不得其欲，只管求之，于心亦不乐。惟是私欲既去，天理流行，动静语默日用之间无非天理，胸中廓然，岂不可乐？此与贫窭自不相干，故不以此而害其乐。

——《贤哉回也章》，[宋]朱熹撰，朱杰人、严佐之、刘永翔主编《朱子全书》（修订版）第十五册，上海：上海古籍出版社，2010年，第1126页。

2754. 人之所以不乐者，有私意耳。克己之私，则乐矣。

——《贤哉回也章》，[宋]朱熹撰，朱杰人、严佐之、刘永翔主编《朱子全书》（修订版）第十五册，上海：上海古籍出版社，2010年，第1129页。

2755. 克己，正是要克去私心，又却计其效之所得，乃是私心也。只此私心，便不是仁。

——《樊迟问知章》，[宋]朱熹撰，朱杰人、严佐之、刘永翔主编《朱子全书》（修订版）第十五册，上海：上海古籍出版社，2010年，第1153页。

2756. 己才欲立，便也立人；己才欲达，便也达人。立是存立处，达则发用处。于此纯是天理，更无些子私意，便是仁之体。若能近取譬，则私欲日消，天理日见，此为仁之方也。

——《子贡曰如有博施于民章》，[宋]朱熹撰，朱杰人、严佐之、刘永翔主编《朱子全书》（修订版）第十五册，上海：上海古籍出版社，2010年，第1185页。

2757. 才被私意截了，仁之理便不行。

——《子贡曰如有博施于民章》，[宋]朱熹撰，朱杰人、严佐之、刘永翔主编《朱子全书》（修订版）第十五册，上海：上海古籍出版社，2010年，第1191页。

2758. 孔子所谓"吾无隐乎尔"者，居乡党，便恂恂；在宗庙、朝廷，便便便，唯谨；与上大夫言，便訚訚；与下大夫言，便侃侃，自有许多实事可见。

——《子贡曰如有博施于民章》，[宋]朱熹撰，朱杰人、严佐之、刘永翔主编《朱子全书》（修订版）第十五册，上海：上海古籍出版社，2010年，第1194页。

2759. 以己之欲立者立人，以己之欲达者达人，以己及物，无些私意。

——《子贡曰如有博施于民章》，[宋]朱熹撰，朱杰人、严佐之、刘永翔主编《朱子全书》（修订版）第十五册，上海：上海古籍出版社，2010年，第1195页。

2760. 只无私意，理便流通。然此处也是己对人说，便恁地。若只就自己说，此又使不得，盖此是仁之发出处。若未发之前，只一念之私，便不是仁。

——《子贡曰如有博施于民章》，[宋]朱熹撰，朱杰人、严佐之、刘永翔主编《朱子全书》（修订版）第十五册，上海：上海古籍出版社，2010年，第1195-1196页。

2761. 晋、宋间人物，虽曰尚清高，然个个要官职，这边一面清谈，那边一面招权纳货。渊明却真个是能不要，此其所以高于晋、宋人也。

——《子谓颜渊曰章》，[宋]朱熹撰，朱杰人、严佐之、刘永翔主编《朱子全书》（修订版）第十五册，上海：上海古籍出版社，2010年，第1226页。

2762. 反之固是一说。然亦是东汉崇尚节义之时，便自有这个意思了。盖当时节义底人，便有傲睨一世，污浊朝廷之意。这意思便自有高视天下之心，少间便流入于清谈去。如皇甫规见雁门太守曰："卿在雁门，食雁肉，作何味？"那时便自有这意思了。少间那节义清苦底意思，无人学得，只学得那虚骄之气。其弊必至于此。

——《子谓颜渊曰章》，[宋]朱熹撰，朱杰人、严佐之、刘永翔主编《朱子全书》（修订版）第十五册，上海：上海古籍出版社，2010年，第1227页。

2763. 才奢，便是不孙，他自是不敛也。公且看奢底人意思，俭底人意思。那奢底人便有骄傲底意思，须必至于过度僭上而后已。然却又是一节在。

——《奢则不孙章》，[宋]朱熹撰，朱杰人、严佐之、刘永翔主编《朱子全书》（修订版）第十五册，上海：上海古籍出版社，2010年，第1262页。

2764. 据本文说，只是崇高，富贵不入其心，虽有天下而不与耳。巍巍，是至高底意思。大凡人有得些小物事，便觉累其心。今富有天下，一似不曾有相似，岂不是高？

——《巍巍乎章》，[宋]朱熹撰，朱杰人、严佐之、刘永翔主编《朱子全书》（修订版）第十五册，上海：上海古籍出版社，2010年，第1312页。

2765. 若不谨独，便去隐微处间断了。能谨独，然后无间断。若或作或辍，如何得与天地相似？

——《子在川上章》,[宋]朱熹撰,朱杰人、严佐之、刘永翔主编《朱子全书》(修订版)第十五册,上海:上海古籍出版社,2010年,第1353页。

2766. 能谨独则无间断,而其理不穷。若不谨独,便有欲来参入里面,便间断了也,如何却会如川流底意。

——《子在川上章》,[宋]朱熹撰,朱杰人、严佐之、刘永翔主编《朱子全书》(修订版)第十五册,上海:上海古籍出版社,2010年,第1354页。

2767. 程子谓:"此天德也。有天德,便可语王道,其要只在谨独。"谨独与这里何相关?只少有不谨,便断了。

——《子在川上章》,[宋]朱熹撰,朱杰人、严佐之、刘永翔主编《朱子全书》(修订版)第十五册,上海:上海古籍出版社,2010年,第1357页。

2768. 自家当虚心去看,又要反求思量,自己如何便是好德,如何便是好色,方有益。

——《吾未见好德如好色》,[宋]朱熹撰,朱杰人、严佐之、刘永翔主编《朱子全书》(修订版)第十五册,上海:上海古籍出版社,2010年,第1358页。

2769. 仁者通体是理,无一点私心。

——《知者不惑章》,[宋]朱熹撰,朱杰人、严佐之、刘永翔主编《朱子全书》(修订版)第十五册,上海:上海古籍出版社,2010年,第1370页。

2770. 仁者,天下之公。私欲不萌,而天下之公在我,何忧之有?

——《知者不惑章》,[宋]朱熹撰,朱杰人、严佐之、刘永翔主编《朱子全书》(修订版)第十五册,上海:上海古籍出版社,2010年,第1370页。

2771. 今人学问百种,只是要"克己复礼"。若能克去私意,日间纯是天理,自无所忧,如何不是仁!

——《知者不惑章》,[宋]朱熹撰,朱杰人、严佐之、刘永翔主编《朱子全书》(修订版)第十五册,上海:上海古籍出版社,2010年,第1370页。

2772. 也有人明理而不能去私欲者。然去私欲,必先明理。无私欲,则不屈于物,故勇。惟圣人自诚而明,可以先言仁,后言知。至于教人,当以知为先。

——《知者不惑章》,[宋]朱熹撰,朱杰人、严佐之、刘永翔主编《朱子全书》(修订版)第十五册,上海:上海古籍出版社,2010年,第1372页。

2773. "克己复礼",不可将"理"字来训"礼"字。克去己私,固即能复天理。不成克己后，便都没事。惟是克去己私了，到这里恰好者精细底工夫，故必又复礼，方是仁。圣人却不只说克己为仁，须说"克己复礼为仁"。见得礼，便事事有个自然底规矩准则。

——《颜渊问仁章》，[宋]朱熹撰，朱杰人、严佐之、刘永翔主编《朱子全书》（修订版）第十五册，上海：上海古籍出版社，2010年，第1451页。

2774. "克己复礼"当下便是仁，非复礼之外别有仁也。此间不容发。无私便是仁，所以谓"一日克己复礼，天下归仁"。若真个一日打并得净洁，便是仁。如昨日病，今日愈，便不是病。

——《颜渊问仁章》，[宋]朱熹撰，朱杰人、严佐之、刘永翔主编《朱子全书》（修订版）第十五册，上海：上海古籍出版社，2010年，第1457页。

2775. 克，是克去己私。己私既克，天理自复。譬如尘垢既去，则镜自明；瓦砾既扫，则室自清。如吕与叔《克己铭》，则初未尝说克去己私。大意只说物我对立，须用克之。如此，则只是克物，非克己也。

——《颜渊问仁章》，[宋]朱熹撰，朱杰人、严佐之、刘永翔主编《朱子全书》（修订版）第十五册，上海：上海古籍出版社，2010年，第1477页。

2776. 非公便是仁，尽得公道所以为仁耳。求仁处，圣人说了："克己复礼为仁。"须是克尽己私，以复乎礼，方是公；公，所以能仁。

——《颜渊问仁章》，[宋]朱熹撰，朱杰人、严佐之、刘永翔主编《朱子全书》（修订版）第十五册，上海：上海古籍出版社，2010年，第1477页。

2777. 且仁譬之水，公则譬之沟渠，要流通此水，须开浚沟渠，然后水方流行也。

——《颜渊问仁章》，[宋]朱熹撰，朱杰人、严佐之、刘永翔主编《朱子全书》（修订版）第十五册，上海：上海古籍出版社，2010年，第1478页。

2778. "未有府库财，非其财者也。"百姓既足，不成坐视其君不足，亦无此理。盖"有人斯有土，有土斯有财"。若百姓不足，君虽厚敛，亦不济事。

——《哀公问于有若章》，[宋]朱熹撰，朱杰人、严佐之、刘永翔主编《朱子全书》（修订版）第十五册，上海：上海古籍出版社，2010年，第1501页。

2779. 今之州郡，尽是于正法之外，非泛诛取。且如州郡倍契一项钱，此是何名色？然而州县无这个，便做不行。当初经、总制钱，本是朝廷去赖取百姓底，州郡又去瞒经、总制钱，都不成模样！然不如此，又便做不行。

——《哀公问于有若章》，[宋]朱熹撰，朱杰人、严佐之、刘永翔主编《朱子全书》（修订版）第十五册，上海：上海古籍出版社，2010年，第1501页。

2780. "谷"之一字，要人玩味。谷有食禄之义。言有道无道，只会食禄，略无建明，岂不可深耻！

——《宪问此章》，[宋]朱熹撰，朱杰人、严佐之、刘永翔主编《朱子全书》（修订版）第十五册，上海：上海古籍出版社，2010年，第1539页。

2781. 道不可须臾离，可离非道。是故君子戒慎乎其所不睹，恐惧乎其所不闻。莫见乎隐，莫显乎微，故君子慎其独。

——《人能弘道章》，[宋]朱熹撰，朱杰人、严佐之、刘永翔主编《朱子全书》（修订版）第十五册，上海：上海古籍出版社，2010年，第1604页。

2782. 廉是侧边廉隅。这则是那分处。所谓廉者，为是分得那义利去处。譬如物之侧棱，两下分去。

——《古者民有三疾章》，[宋]朱熹撰，朱杰人、严佐之、刘永翔主编《朱子全书》（修订版）第十五册，上海：上海古籍出版社，2010年，第1636-1637页。

2783. 惟是孟子说得好，曰："圣人之行，或远或近，或去或不去，归洁其身而已矣。"下惠之行，虽不比圣人合于中道，然"归洁其身"，则有余矣。

——《柳下惠为士师章》，[宋]朱熹撰，朱杰人、严佐之、刘永翔主编《朱子全书》（修订版）第十五册，上海：上海古籍出版社，2010年，第1648页。

2784. 才说浩然，便有个广大刚果意思，如长江大河浩浩然而来也。富贵、贫贱、威武，不能移屈之类，皆低，不可以语此。

——《问夫子加齐之卿相章》，[宋]朱熹撰，朱杰人、严佐之、刘永翔主编《朱子全书》（修订版）第十五册，上海：上海古籍出版社，2010年，第1710页。

2785. "不隐贤"谓不隐避其贤，如己当廉，却以利自污；已当勇，却以怯自处之类，乃是隐贤，是枉道也。

——《伯夷非其君不事章》，[宋]朱熹撰，朱杰人、严佐之、刘永翔主编《朱子全书》（修订版）第十五册，上海：上海古籍出版社，2010年，第1779页。

2786. 世之所谓清者，不就恶人耳；若善辞令而来者，固有时而就之。

——《伯夷非其君不事章》，[宋]朱熹撰，朱杰人、严佐之、刘永翔主编《朱子全书》（修订版）第十五册，上海：上海古籍出版社，2010年，第1779页。

2787. 大概只是无些子偏曲。且如此心廓然，无一毫私意，直与天地同量，这便是"居天下之广居"，便是"居仁"。

——《景春日公孙衍张仪章》，[宋]朱熹撰，朱杰人、严佐之、刘永翔主编《朱子全书》（修订版）第十五册，上海：上海古籍出版社，2010年，第1800页。

2788. "广居"是廓然大公，无私欲之蔽。"正位"是所立处都无差过。"大道"是事事做得合宜。

——《景春日公孙衍张仪章》，[宋]朱熹撰，朱杰人、严佐之、刘永翔主编《朱子全书》（修订版）第十五册，上海：上海古籍出版社，2010年，第1800页。

2789. 凡所谓圣者，以其浑然天理，无一毫私意，若所谓"得百里之地而君之，皆能朝诸侯，有天下；行一不义，杀一不辜而得天下者，皆不为也"。这便是圣人同处，便是无私意处。

——《仲尼不为已甚章》，[宋]朱熹撰，朱杰人、严佐之、刘永翔主编《朱子全书》（修订版）第十五册，上海：上海古籍出版社，2010年，第1830页。

2790. 仁义之心，人所固有，但放而不知求，则天之所以与我者始有所汩没矣。是虽如此，然其日夜之所休息，至于平旦，其气清明，不为利欲所昏，则本心好恶犹有与人相近处。至"其旦昼之所为，又有以梏亡之。梏之反复"，则虽有这些夜气，亦不足以存养其良心。反复，只是循环。"夜气不足以存"，则虽有人之形，其实与禽兽不远。故下文复云："苟得其养，无物不长；苟失其养，无物不消。"良心之消长，只在得其养与失其养尔。"牛山之木尝美矣"，是喻人仁义之心。"郊于大国，斧斤伐之"，犹人之放其良心。"日夜之所息，雨露之所润，非无萌蘖之生"，便是"平旦之气，其好恶与人相近"处。旦昼之梏亡，则又所谓"牛羊又从而牧之"，虽芽蘖之萌，亦且戕贼无余矣。

——《牛山之木章》，[宋]朱熹撰，朱杰人、严佐之、刘永翔主编《朱子全书》（修订版）第十六册，上海：上海古籍出版社，2010年，第1899-

1900 页。

2791. 私意既去，则万理自无欠阙处矣。

——《万物皆备于我矣章》，[宋]朱熹撰，朱杰人、严佐之、刘永翔主编《朱子全书》（修订版）第十六册，上海：上海古籍出版社，2010 年，第 1948 页。

2792. 莫不各尽其当然之实理，而无一毫之不尽，则仰不愧，俯不怍，自然是快活。若是反之于身有些子未尽，有些子不实，则中心愧怍，不能以自安，如何得会乐？

——《万物皆备于我矣章》，[宋]朱熹撰，朱杰人、严佐之、刘永翔主编《朱子全书》（修订版）第十六册，上海：上海古籍出版社，2010 年，第 1951 页。

2793. 简而廉，廉者，隅也。简者，混而不分明也。

——《皋陶谟》，[宋]朱熹撰，朱杰人、严佐之、刘永翔主编《朱子全书》（修订版）第十六册，上海：上海古籍出版社，2010 年，第 2675 页。

2794. 心无私滓与天同，物我乾坤一本中。随分而施无不爱，方知仁体盖言公。

——《训蒙绝句》，[宋]朱熹撰，朱杰人、严佐之、刘永翔主编《朱子全书》（修订版）第二十六册，上海：上海古籍出版社，2010 年，第 13 页。

2795. 语利犹能安则难，且从利做莫分看。悬知等级无他事，去尽私心只一般。

——《训蒙绝句》，[宋]朱熹撰，朱杰人、严佐之、刘永翔主编《朱子全书》（修订版）第二十六册，上海：上海古籍出版社，2010 年，第 15 页。

2796. 存以公兮亡以私，存亡倏忽动时机。莫教事过方才省，辨析精须念虑微。

——《训蒙绝句》，[宋]朱熹撰，朱杰人、严佐之、刘永翔主编《朱子全书》（修订版）第二十六册，上海：上海古籍出版社，2010 年，第 29 页。

2797. 清白居官皆可纪，志勤莅职感求知。

——《朱子佚文辨伪考录》，[宋]朱熹撰，朱杰人、严佐之、刘永翔主编《朱子全书》（修订版）第二十六册，上海：上海古籍出版社，2010 年，第 913 页。

2798. 国有道，不变未达之所守，国无道，不变平生之所守也。此则所谓中庸之不可能者，非有以自胜其人欲之私，不能择而守也。君子之强，孰大于是？夫子以是告子路者，所以抑其血气之刚，而进之以德义之勇也。

——《四书章句集注·中庸章句》，[宋]朱熹撰，朱杰人、严佐之、刘永翔主编《朱子全书》（修订版）第六册，上海：上海古籍出版社，2010年，第37页。

2799. 遵道而行，则能择乎善矣；半途而废，则力之不足也。此其知虽足以及之，而行有不逮，当强而不强者也。已，止也。圣人于此，非勉焉而不敢废，盖至诚无息，自有所不能止也。

——《四书章句集注·中庸章句》，[宋]朱熹撰，朱杰人、严佐之、刘永翔主编《朱子全书》（修订版）第六册，上海：上海古籍出版社，2010年，第37页。

2800. 不为索隐行怪，则依乎中庸而已。不能半途而废，是以遁世不见知而不悔也。此中庸之成德，知之尽、仁之至、不赖勇而裕如者，正吾夫子之事，而犹不自居也。故曰："唯圣者能之"而已。

——《四书章句集注·中庸章句》，[宋]朱熹撰，朱杰人、严佐之、刘永翔主编《朱子全书》（修订版）第六册，上海：上海古籍出版社，2010年，第37页。

2801. 道者，率性而已，固众人之所能知能行者也，故常不远于人。若为道者，厌其卑近以为不足为，而反务为高远难行之事，则非所以为道矣。

——《四书章句集注·中庸章句》，[宋]朱熹撰，朱杰人、严佐之、刘永翔主编《朱子全书》（修订版）第六册，上海：上海古籍出版社，2010年，第39页。

2802. 尽己之心为忠，推己及人为恕。违，去也，如《春秋传》"齐师违谷七里"之违。言自此至彼，相去不远，非背而去之之谓也。道，即其不远人者是也。施诸己而不愿，亦勿施于人，忠恕之事也。以己之心度人之心，未尝不同，则道之不远于人者可见。故己之所不欲，则勿以施之于人，亦不远人以为道之事。张子所谓"以爱己之心爱人，则尽仁"是也。

——《四书章句集注·中庸章句》，[宋]朱熹撰，朱杰人、严佐之、刘永翔主编《朱子全书》（修订版）第六册，上海：上海古籍出版社，2010年，第39页。

2803. 言人执柯伐木以为柯者，彼柯长短之法，在此柯耳。然犹有彼此之别，故伐者视之犹以为远也。若以人治人，则所以为人之道，各在当人之身，初无彼此之别。故君子之治人也，即以其人之道，还治其人之身。其人能改，即止不治。盖责之以其所能知能行，非欲其远人以为道也。张子所谓"以众人望人，则易从"是也。

——《四书章句集注·中庸章句》，[宋]朱熹撰，朱杰人、严佐之、刘永翔主编《朱子全书》（修订版）第六册，上海：上海古籍出版社，2010年，第39页。

2804. 以人立政，犹以地种树，其成速矣，而蒲苇又易生之物，其成尤速也。

——《四书章句集注·中庸章句》，[宋]朱熹撰，朱杰人、严佐之、刘永翔主编《朱子全书》（修订版）第六册，上海：上海古籍出版社，2010年，第44页。

2805. 仁者，天地生物之心，而人得以生者，所谓"元者善之长"也。言人君为政在于得人，而取人之则又在修身。能仁其身，则有君有臣，而政无不举矣。

——《四书章句集注·中庸章句》，[宋]朱熹撰，朱杰人、严佐之、刘永翔主编《朱子全书》（修订版）第六册，上海：上海古籍出版社，2010年，第45页。

2806. "为政在人，取人以身"，故不可以不修身。

——《四书章句集注·中庸章句》，[宋]朱熹撰，朱杰人、严佐之、刘永翔主编《朱子全书》（修订版）第六册，上海：上海古籍出版社，2010年，第45页。

2807. 知，所以知此也。仁，所以体此也。勇，所以强此也。谓之达德者，天下古今所同得之理也。一，则诚而已矣。达道虽人所共由，然无是三德，则无以行之。达德虽人所同得，然一有不诚，则人欲间之，而德非其德矣。程子曰："所谓诚者，止是诚实此三者。三者之外，更别无诚。"

——《四书章句集注·中庸章句》，[宋]朱熹撰，朱杰人、严佐之、刘永翔主编《朱子全书》（修订版）第六册，上海：上海古籍出版社，2010年，第45页。

2808. 知之者之所知，行之者之所行，谓达道也。以其分而言，则所以知者知也，所以行者仁也，所以至于知之、成功而一者勇也。以其等而言，则生知,安行者知也;学知,利行者仁也;困知,勉行者勇也。盖人性虽无不善,而气禀有不同者,故闻道有蚤莫,行道有难易,然能自强不息,则其至一也。

——《四书章句集注·中庸章句》,[宋]朱熹撰,朱杰人、严佐之、刘永翔主编《朱子全书》(修订版)第六册,上海:上海古籍出版社,2010年,第45-46页。

2809. 诚者,真实无妄之谓,天理之本然也。诚之者,未能真实无妄,而欲其真实无妄之谓,人事之当然也。圣人之德,浑然天理,真实无妄,不待思勉而从容中道,则亦天之道也。未至于圣,则不能无人欲之私,而其为德不能皆实。故未能不思而得,则必择善,然后可以明善;未能不勉而中,则必固执,然后可以诚身,此则所谓人之道也。不思而得,生知也。不勉而中,安行也。择善,学知以下之事。固执,利行以下之事也。

——《四书章句集注·中庸章句》,[宋]朱熹撰,朱杰人、严佐之、刘永翔主编《朱子全书》(修订版)第六册,上海:上海古籍出版社,2010年,第48页。

2810. 君子之学,不为则已,为则必要其成,故常百倍其功。此困而知,勉而行者也,勇之事也。

——《四书章句集注·中庸章句》,[宋]朱熹撰,朱杰人、严佐之、刘永翔主编《朱子全书》(修订版)第六册,上海:上海古籍出版社,2010年,第49页。

2811. 德无不实而明无不照者,圣人之德,所性而有者也,天道也。先明乎善,而后能实其善者,贤人之学,由教而入者也,人道也。诚则无不明矣,明则可以至于诚矣。

——《四书章句集注·中庸章句》,[宋]朱熹撰,朱杰人、严佐之、刘永翔主编《朱子全书》(修订版)第六册,上海:上海古籍出版社,2010年,第49页。

2812. 天下至诚,谓圣人之德之实,天下莫能加也。尽其性者,德无不实,故无人欲之私,而天命之在我者,察之由之,巨细精粗,无毫发之不尽也。人物之性,亦我之性,但以所赋形气不同而有异耳。能尽之者,谓知之无不明而处之无不当也。赞,犹助也。与天地参,谓与天地并立为三也。此自诚而明者之事也。

——《四书章句集注·中庸章句》,[宋]朱熹撰,朱杰人、严佐之、刘永翔主编《朱子全书》（修订版）第六册，上海：上海古籍出版社，2010年，第50页。

2813. 天地之道，可一言而尽，不过曰"诚"而已。不贰，所以诚也。诚故不息，而生物之多，有莫知其所以然者。

——《四书章句集注·中庸章句》，[宋]朱熹撰，朱杰人、严佐之、刘永翔主编《朱子全书》（修订版）第六册，上海：上海古籍出版社，2010年，第52页。

2814. 尽己之谓忠。以实之谓信。传谓受之于师，习谓熟之于己。曾子以此三者日省其身，有则改之，无则加勉，其自治诚切如此，可谓得为学之本矣。而三者之序，则又以忠信为传习之本也。尹氏曰："曾子守约，故动必求诸身。"谢氏曰："诸子之学，皆出于圣人，其后愈远而愈失其真。独曾子之学，专用心于内，故传之无弊，观于子思、孟子可见矣。惜乎其嘉言善行，不尽传于世也。其幸存而未泯者，学者其可不尽心乎！"

——《四书章句集注·论语集注》卷一，[宋]朱熹撰，朱杰人、严佐之、刘永翔主编《朱子全书》（修订版）第六册，上海：上海古籍出版社，2010年，第69页。

2815. 常人溺于贫富之中，而不知所以自守，故必有二者之病。无谄无骄，则知自守矣，而未能超乎贫富之外也。凡曰"可"者，仅可而有所未尽之辞也。乐则心广体胖而忘其贫，好礼则安处善，乐循理，亦不自知其富矣。

——《四书章句集注·论语集注》卷一，[宋]朱熹撰，朱杰人、严佐之、刘永翔主编《朱子全书》（修订版）第六册，上海：上海古籍出版社，2010年，第73页。

2816. 政之为言正也，所以正人之不正也。德之为言得也，得于心而不失之谓也。

——《四书章句集注·论语集注》卷一，[宋]朱熹撰，朱杰人、严佐之、刘永翔主编《朱子全书》（修订版）第六册，上海：上海古籍出版社，2010年，第74页。

2817. 不仁之人，失其本心，久约必滥，久乐必淫。惟仁者则安其仁而无适不然，知者则利于仁而不易所守，盖虽深浅之不同，然皆非外物所能夺矣。谢氏曰："仁者心无内外远近精粗之间，非有所存而自不亡，非有所理而自不乱，如目视而耳听，手持而足行也。知者谓之有所见则可，谓之有所得则未可。有所存斯不亡，有所理斯不乱，未能无意也。安仁则一，利仁则二。安仁者非颜、闵以上，去圣人为不远，不知此味也。诸子虽有卓越之才，谓之见道不惑则可，然未免于利之也。"

——《四书章句集注·论语集注》卷二，[宋]朱熹撰，朱杰人、严佐之、刘永翔主编《朱子全书》（修订版）第六册，上海：上海古籍出版社，2010年，第92-93页。

2818．"凡建邦国，大司徒以土圭土其地而制其域。"见《王制》篇，其与《周礼》不同者，郑氏已言之矣。"土方氏以土地相其宅"，相，息亮反。土地，犹度地，知东西南北之深而相其可居者。宅，居也。"量人以建国之法量其城郭、宫室、市朝、道巷、门渠"，量，音亮。朝，直遥反。立国有旧法式，若匠人职云。"太祝先告后土用牲币"，后土，社神也。"封人设其社稷之壝而封其四疆"，壝，维癸反。匠人营国，方九里。

——《仪礼集传集注》卷三十三，[宋]朱熹撰，朱杰人、严佐之、刘永翔主编《朱子全书》（修订版）第三册，上海：上海古籍出版社，2010年，第1092页。

2819．传曰："何以小功也？以尊加也。"疏曰：外亲之服不过缌，今乃小功，故发问。云"以尊加"者，以祖是尊名，故加至小功。为所后者妻之父母，若子。详见《斩衰》章为人后者条。记："庶子为后者，为其外祖父母、从母、舅，无服。不为后，如邦人。"

——《仪礼经传通解续》卷一，[宋]朱熹撰，朱杰人、严佐之、刘永翔主编《朱子全书》（修订版）第三册，上海：上海古籍出版社，2010年，第1294页。

2820．此又以明小之可大，迩之可远，能循其序而修之，则可以忽然而至其极。若躐等而欲速，则反有所不达矣。

——《诗卷第五·齐·甫田》，[宋]朱熹撰，朱杰人、严佐之、刘永翔主编《朱子全书》（修订版）第一册，上海：上海古籍出版社，2010年，第487页。

2821．君者，人神之主，风教之本也。不能正家，如正国何？若庄公者，哀痛以思父，诚敬以事母，威刑以驭下，车马仆从莫不俟命，夫人徒往乎？夫人之往也，则公哀敬之不至，威命之不行耳。

——《诗卷第五·齐·猗嗟》，[宋]朱熹撰，朱杰人、严佐之、刘永翔主编《朱子全书》(修订版)第一册,上海:上海古籍出版社,2010年,第490页。

2822. 夫子谓:"兴其奢也,宁俭。"则俭虽失中,本非恶德。然而俭之过,则至于吝啬迫隘,计较分毫之间,而谋利之心始急矣。

——《诗卷第五·魏·葛屦》,[宋]朱熹撰,朱杰人、严佐之、刘永翔主编《朱子全书》(修订版)第一册,上海:上海古籍出版社,2010年,第491页。

2823. 诗人忧其国小而无政,故作是诗。言园有桃,则其实之肴矣;心有忧,则我歌且谣矣。然不知我之心者,见其歌谣而反以为骄,且曰:彼之所为已是矣,而子之言独何为哉?盖举国之人莫觉其非,而反以忧之者为骄也。于是忧者重嗟叹之,以为此之可忧初不难知,彼之非我,特未之思耳,诚思之,则将不暇非我而自忧矣。

——《诗卷第五·魏·园有桃》,[宋]朱熹撰,朱杰人、严佐之、刘永翔主编《朱子全书》(修订版)第一册,上海:上海古籍出版社,2010年,第492页。

2824. 今乃置之河干,则河水清涟而无所用,虽欲自食其力而不可得矣。然其志则自以为不耕则不可以得禾,不猎则不可以得兽,是以甘心穷饿而不悔也。诗人述其事而叹之,以为是真能不空食者。

——《诗卷第五·魏·伐檀》,[宋]朱熹撰,朱杰人、严佐之、刘永翔主编《朱子全书》(修订版)第一册,上海:上海古籍出版社,2010年,第494页。

2825. 言我非无是七章之衣也,而必请命者,盖以不如天子之命服之为安且吉也。盖当是时,周室虽衰,典刑犹在。武公既负弑君篡国之罪,则人得讨之,而无以自立于天地之间。故赂王请命,而为说如此。然其倨慢无礼亦已甚矣。

——《诗卷第六·唐·无衣》,[宋]朱熹撰,朱杰人、严佐之、刘永翔主编《朱子全书》(修订版)第一册,上海:上海古籍出版社,2010年,第503页。

2826. 如己之寡弱,不足恃赖,则彼君子者,亦安肯顾而适我哉?然其中心好之,则不已也。但无自而得饮食之耳。夫以好贤之心如此,则贤者安有不至,而何寡弱之足患哉!

——《诗卷第六·唐·有杕之杜》，[宋]朱熹撰，朱杰人、严佐之、刘永翔主编《朱子全书》（修订版）第一册，上海：上海古籍出版社，2010年，第503页。

2827. 然君子之归无期，不可得而见矣，要死而相从耳。

——《诗卷第六·唐·葛生》，[宋]朱熹撰，朱杰人、严佐之、刘永翔主编《朱子全书》（修订版）第一册，上海：上海古籍出版社，2010年，第504页。

2828. 盖其初特出于戎翟之俗，而无明王贤伯以讨其罪，于是习以为常，则虽以穆公之贤而不免。论其事者，亦徒闵三良之不幸，而叹秦之衰，至于王政不纲，诸侯擅命，杀人不忌至于如此，则莫知其为非也。

——《诗卷第六·秦·黄鸟》，[宋]朱熹撰，朱杰人、严佐之、刘永翔主编《朱子全书》（修订版）第一册，上海：上海古籍出版社，2010年，第511页。

2829. 雍州土厚水深，其民厚重质直，无郑卫骄堕浮靡之习。以善导之，则易以兴起而笃于仁义；以猛驱之，则其强毅果敢之资，亦足以强兵力农，而成富强之业，非山东诸国所及也。呜呼！后世欲为定都立国之计者，诚不可不监乎此。而凡为国者，其于导民之路，尤不可以不审其所之也。

——《诗卷第六·秦·无衣》，[宋]朱熹撰，朱杰人、严佐之、刘永翔主编《朱子全书》（修订版）第一册，上海：上海古籍出版社，2010年，第513页。

2830. 此言其君始有渠渠之夏屋以待贤者，而其后礼意浸衰，供意浸薄，至于贤者每食而无余，于是叹之，言不能继其始也。

——《诗卷第六·秦·权舆》，[宋]朱熹撰，朱杰人、严佐之、刘永翔主编《朱子全书》（修订版）第一册，上海：上海古籍出版社，2010年，第514页。

2831. 此隐居自乐，而无求者之词。言衡门虽浅陋，然亦可以游息。泌水虽不可饱，然亦可以玩乐而忘饥也。

——《诗卷第七·陈·卫门》，[宋]朱熹撰，朱杰人、严佐之、刘永翔主编《朱子全书》（修订版）第一册，上海：上海古籍出版社，2010年，第517页。

2832. "正风"之所以为正者，举其正者以劝之也。"变风"之所以为变者，举其不正者以戒之也。道之升降，时之治乱，俗之污隆，民之死生，于是乎在。录之烦悉，篇之重复，亦何疑哉！

——《诗卷第七·陈·校》，[宋]朱熹撰，朱杰人、严佐之、刘永翔主编《朱子全书》（修订版）第一册，上海：上海古籍出版社，2010年，第522页。

2833. 兽之小者，私之以为己有，而大者则献之于上，亦爱其上之无已也。

——《诗卷第八·豳·七月》，[宋]朱熹撰，朱杰人、严佐之、刘永翔主编《朱子全书》（修订版）第一册，上海：上海古籍出版社，2010年，第531页。

2834. 瓜瓠苴茶，以为常食。少长之义，丰俭之节然也。

——《诗卷第八·豳·七月》，[宋]朱熹撰，朱杰人、严佐之、刘永翔主编《朱子全书》（修订版）第一册，上海：上海古籍出版社，2010年，第532页。

2835. 君子之于人，序其情而闵其劳，所以说也。"说以使民，民忘其死"，其唯东山乎？

——《诗卷第八·豳·东山》，[宋]朱熹撰，朱杰人、严佐之、刘永翔主编《朱子全书》（修订版）第一册，上海：上海古籍出版社，2010年，第537页。

2836. 今观此诗，固足以见周公之心大公至正，天下信其无有一毫自爱之私。抑又有以见当是之时，虽被坚执锐之人，亦能以周公之心为心，而不自为一身一家之计，盖亦莫非圣人之徒也。学者于此熟玩而有得焉，则其心正大，而天地之情真可见矣。

——《诗卷第八·豳·破斧》，[宋]朱熹撰，朱杰人、严佐之、刘永翔主编《朱子全书》（修订版）第一册，上海：上海古籍出版社，2010年，第538页。

2837. 盖君臣之分以严为主，朝廷之礼，以敬为主。然一于严敬则情或不通，而无以尽其忠告之益。

——《诗卷第九·鹿鸣之什·鹿鸣》，[宋]朱熹《朱子全书》第一册，上海：上海古籍出版社，2010年，第543页。[宋]朱熹撰，朱杰人、严佐之、刘永翔主编《朱子全书》（修订版）第一册，上海：上海古籍出版社，2010年，第543页。

2838. 言安乐其心，则非止养其体娱其外而已。盖所以致其殷勤之厚，而欲其教示之无已也。

——《诗卷第九·鹿鸣之什·鹿鸣》，［宋］朱熹撰，朱杰人、严佐之、刘永翔主编《朱子全书》（修订版）第一册，上海：上海古籍出版社，2010年，第544页。

2839. 特以王事不可以不坚固，不敢徇私以废公，是以内顾而伤悲也。臣劳于事而不自言，君探其情而代之言。上下之闲，可谓各尽其道矣。

——《诗卷第九·鹿鸣之什·四牡》，［宋］朱熹撰，朱杰人、严佐之、刘永翔主编《朱子全书》（修订版）第一册，上海：上海古籍出版社，2010年，第545页。

2840. 君子务于深造而必以其道者，欲其有所持循，以俟夫默识心通，自然而得之于己也。自得于己，则所以处之者安固而不摇；处之安固，则所借者深远而无尽；所借者深，则日用之间取之至近，无所往而不值其所资之本也。程子曰："学不言而自得者，乃自得也。有安排布置者，皆非自得也。然必潜心积虑，优游厌饫于其间，然后可以有得。若急迫求之，则是私己而已，终不足以得之也。"

——《四书章句集注·孟子集注》卷八，［宋］朱熹撰，朱杰人、严佐之、刘永翔主编《朱子全书》（修订版）第六册，上海：上海古籍出版社，2010年，第357页。

2841. 人物之生，同得天地之理以为性，同得天地之气以为形。其不同者，独人于其间得形气之正，而能有以全其性，为少异耳。虽曰少异，然人物之所以分，实在于此。众人不知此而去之，则名虽为人，而实无以异于禽兽。君子知此而存之，是以战兢惕厉，而卒能有以全其所受之理也。

——《四书章句集注·孟子集注》卷八，［宋］朱熹撰，朱杰人、严佐之、刘永翔主编《朱子全书》（修订版）第六册，上海：上海古籍出版社，2010年，第358页。

2842. 天下之道二，善与恶而已矣。然揆厥所元，而循其次第，则善者天命所赋之本然，恶者物欲所生之邪秽也。是以人之常性，莫不有善而无恶，其本心莫不好善而恶恶。然既有是形体之累，而又为气禀之拘，是以物欲之私，得以蔽之，而天命之本然者，不得而著。其于事物之理，固有懵然不知其善恶之所在者，亦有仅识其粗，而不能真知其可好可恶之极者。夫不知善之真可好，则其好善也，虽曰好之，而未能无不好者以拒之于内；不知恶之真可恶，则其恶恶也，虽曰恶之，而未能无不恶者以挽之于中。是以不免于苟焉以自欺，而意之所发有不诚者。

——《大学或问》下，[宋]朱熹撰，朱杰人、严佐之、刘永翔主编《朱子全书》（修订版）第六册，上海：上海古籍出版社，2010年，第532-533页。

2843. 夫好善而不诚，则非惟不足以为善，而反有以贼乎其善；恶恶而不诚，则非惟不足以去恶，而适所以长乎其恶。是则其为害也，徒有甚焉，而何益之有哉？圣人于此，盖有忧之，故为大学之教，而必首之以格物致知之目，以开明其心术，使既有以识夫善恶之所在，与其可好可恶之必然矣，至此而复进之以必诚其意之说焉，则又欲其谨之于幽独隐微之奥，以禁止其苟且自欺之萌。

——《大学或问》下，[宋]朱熹撰，朱杰人、严佐之、刘永翔主编《朱子全书》（修订版）第六册，上海：上海古籍出版社，2010年，第533页。

2844. 夫好善而中无不好，则是其好之也，如好好色之真，欲以快乎己之目，初非为人而好之也；恶恶而中无不恶，则是其恶之也，如恶恶臭之真，欲以足乎己之鼻，初非为人而恶之也。所发之实，既如此矣，而须臾之顷，纤芥之微，念念相承，又无敢有少间断焉，则庶乎内外昭融，表里澄彻，而心无不正，身无不修矣。

——《大学或问》下，[宋]朱熹撰，朱杰人、严佐之、刘永翔主编《朱子全书》（修订版）第六册，上海：上海古籍出版社，2010年，第533页。

2845. 程子有言，赤子未能自言其意，而为之母者，慈爱之心出于至诚，则凡所以求其意者，虽或不中，而不至于大相远矣，岂待学而后能哉？若民则非如赤子之不能自言矣，而使之者反不能无失于其心，则以本无慈爱之实，而于此有不察耳。传之言此，盖以明夫使众之道，不过自其慈幼者而推之，而慈幼之心，又非外铄而有待于强为也。事君之孝，事长之悌，亦何以异于此哉！既举其细，则大者可知矣！

——《大学或问》下，[宋]朱熹撰，朱杰人、严佐之、刘永翔主编《朱子全书》（修订版）第六册，上海：上海古籍出版社，2010年，第536页。

2846. 恕字之旨，以如心为义，盖曰如治己之心以治人，如爱己之心以爱人，而非苟然姑息之谓也。然人之为心，必尝穷理以正之，使其所以治己爱己者，皆出于正，然后可以即是推之以及于人，而恕之为道，有可言者。故《大学》之传，最后两章始及于此，则其用力之序，亦可见矣。

——《大学或问》下，[宋]朱熹撰，朱杰人、严佐之、刘永翔主编《朱子全书》（修订版）第六册，上海：上海古籍出版社，2010年，第537页。

2847. 盖能强于自治，至于有善而可以求人之善，无恶而可以非人之恶，然后推以及人，使之亦如我之所以自治而自治焉，则表端景正，源洁流清，而治己治人，无不尽其道矣，所以终身力此，而无不可行之时也。

——《大学或问》下，[宋]朱熹撰，朱杰人、严佐之、刘永翔主编《朱子全书》（修订版）第六册，上海：上海古籍出版社，2010年，第537-538页。

2848. 自家以及国，自国以及天下，虽有大小之殊，然其道不过如此而已。但前章专以己推而人化为言，此章又申言之，以见人心之所同而不能已者如此，是以君子不惟有以化之，而又有以处之也。盖人之所以为心者，虽曰未尝不同，然贵贱殊势，贤愚异禀，苟非在上之君子，真知实践，有以倡之，则下之有是心者，亦无所感而兴起矣。幸其有以倡焉而兴起矣，然上之人乃或不能察彼之心，而失其所以处之之道，则彼其所兴起者，或不得遂而反有不均之叹。是以君子察其心之所同，而得夫絜矩之道，然后有以处此，而遂其兴起之善端也。

——《大学或问》下，[宋]朱熹撰，朱杰人、严佐之、刘永翔主编《朱子全书》（修订版）第六册，上海：上海古籍出版社，2010年，第539页。

2849. 以己之心度人之心，知人之所恶者不异乎己，则不敢以己之所恶者施之于人。使吾之身一处乎此，则上下四方，物我之际，各得其分，不相侵越，而各就其中，校其所占之地，则其广狭长短，又皆平均如一，截然正方，而无有余不足之处，是则所谓絜矩者也。

——《大学或问》下，[宋]朱熹撰，朱杰人、严佐之、刘永翔主编《朱子全书》（修订版）第六册，上海：上海古籍出版社，2010年，第540页。

2850. 夫为天下国家，而所以处心制事者，一出于此，则天地之间，将无一物不得其所，而凡天下之欲为孝悌不倍者，皆得以自尽其心，而无不均之叹矣，天下其有不平者乎？然君子之所以有此，亦岂自外至而强为之哉？亦曰物格知至，故有以通天下之志，而知千万人之心即一人之心，意诚心正，故有以胜一己之私，而能以一人之心为千万人之心，其如此而已矣。

——《大学或问》下，[宋]朱熹撰，朱杰人、严佐之、刘永翔主编《朱子全书》（修订版）第六册，上海：上海古籍出版社，2010年，第540页。

2851. 若于理有未明，而心有未正，则吾之所欲者，未必其所当欲；吾之所恶者，未必其所当恶。乃不察此而遽欲以是为施于人之准则，则其意虽公，而事则私，是将见其物我相侵，彼此交病，而虽庭除之内，跬步之间，亦且参商矛盾，而不可行矣，尚何终身之望哉？是以圣贤凡言恕者，又必以忠为本，而程子亦言忠恕两言，如形与影，欲去其一而不可得。盖惟忠，而后所如之心始得其正，是亦此篇先后本末之意也。然则君子之学，可不谨其序哉！

——《大学或问》下，[宋] 朱熹撰，朱杰人、严佐之、刘永翔主编《朱子全书》(修订版) 第六册，上海：上海古籍出版社，2010年，第 540-541 页。

2852. 此以势之远迩，事之先后，而所施有不同耳，实非有异事也。盖必审于接物，好恶不偏，然后有以正伦理，笃恩义，而齐其家；其家已齐，事皆可法，然后有以立标准，胥教诲，而治其国；其国已治，民知兴起，然后可以推己度物，举此加彼，而平天下。此以其远近先后，而施有不同者也。然自国以上，则治于内者，严密而精详；自国以下，则治于外者，广博而周遍，亦可见其本末实一物，首尾实一身矣，何名为异说哉！

——《大学或问》下，[宋] 朱熹撰，朱杰人、严佐之、刘永翔主编《朱子全书》(修订版) 第六册，上海：上海古籍出版社，2010年，第 541 页。

2853. 君子有絜矩之道，故能以己之好恶，知民之好恶，又能以民之好恶，为己之好恶也。夫好其所好，而与之聚之，恶其所恶，而不以施焉，则上之爱下，真犹父母之爱其子矣，彼民之亲其上，岂不亦犹子之爱其父母哉！

——《大学或问》下，[宋] 朱熹撰，朱杰人、严佐之、刘永翔主编《朱子全书》(修订版) 第六册，上海：上海古籍出版社，2010年，第 541 页。

2854. 言在尊位者，人所观仰，不可不谨。若人君恣己徇私，不与天下同其好恶，则为天下戮，如桀、纣、幽、厉也。

——《大学或问》下，[宋] 朱熹撰，朱杰人、严佐之、刘永翔主编《朱子全书》(修订版) 第六册，上海：上海古籍出版社，2010年，第 541-542 页。

2855. 上言有国者不可不谨，此言其所谨而当先者，尤在于德也。德即所谓明德，所以谨之，亦曰格物、致知、诚意、正心，以修其身而已矣。

——《大学或问》下，[宋] 朱熹撰，朱杰人、严佐之、刘永翔主编《朱子全书》(修订版) 第六册，上海：上海古籍出版社，2010年，第 542 页。

2856. 有德而有人有土，则因天分地，不患乎无财用矣。然不知本末，而无絜矩之心，则未有不争斗其民而施之以劫夺之教者也。《易大传》曰："何以聚人？曰财。"《春秋外传》曰："王人者，将以导利而布之上下者也。"故财聚于上，则民散于下矣，财散于下，则民归于上矣。"言悖而出者，亦悖而入，货悖而入者，亦悖而出。"郑氏以为君有逆命，则民有逆辞，上贪于利，则下人侵畔，得其旨矣。

——《大学或问》下，[宋]朱熹撰，朱杰人、严佐之、刘永翔主编《朱子全书》（修订版）第六册，上海：上海古籍出版社，2010年，第542页。

2857. 以天命之重，而致其丁宁之意，亦承上文而言之也。盖善则得之者，有德而有人之谓也；不善则失之者，悖入而悖出之谓也。然则命之不常，乃人之所自为耳，可不谨哉！

——《大学或问》下，[宋]朱熹撰，朱杰人、严佐之、刘永翔主编《朱子全书》（修订版）第六册，上海：上海古籍出版社，2010年，第542页。

2858. 不仁之人，阿党媢疾，有以陷溺其心，是以其所好恶，戾于常性如此，与民之父母，能好恶人者正相反，使其能胜私而絜矩，则不至于是矣。

——《大学或问》下，[宋]朱熹撰，朱杰人、严佐之、刘永翔主编《朱子全书》（修订版）第六册，上海：上海古籍出版社，2010年，第544页。

2859. 以利为利，则上下交征，不夺不厌；以义为利，则不遗其亲，不后其君。盖惟义之安，而自无所不利矣。程子曰："圣人以义为利，义之所安，即利之所在。"正谓此也。孟子分别义利，拔本塞原之意，其传盖亦出于此云。

——《大学或问》下，[宋]朱熹撰，朱杰人、严佐之、刘永翔主编《朱子全书》（修订版）第六册，上海：上海古籍出版社，2010年，第545页。

2860. 惟其平常，故可常而不可易，若惊世骇俗之事，则可暂而不得为常矣。二说虽殊，其致一也。但谓之不易，则必要于久而后见，不若谓之平常，则直验于今之无所诡异，而其常久而不可易者可兼举也。况《中庸》之云，上与高明为对，而下与无忌惮者相反，其曰庸德之行，庸言之谨，又以见夫虽细微而不敢忽，则其名篇之义，以不易而为言者，又孰若平常之为切乎！

——《中庸或问》上，[宋]朱熹撰，朱杰人、严佐之、刘永翔主编《朱子全书》（修订版）第六册，上海：上海古籍出版社，2010年，第549页。

2861. 率性之谓道，言循其所得乎天以生者，则事事物物，莫不自然，各有当行之路，是则所谓道也。盖天命之性，仁、义、礼、智而已。循其仁之性，则自父子之亲，以至于仁民爱物，皆道也；循其义之性，则自君臣之分，以至于敬长尊贤，亦道也；循其礼之性，则恭敬辞让之节文，皆道也；循其智之性，则是非邪正之分别，亦道也。盖所谓性者，无一理之不具，故所谓道者，不待外求而无所不备。所谓性者，无一物之不得，故所谓道者，不假人为而无所不周。

——《中庸或问》上，[宋]朱熹撰，朱杰人、严佐之、刘永翔主编《朱子全书》（修订版）第六册，上海：上海古籍出版社，2010年，第550-551页。

2862. 人则独异于物。故为知觉，为运动者，此气也；为仁义，为礼智者，此理也。知觉运动，人能之，物亦能之；而仁义礼智，则物固有之，而岂能全之乎！

——《朱子语类》卷四，[宋]朱熹撰，朱杰人、严佐之、刘永翔主编《朱子全书》（修订版）第十四册，上海：上海古籍出版社，2010年，第186页。

2863. 能使人兴起者，圣人之心也；能遂其人之兴起者，圣人之政事也。

——《朱子语类》卷十六，[宋]朱熹撰，朱杰人、严佐之、刘永翔主编《朱子全书》（修订版）第十四册，上海：上海古籍出版社，2010年，第557页。

2864. 岁月今几许，长波没轻鸥。眷言抚佳辰，荒寻靡遗丘。且复置往事，及兹命高俦。纵策聊并欢，飞觞起相酬。未知千载下，亦记此日不。商歌有遗音，林乐无余忧。但得长如此，吾生复何求。

——《比与邻曲诸贤，修举岁事，携壶石马，追补斜川之游，而公济适至，饮罢首出，和陶之句，以纪其胜，辄亦用韵酬答，兼呈诸同游者，请共赋之》，[宋]朱熹撰，朱杰人、严佐之、刘永翔主编《朱子全书》（修订版）第二十册，上海：上海古籍出版社，2010年，第519-520页。

2865. 弱植有孤念，独住穷名山。那知岁月逝，白首尘埃间。今朝定何朝？凭高睨清湾。群贤亦戾止，共此一日闲。晤言不知疲，林昏鸟飞还。胜践可无纪，重来谅非艰。留语岩上石，毋使门常关。

——《乙卯八月晦日浮翠亭次叔通韵》，[宋]朱熹撰，朱杰人、严佐之、刘永翔主编《朱子全书》（修订版）第二十册，上海：上海古籍出版社，2010年，第519-520页。

2866. 仰诉天公雨太多，才方欲住又滂沱。九关虎豹还知否？烂尽田中白死禾。

——《苦雨用俳谐体》，[宋]朱熹撰，朱杰人、严佐之、刘永翔主编《朱子全书》（修订版）第二十册，上海：上海古籍出版社，2010年，第549页。

2867. 富贵有余乐，贫贱不堪忧。谁知天路幽险，倚伏互相酬。请看东门黄犬，更听华亭清唳，千古恨难收。何似鸱夷子，散发弄扁舟。鸱夷子，成霸业，有余谋。收身千乘卿相，归把钓渔钩。春昼五湖烟浪，秋夜一天云月，此外尽悠悠。永弃人间事，吾道付沧洲。

——《水调歌头·富贵有余乐》，[宋]朱熹撰，朱杰人、严佐之、刘永翔主编《朱子全书》（修订版）第二十册，上海：上海古籍出版社，2010年，第560页。

2868. 睡处林风瑟瑟，觉来山月团团。身心无累久轻安。况有清池凉馆。句稳翻嫌白俗，情高却笑郊寒。兰膏元自少陵残。好处金章不换。

——《和西江月·睡处林风瑟瑟》，[宋]朱熹撰，朱杰人、严佐之、刘永翔主编《朱子全书》（修订版）第二十册，上海：上海古籍出版社，2010年，第562页。

2869. 尘世难逢一笑，况有紫萸黄菊，堪插满头归。风景今朝是，身世昔人非。酬佳节，须酩酊，莫相违。人生如寄，何事辛苦怨斜晖？无尽今来古往，多少春花秋月，那更有危机？与问牛山客，何必独沾衣！

——《隐括杜牧之齐山诗作水调歌头》，[宋]朱熹撰，朱杰人、严佐之、刘永翔主编《朱子全书》（修订版）第二十册，上海：上海古籍出版社，2010年，第564页。

2870. "自天子以至于庶人，一是皆以修身为本"。而家之所以齐，国之所以治，天下之所以平，莫不由是出焉。然身不可以徒修也，深探其本，则在乎格物以致其知而已。

——《癸未垂拱奏札一》，[宋]朱熹撰，朱杰人、严佐之、刘永翔主编《朱子全书》（修订版）第二十册，上海：上海古籍出版社，2010年，第631页。

2871. 臣愿陛下姑置利害交至之说，而以穷理为先，于仁义之道，三纲之本，少加意焉。体验扩充，以建人极，深诏任事之臣，亟罢讲和之议，大明黜陟，以示天下，使知复仇雪耻之本意未尝少衰。

——《癸未垂拱奏札二》，[宋]朱熹撰，朱杰人、严佐之、刘永翔主编《朱子全书》（修订版）第二十册，上海：上海古籍出版社，2010年，第635页。

2872. 虽其成败利钝不可逆睹，而吾于君臣父子之间既已无憾，则其贤于屈辱而苟存，固已远矣。臣愿陛下以此处心，以此立志，则仁义之道明于上，而忠孝之俗成于下。人道既得，天地之和气自当忻合无间，而夷狄禽兽亦将不得久肆其毒，则何事之不可成，何功之不可立哉！

——《癸未垂拱奏札二》，[宋]朱熹撰，朱杰人、严佐之、刘永翔主编《朱子全书》（修订版）第二十册，上海：上海古籍出版社，2010年，第636页。

2873. 臣窃不自量，敢冒万死，伏愿陛下听断之余，虚心静虑，试以前数条者反之于身，验之于事而深自省焉，则渊默之中，无微不照，而凡此得失之端，孰有孰无，孰存孰改，皆无所遁其情矣。

——《辛丑延和奏札一》，[宋]朱熹撰，朱杰人、严佐之、刘永翔主编《朱子全书》（修订版）第二十册，上海：上海古籍出版社，2010年，第638页。

2874. 夫杀人者不死，伤人者不刑，虽二帝三王不能以此为治于天下，而况于其系于父子之亲、君臣之义、三纲之重，又非凡人之比者乎？

——《戊申延和奏札一》，[宋]朱熹撰，朱杰人、严佐之、刘永翔主编《朱子全书》（修订版）第二十册，上海：上海古籍出版社，2010年，第657页。

2875. 故臣伏愿陛下深诏中外司政典狱之官，凡有狱讼，必先论其尊卑上下，长幼亲疏之分，而后听其曲直之辞。凡以下犯上，以卑凌尊者，虽直不右，其不直者罪加凡人之坐。其有不幸至于杀伤者，虽有疑虑可悯，而至于奏谳，亦不许辄用拟贷之例。

——《戊申延和奏札一》，[宋]朱熹撰，朱杰人、严佐之、刘永翔主编《朱子全书》（修订版）第二十册，上海：上海古籍出版社，2010年，第657页。

2876. 又诏儒臣博采经史以及古今贤哲议论及于教化刑罚之意者，删其精要之语，聚为一书，以教学古入官之士与凡执法治民之官，皆使略知古先圣王所以敕典敷教、制刑明辟之大端，而不敢阴为、姑息、果报、便文之计，则庶几有以助成世教而仰称陛下好生恶杀、期于无刑之本意。取进止。

——《戊申延和奏札一》，[宋]朱熹撰，朱杰人、严佐之、刘永翔主编《朱子全书》（修订版）第二十册，上海：上海古籍出版社，2010年，第657-

658 页。

2877. 臣愚欲望陛下明诏铨曹，更定选格，凡州郡两狱官专注任满、有举主关升人，或应格不足，则次任任满、铨试中第二等以上人，其常调关升及省部胥史并不得注拟。见在任者，非举主关升人，即令守卒铨量。如委昏缪疾病，即保明闻奏，特与祠禄。其未到人，候赴上日，亦从守卒铨量，方许放上。若守卒徇私失实，即许监司劾奏罢免。所有省部胥史，虽已注官待次，并令赴部别与拟授。庶几治狱之官其选少清，各知任职，仰副陛下钦恤之意。取进止。

——《戊申延和奏札二》，[宋]朱熹撰，朱杰人、严佐之、刘永翔主编《朱子全书》（修订版）第二十册，上海：上海古籍出版社，2010年，第659页。

2878. 陛下厚德深仁，爱民如子，疾痛疴痒，无细不知。抑搔按摩，无远不及，顾偶未闻此法之弊而已。故臣辄敢冒昧以闻，伏望圣慈深照本末，特诏有司先将灾伤年分检放倚阁苗税数内所收经总制额尽依分数蠲除。然后别诏大臣深图所以节用裕民之术，计论经总制钱合与不合立额比较之利病而罢行之，以幸天下，臣不胜大愿。取进止。

——《戊申延和奏札三》，[宋]朱熹撰，朱杰人、严佐之、刘永翔主编《朱子全书》（修订版）第二十册，上海：上海古籍出版社，2010年，第660-661页。

2879. 臣窃见江西路诸州旧有科罚之弊，盖因岁入有限而费出无常，是以不免巧取于民，以备支发。凡是百姓有事入门，不问曲直，恣意诛求，无有艺极，民间受弊不可胜言。

——《戊申延和奏札四》，[宋]朱熹撰，朱杰人、严佐之、刘永翔主编《朱子全书》（修订版）第二十册，上海：上海古籍出版社，2010年，第661页。

2880. 臣窃惟陛下以大有为之姿，奋大有为之志，即位之初，慷慨发愤，恭俭勤劳，务以内修政事、外攘夷狄、汛扫陵庙、恢复土疆为己任，如是者二十有七年于兹矣。

——《戊申延和奏札五》，[宋]朱熹撰，朱杰人、严佐之、刘永翔主编《朱子全书》（修订版）第二十册，上海：上海古籍出版社，2010年，第661页。

2881. 赏善罚恶，亦是理当如此，不如此便是失其常理。

——《汤誓》，[宋]朱熹撰，朱杰人、严佐之、刘永翔主编《朱子全书》（修订版）第十七册，上海：上海古籍出版社，2010年，第2691页。

2882. "其难其慎"，言人君任官须是贤材，左右须是得人，当难之慎之也。

——《咸有一德》，[宋]朱熹撰，朱杰人、严佐之、刘永翔主编《朱子全书》（修订版）第十七册，上海：上海古籍出版社，2010年，第2694-2695页。

2883. 德且是大体说，有吉德，有凶德，然必主于善始为吉尔。善亦且是大体说，或在此为善，在彼为不善；或在彼为善，在此为不善。或在前日则为善，而今日则为不善；或在前日则不善，而今日则为善。

——《咸有一德》，[宋]朱熹撰，朱杰人、严佐之、刘永翔主编《朱子全书》（修订版）第十七册，上海：上海古籍出版社，2010年，第2695页。

2884. 盖衣裳之予虽在我，而必审其人之贤否；干戈施之于人，而必审自己之是非也。

——《说命》，[宋]朱熹撰，朱杰人、严佐之、刘永翔主编《朱子全书》（修订版）第十七册，上海：上海古籍出版社，2010年，第2698页。

2885. 天固是理，然苍苍者亦是天，在上而有主宰者亦是天，各随他所说。今既曰视听，理又如何会视听？虽说不同，又却只是一个。知其同，不妨其为异，知其异，不害其为同。尝有一人题分水岭，谓水不"曾分。"某和其诗曰："水流无彼此，地势有东西。若识分时异，方知合处同。"

——《泰誓》，[宋]朱熹撰，朱杰人、严佐之、刘永翔主编《朱子全书》（修订版）第十七册，上海：上海古籍出版社，2010年，第2702-2703页。

2886. 人君端本，岂有他哉，修于己而已。

——《洪范》，[宋]朱熹撰，朱杰人、严佐之、刘永翔主编《朱子全书》（修订版）第十七册，上海：上海古籍出版社，2010年，第2708页。

2887. 一，五行，是发原处；二，五事，是总持处；八政则治民事，五纪则协天运也；六，三德，则施为之撙节处；七，稽疑，则人事已至而神明其德处；庶征则天时之征验也，五福、六极则人事之征验也。其本皆在人君之心，其责亦甚重矣。

——《洪范》，[宋]朱熹撰，朱杰人、严佐之、刘永翔主编《朱子全书》（修订版）第十七册，上海：上海古籍出版社，2010年，第2708页。

**2888.** 言人不足以易物，惟德足以易物，德重而人轻也。人犹言位也，谓居其位者。如宝玉虽贵，若有人君之德，则所赐赉之物斯足贵；若无其德，则虽有至宝以赐诸侯，亦不足贵也。

——《旅獒》，[宋]朱熹撰，朱杰人、严佐之、刘永翔主编《朱子全书》（修订版）第十七册，上海：上海古籍出版社，2010年，第2716页。

**2889.** 为数千里之行，意气伟然，不胜叹服。未及致书，忽辱手示，获闻比日剧暑，客里殊胜，尤以为喜。子约此行，无愧臣人之义，而学士大夫粗知廉耻如仆等辈，有愧于彼者多矣。

——《汪时法》，[宋]朱熹撰，朱杰人、严佐之、刘永翔主编《朱子全书》（修订版）第二十五册，上海：上海古籍出版社，2010年，第4903页。

**2890.** 人之进德，须用刚健不息。

——《烝民》，[宋]朱熹撰，朱杰人、严佐之、刘永翔主编《朱子全书》（修订版）第十七册，上海：上海古籍出版社，2010年，第2820页。

**2891.**《大雅》非圣贤不能为，其间平易明白，正大光明。

——《大雅·文王》，[宋]朱熹撰，朱杰人、严佐之、刘永翔主编《朱子全书》（修订版）第十七册，上海：上海古籍出版社，2010年，第2807页。

**2892.** 谓仁只是公，固若未尽；谓公近仁耳，又似太疏。

——《程子之书一》，[宋]朱熹撰，朱杰人、严佐之、刘永翔主编《朱子全书》（修订版）第十七册，上海：上海古籍出版社，2010年，第3227页。

**2893.** 今虽纳嘉谋、陈善算，非君志先立，其能听而用之乎？君欲用之，非责任宰辅，其孰承而行之乎？君相协心，非贤者任职，其能施于天下乎？

——《凡二十五条》，[宋]朱熹撰，朱杰人、严佐之、刘永翔主编《朱子全书》（修订版）第十三册，上海：上海古籍出版社，2010年，第242页。

**2894.** 天下事有大根本，有小根本。正君心是大本，其余万事各有一根本，如理财以养民为本治兵以择将为本。

——《论治道》，[宋]朱熹撰，朱杰人、严佐之、刘永翔主编《朱子全书》（修订版）第十七册，上海：上海古籍出版社，2010年，第3511页。

**2895.** 德行之于人，大矣。然其实则皆人性所固有。人道所当为，以其得之于心，故谓之德。以其行之于身，故谓之行。非固有所作为增益，而欲为观听之美也。士诚知用力于此，则不唯可以修身，而推之可以治人，又可以及夫天下国家。故古之教者，莫不以是为先。

——《学校贡举私议》，[宋]朱熹撰，朱杰人、严佐之、刘永翔主编《朱子全书》（修订版）第二十三册，上海：上海古籍出版社，2010年，第3357页。

2896. 盖人之性皆出于天，而天之气化必以五行为用，故仁义礼智信之性，即水火金木土之理也。

——《答方宾王》，[宋]朱熹撰，朱杰人、严佐之、刘永翔主编《朱子全书》（修订版）第二十三册，上海：上海古籍出版社，2010年，第2658-2659页。

2897. 盖"君子之道费而隐"，费，即日用也；隐，即天理也。即日用而有天理，则于君臣、父子、夫妇、长幼之间，应对、酬酢、食息、视听之顷，无一而非理者，亦无一之可紊，一有所紊，天理丧矣。

——《答廖子晦》，[宋]朱熹撰，朱杰人、严佐之、刘永翔主编《朱子全书》（修订版）第二十二册，上海：上海古籍出版社，2010年，第2083页。

2898. 明德者，人之所得乎天，而虚灵不昧，以具众理，而应万事者也。但为气禀所拘，人欲所蔽，则有时而昏，然其本体之明，则有未尝息者。

——《四书章句集注·大学章句》，[宋]朱熹撰，朱杰人、严佐之、刘永翔主编《朱子全书》（修订版）第六册，上海：上海古籍出版社，2010年，第16页。

2899. 熹亦近日方实见得向日支离之病，虽与彼中证候不同，然其忘己逐物、贪外虚内之失，则一而已。

——《答吕子约》，[宋]朱熹撰，朱杰人、严佐之、刘永翔主编《朱子全书》（修订版）第二十二册，上海：上海古籍出版社，2010年，第2205页。

2900. 己私既克，则廓然大公，与天地万物血脉贯通，爱之理得于内，而其用形于外，天地之间无一物之非吾仁矣。此亦其理之本具于吾性者，而非强为之也。

——《答钦夫仁说》，[宋]朱熹撰，朱杰人、严佐之、刘永翔主编《朱子全书》（修订版）第二十一册，上海：上海古籍出版社，2010年，第1417页。

2901. 孟子之于列国，说之以行政者，不过言治岐之事而已，说之使汤、武者，不过以德行仁而已；说之以行王道者，不过乎使民养生丧死无憾而已。

——《李公常语》下，[宋]朱熹撰，朱杰人、严佐之、刘永翔主编《朱子全书》（修订版）第二十四册，上海：上海古籍出版社，2010年，第

3539 页。

2902. 仁义之道，万世之所常行，天下之所共由，民生之所日用也。

——《李公常语》下，[宋]朱熹撰，朱杰人、严佐之、刘永翔主编《朱子全书》（修订版）第二十四册，上海：上海古籍出版社，2010年，第3541页。

2903. 恭惟圣天子所以加惠此民者，可谓无不至矣，外是数者，亦可以议蠲复，以助广圣治之万分者乎？

——《策问》，[宋]朱熹撰，朱杰人、严佐之、刘永翔主编《朱子全书》（修订版）第二十四册，上海：上海古籍出版社，2010年，第3577页。

2904. 天之生此人，无不与之以仁义礼智之理，亦何尝有不善？但欲生此物，必须有气，然后此物有以聚而成质。

——《玉山讲义》，[宋]朱熹撰，朱杰人、严佐之、刘永翔主编《朱子全书》（修订版）第二十四册，上海：上海古籍出版社，2010年，第3590页。

2905. 君家比三世，以儒学起家从宦，而皆不大显，至君而学益明，行益修。

——《女巳埋铭》，[宋]朱熹撰，朱杰人、严佐之、刘永翔主编《朱子全书》（修订版）第二十五册，上海：上海古籍出版社，2010年，第4278页。

2906. 其清苦之操，非人所堪，而聪明仁爱所以惠于民者，亦非人之所能及也。

——《朝散黄公墓志铭》，[宋]朱熹撰，朱杰人、严佐之、刘永翔主编《朱子全书》（修订版）第二十五册，上海：上海古籍出版社，2010年，第4288页。

2907. 先尝告执事者，宜将顺正救，使上意于起居食息不替坐薪尝胆之诚，修明政事，使人心晓然知朝廷未忘中原。

——《左司张公墓志铭》，[宋]朱熹撰，朱杰人、严佐之、刘永翔主编《朱子全书》（修订版）第二十五册，上海：上海古籍出版社，2010年，第4293页。

2908. 虽然，宗之行矣。以殿中君之忠，吾子之孝，而任事者曾不以动其心，则世之所可愿者，无复有以动其心矣。方今朝廷清明，耆俊在服，子之所病，殆其不然。

——《送陈宗之序》，[宋]朱熹撰，朱杰人、严佐之、刘永翔主编《朱子全书》(修订版)第二十四册,上海:上海古籍出版社,2010年,第3616页。

2909. 知其困而学焉,以增益其所不能,此困而学之之事也,亦以卑矣。然能从事于斯,则其成犹不在善人君子之后;不能从事于斯,则靡然流于下民而不知反。

——《困学恐闻编序》,[宋]朱熹撰,朱杰人、严佐之、刘永翔主编《朱子全书》(修订版)第二十四册,上海:上海古籍出版社,2010年,第3617页。

2910. 寻以边兵失律,廷议不咸,上疏自劾,除吏部侍郎,不拜,去为数郡,布上恩,恤民隐,早夜孜孜,如饥渴嗜欲之切于己。

——《玉梅溪文集序》(代刘共父作),[宋]朱熹撰,朱杰人、严佐之、刘永翔主编《朱子全书》(修订版)第二十四册,上海:上海古籍出版社,2010年,第3642页。

2911. 以是胜私起懦而相与师慕其万一。在朝廷则以犯颜纳谏为忠,仕州县则以勤事爱民为职。内外交修,不遗余力,使君德日跻于上,民生日遂于下,国步安强,隐然真有恢复之势,则公虽云亡,而其精爽之可畏者,为无憾于九原矣。

——《玉梅溪文集序》(代刘共父作),[宋]朱熹撰,朱杰人、严佐之、刘永翔主编《朱子全书》(修订版)第二十四册,上海:上海古籍出版社,2010年,第3643页。

2912. 去之日,民思之如父母。其处闺门,居乡党,则又亲亲敬故。隆信义,务敦朴,虽家人孺子,亦皆蔼然有忠厚廉逊之风。平居无所嗜好,顾喜为诗,浑厚质直,恳恻条畅,如其为人。

——《玉梅溪文集序》(代刘共父作),[宋]朱熹撰,朱杰人、严佐之、刘永翔主编《朱子全书》(修订版)第二十四册,上海:上海古籍出版社,2010年,第3642页。

2913. 公至,不鄙其民,抚绥安静,寇亦旋息。除管干都进奏院。公年逾六十,即浩然思归,致其事。

——《少师保信军节度使魏国公致仕赠太保张公行状》上,[宋]朱熹撰,朱杰人、严佐之、刘永翔主编《朱子全书》(修订版)第二十五册,上海:上海古籍出版社,2010年,第4352页。

2914. 至狴犴木索,沐浴食饮亦必躬莅之,寒暑不废,以故军民归心。讼于庭者，皆愿得下士曹治。其受输尽去旧弊，使民得自执权概，人又便之。

——《少师保信军节度使魏国公致仕赠太保张公行状》上，[宋]朱熹撰，朱杰人、严佐之、刘永翔主编《朱子全书》（修订版）第二十五册，上海：上海古籍出版社，2010年，第4354页。

2915. 今檄诸路州军官吏军民等，当念祖宗涵养之恩，思君父幽废之辱，各奋忠义，共济多艰。所有朝廷见行文字，并是傅等伪命，及专擅改元，即不得施行。

——《少师保信军节度使魏国公致仕赠太保张公行状》上，[宋]朱熹撰，朱杰人、严佐之、刘永翔主编《朱子全书》（修订版）第二十五册，上海：上海古籍出版社，2010年，第4364页。

2916. 但当尽其在我，一听天命而已。况夫孝悌可以格天，仁厚可以得民，推此心行之，臣见其福，不见其祸也。

——《少师保信军节度使魏国公致仕赠太保张公行状》上，[宋]朱熹撰，朱杰人、严佐之、刘永翔主编《朱子全书》（修订版）第二十五册，上海：上海古籍出版社，2010年，第4387页。

2917. 惟尔小大文武之臣，早夜孜孜，思所以治兵恤民，辅朕不逮。

——《少师保信军节度使魏国公致仕赠太保张公行状》下，[宋]朱熹撰，朱杰人、严佐之、刘永翔主编《朱子全书》（修订版）第二十五册，上海：上海古籍出版社，2010年，第4395页。

2918. 如能诱致金人，使之疲弊，精兵健马，渐次消磨，兹诚报国之良图，亦尔为臣之后效。更须爱惜民力，勿使伤残；傥或永怀异心，自致显戮。

——《少师保信军节度使魏国公致仕赠太保张公行状》下，[宋]朱熹撰，朱杰人、严佐之、刘永翔主编《朱子全书》（修订版）第二十五册，上海：上海古籍出版社，2010年，第4397页。

2919. 大夫公清苦廉直，勤事爱民，屡为刺史二千石，入居郎省，皆有显闻，然多不得久于其官，盖有公之风烈云。

——《丰清敏遗事后序》，[宋]朱熹撰，朱杰人、严佐之、刘永翔主编《朱子全书》（修订版）第二十四册，上海：上海古籍出版社，2010年，第3679页。

2920. 其事亲无违，交朋友有信，莅官遇僚吏有恩意，虽人乐于自尽，而无敢慢其令者。惠政在民，戴之如父母，故去则见思，愈久而不忘。

——《建宁府学游御史祠记》，[宋]朱熹撰，朱杰人、严佐之、刘永翔主编《朱子全书》（修订版）第二十四册，上海：上海古籍出版社，2010年，第3702页。

2921. 盖德音再下，而钞额复祖宗之旧，逋负捐累岁之积，使州县之吏无所旁缘以渔猎其民，民得休息。恩泽隆厚，不可胜量。

——《转运司蠲免盐钱记》，[宋]朱熹撰，朱杰人、严佐之、刘永翔主编《朱子全书》（修订版）第二十四册，上海：上海古籍出版社，2010年，第3706页。

2922. 桑维翰始终于和，其言曰："愿训农习战，养兵息民，俟国无内忧，民有余力，观衅而动，动无不成。"若有深谋者。

——《少师保信军节度使魏国公致仕赠太保张公行状》下，[宋]朱熹撰，朱杰人、严佐之、刘永翔主编《朱子全书》（修订版）第二十五册，上海：上海古籍出版社，2010年，第4410页。

2923. 且秦桧二十年在临安，为燕安酖毒之计，岂可不舍去之而新是图？大抵今日凡事皆当如艺祖创业时，务从省约，而专以治军恤民为务，庶国有瘳。

——《少师保信军节度使魏国公致仕赠太保张公行状》下，[宋]朱熹撰，朱杰人、严佐之、刘永翔主编《朱子全书》（修订版）第二十五册，上海：上海古籍出版社，2010年，第4432页。

2924. 每劝上亲忠直，纳谏诤，抑侥幸，肃纪纲，讲明军政，宽恤民力。用人之际，随才任使，未尝求备。

——《少师观文殿大学士致仕魏国公赠太师谥正献陈公行状》，[宋]朱熹撰，朱杰人、严佐之、刘永翔主编《朱子全书》（修订版）第二十五册，上海：上海古籍出版社，2010年，第4464页。

2925. 岁凶民饥，公喻富室发廪以粜，籍贫民授券以籴。上安下济，邑人赖之。导德门三乡之渠，溉田甚广。

——《敷文阁直学士陈公行状》，[宋]朱熹撰，朱杰人、严佐之、刘永翔主编《朱子全书》（修订版）第二十五册，上海：上海古籍出版社，2010年，第4526页。

# 袁说友

袁说友（1140—1204），字起岩，号东塘居士，建宁（今三明市）人。隆兴元年（1163年）进士，历任秘书丞，池州、临安知州，太府少卿，户部侍郎，吏部尚书等职。为人刚直，以气养形，刚正不阿。宁宗朝时，韩侂胄专权，群小阿附。在数人已因言获罪的情况下，袁说友不畏奸佞，直言进谏，以期为软弱的南宋朝廷注入气节，解决时局弊病。南宋一朝卖官鬻爵现象十分普遍，针对此类现象，其向皇帝痛陈其弊，为皇帝所重视。

著有《东塘集》，已佚。清四库馆臣据《永乐大典》辑为20卷，今流传版本多以此本为底本。

2926. 气节既立，惰者必勤，私者必公，贪者必廉，怯者必勇。

——《论养士大夫气节》，［宋］袁说友《东塘集》卷八，清乾隆文渊阁《四库全书》本。

2927. 盖英主之御将也，诚知将帅武夫不可以文法拘，不可以廉隅律，苟不有以优其货财，使之上足而下裕，则彼将自营之不暇，而何暇恤吾士耶？彼为士卒，上不见恤于国，下不蒙恤于将，欲其无饥寒，胡可得也，安敢望其死国哉？

——《进讲故事》，［宋］袁说友《东塘集》卷十一，清乾隆文渊阁《四库全书》本。

2928. 一旦有事其能捐躯，尽力于上乎，此臣所以日夜深思动心而惧者也。此无他，惟其军无余利，则诸将贫；诸将贫，则六军之士皆贫。必先有以优其将，将优能豫附士，士附则令之死国而不难，此必至之理也。

——《进讲故事》，［宋］袁说友《东塘集》卷十一，清乾隆文渊阁《四库全书》本。

2929. 臣敢不益屑疲驽，尽力民事，糜捐报国，誓死不渝。

——《再乞补外状》，[宋]袁说友《东塘集》卷十二，清乾隆文渊阁《四库全书》本。

2930. 勤两宫定省之奉，念万务安危之机。倚信大臣，开广言路。撙节财用，日积而岁赢；省览奏章，朝入而暮报。皆君人之实德，治国之大本也。陛下天资英睿，即是数者而加之意，则天心喜悦，帝命眷顾，和气致祥，何事不立？

——《过宫后再入奏状》，[宋]袁说友《东塘集》卷十三，清乾隆文渊阁《四库全书》本。

2931. 仁义礼智，生于色而根于心；道德忠诚，盛于内而贲于外。灿经邦之事业，大济世之规模。躬持万物之衡，大布一陶之冶。

——《代知县作启》，[宋]袁说友《东塘集》卷十七，清乾隆文渊阁《四库全书》本。

2932. 盖道者适治之路，惟学然后道明；以德行仁者王，惟学然后德进。审为政之理，非学何以达理？以义制事，非学何以由义？古今有兴亡，有成败，学然后知所以兴亡成败之本。

——《讲学》，[宋]袁说友《东塘集》卷十一，清乾隆文渊阁《四库全书》本。

2933. 故能朝多君子，国无小人，德行名儒，项背相望，治安之极，上媲唐虞，可谓收得人之效矣。

——《进讲故事》[宋]袁说友《东塘集》卷十一，清乾隆文渊阁《四库全书》本。

2934. 臣仰惟陛下虚心以求言，和颜以受谏，固尝有进言以迁秩，未闻有纳忠而得谴者也。然而在廷之臣，不闻谔谔以抗节，惟知唯唯而取容。昔之敢言者，虽有斧钺之诛，而犹且不顾，岂今之世有爵赏之劝，反有所不敢？臣有以知士大夫气节之不立也。盖士大夫之气节，养之则锐，挫之则慑。

——《论养士大夫气节》，[宋]袁说友《东塘集》卷八，清乾隆文渊阁《四库全书》本。

2935. 欲养士大夫之气节，当使台谏、给舍得以行其言。百里奚愚于虞而智于秦，裴矩佞于隋而忠于唐。盖不以气节作之，虽智者不免于愚；苟以气节作之，虽佞者可使之忠也。

——《论养士大夫气节》，[宋]袁说友《东塘集》卷八，清乾隆文渊阁《四库全书》本。

# 真德秀

真德秀（1178—1235），字景元，后更希元，号西山，世称"西山先生"，福建浦城人，南宋理学家。庆元五年（1199年）中进士，在朝、在外转任数职。端平二年（1235年），以疾卒，谥文忠。

他为官精干，颇有政声，治理地方时，重视人伦教化，颁行仁政。他任江东路转运副使时，见江宁县城南厢居民因旱灾而流亡，同安抚司奏乞为代输和买。他知潭州时，上书取消田税正额之外的附加税等苛政。真德秀为人刚直，以直谏而闻名。时南宋权相当道，官场中的卖官鬻爵现象蔓延滋长，真德秀上疏，力主严惩贪官，举贤良廉吏。面对史弥远擅权乱政，私自废立皇储、祸乱朝纲之事，不惧强权，直言史弥远之罪，数次请求外任。史弥远深恐其德行名望，指使官吏弹劾真德秀而致其被罢免。

真德秀是一位理学大家，曾求学于詹体仁，为刘屏山、朱熹之再传弟子，是朱子学说的继承者。其所著有《大学衍义》《四书集编》等数种。

2936. 臣闻知父母之心者，可以知天心；知人君之道者，可以知天道。
——《辛未十二月上殿奏札（一）》，[宋]真德秀《西山先生真文忠公文集》卷二，上海：商务印书馆，1937年，第31页。

2937. 修实德以格天命，敷仁政以结民心，奖忠实以作兴天下之材，省科敛以培养天下之力。
——《辛未十二月上殿奏札（二）》，[宋]真德秀《西山先生真文忠公文集》卷二，上海：商务印书馆，1937年，第33页。

2938. 夫汉之肇造，以宽仁得民，而不在五星之聚；晋之却敌以将相有人，而不在岁星之临矣。
——《除江东漕十一月二十二日朝辞奏事札子（一）》，[宋]真德秀《西山先生真文忠公文集》卷四，上海：商务印书馆，1937年，第61页。

2939. 故范祖禹谓国家以仁继仁，哀矜于民，帅用中典，为百三十年太平之本。

——《直前奏札（一）》，[宋]真德秀《西山先生真文忠公文集》卷三，上海：商务印书馆，1937年，第43页。

2940. 夫得天下有道，得其民，斯得天下矣；得其民有道，得其心，斯得民矣。

——《直前奏事札子》，[宋]真德秀《西山先生真文忠公文集》卷三，上海：商务印书馆，1937年，第52页。

2941.《大学》曰："上老老而民兴孝，上长长而民兴弟。"又曰："一家仁，一国兴仁；一家逊，一国兴逊。"盖情虽无常，而性则本善。倡之则应，作之则兴。

——《召除礼侍上殿奏札一乙酉六月十二日》，[宋]真德秀《西山先生真文忠公文集》卷四，上海：商务印书馆，1937年，第64页。

2942. 理义谓仁义礼智之良心，物欲谓声色货利之属。

——《得圣语申后省状》，[宋]真德秀《西山先生真文忠公文集》卷五，上海：商务印书馆，1937年，第75页。

2943. 使朝廷之上知守成之惟艰、无难之可畏，惕焉戒惧，以祈天永命为心，亲信仁贤，修举德政，则国势屹然有泰山磐石之固。

——《江东奏论边事状丙子十二月十二日上》，[宋]真德秀《西山先生真文忠公文集》卷五，上海：商务印书馆，1937年，第85页。

2944. 臣闻圣人之道，有体有用。本之一身者，体也；达之天下者，用也。

——《召除户书内引札子（四）》，[宋]真德秀《西山先生真文忠公文集》卷十三，上海：商务印书馆，1937年，第231页。

2945. 人君之德，须是日新，日日新，又日新。

——《进读大学卷子十月十九日》，[宋]真德秀《西山先生真文忠公文集》卷十八，上海：商务印书馆，1937年，第294页。

2946. 伏惟陛下深体上天仁爱之意，凡其本之心，修之身，推之于事者，必使无一非实，而去其所谓文具美观者。

——《乙未正月丙辰经筵奏已见札子（一）》，[宋]真德秀《西山先生真文忠公文集》卷十四，上海：商务印书馆，1937年，第242页。

2947. 常人所以不能明者，一则以气禀昏弱之故，二则以物欲蔽塞之故。虽是蔽塞之余，若一旦悔悟，欲自明其德，亦无不可者，患其自暴自弃而不肯为耳。

——《进读〈大学卷子〉十月十九日》，[宋] 真德秀《西山先生真文忠公文集》卷十八，上海：商务印书馆，1937年，第293页。

2948. 先从一身使，洗濯磨励，使己德常新，修明政刑，信必赏罚，崇奖廉能，汰斥贪缪，使士大夫之俗一新。如此则民德之新，天下之新，有渐致之理矣。

——《进读〈大学卷子〉十月十九日》，[宋] 真德秀《西山先生真文忠公文集》卷十八，上海：商务印书馆，1937年，第295页。

2949. 心正则容正，故曰一其内所以制其外。容正则心亦正，故曰齐于外者所以养其中。此内外交致其功也。

——《讲筵卷子十八日》，[宋] 真德秀《西山先生真文忠公文集》卷十八，上海：商务印书馆，1937年，第301—302页。

2950. 恕者，以己度人之谓，我之所欲，亦人所欲；我之所恶，亦人所恶。故以所欲者施之，而不敢以所恶施焉。此所谓絜矩也。

——《讲筵卷子二十七日》，[宋] 真德秀《西山先生真文忠公文集》卷十八，上海：商务印书馆，1937年，第303页。

2951. 天子、大夫者，下民之所视效，远方之所四面而内望也。近者视而放之，远者望而效之。岂可以居贤人之位，而为庶人行哉？

——《讲筵卷子二十七日》，[宋] 真德秀《西山先生真文忠公文集》卷十八，上海：商务印书馆，1937年，第306页。

2952. 皇皇求仁义，常恐不能化民者，大夫之意也。

——《讲筵卷子二十七日》，[宋] 真德秀《西山先生真文忠公集》卷十八，上海：商务印书馆，1937年，第306页。

2953. 夫天下之患，莫大于人心之趋利，举世之人，皆趋于利。则知有己而不知有君，知有家而不知有国，平居则欺君以自利，孔光张禹之于汉是也。

——《讲筵卷子二十七日》，[宋] 真德秀《西山先生真文忠公文集》卷十八，上海：商务印书馆，1937年，第306页。

2954. 严义利之辨，岂虚也哉。惟明主在上，思有以返之，则天下之福也。

——《讲筵卷子》，[宋]真德秀《西山先生真文忠公文集》卷十八，上海：商务印书馆，1937年，第307页。

2955. 故圣人于此不但曰"天下平"，必曰"明"。明德于天下，见得须是天下之人，皆明其明德，方可谓之天下平。

——《讲筵进读〈大学章句〉手记》，[宋]真德秀《西山先生真文忠公文集》卷十八，上海：商务印书馆，1937年，第307页。

2956. 惟是穷究到精微处，方知三分之善只是三分，七分之善只是七分，不至以下为高，以浅为深，此学者所以贵于致知也。

——《讲筵手记》，[宋]真德秀《西山先生真文忠公文集》卷十八，上海：商务印书馆，1937年，第310页。

2957. 人之为人，受天地正气以生，故其心虚灵不昧，其于义理，自然有知。

——《讲筵进读手记》，[宋]真德秀《西山先生真文忠公文集》卷十八，上海：商务印书馆，1937年，第311页。

2958. 愿陛下深体大《易》之义，仁之与义，务在兼行，不使一阙，庶可仰承天意。

——《讲筵进读手记》，[宋]真德秀《西山先生真文忠公文集》卷十八，上海：商务印书馆，1937年，第315页。

2959. 公与私不两立，恩与义不并行。体国如家，则顾家之念可忘；视民如子，则爱子之情可夺。惟卿大节，朕所深知，方其力陈社稷之谋，固已尽捐宗族之计。

——《赐光禄大夫右丞相兼枢密使兼太子少师史弥远再上奏札子乞归田里不允，不得再有陈请诏》，[宋]真德秀《西山先生真文忠公文集》卷二十一，上海：商务印书馆，1937年，第356页。

2960. 庶全忠厚之风，益广和平之福。

——《赐正奉大夫黄由辞免除宝谟阁学士提举隆兴府玉隆万寿宫恩命不允诏》，[宋]真德秀《西山先生真文忠公文集》卷二十一，上海：商务印书馆，1937年，第357页。

2961. 大哉礼乎，不可以一朝废也；大哉学乎，不可以斯须已也。

——《赐宝谟阁直学士朝议大夫知建康军府事黄度辞免除权礼部尚书兼侍读恩命不允诏》，[宋]真德秀《西山先生真文忠公文集》卷二十一，上海：商务印书馆，1937年，第364页。

2962. 然则士之求仁，当自絜矩始，而推其端，又自明义利之分始，吾子以为如何？

——《矩堂记》，[宋]真德秀《西山先生真文忠公文集》卷二十五，上海：商务印书馆，1937年，第430页。

2963. 择之精，守之一，而后中可执。"中"也者，天理当然之则，而一毫人欲之私，无所与乎其间者也。

——《明道先生书堂记》，[宋]真德秀《西山先生真文忠公文集》卷二十四，上海：商务印书馆，1937年，第409页。

2964. 今观《遗书》所载，先生论学必以达天德为本，论治必以行王道为宗，有天德而后可语王道，天人内外，一以贯之，无殊辙也。

——《明道先生书堂记》，[宋]真德秀《西山先生真文忠公文集》卷二十四，上海：商务印书馆，1937年，第409页。

2965. 夫维天之命，于穆不已，品物流形，而理赋焉，仁义礼智之性，恻隐辞逊、羞恶是非之情，耳目鼻口、四支百骸之为用，君臣父子、兄弟夫妇朋友之为伦，何莫而非天也。人知人之人，而不知人之天，物欲肆行，义理汩丧，于禽兽奚择焉，知人之天，然后知性善，知性善，然后能穷理，能穷理，然后能诚意以修其身，推之于治国平天下，无非顺帝之则也。

——《明道先生书堂记》，[宋]真德秀《西山先生真文忠公文集》卷二十四，上海：商务印书馆，1937年，第409—410页。

2966. 然则诸君亦贤也哉。虽然，愿有献焉。夫所为复选士之宫于旧观者，非以舍庳狭而就高明故耶。学者之于学，亦若是焉而已尔。

——《潮州贡院记》，[宋]真德秀《西山先生真文忠公文集》卷二十四，上海：商务印书馆，1937年，第414页。

2967. 夫以三日之试，犹必惟庳狭是去，而高明是趋，则士之尚志立德，以终其身者，其可苟乎？故莫尊于道义，莫美于名节，士而志乎此，则上达之基也；莫累于势权，莫污于货利，士而志乎此，则下流之委也。辨是非于锱铢之间，决取舍于熊鱼之际。昔者，潮之君子，盖有庶几乎此者矣。

——《潮州贡院记》，[宋]真德秀《西山先生真文忠公文集》卷二十四，上海：商务印书馆，1937年，第414页。

2968. 夫以女子而能致其一日之诚犹若是，况于学道之君子终其身而从事焉，则其进于圣贤之域，庸可御乎！

——《懿孝坊记》，[宋]真德秀《西山先生真文忠公文集》卷二十四，上海：商务印书馆，1937年，第415页。

2969. 人谁无亲，有亲而不知孝，孝而不一于诚者，皆吕氏之罪人也。

——《懿老坊记》，[宋]真德秀《西山先生真文忠公集》卷二十四，上海：商务印书馆，1937年，第415页。

2970. 道心者，理义之正也；人心者，血气私也。正者易晦，而私者易流，大舜所以有危微之戒也。

——《跋虞复之春秋大义》，[宋]真德秀《西山先生真文忠公集》补遗，上海：商务印书馆，1937年，第1003页。

2971. 今夫冬温而夏清，昏定而晨省，子之职也，而未可以言孝也；愉色而婉容，承颜而顺志，可以言孝矣，而未可以言至也；斋戒以见君，奔走以承命，臣之礼也，而未可以言忠也；美焉而将顺之，阙焉而弥缝之，可以言忠矣，而未可以言极也。然则孰为至？曰："事死如生，事亡如存者，孝之至也。"孰为极？曰："主尔忘身，国尔忘家者，忠之极也。"

——《忠孝祠记》，[宋]真德秀《西山先生真文忠公文集》卷二十四，上海：商务印书馆，1937年，第415—416页。

2972. 然正直之士忧深虑远，其间知大体者，固能徐为开导，而疆直自许者，亦或不无，矫拂太甚，人情将有所不堪，乘不堪之情，以激其不平之忿。则刚劲不如软熟，违忤不若承顺，其意将有时而移矣。

——《上丞相书》，[宋]真德秀《西山先生真文忠公文集》卷三十八，上海：商务印书馆，1937年，第676页。

2973. 夫守恃兵，兵恃民，民恃食，故食，民之大命也，边之首政也。

——《蕲州惠民仓记》，[宋]真德秀《西山先生真文忠公集》卷二十四，上海：商务印书馆，1937年，第418页。

2974. 夫民食足，然后有固心，人心固，然后可冀以死守。

——《蕲州惠民仓记》，[宋]真德秀撰，王云五主编，章得宜等校对《西山先生真文忠公文集》卷二十四，上海：商务印书馆，1937年，第418页。

2975. 古者，合族而祭，事已必有燕私焉，祭所以尊尊，而燕所以亲亲，其义一也。

——《睦亭记》，[宋]真德秀《西山先生真文忠公文集》卷二十四，上海：商务印书馆，1937年，第419页。

2976. 若昔圣贤之教人，常视其偏而正之，使至于中而止，故沉潜者，则欲矫之以刚，高明者，则欲胜之以柔。

——《潜斋记》，[宋]真德秀《西山先生真文忠公文集》卷二十四，上海：商务印书馆，1937年，第423页。

2977. 夫人之所得于天，不能无强弱之异，而济之以人者，乃所以成其天也。

——《潜斋记》，[宋]真德秀《西山先生真文忠公文集》卷二十四，上海：商务印书馆，1937年，第423页。

2978. 盖天下之理，高常病于亢，而明常累于察，以乾之健，且有上九之悔，而明夷之明，亦必以晦处之，况于学者乎。吾子诚欲其无亢与察也，则智焉而养之以愚，实焉而藏之以虚，精锐果决，而行之以容与舒徐，于沉潜之义斯得之矣。

——《潜斋记》，[宋]真德秀《西山先生真文忠公文集》卷二十四，上海：商务印书馆，1937年，第423—424页。

2979. 人之所以成其性者，学也；而学之有见乎道者，心也。

——《潜斋记》，[宋]真德秀《西山先生真文忠公文集》卷二十四，上海：商务印书馆，1937年，第424页。

2980. 古者，以德行道艺教其民；学者，于日用起居食饮之间，既无事而非学，其于群居藏修游息之地，亦无学而非事。

——《铅山县修学记》，[宋]真德秀《西山先生真文忠公文集》卷二十五，上海：商务印书馆，1937年，第425页。

2981. 故求道者，以形器为粗迹，而图事者，以理义为空言，此今古之学所以不同也。自圣门言之，则洒扫应对，即性命道德之征，致知格物，即治国平天下之本，体与用未尝相离也。

——《铅山县修学记》，[宋]真德秀《西山先生真文忠公文集》卷二十五，上海：商务印书馆，1937年，第425页。

2982. 今之学者，诚知学不外乎事，事必原于学，讲论省察，于二者交致其力，则其业为有用之业。及其至也，其材皆有用之材，其仁足以成己，其智足以成物，然后为无负于巨人硕师之教，而亦贤大夫所祈于士也。

——《铅山县修学记》，[宋]真德秀《西山先生真文忠公文集》卷二十五,上海:商务印书馆,1937年,第426页。

  2983. 夫礼本天秩而具于人心,虽覆载之大,不能舍是以立,况囿乎两间而能出范围之外哉?

  ——《勿斋记》,[宋]真德秀《西山先生真文忠公文集》卷二十六,上海:商务印书馆,1937年,第455页。

  2984. 呜呼!世教之衰,自儒者鲜知谨乎礼。今道家者流,乃有志于斯,夫如是,焉得而弗记?虽然,勿之为义。

  ——《勿斋记》,[宋]真德秀《西山先生真文忠公文集》卷二十六,上海:商务印书馆,1937年,第455页。

# 宋 慈

宋慈（1186—1249），字惠父，号自牧，建阳（今南平市）人，著名法医学家。嘉定十年（1217年），进士，历提点广东、江西、广西等地刑狱，任广州知州等职。

其为官清廉，刚直有为，听讼清明。其《洗冤集录》被历朝官员奉为刑名经典，其中诸如勘验、审讯、取证等方面的经验传袭至今，影响深远。在《洗冤集录》中，他提出了"恤刑慎狱，直理刑正"的指导思想，并将该思想贯穿于其为官断案的方方面面，清理冗陈案件，明辨冤假错案，制定利民之策，所任之处无不政清人和，百姓安乐，深受当地百姓爱戴。

2985. 狱事莫重于大辟，大辟莫重于初情，初情莫重于检验。
——《序》，[宋]宋慈著，高随捷、祝林森译注《洗冤集录译注》，上海：上海古籍出版社，2016年，第1页。

2986. 若灼然知其为欺，则亟与驳下；或疑信未决，必反复深思，惟恐率然而行，死者虚被湼漉。
——《序》，[宋]宋慈著，高随捷、祝林森译注《洗冤集录译注》，上海：上海古籍出版社，2016年，第1页。

2987. 臣僚奏：检验不定要害致命之因，法至严矣，而检复失实，则为觉举，遂以苟免。欲望睿旨下刑部看详，颁示遵用。
——《条令》，[宋]宋慈著，高随捷、祝林森译注《洗冤集录译注》卷一，上海：上海古籍出版社，2016年，第8—9页。

2988. 若经责口词，或因卒病，而所居处有寺观主首，或店户及邻居，并地分合干人保明无他故者，官司审察，听免检验。诸县令、丞、簿虽应差出，须常留一员在县。
——《条令》，[宋]宋慈著，高随捷、祝林森译注《洗冤集录译注》卷一，上海：上海古籍出版社，2016年，第7页。

2989. 临时审察，切勿轻易，差之毫厘，失之千里。

——《疑难杂说上》，[宋]宋慈著，高随捷、祝林森译注《洗冤集录译注》卷一，上海：上海古籍出版社，2016年，第35页。

2990. 告状切不可信，须是详细检验，务要从实。

——《初检》，[宋]宋慈著，高随捷、祝林森译注《洗冤集录译注》卷二，上海：上海古籍出版社，2016年，第45页。

2991. 设若苦主因而私怨，所告不实，仓卒之间，疑似未定，必须仔细推鞫，方得其情。

——《圣朝颁降新例》，[宋]宋慈《洗冤录》，清乾隆五十年至嘉庆十四年兰陵孙氏刻《岱南阁丛书》本。

2992. 如是他物及刃伤骨损，宜冲洗仔细验之，即须于状内声说致命，岂可作无凭检验申上？复检官验讫，如无争论，方可给尸与亲属。无亲属者，责付本都埋瘗，勒令看守，不得火化及散落。

——《复检》，[宋]宋慈著，高随捷、祝林森译注《洗冤集录译注》卷二，上海：上海古籍出版社，2016年，第47页。

2993. 若有人来识认，即问：身死人年若干？在生之日，使左手、使右手？如是奴婢，即先讨契书看，更问：有无亲戚，及已死人使左手、使右手？并须仔细看验痕迹去处。更须看验，在生前刃伤，即有血行，死后即无血行。

——《自刑》，[宋]宋慈著，高随捷、祝林森译注《洗冤集录译注》卷四，上海：上海古籍出版社，2016年，第120页。

# 黄镇成

黄镇成（1287—1362），字元镇，号秋声子、紫云山人，邵武（今南平市）人，元代山水田园诗人。

自幼刻苦读书，怀抱兼济天下之志，但屡试不中。遂寄情山水，遍游楚汉齐鲁燕赵等地，写下大量名篇，广为流传。后返乡隐居，潜心修学，著书立说，朝廷闻其贤名，屡荐不就。元文宗天历三年（1330年），获荐任江西路儒学提举，任命才下就去世，朝廷集贤院谥"贞文处士"。

一生游历，晚年严谨治学，留下大量传世名篇，其著作主要有《秋声集》4卷、《尚书通考》10卷。

2994. 岁恶无邻堪乞籴，时艰何地可移民。秋来一夜江南雨，不责空困活饿人。

——［元］黄镇成《夜中忽雨》，杨镰主编《全元诗》第35册，北京：中华书局，2013年，第99页。

2995. 绿茁晚菘圃，黄收先桂畴。太平耕凿好，群盗勿相雠。

——［元］黄镇成《得雨》，杨镰主编《全元诗》第35册，北京：中华书局，2013年，第72页。

2996. 一死忠孝备，捐身何足论。

——［元］黄镇成《李万户死事》，杨镰主编《全元诗》第35册，北京：中华书局，2013年，第105页。

2997. 人各有志，同床而不察，世之君子乃欲责人之知己，不亦难乎？

——［元］黄镇成《写怀二首》诗序，杨镰主编《全元诗》第35册，北京：中华书局，2013年，第108页。

2998. 吉日有远适，我行志四方。

——［元］黄镇成《远适》，杨镰主编《全元诗》第35册，北京：中华书局，2013 年，第 111 页。

2999. 知荣其身，必思荣其亲；思荣亲，则凡所以守其身者，敢不慎乎！廉以抗节，公以尽职，恕以莅众，忠之属也。忠则足以保其位而荣及其亲，孝之至也。

——［元］黄镇成《送赵行吾由海道赴京序》，李修生主编《全元文》卷一一五六，南京：江苏古籍出版社，1998 年，第 499 页。

3000. 其淳笃廉慎，未尝挠法以欺己，居常恳悃自励。

——［元］黄镇成《送赵行吾由海道赴京序》，李修生主编《全元文》卷一一五六，南京：江苏古籍出版社，1998 年，第 499 页。

3001. 大弦为君，宽和而温；小弦为臣，清廉不乱。文王、武王加二弦，以合君臣之恩。

——《琴瑟》，［元］黄镇成《尚书通考》卷六，清乾隆三十一年徐时作刻本。

3002. 予尝考夫二帝三王之盛，皆以仁义教化涵濡天下。及其久也，充畅浃，洽阴阳，调风雨。

——《变声》，［元］黄镇成《尚书通考》卷四，清乾隆三十一年徐时作刻本。

3003. 王将有郊庙之事，以射择诸侯及群臣与邦国所贡之士可以与祭者，可以观德行，其容体比于礼，其节比于乐，而中多者，得与于祭。

——《侯以明之》，［元］黄镇成《尚书通考》卷五，清乾隆三十一年徐时作刻本。

# 杨 荣

杨荣（1371—1440），原名道应，字勉仁，建安（今南平市）人，明代大臣。明建文二年（1400年）进士。杨荣一生历经五朝，深受历任皇帝信任，屡任要职，逝世时获赠光禄大夫、左柱国、太师，谥号"文敏"。康熙六十一年（1722年），从祀历代帝王庙。

其为人为官警敏通达，老成持重，能谋善断，几经波澜而能从容应对，破解危局。一生经历靖难之役、明成祖北伐、榆木川之变、朱高煦叛乱、安南反叛等诸多乱局，皆能沉着应对，从国事大局出发，迅速决断，屡次帮助皇帝度过难关，因此深受器重。此外，在文学方面也颇有成就，和杨士奇、杨溥等多有唱和，为"台阁体"文学代表人物之一。

其主要作品有《玉堂遗训》《训子篇》《北征记》等，今多收于其《杨文敏集》中。

3004. 陛下好生恶杀，格于天。此举固在除暴安民，然火炎昆冈，玉石俱毁，惟陛下留意。

——[明]杨荣《北征记》，明嘉靖二十三年云间陆氏俨山书院刻《古今说海》本。

3005. 比来多擢文学侍从暨宪台之臣以居是任，未至，则声望已著；既至，则益能以廉谨自持。不骄不矜，不事苛刻，夙夜惟思，所以尽厥职焉。

——《送陶金宪还福建序》，[明]杨荣《杨文敏集》卷十二，明正德十年刻本。

3006. 夫忠孝之惟也，能追念前人而致谨，必能尽诚于国而効力。今宗立以世勋之裔，而能廉慎以自持，仁恕以抚下，夙夜在公，期以上报朝廷，下慰祖考。

——《忠孝堂记》，[明]杨荣《杨文敏集》卷十，明正德十年刻本。

3007. 惟朝廷设官分职，必丰其廪饩，使之仰足以事，俯足以育者，无非欲养其廉耻之行，俾得尽心竭力，以举其职。故为臣下者，严恭寅畏，夙夜匪懈，虽不计其禄俸之入，而禄之至者，但见与月俱增，与岁俱积，取之无穷，用之不竭。譬若井中之泉，以资于日用，旦而汲焉，恒见其有余；夕而汲焉，无时而或涸也。仕者之有禄，亦岂不类于是哉？

——《守泉堂记》，[明]杨荣《杨文敏集》卷十，明正德十年刻本。

3008. 然则登斯堂也，睹御诰之遗编，聆玉音之在耳，不徒侈为楣扁之美观，尚其凛焉而思，惕焉而惧，兢兢焉以持乎廉洁之行而弗少变，则非惟可以保禄位于无穷，实足以流芳声于永世矣。斯堂岂不益有光辉焉？

——《守泉堂记》，[明]杨荣《杨文敏集》卷十，明正德十年刻本。

3009. 而良玉居此，独能廉谨小心，勤愿弗懈，凡民政之所关，巨细缓急之宜，先后设施之序，与夫承上率下、待人处己之间，无不得其当焉。

——《送常州府通判陈良玉考满复任序》，[明]杨荣《杨文敏集》卷十三，明正德十年刻本。

3010. 予惟州牧之职，有民社之寄，僚属之所具瞻，士庶之所视效，苟非廉谨忠厚，明惠公直，不足以胜其任。

——《东川迎养图序》，[明]杨荣《杨文敏集》卷十四，明正德十年刻本。

3011. 秉心律己，思无过举。进贤退奸，思存仁恕。纲纪法度，思所设施。礼义廉耻，思所维持。

——《退思斋铭为蹇少师作》，[明]杨荣《杨文敏集》卷十六，明正德十年刻本。

3012. 惟公克忠，廉谨自持。惟公克孝，祗奉母慈。荐沐国恩，膺此褒典。光于三世，无间幽显。

——《故资政大夫都察院右都御史王公神道碑铭》，[明]杨荣《杨文敏集》卷十八，明正德十年刻本。

3013. 至于莅官在职，公勤廉慎，温雅和平，操履坚确，信义兼孚，是以人无怨恶，时称忠厚焉。

——《故嘉议大夫礼部侍郎蒋君良夫墓表》，[明]杨荣《杨文敏集》卷十九，明正德十年刻本。

# 高澍然

高澍然（1774—1841），字时野，号甘谷，晚号雨农，光泽人，清代古文学家。嘉庆六年（1801年）举人，官内阁中书。后因父丧归，不再为官，专心修书教学。

性近恬淡，不为名利所动。在北京会试时，适妻黄氏死，有大臣慕其文名，欲嫁以女，立予拒绝。归乡经福州时，闽浙总督汪志伊命其子拜高澍然为师，以作业呈改，接受以后认真批改而无所忌讳。道光九年（1829年）纂《福建通志》，因收录人物之事得罪当朝大员，其书也因之遭到批驳，愤而辞职。后主讲厦门玉屏书院、光泽杭川书院和邵武府樵川书院，往来奔走，督课不倦。教导诸生以除去名利心为第一要义，深为诸生拜服。

著有《春秋释经》12卷、《抑快轩文集》74卷。

3014. 夫天下之患莫大夫有弱形，而弱形又有辨。弱于敌，犹可为也，纪纲存焉耳；弱于下，不可为也，纪纲亡焉耳。

——《与姚石甫书》，[清]高澍然《抑快轩文集》乙编卷十九，扬州：江苏广陵古籍刻印社，1998年，第586页。

3015. 凡有为，求利民，不求利己。求民实利不为己名，则民气复，其信可使，其驯可教矣。

——《送邱生才颖之官广东序》，[清]高澍然《抑快轩文集》乙编卷五，扬州：江苏广陵古籍刻印社，1998年，第170页。

3016. 治身心自远名利始，于是名利心益澹，学益进，然不自足也。

——[清]钮承藩修，何修渊纂，《增修光泽县志》卷十五，《中国方志丛书·光泽县志》，据清光绪二十三年刊本影印，台北：成文出版社，1975年，第1081页。

3017. 足下德器浑成，与之友足，相辅为仁，徒以文艺取资，非深知足下也。

——《与张怡亭书》，[清]高澍然《抑快轩文集》乙编卷二十，扬州：江苏广陵古籍刻印社，1998年，第623页。

3018. 而足下则陈君所托命者，至于尽权竭忠，其视为缓急可恃之友，不能去足下而他属也。

——《与戴璧尊书》，[清]高澍然《抑快轩文集》乙编卷二十一，扬州：江苏广陵古籍刻印社，1998年，第667页。

3019. 然如丁氏孝节两尽，虽穷饿以死，乃所谓存吾顺，没吾宁也。以视心死而身泰、子孙长世者，孰得孰失乎？

——《丁贤女传》，[清]高澍然《抑快轩文集》乙编卷三十，扬州：江苏广陵古籍刻印社，1998年，第915页。

3020. 今世子弟不知有正学，大抵皆父兄之过。吾兄教子，日饫以微言，养成德类，可谓有高夫人之识矣。

——《与上官寅斋书》，[清]高澍然《抑快轩文集》乙编卷二十，扬州：江苏广陵古籍刻印社，1998年，第629页。

# 八闽廉箴辑八

# 郑文宝

郑文宝（953—1013），字仲贤，一字伯玉，汀州（今龙岩市）人。

宋太平兴国八年（983年），郑文宝中进士，历任陕西转运使、兵部员外郎等职。为官心系民众，任职陕西期间，时值灾荒，百姓流离失所，因此设计，诱劝当地豪门富商捐出3万斛粮食赈灾，所救灾民8万余众。后朝廷委任其解决西北叛乱，不仅轻骑以出快速解决叛军，而且能体恤军情，面对即将发生的军队哗变，决定先借库银发放军饷以安定军心，成功化解危局。朝廷体谅其良苦用心，下诏免除偿还库银。

郑文宝由南唐入宋，经历世事更易，遂多撰史志，写成《江表志》3卷、《南唐近事》1卷。

3021. 众论才名外，亲人似古人。官嫌容易达，家爱等闲贫。解印诗权在，移风泽国春。政声交不得，惭见数乡民。

——［宋］郑文宝《送枝江秦长官罢秩》，傅璇琮等主编《全宋诗》第1册，北京：北京大学出版社，1995年，第638—639页。

3022. 行人惝过景阳宫，宫畔离离禾黍风。庭玉有花空怨白，井莲无步莫愁红。吟诗功业才虽大，亡国君臣道最同。争忍暮年归故里，纶竿回避钓鱼翁。

——［宋］郑文宝《读江总传》，傅璇琮等主编《全宋诗》第1册，北京：北京大学出版社，1995年，第639页。

3023. 潺湲如燎岭云阴，玉石鱼龙换古今。只见开元无事久，不知贞观用功深。笼无解语衣无雪，堆有黄沙粟有金。惆怅群邪负恩泽，始知夷甫少经心。

——［宋］郑文宝《温泉》，傅璇琮等主编《全宋诗》第1册，北京：北京大学出版社，1995年，第639页。

3024. 扬都浩繁之地，海内所闻，率由俭素，无所耽溺。

——《江表志》卷上，[宋]郑文宝著，张剑光、孙励校点，傅璇琮等主编《五代史书汇编》第9册，杭州：杭州出版社，2004年，第5079页。

3025. 竹马蓬弧，固罔亲于好弄；杏坛槐里，能不倦于修身。但励志以为文，每栖心而学武。

——《江表志》卷中，[宋]郑文宝著，张剑光、孙励校点，傅璇琮等主编《五代史书汇编》第9册，杭州：杭州出版社，2004年，第5088页。

3026. 某闻钓巨鳌者，不投取鱼之饵；断长鲸者，非用割鸡之刀。是故有经邦治乱之才，可以践股肱辅弼之位。得之则佐时成绩，救万姓之焦熬；失之则遁世藏名，卧一山之苍翠。

——《江表志》卷中，[宋]郑文宝著，张剑光、孙励校点，傅璇琮等主编《五代史书汇编》第9册，杭州：杭州出版社，2004年，第5088页。

3027. 臣以国家今日之急务，略陈其纲要，伏惟陛下留听幸甚。一曰举简大以行君道，二曰略繁小以责臣职，三曰明赏罚以彰劝善惩恶，四曰慎名器以杜作威擅权，五曰询言行以择忠良，六曰均赋役以绥黎庶，七曰纳谏诤以容正直，八曰究毁誉以远谗佞，九曰节用以行克俭，十曰屈己以固旧好。

——《江表志》卷下，[宋]郑文宝著，张剑光、孙励校点，傅璇琮等主编《五代史书汇编》第9册，杭州：杭州出版社，2004年，第5096页。

3028. 亦在审先代之治乱，考前载之褒贬。纤芥之恶必去，毫厘之善必为。审取与之机，济宽猛之政，进经学之士，退掊克之吏。察迩言以广视听，好下问以开蔽塞。斥无用之物，罢不急之务。此而不治，臣不信矣。

——《江表志》卷下，[宋]郑文宝著，张剑光、孙励校点，傅璇琮等主编《五代史书汇编》第9册，杭州：杭州出版社，2004年，第5096页。

3029. 刬贤智前后左右，比肩继踵，以导扬休命。致康哉之化，犹反掌耳。

——《江表志》卷下，[宋]郑文宝著，张剑光、孙励校点，傅璇琮等主编《五代史书汇编》第9册，杭州：杭州出版社，2004年，第5095页。

3030. 及即位，戒慎谦让，服勤政事，躬行节约。思治平，举贤良，赈鳏寡，除收妻孥相坐之法，去诽谤妖言之令，不贵难得之货，不作无益之费，其屈己爱人也如此。

——《江表志》卷下，[宋]郑文宝著，张剑光、孙励校点，傅璇琮等主编《五代史书汇编》第 9 册，杭州：杭州出版社，2004 年，第 5095 页。

3031. 读书不只为词赋口舌也，委质事人，忠言无隐，斯可谓不辱士君子之风矣。

——《江表志》卷下，[宋]郑文宝著，张剑光、孙励校点，傅璇琮等主编《五代史书汇编》第 9 册，杭州：杭州出版社，2004 年，第 5096 页。

3032. 令公疑信欲背者，倾西江之水终难自涤。不负公，当一掷遍赤，诚如前旨，则众彩而已，信当自拘，不烦刑吏耳。

——《南唐近事》卷二，[宋]郑文宝著，张剑光校点，傅璇琮等主编《五代史书汇编》第 9 册，杭州：杭州出版社，2004 年，第 5060 页。

3033. 由来秉节世无双，独守孤城死不降。

——《江表志》卷下，[宋]郑文宝著，张剑光、孙励校点，傅璇琮等主编《五代史书汇编》第 9 册，杭州：杭州出版社，2004 年，第 5094 页。

3034. 此则理之以贤，一坐而更无骚动。由是见兴衰之势，审吉凶之机，得不上顺天心，次量人事？且向明背暗，舍短从长，圣贤所图，古今一致。

——《江表志》卷中，[宋]郑文宝著，张剑光、孙励校点，傅璇琮等主编《五代史书汇编》第 9 册，杭州：杭州出版社，2004 年，第 5088 页。

# 杨　方

杨方（1134—1211），字子直，晚年自号淡轩老叟，汀州（今龙岩市）人。隆兴元年（1163）进士，历任清远主簿、秘书郎、知吉州、知抚州、广西提刑等职。

为官公正无私，不畏权贵，勤政爱民。史载其"郡官广七年，以廉介刚直著"。曾办理数百起案件，纠正冤假错案，铲奸除恶。凡疑难案件，皆深入调查取证，按律量刑，违法之徒对他的判决也是心服口服。因此，后人都尊他为"南宋包公"。杨方每到一处任职，均严格要求下属清正廉洁，并大力惩治贪污腐败，同时严以律己、公私分明、洁身自好。他为官一生，廉洁自守、甘于清贫，去世时甚至只能用素布裹殓。正如《八闽通志·儒林》称其"清修笃孝，行己拔俗"。

杨方是理学大师朱熹的高足，与杨楫、杨简号称"朱门三杨"。作为朱子门人，杨方很好地传承了以天下苍生为己任，心系苍生、着力实务的优秀品质，极为重视地方教育。有《原心篇》《寒泉语录》等传世。

3035. 余谓，心之本体在顺其初者也。

——［宋］杨方《艺文一·原心》，［清］曾曰瑛修，［清］李绂纂，王光明、陈立点校《汀州府志》卷三十九，北京：方志出版社，2004年，第788页。

3036. 亲，吾爱也，谓当爱，而加之意则否；尊，吾敬也，谓当敬，而加之意则否。守死是也，争死未是也；专财非也，散财亦非也。贵而益谦，与傲同；醉而益恭，与乱同。何也？徇外之心，为人之心也，所谓继与并者也。

——［宋］杨方《艺文一·原心》，［清］曾曰瑛修，［清］李绂纂，王光明、陈立点校《汀州府志》卷三十九，北京：方志出版社，2004年，第788页。

3037. 夫心者，天之所以与我，何以与之？人之异于禽兽者几希，何以异之？胡为而致？夫天地之运，日夜不息，岂诚无以主张是也。

——［宋］杨方《艺文一·原心》，［清］曾日瑛修，［清］李绂纂，王光明、陈立点校《汀州府志》卷三十九，北京：方志出版社，2004 年，第 789 页。

3038. 初者，万虑俱忘时也，突然感之，卒然应之，则纯乎天者也。意气一动，而二三之念则继乎后。又其甚者，此念方萌而二与三已并出，其继与并皆非初也。

——［宋］杨方《艺文一·原心》，［清］曾日瑛修，［清］李绂纂，王光明、陈立点校《汀州府志》卷三十九，北京：方志出版社，2004 年，第 788 页。

3039. 此心之原不堕方体，不落计较，翛然而往，翛然而来，见其前而不见其后，知其一而不知其两，如此而已矣。

——［宋］杨方《艺文一·原心》，［清］曾日瑛修，［清］李绂纂，王光明、陈立点校《汀州府志》卷三十九，北京：方志出版社，2004 年，第 788 页。

3040. 同官不可无兼局，通管溪南水竹村。

——［宋］杨方《淳熙辛丑自武宁丞摄靖安作》，［清］厉鹗辑撰《宋词纪事》第 3 册卷五十三，上海：上海古籍出版社，2013 年，第 1337 页。

3041. 张公不是病参军，晚出犹将一事君。

——［宋］杨方《送长汀簿张振古解印归》，包树棠编纂，福建省文史研究馆整理《汀州艺文志》，北京：方志出版社，2010 年，第 19 页。

3042. 堂上官人似野人，村氓相见可相亲。

——［宋］杨方《淳熙辛丑自武宁丞摄靖安作》，［清］厉鹗辑撰《宋词纪事》第 3 册卷五十三，上海：上海古籍出版社，2013 年，第 1337 页。

3043. 精刚自许挟浮云，拂拭平生欲佩君。

——《送长汀簿张振古解印归》，包树棠编纂，福建省文史研究馆整理《汀州艺文志》，北京：方志出版社，2010 年，第 19 页。

# 裴应章

裴应章（1536—1609），字元暗，号淡泉，汀州（今龙岩市）人。

明隆庆二年（1568年）进士，历任太仆寺少卿、都察院右副都御史、户部侍郎、吏部尚书、郧阳巡抚等职。其为人为官审慎多智，严谨不苟。任职边境期间，面对边境将帅玩忽职守、贪污腐化的现象，深入民间，明查暗访，收集罪恶，条呈奏章于朝廷。皇帝立即采纳执行，罢免违法乱纪将帅，军风国纪为之一振，边疆防务得以巩固。此外，其为人品质刚直，不惧权贵。冯保曾欲取马三千匹为私人调用，以显个人权威，应章坚持宦官不应干扰军务的原则，拒之不予，并奏报皇帝，世人无不敬佩。

其著作有《编蒲》《蠹余》《谏草》《庄子摘语》《左传纂》等，今多已佚。

3044. 千古义气，阖邑仁声，其先后辉映，岂不并称隆哉。

——[明]裴应章《艺文二·仁爱祠记》，[清]曾曰瑛修，[清]李绂纂，王光明、陈立点校《汀州府志》卷四十，北京：方志出版社，2004年，第813页。

3045. 大抵侯之为政，持大体，不务琐屑，间尝有所掊击，非情不可恕，则理不可遣，弊岗山积，一阅立扫。度先时宁令者，困公私冗日，拮据不休；而侯则草满讼庭，常供坐啸；山当官阁，数有咏吟。

——[明]裴应章《艺文二·仁爱祠记》，[清]曾曰瑛修，[清]李绂纂，王光明、陈立点校《汀州府志》卷四十，北京：方志出版社，2004年，第814页。

3046. 圣天子廉侯仁爱之在宁者，于以仁爱天下，置诸台谏，以备股肱耳目之司。予曰望之，宁人士讵能久私侯之仁爱耶？诸父老遂请书之，以登于石。

——[明]裴应章《艺文二·仁爱祠记》，[清]曾曰瑛修，[清]李绂纂，王光明、陈立点校《汀州府志》卷四十，北京：方志出版社，2004年，第814页。

3047. 不类于法吏，洁己裕民，未尝以敲朴钩摘为能。

——［明］裴应章《艺文二·仁爱祠记》，［清］曾日瑛修，［清］李绂纂，王光明、陈立点校《汀州府志》卷四十，北京：方志出版社，2004年，第813页。

3048. 惟以文学饬吏治，都人士烝烝向往。

——［明］裴应章《艺文二·仁爱祠记》，［清］曾日瑛修，［清］李绂纂，王光明、陈立点校《汀州府志》卷四十，北京：方志出版社，2004年，第813页。

3049. 闻一再入侍，所赍持不满囊橐，从乡人宦京邸者，贷出都车马资，侯之有守也，又如此。

——［明］裴应章《艺文二·仁爱祠记》，［清］曾日瑛修，［清］李绂纂，王光明、陈立点校《汀州府志》卷四十，北京：方志出版社，2004年，第814页。

3050. 古之善用兵者，居赡庾廪，行有糗糒，盖使之外无内顾、内无外忧，是以士卒用命，战胜攻取，以其体恤保爱者至也。

——《吏科给事中裴应章条陈辽东善后事宜疏略　隆庆六年》，［明］刘效祖撰，彭勇、崔继来校注《四镇三关志校注》，郑州：中州古籍出版社，2018年，第493页。

3051. 斯则食足兵强，而忠义之气益，鼓舞而知奋矣。

——《吏科给事中裴应章条陈辽东善后事宜疏略　隆庆六年》，［明］刘效祖撰，彭勇、崔继来校注《四镇三关志校注》，郑州：中州古籍出版社，2018年，第493页。

3052. 惟视贿赂为低昂，以故功罪不实，狱情颠倒，钱粮侵欺，且作气势以凌轹将官，将官因而解体，此边方所以无善政者坐此故也。

——《吏科给事中裴应章条陈辽东善后事宜疏略　隆庆六年》，［明］刘效祖撰；彭勇、崔继来校注《四镇三关志校注》，郑州：中州古籍出版社，2018年，第494页。

3053. 山高名自胜，况复有神仙。

——［明］裴应章《顺真宫》，［明］曹学佺辑《石仓十二代诗选》（明六集卷四十七），明崇祯刻本。

3054. 俯愧樵渔者，山中乐太平。

——《玉虚洞》，包树棠编纂，福建省文史研究馆整理《汀州艺文志》，北京：方志出版社，2010年，第181页。

3055. 画疆而理，分民而治，法有定守，权无旁参，拥节观风者操画一而俨然临之，坐臻合同之化，即志也。

——［明］裴应章《〈郧台志〉叙》，［明］彭遵古等撰，潘彦文等校注《郧台志（校注本）》，武汉：长江出版社，2006年，第9页。

3056. 阴阳变化安可期，自是皇穹悯民瘵。

——［明］裴应章《郧中久旱得雨》，《郧阳府部·艺文二》，［清］陈梦雷编纂，［清］蒋廷锡校订《古今图书集成·方舆汇编·职方典》第一千一百六十二卷，北京：中华书局，成都：巴蜀书社，1985年，第18220页。

# 黎士弘

黎士弘（1618—1697），字愧曾，汀州（今福建省龙岩市）人。顺治十一年（1654年）举人，康熙六年（1662年）以信州推官兼理玉山县政，官至布政司参政。任玉山县政时，遇玉山遭受兵灾，县城残破，人民游离失所，于是实行惠政，垦荒免税，安抚百姓，玉山绅民为其建生祠以报其德，士弘坚决拒绝，改生祠为书院，供奉其位，成一段官民佳话。

著有《托素斋诗文集》《仁恕堂笔记》等传世。

3057. 岂以骨月欢，旁观博荣灼。我爱老莱子，登堂用为乐。

——《即事》，[清]黎士弘《托素斋诗集》卷二，清雍正二年黎致远刻本。

3058. 巢由拜马首，士亦各有志。

——《大言》，[清]黎士弘《托素斋诗集》卷二，清雍正二年黎致远刻本。

3059. 公田忍不收，乞食徒取薄。

——《大言》，[清]黎士弘《托素斋诗集》卷二，清雍正二年黎致远刻本。

3060. 郁郁守贫贱，执鞭甘所从。

——《大言》，[清]黎士弘《托素斋诗集》卷二，清雍正二年黎致远刻本。

3061. 江关词赋漫伤心，江峰如画江声咽。君今放眼看庐山，山下草深陶令宅。

——《江干与汪舟次饮酒寄栎园先生》，[清]黎士弘《托素斋诗集》卷二，清雍正二年黎致远刻本。

3062. 一身兼百虑，安得免逢迎。

——《送丘慎清兼柬巫峦稚》，[清]黎士弘《托素斋诗集》卷二，清雍正二年黎致远刻本。

3063. 使君真自好，敢谓共英雄。

——《叠前韵答杨芝田并寄陶云》，[清]黎士弘《托素斋诗集》卷二，清雍正二年黎致远刻本。

3064. 方驾昔贤吾岂敢，他年位置更茫然。

——《答李太虚先生》，[清]黎士弘《托素斋诗集》卷二，清雍正二年黎致远刻本。

3065. 挑灯自照星星发，官舍江城又一年。

——《乙巳除夕》，[清]黎士弘《托素斋诗集》卷二，清雍正二年黎致远刻本。

3066. 冀北依依惜路岐，重来江阁话将离。止应新语留千载，安得狂名起一时。凉露乍添回鹢首，清波小憩对蛾眉。细君可是东山伴，捉鼻能无免笑讥。

——《答别陆冲默》，[清]黎士弘《托素斋诗集》卷二，清雍正二年黎致远刻本。

3067. 一时行色满江关，襆被西风送客还。橹背菊花深见月，路吟红叶饱看山，鸿飞那忆东西迹，鸥兴随乘远近间。当代人文谁屈指，如公宁便许身闲。

——《别宋其武先生》，[清]黎士弘《托素斋诗集》卷二，清雍正二年黎致远刻本。

3068. 如臣之愿列鼎镬于前，置水火于后，令自澡雪以谢天下，则臣虽就枯之日犹复春木之荣矣。

——《拟长桑君弹裸母文》，[清]黎士弘《托素斋文集》卷二，清雍正二年黎致远刻本。

3069. 盖将以造人才，挽世道，其任尊且难如此。

——《林掌教纪政碑》，[清]黎士弘《托素斋文集》卷二，清雍正二年黎致远刻本。

3070. 今平流序进，居是职者，皆旅进退。不敢有所是非，一言不当，风议及之。

——《林掌教纪政碑》，[清]黎士弘《托素斋文集》卷二，清雍正二年黎致远刻本。

3071. 千钧之弩，以中鼷鼠，非不矫且捷，而由基为之泣下沾襟者，伤未尽其才也。

——《林掌教纪政碑》，[清]黎士弘《托素斋文集》卷二，清雍正二年黎致远刻本。

3072. 抑将砥名厉行，更思用其所未足也。

——《全闽试牍序》，[清]黎士弘《托素斋文集》卷三，清雍正二年黎致远刻本。

3073. 人之相得，岂必在久暂哉！或倾盖投分，或觌面相失，亦其气谊文章自相感召耳。

——《吴虞升大令诗序》，[清]黎士弘《托素斋文集》卷三，清雍正二年黎致远刻本。

3074. 然其间事有济有不济，济则先君之灵，不济而坎壈终身者何限！若敬夫，可谓适有天幸而事克济者矣。

——《罗敬夫寿序》，[清]黎士弘《托素斋文集》卷三，清雍正二年黎致远刻本。

3075. 君子之于人材，无所不取，若舟之于物，浮沉皆载之也。

——《高云曙先生校士录序》，[清]黎士弘《托素斋文集》卷三，清雍正二年黎致远刻本。

3076.《戴记》之称十义也，曰父慈、子孝、兄良、弟弟（悌）、夫义、妇德、长惠、幼顺、君仁、臣忠。匪是也，国非其国，家非其家。国不尽治也，家不尽理也，有人支柱以砥其流而峻其防焉，于以美化成俗，则国可静而终不可动。

——《周太母八十寿序》，[清]黎士弘《托素斋文集》卷三，清雍正二年黎致远刻本。

3077. 且欲使仕宦兹土者知，知即风会日移，而尚有可贫而不可贱，可爱而不可轻之士，岂不谓振古之杰哉！

——《王勉庵寿序》，[清]黎士弘《托素斋文集》卷五，清雍正二年黎致远刻本。

3078. 圣人明道而不计功，言理而不征应。计功征应，岂独为中人言乎？将使趋父母者，尽若闻雷霆；趋长上者，尽若对神明。则嚚也可良，愚也可智，习久性成，殊途而同归焉。

——《感应篇序》，[清]黎士弘《托素斋文集》卷五，清雍正二年黎致远刻本。

3079. 夫以苟且自待之人，而令其一旦历险投艰，守道不屈，事宁有幸乎？

——《王忠毅公挽章序》，[清]黎士弘《托素斋文集》卷五，清雍正二年黎致远刻本。

3080. 人舌当口，不知其心。鸟巢当户，不知其阴。

——《短歌二十九首·其十七》，[清]黎士弘《托素斋诗集》卷一，清雍正二年黎致远刻本。

3081. 佩兰一尺，长我衣带。鬼恶芳洁，夜续萧艾。

——《短歌二十九首·其十七》，[清]黎士弘《托素斋诗集》卷一，清雍正二年黎致远刻本。

3082. 凤凰虽负德，犹深自藏匿。

——《斗雀诗四韵》，[清]黎士弘《托素斋诗集》卷一，清雍正二年黎致远刻本。

3083. 贤者虽在下，大义无浊污。荡荡心何为，欲与太古俱。

——《咏怀四首·其一》，[清]黎士弘《托素斋诗集》卷一，清雍正二年黎致远刻本。

3084. 愿当秋水上，砍桂构斋庐。中祀无怀氏，署我以大夫。

——《咏怀四首·其一》，[清]黎士弘《托素斋诗集》卷一，清雍正二年黎致远刻本。

3085. 好鸟呼高树，自为声侣求。

——《咏怀四首·其三》，[清]黎士弘《托素斋诗集》卷一，清雍正二年黎致远刻本。

3086. 德丰报难塞，人亏天所偿。

——《赣江舟中与式弟谈往事》，[清]黎士弘《托素斋诗集》卷一，清雍正二年黎致远刻本。

3087. 达夫玩义理，庸人死章句。所以古文心，如花着春树。

——《活字社课》，[清]黎士弘《托素斋诗集》卷一，清雍正二年黎致远刻本。

3088. 行矣勉自力，至今藏中心。

——《通济岩》，[清]黎士弘《托素斋诗集》卷一，清雍正二年黎致远刻本。

3089. 心腑荡荡如江河，千斛万斛不得涸。

——《送谢天章还会稽》，[清]黎士弘《托素斋诗集》卷一，清雍正二年黎致远刻本。

3090. 莫因多事日，贫贱废高论。

——《雨中别谢怡古谆公还瑞邑》，[清]黎士弘《托素斋诗集》卷一，清雍正二年黎致远刻本。

3091. 互勉知交重，居贫自士常。

——《别文信予于湘江亦将别谢怡古于绵水矣志之以诗》，[清]黎士弘《托素斋诗集》卷一，清雍正二年黎致远刻本。

3092. 朴肠自不宜时眼，清兴无多让古人。

——《人日集陈锡振宅再用前韵》，[清]黎士弘《托素斋诗集》卷一，清雍正二年黎致远刻本。

3093. 古先王之为国也，朝庙社稷，各有恒制，以化民成俗之莫先于学也。

——《新修汀州府儒学记》，[清]黎士弘《托素斋文集》卷四，清雍正二年黎致远刻本。

3094. 学之重在士，士之重在习。

——《新修汀州府儒学记》，[清]黎士弘《托素斋文集》卷四，清雍正二年黎致远刻本。

3095. 君子皆饬身厉行，高自标置，然亦自伤其名之不立世，亦无能名之，乃卒自立传，以庶几于不朽也。

——《前刑科给事中郭损庵先生传》，[清]黎士弘《托素斋文集》卷四，清雍正二年黎致远刻本。

3096. 明礼识大体，我于孺人，诚未多见也。

——《宁化阴母雷孺人墓志铭》，[清]黎士弘《托素斋文集》卷四，清雍正二年黎致远刻本。

3097. 孰履仁而蹈义兮，使男有室而女有家；孰难进而易退兮，当子结绶而父悬车。

——《通议大夫静轩潘公墓志铭》，[清]黎士弘《托素斋文集》卷四，清雍正二年黎致远刻本。

3098. 古人云："非不爱做高官，但已思之烂熟矣。"

——《致平庆龚适庵宪副》，[清]黎士弘《托素斋文集》卷四，清雍正二年黎致远刻本。

3099. 行则得行，止则得止。

——《复魏和公先生》，[清]黎士弘《托素斋文集》卷四，清雍正二年黎致远刻本。

3100. 风雨萧然便成岁暮，人生安得不速老乎？

——《寄谢志尹》，[清]黎士弘《托素斋文集》卷四，清雍正二年黎致远刻本。

3101. 昔贤以为格致诚正、修齐而治平之理已具，不烦更事补苴。

——《致提督张又南》，[清]黎士弘《托素斋文集》卷四，清雍正二年黎致远刻本。

3102. 父师兄友之间，日见其行事举止，便潜移默感而不自觉，近朱赤，近墨黑，理固自然。

——《示子弟》，[清]黎士弘《托素斋文集》卷四，清雍正二年黎致远刻本。

3103. 忠臣孝子，地义天经，岂旦夕而求之哉？

——《王忠毅公挽章序》，[清]黎士弘《托素斋文集》卷五，清雍正二年黎致远刻本。

3104. 而使人读之而慨然以深，读之而奋然以起，则无少壮、无前后一也。

——《序》，[清]黎士弘《托素斋文集》，清雍正二年黎致远刻本。

3105. 余观古今来能言之流众矣，其传世久远者，必杰然能自树立，不随人步趋者也。

——《序》，[清]黎士弘《托素斋文集》，清雍正二年黎致远刻本。

3106. 既已宽其思智，得读有用之书，又能尽其才量，求为可传之业。

——《〈诗经〉手抄序》，[清]黎士弘《托素斋文集》卷一，清雍正二年黎致远刻本。

3107. 国家治乱兴亡之故，岂不在礼乐哉。原其所以久安而长治者，则莫不迂阔而多事；其所以速亡而易乱者，则莫不直致而径情。

——《〈礼记〉手抄序》，[清]黎士弘《托素斋文集》卷一，清雍正二年黎致远刻本。

3108. 君不记昌黎之言乎？使得志而行道，虽在万里，其亲情悦也；使蓬累而居下位，名湮郁于当时，虽在膝下，亲不悦也。今子行，入都门，见天子，岂长贫贱哉？

——《代祝廖披霞先生双寿序》，[清]黎士弘《托素斋文集》卷一，清雍正二年黎致远刻本。

3109. 公自亚卿奉特旨参典撰扉，以廉静淡泊者立两贤之间，定国是，沃君心，使天下安于奠盂，即已尽论思之职有余。

——《刘文安公刻集序》，[清]黎士弘《托素斋文集》卷一，清雍正二年黎致远刻本。

3110. 如曰泥古为非，则必循今为是，君子小人之界，判然如画。曾不此之议，而惟贤者之是求。韩子所谓"人好议论而不乐成人之美"，盖比比然矣。

——《刘文安公刻集序》，[清]黎士弘《托素斋文集》卷一，清雍正二年黎致远刻本。

3111. 使人知人臣事君，群工辅弼，各有时位之不同；致身行道，各有职守之当尽。

——《刘文安公刻集序》，[清]黎士弘《托素斋文集》卷一，清雍正二年黎致远刻本。

3112. 论庶官者以才以识，论宰相者以度以量，则于以见公之生平，而执纷纭之口，岂不信哉！

——《刘文安公刻集序》，[清]黎士弘《托素斋文集》卷一，清雍正二年黎致远刻本。

3113. 气虽高，未尝不折服于贤者；家虽贫，不肯失节于有司。

——《朱禹咸先生寿序》，[清]黎士弘《托素斋文集》卷一，清雍正二年黎致远刻本。

# 刘　坊

刘坊（1658—1713），字季英，别号鳌石，上杭（今龙岩市）人，清代文学家。

其身世悲凉，幽愤郁结，乃发愤读书。康熙十六年（1677年）春，刘坊开始游览四方，饱览祖国名山大川的无限风光，后至上杭，寓居其伯父家中。又再出游，遍历名山大川，写下了不少诗文。

著有《三才指掌》24卷、《八家翼》4卷、《前八家》12卷等，均已失传，仅存《天潮阁诗文集》7卷。

3114. 顾乃委靡碌碌，畏流俗之毁誉，计旦暮之得失，此与世之裸虫何异？

——《复彭中叔先生书》，[清]刘坊《刘鳌石先生诗文集十二卷》卷十，《〈四库禁毁书丛刊〉补编》，据清刻本影印，北京：北京出版社，2005年，第689页。

3115. 夫士人学成草茅，遇明君庸之庙廊，济一世于咸宁，登万灵于各正，醇风广被，俊髦悉升，然后功成身退，优游林泉，德泽著于当时，声名传于弈祀，岂不毅然大丈夫之所为哉！

——《诗文集自序》，[清]刘坊《刘鳌石先生诗文集十二卷》卷十一，《〈四库禁毁书丛刊〉补编》，据清刻本影印，北京：北京出版社，2005年，第693页。

3116. 求其确然有以自信，而不为死生利害之所惑，至有触天地鬼神之忌，犯雷霆斧钺之怒，举世诽之而不顾，蹈汤赴火而不疑，则其人可屈指数也。

——《赠别陶苦子先生序》，[清]刘坊《刘鳌石先生诗文集十二卷》卷十一，《〈四库禁毁书丛刊〉补编》，据清刻本影印，北京：北京出版社，2005

年，第 695 页。

3117. 然君子为政，本之无欲，以清其源。

——《送上杭县令序（庚午）》，[清]刘坊《刘鳌石先生诗文集十二卷》卷十一，《〈四库禁毁书丛刊〉补编》，据清刻本影印，北京：北京出版社，2005 年，第 699 页。

3118. 由今之失，观古之得，善为政者思过半矣。

——《送上杭县令序（庚午）》，[清]刘坊《刘鳌石先生诗文集十二卷》卷十一，《〈四库禁毁书丛刊〉补编》，据清刻本影印，北京：北京出版社，2005 年，第 699 页。

3119. 然人世显荣之遭，俟之天者也，进德修业，勖之己者也。

——《汪母滕孺人五十序（甲戌）》，[清]刘坊《刘鳌石先生诗文集十二卷》卷十一，《〈四库禁毁书丛刊〉补编》，据清刻本影印，北京：北京出版社，2005 年，第 701 页。

3120. 千尺之松，下有琥珀；千仞之山，中藏巨迹；千人之中，岂无俊杰？

——《千尺之松三章·其一》，[清]刘坊《刘鳌石先生诗文集十二卷》卷一，《〈四库禁毁书丛刊〉补编》，据清刻本影印，北京：北京出版社，2005 年，第 618 页。

3121. 一身轻于毛，千秋在瞬息。冉冉阴阳驰，少壮不再得，忽然与化迁，冥冥知何极？

——《初发永昌留别陈陆诸子时丙辰献岁予年十九矣》，[清]刘坊《刘鳌石先生诗文集十二卷》卷二，《〈四库禁毁书丛刊〉补编》，据清刻本影印，北京：北京出版社，2005 年，第 625 页。

3122. 丈夫志四方，安能辞苦辛。君看天地间，谁非行路人？

——《赵州早发》，《刘鳌石先生诗文集十二卷》卷二，[清]刘坊《〈四库禁毁书丛刊〉补编》，据清刻本影印，北京：北京出版社，2005 年，第 625 页。

3123. 何时淬尔冰雪骨，人间安得有不平？

——《五歌》，[清]刘坊《刘鳌石先生诗文集十二卷》卷二，《〈四库禁毁书丛刊〉补编》，据清刻本影印，北京：北京出版社，2005 年，第 630 页。

3124. 但将白刃谢生前，宁计丹青在身后。

——《哀龙江》，[清]刘坊《刘鳌石先生诗文集十二卷》卷三，《〈四库禁毁书丛刊〉补编》,据清刻本影印,北京:北京出版社,2005年,第633页。

3125. 功名乃令恩情捐,万岁富贵亦徒然!

——《滇歌行》,[清]刘坊《刘鳌石先生诗文集十二卷》卷三,《〈四库禁毁书丛刊〉补编》,据清刻本影印,北京:北京出版社,2005年,第635页。

3126. 丈夫坎坷何足道,万斛伤心第含笑。

——《送张超然还虞山》,[清]刘坊《刘鳌石先生诗文集十二卷》卷三,《〈四库禁毁书丛刊〉补编》,据清刻本影印,北京:北京出版社,2005年,第638页。

3127. 今人论交先论利,丈夫同方贵同志。君看箧内尺素书,等闲会作蛟龙气。

——《送蓝公漪回侯官并缄家书》,[清]刘坊《刘鳌石先生诗文集十二卷》卷三,《〈四库禁毁书丛刊〉补编》,据清刻本影印,北京:北京出版社,2005年,第639页。

3128. 丈夫负奇骨,不许众人怜。

——《己未仲冬予始自楚归闽阻舟汀水中夜不寐挑灯作此呈黎愧曾先生四首·其二》,[清]刘坊《刘鳌石先生诗文集十二卷》卷四,《〈四库禁毁书丛刊〉补编》,据清刻本影印,北京:北京出版社,2005年,第645页。

3129. 苍生难未已,吾忍独谋身!

——《辛酉除夕客温泉呈李元仲先生四首·其三》,[清]刘坊《刘鳌石先生诗文集十二卷》卷四,《〈四库禁毁书丛刊〉补编》,据清刻本影印,北京:北京出版社,2005年,第647页。

3130. 空言要可当行事,后进何须让古人。

——《广南送人游秦中二首·其一》,[清]刘坊《刘鳌石先生诗文集十二卷》卷五,《〈四库禁毁书丛刊〉补编》,据清刻本影印,北京:北京出版社,2005年,第659页。

3131. 不辞万里奔流苦,愿入沧溟作大澜。

——《黄河舟中作四首·其四》,[清]刘坊《刘鳌石先生诗文集十二卷》卷五,《〈四库禁毁书丛刊〉补编》,据清刻本影印,北京:北京出版社,2005年,第662页。

3132. 一腔赤血干新社,万死炎方念旧君。

——《挽彭躬庵先生四首·其一》,[清]刘坊《刘鳌石先生诗文集十二卷》卷五,《〈四库禁毁书丛刊〉补编》,据清刻本影印,北京:北京出版社,2005年,第662页。

3133. 饮酒存忠孝,闲居理性情。

——《奉赠陶握山先生三首·其一》,[清]刘坊《刘鳌石先生诗文集十二卷》卷四,《〈四库禁毁书丛刊〉补编》,据清刻本影印,北京:北京出版社,2005年,第651页。

3134. 顾以天地之大,千古之远,而忽然有此身,前我后我皆不可得知,而今此之我又忽忽恝置,则其生与死何异。

——《复彭中叔先生书(丙寅)》,[清]刘坊《刘鳌石先生诗文集十二卷》卷十,《〈四库禁毁书丛刊〉补编》,据清刻本影印,北京:北京出版社,2005年,第688页。

3135. 读书明古今,讲求于圣贤之业者已优。

——《与郑彦升书》,[清]刘坊《刘鳌石先生诗文集十二卷》卷十,《〈四库禁毁书丛刊〉补编》,据清刻本影印,北京:北京出版社,2005年,第691页。

# 上官周

上官周（1665—1752），原名世显，后改名周，字文佐，号竹庄，汀州（今福建省龙岩市）人，清代画家。其山水和人物画造诣很高，门生有"扬州八怪"之一的黄慎。曾与当时著名画家王石谷、王原祁合绘《康熙南巡图》12卷，此画所绘人物近万个，人物个个栩栩如生，神态逼真，反映出其高超技艺。

其作品有《晚笑堂画传》，其中精心刻画120位历史人物绣像，成为后人临习人物画的范本。

3136. 沿自周秦以下，遇一古人，有契于心，辄不禁欣慕之、想像之，心摹而手追之。

——《自序》，[清]上官周绘，胡佩衡选订《晚笑堂画传》，北京：人民美术出版社，2016年，第5页。

3137. 或有问于余曰："子之意则诚善矣，子之图毋乃师心而自用乎？"余应之曰："唯唯，否否。子不闻夫见尧于羹，见舜于墙者乎？夫尧眉舜目，后人岂尝亲灸之哉？要其精神所注，结而成象，遂有旷百世而相遇者。余之为此图亦若是焉，则已矣。"

——《自序》，[清]上官周绘，胡佩衡选订《晚笑堂画传》，北京：人民美术出版社，2016年，第6页。

3138. 功多不矜，有战辄举。

——《淮安侯华云龙》，[清]上官周绘，胡佩衡选订《晚笑堂画传》，北京：人民美术出版社，2016年，第235页。

3139. 空怀谢公酒，徐吟高士诗。士高难以见，托心聊自嗤。

——《艺文六·竹庄秋月》，[清]曾曰瑛修，李绂纂，王光明、陈立点校《汀州府志》卷四十四，北京：方志出版社，2004年，第982页。

3140. 白发等闲事，青山奈老何。孙登余有啸，竹杖带云拖。

——《艺文六·夜过篁竹岭（其一）》，[清]曾曰瑛修，李绂纂，王光明、陈立点校《汀州府志》卷四十四，北京：方志出版社，2004年，第1000页。

3141. 未聆深谷意，谁信有箫韶。

——《艺文六·夜过篁竹岭（其二）》，[清]曾曰瑛修，李绂纂；王光明、陈立点校《汀州府志》卷四十四，北京：方志出版社，2004年，第1000页。

3142. 把盏静邀江汉月，挥毫写得洞庭心。

——《艺文六·重过黎愧曾先生溉本堂有怀宁先太史》，[清]曾曰瑛修，李绂纂，王光明、陈立点校《汀州府志》卷四十四，北京：方志出版社，2004年，第1016页。

# 邱嘉穗

邱嘉穗（生卒年未详），字实亭，上杭人，康熙庚午（1690年）科举人，官归善县知县。为官清廉，一心为民，丝毫不取，政绩颇丰。

邱嘉穗工于诗文，著有《东山草堂文集》20卷，《诗集》8卷，《续集》1卷，《考定石经大学经传解》1卷，《东山草堂迩言》6卷。

3143. 生为忠臣孝子，死亦当作正直之神；生为奸党庸人，死亦当作衰飒之鬼。则儒者，虽不言出世，而出之道，故在也。

——《答家伟元伯书》，［清］邱嘉穗《东山草堂文集》卷六，《清代诗文集汇编》第252册，上海：上海古籍出版社，2010年，第207页。

3144. 不以躬耕为耻，不以无财为病，自非大贤笃志，与道污隆，孰能如此乎？

——《补陶靖节先生传》，［清］邱嘉穗《东山草堂文集》卷四，《清代诗文集汇编》第252册，上海：上海古籍出版社，2010年，第165页。

3145. 古者圣王教人之法，由塾而庠，而序，而国学，以次而升于司徒、司马，而皆必重其师儒之选，导之以礼乐，威之以夏楚，宽之以中年。考校七年，小成九年，大成之期，然后简其不率教者而归之田亩，甚则屏诸远方而终身不齿。

——《重学校》，［清］邱嘉穗《东山草堂文集》卷八，《清代诗文集汇编》第252册，上海：上海古籍出版社，2010年，第245页。

3146. 吾生此身，乃父母之所遗也，妻若子之所赖也，宗族亲友之所托也，上自朝廷，下及民物之所系而属也，其敢不以守身为守官之本乎哉？

——《答两当今伍相如年兄书》，［清］邱嘉穗《东山草堂文集》卷六，《清代诗文集汇编》第252册，上海：上海古籍出版社，2010年，第194页。

3147. 延名师课诸子，日谆谆以立身行己、忠孝大节为提撕，异乎世之绪章绘句以拾青紫者,曰:士固先德行而后文艺也。

——《书王太孺人殉节传后》,[清]邱嘉穗《东山草堂文集》卷十一,《清代诗文集汇编》第 252 册,上海:上海古籍出版社,2010 年,第 282 页。

3148. 苟利民即利官也,他其何惜?

——《邑侯邱实亭先生墓表》,包树棠编纂,福建省文史研究馆整理《汀州艺文志》卷十六,北京:方志出版社,2010 年,第 534 页。

3149. 世道之衰也,必自人心始。人心坏,而世道随之矣。

——《绍闻广义自序》,[清]邱嘉穗《东山草堂文集》卷一,《清代诗文集汇编》第 252 册,上海:上海古籍出版社,2010 年,第 103 页。

3150. 爱亲之谓孝,敬以事长之谓悌,尽乎己必以其实之谓忠信,不怠以止侈、以自肆之谓勤与俭。六事之在人心,最为真切,行于家,推于国,达之天下而无所不通者也。

——《绍闻广义自序》,[清]邱嘉穗《东山草堂文集》卷一,《清代诗文集汇编》第 252 册,上海:上海古籍出版社,2010 年,第 103 页。

3151. 宁弗知功利浮华之可喜,而故欲以迂阔者相期,实以时俗日偷,贻谋宜慎。深惧为子孙者,秉德弗类,源远而流分,学益以杂,文益以工,而前人之质行益以衰息,将浸浸乎有不克负荷之惭也。

——《绍闻广义自序》,[清]邱嘉穗《东山草堂文集》卷一,《清代诗文集汇编》第 252 册,上海:上海古籍出版社,2010 年,第 103 页。

3152. 不贤,至下也,而可反之以内省;好色,至陋也,而可比之于好德。

——《借喻录自序》,[清]邱嘉穗《东山草堂文集》卷一,《清代诗文集汇编》第 252 册,上海:上海古籍出版社,2010 年,第 107 页。

# 华 嵒

华嵒（1682—1756），原名德嵩，字秋岳，另新罗山人、布衣生等，上杭人，清代艺术家，曾创作《蜂虎》，以其画中病虎形象而备受讨论。一生不慕荣利，老年自喻"飘篷者"。另有别号"离垢居士"，表其"脱去时习""位卑不忘怀高"之志。

著有《离垢集》《解弢馆诗集》。

3153. 矫然披雪起，傲骨秉忠贞。

——《素梅》，[清]华嵒著，唐鉴荣校注《离垢集：新罗山人华嵒诗稿》卷二，福州：福建美术出版社，2009年，第71页。

3154. 以兹烟云荡胸臆，便如野鹤盘清虚。

——《坐与高堂偶尔成咏》，[清]华嵒著，唐鉴荣校注《离垢集：新罗山人华嵒诗稿》卷一，福州：福建美术出版社，2009年，第46页。

3155. 虽然画艺也，艺成则贱，必先有以立乎其贵者，乃贱之而不得，是在读书以博其识，修己以端其品，吾之画法如是而已。

——张四教《离垢集补钞序》，包树棠编纂，福建省文史研究馆整理《汀州艺文志》，北京：方志出版社，2010年，第574—575页。

3156. 人生不得意，安肯濯沧浪？

——《古意赠同好》，[清]华嵒著，唐鉴荣校注《离垢集：新罗山人华嵒诗稿》卷一，福州：福建美术出版社，2009年，第29页。

3157. 冷云空处梅填雪，倔强一枝僵似铁。

——《题梅崖踏雪锺馗》，[清]华嵒著，唐鉴荣校注《离垢集：新罗山人华嵒诗稿》卷一，福州：福建美术出版社，2009年，第35页。

3158. 三花不畏霜兼雪，四岳常如弟与昆。

——《嵩山》，[清]华嵒著，唐鉴荣校注《离垢集：新罗山人华嵒诗稿》

卷一，福州：福建美术出版社，2009年，第39页。

3159. 恍有羽衣翁，独立寒香里。

——《题友人园亭五首·梅屿》，[清]华嵒著，唐鉴荣校注《离垢集：新罗山人华嵒诗稿》卷一，福州：福建美术出版社，2009年，第42页。

3160. 名贤方小憩，高卧竹楼秋。书卷床头满，琴声月下流。新醅招客饮，野菊带霜收。风雅谁堪匹？山公或可俦。

——《陈氏北园（二）》，[清]华嵒著，唐鉴荣校注《离垢集：新罗山人华嵒诗稿》卷一，福州：福建美术出版社，2009年，第43页。

3161. 寄迹松轩下，窥形石镜间。此中余逸趣，何必问南山。

——《秋日闲居》，[清]华嵒著，唐鉴荣校注《离垢集：新罗山人华嵒诗稿》卷一，福州：福建美术出版社，2009年，第44页。

3162. 白珪刓已洁，幽贞无由缁。达生执之命，养德靡乎时。

——《吴门李客山手录窗稿见贻作此答赠》，[清]华嵒著，唐鉴荣校注《离垢集：新罗山人华嵒诗稿》卷三，福州：福建美术出版社，2009年，第91页。

3163. 好爵既不吝，素心诚独知。

——《无题》，[清]华嵒著，唐鉴荣校注《离垢集：新罗山人华嵒诗稿》卷三，福州：福建美术出版社，2009年，第93页。

3164. 鲁连啸东海，攸跻懿良游。夙趣贯幽赜，清义无苟求。素约务其本，理翕循乎谋。匪执荣爵慕，且克安尘流。

——《果堂东游海滨见寄殷殷感而答诗》，[清]华嵒著，唐鉴荣校注《离垢集：新罗山人华嵒诗稿》卷三，福州：福建美术出版社，2009年，第92页。

3165. 唯君子之华堂兮，有兰有竹。其石丈之严严兮，清温且淑。

——《题六贞图》，[清]华嵒著，唐鉴荣校注《离垢集：新罗山人华嵒诗稿》卷三，福州：福建美术出版社，2009年，第94页。

3166. 篁筱怀清风，翠涛沸香海。

——《题梅竹松》，[清]华嵒著，唐鉴荣校注《离垢集：新罗山人华嵒诗稿》卷三，福州：福建美术出版社，2009年，第99页。

3167. 逆知陶处士，种豆归来时。

——《题松》，[清]华嵒著，唐鉴荣校注《离垢集：新罗山人华嵒诗稿》卷三，福州：福建美术出版社，2009年，第106页。

3168. 写竹要写骨与筋，一节一笪干青云。

——《写竹》，[清]华嵒著，唐鉴荣校注《离垢集：新罗山人华嵒诗稿》卷五，福州：福建美术出版社，2009年，第147页。

3169. 凌霄老鹤自清高，偶入秋江濯羽毛。肯与鸡群同饮啄，自支孤影返林皋。

——《题姚鹤林西江游草》，[清]华嵒著，唐鉴荣校注《离垢集：新罗山人华嵒诗稿》卷四，福州：福建美术出版社，2009年，第143页。

3170. 凌空修竹一竿烟，清瘦浑如玉削圆。日暮不嫌翠袖薄，嫩寒时候两相怜。

——《赠徐郎并序》，[清]华嵒著，唐鉴荣校注《离垢集：新罗山人华嵒诗稿》卷五，福州：福建美术出版社，2009年，第153页。

# 童能灵

童能灵（1683—1745），字龙俦，号寒泉，连城（今福建省龙岩市）人，清代经学家。童能灵对于治学有着极强的热情与毅力，但志不在功名，曾在冠豸山下"孤馆寒灯"钻研古代名家巨著。雍正六年（1728年）、乾隆三年（1738年）和乾隆九年（1744年），历任学政皆举荐童能灵优行入贡或保举入太学，但其均辞却不赴，潜心学问。童能灵治学作风严谨，文笔质朴，阐发原著真谛，不随流俗，有独到创见，是清代前期闽中著名理学家。

一生著作甚丰，曾刊刻行世的著作有《理学疑问》《朱子为学考》《周易剩义》等。

3171. 自欺者知其不可欺，而卒不免于欺，牵于欲也，不免于欺，而了然有不可欺者，存不得息灭，此便是明德本明处。

——［清］童能灵《格致录》，《冠豸山堂文集》卷二，《四库全书存目丛书·集部》第234册，济南：齐鲁书社，1997年，第580页。

3172. 一念自欺，即无以别于小人。小人无所不至，其根只在一念自欺。或谓君子不必以小人为戒者，过高之说也。圣贤言语最切实，盖未有出此而不入乎彼者。

——［清］童能灵《格致录》，《冠豸山堂文集》卷二，《四库全书存目丛书·集部》第234册，济南：齐鲁书社，1997年，第580页。

3173. 朱子早晚异同之辨，大要数端：曰一贯忠恕、曰未发已发、曰太极动静、曰仁、曰心性、曰体用、曰理一分殊、曰空妙、曰实理、曰默识而存、曰循序而进是也。

——［清］童能灵《守道》，包树棠编纂，福建省文史研究馆整理《汀州艺文志》卷十五，北京：方志出版社，2010年，第487页。

3174. 心若一时自不容一物而常惺惺也。

——［清］童能灵《守道》，包树棠编纂，福建省文史研究馆整理《汀州艺文志》卷十五，北京：方志出版社，2010年，第488页。

3175. 物得其偏，而人得其全，圣人则又得其清明纯厚而为全之。

——［清］童能灵《守道》，包树棠编纂，福建省文史研究馆整理《汀州艺文志》卷十五，北京：方志出版社，2010年，第489页。

3176. 微而性命之精，著而形骸之粗，莫不有所当然与其所以然者，而皆于此有得焉。

——［清］童能灵《乐律古义·自序》，包树棠编纂，福建省文史研究馆整理《汀州艺文志》卷十五，北京：方志出版社，2010年，第495页。

3177. 心似有物似无物，似气似非气，其虚灵之妙，人身顾安所得。此谓是天之所与，毕竟天何以有此灵爽？但谓天自然，灵爽尚鹘突在。

——［清］童能灵《心字问》，包树棠编纂，福建省文史研究馆整理《汀州艺文志》卷十五，北京：方志出版社，2010年，第498页。

3178. 仙人久不来，此意谁相偿？得得披向我，教我慎毋忘。指示子弟辈，依依春风傍。世间谁可恃，山中春草香。

——［清］童能灵《丁未春读书冠豸山寄示诸子》，包树棠编纂，福建省文史研究馆整理《汀州艺文志》卷十五，北京：方志出版社，2010年，第503页。

3179. 我亦有笙能作凤，山头吹彻碧梧生。

——［清］童能灵《拟郑水部题猴氏山诗》，包树棠编纂，福建省文史研究馆整理《汀州艺文志》卷十五，北京：方志出版社，2010年，第503页。

# 丘 复

丘复（1874—1950），原名馥，字果园，别号荷生，上杭（今福建省龙岩市）人。其生性聪颖好学，24岁时赴省试，考中举人，后曾任全国参议院参议员，在孙中山大元帅府任参谋、秘书，曾在高等学府任教授。在从事教育的同时，丘复潜心著述，著有《念庐诗稿》10册、《念庐诗话》5卷、《念庐文存》5册、《念庐联话》1卷，编纂《上杭县志》36卷、《长汀县志》35卷、《武平县志》31卷，整理校勘《后汉书注校补》《杭川新风雅集》《天潮阁集》等多种古籍。

3180. 思与古人争学问，三更灯火五更钟。
——《哭温绍唐表弟》，[清]丘复著，丘其宪点校，汪梦川、刘永华审订《丘复集》，福州：福建人民出版社，2013年，第15页。

3181. 功名富贵江上波，惟此精忠不可磨。
——《丞相垒怀古》，[清]丘复著，丘其宪点校，汪梦川、刘永华审订《丘复集》，福州：福建人民出版社，2013年，第18页。

3182. 一别门墙近四年，每观新政感缠绵。勤求民隐严除赌，杜绝私囊洁饮泉。
——《梦见贺芷村夫子，醒后赋呈》，[清]丘复著，丘其宪点校，汪梦川、刘永华审订《丘复集》，福州：福建人民出版社，2013年，第20页。

3183. 勉奋功名光里党，力求经济溥人寰。神龙不测能千变，文豹虽潜见一斑。莫借山林徒养拙，读书当念救时艰。
——《公车北上留别馆中诸同砚》，[清]丘复著，丘其宪点校，汪梦川、刘永华审订《丘复集》，福州：福建人民出版社，2013年，第23页。

3184. 一官一职，当为官家出力，汝胡不在朝廷而在乡邑？
——《孔方叹》，[清]丘复著，丘其宪点校，汪梦川、刘永华审订《丘复集》,福州:福建人民出版社,2013年,第31—32页。

3185. 言关世道能行远,政著循良更爱民。

——《重价购〈东山草堂集〉归》,[清]丘复著,丘其宪点校,汪梦川、刘永华审订《丘复集》,福州:福建人民出版社,2013年,第34页。

3186. 忠臣义士根性真,千秋妙契原同尘。

——《奉和仙根水部和平里之作》,[清]丘复著,丘其宪点校,汪梦川、刘永华审订《丘复集》,福州:福建人民出版社,2013年,第55页。

3187. 为臣当尽忠,为妇当守节。

——《读史》,[清]丘复著,丘其宪点校,汪梦川、刘永华审订《丘复集》,福州:福建人民出版社,2013年,第99页。

3188. 叔季世风薄,匪僻寡廉耻。上已无教育,下不习正轨。国民生计艰,浇漓伊胡底。用此心烦忧,何术以消弭?

——《迁居之夕被窃有作》,[清]丘复著,丘其宪点校,汪梦川、刘永华审订《丘复集》,福州:福建人民出版社,2013年,第116页。

3189. 赫赫令名留,高风炳千载。

——《感遇》,[清]丘复著,丘其宪点校,汪梦川、刘永华审订《丘复集》,福州:福建人民出版社,2013年,第138页。

3190. 欲使死灰终火熄,当筹生计救民贫。

——《旅馆书怀》,[清]丘复著,丘其宪点校,汪梦川、刘永华审订《丘复集》,福州:福建人民出版社,2013年,第161页。

3191. 因民所利而利之,准民承饷张门户。

——《防务经费公司》,[清]丘复著,丘其宪点校,汪梦川、刘永华审订《丘复集》,福州:福建人民出版社,2013年,第169页。

3192. 兵骄将帅横,官贪胥吏恶。我欲学剑仙,一呼百胆落。

——《解闷》,[清]丘复著,丘其宪点校,汪梦川、刘永华审订《丘复集》,福州:福建人民出版社,2013年,第175页。

3193. 今日居此官,称彼官为贵;明日换彼官,又称此官为贵。一离其地,即视彼政事皆脱然无与于己,政事所以复杂也。

——《释贵(乙酉)》,[清]丘复著,丘其宪点校,汪梦川、刘永华审订《丘复集》,福州:福建人民出版社,2013年,第770页。

3194. 故日月不信而昼夜颠倒,岁序不信而寒暑参差,信之为用大矣、至矣。

——《释信（庚午）》，[清]丘复著，丘其宪点校，汪梦川、刘永华审订《丘复集》，福州：福建人民出版社，2013年，第771页。

3195．人不可以多言，多言伤人；岂惟伤人，且损汝神。汝言谆谆，彼听藐藐；同心相知，语言之表。

——《谨言箴》，[清]丘复著，丘其宪点校，汪梦川、刘永华审订《丘复集》，福州：福建人民出版社，2013年，第772页。

3196．作伪心劳，求多得寡；汝学则杂，汝心或假。欺人自欺，歧中有歧；不诚不一，何以贞之。惟诚无妄，惟一乃专；一以守善，诚则达天。如其不诚，如其不一；既坏汝心，亦贼汝德。

——《诚壹箴》，[清]丘复著，丘其宪点校，汪梦川、刘永华审订《丘复集》，福州：福建人民出版社，2013年，第772页。

3197．点滴之溜，渐成石宝。石岂不坚，日久则穿。见异思迁，十寒一暴，汝心之无常，曷由深造？功在持久，不在躁疾；进锐退速，得不偿失。贞之以恒，如日东升；苟由其道，欲罢不能。

——《立恒箴》，[清]丘复著，丘其宪点校，汪梦川、刘永华审订《丘复集》，福州：福建人民出版社，2013年，第772页。

3198．君子之所能，而汝弗胜；君子之所不为，汝乃为之。呜呼小子，是曰无耻。勿谓耻小，若挞于市。自耻为本，次耻诸神；内焉积慝，外乃耻人。屋漏旦明，毋忘自省；神灵司衷，敢告衾影。

——《知耻箴》，[清]丘复著，丘其宪点校，汪梦川、刘永华审订《丘复集》，福州：福建人民出版社，2013年，第773页。

3199．古大臣奉命出师，不轻进偾事，不卤莽图功，其迹近于玩寇，而实徐以收其成功。

——《范增论（辛丑）》，[清]丘复著，丘其宪点校，汪梦川、刘永华审订《丘复集》，福州：福建人民出版社，2013年，第809—810页。

3200．人臣报国，非必死事而后为忠也。当死不死，则不死为不忠；不当死而死，则死又为愚忠。不忠，固非君子所为；愚忠，尤非君子所为也。君子不矜一己之气节，而争天下之存亡。死守而或可以遏贼势，不至庙社震惊，君子未尝不死也；至死守无益，杀身适足以辱国，而为贼所轻，则君子又未尝必死，此中有机焉。

——《二颜去守不同论（甲辰）》，[清]丘复著，丘其宪点校，汪梦川、刘永华审订《丘复集》，福州：福建人民出版社，2013年，第820—821页。

3201. 盖知止而退者，功臣所难；而见贤而进者，功臣尤难也。

——《明开国功臣论（上）》，[清]丘复著，丘其宪点校，汪梦川、刘永华审订《丘复集》，福州：福建人民出版社，2013年，第823页。

3202. 治国平天下，公德也；修身，私德也。独善其身，私德也；兼善天下，公德也。然必表端然后景直，源澄而后流清；断未有表斜而景可直，源浊而流能清者。

——《论私德》，[清]丘复著，丘其宪点校，汪梦川、刘永华审订《丘复集》，福州：福建人民出版社，2013年，第826页。

3203. 不鬻吾身，以及子孙。大哉斯言，正气永存。立懦廉顽，闻风兴起。一节千秋，人心不死。

——《参议院议员宁化雷君诔（甲子）》，[清]丘复著，丘其宪点校，汪梦川、刘永华审订《丘复集》，福州：福建人民出版社，2013年，第1184页。

# 八闽廉箴辑九

# 陈 普

陈普（1244—1315），字尚德，号惧斋，世称石堂先生，宁德人，南宋教育家、理学家。

陈普以宋遗民自居，誓不仕元。元朝廷曾多次欲聘其为福建教授，均坚辞不就，锐意振兴家乡教育，在石堂山仁丰寺里设馆倡学，招徒课艺。四方学子闻其学识宗风，负笈从游者每年达数百。治学师承冀甫传统，力倡朱熹正学。为推广朱熹学说，普受丞相刘敏中之托，重辑朱熹门人黄榦、杨复二人的《丧祭礼》及朱熹的有关著述，分10卷刊行于世。在教学上，其力倡理论联系实际，治经"不贵文词"，而"必真知实践，求无愧于古圣贤"。在其熏陶下，不少门人既精于理学奥义，又能深入社会实际，求取真知灼见。

家贫却发奋苦读，以清平自居，饱览四书五经，通儒家经典，精通经史，学识超群，名闻闽浙。一生撰著颇丰，有《四书句解铃键》《学庸指要》《孟子纂图》《周易解》《尚书补微》《四书五经讲义》《浑天仪论》《咏史诗断》《字义》等凡数百卷。大多散佚。今存《石堂先生遗集》22卷、《石堂先生遗稿》1卷、《武夷棹歌》1卷(朱熹撰、陈普注)。

3204. 惟君子，志正气浩，常伸而不屈，直达而遂志。

——《礼闻取于人不闻取人》，[宋]陈普《石堂先生遗集》卷六，明万历三年薛孔洵刻本。

3205. 天地间正气，千古万古不灭，而间以英气发之。

——[宋]陈普《谢叠山文集序》，李修生主编《全元文》卷四三四，南京：江苏古籍出版社，1998年，第530页。

3206. 故正心修身以为之本，必使自身以往以极于四方上下，一人一物皆得其所。

——《曰若稽古帝尧曰放勋》，[宋]陈普《石堂先生遗集》卷四，明万历三年薛孔洵刻本。

3207. 君子之于天下也，尽吾心而已，其他固未有所暇也。

——［宋］陈普《谊利道功》，李修生主编《全元文》卷四三八，南京：江苏古籍出版社，1998年，第587页。

3208. 正义不谋利，明道不计功，请以是论天下万事，其不可不为者皆职分之当为，皆性分之所受。

——［宋］陈普《谊利道功》，李修生主编《全元文》卷四三八，南京：江苏古籍出版社，1998年，第587页。

3209. 臣闻天生民而立之君，所以经纶天下之大经，理人道，尽人事，而成位乎三才之中也。

——［宋］陈普《拟上皇帝乞行井田书》，李修生主编《全元文》卷四三四，南京：江苏古籍出版社，1998年，第510页。

3210. 人伦不正无以为治，然而民食不足，民生不厚，则五典之敦不可得而行，故为民父母者，其为民计虑区画未有先于食也。

——［宋］陈普《拟上皇帝乞行井田书》，李修生主编《全元文》卷四三四，南京：江苏古籍出版社，1998年，第510页。

3211. 若夫罪恶小大悉以贿免，肆行敢犯无所畏忌。

——［宋］陈普《拟上皇帝乞行井田书》，李修生主编《全元文》卷四三四，南京：江苏古籍出版社，1998年，第512页。

3212. 在官任职孰不知职之不可不恭，民之不可不爱，贪之不可不惩，而廉之不可不守也？

——［宋］陈普《进德斋记》，李修生主编《全元文》卷四四〇，南京：江苏古籍出版社，1998年，第626页。

3213. 夫才如阳气，德如含弘厚地，天地间万物皆一阳气之所为也。

——［宋］陈普《送胡生序》，李修生主编《全元文》卷四三四，南京：江苏古籍出版社，1998年，第520页。

3214. 士不读书则已，读则必读经世之书；不为文则已，为则必为经世之文。

——［宋］陈普《送郑生序》，李修生主编《全元文》卷四三四，南京：江苏古籍出版社，1998年，第523页。

3215. 人者心也，心有知识，有知识则有是非善恶。是而善也，虽盗跖亦以为然。非而恶也，虽盗跖亦羞之恶之。

——［宋］陈普《送张唐翁序》，李修生主编《全元文》卷四三四，南京：江苏古籍出版社，1998年，第524页。

3216. 大要降衷秉彝，无间于混然中处之类，但须勤行敬守，则不患于无相知者。

——［宋］陈普《大学要略序》，李修生主编《全元文》卷四三四，南京：江苏古籍出版社，1998年，第526页。

3217. 仁、义、礼、智不从外得，一心之中万理咸备，虽尧、舜人皆可为，庶有以发愤自强，不徒自暴自弃云耳。

——［宋］陈普《孟子纂要序》，李修生主编《全元文》卷四三四，南京：江苏古籍出版社，1998年，第528页。

3218. 叠山谢公，幼少有天下虑，入仕途不为富贵谋，动与有位者忤，虽困之下僚，加之非罪，放逐播迁终不悔。

——［宋］陈普《谢叠山文集序》，李修生主编《全元文》卷四三四，南京：江苏古籍出版社，1998年，第531页。

3219. 君子入官须事道，仕而非道似非常。抱关击柝虽卑贱，职分终然不可忘。

——《为贫而仕》，［宋］陈普《石堂先生遗集》卷十九，明万历三年薛孔洵刻本。

3220. 虽然仁道系心根，熟处工夫在所存。惟是日新常不息，取之左右自逢原。

——《仁熟》，［宋］陈普《石堂先生遗集》卷十九，明万历三年薛孔洵刻本。

# 张以宁

张以宁（1301—1370），字志道，因家居翠屏峰下，自号翠屏山人，古田人，元末明初文学家。

元泰定四年（1327年）中进士，由黄岩判官进六合尹，累官至翰林侍读学士。张以宁有俊才，博学强记，擅名于时，人呼"小张学士"。明洪武元年（1368年），张以宁赴南京，奉对称旨，授翰林侍读学士。明洪武二年（1369年），张以宁奉使安南，封其主陈日煃为国王，太祖亲制诗送之。后有功，太祖嘉之，赐玺书，比诸陆贾、马援，再赐御制诗八首。

张以宁早年受严羽《沧浪诗话》的熏染，诗取盛唐，力学不倦，后有志于拓宽学古之径，最终"格兼唐宋，诸体皆清刚隽上，一洗元季纤缛之习"（见游友基整理《翠屏集》附录）。著有《春秋春王正月考》2卷、《翠屏集》4卷传世。

3221. 繄松之苍，繄石之刚。曷以比德，维士之良。有苍者松，有刚者石。繄士之良，维以比德。

——《题松石图》，[明]张以宁著，游友基整理《翠屏集》卷一，扬州：广陵书社，2016年，第1页。

3222. 饥鸿嗷嗷纷在野，我曹一饮皆君恩。此身倘未溘朝露，誓将毫末酬乾坤。

——《答豫章邓文若进士见赠并谢苏昌龄征君》，[明]张以宁著，游友基整理《翠屏集》卷一，扬州：广陵书社，2016年，第12页。

3223. 磊落明珠溢中国，斓斑卉服朝神京。会闻颂声彻丹扆，入执政柄苏黎氓。

——《别广东周参政幹臣》，[明]张以宁著，游友基整理《翠屏集》卷一，扬州：广陵书社，2016年，第30页。

3224. 献芹耿耿心期在，汗竹依依手泽余。

——《送李逊学献书北上》，[明]张以宁著，游友基整理《翠屏集》卷一，扬州：广陵书社，2016年，第61页。

3225. 垂弧夙志负生朝，滥点鹓行从百僚。风雪十年双鬓短，山川万里一身遥。君如黄鹄方高举，我匪苍松愧后雕。已矣劬劳嗟莫报，愿持贞白奉清朝。

——《初度日次人韵》，[明]张以宁著，游友基整理《翠屏集》卷二，扬州：广陵书社，2016年，第62页。

3226. 愿得群贤扶世治，尽令四海转春熙。

——《次韵李明举御史贡院诗》，[明]张以宁著，游友基整理《翠屏集》卷二，扬州：广陵书社，2016年，第70页。

3227. 秧分过社新针水，麦种经秋秀被村。愿见年丰人饱饭，广文官冷底须论。

——《都城春日再次前韵》，[明]张以宁著，游友基整理《翠屏集》卷二，扬州：广陵书社，2016年，第71页。

3228. 矧夫士者达而化民俗，穷则淑诸生，使以行其志、达其道焉耳。

——《送方德至漳学训导序》，[明]张以宁著，游友基整理《翠屏集》卷三，扬州：广陵书社，2016年，第149页。

3229. 甄贤能，励风化，兹非司风宪之职乎？

——《天长县兴修儒学记》，[明]张以宁著，游友基整理《翠屏集》卷四，扬州：广陵书社，2016年，第174页。

3230. 兹固未足以多于公者，而扶伦纪，敦风俗，有裨于斯世斯文实甚大，亦足以见儒者之所存。

——《存存斋记》，[明]张以宁著，游友基整理《翠屏集》卷四，扬州：广陵书社，2016年，第183页。

3231. 抑尝闻天地之间，万古不蔽，惟一正焉耳。神人一理也，幽显无间也。

——《古田县增广城隍庙记》，[明]张以宁著，游友基整理《翠屏集》卷四，扬州：广陵书社，2016年，第196页。

3232. 师禹之先公尝监福堂之古邑，持己以廉，而使民也惠，民至今颂之不忘。

——《题牧牛图》，[明]张以宁著，游友基整理《翠屏集》卷四，扬州：广陵书社，2016年，第172页。

3233. 岂不以桂为嘉植，孤芳于众悴之中，犹君子之特立独行，其修名姱节垂芳于千载，不与草木同尽者，有足尚也耶？

——《联桂堂记》，[明]张以宁著，游友基整理《翠屏集》卷四，扬州：广陵书社，2016年，第178页。

3234. 苍苍藓石，谡谡云松。空山无人，明月在筇。我思武夷，三十六峰。之子之迈，携琴曷从。

——《题松隐图》，[明]张以宁著，游友基整理《翠屏集》卷一，扬州：广陵书社，2016年，第1页。

3235. 愿言宝照代，黻我舜裳衣。

——《绹斋为张景思总管赋》，[明]张以宁著，游友基整理《翠屏集》卷一，扬州：广陵书社，2016年，第5页。

3236. 墨绶近民心乐易，绨袍赠我意缠绵。

——《万安邑令冯仲文家全椒与予旧识鲍仲华提举有瓜葛之好倾盖情亲恋恋有故人意君渡江旧人有惠政得民心》，[明]张以宁著，游友基整理《翠屏集》卷一，扬州：广陵书社，2016年，第80页。

3237. 盖其退处之余，致专于书，静以潄之，裕以居之，不自画于今之能言者，志自附于古之能言者，其学而造于是固宜。

——《陈汉臣文集序》，[明]张以宁著，游友基整理《翠屏集》卷三，扬州：广陵书社，2016年，第117页本。

3238. 方今事会之来于天下者固未止于此，君子之当为于天下者而亦未止于是也。

——《包与直云泉漫稿序》，[明]张以宁著，游友基整理《翠屏集》卷三，扬州：广陵书社，2016年，第121页。

3239. 古之君子，仁义忠信焉耳矣。学焉者，淑乎一己以古于身；仕焉者，行乎一世以古于人者，纯其心焉耳矣。其心纯，则其性情正。其性情正，则其发于诗也，不质以俚，不靡以华，渊乎其厚以醇。

——《李子明举诗集序》，[明]张以宁著，游友基整理《翠屏集》卷三，扬州：广陵书社，2016年，第123页。

3240. 任重图远，惟善努力。

——《闲极说》，[明]张以宁著，游友基整理《翠屏集》卷四，扬州：广陵书社，2016年，第166页。

3241. 君其洒胸中之古雪，举巅崖之苍生，洗涤炎瘴而生之，非徒专清高于一己而止也。以是惠其民，实以报吾君。

——《雪崖说》，[明]张以宁著，游友基整理《翠屏集》卷四，扬州：广陵书社，2016年，第168页。

3242. 万里之遥，起于足下。

——《远斋铭》，[明]张以宁著，游友基整理《翠屏集》卷四，扬州：广陵书社，2016年，第168页。

3243. 将以牧人，必先自牧。

——《题牧牛图》，[明]张以宁著，游友基整理《翠屏集》卷四，扬州：广陵书社，2016年，第172页。

3244. 教育之不具者，令之责也。自修自养之不力者，士之过也。

——《天长县兴修儒学记》，[明]张以宁著，游友基整理《翠屏集》卷四，扬州：广陵书社，2016年，第174页。

3245. 盖至于十日夜而不一变色焉。於乎！的然而日亡，暗然而日章，君子小人之径庭，讵不以是哉！

——《山隐记》，[明]张以宁著，游友基整理《翠屏集》卷四，扬州：广陵书社，2016年，第177—178页。

3246. 大抵世之仕者，每病于用智而自私，好名而已甚。

——《知愚斋记》，[明]张以宁著，游友基整理《翠屏集》卷四，扬州：广陵书社，2016年，第193页。

3247. 聪明绝人，守之以愚，斯君子之道也。

——《知愚斋记》，[明]张以宁著，游友基整理《翠屏集》卷四，扬州：广陵书社，2016年，第193页。

3248. 不殈不殰，民生振振。

——《古田县临水顺懿庙记》，[明]张以宁著，游友基整理《翠屏集》卷四，扬州：广陵书社，2016年，第195页。

# 游 朴

游朴（1526—1599），字太初，号少涧，柘洋（今福建省宁德市）人，明万历二年（1574年）进士。游朴历任四川成都府推官、广东按察司副使、大理寺左寺正、湖广布政司右参政等职。

游朴一生正直廉明，政绩卓著，任刑部山西司郎中期间，写成《浙江恤刑谳书》上报，被称为"中兴奏疏第一"。游朴晚年看透当局的腐败黑暗，愤然辞职，绝意仕途，归乡后主持编修《福宁州志》。

著有《藏山集》《岭南稿》《满山社草》《石仓诗选》《武经七书解》《浙江恤刑谳书》《游太初乐府》等，多数散佚，尚存州人张大光在游朴去世后所搜集编印的《游参知文集》2卷。

3249. 政不出于德，故苟且一切以就功，而治始衰；仕不及乎学，故弥文职事以相承，而谊始薄。

——《送郡伯张梦韩入计叙》，[明]游朴撰，魏高鹏等点校，柘荣县博物馆整理《游朴诗文集》，福州：福建人民出版社，2015年，第429页。

3250. 孔门论材，果艺从政，然而可以治赋而或歉于足民，可以足民而终逊于礼乐，则通材之难也。

——《贺漕抚吕先生荣任序》，[明]游朴撰，魏高鹏等点校，柘荣县博物馆整理《游朴诗文集》，福州：福建人民出版社，2015年，第435页。

3251. 君子之为善，不独善其身，而必以及诸人；其利益斯民，不独一时，而必为可传可继，以垂诸后。

——《与傅约斋按院书》，[明]游朴撰，魏高鹏等点校，柘荣县博物馆整理《游朴诗文集》，福州：福建人民出版社，2015年，第474页。

3252. 刀锥世所竞，达士明素心。

——《梁甫吟》，[明]游朴撰，魏高鹏等点校，柘荣县博物馆整理《游朴

3253. 鸿鹄鼋鼍各择栖，士固有志甘涂泥。

——《梁甫吟》，[明]游朴撰，魏高鹏等点校，柘荣县博物馆整理《游朴诗文集》，福州：福建人民出版社，2015年，第17页。

3254. 及时勉修饰，慎尔身后贻。

——《西门行》，[明]游朴撰，魏高鹏等点校，柘荣县博物馆整理《游朴诗文集》，福州：福建人民出版社，2015年，第20页。

3255. 多求多不足，听我满歌行。

——《满歌行》，[明]游朴撰，魏高鹏等点校，柘荣县博物馆整理《游朴诗文集》，福州：福建人民出版社，2015年，第22页。

3256. 愿开明堂坐法宫，垂衣端冕歌时雍，勿令雄骏伤旗幢。

——《上之回》，[明]游朴撰，魏高鹏等点校，柘荣县博物馆整理《游朴诗文集》，福州：福建人民出版社，2015年，第38页。

3257. 得时未足骄，失意何必怒。

——《邯郸才人嫁为厮养妇》，[明]游朴撰，魏高鹏等点校，柘荣县博物馆整理《游朴诗文集》，福州：福建人民出版社，2015年，第48页。

3258. 短褐可蔽寒，三襚非所臧。幽松饱风雪，偃蹇固其常。

——《门有车马客》，[明]游朴撰，魏高鹏等点校，柘荣县博物馆整理《游朴诗文集》，福州：福建人民出版社，2015年，第72页。

3259. 雁门太守腹便便，等闲一觥斗十千。堕綦侧弁扶上轿，入门不省垂常前。恭宽节爱是何物，醉眼但识黄金钱。金钱不多讼不胜，赤手只管承笞鞭。小吏为儿隶为仆，门内细语门外宣。州符百道日夜押，狼虎四出飞尘烟。东家鸡豚杀绝种，西家杼轴空无绵。闾阎髓血吮欲竭，此辈日买膏腴田。椎埋暴客据山谷，慰史缚致桁杨间。苞苴朝入暮散遣，地下冤鬼谁见怜。金多辇载送权贵，葡萄凉酒何足言。民愁神怨不一达，只见奏疏称其贤。奏疏日以多，愁愁可奈何。君门咫尺远万里，齐威何日烹东阿。

——《雁门太守行》，[明]游朴撰，魏高鹏等点校，柘荣县博物馆整理《游朴诗文集》，福州：福建人民出版社，2015年，第86页。

3260. 嗟来乃喀死，君子悲爰旌。

——《感题》，[明]游朴撰，魏高鹏等点校，柘荣县博物馆整理《游朴诗文集》，福州：福建人民出版社，2015年，第116页。

3261. 皇路方清夷，中丞行秉枢。致主尧舜上，四海如唐虞。

——《过南昌陆中丞饮之酒命巫出感其意而无以承之也以诗为谢》，[明]游朴撰，魏高鹏等点校，柘荣县博物馆整理《游朴诗文集》，福州：福建人民出版社，2015年，第125页。

3262. 毋论冠履等弁髦，民命如何轻一线。

——《万年县》，[明]游朴撰，魏高鹏等点校，柘荣县博物馆整理《游朴诗文集》，福州：福建人民出版社，2015年，第136页。

3263. 贪吏不可为，廉吏常苦饥。

——《茹檗山人卷为蓬莱旧尹王春阳题》，[明]游朴撰，魏高鹏等点校，柘荣县博物馆整理《游朴诗文集》，福州：福建人民出版社，2015年，第147页。

3264. 黔首自肥身自瘠，俸钱不足充藜羹。

——《茹檗山人卷为蓬莱旧尹王春阳题》，[明]游朴撰，魏高鹏等点校，柘荣县博物馆整理《游朴诗文集》，福州：福建人民出版社，2015年，第147页。

3265. 乾符知有命，臣节愿无生。

——《东湖樵夫祠》，[明]游朴撰，魏高鹏等点校，柘荣县博物馆整理《游朴诗文集》，福州：福建人民出版社，2015年，第204页。

3266. 君恩一饭意难忘，民瘼三年鬓欲苍。

——《徐陵阳太守入觐》，[明]游朴撰，魏高鹏等点校，柘荣县博物馆整理《游朴诗文集》，福州：福建人民出版社，2015年，第237页。

3267. 庚桑俎豆当年祝，廉范歌谣载路音。

——《过邹龙望生祠》，[明]游朴撰，魏高鹏等点校，柘荣县博物馆整理《游朴诗文集》，福州：福建人民出版社，2015年，第345页。

3268. 樵爨只今忧饷馈，茧丝能假念疮痍。书生空负毛锥诮，欲请长缨漫有期。

——《建昌夷变》，[明]游朴撰，魏高鹏等点校，柘荣县博物馆整理《游朴诗文集》，福州：福建人民出版社，2015年，第256页。

3269. 六月天池聊假息，图南九万莫踌躇。

——《朱廷尉可大南归》，[明]游朴撰，魏高鹏等点校，柘荣县博物馆整理《游朴诗文集》，福州：福建人民出版社，2015年，第262页。

3270. 文学不烦盐策议，明廷争拟谏书新。草间孤兔宁须顾，欲向沧波问逆麟。

——《邢子愿巡河东》，[明]游朴撰，魏高鹏等点校，柘荣县博物馆整理《游朴诗文集》，福州：福建人民出版社，2015年，第267页。

3271. 知君未厌承明直，黼扆宵衣念正劬。

——《送澹泉裴年兄得请归省》，[明]游朴撰，魏高鹏等点校，柘荣县博物馆整理《游朴诗文集》，福州：福建人民出版社，2015年，第269页。

3272. 澹泊自明高士志，开诚犹使里人钦。

——《隆中半榻图成感述》，[明]游朴撰，魏高鹏等点校，柘荣县博物馆整理《游朴诗文集》，福州：福建人民出版社，2015年，第293页。

3273. 一汴二杭时已去，孤臣九死舌犹存。江心片石如天柱，屹立乾坤万古尊。

——《文文山祠》，[明]游朴撰，魏高鹏等点校，柘荣县博物馆整理《游朴诗文集》，福州：福建人民出版社，2015年，第314页。

3274. 口筑刀环词愈厉，身膏砧斧味如饴。一腔苌血应为碧，千古文山合并祠。

——《卓忠贞祠》，[明]游朴撰，魏高鹏等点校，柘荣县博物馆整理《游朴诗文集》，福州：福建人民出版社，2015年，第314页。

3275. 匣中紫气光辰极，海内苍生望谏书。休道垂衣无阙事，殿庭随处可牵裾。

——《潘去华应召北上二首·其一》，[明]游朴撰，魏高鹏等点校，柘荣县博物馆整理《游朴诗文集》，福州：福建人民出版社，2015年，第316页。

3276. 养士百年无义旅，捐躯一旦是书生。挥戈许国身前语，食庙追功死后名。

——《谒后谷黄公祠》，[明]游朴撰，魏高鹏等点校，柘荣县博物馆整理《游朴诗文集》，福州：福建人民出版社，2015年，第318页。

3277. 六诏只今勤旰食，大夫莫赋北山劳。

——《黄化之擢云南参政》，[明]游朴撰，魏高鹏等点校，柘荣县博物馆整理《游朴诗文集》，福州：福建人民出版社，2015年，第335页。

3278. 二帝蒙尘仍蹈海，孤臣视死已如归。

——《潮阳文山祠》，[明]游朴撰，魏高鹏等点校，柘荣县博物馆整理

《游朴诗文集》，福州：福建人民出版社，2015年，第344页。

3279. 盖里俗故厚，士争修为洁廉，有官归而不能具篮舆，徒步市廛中，即贫不给饔飧，而不肯干谒。

——《寿郑思斋翁八十序》，[明]游朴撰，魏高鹏等点校，柘荣县博物馆整理《游朴诗文集》，福州：福建人民出版社，2015年，第423页。

3280. 其上下低昂，若游权于一衡之上，而锱铢不爽；其匀和剂量，若调旨于一割之内，而甘苦不失。

——《送臬经许华峰迁广右藩理》，[明]游朴撰，魏高鹏等点校，柘荣县博物馆整理《游朴诗文集》，福州：福建人民出版社，2015年，第427页。

3281. 吾观于公之政以考德，何其全也；观于公之德以自考，何其益也。

——《送郡伯张梦韩入计叙》，[明]游朴撰，魏高鹏等点校，柘荣县博物馆整理《游朴诗文集》，福州：福建人民出版社，2015年，第429页。

3282. 仕与学，非殊科也；政与德，非二物也。

——《送郡伯张梦韩入计叙》，[明]游朴撰，魏高鹏等点校，柘荣县博物馆整理《游朴诗文集》，福州：福建人民出版社，2015年，第429页。

3283. 世之所谓贤者，大用之则大效，小用之则小效。

——《林六竹先生膺台奖序》，[明]游朴撰，魏高鹏等点校，柘荣县博物馆整理《游朴诗文集》，福州：福建人民出版社，2015年，第430页。

3284. 故儒者论政，必严其所以出之者，运之于渊渊之中，而见之于昭昭之表，时焉而威，焦焦乎惟恐民之慑于其威也，而况忍暴之也？

——《送廷尉张肖山先生按察建宁序》，[明]游朴撰，魏高鹏等点校，柘荣县博物馆整理《游朴诗文集》，福州：福建人民出版社，2015年，第449页。

3285. 敷政优优，何隐弗求，民赖以休。

——《政颂》，[明]游朴撰，魏高鹏等点校，柘荣县博物馆整理《游朴诗文集》，福州：福建人民出版社，2015年，第472页。

# 戚继光

戚继光（1528—1588），字元敬，号南塘，晚年号孟诸，明代军事家。

明嘉靖二十三年（1544年），戚继光袭父职任登州卫指挥佥事，曾任福建总兵，任职期间荡平倭寇、发展生产，为福建的稳定发展做出巨大贡献。其博识善学、有勇有谋，任登州卫指挥佥事期间，时沿海地区倭寇为患，戚继光在义乌招募农民和矿徒，组练新军，创造独特的"鸳鸯阵"战术，在台州、仙居、桃渚等处大胜倭寇，九战九捷，世称"戚家军"。戚继光统兵备战，颇有心法，无论何时何地，皆能因地制宜，化劣为优，常胜不败。嘉靖四十一年（1562年），面对福建日益猖獗的倭寇和日渐危急的形势，戚继光善于分析敌情，选取最佳方案，沿途肃清全部倭寇，并保证部队所到之处秋毫无犯，深为闽地百姓所敬仰。

主要作品有兵书《纪效新书》《练兵实纪》，另有诗文集《止止堂集》传世。

3286. 遥知百国微茫外，未敢忘危负岁华。

——《过文登营》，[明]戚继光撰，高扬文、陶琦主编，王熹校释《止止堂集·横槊稿上》，北京：中华书局，2001年，第5页。

3287. 平生却遣群鸥笑，一片孤忠两鬓斑。

——《关岭寺有感》，[明]戚继光撰，高扬文、陶琦主编，王熹校释《止止堂集·横槊稿上》，北京：中华书局，2001年，第10页。

3288. 封侯非我意，但愿海波平。

——《韬钤深处》，[明]戚继光撰，高扬文、陶琦主编，王熹校释《止止堂集·横槊稿上》，北京：中华书局，2001年，第13页。

3289. 万人一心兮泰山可撼，惟忠与义兮气冲斗牛。主将亲我兮胜如父母，干犯军法兮身不自由。号令明兮赏罚信，赴水火兮敢迟留。上报天子兮下救黔首,杀尽倭奴分觅个封侯。

——《凯歌》,[明]戚继光撰,高扬文、陶琦主编,王熹校释《止止堂集·横槊稿上》,北京:中华书局,2001年,第19页。

3290. 总然用尽橹前力,应是无心为利名。

——《铁马》,[明]戚继光撰,高扬文、陶琦主编,王熹校释《止止堂集·横槊稿上》,北京:中华书局,2001年,第13页。

3291. 况乎勇生于廉,廉生于仁,仁者必谨敕,动如礼义,孰谓贪诈之人而知仁,而知谨敕、礼义乎?

——《〈大学〉经解》,[明]戚继光撰,高扬文、陶琦主编,王熹校释《止止堂集·愚愚稿上》,北京:中华书局,2001年,第268页。

3292. 凡人有所好,便是病痛,但著病痛,便被人牢笼。故曰"廉士可辱,勇士可激"。所好在名,则名其牢笼乎!所好在利,则利其牢笼乎!不但名利,凡有所偏皆然,惟有礼义不着病痛,惟有凡事澹泊些,无欲便不受牢笼。呜呼!子陵孰得牢笼之哉。

——《〈大学〉经解》,[明]戚继光撰,高扬文、陶琦主编,王熹校释《止止堂集·愚愚稿上》,北京:中华书局,2001年,第256页。

3293. 或曰:"士之廉犹女之洁,分之当然,何必傲物?"予曰:"今之人有傲物心,还是要做好人一边。仕者之廉,固分之常。但定乎其中而不移者,亦难矣。上则父母期必其成家,中则妻孥欲丰其服食,下则子孙厚望其蓄遗。父母、妻孥、子孙,皆己之可欲,而不能割者。非能割爱窒欲,斩钢截铁,岂能执众欲而由我乎哉!"

——《〈大学〉经解》,[明]戚继光撰,高扬文、陶琦主编,王熹校释《止止堂集·愚愚稿上》,北京:中华书局,2001年,第253—254页。

3294. 少年好纸笔,长事行闲役。落落惭父书,为国空驰驱。三吴早分阃,一麾岂惮远。两越五六秋,水犀雄貔貅。南征复七载,鲸波息闽海。百粤虑转深,谁怜和氏心。千金几垂罄,松菊荒三径。紫泥俨回鸾,万里重入关。稽颡玉墀侧,回头惊泽国。已分老楼船,竭来忽朝天。古来忠与义,自可居蛮狄。何当圣主恩,付以羽林军。有怀未及吐,出振渔阳旅。讵意流涕馀,翻向长沙居。嗟哉渔阳镇,边愁不可问。

——《入关》,[明]戚继光撰,高扬文、陶琦主编,王熹校释《止止堂集》横横槊稿上,北京:中华书局,2001年,第48—49页。

3295. 天风万里过仙槎,滦水光摇彩笔花。慷慨已知凌大漠,艰虞何用问悲笳。乍见白发乾坤短,忍听骊驹道路赊。秋雁图南江国近,边臣愁绝久无家。

——《送王山人南还》,[明]戚继光撰,高扬文、陶琦主编,王熹校释《止止堂集·横槊稿上》,北京:中华书局,2001年,第56—57页。

# 冯梦龙

冯梦龙（1574—1646），字犹龙、子犹，别号墨憨子，明代文学家。

从小接受正统士人教育、怀有"为生民立命"理想的冯梦龙认为：不当官、不为一方百姓造福的人生是不完整的。他一生为民尽心、一丝不苟，堪为士人表率。其任寿宁知县时已年近六十，不顾年事已高，克服语言不通的困难，走村串巷，深入考察寿宁的自然条件、风土民情、经济文化、生产生活等情况，修撰《寿宁待志》。在思想上受李贽等人影响，强调真挚情感，反对虚伪礼教，重视文学的教化作用。任职寿宁县期间，大力发展教育，针对县学在明嘉靖间遭倭寇破坏的情况，捐俸兴工修缮，并自编教材、亲自讲解，为师忠厚博学，深为当地人所敬重。

冯梦龙广泛收集整理通俗文学作品，辑有《智囊》《广笑府》等，最有代表性的是集纂的"三言"：《喻世明言》《醒世恒言》《警世通言》。任职福建期间，作有诗集《游闽吟草》，今已佚。

3296. 眼是情媒，心为欲种。起手时，牵肠挂肚；过后去，丧魄销魂。假如墙花路柳，偶然适兴，无损于事。若是生心设计，败俗伤风，只图自己一时欢乐，却不顾他人的百年恩义。

——《蒋兴哥重会珍珠衫》，[明]冯梦龙编著，陈熙中校注《喻世明言》卷一，北京：中华书局，2014年，第1页。

3297. 劝人安分守己，随缘作乐，莫为酒、色、财、气四字，损却精神，亏了行止。

——《蒋兴哥重会珍珠衫》，[明]冯梦龙编著，陈熙中校注《喻世明言》卷一，北京：中华书局，2014年，第1页。

3298. 只怕无功受禄，反受其殃。

——《陈御史巧勘金钗钿》，[明]冯梦龙编著，陈熙中校注《喻世明言》

卷二，北京：中华书局，2014年，第36页。

3299. 欲图他人，翻失自己。自己羞惭，他人欢喜。

——《陈御史巧勘金钗钿》，[明]冯梦龙编著，陈熙中校注《喻世明言》卷二，北京：中华书局，2014年，第38页。

3300. 世人度量狭窄，心术刻薄，还要搜他人的隐过，显自己的精明；莫说犯出不是来，他肯轻饶了你？这般人一生有怨无恩，但有缓急，也没人与他分忧替力了。像楚庄王恁般弃人小过，成其大业，真乃英雄举动，古今罕有。

——《葛令公生遣弄珠儿》，[明]冯梦龙编著，陈熙中校注《喻世明言》卷六，北京：中华书局，2014年，第101页。

3301. 平时酒杯往来，如兄若弟；一遇蚤大的事，才有些利害相关，便尔我不相顾了。真个是：酒肉弟兄千个有，落难之中无一人。还有朝兄弟，暮仇敌，才放下酒杯，出门便弯弓相向的。所以陶渊明欲息交，嵇叔夜欲绝交，刘孝标又做下《广绝交论》，都是感慨世情，故为忿激之谭耳。

——《吴保安弃家赎友》，[明]冯梦龙编著，陈熙中校注《喻世明言》卷八，北京：中华书局，2014年，第117页。

3302. 假如上等贵相之人，也有做下亏心事，损了阴德，反不得好结果。又有犯着恶相的，却因心地端正，肯积阴功，反祸为福。此是人定胜天，非相法之不灵也。

——《裴晋公义还原配》，[明]冯梦龙编著，陈熙中校注《喻世明言》卷九，北京：中华书局，2014年，第131—132页。

3303. 依我说，要做好人，只消个两字经，是孝悌两个字。那两字经中，又只消理会一个字，是个"孝"字。

——《滕大尹鬼断家私》，[明]冯梦龙编著，陈熙中校注《喻世明言》卷十，北京：中华书局，2014年，第143页。

3304. 这节故事是劝人重义轻财，休忘了"孝悌"两字经。看官们或是有弟兄没弟兄，都不关在下之事，各人自去摸着心头，学好做人便了。

——《滕大尹鬼断家私》，[明]冯梦龙编著，陈熙中校注《喻世明言》卷十，北京：中华书局，2014年，第143页。

3305. 则今且说个"闲"字，是"门"字中着个"月"字，你看那一轮明月，只见他忙忙的穿窗入户，那天上清光不动，却是冷淡无心。人学得他，便是闹中取静，才算得真闲。

——《陈希夷四辞朝命》，[明]冯梦龙编著，陈熙中校注《喻世明言》卷十四，北京：中华书局，2014年，第203页。

3306. 如今人名利关心，上了床，千思万想，那得便睡？比及睡去，忽然又惊醒将来。尽有一般昏昏沉沉，以昼为夜，睡个没了歇的，多因酒色过度，四肢困倦；或因愁绪牵缠，心神浊乱所致，总来不得睡趣，不是睡的乐境。

——《陈希夷四辞朝命》，[明]冯梦龙编著，陈熙中校注《喻世明言》卷十四，北京：中华书局，2014年，第203—204页。

3307. 人禀天地而生，天地有五行，金、木、水、火、土，人则有五常，仁、义、礼、智、信，以配之，惟信非同小可。仁所以配木，取其生意也；义所以配金，取其刚断也；礼所以配水，取其谦下也；智所以配火，取其明达也；信所以配土，取其重厚也。

——《范巨卿鸡黍死生交》，[明]冯梦龙编著，陈熙中校注《喻世明言》卷十六，北京：中华书局，2014年，第249—250页。

3308. 因此君臣耽山水之乐，忘社稷之忧，恰如吴宫被西施迷惑一般。

——《木绵庵郑虎臣报冤》，[明]冯梦龙编著，陈熙中校注《喻世明言》卷二十二，北京：中华书局，2014年，第341页。

3309. 这柳府尹做官清如水，明似镜，不贪贿赂，囊箧淡薄。

——《月明和尚度柳翠》，[明]冯梦龙编著，陈熙中校注《喻世明言》卷二十九，北京：中华书局，2014年，第452页。

3310. 刻薄者虽今生富贵，难免堕落；忠厚者虽暂时亏辱，定注显达。

——《闹阴司司马貌断狱》，[明]冯梦龙编著，陈熙中校注《喻世明言》卷三十一，北京：中华书局，2014年，第480页。

3311. 以此冥冥不可见之事，欲人趋善而避恶，如风声水月，无所忌惮。宜乎恶人之多，而善人之少也。

——《游酆都胡母迪吟诗》，[明]冯梦龙编著，陈熙中校注《喻世明言》卷三十二，北京：中华书局，2014年，第500页。

3312. 吏肃惟遵法、官清不爱钱。豪强皆敛手，百姓尽安眠。

——《沈小霞相会出师表》，[明]冯梦龙编著，陈熙中校注《喻世明言》卷四十，北京：中华书局，2014年，第649页。

3313. 明者，取其可以导愚也，通者，取其可以适俗也；恒则习之不厌，传之而可久。

——《叙》，[明]冯梦龙编著，张明高校注《醒世恒言》，北京：中华书局，2014年，第1页。

3314. 繇此推之，惕孺为醒，下石为醉；却鼛为醒，食嗟为醉；剖玉为醒，题石为醉。

——《叙》，[明]冯梦龙编著，张明高校注《醒世恒言》，北京：中华书局，2014年，第2页。

3315. 又推之，忠孝为醒，而悖逆为醉；节俭为醒，而淫荡为醉；耳和目章、口顺心贞为醒，而即聋从昧、与顽用嚚为醉。

——《叙》，[明]冯梦龙编著，张明高校注《醒世恒言》，北京：中华书局，2014年，第2页。

3316. 人之恒心，亦可思已。从恒者吉，背恒者凶。心恒心，言恒言，行恒行。入夫妇而不惊，质天地而无怍。下之巫医可作，而上之善人君子圣人亦可见。恒之时义大矣哉！

——《叙》，[明]冯梦龙编著，张明高校注《醒世恒言》，北京：中华书局，2014年，第2—3页。

3317. 自昔浊乱之世，谓之天醉。天不自醉人醉之，则天不自醒人醒之。以醒天之权与人，而以醒人之权与言。言恒而人恒，人恒而天亦得其恒，万世太平之福，其可量乎！

——《叙》，[明]冯梦龙编著，张明高校注《醒世恒言》，北京：中华书局，2014年，第3页。

3318. 崇儒之代，不废二教，亦谓导愚适俗，或有借焉；以二教为儒之辅可也。以《明言》《通言》《恒言》为六经国史之辅，不亦可乎？

——《叙》，[明]冯梦龙编著，张明高校注《醒世恒言》，北京：中华书局，2014年，第3页。

3319. 若夫淫谭亵语，取快一时，贻秽百世，夫先自醉也，而又以狂药饮人，吾不知视此三言者得失何如也？

——《叙》，[明]冯梦龙编著，张明高校注《醒世恒言》，北京：中华书局，2014年，第3页。

3320. 孝者，孝悌；廉者，廉洁。孝则忠君，廉则爱民。

——《三孝廉让产立高名》，[明]冯梦龙编著，张明高校注《醒世恒言》卷二，北京：中华书局，2014年，第20页。

3321. 幼学壮行,君子本分之事。

——《三孝廉让产立高名》,[明]冯梦龙编著,张明高校注《醒世恒言》卷二,北京:中华书局,2014年,第26页。

3322. 公道存心,天理用事,莫要贪图利己,谋害他人。

——《大树坡义虎送亲》,[明]冯梦龙编著,张明高校注《醒世恒言》卷五,北京:中华书局,2014年,第89页。

3323. 杀百命不足供君一膳,鬻万鸟不能致君之富,奚不别为生业?

——《小水湾天狐诒书》,[明]冯梦龙编著,张明高校注《醒世恒言》卷六,北京:中华书局,2014年,第104页。

3324. 世局千腾万变,转眼皆空。政如下棋的较胜争强,眼红喉急,分明似孙庞斗智,赌个你死我活;又如刘项争天下,不到乌江不尽头。及至局散棋收,付之一笑。

——《陈多寿生死夫妻》,[明]冯梦龙编著,张明高校注《醒世恒言》卷九,北京:中华书局,2014年,第166页。

3325. 暖衣饱食非容易,常把勤劳答上苍。

——《张孝基陈留认舅》,[明]冯梦龙编著,张明高校注《醒世恒言》卷十七,北京:中华书局,2014年,第309页。

3326. 从古以来富贵空花,荣华泡影,只有那忠臣孝子,义夫节妇,名传万古。

——《白玉娘忍苦成夫》,[明]冯梦龙编著,张明高校注《醒世恒言》卷十九,北京:中华书局,2014年,第354页。

3327. 寒暑迭用,所以成岁功也;日月代明,所以均劳逸也。故士子有游息之谈,农夫有休养之节。

——《隋炀帝逸游召谴》,[明]冯梦龙编著,张明高校注《醒世恒言》卷二十四,北京:中华书局,2014年,第830页。

3328. 人不必有其事,事不必丽其人。其真者可以补金匮石室之遗,而赝者亦必有一番激扬劝诱、悲歌感慨之意。事真而理不赝,即事赝而理亦真,不害于风化,不谬于圣贤,不戾于《诗》《书》经史,若此者其可废乎!

——《叙》,[明]冯梦龙编著,吴书荫校注《警世通言》,北京:中华书局,2014年,第2页。

3329. 野史尽真乎?曰:"不必也。"尽赝乎?曰:"不必也。"然则去其赝而存其真乎？曰："不必也。"六经、《语》《孟》，谭者纷如，归于令人为忠臣，为孝子，为贤牧，为良友，为义夫，为节妇，为树德之士，为积善之家，如是而已矣。

——《叙》，[明]冯梦龙编著，吴书荫校注《警世通言》，北京：中华书局，2014年，第2页。

3330. 经书著其理，史传述其事，其揆一也。理著而世不皆切磋之彦，事述而世不皆博雅之儒。于是乎，村夫稚子、里妇估儿，以甲是乙非为喜怒，以前因后果为劝惩，以道听途说为学问。而通俗演义一种，遂足以佐经书史传之穷。

——《叙》，[明]冯梦龙编著，吴书荫校注《警世通言》，北京：中华书局，2014年，第2页。

3331. 这相知有几样名色：恩德相结者，谓之知己；腹心相照者，谓之知心；声气相求者，谓之知音；总来叫做相知。

——《俞伯牙摔琴谢知音》，[明]冯梦龙编著，吴书荫校注《警世通言》卷一，北京：中华书局，2014年，第1页。

3332. 要人割断迷情，逍遥自在。且如父子天性，兄弟手足，这是一本连枝，割不断的。儒、释、道三教虽殊，总抹不得"孝""悌"二字。至于生子生孙，就是下一辈事，十分周全不得了。

——《庄子休鼓盆成大道》，[明]冯梦龙编著，吴书荫校注《警世通言》卷二，北京：中华书局，2014年，第14页。

3333. 近世人情恶薄，父子兄弟到也平常，儿孙虽是疼痛，总比不得夫妇之情。他溺的是闺中之爱，听的是枕上之言。多少人被妇人迷惑，做出不孝不悌的事来。这断不是高明之辈。

——《庄子休鼓盆成大道》，[明]冯梦龙编著，吴书荫校注《警世通言》卷二，北京：中华书局，2014年，第14页。

3334. 把世情荣枯得丧，看做行云流水，一丝不挂。

——《庄子修鼓盆成大道》，[明]冯梦龙编著，吴书荫校注《警世通言》卷二，北京：中华书局，2014年，第15页。

3335. 你看如今有势力的，不做好事，往往任性使气，损人害人，如毒蛇猛兽，人不敢近。他见别人惧怕，没奈他何，意气扬扬，自以为得计。却不知八月潮头，也有平下来的时节。危滩急浪中，趁着这刻儿顺风，扯了满篷，望前只顾使去，好不畅快。不思去时容易，转时甚难。

——《王安石三难苏学士》，[明]冯梦龙编著，吴书荫校注《警世通言》卷三，北京：中华书局，2014年，第25页。

3336. 当时夏桀、商纣，贵为天子，不免窜身于南巢，悬头于太白。那桀、纣有何罪过？也无非倚贵欺贱，恃强凌弱，总来不过是使势而已。

——《王安石三难苏学士》，[明]冯梦龙编著，吴书荫校注《警世通言》卷三，北京：中华书局，2014年，第25页。

3337. 假如桀、纣是个平民百姓，还造得许多恶业否？所以说"势不可使尽"。怎么说福不可享尽？常言道："惜衣有衣，惜食有食。"又道："人无寿夭，禄尽则亡。"晋时石崇太尉与皇亲王恺斗富。以酒沃釜，以蜡代薪。锦步障大至五十里，坑厕间皆用绫罗供帐，香气袭人。跟随家僮，都穿火浣布衫，一衫价值千金。买一妾，费珍珠十斛。后来死于赵王伦之手，身首异处。此乃享福太过之报。怎么说便宜不可占尽？假如做买卖的错了分文入己，满脸堆笑。却不想小经纪若折了分文，一家不得吃饱饭，我贪此些须小便宜，亦有何益？

——《王安石三难苏学士》，[明]冯梦龙编著，吴书荫校注《警世通言》卷三，北京：中华书局，2014年，第25—26页。

3338. 见不尽者，天下之事。读不尽者，天下之书。参不尽者，天下之理。宁可懵懂而聪明，不可聪明而懵懂。

——《王安石三难苏学士》，[明]冯梦龙编著，吴书荫校注《警世通言》卷三，北京：中华书局，2014年，第27页。

3339. 人品有真有伪，须要恶而知其美，好而知其恶。

——《拗相公饮恨半山堂》，[明]冯梦龙编著，吴书荫校注《警世通言》卷四，北京：中华书局，2014年，第40页。

3340. 不可以一时之誉，断其为君子；不可以一时之谤，断其为小人。

——《拗相公饮恨半山堂》，[明]冯梦龙编著，吴书荫校注《警世通言》卷四，北京：中华书局，2014年，第41页。

3341. 有那君子儒，不论贫富，志行不移；有那小人儒，贫时又一般，富时就忘了。

——《俞仲举题诗遇上皇》，[明]冯梦龙编著，吴书荫校注《警世通言》卷六，北京：中华书局，2014年，第73页。

3342. 虽说酒色财气一般有过，细看起来，酒也有不会饮的，气也有耐得的，无如财色二字害事。但是贪财好色的，又免不得吃几杯酒，免不得淘几场气，酒气二者又总括在财色里面了。

——《苏知县罗衫再合》，[明]冯梦龙编著，吴书荫校注《警世通言》卷十一，北京：中华书局，2014年，第141页。

3343. 此乃福过灾生，自取其咎。假如今人贫贱之时，那知后日富贵？即如荣华之日，岂信后来苦楚？

——《钝秀才一朝交泰》，[明]冯梦龙编著，吴书荫校注《警世通言》卷十七，北京：中华书局，2014年，第240页。

3344. 人穷通有时，固不可以一时之得意而自夸其能；亦不可以一时之失意而自坠其志。

——《钝秀才一朝交泰》，[明]冯梦龙编著，吴书荫校注《警世通言》卷十七，北京：中华书局，2014年，第41页。

3345. 各人回去硬挺着头颈过日，以待时来，不要先坠了志气。

——《钝秀才一朝交泰》，[明]冯梦龙编著，吴书荫校注《警世通言》卷十七，北京：中华书局，2014年，第240-241页。

3346. 做人只知眼前贵贱，那知去后的日长日短？见个少年富贵的奉承不暇，多了几年年纪，蹉跎不遇，就怠慢他，这是短见薄识之辈。譬如农家，也有早谷，也有晚稻，正不知那一种收成得好？

——《老门生三世报恩》，[明]冯梦龙编著，吴书荫校注《警世通言》卷十八，北京：中华书局，2014年，第255页。

3347. 大抵功名迟速，莫逃乎命，也有早成，也有晚达。早成者未必有成，晚达者未必不达。不可以年少而自恃，不可以年老而自弃。

——《老门生三世报恩》，[明]冯梦龙编著，吴书荫校注《警世通言》卷十八，北京：中华书局，2014年，第255页。

3348. 余初莅任，即以忧深牖户，万难坐视事，申请各台蠲俸蠲赎，重立四门谯楼，城之崩塌处悉加修筑。

——《城隘》，[明]冯梦龙著，陈煜奎校点《寿宁待志》卷上，福州：福建人民出版社，1983年，第3页。

3349. 声淙淙入耳，忽作岩川观，忘其身之为俗吏也。

——《县治》，[明]冯梦龙著，陈煜奎校点《寿宁待志》卷上，福州：福建人民出版社，1983 年，第 7 页。

3350. 老梅标冷趣，我与尔同清。

——《戴清亭》，［明］冯梦龙著，陈煜奎校点《寿宁待志》卷上，福州：福建人民出版社，1983 年，第 8 页。

3351. 以勤补缺，以慈辅严，以廉代匮，做一分亦是一分功业，宽一分亦是一分恩惠。

——《官司》，［明］冯梦龙著，陈煜奎校点《寿宁待志》卷下，福州：福建人民出版社，1983 年，第 88 页。

3352. 余故备载姓名，俾为令者努力自强，亦冀居上者怜僻吏之清苦，而稍垂矜恤，寿令胡不可为哉！

——《官司》，［明］冯梦龙著，陈煜奎校点《寿宁待志》卷下，福州：福建人民出版社，1983 年，第 88 页。

3353. 余虽无善政及民，而一念为民之心，惟天可鉴。

——《祥瑞》，［明］冯梦龙著，陈煜奎校点《寿宁待志》卷下，福州：福建人民出版社，1983 年，第 88 页。

3354. 荒山无赋税，多产亦何妨。

——《竹米》，［明］冯梦龙著，陈煜奎校点《寿宁待志》卷下，福州：福建人民出版社，1983 年，第 115 页。

3355. 预拟公储满，聊宽瘠土忧。

——《瑞禾》，［明］冯梦龙著，陈煜奎校点《寿宁待志》卷下，福州：福建人民出版社，1983 年，第 115 页。

3356. 人取小，我取大；人视近，我视远；人动而愈纷，我静而自正；人束手无策，我游刃有余。

——《上智部总叙》，［明］冯梦龙编著，栾保群、吕宗力校注《智囊全集》，北京：中华书局，2007 年，第 1 页。

3357. 夫是故难事遇之而皆易，巨事遇之而皆细。其斡旋入于无声臭之微，而其举动出人意想思索之外。或先忤而后合，或似逆而实顺。

——《上智部总叙》，［明］冯梦龙编著，栾保群、吕宗力校注《智囊全集》，北京：中华书局，2007 年，第 1 页。

3358. 方其闲闲，豪杰所疑；迄乎断断，圣人不易。

——《上智部总叙》，［明］冯梦龙编著，栾保群、吕宗力校注《智囊全

》，北京：中华书局，2007年，第1页。

3359. 人有智犹地有水，地无水为焦土，人无智为行尸。智用于人，犹水行于地，地势坳则水满之，人事坳则智满之。

——《智囊自叙》，[明]冯梦龙编著，栾保群、吕宗力校注《智囊全集》，北京：中华书局，2007年，第1页。

3360. 子不见夫凿井者乎？冬裸而夏裘，绳以入，畚以出，其平地获泉者，智也，若夫土穷而石见，则变也。有种世衡者，屑石出泉，润及万家。是故愚人见石，智者见泉，变能穷智，智复不穷于变。

——《智囊自叙》，[明]冯梦龙编著，栾保群、吕宗力校注《智囊全集》，北京：中华书局，2007年，第1页。

3361. 吾品智，非品人也。不唯其人，唯其事，不唯其事，唯其智，虽奸猾盗贼，谁非吾药笼中硝、戟？吾一以为蛛网，而推之可渔，一以为蚕茧，而推之司室。譬之谷王，众水同舟，岂其择流而受！

——《智囊自叙》，[明]冯梦龙编著，栾保群、吕宗力校注《智囊全集》，北京：中华书局，2007年，第2页。

3362. 吏治其最显者，得情而天下无冤民，诘奸而天下无黠民，夫是之谓精察。

——《察智部总序》，[明]冯梦龙编著，栾保群、吕宗力校注《智囊全集》，北京：中华书局，2007年，第278页。

# 后记

上古"四圣"之一皋陶就倡导"明刑弼教,以化万民",提出了为政者应该具备"九德",《尚书·皋陶谟》有"宽而栗,柔而立,愿而恭,乱而敬,扰而毅,直而温,简而廉,刚而塞,强而义"的记载。自西周始,我国历朝历代渐次形成一套考核官吏的标准。《周礼·天官冢宰》提出了官吏考核的"六廉"思想:"一曰廉善,二曰廉能,三曰廉敬,四曰廉正,五曰廉法,六曰廉辨。"《管子·牧民》将"礼、义、廉、耻"视为"国有四维"。明代郭允礼提出著名官箴:"公生明,廉生威。""廉"作为中国传统文化的核心内容,反映出人们对"廉"的价值崇尚与精神追求。

以廉修身、齐家、治国、平天下,是贯穿中华文明发展历程的一条文化根脉。福建三面环山,一面临海,特殊的地理环境使八闽大地成为历史上的兵家"不争之地"、社会人文之福地;独特的地理单元造就了福建独特的文化单元,厚重而多彩,中原文化、海洋文化浑然交汇,东西方文明兼容并蓄,大儒贤哲代有人出,享有"海滨邹鲁""文献名邦"之美誉。八闽文化蕴含着十分丰富的廉洁元素,是一座不可多得的人文"富矿"。福建师范大学廉洁文化研究中心坚持以文化廉、植廉于心,立足福建优秀传统文化资源,开展有组织科研,提炼其中的廉洁元素。坚持"把科研做在祖国大地上",由文学院汉语言文学师范班、孙绍振中国语言文学拔尖学生培养基地班的同学等组成多支八闽廉箴采风实践队,深入田野乡间开展调查研究,走访历史古迹和廉洁文化示范基地,钻进故纸堆批阅大量原始文献资料,对散落在八闽大地上的方志、族谱、家训、笔记、刻本等珍稀史料文存中的廉箴进行全面整理,共辑得先贤100余人、廉箴3000余条,勾勒出唐朝至中华人民共和国成立前福建廉洁文化的发展脉络,概貌展现福建历代先贤为官做人处事的高风亮节。衷心感谢清华大学党委副书记、纪检监察研究院院长过勇教授,文学、文化名家、文科资深教授孙绍振先生倾情作序。在多方支持和帮助下,我们编纂、出版《八闽廉箴备要》，以期系统整理福建历代先贤廉箴，为赓续弘扬八闽大地一脉相承与时俱进的廉洁文化传统尽一份微薄心力。

八闽文化璀璨、名贤众多，清廉之脉源远流长、历久弥新。我们当以守护文化根脉，书写当代华章为己任，以"文脉"激活"廉脉"，用中华优秀文化涵养新时代廉洁文化。编纂《八闽廉箴备要》，是我们推进新时代廉洁文化建设，推陈出新讲好廉洁故事的初步探索，差错、不足和缺憾之处敬请读者批评指正。廉洁让大学更美好！今后，我们将在学习、工作和研究中不断努力，激活福建地域传统文化中的廉洁因子，持续打造"闽派"文化精品，为书写文化强省新篇章贡献师大力量。

编委会<br>
2024 年 1 月 8 日